Anthologie

2e/1re

Textes et parcours
en France et en Europe

Michelle Béguin
Agrégée de Lettres classiques

Christian Biet
Agrégé de Lettres modernes

Gérard Gengembre
Agrégé de Lettres modernes

Jean Goldzink
Agrégé de Lettres modernes

Hédi Kaddour
Agrégé de Lettres modernes

8 rue Férou – 75278 Paris cedex 06
www.editions-belin.com

BELIN

Nous exprimons nos plus vifs remerciements à

Mme Marie-Thérèse GOETSCHEL, Inspecteur d'académie honoraire, pour ses précieux conseils;

Mlle Perrine DUTERTRE pour sa gentillesse, sa patience et son immense et efficace travail sans lequel ce livre n'aurait pas vu le jour.

Les Auteurs

 ISBN 2-7011-**2667**-3

Avant-Propos

« Faire que tous les élèves trouvent du plaisir à la lecture, à la poésie, au théâtre, au maniement du discours, à toutes les expressions de la langue française. » (Extrait du *Bulletin Officiel*)

Il nous paraît tout aussi essentiel d'offrir aux élèves les moyens de prendre du plaisir à la lecture, que ceux d'acquérir des connaissances solides leur permettant de situer les textes littéraires dans l'Histoire, dans la culture et dans les mentalités de l'époque qui les a vu naître.

En respectant l'esprit des nouveaux programmes de français qui permet cette approche, cette anthologie est ordonnée chronologiquement tout en permettant une organisation en séquences suivant les axes et rubriques du programme.

On y trouvera des textes représentatifs des phénomènes littéraires et culturels français et francophones (classe de seconde) et un élargissement de la perspective à l'Espace européen (classe de première).

De même toutes les notions du nouveau programme y figurent replacées dans leur cadre historique. Outre les textes littéraires, les documents proposés appartiennent aux domaines artistique, scientifique, critique, etc. français et européens.

Dans le souci de laisser la plus grande latitude aux professeurs, nous avons organisé les documents de façon à la fois chronologique et séquentielle, tout en privilégiant pour chaque document un axe de lecture qui permette d'établir des correspondances entre les textes et d'articuler librement axes et rubriques du programme (voir page suivante).

De plus, nous proposons de nombreuses activités écrites et orales, en attribuant à ces dernières la place qui leur revient désormais. Des activités sont également associées aux fiches, lesquelles sont classées selon les quatre rubriques du programme (Genres et registres ; Histoire littéraire et culturelle ; Production, diffusion, réception ; Argumentation) et peuvent servir de base à la constitution de nouvelles séquences.

Les Auteurs

Table des matières

De l'intime à la polémique 600

La scène 617

Esthétiques et manifestes 642

Index 660

Bien utiliser le manuel

476 Le xxe siècle

LE SIÈCLE DES « ISMES »

En un siècle, la France perd son empire, cesse d'être une nation paysanne, connaît trois républiques différentes et entre complètement dans le monde de la science et des techniques. Elle cesse aussi d'être une puissance de premier rang pour devenir une puissance moyenne. Pendant les deux premiers tiers du siècle, sa littérature et ses penseurs exercent encore une influence mondiale (Une belle époque ? p. 478), puis cette influence diminue.

Laïcisation

En dehors du progrès technique et des guerres mondiales (La marque des guerres mondiales, p. 499), un autre grand phénomène socio-culturel du xxe siècle européen est la laïcisation. Balzac, Hugo, Dickens, Tolstoï étaient encore des croyants au sens traditionnel de ce terme dans le monde chrétien. Au contraire, Proust, Gide, Mann, Joyce, Kafka, Yourcenar ou Sartre ne sont plus de tels croyants. Et il suffit à Soljenitsyne de proclamer sa foi chrétienne pour apparaître aujourd'hui comme un cas particulier. Ce changement s'observe jusque dans les techniques du récit : là où il suffisait à Hugo de monter s'asseoir à la droite de Dieu pour observer et décrire la bataille de Waterloo, l'écrivain du xxe, s'il veut être pris au sérieux, se devra de garder sa caméra au niveau de ses personnages, comme le font André Malraux ou Claude Simon.

Portrait de Dora Maar, 1937, de Pablo Picasso (1881-1973). Paris, Musée Picasso.

Éclatements

Une conséquence de cette laïcisation est l'éclatement de la notion de sujet. N'appuyant plus son unité sur celle d'un dieu, l'être humain tend à devenir un mélange de flux, de sensations, de déterminations dans un monde lui-même en dérive (Formes du lyrisme, p. 521). Devant cet éclatement, la littérature semble alors être une tentative pour rassembler des fragments et donner l'intuition d'un sens, à défaut de pouvoir en construire un. La fin de *Germinal* de Zola donnait les signes d'un renouveau général qui s'appuyait sur le renouvellement de la terre par la germination. Les grandes œuvres du xxe auraient plus tendance à se terminer sur un « peut-être » *(La Montagne magique)*, une lucidité stoïque *(Les Mémoires d'Hadrien)* ou une amertume *(La Condition humaine)* (Les grands univers, p. 580). Et quand la note est plus optimiste, elle reste à hauteur d'homme, comme à la fin des *Somnambules* de Broch : « Ne te fais pas de mal, car nous sommes tous encore ici ».

Engagements

477

Si la croyance religieuse proprement dite est en recul, cela n'exclut pas des adhésions fortes à des systèmes de pensée et d'action. Ce siècle a aussi été celui des « ismes », communisme, fascisme, nazisme, socialisme, internationalisme, nationalisme, colonialisme et celui de leurs « antis », anticolonialisme, antinazisme etc. Rares sont les écrivains qui ne sont pas passés par un « isme ».

Grandes ruptures et vraies tendances

Siècle des « ismes », le xxe est aussi celui des avant-gardes qui affirmaient innover radicalement et mettre hors-jeu la littérature antérieure. (De l'estime à la polémique, p. [illegible]) Dadaïsme, surréalisme, lettrisme, constructivisme, oulipisme, nouveau roman, minimalisme, abstractionnisme, théâtre de l'absurde (La scène, p. 617), structuralisme, etc. : grâce à chacune de ces écoles, la littérature est censée sortir d'une paralysie à laquelle la condamneraient l'habitude, l'ordre, la bourgeoisie, le pouvoir, l'argent ou la télévision (Esthétique et manifestes, p. [illegible]). Mais le temps ne tarde guère à rétablir les perspectives. Là où la presse a besoin de mots nouveaux, d'avant-gardes et d'effets de mode, l'Histoire passe par des rythmes plus larges, des ruptures moins évidentes. En poésie par exemple, la grande affaire est celle de l'abandon de la métrique traditionnelle (La poésie au xxe siècle, p. 580). Le reste sera l'affaire d'une attention plus ou moins grande portée à l'image, au hasard d'écriture ou au travail du rythme. Et la différence passe en réalité plus par l'expérience personnelle des auteurs que par le respect de règles radicalement différentes. La littérature est une activité à transformations plus lentes qu'on ne pense.

Culture de masse et mondialisation

Le xxe siècle aura aussi été celui de l'unification du monde. Parallèlement à un mouvement de l'économie mondiale qui tend à la fusion planétaire des marchés, la culture tend à multiplier les œuvres à circulation internationale. La traduction joue dans ce domaine un rôle considérable. Ce siècle est aussi celui de la culture de masse : d'une part le public ayant accès à la culture augmente considérablement grâce à l'alphabétisation, la scolarité obligatoire, la baisse des prix du livre, du journal, à l'apparition de nouvelles formes de spectacle et de diffusion (cinéma, télévision, disque) ; d'autre part les produits destinés à ce public tendent à se modeler sur des contraintes commerciales (Le récit et ses codes, p. 562). Ayant la chance de pouvoir se démocratiser, la culture est en même temps exposée à la concurrence qui fait rage et contraint Mozart et Caruso à céder la place sur les rayons à la « *dance music* » et au dernier « *best-seller* », tandis que les « décideurs » proclament que c'est du pareil au même. La fin du xxe siècle est sans doute le premier moment de l'histoire où la littérature se demande si elle a encore un avenir.

La fête de la musique à Paris

Ouverture de siècle

- Synthèse permettant une mise en contexte des documents et annonçant les groupements de textes proposés pour le siècle.

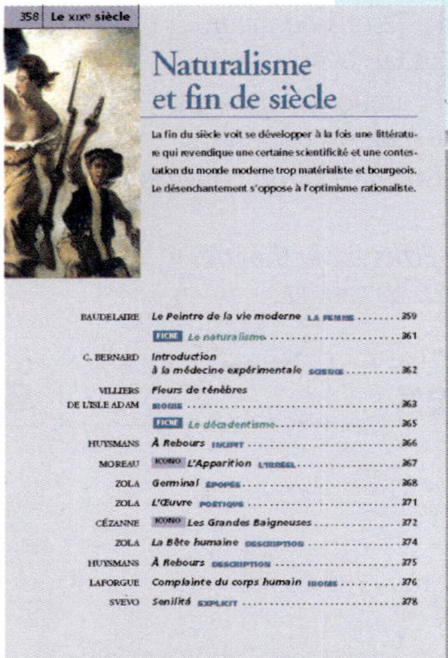
358 Le xixe siècle

Naturalisme et fin de siècle

La fin du siècle voit se développer à la fois une littérature qui revendique une certaine scientificité et une contestation du monde moderne trop matérialiste et bourgeois. Le désenchantement s'oppose à l'optimisme rationaliste.

Ouverture de groupement

- Sommaire des textes et des mots-clefs.

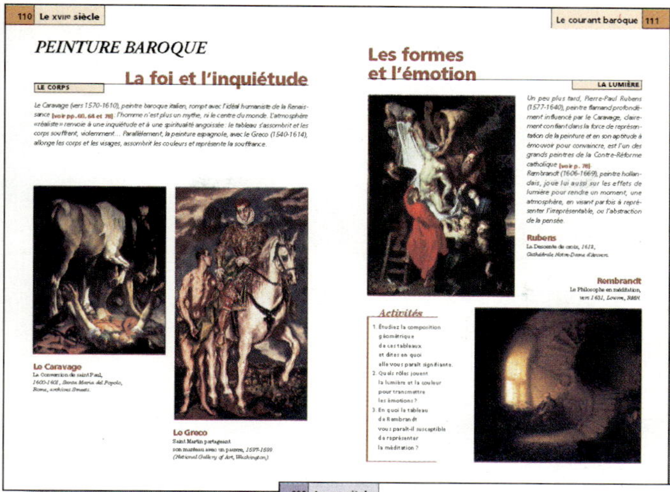

Étude d'images

- Possibilité de travail sur transparent.

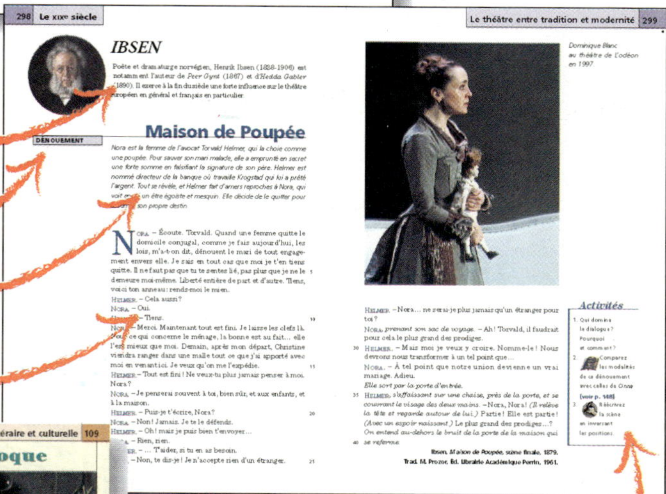

Étude de texte

- Biographie de l'auteur.
- À chaque texte correspond un mot-clef en lien avec le groupement.
- Le texte replacé dans son contexte.
- Le document (texte ou image).

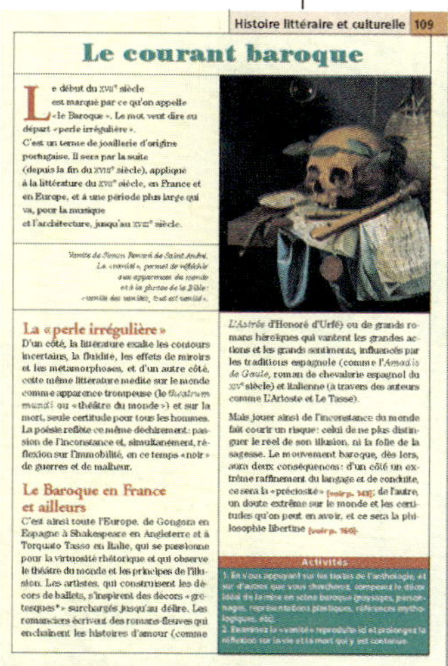

Fiches

Fiches de synthèse classées selon les 4 rubriques du programme :

- Genres et registres,
- Histoire littéraire et culturelle,
- Production, diffusion et réception des textes,
- Argumentation et rhétorique.

- Activités de lecture analytique.
- Activités d'écriture d'invention.
- Activités orales : débats ou expression.

Le mythe antique

LE MYTHE À TRAVERS LES ÂGES

Le mythe antique et son modèle grec

Dans l'antiquité, les mythes (du grec « muthos », « parole, récit »), étaient des récits légendaires transmis oralement, qui évoquaient la vie de dieux ou demi-dieux, ou de membres de grandes familles aristocratiques des cités grecques. On ignore donc, à en croire l'helléniste Jean-Pierre Vernant, la parole dans laquelle s'enracinent les mythes grecs, puisqu'ils ne nous sont parvenus qu'à travers de grandes œuvres littéraires : épopées d'Homère ou fragments de textes épiques du même genre, poésie lyrique ou chorale, tragédies, allusions faites par les philosophes ou les historiens. Pour les Grecs, les mythes renvoyaient donc à une vieille tradition, à un passé très lointain, et constituaient une forme de leur histoire collective, un arrière-plan de leur propre culture.

Ulysse et ses compagnons à bord du navire de l'Odyssée.

À partir du ve siècle avant J.-C., ils sont devenus le fruit du travail d'historiens qui réfléchissaient à l'histoire de leur cité et mirent en forme des récits. Ils revêtaient alors une valeur explicative : récits légendaires ou divins révélant une vérité sacrée, ils étaient liés au religieux, mais aussi au littéraire et à l'Histoire. Le problème de la réalité des mythes, problème contemporain, ne se posait pas alors : aux yeux des Grecs, les personnages mythiques existaient vraiment, leur histoire les éclairait sur eux-mêmes, sur leur société, et les différentes versions d'un même mythe permettaient à chacun de choisir celle qui lui convenait le mieux. J.-P. Vernant parle d'un « imaginaire véridique ».

Du spirituel au culturel

On a découvert l'existence de mythes dans toutes les sociétés, quel que soit le niveau de leur civilisation, quel que soit leur degré de technologie. Et s'ils ont peu à peu perdu leur fonction religieuse, ils demeurent l'héritage culturel par lequel on structure le rapport des collectivités au monde. Ils se différencient des légendes et des contes en ce qu'ils sont tenus pour vrais par les sociétés qui les propagent. En effet, le mythe fournit souvent des explications sur la constitution d'une société et sur ses préoccu-

Page précédente : Bas relief sculpté sur un sarcophage, représentant les neuf muses.

pations: pourquoi elle a institué telle ou telle fête, tel ou tel interdit, etc. Ainsi, toutes les civilisations possèdent un mythe sur la création du monde et l'apparition des hommes, sur celle des inégalités de toutes sortes, sur l'origine des maladies, de la mort, etc. Le mythe entretient aussi une relation avec les rites, et la question de savoir qui, du rite ou du mythe, engendre l'autre, n'est toujours pas résolue.

Symbole de la création de l'agriculture: Déméter en compagnie de Perséphone, remet le premier épi de blé à Triptolème.

L'interprétation des mythes

Aujourd'hui, le mythe continue de retenir l'attention des chercheurs et plusieurs écoles s'affrontent. Ainsi, pour Malinowski et les anthropologistes*, un mythe n'a pas pour fonction de répondre à une curiosité scientifique et d'expliquer quoi que ce soit, « mais de justifier, de renforcer, de codifier les ressorts de l'organisation sociale ». Levi-Strauss, G. Durand et les structuralistes* confrontent plusieurs mythes, isolent les différents niveaux de leur emploi (géographique, sociologique, économique, etc.) et tentent d'en dégager le substrat commun; Freud et ses disciples ont trouvé dans le mythe d'Œdipe une compréhension du fonctionnement de l'inconscient. Pour J.-P. Vernant, un mythe est « une croyance non fondée en réalité et en vérité qui mobilise des sentiments très forts, des convictions, des attitudes et des comportements collectifs », comme le mythe de la technologie au XXe siècle.

Littérature et mythe

De tous temps, et encore aujourd'hui, les mythes ont inspiré les écrivains et suscité de nouvelles versions. Orphée, Antigone, Électre, Héraclès, Ulysse, Médée… tous ces héros n'ont cessé de nourrir la littérature. À chaque siècle, à chaque mouvement littéraire, correspond un mythe de prédilection. Le XXe siècle a choisi Électre, Antigone, Sisyphe; les romantiques ont préféré les figures de Prométhée ou de Faust. De nombreux auteurs contemporains, comme M. Tournier, font de l'étude des mythes le centre de leur univers littéraire.

Hercule combattant le lion.

Représentation grecque antique d'Œdipe et le Sphinx.

Le mythe d'Œdipe

Fils de Jocaste et de Laïos, roi de Thèbes, Œdipe, petit enfant, est éloigné de sa ville natale parce qu'un oracle a prédit à ses parents qu'il tuerait un jour son père et épouserait sa mère. Élevé par Polybe, roi de Corinthe, Œdipe ignore tout de ses véritables parents. Adulte, il se rend à Thèbes et, sur la route, lors d'une querelle, tue un homme. Arrivé aux portes de la ville, il résout l'énigme du Sphinx. Il devient alors roi de Thèbes dont il épouse la reine, veuve depuis peu. Il découvre bien plus tard que la funeste prédiction s'est effectivement accomplie. Sans le savoir, il a tué sur la route son père Laïos et épousé sa mère, Jocaste. Son crime révélé, il se punit lui-même, se crève les yeux et s'exile.

D'*Œdipe-Roi* de Sophocle au complexe d'Œdipe freudien, le mythe d'Œdipe figure la complexité de l'être humain. À travers ces lieux de passage, l'histoire du roi thébain se modifie, au cours des siècles, tout en restant semblable : il s'agit là de la figure de l'homme, pris dans un engrenage d'événements qui font son malheur et son identité. Ainsi, le mythe d'Œdipe meurt et renaît sans cesse, pour continuer à raconter, sous d'autres formes et par des langages nouveaux, l'histoire de cette recherche de soi.

AUX ORIGINES…

Œdipe-Roi est la première tragédie de Sophocle (ve siècle av. J.-C.) mettant en scène la Thébaïde[1]. Un homme y apprend son destin et son identité en faisant sur lui-même une enquête[2].

Œdipe-Roi

SOPHOCLE

Polybe, qu'Œdipe croit encore être son véritable père, est mort de vieillesse. L'oracle se serait-il trompé ?

ŒDIPE. – Le fait certain, c'est qu'à cette heure Polybe est dans les Enfers avec tout ce bagage d'oracles sans valeur.

JOCASTE. – N'était-ce donc point là ce que je te disais depuis bien longtemps ?

ŒDIPE. – Assurément, mais la peur m'égarait.

JOCASTE. – Alors ne te mets plus rien en tête pour eux.

ŒDIPE. – Et comment ne pas craindre la couche de ma mère ?

JOCASTE. – Et qu'aurait donc à craindre un mortel, jouet du destin, qui ne peut rien prévoir de sûr, vivre au hasard, comme on le peut, c'est de beaucoup le mieux encore. Ne redoute pas l'hymen d'une mère : bien des mortels ont déjà dans leurs rêves partagé le lit maternel. Celui qui attache le moins d'importance à de pareilles choses est aussi celui qui supporte le plus aisément la vie.

ŒDIPE. – Tout cela serait fort bon, si ma mère n'était vivante. Mais tant qu'elle vit, tu auras beau parler, et bien parler, fatalement, moi, je dois craindre.

JOCASTE. – C'est un immense allègement pourtant que de savoir ton père dans la tombe.

ŒDIPE. – Immense, je le sens. Mais la vivante ne m'en fait pas moins peur.

LE CORINTHIEN. – Mais quelle est donc, dis-moi, la femme qui vous cause une telle épouvante ?

ŒDIPE. – C'est Mérope, vieillard, l'épouse de Polybe.

LE CORINTHIEN. – Et d'où vient la peur qu'elle t'inspire ?

ŒDIPE. – D'un oracle des dieux effroyable, étranger.

LE CORINTHIEN. – Peux-tu le dire ? ou bien doit-il rester secret ?

ŒDIPE. – Nullement. Loxias m'a déclaré jadis que je devais entrer dans le lit de ma mère et verser de mes mains le sang de mon père. C'est pourquoi, depuis longtemps, je m'étais fixé bien loin de Corinthe – pour mon bonheur, sans doute, bien qu'il soit doux de voir les yeux de ses parents.

Sophocle, *Œdipe-Roi*, trad. P. Mazon, Éd. des Belles Lettres, 1958.

1. C'est-à-dire l'histoire de la famille thébaine.
2. Parce que la cité est malade, et qu'un oracle révèle que cette maladie est due à un meurtre, Œdipe, le roi épris de justice, enquête. Il trouvera qu'il est la cause du processus, parricide et régicide (il a tué le roi Laïos), et comprendra qu'il est incestueux (il a épousé sa mère Jocaste dont il a eu quatre enfants : Étéocle, Polynice, Antigone et Ismène).

ŒDIPE À TRAVERS LES ÂGES

Œdipe

CORNEILLE

Marqué par la faute, l'Œdipe de Corneille s'obstine dans l'erreur parce qu'il mène une quête personnelle en oubliant ses devoirs de roi. Il n'accèdera au salut qu'en s'exilant, sauvant ainsi la cité.

Mon souvenir n'est plein que d'exploits généreux ;
Cependant je me trouve inceste et parricide,
Sans avoir fait un pas que sur les pas d'Alcide[1],
Ni recherché partout que lois à maintenir,
Que monstres à détruire, et marchands à punir.
Aux crimes malgré moi l'ordre du ciel m'attache ;
Pour m'y faire tomber à moi-même il me cache ;
Il offre, en m'aveuglant sur ce qu'il a prédit,
Mon père à mon épée, et ma mère à mon lit.
Hélas ! qu'il est bien vrai qu'en vain on s'imagine
Dérober notre vie à ce qu'il nous destine !
Les soins de l'éviter font courir au-devant,
Et l'adresse à le fuir y plonge plus avant.
Mais si les dieux m'ont fait la vie abominable,
Ils m'en font par pitié la sortie honorable,
Puisque enfin leur faveur mêlée à leur courroux
Me condamne à mourir pour le salut de tous,
Et qu'en ce même temps qu'il faudrait que ma vie
Des crimes qu'ils m'ont fait traînât l'ignominie,
L'éclat de ces vertus que je ne tiens pas d'eux
Reçoit pour récompense un trépas glorieux.

1. Alcide, c'est Hercule, le héros demi-dieu.

Corneille, *Œdipe*, Acte V, scène V, 1659.

Œdipe et le Sphinx

INGRES

Œdipe et le Sphinx, *musée du Louvre.*

L'Interprétation des rêves

FREUD

Dans L'Interprétation des rêves, *Sigmund Freud, en 1900, compare la tragédie de Sophocle à la manière dont les hommes détournent les yeux des scènes et des désirs de leur enfance. Cette première formulation du complexe d'Œdipe sera promise à un grand avenir…*

Si Œdipe-Roi émeut autant le lecteur ou l'acteur moderne que les contemporains de Sophocle, ne peut-on admettre que l'accent poignant de la tragédie grecque ne dépend pas de la lutte de l'homme contre le Destin, mais de la nature même de l'homme en qui se livre ce combat ? Sans doute une voix en nous nous prédispose à reconnaître la force contraignante du Destin. […] Et, en réalité, il est un thème de l'histoire du Roi Œdipe qui explique la sentence de cette voix intérieure. Sa destinée nous émeut seulement parce qu'elle aurait pu être nôtre, parce que l'oracle qui a présidé à notre naissance fait peser sur nous et sur lui la même malédiction. Peut-être sommes-nous tous condamnés à diriger vers notre mère nos premières pulsions sexuelles ; peut-être sommes-nous tous condamnés à diriger vers notre père nos premières pulsions de haine, nos premiers désirs d'opposition ; et peut-être sont-ce nos rêves qui nous révèlent ce que nous sommes. Le Roi Œdipe, tuant son père Laïus et épousant sa mère Jocaste, ne fit rien d'autre que satisfaire un désir – le désir de notre enfance. […] Mettant en pleine lumière la culpabilité d'Œdipe, le poète nous force à prendre conscience de notre Moi profond, où dorment toujours, quoique refoulées, les mêmes pulsions. Comme Œdipe, nous vivons ignorants des désirs qui font outrage à la moralité, ces désirs que la Nature nous a imposés et qui, une fois dévoilés à notre conscience, nous font détourner les yeux des scènes de notre enfance.

Freud, *L'Interprétation des rêves*, 1900.
Trad. Mayerson, Éd. revue par le Dr. Berger, PUF, 1967.

Activités

1. **Documentez-vous sur le mythe d'Œdipe et sur ses diverses représentations.**
2. **En quoi la vision d'Œdipe par Corneille est-elle une vision chrétienne ?**
3. **En quoi le texte de Freud est-il une sorte de réécriture théorique de celui de Sophocle ?**
4. **Réfléchissez à la manière dont cette histoire est « passée » dans le langage courant : quand a-t-on communément recours à Œdipe de nos jours et pour dire quoi ?**
5. **Lire les textes de : Voltaire [voir p. 256], Biancollelli [voir p. 257], le mythe d'Antigone [voir p. 20].**

Fresque romaine représentant Antigone

Le mythe d'Antigone

Le mythe d'Antigone est lié à celui d'Œdipe. Comme sa sœur Ismène et ses deux frères Étéocle et Polynice, elle est en effet le fruit du mariage incestueux d'Œdipe avec sa propre mère Jocaste [voir p. 16]. Polynice et Étéocle se sont entretués dans leur lutte pour la royauté de Thèbes. Étéocle, qui avait été désigné pour régner, est dignement enterré. Polynice, considéré comme traître, reste sans sépulture.

Antigone incarne pour la postérité la révolte de la conscience contre une loi jugée injuste. Elle est l'une des figures les plus fortes de la rébellion de l'individu contre les lois érigées par les hommes.

AUX ORIGINES…

Sophocle (496-406 avant J.-C.) consacre une trilogie à cette famille victime de la fatalité : *Œdipe Roi*, *Antigone*, *Œdipe à Colone*. Créon, oncle des enfants d'Œdipe et régent de Thèbes, a interdit l'inhumation de Polynice, responsable de la guerre où les deux frères ont trouvé la mort. Antigone, malgré l'interdiction sous peine de mort d'enterrer Polynice, procède aux rites funéraires qui permettront à son frère de gagner le séjour des morts.

Antigone

SOPHOCLE

Créon découvre qu'Antigone a bravé son interdiction…

CRÉON. – Et toi, maintenant, réponds-moi, sans phrases, d'un mot. Connaissais-tu la défense que j'avais fait proclamer ?

ANTIGONE. – Oui, je la connaissais : pouvais-je l'ignorer ? Elle était des plus claires.

CRÉON. – Ainsi tu as osé passer outre à ma loi ?

ANTIGONE. – Oui, car ce n'est pas Zeus qui l'avait proclamée ! ce n'est pas la Justice, assise aux côtés des dieux infernaux ; non, ce ne sont pas là les lois qu'ils ont jamais fixées aux hommes, et je ne pensais pas que tes défenses à toi fussent assez puissantes pour permettre à un mortel de passer outre à d'autres lois, aux lois non écrites, inébranlables, des dieux ! Elles ne datent, celles-là, ni d'aujourd'hui ni d'hier, et nul ne sait le jour où elles ont paru. Ces lois-là, pouvais-je donc, par crainte de qui que ce fût, m'exposer à leur vengeance chez les dieux ? Que je dusse mourir, ne le savais-je pas ? et cela, quand bien même tu n'aurais rien défendu. Mais mourir avant l'heure, je le dis bien haut, pour moi, c'est tout profit : lorsqu'on vit comme moi, au milieu de malheurs sans nombre, comment ne pas trouver de profit à mourir ? Subir la mort pour moi n'est pas une souffrance. C'en eût été une, au contraire, si j'avais toléré que le corps d'un fils de ma mère n'eût pas, après sa mort, obtenu un tombeau. De cela, oui, j'eusse souffert ; de ceci je ne souffre pas. Je te paraîs sans doute agir comme une folle. Mais le fou pourrait bien être celui même qui me traite de folle.

Sophocle, *Antigone*, Trad. P. Mazon, Éd. des Belles Lettres, 1962.

ANTIGONE À TRAVERS LES ÂGES

Antigone

ANOUILH

Jean Anouilh (1910-1987) fait jouer Antigone *en 1944. Il reprend dans cette scène la situation décrite par Sophocle, mais dans une perspective politique contemporaine.*

Guy Tréjan (Créon) et Dolores Torres (Antigone), dans une mise en scène contemporaine de la pièce de J. Anouilh.

CRÉON. – Pourquoi as-tu tenté d'enterrer ton frère ?

ANTIGONE. – Je le devais.

CRÉON. – Je l'avais interdit.

ANTIGONE, *doucement.* – Je le devais tout de même. Ceux qu'on n'enterre pas errent éternellement sans jamais trouver de repos. Si mon frère vivant était rentré harassé d'une longue chasse, je lui aurais enlevé ses chaussures, je lui aurais fait à manger, je lui aurais préparé son lit… Polynice aujourd'hui a achevé sa chasse. Il rentre à la maison où mon père et ma mère, et Étéocle aussi, l'attendent. Il a droit au repos.

CREON. – C'était un révolté et un traître, tu le savais.

ANTIGONE. – C'était mon frère.

CREON. – Tu avais entendu proclamer l'édit aux carrefours, tu avais lu l'affiche sur tous les murs de la ville ?

ANTIGONE. – Oui.

CREON. – Tu savais le sort qui y était promis à celui, quel qu'il soit, qui oserait lui rendre les honneurs funèbres ?

ANTIGONE. – Oui, je le savais.

CREON. – Tu as peut-être cru que d'être la fille d'Œdipe, la fille de l'orgueil d'Œdipe, c'était assez pour être au-dessus de la loi.

ANTIGONE. – Non. Je n'ai pas cru cela.

CREON. – La loi est d'abord faite pour toi, Antigone, la loi est d'abord faite pour les filles des rois !

Anouilh, *Antigone*, Éd. La Table Ronde, 1946.

Antigone

BRECHT

Revenu d'exil après la chute du nazisme, le dramaturge et poète allemand Bertold Brecht (1898-1956) fait représenter en 1948 une Antigone *adaptée de Sophocle d'après la traduction de Hölderlin (1770-1843).*

CRÉON. – Reconnais-tu l'avoir fait ou le nies-tu ?
ANTIGONE. – Je reconnais l'avoir fait et ne le nie pas.
CRÉON. – Alors dis-moi encore, sans phrases, brièvement :
Sais-tu ce qui a été proclamé,
Dans toute la cité, au sujet de ce mort ?
ANTIGONE. – Je le savais. Comment l'ignorer ? C'était très clair.
CRÉON. – Tu as osé enfreindre mon décret ?
ANTIGONE. – Parce qu'il était le tien, celui d'un mortel.
Un mortel peut l'enfreindre, et je suis simplement
Un peu plus mortelle que toi. Mourir avant l'heure
– ce qui, je pense, va m'arriver – je dis que j'y gagnerai.
À ceux qui comme moi vivent une vie malheureuse,
La mort n'est-elle pas de quelque profit ? Qui plus est,
Quel tourment j'aurais éprouvé, si j'avais laissé le mort,
Enfant de la même mère que moi, sans sépulture ! Mais rien
Maintenant qui me tourmente. Les dieux ne veulent pas voir
Le corps déchiqueté que la terre ne recouvre pas.
Mais s'il te semble que j'ai perdu le sens
De craindre leur colère et non la tienne,
Qu'un insensé alors soit maintenant mon juge !

Brecht, *Antigone*, 1948. Trad. M. Regnaut, Éd. de L'Arche, 2000.

Activités

1. **Comparez les trois traitements différents de cette même scène. Les variations stylistiques modifient-elles le sens de la scène ? Justifiez vos réponses.**
2. **Documentez-vous sur les différentes mises en scènes de ces pièces. En quoi une mise en scène contemporaine de ce mythe fait-elle sens aux époques où Anouilh et Brecht choisissent de la jouer ?**
3. **Faites une recherche sur le mode de fonctionnement du mythe pour comprendre pourquoi sa propriété est précisément d'être adaptable à toutes les époques.**

Prométhée façonnant les hommes de ses mains avec de la glaise : l'une des versions du mythe.

Le mythe de Prométhée

Le nom grec de ce Titan (Prometheus) signifie « celui qui voit en avant ». Aimant les hommes, il déroba aux dieux le feu pour le leur donner, ce qui lui valut d'être enchaîné au sommet du Caucase, condamné à se faire ronger le foie, qui repoussait sans cesse, par un gigantesque vautour. En tuant le rapace, Héraclès (Hercule) le délivra.

Certaines légendes font de Prométhée le créateur de l'homme qu'il aurait façonné avec de la terre glaise; d'autres le présentent comme celui qui aurait enseigné aux hommes les savoirs fondamentaux de la civilisation: construction, chasse, écriture, etc. Dans tous les cas et pour la postérité, Prométhée reste une figure de la révolte humaine contre la tyrannie des dieux et de la matière.

AUX ORIGINES…

Après être apparue dans Hésiode *(La Théogonie ; Les Travaux et les jours)*, la figure de Prométhée fut reprise au Ve siècle avant J.-C. par le dramaturge Eschyle dans *Prométhée enchaîné*.

Prométhée enchaîné

ESCHYLE

Zeus a chargé Héphaïstos (Vulcain) de clouer le rebelle sur son rocher. Les Océanides, puis Océanos, Io et Hermès (Mercure) réconfortent le malheureux, mais lui conseillent de se soumettre. Il refuse, et, libre dans son orgueil, sûr d'être délivré, il périra sous les rocs qui s'écroulent sur lui.

Parlé.

Il faut porter d'un cœur léger le sort qui vous est fait et comprendre qu'on ne lutte pas contre la force du Destin. – Pourtant taire ces maux m'est aussi impossible que ne pas les taire. Oui, c'est pour avoir fait un don aux mortels que je ploie sous ce joug de douleurs, infortuné ! Un jour, au creux d'une férule[1], j'emporte mon butin, la semence de feu par moi dérobée, qui s'est révélée pour les hommes un maître de tous les arts, un trésor sans prix. Voilà les fautes dont je paie la peine aux dieux, dans ces liens qui me clouent ici à la face du Ciel !

Animé.

Ah ! ah ! quel parfum invisible a volé jusqu'à moi ? Vient-il d'un dieu ? d'un homme ? d'un être tenant de tous deux ? À ce roc, frontière du monde, on vient donc contempler mes maux ? ou bien que me veut-on ? Ah ! voyez enchaîné un dieu misérable !

Mélodrame.

C'est l'ennemi de Zeus, c'est celui qui a encouru la haine de tous les dieux qui fréquentent le palais de Zeus, pour avoir trop aimé les hommes ! – Ah ! ah ! encore ! Quel bruissement d'oiseaux entends-je près de moi ? À un battement d'ailes légères l'éther répond en sifflant. Toute approche m'emplit de crainte !

Eschyle, *Prométhée enchaîné*, Trad. P. Mazon, Éd. des Belles Lettres, 1969.

1. Plante méditerranéenne odorante aux racines énormes.

PROMÉTHÉE À TRAVERS LES ÂGES

Prometheus

GOETHE

Prométhée enchaîné, *huile sur bois de Briton Rivière (1840-1920)*

Goethe **[voir pp. 236 et 283]** *écrit un* Prométhée (Prometheus) *en 1773, qui ne sera publié qu'en 1878. Ici, Prométhée déclare à Mercure qu'il ne redoute plus les dieux et ne reconnaît que le Destin. Il repousse la proposition de son frère Épiméthée de prendre place parmi les Immortels sur l'Olympe ainsi qu'une tentative de conciliation faite par Minerve. Il s'affirme comme un révolté luttant pour la liberté.*

Moi, t'honorer ? À quel titre ?
Que j'allais haïr l'existence,
Me retirer dans les déserts
Parce que toutes les fleurs de mes rêves
Ne venaient pas à fruit ?

C'est ici que je demeure, formant des hommes
À mon image,
Une race à ma ressemblance
Pour souffrir, pour pleurer,
Pour goûter les plaisirs et les joies,
Et t'avoir en mépris,
Comme moi !
Minerve entre pour tenter encore une conciliation.
Fin de *Prométhée.*

Goethe, *Prometheus*, 1773.
Trad. L. Ernault revue par G.-A. Goldschmidt, Éd. Gallimard, 1972.

Prométhée délivré

SHELLEY

Le drame lyrique, Prométhée délivré (Prometheus unbound), *du poète anglais Shelley (1792-1822), reprend le thème de la révolte mis en scène par Goethe. À Zeus, symbole du mal, s'oppose Prométhée, sauveur de l'humanité, qui attend patiemment l'heure où Zeus sera détrôné et où triomphera l'esprit du Bien.*

PROMÉTHÉE. – Monarque des Dieux, des Génies, et de tous les Esprits, sauf Un, qui emplissent ces mondes lumineux menant leur ronde, que Toi et Moi, seuls des êtres vivants, contemplons de nos yeux sans sommeil ! Regarde cette Terre, où fourmillent tes esclaves, que tu récompenses de leurs agenouillements, de leurs prières, leurs louanges, leur labeur, et du sacrifice d'innombrables cœurs brisés, par la crainte, le mépris d'eux-mêmes, et un stérile espoir. Moi, au contraire, qui suis ton ennemi, tu m'as, dans l'aveuglement de ta haine, fait régner et triompher, pour ton humiliation, sur mon propre malheur et ta vaine vengeance. Trois mille ans d'heures sans le refuge du sommeil, et des moments toujours traversés de douleurs aiguës, jusqu'à paraître des années ; les tortures, la solitude, le mépris, le désespoir : tel est mon empire – bien plus glorieux que celui que tes yeux embrassent, de ton trône que nul n'envie, ô Dieu Puissant ! Tu serais tout-puissant, si j'avais daigné partager la honte de ta tyrannie malfaisante, et n'étais pas suspendu ici, cloué à ce mur d'une montagne qui défie les ailes de l'aigle, noire, glaciale, morte, immense ; sans herbe, insecte ni bête, sans forme animée ni bruit vivant. Malheureux que je suis ! Hélas ! douleur, douleur toujours, à tout jamais !

Shelley, *Prométhée délivré*, Acte I, 1820.
Trad. Cazamian, Éd. Aubier-Flammarion, 1968.

Activités

1. **Comparez ces trois extraits. En quoi Prométhée est-il une figure de l'Homme par excellence ?**
2. **Relevez et commentez les traits de caractère que les trois auteurs ont choisi de faire ressortir chez le héros.**
3. **Documentez-vous sur le mythe de Prométhée et la façon dont il a été traité par les écrivains. Vous pourrez notamment consulter les œuvres suivantes : *Prométhée ou Le Caucase* de Lucien de Samosate ; *La estatua de Prometeo* de Calderon de la Barca ; *Il Prometeo* de Vincenzo Monti ; *Prométhée et Épiméthée*, *Prométhée le patient* de Karl Spitteler ; *Le Prométhée mal enchaîné* de André Gide.**

Ulysse et les sirènes : l'un des épisodes célèbres du mythe.

Le mythe d'Ulysse

La personnalité houleuse d'Ulysse et ses très nombreuses aventures font de lui le personnage antique le plus connu. Il apparaît dans les deux épopées d'Homère, l'*Iliade,* et l'*Odyssée,* qui lui est entièrement consacrée. Figure de l'intelligence et de la ruse dans l'*Iliade* (il imagine le Cheval de Troie), il devient dans l'*Odyssée* le symbole du voyageur errant, qui finit par revenir chez lui, à Ithaque. Parmi les épisodes les plus célèbres de son voyage : Calypso, les Cyclopes, Circé, les Sirènes, Nausicaa, l'Arc et les Prétendants.

Personnage universellement exploité par la littérature, il traverse tous les genres et toutes les époques, symbole de l'intelligence, de la sagesse, de l'errance, etc., au gré des écritures.

AUX ORIGINES…

Dans l'*Odyssée* d'Homère (VIIIe siècle avant J.-C.), Ulysse descend aux Enfers (le séjour des morts) où il commence par rencontrer le devin Tirésias. Celui-ci lui prédit son avenir.

L'Odyssée

HOMÈRE

Alors survint l'âme du Thébain Tirésias, le sceptre d'or en main. Il me reconnut et me dit : « Descendant de Zeus, fils de Laërte, Ulysse aux mille expédients, pourquoi donc, malheureux, quittant la lumière du soleil, es-tu venu voir les morts et la région sans joie ? Mais éloigne-toi de la fosse, écarte la pointe de ton épée, que je boive du sang et te dise la vérité. » Il parlait ainsi ; moi, je m'éloignai et remis au fourreau mon épée aux clous d'argent. Quand il eut bu le sang noir[1], l'irréprochable devin m'adressa ces paroles : « C'est le retour doux comme le miel que tu cherches, glorieux Ulysse ; mais un dieu te le rendra pénible ; car l'Ébranleur de la terre[2] ne te laissera point passer, je pense ; il a conçu en son cœur de la rancune contre toi ; il t'en veut d'avoir ôté la vue à son cher fils[3]. Mais, malgré sa colère, vous pourriez encore, au prix d'épreuves, arriver chez vous, si tu veux contenir ton cœur et celui de tes compagnons, dès l'instant où tu approcheras ton vaisseau bien charpenté de l'île du Trident[4], après avoir échappé à la mer violette, quand vous y trouverez au pacage[5] les vaches et les robustes moutons d'Hélios, qui voit tout et entend tout. Si tu ne leur fais aucun mal, si tu penses à votre retour, vous pourrez encore, non sans souffrir, atteindre Ithaque ; mais si tu les endommages, alors je te prédis la perte de ton vaisseau et de tes compagnons ; et toi, si tu échappes au trépas, tu rentreras tard, en triste état, après avoir perdu tous tes compagnons, sur un vaisseau étranger ; tu trouveras en ta maison de quoi te peiner ; des hommes arrogants, qui dévorent ton bien, en prétendant à ta noble femme et lui offrant des présents de noces. »

Homère, *L'Odyssée*, Chant XI,
Trad. M. Dufour et J. Raison, Éd. Flammarion, 1965.

1. Épithète homérique traditionnelle.
2. Poséïdon, dieu des mers chez les Grecs.
3. Polyphème, le cyclope dont Ulysse creva l'œil unique.
4. Île de Trinacrie. Les anciens pensaient que c'était la Sicile (l'île aux trois promontoires).
5. Terrain où l'on fait paître les bestiaux.

ULYSSE À TRAVERS LES ÂGES

La Divine Comédie

DANTE

La Divine Comédie *(1304-1321) comporte trois parties :* L'Enfer, Le Purgatoire, Le Paradis. *Descendu en Enfer et conduit par Virgile, le Poète rencontre Ulysse parmi les damnés.*

Ô frères, qui, à travers mille périls, êtes parvenus à l'Occident, suivez le soleil, et à vos sens à qui reste si peu de veille, ne refusez l'expérience du monde sans habitants. Pensez à ce que vous êtes : point n'avez été faits pour vivre comme des brutes, mais pour rechercher la vertu et la connaissance ». Par ces brèves paroles j'excitai tellement mes compagnons à continuer leur route, qu'à peine ensuite aurais-je pu les retenir. La poupe tournée vers le levant, des rames nous fîmes des ailes pour follement voler, gagnant toujours à gauche. Déjà, la nuit, je voyais toutes les étoiles de l'autre pôle, et le nôtre si bas que point il ne s'élevait au-dessus de l'onde marine. Cinq fois la lune avait rallumé son flambeau, et autant de fois elle l'avait éteint, depuis que nous étions entrés dans la haute mer, quand nous apparut une montagne, obscure à cause de la distance, et qui me sembla plus élevée qu'aucune autre que j'eusse vue. Nous nous réjouîmes, et bientôt notre joie se changea en pleurs, de la nouvelle terre un tourbillon étant venu, qui par devant frappa le vaisseau. Trois fois il le fit tournoyer avec toutes les eaux ; à la quatrième, il dressa la poupe en haut, et en bas il enfonça la proue, comme il plut à un autre, jusqu'à ce que la mer se refermât sur nous. »

Dante, *La Divine Comédie*, 1304-1321.

Activités

1. **Comparez ces trois textes. Quel aspect chaque auteur a-t-il choisi de faire ressortir ? Dans quel but ?**
2. **Documentez-vous sur le mythe d'Ulysse pour savoir quelles aventures du héros ont été davantage exploitées que les autres et pourquoi. Vous pourrez vous appuyer sur : *Ajax* ou *Philoctète* de Sophocle ; *Hécube* d'Euripide ; *Ulysse* de Joyce ou encore les adaptations cinématographiques ou le dessin animé *Ulysse 31*.**

La Guerre de Troie n'aura pas lieu

GIRAUDOUX

En 1935, à quelques années de la Seconde Guerre mondiale, Jean Giraudoux (1882-1944) fait jouer La Guerre de Troie n'aura pas lieu. *À deux scènes de la fin, le Troyen Hector et Ulysse, l'ambassadeur des Grecs, tentent dans une ultime négociation d'éviter la guerre.*

HECTOR. – Et nous sommes prêts pour la guerre grecque ?

ULYSSE. – À un point incroyable. Comme la nature munit les insectes dont elle prévoit la lutte, de faiblesses et d'armes qui se correspondent, à distance, sans que nous nous connaissions, sans que nous nous en doutions, nous nous sommes élevés tous deux au niveau de notre guerre. Tout correspond de nos armes et de nos habitudes comme des roues à pignon. Et le regard de vos femmes, et le teint de vos filles sont les seuls qui ne suscitent en nous ni la brutalité ni le désir, mais cette angoisse du cœur et de la joie qui est l'horizon de la guerre. Frontons[1] et leurs soutaches[2] d'ombre et de feu, hennissements des chevaux, péplums disparaissant à l'angle d'une colonnade, le sort a tout passé chez vous à cette couleur d'orage qui m'impose pour la première fois le relief de l'avenir. Il n'y a rien à faire. Vous êtes dans la lumière de la guerre grecque.

HECTOR. – Et c'est ce que pensent aussi les autres Grecs ?

ULYSSE. – Ce qu'ils pensent n'est pas plus rassurant. Les autres Grecs pensent que Troie est riche, ses entrepôts magnifiques, sa banlieue fertile. Ils pensent qu'ils sont à l'étroit sur du roc. L'or de vos temples, celui de vos blés et de votre colza, ont fait à chacun de nos navires, de nos promontoires, un signe qu'il n'oublie pas. Il n'est pas très prudent d'avoir des dieux et des légumes trop dorés.

Giraudoux, *La Guerre de Troie n'aura pas lieu*,
Livre de Poche, 1972.

1. Couronnement d'un édifice formé par deux éléments de corniche obliques.
2. Bordures.

CHIRICO

Le Retour d'Ulysse

Giorgio Chirico (1888-1978). Toile de 1973.

CARITATEM
HETE. HVM
ILITATEM
SERVATE
PAVPERT
ATEM VO
LVNTARI
AM POSSI
DETE MALE
POSSESSIONES
ORDINE.
ITIVM EV
SIC SCP
A. ECCE E
MICTO A
LVM MEV
CLAMATIS

Le Moyen Âge

LES SIÈCLES OBSCURS ?

Le Moyen Âge couvre une période de dix siècles. Il s'étend de la chute de l'Empire Romain d'Occident en 476 jusqu'à la prise de Constantinople par les Turcs en 1453. Après un déclin du monde chrétien confronté aux invasions renouvelées de barbares venus de l'est, à l'insécurité, à la famine, aux épidémies, un redressement s'amorce, sous le règne de Charlemagne. Puis, à partir du Xe siècle, on assiste à une expansion économique et démographique du monde féodal : amélioration des techniques, de la productivité agricole, développement des défrichements de terres et du commerce, essor des villes.

Croisé tel qu'ils étaient représentés au XIIe siècle.

Cinq siècles de guerres

Deux séries de guerres vont influencer les mentalités et la littérature cinq siècles durant. Tout d'abord les Croisades, au nombre de huit entre 1096 et 1270. Elles ont pour but de délivrer le tombeau du Christ (le Saint-Sépulcre) des mains des musulmans. Participer à une croisade procure le salut de l'âme. Les croisades comblent aussi le besoin d'aventure des chevaliers.

Peu après la dernière croisade, commence la Guerre de Cent ans, qui a pour origine la rivalité territoriale de la France et de l'Angleterre : par le jeu des alliances royales et celui de l'hérédité, celle-ci possède une grande partie du territoire aujourd'hui français. Le conflit entre les deux pays durera de 1337 à 1453. C'est Charles VII qui, grâce à Jeanne d'Arc, délivrera finalement le royaume de la présence anglaise.

La société féodale

Elle est fondée sur la relation de vassalité. Deux membres des classes sociales dominantes établissent des liens personnels : lors de la cérémonie de l'hommage, le vassal promet obéissance, fidélité et aide à son suzerain ; en échange, celui-ci doit le protéger. Tout suzerain, excepté le roi, est vassal d'un seigneur plus puissant.

La chevalerie

Les nobles seuls faisant la guerre, le groupe des chevaliers tend

Page précédente : La Madone de L'Ombre de Fra Angélico (1387-1455).

à se confondre avec celui de l'aristocratie terrienne. À partir du XIe siècle, la chevalerie devient un « ordre », fondé sur un rite (l'adoubement*), un mode de vie (tournois, banquets, jeux, guerres), et des valeurs communes : respect du lignage, du serment échangé et de la foi donnée. La violation de cette dernière constitue l'un des crimes majeurs du code de la chevalerie.

Les corporations

Parallèlement à tout cela, l'essor des villes engendre le regroupement des artisans en corporations professionnelles qui réglementent les métiers. Un nouveau patriciat* voit le jour : celui des bourgeois, enrichis par le commerce, qui obtiennent des privilèges juridiques et économiques pour eux et leur ville, au détriment du peuple. Chez les paysans, la distinction hommes libres/serfs disparaît au profit de la classe uniforme des manants.

Sceau d'une corporation de poissonniers.

D'une culture cléricale à une culture laïque

La culture relève de l'Église qui dispense seule l'enseignement, en latin. Les clercs (qui appartiennent à l'Église sans nécessairement être prêtres), qui sont allés à l'université, font figure d'intellectuels. Mais ils sont souvent réduits à la misère. À partir du XIIIe siècle, on assiste au développement des universités, et à celui d'une culture laïque liés à l'expansion de la langue romane [voir p. 39]. Les cours sont aussi le lieu privilégié de propagation de la culture. De château en château, jongleurs, ménestrels*, troubadours, récitent, chantent ou psalmodient des histoires qui constituent un socle culturel commun.

Morale et littérature

Le monde féodal devant surtout sa cohésion à la morale, la littérature occupe, dans le maintien de son unité, une place privilégiée. Elle célèbre donc les valeurs et les déchirements de la société à laquelle elle est destinée. Ainsi, l'épopée exalte les valeurs guerrières. Lorsque l'amour devient le centre des préoccupations chevaleresques, on voit s'épanouir la littérature courtoise qui loue les propos délicats, les attitudes élégantes et les épreuves qu'un chevalier doit endurer pour mériter l'amour de sa dame. La littérature satirique, elle, exerce un regard critique sur la société. Mais l'oralité de la littérature, l'absence de notion d'auteur et de propriété littéraire (les textes subissent moult transformations au gré de l'inspiration des auteurs) rendent difficile de distinguer la part de la tradition de celle de l'invention.

Le Moyen Âge

Le Moyen Âge couvre cette période culturelle riche et variée qui trace la genèse de la littérature, marquée par le passage de l'exaltation guerrière au chant des valeurs courtoises, de l'oralité à la littérature écrite, et de la pluralité de la langue à l'unité du français.

ANONYME

Épopée médiévale anonyme, dont le plus ancien manuscrit connu (Oxford) date sans doute de 1170, *La Chanson de Roland* célèbre une expédition de Charlemagne contre les Maures. On peut distinguer trois parties : « la trahison », « la mort de Roland » et « le châtiment ».

La Chanson de Roland

ÉPOPÉE

L'épopée métamorphose une défaite obscure de l'arrière-garde contre des montagnards basques, où périt réellement un neveu de l'Empereur, en épisode légendaire. Trahi par le félon Ganelon, Roland sonne du cor pour appeler à l'aide.

Le comte Roland a la bouche sanglante, et de son front la tempe s'est rompue ; il sonne de l'olifant[1] avec douleur, avec angoisse. Charles l'entend, et ses Français aussi. Et le roi dit : « Ce cor a longue haleine. » Le duc Naimes répond : « C'est qu'un baron y met toute sa peine ! J'en suis sûr, on livre bataille. Celui-là a trahi Roland, qui vous conseille de vous dérober ! Armez-vous, criez votre cri de guerre, et secourez votre noble maison. Vous avez assez entendu la plainte de Roland ! »

Li quens Rollant ad la buche sanglente ;
De sun cervel rumput en est li temples,
L'olifan[1] sunet a dulor et a peine.
Karles l'oït et ses Franceis l'entendent,
Co dist li reis : « Cel corn ad lunge aleine ! »
Respont dux Neimes : « Baron i fait la peine !
Bataille i ad par le men escientre ;
Cil l'ad traït ki vos en roevet feindre,
Adubez vos, si criez vostre enseigne,
Si sucurez vostre maisnee gente !
Asez oez que Rollant se dementet ! » [2]

L'empereur a fait sonner tous ses cors : les Français mettent pied à terre, ils s'arment de hauberts[3] et de heaumes[4], et d'épées ornées d'or ; ils ont de beaux écus et des épieux grands et solides, des gonfanons[5] blancs, vermeils et bleus. Tous les barons de l'armée remontent sur leurs destriers[6] ; ils piquent des éperons avec ardeur, tant que durent les défilés. Pas un qui ne dise à l'autre : « Si nous voyions Roland avant qu'il ne soit mort, avec lui nous donnerions de grands coups ! » Mais à quoi bon ! ils ont trop tardé.

***La Chanson de Roland*, Trad. A. Cordier, Éd. Larousse, 1935.**

Activités

1. **Relevez les éléments épiques.**
2. **Par quels moyens (lexique, ponctuation, images, etc.) le passage est-il dramatisé ?**
3. **Comparez les dix vers en langue ancienne à leur traduction en français moderne. Quels mots reconnaissez-vous ? Aidez-vous de la traduction pour essayer de comprendre la structure des phrases.**

1. Nom du cor de Roland. Généralement, nom des petits cors que portaient les chevaliers.
2. Le texte reproduit ici est celui du manuscrit d'Oxford (1170 ?).
3. Sorte de cuirasse.
4. Casque en pointe couvrant la tête et le visage, avec deux fentes devant les yeux.
5. Écharpe qui orne la lance d'un chevalier.
6. Cheval de bataille.

La Mort de Roland

HÉROÏSME

La Mort de Roland.
Illustration d'un manuscrit français du XIIe siècle.

Activités

1. **Dégagez la composition du tableau en détaillant les divers éléments, la façon dont ils sont placés et l'importance qui est donnée à chacun. Quels sont les éléments placés au premier plan ? Pourquoi ?**
2. **Comment s'exprime l'héroïsme du preux chevalier Roland ?**

La langue médiévale

La naissance de la langue romane

La langue romane, stade intermédiaire entre le latin et le français, naît au VIIIe siècle lorsque les évêques, en concile à Tours, demandent à leurs prêtres de prêcher désormais en langue vulgaire, la langue du peuple, pour être mieux compris. Le plus ancien texte connu en cette langue est le *Serment de Strasbourg* (prononcé en 842 par Louis le Germanique et Charles le Chauve contre leur frère Lothaire). Mais il existe un grand décalage entre cette langue parlée et le roman écrit, littéraire, qui ne connaît d'abord que les vers, et tend à rivaliser avec le latin, jusque-là langue internationale de communication.

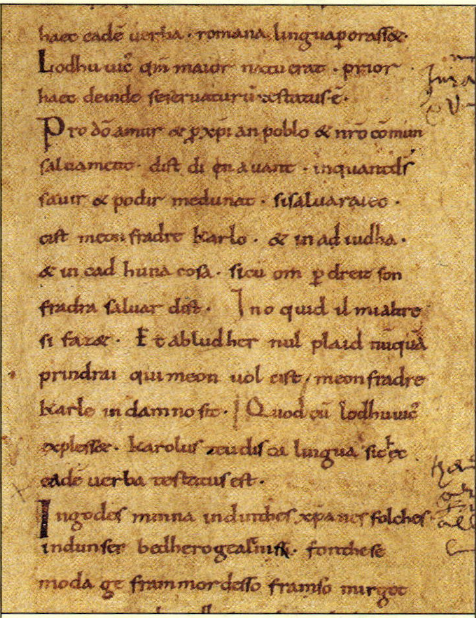

Extrait du manuscrit du Serment de Strasbourg.

Ancien et moyen français

Dès le XIIe siècle, l'ancien français, qui conserve du latin deux cas, le cas sujet et le cas régime (qui comprend tous les compléments), envahit tous les domaines littéraires réservés jadis au latin. À partir du XIVe siècle, les cas latins disparaissent définitivement. Les diphtongues* et les consonnes complexes sont réduites. L'ordre des mots indique désormais la construction des phrases, les prépositions, les articles, et les pronoms voient leur rôle accru. C'est le moyen français.

Langue d'oïl et Langue d'oc

À cette distinction latin/français, s'ajoute celle entre langue d'oïl et langue d'oc. La langue d'oïl, parlée au nord de la Loire, comporte plusieurs dialectes comme le picard, l'anglo-normand, le lorrain, le wallon, le champenois et le francien. La langue d'oc, parlée au sud de la Loire, a déjà statut de langue littéraire. C'est dans l'une de ses formes, le limousin, que s'épanouit la langue des troubadours.

« Pro deo amur et pro christian poblo et nostro commun salvament, d'ist di in avant, in quant deus savir et podir me dunat, si salvarai eo cist meon fradre Karlo, et in adiudha, et in cadhuna cosa, sicum om per dreit son fradra salvar dift. In o quid il mi altresi fazet. Et ab Ludher nul plaid nunquam prindrai qui meon vol cist meon fradre Karle in damno sit. »

Pour l'amour de Dieu et pour le salut commun du peuple chrétien et le nôtre, dorénavant, autant que Dieu me donne savoir et pouvoir, je défendrai mon frère Charles ici présent, et par aide et en chaque chose, comme on doit, en droit, défendre son frère ; à condition qu'il en fasse autant pour moi ; et avec Lothaire je ne traiterai jamais aucun accord qui soit, par ma volonté, au préjudice de mon frère Charles, ici présent.

Extrait du *Serment de Strasbourg*, Serment prononcé par Louis le Germanique et Charles le Chauve, 842.

Activités

1. Faites un dossier sur la littérature (chansons comprises) occitane contemporaine.
2. Cherchez dans cette anthologie des textes qui vous permettent de suivre à travers les siècles les évolutions de la langue. Documentez-vous sur les raisons qui peuvent faire évoluer la prononciation et l'écriture des mots.

ANONYME

La Quête du Saint-Graal appartient à un immense ensemble romanesque en prose, le *Lancelot-Graal*, écrit au XIIIe siècle par des auteurs anonymes à partir des légendes arthuriennes. Le texte est chargé d'un sens spirituel et mystique et s'adresse à un public cultivé imprégné des valeurs courtoises.

Le Saint-Graal

LE MERVEILLEUX

Au début du roman, à la Pentecôte, Galaad, le fils de Lancelot, assiste à l'apparition du Graal en compagnie du roi Arthur et des chevaliers de la Table Ronde réunis pour un tournoi.

Ils étaient tous assis et le silence s'était établi lorsque éclata un coup de tonnerre d'une force et d'une violence telles qu'il leur semblât que le château s'écroulait. Puis aussitôt apparut un rayon de soleil qui répandit dans la salle une éblouissante clarté. Tous ceux qui se trouvaient là furent comme illuminés par la grâce du Saint-Esprit. Ils se regardèrent les uns les autres, se demandant ce qui avait bien pu se produire, mais tous restaient silencieux, incapables de dire un mot. Ils demeurèrent longtemps ainsi sans pouvoir parler, à se regarder comme des bêtes privées de parole. Alors apparut à l'intérieur de la salle le Saint-Graal que recouvrait une étoffe de soie blanche. Personne ne put voir qui le portait. Il entra par la grand-porte et aussitôt la salle fut emplie d'odeurs si suaves qu'il semblait que toutes les senteurs de la terre y avaient été répandues. Le Saint-Graal passa dans la salle en faisant le tour de chaque table et, chaque fois qu'il passait, apparaissaient à chaque place les mets que chacun désirait. Puis, quand tous furent servis, le Saint-Graal disparut. Nul ne put voir ce qu'il était devenu et où il était parti. Ils retrouvèrent aussitôt l'usage de la parole et la plupart louèrent le Seigneur et le remercièrent de l'honneur insigne qu'il leur avait fait en les rassasiant de la grâce du Saint-Vase.

***La Quête du Saint-Graal*, Début du XIIIe.**
Trad. E. Baumgartner, Éd. H. Champion, 1979.

Activités

1. **Relevez et analysez les éléments de théâtralisation de cette scène (mise en place du décor, attitudes des personnages, indications de gestes et d'expressions, etc.).**
2. **Quels sont les éléments constitutifs du merveilleux ?**
3. **Documentez-vous sur les romans de la Table ronde et la quête du Graal.**

MARIE DE FRANCE

Marie de France compose ses lais entre 1160 et 1178 environ. On appelle lai tout récit court en vers, accompagné à l'origine à la harpe. Chez Marie de France, ils oscillent entre une centaine et un millier de vers. Son recueil, *Les Lais,* emprunte ses sujets aux légendes arthuriennes. Le thème commun à tous les récits est l'aventure amoureuse.

Le lai du Chèvrefeuille

POÉSIE AMOUREUSE

Le Lai du Chèvrefeuille relate l'histoire de Tristan et Iseut en 118 vers (rimés dans le texte original). En voici le début.

Il a été proclamé aux barons de se rassembler à Tintagel : le roi veut y tenir sa cour. Ils y seront tous à la Pentecôte, il y aura joyeuse fête, et la reine y assistera. En apprenant la chose, Tristan se réjouit fort : elle ne pourra s'y rendre sans qu'il la voie passer. Le jour où le roi s'est mis en route, Tristan a regagné la forêt. Il sait le chemin que le cortège doit emprunter, et il y plante une branche de coudrier qu'il a fendue en deux et taillée en planchette. Quand il a préparé le morceau de bois, il y grave son nom avec son couteau : si la reine le remarque – et elle y fait attention (ce n'est pas la première fois qu'ils communiquent de cette manière) –, elle reconnaîtra, en le voyant, l'ouvrage de son ami. Voici le contenu de l'écrit qu'il lui avait envoyé par message : il est dans ces lieux depuis longtemps, il reste à l'attendre et à guetter sa venue, afin de ne pas manquer l'occasion de la rencontrer, car il ne peut absolument pas vivre sans elle. Il en est de leur couple comme du chèvrefeuille qui se fixe au coudrier : une fois qu'il s'enlace et se noue autour de l'arbuste, ils peuvent vivre ensemble fort longtemps, mais si on veut les séparer, le coudrier ne tarde pas à mourir, et le chèvrefeuille ne lui survit pas. « Bien-aimée, ainsi de nous : ni vous sans moi, ni moi sans vous. »

Marie de France, « Le lai du chèvrefeuille » in *Les Lais,* XIIe siècle.
Trad. J.-C. Payen, Éd. Garnier, 1989.

Activités

1. **Quel est le point de vue du narrateur ? Qui est-il ?**
2. **Retranscrivez ce dialogue au style direct en faisant parler le narrateur.**
3. **Étudiez la signification de la comparaison avec le chèvrefeuille.**

BÉROUL

Les romans de Tristan, attribués principalement à Béroul, sont composés dans la seconde moitié du XIIe siècle et proviennent des légendes bretonnes. Reconstituée par les médiévistes à partir de fragments épars, la passion fatale de Tristan et Iseut est devenue un mythe universel.

Tristan et Iseut

MORALE

Béroul rattache l'histoire de Tristan et Iseut à celle des légendes arthuriennes : Iseut, promise au roi Marc, et Tristan, ont bu, par mégarde, le philtre d'amour destiné aux futurs mariés. Devenus amants, dénoncés, ils se réfugient dans une forêt où le roi Marc les découvre au cours d'une chasse.

« Mon Dieu, murmura-t-il, est-ce possible ? Mes yeux ne me mentent pas. Seigneur ! je ne sais que faire : les tuer ou partir ? Il y a longtemps qu'ils vivent en forêt. J'ai raisonnablement toutes les raisons de croire que s'ils s'aimaient d'amour insensé, ils seraient nus. Et il n'y aurait pas cette épée entre eux. Ils se comporteraient autrement. Je voulais leur mort : je ne les toucherai pas et renonce à ma colère.

Ils n'ont souci de fol amour. Je ne les frapperai pas : ils dorment. Si je faisais le moindre geste brutal, je serais gravement coupable, et si j'éveille cet homme assoupi et que l'un de nous tue l'autre, ce sera bien triste rencontre. Je leur laisserai des indices pour qu'à leur réveil, ils sachent bien qu'on les a découverts alors qu'ils sommeillaient et qu'on a eu pitié d'eux : je ne veux pas qu'ils périssent ni de ma main ni par la faute d'un de mes hommes. Je vois au doigt de la reine une émeraude. C'est moi qui la lui ai donnée : elle est magnifique. J'ai moi-même une bague qui vient d'elle. Je vais lui retirer son anneau. Je prendrai aussi les gants de vair[1] qu'elle m'apporta d'Irlande. Ils serviront d'écran au rayon qui flamboie sur son visage et qui l'indispose, et, au moment de partir, je déroberai l'épée qui les sépare et par laquelle le Morholt[2] fut décapité. »

Béroul, *Tristan et Iseut*, XIIe siècle.
Trad. J.-C. Payen, Éd. Garnier, 1989.

Activités

1. **Quels sentiments successifs agitent le roi ?**
2. **Qui parle, et à qui parle-t-il ?**
3. **Comparez ce texte avec *Le lai du Chèvrefeuille*.**

1. Fourrure faite avec la peau d'un petit-gris, écureuil des pays froids.
2. Ennemi irlandais du roi Marc, oncle d'Iseut, que Tristan combattit et vainquit en combat singulier.

BOCCACE

Écrivain florentin, Boccace (1313-1375) est surtout connu pour le *Décameron*. Dans ce recueil de cent nouvelles racontées en dix jours par sept femmes et trois hommes, chaque jour est consacré à un thème.

Le Décameron

LA NOUVELLE

La jeune Restituta est livrée par des marins au roi de Sicile, Frédéric, qui l'enferme dans une de ses maisons. L'amoureux de Restituta la rejoint, une nuit, avant le retour du Prince…

Or le prince n'oubliait pas Restituta et l'aimable impression qu'il avait eue d'elle à première vue. Il se sentait mieux cette nuit, et, bien qu'on fût presque à l'aube, il résolut de passer quelques instants auprès de la jeune femme. Suivi d'un serviteur, il va discrètement à Cuba[1]. Il pénètre dans la maison, se fait ouvrir sans bruit la porte derrière laquelle il sait que repose sa prisonnière, et, torche en main, entre dans la chambre. Il jette un regard sur le lit où dorment, enlacés et nus, les amoureux. On juge de sa colère soudaine. Sa fureur monta à un tel paroxysme qu'il fut sur le point de frapper les jeunes gens du poignard qu'il portait à la ceinture. Mais n'est-ce point lâcheté vile pour quiconque, à plus forte raison pour un roi, d'égorger deux enfants nus dans leur sommeil ? Frédéric se retint, et préféra les brûler sous les yeux de la foule. Il se tourne vers le seul compagnon qu'il a auprès de lui :

– Que te semble de cette femme coupable, sur qui j'avais fondé mon espoir ?

Le serviteur connaissait-il ce galant, assez effronté pour venir jusque dans la maison du prince, l'abreuver d'injure et de honte ? À cette question, le serviteur répondit qu'il n'avait point souvenir de l'avoir jamais vu. Le roi, furieux, sort de la chambre et donne ses ordres : se saisir des amants, les enchaîner, nus comme ils sont, les conduire sur la place de Palerme, à la pointe du jour, les ligoter dos à dos à un pieu, les maintenir dans cette posture jusqu'à l'heure de tierce[2], pour permettre à chacun de les voir, enfin allumer leur bûcher, selon la juste punition de leur crime.

Boccaccio, *Le Décameron*, 1350-1353.
Trad. J. Bourciez. Éd. Garnier Frères, 1963.

Activités

1. **Observez le jeu des temps. Quelles valeurs accorder au présent ?**
2. **Relevez les éléments du texte qui montrent la subjectivité du narrateur. Celle-ci a-t-elle une conséquence sur le lecteur ?**
3. **Comparez cette scène avec celle de *Tristan et Iseut* à la page précédente. Quel prince vous semble adopter la meilleure attitude ? Pourquoi ?**

1. Bel édifice de Palerme construit en 1180 par Guillaume II, roi de Sicile, dans le style arabe.
2. Neuf heures du matin.

G. DE LORRIS

On désigne par *Roman de la Rose* deux textes différents écrits à quarante ans de distance, l'un par Guillaume de Lorris dans les années 1230, l'autre par Jean de Meung vers 1270. On ne sait presque rien de Guillaume de Lorris dont le récit courtois s'interrompt au vers 4058.

Le Roman de la Rose

NARRATION MORALE

Dans le sillage de la poésie arabe et des troubadours, ce récit met en scène, sous forme d'allégories et de symboles (Danger, Franchise, Pitié, etc.), l'amour courtois : le jeune poète, devenu vassal de l'Amour, est confronté aux lois rigoureuses qui défendent la chasteté de la dame (la Rose). Après Richesse, il fait la rencontre de Largesse, qui lui donne des conseils.*

Largesse était tenue en grande estime et grand honneur.
Elle avait les sages et les fous
absolument sous son pouvoir,
tant elle avait fait par ses beaux dons.
S'il s'était trouvé que quelqu'un eût pour elle
de la haine, je crois pourtant qu'elle en eût fait
son ami par sa façon d'obliger[1] ;
c'est pour cela que l'amour des riches
et des pauvres lui était tout acquis.
Un homme de haut rang est bien fou s'il est chiche[2].
Un homme de haut rang ne peut avoir nul vice
qui lui nuise autant que l'avarice :
un homme avare ne peut conquérir
ni seigneurie ni grand pays,
car il n'a pas une multitude d'amis
dont il puisse faire ce qu'il veut.
Qu'il n'ait pas souci de son bien
celui qui veut avoir des amis,
mais qu'il s'en fasse par de beaux dons ;
car, exactement de la même manière
que la pierre de l'aimant
attire à elle le fer subtilement,
de même l'or et l'argent qu'on donne
conquièrent le cœur des gens.

G. de Lorris, *Le Roman de la Rose*, v. 1137-1160, 1234.
Trad. A. Lanly, Éd. H. Champion, 1983.

Activités

1. **Sur quelle figure de style est construit tout le passage ?**
2. **Relevez les oppositions dans le texte. Quelles sont leurs fonctions ?**
3. **Dégagez les rapports existant entre l'apologie de Largesse et les vertus chevaleresques.**

1. Rendre service, faire plaisir.
2. Avare.

Les chansons de geste

Le combat de Renart et d'Isengrin : illustration d'un manuscrit de 1581 du Roman de Renart.

Plus ancienne forme littéraire en langue vulgaire (pas en latin), la chanson de geste est un poème qui narre les exploits (surtout guerriers) d'un héros. C'est une épopée, d'inspiration religieuse à l'origine. Elle est composée de laisses* (strophes de vers assonancés*) de longueur inégale (de 2 000 à 20 000, mais en moyenne 4 000). Le décasyllabe* est le vers le plus utilisé. Elle est chantée par des jongleurs qui psalmodient en s'accompagnant à la vielle. Cela donne souvent lieu à des variations sur un même sujet, voire à des improvisations.

Les cycles

On classe les chansons de geste en trois groupes, les cycles : le premier célèbre le Roi, et surtout Charlemagne. *La Chanson de Roland*, geste la plus connue, eut un tel succès qu'on écrivit d'autres chansons sur Charlemagne comme *Le Pèlerinage de Charlemagne* (1125/1150), *La Chanson d'Aspremont* (XIIe siècle), *Aiquin*, (XIIe siècle), ou *Otinel* (XIIe siècle). Le second cycle, avec *La Chanson de Guillaume*, légèrement postérieure à celle de Roland, chante Guillaume d'Orange, son père, Garin de Monglane, ou son neveu, Vivien. Le troisième cycle, celui de Doon de Mayence, constitué d'une soixantaine de chansons, met en scène les barons révoltés.

Une littérature de propagande

Beaucoup de chansons de geste ont été écrites pendant les croisades, qui ont exalté la foi religieuse et l'héroïsme des chevaliers. La littérature épique reflète ce goût pour les récits relatant des hauts faits de la lutte contre les Infidèles.

Activités

1. Faire un exposé sur *La Chanson de Roland* et les autres chansons sur Charlemagne.

ANONYME

Les vingt six récits octosyllabiques du *Roman de Renart*, dus à plusieurs auteurs, ont pour héros commun Renart le Goupil. La comédie animalière (Isengrin le loup, Noble le lion, Chanteclerc le coq, Tibert le chat, Brun l'ours, etc.) permet une satire du monde féodal et une parodie des valeurs épiques et courtoises.

Le Roman de Renart

JUDICIAIRE

La fourberie de Renart envers Isengrin et Tibert est découverte. Le roi lion lui ordonne de comparaître devant sa cour de justice sans le secours d'un avocat.

À l'arrivée de Renart, il n'est bête qui ne s'apprête à déposer contre lui. Renart va être confondu. Il ne partira pas sans qu'il lui en cuise. Isengrin aiguise ses dents. Tibert le chat réfléchit, ainsi que Brun à la tête vermeille. Mais peu importe à Renart qu'on l'aime ou qu'on le haïsse, il ne se conduit pas en lâche. Au milieu des vassaux, il commence, tête haute, son plaidoyer.

« Roi, dit Renart, je vous salue, moi qui vous ai plus servi qu'aucun baron de votre empire. Ils ont tort, ceux qui me calomnient auprès de vous. J'ignore si tel est mon destin, mais je n'ai jamais été assuré de votre affection un jour entier. Récemment, j'ai quitté la cour avec votre consentement et votre amitié : il n'y eut ni colères ni cris. Or les jaloux qui m'en veulent ont tant fait que vous m'avez injustement jugé. Sire, quand un roi s'acharne à croire les mauvais larrons et abandonne ses bons vassaux, préférant à la tête la queue, alors tout va mal sur terre. Ceux qui sont serfs par nature ne savent observer la mesure. Peuvent-ils s'élever à la cour ? Ils s'efforcent de nuire aux autres ; ils poussent au mal car ils savent en tirer profit : ils embourent les biens d'autrui ! Je voudrais savoir de quoi Brun et Tibert m'accusent. Sans doute, si le roi l'ordonne, peuvent-ils me noircir. Mais je ne suis pas coupable : ils ne sauraient donner les raisons.

***Le Roman de Renart*, v. 1201-1350, 1170.**
Trad. G. Becker, D. R.

Activités

1. **Dégagez le plan de la plaidoirie de Renart.**
2. **En quoi Renart est-il habile ? Justifiez votre réponse.**
3. **Après vous être documenté sur les situations politiques et historiques en France au XIIe siècle, dégagez les rapports entre la situation du texte et la réalité politique de l'époque.**

ANONYME

Si l'auteur de la comédie latine du XIIe siècle *De Babione* (Babion) nous est inconnu, sa culture et le registre parodique suggèrent qu'il s'agit d'un clerc. Un seul acteur, sans décor, jouait tour à tour tous les personnages.

Les Malheurs de Babion

COMIQUE

Babion, amoureux malheureux de sa belle-sœur, découvre que son épouse le trompe avec son esclave Fodius. Il cherche vainement à les surprendre en flagrant délit puis décide de tuer l'amant qui arrive sur ces entrefaites.

Fodius apparaît et Babion s'adresse à lui

BABION. – Allons, tu vas mourir ! Accepte ton sort. Mets-toi une corde autour du cou.

FODIUS. – Pourquoi vais-je mourir ?

FODIUS. – La colère ne me laisse pas t'en donner les raisons. Arrête-toi, laisse-toi entraîner.

FODIUS. – Entraîner où, comme cela ?

BABION. – À la potence !

FODIUS. – Pour quel motif ? Le motif doit précéder l'exécution.

BABION. – Tu es l'amant de Pétula.

FODIUS. – C'est faux.

BABION. – Veux-tu subir l'épreuve du feu ?

FODIUS. – Celle du feu, à ton gré, ou bien celle de l'eau[1], si tu préfères.

BABION. – Tu es son amant.

FODIUS. – J'affirme que non. Accorde-moi de me défendre conformément à la loi. Aucun tribunal n'interdit à quiconque de s'en remettre à la loi. L'éclatante fidélité de Fodius ne pensait pas avoir mérité une telle récompense. Mais l'osier ne donne pas de grenades. Je le jure par la surface de « Later », par les sommets d'« Uciel »[2]. Je le jure par les étables sacrées, Fodius ne la fout pas.

BABION. – Tends la main droite et dis : « je le jure ! » Cela pourra me suffire.

FODIUS. – Voilà ! tends ta main droite et jure que tu me crois.

***Les Malheurs de Babion**, Scène II, XIIe siècle.*
U.G.E. Éd. 10/18, 1973. Epuisé

Activités

1. **Relevez les éléments caractéristiques de la farce.**
2. **Quel est l'intérêt de la stichomythie* dans ce type de pièces ?**
3. **Par quels moyens la justice est-elle parodiée ?**
4. **Cherchez qui sont Térée et Céléus.**

1. Épreuve du feu et de l'eau : au Moyen Âge, les lois admettaient ces deux épreuves judiciaires pour déterminer la culpabilité de l'accusé.
2. Jeu de mots. Initialement « je jure par la surface de Térée et de Céléus ».

ANONYME

Palatinus n'est pas le nom de l'auteur mais celui du manuscrit anonyme qui nous a transmis la plus ancienne passion française. On appelle « passion » une célébration des mystères de la foi, jouée par des bateleurs*.

COMIQUE

Passion du Palatinus

Après la crucifixion de Jésus, Satan croit avoir triomphé et se réjouit de sa victoire alors que le Christ, lors de sa descente aux enfers, ira libérer les âmes prisonnières du diable.

SATAN. – Sus, diables, tous ensemble !
Que chacun dise ce qui lui semble
Ouvertement, sans rien cacher,
Du traître de Galilée
Qui se faisait appeler Christ,
Fils de Dieu, comme ceux-là l'ont écrit
Qui le considéraient comme leur seigneur.
Son honneur a duré bien peu de temps,
Non plus que sa puissance et son pouvoir.
Voyez-le mort vilainement,
Crucifié entre deux voleurs,
Par les mains et par les pieds,
Plus vilainement qu'aucun autre criminel.
Il serait un bon enchanteur, vraiment,
Si maintenant il venait nous assaillir.
Ha ! diable ! C'est pour notre bonheur que
Nous avons vu être engendré et naître
Judas Iscariote, notre ami,
Qui l'a vendu à nos gens.
Trente pièces d'argent blanc,
Voilà le prix qu'il réclame, et il avait bien raison.
C'est moi qui organisai la trahison,
Et la ruse et la tromperie.
Jamais une si belle fourberie
Ne fut faite par diable ou démon.

***Passion du Palatinus*, 1140.**
Trad. A. Berthelot, *Moyen Âge/XVIe siècle*, coll. « Littérature, textes et documents », Éd. Nathan, 1988

Activités

1. **Relevez tous les éléments textuels qui marquent la jubilation du diable.**
2. **En quoi ce texte est-il comique ? Justifiez votre réponse.**
3. **Documentez-vous puis faites un exposé sur les mystères et passions au Moyen Âge.**

VILLON

François Villon (1431?-1463?) mène une vie de mauvais garçon qui lui vaut la prison. Banni de Paris, on perd sa trace après 1462. Il nous reste de lui environ 3000 vers (*Les lais*, 1456; *Le Testament*, 1461). C'est un des plus grands poètes français, capable de passer de la satire la plus truculente au lyrisme le plus émouvant, tout en jonglant avec les mots, les rimes et les rythmes.

Ballade des femmes de Paris

SATIRE

Le Testament *est l'œuvre la plus célèbre de Villon. Elle mêle pièces lyriques, huitains en octosyllabes, ballades. «La Ballade des femmes de Paris» évoque les Parisiennes sur un ton satirique et ironique.*

Quoy qu'on tient belles langagieres[1]
Florentines, Veniciennes,
Assez pour estre messagieres,
Et mesmement[2] les ancïennes;
Mais, soient[3] Lombardes, Rommaines,
Genevoises, a mes perilz,
Pimontoises, Savoisiennes,
Il n'est bon bec que de Paris.

De tres beau parler tiennent chaieres[4],
Ce dit on, les Neapolitaines,
Et sont tres bonnes caquetieres
Allemandes et Pruciennes;
Soient Grecques, Égipciennes,
De Hongrie ou d'autre pays,
Espaignolles ou Cathelennes,
Il n'est bon bec que de Paris.

Brettes[5], Suysses, n'y sçavent guieres,
Gasconnes, n'aussi Toulousaines:
De Petit Pont deux harengieres[6]
Les concluront[7] et les Lorraines,
Engloises et Calaisiennes,
(Ay je beaucoup de lieux compris[8]?)
Picardes de Valenciennes;
Il n'est bon bec que de Paris.

1. Belles parleuses.
2. Surtout, principalement.
3. Sous-entendre «qu'elles» soient.
4. Chaire à l'université.
5. Bretonnes.
6. Féminin de «harengier», marchand de harengs.
7. Triompheront en paroles.
8. Cité.

VILLON

Prince, aux dames Parisiennes
De beau parler donnez le pris;
Quoy qu'on die d'Italiennes,
Il n'est bon bec que de Paris.

Villon, *Le Testament*, 1461.

Activités

1. Quelle est la figure de style organisatrice de la ballade ?
2. Comment les rivales des Parisiennes se répartissent-elles ?
3. En quoi ce texte est-il parodique ? Comparez-le avec la « Ballade des dames du temps jadis ».

Ballade des dames du temps jadis

LYRISME

La « Ballade des dames du temps jadis, » qui figure dans le même recueil que la « Ballade des femmes de Paris » illustre la diversité des registres de Villon. Sa mélancolie a rendu célèbre le refrain : fragilité de la vie, fuite du temps.

Dictes moy ou, n'en quel pays,
Est Flora la belle Romaine,
Archipiades[1], ne Thaïs[2],
Qui fut sa cousine germaine,
Écho[3] parlant quant bruit on mène
Dessus riviere ou sus[4] estan,
Qui beaulté eut trop plus qu'humaine.
Mais où sont les neiges d'antan ?

Ou est la très sage Helloïs[5],
Pour qui chastré fut et puis moine
Pierre Esbaillart a Saint Denis ?
Pour son amour eut ceste essoyne[6].
Semblablement, où est la royne[7]
Qui commanda que Buridan[8]
Fut jeté en un sac en Saine ?
Mais ou sont les neiges d'antan ?

1. Il s'agit d'Alcibiade, le célèbre et bel athénien que l'on prenait pour une femme.
2. Célèbre prostituée devenue sainte.
3. Nymphe aimée du dieu Pan et amoureuse, elle, de Narcisse.
4. Dessus.
5. Amante d'Abélard après avoir été son élève.
6. Malheur.
7. La reine est Marguerite de Bourgogne, épouse de Louis X.
8. Philosophe débauché.

Tapisserie de1470.

Activités

1. **Quel effet produit l'énumération de ces femmes célèbres ?**
2. **Relevez tous les éléments musicaux (rythme, figures de styles, etc.) du poème.**
3. **Écoutez la version de ce texte chantée par Brassens. En quoi le rythme et l'air vous semblent-ils convenir au ton du poème ?**

La royne Blanche[9] comme lis
Qui chantoit a voix de sirène,
Berte au grand pied[10], Bietris[11], Alis[12],
Haremburgis[13] qui tint le Maine,
Et Jehanne la bonne Lorraine
Qu'Englois brûlèrent à Rouen ;
Où sont ils[14], où, Vierge souveraine ?
Mais où sont les neiges d'antan ?

Prince, n'enquerez de semaine
Où elles sont, ni de cet an,
Qu'à ce reffrain ne vous remaine[15] :
Mais ou sont les neiges d'antan ?

Villon, *Le Testament*, 1461.

9. On ignore de qui il s'agit. Peut-être la mère de saint Louis, Blanche de Castille.
10. Héroïne d'une chanson de gestes et mère de Charlemagne.
11 et 12. On ignore de qui il s'agit.
13. Fille d'un comte du Maine, au début du XIIIe siècle.
14. Mis pour « elles ».
15. Ramène.

L'incunable et l'imprimerie

Le mot « incunable » vient du latin *incunabula*, berceaux, langes, commencements. On appelle ainsi les livres du début de l'imprimerie (avant 1500), introduite à Paris par des ouvriers allemands. Avant cette date, les livres étaient copiés à la main, un à un. Au départ, il ne s'agit que d'un progrès technique qui ne change pas l'aspect du livre, resté le même depuis le *codex* (premier livre de pages reliées qui vient remplacer le *volumen* ou rouleau), mis au point entre le IIe et le IVe siècle. En France, ils furent produits surtout à Paris et à Lyon.

La presse à imprimer, miniature du Recueil des Chants Royaux, 1537.

La présentation

Au départ, l'incunable reprend la pratique du manuscrit, sans page de titre, et commençe par les premiers mots du texte, souvent introduit par le mot latin *incipit* (ainsi commence). À la fin, on trouve souvent le mot *explicit* (ainsi se termine), ou, dans la moitié des cas, une formule appelée le « colophon », indiquant le nom de l'auteur, le titre, le lieu et la date de l'impression ainsi que le nom de l'imprimeur. La page de titre apparaît vers 1485. Le format dominant est l'*in-quarto* (noté aussi in-4° : feuille de papier pliée en 4 qui forme huit pages), qui concurrence l'*in-folio* (feuille entière). C'est au début du XVIe siècle que les livres auront une présentation annonçant celle que nous connaissons aujourd'hui.

Le texte

Le texte peut se présenter de manière continue ou avec des divisions, (livres, chapitres), mais sans paragraphes – sur deux colonnes dans les grands formats et en longues lignes dans les autres – et sans pagination (numérotation des pages), qui ne se développera qu'au XVIe siècle. Les notes figurent en marge. L'écriture la plus courante est l'écriture gothique, celle des manuscrits. Les illustrations sont faites au début à la main par des enlumineurs, mais rarement sur chaque exemplaire. Par la suite les gravures sur bois prendront le relais.

Activités

1. Faites des recherches sur les Bibles, les psautiers, les livres d'Heures imprimés à cette époque. Observez la présentation des pages, les enluminures, le type d'écriture, etc.
2. Réfléchissez à ce que représente pour vous aujourd'hui « l'objet livre ».

RUTEBEUF

Sans fortune, Rutebeuf (?-après 1277) ne pouvait subsister sans le secours de saint Louis et des grands seigneurs. Il a laissé une œuvre variée : *Dits* (vers 1260) *Le Miracle de Théophile* (vers 1262), fabliaux, complaintes et poèmes intimes, qui mêlent le lyrisme, l'ironie et la satire.

La Complainte de Rutebeuf

LYRISME

La complainte de Rutebeuf (1261-1262 ?) est son poème le plus connu. On trouvera ici, traduits, les vers 39 à 62. Les plaintes ne renvoient pas toutes à des événements vécus.

Que sont mes amis devenus
Que j'avais tant cultivés,
Et tant aimés ?
Je crois qu'ils ne sont éparpillés ;
Ils n'avaient pas été bien attachés,
Et ainsi ils ont failli.
De tels amis m'ont mis en mauvaise situation,
Car jamais, aussi longtemps que Dieu me mit à l'épreuve
De bien des manières,
Je n'en vis un seul à mes côtés.
Je crois que le vent les a emportés,
L'amitié est morte :
Ce sont amis que le vent emporte,
Et il ventait devant ma porte,
Ainsi le vent les emporta,
Car jamais aucun ne me réconforta
Ni ne m'apporta rien de ce qui lui appartenait.
Ceci m'apprend
Que celui qui a des biens, doit les prendre pour lui ;
Mais celui-ci se repent trop tard
Qui a trop dépensé
Pour se faire des amis,
Car il ne les trouve pas sincères, même à moitié[1],
Pour lui venir en aide.

Rutebeuf, *La Complainte de Rutebeuf,* v. 39-62, 1261-1262 ? Trad. A. Berthelot, *Moyen Âge/XVIe siècle*, coll. « Littérature, textes et documents, Éd. Nathan, 1988.

Activités

1. **Quels liens sont-ils établis entre le vent et les amis infidèles ?**
2. **Quels sont la structure et le ton du texte ?**
3. **Le lecteur peut-il tirer une quelconque leçon de cette plainte ? Laquelle ? Qu'en pensez-vous ?**

1. Jeu de mots : entier signifie sincère.

PÉTRARQUE

Célèbre poète italien, Francesco Petrarca, dit Pétrarque (1304-1374), a surtout écrit en latin. Mais son œuvre la plus célèbre, *Le Canzoniere*, chante en italien son amour pour Laure. Ce recueil aura une grande influence sur la poésie européenne au XVIe siècle : en France, Ronsard et Du Bellay imiteront l'idéalisation de la femme aimée et le style pétrarquiste. On a conservé aussi de lui plus de cinq cents lettres.

Lettre à Boccace

ÉPISTOLAIRE

Pétrarque entretint une correspondance suivie avec son ami Boccace **[voir p. 43]***. Il répond ici à une lettre dans laquelle ce dernier l'invite à consacrer moins de temps à la littérature.*

Tu me pries de te pardonner, parce que tu as osé me conseiller un nouveau régime de vie, que tu voudrais me voir m'abstenir de toute tension d'esprit, des veilles, des travaux dont j'ai l'habitude. […] Ton amitié (je la connais) te fait devenir pour moi, ce que tu n'es pas pour toi-même, un médecin ! C'est moi plutôt qui te demande de ne pas m'en vouloir, si je ne t'obéis pas. […]

Je connais mes forces : je ne suis plus apte à certains autres efforts, qui me furent jadis coutumiers : mais ceux dont tu voudrais me voir me relâcher – lire, écrire – ce sont légères peines. Il n'y a pas de fardeau plus léger que la plume, il n'en est pas de plus agréable. Les autres plaisirs nous fuient, ou bien nous blessent tout en nous flattant. La plume me flatte, quand je la prends, et me charme quand je la pose. Elle n'est pas seulement utile à celui qui la tient, mais encore à bien d'autres, qui souvent sont très loin de lui – mais encore, quelquefois, à la postérité, après des milliers d'années.

Je crois dire une grande vérité, si j'affirme que de toutes les joies de ce monde, il n'y en a pas de plus honorable que les Lettres, et il n'y en a pas non plus de plus durable, de plus délicieuse, de plus sûre : il n'y en a pas qui accompagne celui qui la possède, à travers toutes les circonstances de la vie, avec autant de facilité, avec aussi peu d'ennuis !

Pétrarque, *Lettre à Boccace*, 28 avril 1373.

Activités

1. **Relevez les marques de l'écriture épistolaire.**
2. **Quelle est la thèse de l'auteur ? Ses arguments ont-ils force argumentative ? Pourquoi ?**
3. **Imaginez la lettre de Boccace à laquelle répond Pétrarque.**

Le Quattrocento et la perspective

Fresque de Masaccio (1401-1428) : on peut observer la perspective centrale de cette fresque. Toutes les lignes de profondeur se rencontrent en un point commun situé au niveau de l'œil de l'observateur.

Découverte de la perspective

Depuis longtemps, philosophes et peintres s'étaient penchés vainement sur le problème de la perspective. C'est l'architecte Brunelleschi (1377-1446) qui découvre les règles mathématiques de la construction de la perspective. Pour cela, il dote son champ visuel d'un quadrillage et il dessine ensuite minutieusement le contenu de celui-ci. Par la suite, Alberti (1404-1472) théorise cette découverte dans son traité « Della Pittura » et plus tard, Paolo Ucello (1397-1475), Piero della Francesca (1415-1492), Léonard de Vinci (1452-1519) complètent les informations. Fra Angelico (1387-1455) se soucie aussi de construire l'espace.

Le Quattrocento, précurseur de la Renaissance

On appelle Quattrocento le XVe siècle italien. L'historiographe G. Vasari (1511-1574) qualifie le premier ce siècle de « rinascita », renaissance. Ce mot n'évoque pas tant la renaissance des formes antiques que la nouvelle dignité de l'homme, désormais « mesure de toute chose » que célèbre le sculpteur Donatello (1386-1466). Au gothique international, peinture de petit format richement décorée, aux détails réalistes et aux lignes fines et d'une exquise élégance, succède un art animé par le désir de fidélité à la réalité, innové par Masaccio (1401-1428). Les thèmes religieux côtoient l'art du portrait, qui apparaît comme une conscience grandissante de l'homme. Florence fut la capitale artistique du Quattrocento, attirant à elle les plus grands sculpteurs, peintres et architectes du XVe siècle.

Activités

1. Documentez-vous sur les artistes du Quattrocento nommés ici.

2. Essayez, à l'aide d'un calque, de tracer les lignes de perspectives de cette fresque, après vous être documenté sur les règles de la perspective.

DANTE

De petite noblesse florentine, Dante (1265-1321) étudie la littérature, la philosophie, la théologie. Magistrat de haut rang à Florence, il est exilé de sa patrie en 1302. Durant son exil il compose *La Divine Comédie,* écrite en toscan, l'italien de Florence.

La Divine Comédie

ÉPOPÉE

Allant de l'Enfer au Paradis en passant par le Purgatoire (de la tristesse à la joie), le poème est composé de trois fois trente-trois chants plus un Prologue pour obtenir un multiple de dix, emblème de la perfection. L'enfer, constitué de sept cercles, est la partie la plus célèbre. Ici, le poète, conduit par Virgile, rencontre des damnés.

Nous descendîmes sur le dernier bord du long rocher, à main gauche, et alors ma vue pénétra plus avant vers le fond, où, ministre du haut Seigneur, l'infaillible justice punit les falsificateurs, que là elle registre[1]. Je ne crois pas que plus triste à voir ait été, en Égine[2], le peuple tout entier malade, quand l'air devint si pernicieux, que les animaux, jusqu'au plus petit ver, périrent, et qu'ensuite, comme les poètes le tiennent pour certain, l'antique population se reproduisit de la semence des fourmis, – que triste était de voir, dans cette obscure vallée, languir les esprits amoncelés çà et là. Tel sur le ventre, tel sur les épaules d'un autre gisait, et tel à quatre pattes se traînait par le triste sentier. Pas à pas ils allaient sans parler, regardant et écoutant les malades qui ne pouvaient se lever.

J'en vis deux assis, appuyés l'un contre l'autre, comme s'appuient des bassines à tenir chaud, et, de la tête aux pieds, souillés de croûtes.

Jamais je ne vis valet que son maître attend, où celui qui mal volontiers veille, mouvoir l'étrille[3] aussi vite que chacun de ceux-là mouvaient sur soi le tranchant de leurs ongles, à cause de la rage du prurit[4] devenu insupportable : et les ongles en bas râclaient la gale, comme le couteau les écailles du scardove[5], ou d'un autre poisson qui en ait de plus larges.

Dante, « L'Enfer » in *La Divine Comédie,* 1304-1321.

1. Enregistre. Il s'agit des faux-monnayeurs et autres alchimistes.
2. Île du Péloponnèse. À l'époque d'Éaque, la peste y fit mourir tous les hommes et animaux. Selon la légende, Zeus, exauçant Éaque, transforma en hommes les fourmis d'Égine.
3. Espèce de brosse en fer pour nettoyer chevaux et bovins.
4. Violente démangeaison.
5. Espèce de poisson.

Panneau de Domenico di Michelino (1471-1491) représentant le poète italien, Dante, lisant son œuvre. On voit représentés en arrière-plan le Purgatoire et un archange aux portes du Paradis ; et au premier plan à gauche, les damnés conduits en Enfer vers le diable lui-même.

Activités

1. **Quelle figure de style domine dans ce texte ? Quelle est sa fonction ?**
2. **Relevez les procédés stylistiques qui expriment la désolation.**
3.  **Documentez-vous sur les passages qui ont lieu aux Enfers dans l'*Odyssée* d'Homère et dans l'*Énéide* de Virgile.**

Le XVIe siècle

LA RENAISSANCE

Cinq phénomènes majeurs et de longue portée marquent le XVIe siècle.

Départ de Lisbonne, illustration d'un récit de voyage par Théodore de Bry, 1562. Paris, musée de la Marine.

1. D'autres mondes

Les Grandes Découvertes, qui profitent d'abord à l'Espagne et au Portugal, changent l'image du monde et les axes commerciaux. La façade atlantique va l'emporter peu à peu sur la Méditerranée, mais l'Italie domine la scène culturelle européenne.

2. Deux Europes

Le schisme entre Protestants et Catholiques, installé par Luther, brise l'unité de l'Église romaine, divise l'Europe, et engendre en France, après 1760, des guerres civiles féroces **[L'ébranlement du monde chrétien, p. 74]**. La Papauté réagit à la Réforme protestante par un immense effort politique, intellectuel, théologique, artistique : la Contre-Réforme.

3. Le pouvoir monarchique

La monarchie absolue se renforce, aux dépens des grands féodaux et des assemblées représentatives (pas d'États Généraux, en France, entre 1484 et 1560). Les rois de France entretiennent des cours luxueuses qui se déplacent de château en château, développent l'administration, dont tous les actes doivent s'écrire désormais en français (édit de Villers-Cotterêt, 1539).

4. L'imprimé

L'essor de l'imprimerie, amorcé au XVe siècle (Gutenberg), joue un rôle décisif dans la diffusion des textes antiques, de la Bible et de ses commentaires, renouvelés par l'accès aux manuscrits grecs et hébreux. François Ier crée le Collège Royal pour enseigner le grec et l'hébreu. Luther publie une traduction de la Bible en allemand (le protestantisme, contrairement au catholicisme, prône l'accès direct et individuel aux textes sacrés). Le latin conserve cependant un rôle crucial, comme langue internationale de culture (profane et religieuse), et aussi comme langue de création littéraire. Si l'imprimerie enrichit la culture et les éditeurs, elle ne rétribue pas les auteurs avant le XVIIe siècle (on achètera alors le manuscrit pour une somme

Page précédente :
La Naissance de Vénus,
De Sandro Botticelli (1444-1510). Musée des Offices de Florence.

forfaitaire). L'écrivain sans fortune (Du Bellay, Ronsard) est tenu de servir le roi, les riches aristocrates ou l'Église.

5. Le modèle antique

L'approfondissement et le renouvellement de la connaissance de l'Antiquité, à l'exemple des Italiens, a permis de caractériser le XVIe siècle comme une « Renaissance » (par-dessus un Moyen Âge injustement dévalorisé) **[Le renouvellement des formes de la langue, p. 85]**. En arts, en littérature, en philosophie, en sciences, on rêve d'imiter, voire d'égaler l'Antiquité. L'image de l'humaniste, chrétien mais nourri de culture ancienne, s'impose comme un nouvel idéal intellectuel, par opposition au docteur scolastique* des universités médiévales, durement raillé par Rabelais **[La recherche humaniste, p. 62]**. Alors se pose le problème fondamental de l'accord entre christianisme et Antiquité païenne.

Un modèle d'inspiration antique :
Diane chasseresse,
École de Fontainebleau.
Musée du Louvre.

Interactions

Ces divers phénomènes ne sont pas isolés les uns des autres. Par exemple, les Grandes Découvertes font affluer en Europe les métaux précieux d'Amérique, soutiennent l'essor économique, qui autorise le luxe des cours royales, les commandes aux artistes. La Contre-Réforme catholique mobilise architectes, musiciens, peintres, écrivains, au service d'un redéploiement spectaculaire du culte romain (art baroque). Les guerres répétées des rois de France en Italie font découvrir une civilisation raffinée, des artistes qu'on appelle en France. Les luttes religieuses aiguisent les débats théologiques et politiques, et poussent à rénover l'enseignement pour mieux encadrer les esprits.

Les douleurs de la Renaissance

Le terme de Renaissance ne doit pas masquer des réalités plus sombres. L'inflation sévit, la dette de l'État accentue la pression fiscale ; l'écrasement des indigènes américains impressionne Montaigne et annonce les exactions coloniales de l'impérialisme européen ; la montée de l'absolutisme inquiète ; la permanence des guerres de religion entre 1562 et 1598 (Édit de Nantes) excite le fanatisme et incite chaque camp à solliciter l'aide étrangère. À partir de 1560, et jusque vers 1630, se répand en Europe une nouvelle grande peur : celle des sorciers, qu'on cherche à éradiquer par la torture et le feu. Ce siècle si riche en génies éclatants est confronté à l'ébranlement du monde chrétien et de ses certitudes (Montaigne).

La recherche humaniste

C'est dans l'Italie du XIVe siècle et du *Quattrocento* (XVe siècle) que débuta la Renaissance. À mesure que les peintres découvrent la perspective, la représentation de l'univers change et la beauté, jusque-là d'ordre divin, se fait humaine. L'humaniste est d'abord curieux des nouveaux savoirs et des textes antiques: il interprète, ouvre le monde à de nouvelles significations, soutient le progrès des sciences et des arts, et enfin remet en cause les certitudes.

ÉRASME

Didier Érasme (1467-1536), penseur humaniste, épistolier et auteur de très nombreux traités philosophiques et religieux, était, à cause de ses écrits, plus en sécurité à Londres ou à Rotterdam que près de la faculté de théologie de la Sorbonne, à Paris.

Éloge de la folie

ÉLOGE

L'*Éloge de la folie,* qui donne la parole à la folie elle-même, permet de dénoncer les dogmatismes et les fanatismes de tous ordres et de critiquer certaines idées reçues : ce qui est folie aux yeux des hommes, n'est-ce pas souvent sagesse selon Dieu ?

Quoi que dise de moi le commun des mortels (car je n'ignore pas tout le mal qu'on entend dire de la Folie, même auprès des plus fous), c'est pourtant moi, et moi seule, qui grâce à mon pouvoir surnaturel répand la joie sur les dieux et les hommes. Je viens encore d'en donner la preuve éclatante : à peine ai-je paru au milieu de cette nombreuse assemblée, pour prendre la parole, que tous les visages ont aussitôt été éclairés par la gaité la plus nouvelle et la plus insolite ; tous les fronts se sont tout de suite déridés ; vous m'avez applaudie avec des rires si aimables et si joyeux que, vous qui êtes venus de partout et tels que je vous vois, vous m'avez l'air ivres du nectar des dieux d'Homère mêlé de népenthès[1], alors qu'il y a un instant vous étiez sur vos sièges aussi sombres et soucieux que si vous veniez de sortir de l'antre de Trophonius[2]. Mais quand le soleil montre son beau visage d'or à la terre, quand après un rude hiver le printemps nouveau souffle ses caressants zéphyrs[3], aussitôt toutes choses prennent figure nouvelle, nouvelle couleur et vraie jeunesse ; de même dès que vous m'avez vue votre physionomie s'est transformée. Et ainsi ce que des orateurs d'ailleurs considérables peuvent à peine obtenir par un grand discours longuement préparé, je veux dire chasser de l'âme les soucis importuns, je n'ai eu qu'à me montrer pour y parvenir. […]

Je fais peu de cas de ces sages qui proclament que c'est le comble de la folie et de l'impertinence de chanter ses propres louanges. Folie tant qu'ils voudront, pourvu qu'ils reconnaissent que cela me convient à merveille.

Érasme, *Éloge de la folie*, I et II, 1511.

Activités

1. **Décrivez l'effet produit par la folie sur les hommes et analysez la métaphore qui débute à la ligne 15 pour dégager l'image donnée de la folie.**
2. **Qui se méfie de la folie ? Que pouvez-vous en déduire sur ses rapports avec la philosophie ?**
3. **À la suite d'Érasme, rédigez l'éloge de la valeur que vous voulez défendre et donnez-lui la parole pour faire la satire des hommes.**

1. Herbe miraculeuse qui chasse les soucis, d'après Homère.
2. L'antre où mourut un héros mythologique, Trophonius, meurtrier de son frère. Il s'y trouvait un oracle qu'on ne pouvait entendre sans être rempli de tristesse pour le reste de sa vie.
3. Vents légers.

L'Italie triomphante et la Renaissance

Le terme de Renaissance désigne cette période marquée en Europe par un formidable essor culturel, artistique et intellectuel, qui s'étend du XVe à la fin du XVIe siècle. Par un retour aux idées, aux thèmes et à l'art de l'antiquité, la Renaissance produisit un extraordinaire élan créateur qui supplanta l'esthétique du Moyen Âge.

*Détail de l'*École d'Athènes *de Raphaël (1483-1520). Musée du Vatican.*

De l'obscurantisme à la lumière

Ce sont surtout les historiens français du XIXe siècle, et notamment Jules Michelet, en insistant exagérément sur les abus de la Féodalité et les superstitions du Moyen Âge, qui forgèrent le mythe des lumières de la Renaissance et de l'Humanisme venant illuminer les ténèbres du Moyen Âge. Ainsi associe-t-on la Renaissance à un homme nouveau, libéré des superstitions et des servitudes.

L'influence italienne

L'Italie du *Quattrocento* (XVe siècle) fut le véritable berceau de l'Humanisme. Le mot même de *Rinascità* apparaît dans l'Italie du XVe siècle. L'essor des villes italiennes, l'émergence d'une première histoire laïque et républicaine en Italie, la curiosité scientifique, le développement du livre... sont autant d'exemples de ce foisonnement qui va du XVe siècle à la deuxième moitié du XVIe siècle environ.

Ainsi, à la faveur des guerres de succession, les rois de France (notamment Louis XII puis François Ier) se lancent à la conquête de l'Italie. Sous l'effet de ces guerres, la culture italienne se répand en France puis dans le reste de l'Europe. La peinture européenne, très vite, s'inspire du *Quattrocento* et apprend les règles de la perspective. La littérature subit la même influence : la poésie s'appuie sur des réseaux d'images et de métaphores venues de Pétrarque et les romans de chevalerie venus du Moyen Âge sont adaptés au goût du jour.

L'exaltation du génie

Les artistes de la Renaissance se pensent comme des interprètes du divin. Le poète est inspiré et sa parole est supérieure à toute autre : il ne fait plus qu'imiter la nature, il crée, il invente. Au XVe siècle, la métaphore du *creator*, égal à Dieu, pour parler des artistes est de plus en plus fréquente.

Mais le rêve humaniste s'effrite dans la deuxième moitié du XVIe siècle : l'exaltation de l'homme et de son génie se brise dans la tourmente des conflits politiques et religieux. L'art et la littérature, miroirs du monde, devaient bientôt refléter ces tourments à travers de nouvelles formes, celles du baroque.

Activités

1. Faites un exposé sur l'une des grandes avancées scientifiques ou techniques de la Renaissance : en astronomie, en mécanique, en architecture, dans l'industrie textile, dans l'imprimerie, etc. Réfléchissez en groupe à la manière dont chacun d'elles a pu participer à l'essor des échanges culturels, commerciaux ou intellectuels.

2. Renvois : Montaigne p. 80, Rabelais p. 72, Marguerite de Navarre p. 94, Leonard de Vinci p. 100, Ronsard p. 93, du Bellay p. 90.

MORE

Thomas More (1478-1535), philosophe anglais et grand ami d'Érasme (qui lui dédicace son *Éloge de la folie)*, publie son *Utopia* en 1516. *Utopia*, c'est, en grec, le « lieu de nulle part » : une île où règnent la justice et la parfaite égalité ; où le luxe et l'argent sont absents, comme la foi chrétienne.

Utopia

UTOPIE

More donne aux Utopiens une religion de la raison universelle, applicable à l'humanité entière, et un gouvernement parfait. Ce type de texte, qui permet de donner à la fois la description d'une cité idéale et une critique de la société existante, aura bien des imitateurs.

Chercher le bonheur sans violer les lois, est sagesse; travailler au bien général, est religion ; fouler aux pieds la félicité d'autrui en courant après la sienne, est une action injuste.

Au contraire, se priver de quelque jouissance, pour en faire part aux autres, c'est le signe d'un cœur noble et humain, qui, du reste, retrouve bien au-delà du plaisir dont il a fait le sacrifice. D'abord cette bonne œuvre est récompensée par la réciprocité des services ; ensuite, le témoignage de la conscience, le souvenir et la reconnaissance de ceux qu'on a obligés, causent à l'âme plus de volupté que n'aurait pu en donner au corps l'objet dont on s'est privé. Enfin, l'homme qui a foi aux vérités religieuses doit être fermement persuadé que Dieu récompense la privation volontaire d'un plaisir éphémère et léger, par des joies ineffables et éternelles.

Ainsi, en dernière analyse, les Utopiens ramènent toutes nos actions et même toutes nos vertus au plaisir, comme à notre fin.

Ils appellent *volupté* tout état ou tout mouvement de l'âme et du corps, dans lesquels l'homme éprouve une délectation naturelle. Ce n'est pas sans raison qu'ils ajoutent le mot *naturelle*, car ce n'est pas seulement la sensualité, c'est aussi la raison qui nous attire vers les choses naturellement délectables ; et par là il faut entendre les biens que l'on peut rechercher sans injustice, les jouissances qui ne privent pas d'une jouissance plus vive, et qui ne traînent à leur suite aucun mal.

More, *Utopia*, livre second, 1516.

Activités

1. **Qui parle et à qui ? Ce texte est-il un récit ? En quoi est-il une utopie ?**
2. **Dégagez les éléments que critique More dans la société dans laquelle il vit.**
3. **Comparez ce texte à celui de La Rochefoucauld, dans quelle mesure peut-on les rapprocher, malgré l'écart entre la philosophie de leurs auteurs.**

MAROT

Clément Marot (1496-1544) fut à la fois un poète de cour et un huguenot combattant. Oscillant entre les sonnets pétrarquistes à caractère amoureux et les psaumes, proche des humanistes et de Marguerite de Navarre [voir p. 94], apprécié du roi François Ier, puis exilé, il représente fort bien les vicissitudes de son temps.

LE SOUVERAIN

Épître à mon ami Lion

Dans cette Épître de 1526, Marot, coupable d'avoir mangé du lard en Carême et donc condamnable comme hérétique, cherche à échapper à la torture, voire au bûcher. Pour ce faire, il écrit une épître au roi en reprenant la version du fabuliste grec Ésope (VIe siècle av. J.-C.), plus tard reprise par La Fontaine, montrant que les puissants ont besoin des faibles.

Adoncq le Rat[1], sans serpe ne cousteau,
Y arriva, joyeux et esbaudy[2],
Et du Lion (pour vray) ne s'est gaudy[3] :
Mais despita chatz, chates et chatons,
Et prisa fort ratz, rates et ratons,
Dont il avoit trouvé temps favorable
Pour secourir le Lion secourable,
Auquel a dict : « Tays toy, Lion lyé,
Par moy seras maintenant deslyé :
Tu le vaulx bien, car le cueur joly as ;
Bien y parut quand tu me deslyas.
Secouru m'as fort lionneusement,
Or secouru seras rateusement. »
Lors le Lion ses deux grandz yeulx vestit[4],
Et vers le Rat les tourna un petit[5],
En luy disant : O paovre verminière[6],
Tu n'as sur toy instrument ne manière,
Tu n'as cousteau, serpe ne serpillon
Qui sceult coupper corde ne cordillon,
Pour me jecter de ceste estroicte voye.
Va te cacher, que le chat ne te voye.
– Sire Lion (dit le filz de souris),
De ton propos (certes) je me soubris[7]
J'ay des cousteaulx assez, ne te soulcie,
De bel os blanc, plus trenchants qu'une scie ;

1. Au moment où nous prenons le texte, le lion est pris dans des filets.
2. Joyeux.
3. Moqué.
4. Vêtus de leurs paupières.
5. Un peu.
6. Vermine, vermisseau.
7. Sourire.

Gravure du XVIe siècle illustration de la version du fabuliste grec Ésope, de la fable du Lion et du Rat.

Activités

1. **Quels sont ces vers ? Que permettent-ils ? En quoi cette épitre appartient-elle au genre de la fable ?**
2. **Qui sont les hommes représentés par les personnages du Lion et du rat ? Que pensez-vous du choix de Marot de formuler une requête par le biais d'une fable ?**
3. **Comparez cette épître à la fable du Lion et du Rat, de La Fontaine (*Fables*, II, 11, 1668). Pourquoi l'humour de Marot est-il nécessaire ? Ne repose-t-il que sur la reprise de la fable ?**

Leur gaine c'est ma gencive et ma bouche;
Bien coupperont la corde qui te touche
De si trespres, car j'y mettray bon ordre. »
Lors sire Rat va commencer à mordre
Ce gros lien: vray est qu'il y songea
Assez long temps, mais il le vous rongea
Souvent et tant qu'à la parfin tout rompt:
Et le lion de s'en aller fut prompt,
Disant en soy: « Nul plaisir (en effect)
Ne se perd poinct, quelcque part où soit faict. »
Voylà le compte en termes rithmassez:
Il est bien long, mais il est vieil assez,
Tesmoins Esope et plus d'un million.
Or viens me veoir pour faire le Lion
Et je mettray peine, sens et estude
D'estre le Rat exempt d'ingratitude:
J'entends si Dieu te donne aultant d'affaire[8]
Qu'au grand Lion: ce qu'il ne vueille faire.

Marot, *Épître à mon ami Lion* [9], 1526.

8. Embarras.
9. Le Lion, c'est Léon (prononcé Lion) Jamet, conseiller du roi, à même de pouvoir faire sortir Marot de prison. Le « grand Lion », c'est le roi.

RABELAIS

François Rabelais (vers 1483-1553), qui signe Maître Alcofribas Nasier (anagramme de Rabelais), est un frère mineur de l'ordre de Cordeliers, devenu médecin. Humaniste critique, grand amateur de fabliaux et de culture antique, censuré pour ses œuvres, Rabelais est simultanément un écrivain philosophe, érudit, farceur et d'esprit fort libre.

Gargantua

UTOPIE PÉDAGOGIQUE

Dans Gargantua *(1534), Rabelais raconte comment Grandgousier (le père de Gargantua) remercie Frère Jean d'avoir combattu à ses côtés contre Picrochole, en lui offrant une abbaye qu'il organiserait à sa manière. Le prêtre, bon vivant et humaniste, crée une utopie* **[voir p. 222]** *d'abbaye qui est le contre-pied parfait de l'institution monastique de l'époque : pas de cloches, pas de murailles, pas de vœux perpétuels.*

Toute leur vie était régie non par des lois, des statuts ou des règles, mais selon leur volonté et leur libre arbitre. Ils sortaient du lit quand bon leur semblait, buvaient, mangeaient, travaillaient, dormaient quand le désir leur en venait. Nul ne les éveillait, nul ne les obligeait à boire ni à manger, ni à faire quoi que ce soit. Ainsi en avait décidé Gargantua. Et leur règlement se limitait à cette clause :

FAIS CE QUE TU VOUDRAS[1],

parce que les gens libres, bien nés, bien éduqués, conversant en bonne société, ont naturellement un instinct, un aiguillon qu'ils appellent honneur et qui les pousse toujours à agir vertueusement et les éloigne du vice. Quand ils sont affaiblis et asservis par une vile sujétion ou une contrainte, ils utilisent ce noble penchant, par lequel ils aspiraient librement à la vertu, pour se défaire du joug de la servitude et pour lui échapper, car nous entreprenons toujours ce qui est défendu et convoitons ce qu'on nous refuse.

Grâce à cette liberté, ils rivalisèrent d'efforts pour faire tous ce qu'ils voyaient plaire à un seul. Si l'un ou l'une d'entre eux disait : « buvons », tous buvaient ; si on disait : « jouons », tous jouaient ; si on disait : « allons nous ébattre aux champs », tous y allaient. Si c'était pour chasser au vol ou à courre, les dames montées sur de belles haquenées, avec leur fier palefroi, portaient chacune sur leur poing joli-

1. Devise forgée à partir de celle de saint Augustin : « aime et fais ce que tu voudras, *dilige, fac quod vis* ».

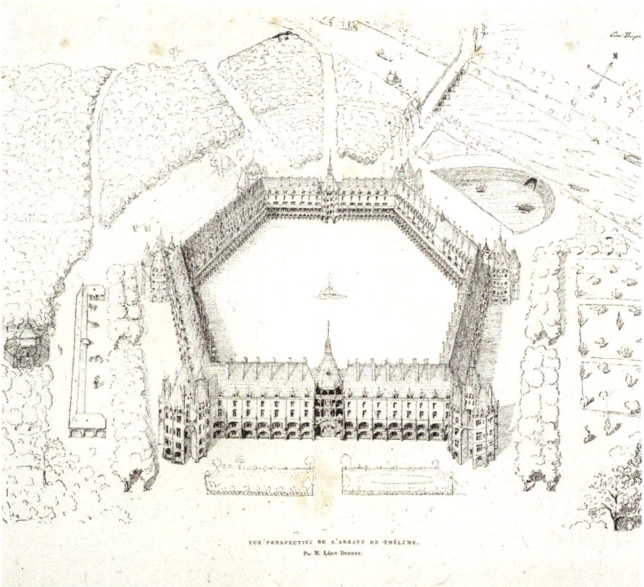

L'Abbaye de Thélème, illustration du texte de Rabelais par Arthur Heulhard.

ment ganté un épervier, un lanier, un émerillon[2] ; les hommes portaient les autres oiseaux.

Ils étaient si bien éduqués qu'il n'y avait aucun ou aucune d'entre eux qui ne sût lire, écrire, chanter, jouer d'instruments de musique, parler cinq ou six langues et s'en servir pour composer en vers aussi bien qu'en prose. Jamais on ne vit des chevaliers si preux, si nobles, si habiles à pied comme à cheval, si vigoureux, si vifs et maniant si bien toutes les armes, que ceux qui se trouvaient là. Jamais on ne vit des dames si élégantes, si mignonnes, moins désagréables, plus habiles de leurs doigts à tirer l'aiguille et à s'adonner à toute activité convenant à une femme noble et libre, que celles qui étaient là.

Pour ces raisons, quand le temps était venu pour un des membres de l'abbaye d'en sortir, soit à la demande de ses parents, soit pour d'autres motifs, il emmenait avec lui une des dames, celle qui l'avait choisi pour chevalier servant[3], et on les mariait ensemble. Et s'ils avaient bien vécu à Thélème[4] dans le dévouement[5] et l'amitié, ils cultivaient encore mieux ces vertus dans le mariage ; leur amour mutuel était aussi fort à la fin de leurs jours qu'aux premiers temps de leurs noces.

Rabelais, *Gargantua*, chap. VII, 1534.

Trad. en langue modernisée de G. Demerson, Éd. du Seuil, 1973.

Activités

1. **En quoi cette société et ses fondements dessinent-ils un idéal ? Comparez l'abbaye des Thélémites à la société des Utopiens [p. 65] : quelles différences remarquez-vous ?**
2. **Quelle idée de l'éducation Rabelais donne-t-il ici ?**
3. **Imaginez une école utopienne, rédigez-en le règlement et décrivez le comportement des professeurs et des élèves dans cette nouvelle institution.**

2. Oiseaux de proie destinés à la chasse.
3. Le mot du texte original est « dévot ».
4. Thélème, le nom de l'abbaye, est tiré du grec « désir, volonté » au sens d'appétit naturel. C'est aussi, dans le Nouveau Testament, le mot qui désigne la volonté de Dieu, voire, parfois, la volonté humaine.
5. Le mot du texte original est « dévotion ».

RABELAIS

Pantagruel

VOYAGE EXTRAORDINAIRE

Ce grand ensemble de cinq livres figure une quête, plus ou moins parodique, de la vérité et intercale des aventures, des rencontres, des débats et des voyages de tous ordres. Ici, durant la guerre contre les Dipsodes, l'auteur profite du fait que Pantagruel, le héros géant, protège ses armées de la pluie avec sa langue pour entrer dans sa bouche.

– Jésus, dis-je, il y a ici un nouveau monde ?

– Certes, dit-il, il n'est pas nouveau ; mais l'on dit bien que, hors d'ici il y a une terre nouvelle où ils ont soleil et lune, et tout plein de belles affaires ; mais celui-ci est plus ancien.

– Oui mais, dis-je, mon ami, quel nom porte cette ville où tu vas vendre tes choux ?

– Elle porte le nom, dit-il, d'Aspharage[1], et les habitants sont des chrétiens, gens de bien, qui vous feront un bon accueil. »

Bref, je décidai d'y aller.

Or, en chemin, je rencontrai un compagnon qui tendait des pièges aux pigeons, et je lui demandai :

« Mon ami, d'où viennent ces pigeons-ci ?

– Sire, dit-il, ils viennent de l'autre monde. » Je pensai alors que, quand Pantagruel bâillait, les pigeons entraient à toute volée dans sa gorge, pensant que c'était un colombier.

Puis j'entrai dans la ville, que je trouvai belle, puissante et d'un bel aspect ; mais à l'entrée les gardiens me demandèrent mon certificat de santé, ce dont je fus fort ébahi, et je leur demandai :

« Messires, y a-t-il ici danger de peste ?

– Ô seigneur, dirent-ils, on meurt tant près d'ici que le chariot des morts n'arrête pas de courir par les rues.

– Vrai Dieu, dis-je, et où ? »

À ces mots ils me dirent que c'était à Laryngues et Pharingues, qui sont deux villes aussi grosses que Rouen et Nantes, riches et bien commerçantes, et que la peste était venue d'une puante et infecte exhalaison naguère sortie des abîmes, et qui a fait mourir plus de vingt-deux fois cent soixante mille et seize personnes depuis huit jours.

Alors supputant et calculant, je trouvai que c'était une puante haleine qui était venue de l'estomac de Pantagruel lorsqu'il mangea tant d'aillade[2], comme nous l'avons dit plus haut.

Partant de là, je passai entre les rochers, qui étaient ses dents, et je réussis à monter sur l'une d'elles ; là je trouvai les

1. *Arrière-gorge*, en grec.
2. Ragoût à l'ail.

plus beaux lieux du monde, de beaux et grands jeux de paume, de belles galeries, de belles prairies, beaucoup de vignes et une infinité de fermettes à la mode italienne, dans les champs pleins de délices; là, je demeurai bien quatre mois et je ne fis jamais meilleure chère.

Puis je descendis par les dents de derrière pour aller aux lèvres[3]; mais en passant je fus détroussé par des brigands dans une grande forêt, qui est vers les oreilles.

Puis je trouvai une petite bourgade en redescendant, dont j'ai oublié le nom, où je fis encore meilleure chère que jamais, et où je gagnai un peu d'argent pour vivre. Savez-vous comment? À dormir[4]; car on loue les gens à la journée pour dormir, et ils gagnent cinq à six sous par jour; mais ceux qui ronflent bien fort gagnent bien sept sous et demi. Je racontai aux sénateurs comment on m'avait détroussé dans la vallée; ils me dirent qu'en vérité les gens qui vivaient au-delà, étaient méchants et brigands de nature; à cela je vis que, de même que nous avons des contrées en deçà et au-delà des monts, de même ils en ont en deçà et au-delà des dents; mais il fait bien meilleur vivre en deçà et l'air y est meilleur.

Là je me mis à penser qu'il est bien vrai, comme on le dit, que la moitié du monde ne sait pas comment l'autre vit, vu que personne n'avait encore écrit sur ce pays-là, où il y a plus de vingt-cinq royaumes habités, sans compter les déserts et un gros bras de mer; mais j'ai composé là-dessus un grand livre intitulé *l'Histoire des Rengorgés*[5]; je les ai nommés ainsi parce qu'ils demeurent dans la *gorge* de mon maître Pantagruel.

Finalement je voulus m'en retourner, et passant par sa barbe, je me jetai sur ses épaules, et de là je descendis à terre et tombai devant lui.

Quand il m'aperçut, il me demanda:

« D'où viens-tu, Alcofrybas? »

Je lui réponds:

« De votre gorge, Messire.

– Et depuis quand y es-tu? dit-il.

– Depuis, dis-je, que vous êtes allé contre les Almyrodes.

– Il y a, dit-il, plus de six mois. Et de quoi vivais-tu? Que buvais-tu? »

Je réponds:

« Seigneur, de même que vous, et sur les plus friands morceaux qui passaient dans votre gorge, je prélevais des droits de douane.

– Oui mais, dit-il, où chiais-tu?

3. Les baulièvres, dans le texte original, les deux lèvres.
4. Ce conte à dormir debout est composé à partir du dicton qu'au Pays de Cocagne, plus on y dort plus on y gagne.
5. Les rengorgés ou les Gorgias, dans le texte original, sont les élégants, et ici le jeu de mot joue sur la gorge, évidemment.

RABELAIS

– Dans votre gorge, Messire, dis-je.

– Ha, ha, tu es un gentil compagnon, dit-il. Nous avons, avec l'aide de Dieu, conquis tout le pays des Dipsodes, et je te donne la châtellenie de Salmigondis.

– Merci beaucoup, dis-je, Messire. Vous me faites plus de bien que je n'ai mérité de votre part. »

Rabelais, *Pantagruel*, chap. XXXII, 1532.
Trad. G. Demerson, Éd. du Seuil, 1973.

Puis[1] descendis par les dentz du derrière pour venir aux baulièvres ; mais en passant je fuz destroussé des brigans par une grande forest, que est vers la partie des aureilles.

Puis trouvay une petite bourgade à la dévallée (j'ay oublié son nom), où je feiz encore la meilleure chère que jamais, et gaignay quelque peu d'argent pour vivre. Sçavez-vous comment ? A dormir : car l'on loue les gens à journée pour dormir et gaignent cinq et six solz par jour ; mais ceulx qui ronflent bien fort gaignent bien sept solx et demy. Et contois aux sénateurs comment on m'avoit destroussé par la valée, lesquelz me dirent que, pour tout vray, les gens de delà estoient mal vivans et brigans de nature, à quoy je congneu que, ainsi comme nous avons les contrées de deçà et delà les montz, aussi ont-ilz deçà et delà les dentz ; mais il fait beaucoup meilleur deçà, et il y a meilleur air.

Là commençay à penser qu'il est bien vray ce que l'on dit que la moytié du monde ne sçait comment l'autre vit, veu que nul avoit encores escrit de ce païs-là, auquel sont plus de XXV royaulmes habitez, sans les désers et un gros bras de mer, mais j'en ay composé un grand livre intitulé l'*Histoire des Gorgias*, car ainsi les ay-je nommez parce qu'ilz demourent en la gorge de mon maistre Pantagruel.

Finablement vouluz retourner, et, passant par sa barbe, me gettay sus ses épaulles, et de là me dévallé en terre et tumbé devant luy.

Quand il me apperceut, il me demanda :

« Dont viens-tu, Alcofribas ? »

Je luy responds :

« De vostre gorge, Monsieur.

– Et despuis quand y es-tu ? dist-il.

– Depuis (dis-je) que vous alliez contre les Almyrodes.

– Il y a (dist-il) plus de six moys. Et de quoy vivois-tu ? Que beuvoys-tu ? »

Je responds :

1. Nous ne reproduisons ici que le passage du texte original commençant, dans la version traduite, à « Puis je descendis par les dents de derrière » jusqu'à la fin du chapitre.

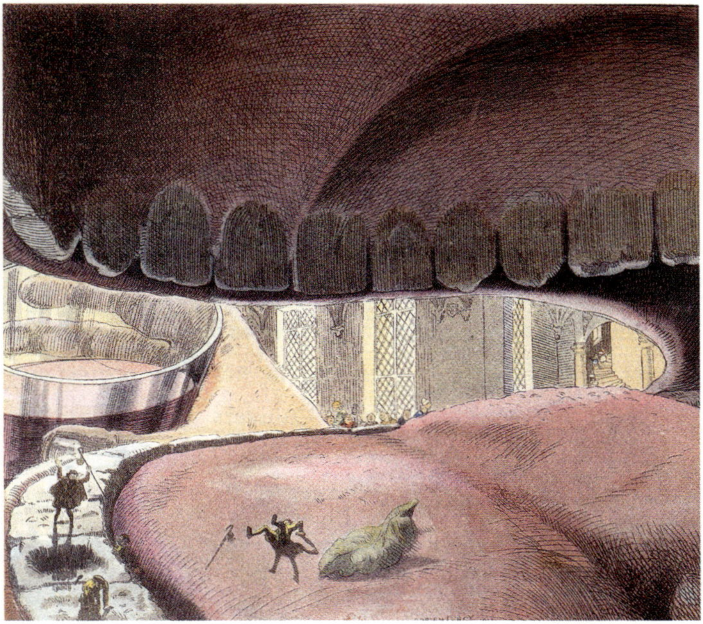

Voyage à l'intérieur de la bouche du géant Pantagruel. Illustration de l'œuvre de François Rabelais par Adrien Lero, 1913.

« Seigneur, de mesmes vous, et des plus frians morceaulx qui passoient par vostre gorge j'en prenois le barraige.

– Voire mais, (dist-il) où chioys-tu ?

– En vostre gorge, Monsieur, dis-je.

– Ha, ha, tu es gentil compaigon ! (dist-il). Nous avons, avecques l'ayde de Dieu, conquesté tout le pays des Dipsodes ; je te donne la châtellenie de Salmigondin.

– Grand mercy (dis-je), Monsieur. Vous me faictes du bien plus que n'ay déservy envers vous. »

Rabelais, *Pantagruel*, chap. XXXII, 1532.

Activités

1. **Comparez la langue du XVIe siècle à sa « traduction ». Repérez les différences d'orthographe et de construction et documentez-vous sur les mécanismes d'évolution de la langue.**
2. **En quoi ce texte est-il à la fois fantaisiste et réaliste ? Que permet de découvrir ce voyage à l'intérieur du corps ? Dégagez le message humaniste de Rabelais dans ce récit.**
3. **Sur quel mode Rabelais reprend-il le thème du voyage ? Sachant que le narrateur est également l'auteur, Alcofribas Nasier, anagramme de Rabelais, montrez que ce texte a aussi pour sujet la littérature.**

L'ébranlement du monde chrétien

Les progrès de l'imprimerie permettent une meilleure diffusion des connaissances. La Bible, traduite dans les langues vernaculaires*, est lue par beaucoup, et donne lieu à de nouvelles pensées. La pensée humaniste, curieuse et critique, se prolonge par la Réforme protestante avec Luther, puis Calvin. L'univers s'ouvre et l'on découvre d'autres hommes, en Amérique et en Orient extrême, au point que l'on en vient à douter de bon nombre de certitudes. Ce mouvement d'ouverture des frontières et des esprits donne lieu cependant à bien des violences : celles d'un pouvoir européen avide de conquêtes, et celles, internes à l'Europe, qui opposent les religions.

MACHIAVEL

Nicolas Machiavel (1469-1527), grand penseur politique, est partisan d'un pouvoir fort, dont il trouve le modèle dans la République romaine. Dans son traité politique, *Le Prince* (1513-1532), il pense que le Prince doit savoir que la raison d'État l'emporte sur toutes les considérations morales et religieuses.

Le Prince

LE SOUVERAIN

Sous différentes formes et interprétations, la philosophie politique de Machiavel a fait le tour du monde.

Il y a deux manières de combattre, l'une par les lois, l'autre par la force : la première sorte est propre aux hommes, la seconde propre aux bêtes ; mais comme la première bien souvent ne suffit pas, il faut recourir à la seconde. Ce pourquoi est nécessaire au Prince de savoir bien pratiquer la bête et l'homme. Cette règle fut enseignée aux Princes en paroles voilées par les anciens auteurs qui écrivent comme Achille, et plusieurs autres de ces grands Seigneurs du temps passé furent donnés à élever au centaure Chiron pour les instruire sous sa discipline. Ce qui ne signifie autre chose, d'avoir ainsi pour gouverneur un demi-bête et demi-homme, sinon qu'il faut qu'un Prince sache user de l'une ou l'autre nature, et que l'une sans l'autre n'est pas durable. Puis donc qu'un Prince doit savoir bien user de la bête, il en doit choisir le renard et le lion ; car le lion ne se peut défendre des rets, le renard des loups ; il faut donc être renard pour connaître les filets, et lion pour faire peur aux loups. Ceux qui simplement veulent faire les lions, ils n'y entendent rien. Partant, le sage Seigneur ne peut garder sa foi si cette observance lui tourne à rebours, et que les causes qui l'ont induit à promettre soient éteintes. D'autant que si les hommes étaient tous gens de bien, mon précepte serait nul ; mais comme ils sont méchants et qu'ils ne te la garderaient pas, toi non plus tu n'as pas à la leur garder. Et jamais un Prince n'a eu défaut d'excuses légitimes pour colorer son manque de foi ; et s'en pourraient alléguer infinis exemples du temps présent, montrant combien de paix, combien de promesses ont été faites en vain et mises à néant par l'infidélité des Princes.

Machiavel, *Le Prince*, chap. XVIII, 1513, Éd. 1532.

Activités

1. **Quels sont les arguments de Machiavel et comment les dispose-t-il pour convaincre ?**
2. **Reformulez à votre manière, les principes sur lesquels on peut fonder une politique efficace.**
3. **Comparez cet extrait aux textes de Proudhon et Marx [voir pp. 423 et 426] et confrontez les doctrines politiques qu'ils énoncent.**

LUTHER

Martin Luther (1483?-1546), moine indigné par le rachat des peines spirituelles (les indulgences papales), fait afficher en Allemagne les 95 *thèses* qui réfutent les pratiques de l'Église romaine. Il constitue l'une des principales figures de la Réforme.

À la noblesse chrétienne

CRISE DE LA RELIGION

Luther s'en prend au Pape et à son commerce, Calvin se moque des reliques qui détournent le fidèle de la véritable religion et en font une sorte de païen. Ces deux attaques, violentes et polémiques, ont profondément marqué le XVIe siècle.

Il faut que tous les bons chrétiens ouvrent leurs yeux, qu'ils ne se laissent pas induire en erreur par les bulles[1], les cachets et leur fausse dévotion, qu'ils restent chez eux dans leur église et se contentent parfaitement de leur baptême, de l'Évangile, de la foi, du Christ et de Dieu qui sont les mêmes en tous lieux, sans se soucier du Pape, aveugle chef des aveugles. Ni Ange ni Pape ne peuvent vous donner autant que Dieu vous donne dans votre paroisse, bien plus le Pape vous écarte des dons divins que vous recevez gratuitement, pour vous imposer ses dons qu'il vous faut acheter, il vous donne du plomb au lieu d'or, de la peau au lieu de chair, un cordon au lieu de bourse, de la cire au lieu de miel, des mots au lieu de biens, la lettre au lieu de l'esprit, comme vous pouvez le voir, bien que vous vous obstiniez à ne pas le remarquer : s'il faut que vous montiez au ciel sur du parchemin et de la cire, votre voiture ne tardera guère à se briser, et vous tomberez en enfer, et non pas au nom de Dieu. Tenez ceci pour une règle sûre : ce qu'il vous faut acheter au Pape n'est pas bon et ne vient pas de Dieu, car non seulement ce qui vient de Dieu est donné gratuitement, mais tout le monde est puni et damné de n'avoir pas voulu l'accepter gratuitement, comme on doit faire pour l'Évangile et les œuvres divines.

Luther, *À la noblesse chrétienne de la nation allemande*, 1520.
Trad. M. Gravier, Éd. Aubier Montaigne, 1955.

1. Les bulles sont les écrits pontificaux d'intérêt général pour les chrétiens, portant le sceau du pape : le cachet.

CALVIN

Jean Calvin (1509-1564), fondateur du protestantisme français (*L'Institution de la religion chrétienne*, 1536-1541) est avec Luther l'une des deux principales figures de la Réforme. Chacun des deux théologiens, à sa manière, attaque les superstitions et remet en cause certains dogmes.

Le Traité des reliques

CRISE DE LA RELIGION

Quant à la Vierge Marie, pour ce qu'ils tiennent que son corps n'est plus en terre, le moyen leur est ôté de se vanter d'en avoir les os; autrement je pense qu'ils eussent fait accroire qu'elle avait un corps pour remplir[1] un grand charnier. Au reste, ils se sont vengés sur ses cheveux et sur son lait, pour avoir quelque chose de son corps. De ses cheveux, il y en a à Rome, à Sainte-Marie-sur-Minerve, à Saint-Salvador en Espagne, à Mâcon, à Cluny, à Noyers, à Saint-Flour, à Saint-Jacquerie, et en autres plusieurs lieux. Du lait, il n'est jà métier[2] de nombrer les lieux où il y en a, et aussi ce ne serait jamais fait[3] car il n'y a si petite villette, ni si méchant couvent soit de moines, soit de nonnains, où l'on n'en montre; les uns plus, les autres moins. Non pas qu'ils aient été honteux de se vanter d'en avoir à pleines potées, mais pour ce qu'il leur semblait avis que leur mensonge serait plus couvert, s'ils n'en avaient que ce qui se pourrait tenir dedans quelque monstre[4] de verre ou de cristallin, afin qu'on n'en fît pas d'examen plus près. Tant y a que si la sainte Vierge eût été une vache et qu'elle eût été une nourrice toute sa vie, à grand'peine en eût-elle pu rendre telle quantité.

Calvin, *Le Traité des reliques*, 1543.

1. Capable de remplir.
2. Il n'est plus nécessaire.
3. On n'en finirait jamais.
4. Ostentatoire.

Activités

1. **En quoi les mots employés et les exemples pris par l'un et par l'autre texte sont-ils à la fois familiers et ironiques ? Que permettent-ils en matière de polémique ?**
2. **Reprenez les arguments de Luther et de Calvin pour définir ce que peut être, opposée au catholicisme, la « véritable » religion.**
3. **En vous appuyant sur cette page, sur les p. 78 et 83 (sur la Réforme et sur les guerres de religion), et sur vos propres recherches, dites sur quels points essentiels se divise l'Église au XVIe siècle.**

La Bible et l'Humanisme

L'humaniste est un curieux, du monde, de la nature, de lui-même et de ce qu'il peut inventer, construire, créer. Grâce à l'imprimerie le livre se substitue aux manuscrits lentement copiés et le nombre de choses à lire, à voir, à connaître, s'accroît.

Page décorée d'enluminures de la Bible de Gutemberg (1397-1468).

L'homme dans l'univers

La Renaissance voit naître ensemble les premiers grands mathématiciens, anatomistes, physiciens, médecins, dessinateurs, architectes. L'homme, centre de la création, prend peu à peu conscience de sa place dans un univers ouvert. Le monde connaît alors une double révolution : celle de la perception de l'univers opérée par Copernic (la terre n'est plus le centre de l'univers, mais tourne autour du soleil), celle de l'homme qui réfléchit davantage sur lui-même et cherche moins en Dieu les réponses aux questions qu'il se pose sur lui-même.

Le retour aux textes

Grâce à l'imprimerie, les individus ont maintenant un contact direct avec la Bible, que l'on imprime en grec, en latin et en hébreu, puis que l'on traduit en langue vulgaire. Parallèlement, les textes de l'antiquité grecque et latine sont imprimés et étudiés dans leur langue originale, sans l'interprétation des commentateurs médiévaux.

En critiquant les textes bibliques, les humanistes jettent le doute dans les esprits. Érasme, [voir p. 63] cherche à réconcilier l'héritage païen des Anciens et la foi chrétienne en fondant une « philosophie du Christ ». Dans d'autres pays d'Europe, notamment l'Allemagne, on cherche alors à réformer la religion.

La Réforme

Luther (1483 ?-1546), moine allemand indigné par les pratiques de la religion catholique, fait afficher, le 31 octobre 1517, les *95 Thèses* qui affirment que la foi véritable et le pardon ne reposent que sur la seule parole de Dieu (la Bible) sans nul besoin de l'intermédiaire qu'est l'Église. Il est excommunié mais ses idées s'étendent, reprises par Jean Calvin qui fonde, dans les années 1540, le protestantisme français. Il fonde à Genève une « Église réformée ». Enfin, les oppositions religieuses s'affirment entre les princes au point que les guerres de religion deviennent inévitables.

Activités

1. Documentez vous sur les pratiques de l a religion catholique à l'époque de Luther pour comprendre exactement les raisons de sa rebellion.
2. Quelles sont aujourd'hui encore les différences de culte et de croyances entre catholiques et protestants ? Faites une recherche.

CORTÈS

Hernan Cortés (1485-1547) fut un célèbre conquistador. Chargé par le roi d'Espagne de conquérir de nouveaux territoires, il découvre le Mexique et saborde ses vaisseaux sur le rivage pour empêcher tout retour en arrière. Partit vers l'intérieur du pays, il obtint la reddition de Mexico en 1521. Il se fit, ensuite, chroniqueur afin de vanter ses exploits auprès de Charles Quint.

Seconde relation

COLONISATION

Cortès décrit ici sa progression dans l'empire aztèque et son premier contact avec le royaume de Moctezuma.

J'arrivai dans un pays moins montueux, que me parut habiter le cacique[1] de cette vallée, où s'élevaient les maisons les plus belles et les mieux construites que nous ayons vues jusqu'à ce jour; elles étaient en pierres taillées fort bien sculptées, elles paraissaient neuves et contenaient de grandes et belles salles fort bien distribuées.

Cette vallée et ce village se nomment Caltanmi. Le cacique et ses gens me reçurent admirablement. Lui ayant parlé de la part de Votre Majesté, et lui ayant donné la raison de ma venue dans ces contrées, je lui demandai s'il était aussi le vassal de Muteczuma[2] ou de quelque autre seigneur. Fort surpris de ma demande, il me répondit : « Qui donc n'est point le vassal de Muteczuma ? », voulant dire qu'il était bien le maître de l'univers. À mon tour je lui dis le grand pouvoir et les seigneuries de Votre Majesté, et les nombreux et plus puissants princes que Muteczuma qui tous étaient vassaux de Votre Altesse et qui la tenaient en si grand honneur ; j'ajoutai que Muteczuma et tous les caciques de ce pays devaient vous rendre hommage, ce que je le priai de faire, parce qu'en se déclarant votre vassal il en tirerait un grand profit, tandis que s'il refusait il en serait puni. Je l'engageai donc, en reconnaissance de sa vassalité, de me donner de l'or que j'enverrais à Votre Majesté. Il me répondit qu'il ne me donnerait l'or qu'il avait que sur l'ordre de Muteczuma et que sur cet ordre il donnerait son or, sa personne et tout ce qu'il possédait. Ne voulant point le blesser et me susciter des empêchements pour mon voyage, je dissimulai du mieux que je pus et lui dis que bientôt Muteczuma lui enverrait l'ordre de livrer son or et tout ce qu'il possédait.

Cortés, *Seconde relation, du 30 octobre 1520,*
in *La Conquête du Mexique.* Trad. D. Charnay, *Éd. Maspéro, 1982.*

Activités

1. **En quoi cette lettre montre-t-elle à la fois le respect et la connivence entre le destinateur* et le destinataire* ?**
2. **Quels sont les arguments de Cortés pour obliger le cacique à reconnaître Charles Quint comme son maître ?**
3. **Comparez ce texte à l'extrait de *Passé-simple* de Chraïbi [voir p. 606] en confrontant les deux points de vue sur le colonisateur.**

1. Le chef.
2. Autre orthographe de Moctezuma employée par Cortès.

MONTAIGNE

Michel Eyquem de Montaigne (1533-1592), persuadé que « chaque homme porte en soi la forme de l'humaine condition », se livre dans les *Essais* à un minutieux travail d'introspection. Dans le livre III des *Essais*, il est l'un des premiers à s'émerveiller de la diversité des cultures et à en tirer les conséquences.

Essais

COLONISATION

Il n'est plus possible, selon Montaigne, de construire une image unique de l'homme, de même qu'il est temps de comprendre que notre civilisation n'est peut-être pas la meilleure chose que nous avons apportée à ce « monde enfant » à peine découvert.

Notre monde vient d'en trouver un autre (et qui nous répond si c'est le dernier de ses frères, puisque les démons, les sibylles et nous, avons ignoré cettui-ci jusqu'asteure ?) non moins grand, plein et membru que lui, toutefois si nouveau et si enfant qu'on lui apprend encore son a, b, c ; il n'y a pas cinquante ans qu'il ne savait ni lettres, ni poids, ni mesure, ni vêtements, ni blés, ni vignes. […]

Bien crains-je que nous aurons bien fort hâté sa déclinaison et sa ruine par notre contagion, et que nous lui aurons bien cher vendu nos opinions et nos arts. C'était un monde enfant ; si ne l'avons-nous pas fouetté et soumis à notre discipline par l'avantage de notre valeur et forces naturelles, ni ne l'avons pratiqué par notre justice et bonté, ni subjugué par notre magnanimité. La plupart de leurs réponses et des négociations faites avec eux témoignent qu'ils ne nous devaient rien en clarté d'esprit naturelle et en pertinence. L'épouvantable magnificence des villes de Cuzco et de Mexico, et, entre plusieurs choses pareilles, le jardin de ce roi, où tous les arbres, les fruits et toutes les herbes, selon l'ordre et grandeur qu'ils ont en un jardin, étaient excellemment formés en or ; comme, en son cabinet, tous les animaux qui naissaient en son État et en ses mers ; et la beauté de leurs ouvrages en pierrerie, en plume, en coton, en la peinture, montrent qu'ils ne nous cédaient non plus en l'industrie. Mais quant à la dévotion, observance des lois, bonté, libéralité, loyauté, franchise, il nous a bien servi de n'en avoir pas tant qu'eux ; ils se sont perdus par cet avantage, et vendus et trahis eux-mêmes.

Montaigne, *Essais*, Livre III, chap. VI, 1588.

Activités

1. **Relevez les expressions qui donnent le Nouveau Monde comme un « monde enfant ». Qu'est-ce que cela implique de la responsabilité de ceux qui sont les adultes ?**
2. **Suivez dans le texte le déroulement de la conquête du Mexique, puis examinez les jugements de Montaigne.**
3. **Faites un dossier, de textes qui traitent des différences entre les civilisations. Peut-on suivre Montaigne lorsqu'il estime que leurs différences et leur diversité sont merveilleuses ?**

Les grandes découvertes

Après les épidémies de peste du XIVe siècle, l'Europe se relève lentement et les échanges économiques et commerciaux se renouent progressivement entre les pays. On voyage beaucoup à l'intérieur de l'Europe mais on part aussi à la découverte de mondes nouveaux : l'Afrique, les Indes et enfin les Indes occidentales, c'est-à-dire l'Amérique. L'Espagne s'élance vers d'autres horizons tandis que l'Italie accueille sur son territoire les lettrés de Constantinople, prise par les Turcs en 1453.

Une vision d'époque de l'Amérique du sud par Jan Van Doet, 1585.

L'Espagne tournée vers le large

En 1492, l'Espagne est une nation forte et unie, autour de son roi catholique et de sa langue unifiée. Cette seule année, en effet, voit la fin de la *Reconquête*, la mise en forme de la première grammaire espagnole et la découverte de l'Amérique par Christophe Colomb. La couronne espagnole mène alors une politique de conquête, marquée par d'immenses massacres mais aussi par un gain appréciable de matières premières, d'or en particulier, qui lui permet d'exercer une influence essentielle sur l'ensemble de l'Europe.

Récits de voyage

De même, les récits de voyages, essentiellement portugais et espagnols, bouleversent profondément les conceptions que les Européens avaient de l'homme et de la civilisation. Les *Histoires des Indes occidentales et orientales*, traduites notamment en français à partir de 1569, révélèrent un monde immense dont la diversité ne pouvait se laisser réduire aux schémas connus que l'Occident chrétien considérait comme naturels et éternels. Montaigne, en France, fut l'un des premiers à s'émerveiller de cette profusion de modes de vie si différents, et à en tirer les conséquences : il n'est plus possible de maintenir une image unique, synthétique de l'homme, et sous le « naturel » ne se cache bien souvent que de la coutume.

Activités

En vous appuyant sur vos recherches et sur les textes de Cortés p. 79 et de Montaigne p. 80, vous direz en quoi la découverte des pays ignorés bouleverse le monde européen et comment il modifie l'image de l'homme.

LA BOÉTIE

Étienne de la Boétie (1530-1563), conseiller au parlement de Bordeaux, portait à Montaigne une grande amitié. À l'âge de dix-huit ans, il écrivit le *Discours de la servitude volontaire ou Contr'Un* (1548).

Contr'Un

TYRANNIE

Le Contr'un *fut publié par les protestants contre la monarchie catholique, en 1574, mais c'est contre toute tyrannie qu'il prend position. Comment l'homme, qui est né libre, a-t-il pu abdiquer ses droits ?*

Activités

1. **En quoi les oppositions, répétitions de termes, interrogations rhétoriques* et rythmes ternaires*, font-ils partie du style du pamphlet et de l'écriture polémique ?**
2. **Contre qui et quoi La Boétie lutte-t-il ? Définissez ce qu'est, pour lui, la tyrannie.**
3. **Cherchez à comprendre pour quelles raisons ce texte a été réédité pendant la Révolution et sous le Second Empire.**

Celui qui vous maîtrise tant, n'a que deux yeux, n'a que deux mains, n'a qu'un corps, et n'a autre chose que ce qu'a le moindre homme du grand nombre infini de vos villes ; sinon qu'il a plus que vous tous c'est l'avantage que vous lui faites, pour vous détruire. D'où il a pris tant d'yeux, dont vous épie-t-il, si vous ne les lui donnez ? Comment a-t-il tant de mains pour vous frapper, s'il ne les prend de vous ? Les pieds dont il foule vos cités, d'où les a-t-il, s'ils ne sont les vôtres ? Comment a-t-il aucun pouvoir sur vous, que par vous autres mêmes ? Comment vous oserait-il courir sus, s'il n'avait intelligence avec vous ? que pourrait-il faire, si vous n'étiez receleurs du larron qui vous pille ? complices du meurtrier qui vous tue et traîtres de vous-mêmes ? Vous semez vos fruits, afin qu'il en fasse le dégât. Vous meublez et remplissez vos maisons pour fournir à ses voleries, vous nourrissez vos filles, afin qu'il ait de quoi saoûler sa luxure ; vous nourrissez vos enfants, afin qu'il les mène pour le mieux qu'il leur fasse, en ses guerres ; qu'il les mène à la boucherie ; qu'il les fasse les ministres de ses convoitises et les exécuteurs de ses vengeances, vous rompez à la peine vos personnes, afin qu'il se puisse mignarder en ses délices, et se vautrer dans les sales et vilains plaisirs. Vous vous affaiblissez, afin de le faire plus fort et roide, à vous tenir plus courte la bride ; et de tant d'indignités, que les bêtes mêmes, ou ne sentiraient point, ou n'endureraient point, vous pouvez vous en délivrer, si vous essayez, non pas de vous en délivrer, mais seulement de le vouloir faire. Soyez résolus de ne servir plus, et vous voilà libres.

La Boétie, *Discours de la servitude volontaire ou Contr'Un*, 1548, Éd. 1574.

Les guerres de religion

L'ère des troubles

Les guerres de religion qui ensanglantent la France dans les quarante dernières années du XVIe siècle opposent les Catholiques, majoritaires, aux Protestants calvinistes (les Réformés), puissants dans le Languedoc, le Quercy, le Dauphiné. Batailles, massacres, exécutions, complots se succèdent, qui mêlent passions religieuses et ambitions politiques, chaque camp s'efforçant de gagner le roi à sa cause, ou de contrôler le pouvoir monarchique. Deux événements dominent ces années sombres, où le royaume est menacé d'anarchie :

La Saint Barthélemy, 23 et 24 août 1572. Musée des Beaux Arts de Lauzanne.

1. La Saint-Barthélemy (1572), massacre de Protestants autorisé par la monarchie.

2. L'Édit de Nantes (1598), qui permet à Henri IV de rétablir la paix religieuse en accordant aux Protestants de solides garanties, supprimées par Louis XIV en 1685.

Luttes d'idées

Ces conflits d'une rare cruauté aiguisent évidemment les luttes d'idées : débats théologiques, dénonciations des adversaires, témoignages, appels à la tolérance, réflexions sur l'État et la paix civile (*Un roi, une loi, une foi*, selon la formule traditionnelle, ou bien *Un roi, une loi, deux fois* ? Les modérés, qu'on appelle les « Politiques », défendent cette seconde solution, qui subordonne la religion au pouvoir civil. Mais celui-ci doit-il être héréditaire ou électif, absolu ou contrôlé ?). Trois textes dominent cette âpre littérature liée aux conflits contemporains : *la République* de Jean Bodin (1576), traité de philosophie politique ; la *Satyre Ménippée* (1594), parodie burlesque des chefs catholiques révoltés contre le roi ; *les Tragiques* de d'Aubigné, épopée protestante commencée en 1577 et publiée en 1616.

« À côté des sages qui souhaitaient rappeler à la raison les esprits partisans, des théoriciens recherchent les conditions d'un pouvoir pacificateur et stable. [...] C'est surtout à une monarchie consolidée que l'on aspire : différente de ce qu'elle était avant les troubles, débarrassée des derniers vestiges du féodalisme, incarnée par un roi [...] capable de restaurer la cohésion de l'État, en fondant l'absolutisme du pouvoir [...] sur l'alliance de la noblesse et de la haute bourgeoisie, des robins et des officiers royaux. »

Précis de littérature française du XVIe siècle, sous la direction de R. Aulotte, PUF, 1991.

Activités

1. En vous renseignant sur la vie d'Agrippa d'Aubigné, du poète anglais Milton et de Victor Hugo, montrez en quoi leurs épopées (*les Tragiques*, *le Paradis perdu* et *les Châtiments*) ont rapport à la politique.
2. Autour du thème des querelles religieuses, lire les textes de Calvin p. 76, Luther p. 77, Racine p. 128, Challe p. 193, Voltaire p.195.

d'AUBIGNÉ

Agrippa d'Aubigné (1552-1630) est un combattant huguenot. D'abord aux côtés d'Henri de Navarre en tant que conseiller politique privé, puis contre lui, lorsque, pour devenir roi de France, Henri abjura sa religion, d'Aubigné poursuivit sa résistance passive à Genève.

Les Tragiques

POLITIQUE

L'œuvre maîtresse de d'Aubigné, Les Tragiques, *fut écrite entre 1577 et 1616. Elle suppose que Prométhée transmet aux hommes le texte publié. Ce texte est une violente diatribe.*

Henri, qui tous les jours vas prodiguant ta vie,
Pour remettre le regne, oster la tyrannie,
Ennemi des tyrans, ressource des vrais Rois,
Quand le sceptre des lis joindra le Navarrois,
Souviens-toi de quel œil, de quelle vigilance,
Tu vois et remédie aux mal-heurs de la France ;
Souviens-toy quelque jour combien sont ignorans
Ceux qui pour estre Rois veulent estre tyrans.
Ces tyrans sont des loups, car le loup, quand il entre
Dans le parc des brebis, ne succe de leur ventre
Que le sang par un trou et quitte tout le corps,
Laissant bien le troupeau, mais un troupeau de morts :
Nos villes sont charongnes, et nos plus cheres vies,
Et le suc et la force en ont esté ravies ;
Les païs ruinez sont membres retranchez
Dont le corps sechera, puis qu'ils sont assechez.
France, puis que tu perds tes membres en la sorte,
Appreste le suaire et te conte pour morte :
Ton poulx faible, inegal, le trouble de ton œil
Ne demande plus rien qu'un funeste cercueil.

d'Aubigné, *Les Tragiques,*
donnés au public par le larcin de Prométhée,
***au désert, par L.B.D.D.*[1], chap. I, 1616.**

Activités

1. **À qui le poète s'adresse-t-il ? Comment et dans quel(s) but(s) ?**
2. **Pourquoi Henri IV peut-il être un tyran ? La description-portrait de la France permet-elle de le confirmer ?**
3. **Décrivez, en une ou deux pages, la France d'après les guerres de religion en vous appuyant sur les images d'horreur et de mort employées par d'Aubigné.**
4. **Comparez le texte que vous avez écrit à ceux de Bernanos [voir p. 602] et de M. Duras [voir p. 515]. Qu'en concluez-vous sur la façon de peindre l'horreur ?**

1. Le Bouc Du Désert, pseudonyme de l'auteur.

Le renouvellement des formes de la langue

Les auteurs du XVIe siècle ont à cœur de renouveler les genres. On modernise le roman médiéval ainsi que la nouvelle; on approfondit et l'on développe les formes poétiques, comme le sonnet, en cherchant à dépasser l'exemple de Pétrarque; on renouvelle la tragédie et tout le théâtre; enfin et surtout, on enrichit la langue nationale pour la rendre plus propre à supporter ces nouvelles formes.

L'ARIOSTE

En 1532, Ludovico Ariosto (1474-1533) dit l'Arioste termina *Orlando furioso*, commencé en 1502. Ce texte est une synthèse des romans d'amour chevaleresques. Si l'épopée y tient son rôle, la quête de l'individu, la recherche des idéaux face à la fatalité, la représentation des états d'âme des héros, tirent ce texte vers les grandes thématiques de la Renaissance.

Orlando furioso

ÉPOPÉE

Angélique, la dame de Roland, a disparu. Il la cherche, fou de douleur, et traverse ainsi des pays et des obstacles qui éprouvent sa valeur. Un jour, il rencontre un berger qui lui raconte qu'Angélique a épousé Médor, un jeune Sarrazin. En lisant une inscription sur les parois d'une grotte, Roland constate la véracité du récit et sombre dans la folie la plus violente.

Alors se produisirent les accès d'une folie si étrange et si épouvantable que jamais on n'en verra de semblable. Sa fureur et sa rage sont portées à un tel degré, qu'un trouble universel s'empare de ses membres ; il ne songe nullement à garder dans sa main sa redoutable épée, il l'aurait employée, je pense, à de merveilleux exploits. Mais avec son étonnante vigueur il n'a besoin ni d'épée, ni de hache, ni de masse ; il donne en effet une preuve incontestable de sa force prodigieuse en déracinant un grand pin d'un seul coup.

Il arrache de même deux autres arbres aussi élevés, comme si c'eût été du fenouil, des hièbles[1] ou de l'anet[2]. Les hêtres, les chênes, les ormes antiques, les sapins, les charmes ne lui résistent pas davantage. Ce que fait un oiseleur pour nettoyer un champ où il tendra ses filets, en arrachant les joncs, les genêts ou les orties, Roland le fait des arbres les plus antiques et les plus vigoureux.

Les bergers, en entendant ce fracas épouvantable, laissent errer leurs troupeaux dans les forêts et accourent de tous côtés, curieux d'en connaître la cause. Mais je suis arrivé au terme que je ne puis dépasser sans crainte d'ennuyer mes lecteurs. Pour ne pas produire un tel effet en allongeant cette histoire, j'en remets la suite à un autre chant.

L'Arioste, *Roland furieux, fin du chant XXII,* 1532. Trad. C. Hippeau, Éd. GF, 1982.

Activités

1. **Commentez le passage du « il » au « je » en développant ce qu'il permet.**
2. **En quoi ce style est-il épique ? L'hyperbole en est-elle la seule marque ? En quoi l'épique permet-il de représenter la folie ?**
3.  **Réécrivez votre version de ce passage décrivant la force proverbiale de Roland. (Vous pourrez vous appuyer notamment sur les exemples que vous trouverez dans *La Chanson de Roland* ou *La Légende des siècles* de Victor Hugo)**

1. Variété de sureau à tige herbacée, à baies noires.
2. Aneth, plante aromatique.

ALEMÁN

Mateo Alemán (1547-1614) né à Séville, mena une vie tumultueuse et fut souvent poursuivi pour dettes. Son œuvre maîtresse, *Le Gueux ou la Vie de Guzman d'Alfarache, guette-chemin de la vie humaine*, fut un immense succès et fixa les lois du genre picaresque.

Le Gueux

ROMAN PICARESQUE

Le « picaro » (en espagnol : « vaurien, aventurier, coquin ») est un héros dégradé, de basse extraction sociale. Le roman picaresque espagnol raconte ainsi l'histoire de ce personnage qui montre l'envers du décor social. Ici, un vieillard, vieux de près de « soixante-dix ans de gueuseries », enseigne à Guzman la manière de bien mendier.

« Réponds avec humilité aux injures, et avec douceur aux paroles aigres. Tu es espagnol, et notre orgueil fait qu'on nous veut du mal et qu'on nous hait en tous lieux. Qui veut tirer argent de la bourse d'autrui, mieux lui vaut implorer que gronder, et prière fait plus que juron, car, comme dit le proverbe, la génisse douce tète deux mamelles. »

Où l'on ne donnera rien, réponds dévotement : « Dieu soit loué ! Qu'Il se montre généreux à votre gré et qu'Il vous donne santé, paix et prospérité, afin que vous en puissiez donner aux pauvres ! » Cette ruse m'a rapporté force argent, car lorsque je répondais avec une telle douceur, les mains jointes et dressées, les yeux tournés au ciel, on me rappelait pour me donner ce qu'on avait sur soi. »

Outre cela, mon vieillard m'apprit à feindre la lèpre, à contrefaire des plaies, à m'enfler la jambe, à me casser le bras, à jaunir mon visage, à me tordre le corps, et force autres beaux traits du métier pour ne point nous entendre dire que puisque nous étions drus et sains, nous n'avions qu'à travailler. Il me donna maintes preuves d'amitié. Les beaux secrets de nature qu'il savait et dont il faisait usage, il ne m'en cacha pas un seul, car si j'étais novice, selon lui je ne manquais pas d'étoffe. Sans doute se sentait-il un pied dans la fosse, et voulait-il laisser un chapelain qui priât Dieu, pour lui. Ce fut ce qui arriva, car il mourut peu après.

Alemán, *Le Gueux ou la Vie de Guzman d'Alfarache, guette-chemin de la vie humaine*, Livre III, chap. III, 1603.
Trad. F. Veille, Éd. Gallimard, 1968.

Activités

1. **Relevez les éléments stylistiques des types de discours employés dans ce texte (code, style direct, récit à la première personne). Quel type de distance introduit le style direct ?**
2. **Établissez les caractéristiques du « picaro » et commentez les rapports qu'il entretient avec les hommes et le monde.**
3. **Peut-on ici parler de « roman de formation » ?**

LOUISE LABÉ

Louise Labé (1526-1565), femme écrivain que l'on nommait « la belle cordière » (son père était un riche cordier de Lyon), eut à subir les sarcasmes de certains écrivains qui l'accusèrent de plagiat et de débauches.

POÉSIE AMOUREUSE

Sonnet VIII

Sonnets *(1556) de Louise Labé, jouant sur les oppositions stylistiques et thématiques pour dire l'amour, et son* Débat de Folie et d'Amour *(1555) approfondissent les manières de présenter les sentiments en donnant toujours la préséance au sentiment amoureux.*

Je vis, je meurs : je me brûle et me noie.
J'ai chaud extrême en endurant froidure :
La vie m'est et trop molle et trop dure.
J'ai grands ennuis entremêlés de joie :

Tout à coup je ris et je larmoie,
Et en plaisir maint grief[1] tourment j'endure :
Mon bien s'en va, et à jamais il dure :
Tout en un coup je sèche et je verdoie.

Ainsi Amour inconstamment me mène :
Et quand je pense avoir plus de douleur,
Sans y penser je me trouve hors de peine.

Puis quand je crois ma joie être certaine,
Et être au haut de mon désiré heur[2],
Il me remet en mon premier malheur.

Louise Labé, *Sonnet* VIII, 1556.

1. Douloureux (synérèse : une seule syllabe).
2. Bonheur.

Sonnet XXIII

Las ! que me sert que si parfaitement
Louas[1] jadis et ma tresse dorée
Et de mes yeux la beauté comparée
À deux soleils, dont Amour finement[2]

Tira les traits, causes de ton tourment ?
Où êtes-vous, pleurs de peu de durée ?
Et Mort par qui devait être honorée
Ta ferme amour et itéré[3] serment ?

Doncques c'était le but de ta malice
De m'asservir sous ombre de service ?
Pardonne-moi, Ami, à cette fois,

Étant outrée et de dépit et d'ire[4] :
Mais je m'assure[5], quelque part que tu sois,
Qu'autant que moi tu souffres de martyre.

Louise Labé, *Sonnet* XXIII, 1556.

1. Tu aies loué.
2. Délicatement.
3. Répété.
4. Colère.
5. Je suis sûre.

Activités

1. **Dans le sonnet VIII, relevez le système d'opposition qui régit le poème et dites en quoi il y a une circularité du propos. En quoi ces éléments s'appuient-ils sur la structure du sonnet ?**
2. **Pour ces deux poèmes, analysez l'utilisation stylistique du champ lexical de la mort : quelles significations entraînent-ils lorsqu'ils se combinent avec la vie et l'amour ?**
3. **Comparez ces poèmes au *lai du chèvrefeuille* de Marie de France, [voir p. 41] et à « Elle était déchaussée… » de Victor Hugo [voir p. 463]. Le ton donné à l'expression de l'amour est-il le même ? Pourquoi ?**

DU BELLAY

Joachim Du Bellay (1522?-1560) s'adonne à la poésie après avoir renoncé à sa carrière militaire. Partageant la ferveur humaniste de Ronsard, il fit partie de la Pléiade, [voir p. 92] et participa au renouvellement de la langue, notamment en écrivant *Défense et Illustration de la langue française*. Il vécut quatre ans à Rome avant de revenir dans son Anjou natal. Gravement malade, il meurt en 1560.

L'Olive

POÉTIQUE DU VERS

Pétrarque (poète italien, 1304-1374) fit figure d'enjeu esthétique et poétique, aussi bien pour les Italiens que pour les Français de la Renaissance : l'histoire de son amour pour Laure et la manière dont il l'exprima, en de grandes métaphores filées et en oppositions thématiques, fut un modèle auquel on se plia ou qu'on critiqua. Du Bellay en est ici un exemple.

Je suis semblable au marinier timide,
Qui voyant l'air çà et là se troubler,
La mer ses flots écumeux redoubler,
Sa nef gémir sous cette force humide,

D'art, d'industrie et d'espérance vide,
Pense le ciel et la mer s'assembler,
Se met à plaindre, à crier, à trembler,
Et de ses vœux les dieux enrichir cuide[1],

Le nocher[2] suis, mes pensers sont la mer ;
Soupirs et pleurs sont les vents et l'orage ;
Vous, ma Déesse, êtes ma claire étoile,

Que seule dois, veux et puis réclamer,
Pour assurer la nef de mon courage[3]
Et éclaircir tout ce ténébreux voile.

Du Bellay, *L'Olive*, Éd. 1549.

1. Se figure.
2. Celui qui guide le navire.
3. Le navire de mon cœur.

Contre les pétrarquistes

J'ai oublié l'art de pétrarquiser,
Je veux d'amour franchement deviser,
Sans vous flatter, et sans me déguiser :
Ceux qui font tant de plaintes,
N'ont pas le quart d'une vraie amitié,
Et n'ont pas tant de peine la moitié.
Comme leurs yeux, pour vous faire pitié,
Jettent de larmes feintes.

Ce n'est que feu de leurs froides chaleurs.
Ce n'est qu'horreur de leurs feintes douleurs,
Ce n'est encor de leurs soupirs et pleurs
Que vents, pluie et orages :
Et bref, ce n'est à ouïr leurs chansons,
De leurs amours que flammes et glaçons,
Flèches, liens et mille autres façons
De semblables outrages.

Du Bellay, *L'Olive*, Éd. 1553.

Activités

1. **En utilisant ces deux textes, définissez ce qu'est une métaphore et une métaphore filée. Donnez quelques exemples, en relevant les thèmes dont Du Bellay sait qu'ils sont empruntés à Pétrarque.**
2. **Relevez à travers les poèmes d'amour regroupés dans cette anthologie les métaphores qui permettent de parler d'amour.**
3. **Documentez-vous sur Pétrarque et son style d'écriture pour comprendre ce que lui reprochait Du Bellay.**

La Pléiade, la poésie et la langue

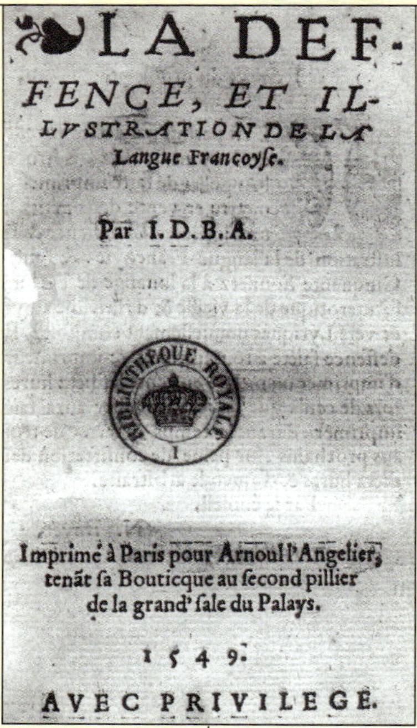
LA DEFFENCE, ET ILLVSTRATION DE LA Langue Francoyse.

Par I.D.B.A.

BIBLIOTHEQUE ROYALE

Imprimé à Paris pour Arnoul l'Angelier, tenāt sa Boutique au second pillier de la grand' sale du Palays.

1549.

AVEC PRIVILEGE.

Durant les guerres de religion, la littérature continue. Cette époque de bruit et de fureur est aussi celle où naît et s'affirme un important mouvement de l'histoire littéraire, la Pléiade.

Les collèges

Tout commence dans les collèges du quartier latin : Dorat et Muret dispensent leur savoir et des jeunes gens passionnés de belles-lettres s'appliquent à bien connaître le latin, le grec et les textes des Anciens. On appelait ce groupe d'étudiants « la Brigade » que Jean-Antoine de Baïf, Ronsard et Du Bellay animaient avec constance.

Le renouveau de la langue

Après avoir traduit et discuté les auteurs anciens, on en venait au français renaissant qu'il fallait construire. L'italien s'était doté d'une magnifique littérature. Dante, l'Arioste, Boccace, Pétrarque faisaient autorité en Europe, la France devait suivre le même chemin. Ronsard se plaça au centre d'une élite restreinte et cita les six premiers noms de ce qui sera la Pléiade, autour du sien, après avoir fait son propre éloge.

Antiquité / Modernité

Le produit de ces réflexions se retrouva dans la *Défense et Illustration de la langue française* (1549), sorte de manifeste dont on confia la rédaction à Du Bellay. Il s'agissait d'abord de s'opposer à ceux qui mettaient en avant des modernes (comme Marot) pour rénover la littérature française. La langue française était encore bien pauvre ? Aux poètes de l'enrichir : vieux mots, mots dialectaux, mots techniques, mais aussi mots créés par composition (aigre-doux), mots dérivés par ajout de suffixes (odelette), mots dérivés du latin ou du grec (exceller, périphrase). Le style français était encore bien prosaïque ? Aux poètes de le diversifier : en s'inspirant de la phrase et des tours latins, en jouant sur les figures de rhétorique. En s'appuyant sur le travail poétique, une bonne connaissance de la versification, un choix limité dans les genres poétiques, préférant le sonnet, les auteurs pourront enfin être reconnus. Traduire les chefs-d'œuvre de l'Antiquité était donc nécessaire, mais il fallait aussi les imiter puis s'en nourrir pour les concurrencer.

Activités

1. Quelles sont, selon vous, les raisons nationales et esthétiques qui guident les rénovateurs de la langue et de la poésie ?

2. Vous vous interrogerez sur la langue française contemporaine et direz s'il est nécessaire, ou non, d'accepter des mots nouveaux, en disant lesquels et pourquoi ?

3. Autour du thème de l'évolution de la langue, voir *La Chanson de Roland* p. 37, Rabelais p. 70, Ménétra p. 216, Richelieu p. 123, etc.

RONSARD

Pierre de Ronsard (1524-1585) fut considéré, au XVIe siècle, comme le Prince des poètes. Après un oubli de deux siècles, il fut redécouvert au XIXe siècle. Principal acteur de la Pléiade, nouveau Pétrarque français, poète officiel, il est célèbre alors pour les *Amours* (1550-1552-1555-1578), les *Odes* (1550 et 1555), avant de se livrer à une profonde réflexion mélancolique sur les guerres de religion qui ravagent la France (*Discours des misères de ce temps*, 1562).

Les Hymnes

ÉLOGE

Dès Les Hymnes *de 1555, on observe chez Ronsard un travail poétique guidé par une réflexion sur la mort.*

Que ta puissance, ô MORT, est grande et admirable[1] :
Rien au monde par toi ne se dit perdurable ;
Mais tout ainsi que l'onde, à val des ruisseaux, fuit
Le pressant coulement de l'autre qui la suit,
Ainsi le temps se coule, et le présent fait place
Au futur importun qui les talons lui trace.
Ce qui fut se refait ; tout coule comme une eau,
Et rien dessous le ciel ne se voit de nouveau ;
Mais la forme se change en une autre nouvelle,
Et ce changement-là vivre au monde s'appelle,
Et MOURIR quand la forme en une autre s'en va.
Ainsi avec Vénus la Nature trouva
Moyen de ranimer par longs et divers changes
La matière restant, tout cela que tu manges ;
Mais notre âme immortelle est toujours en un lieu,
Au change non sujette, assise auprès de Dieu,
Citoyenne à jamais de la ville éthérée,
Qu'elle avait si longtemps en ce corps désirée.
Je te salue, heureuse et profitable MORT,
Des extrêmes douleurs médecin et confort !
Quand mon heure viendra, Déesse, je te prie,
Ne me laisse longtemps languir en maladie,
Tourmenté dans un lit ; mais, puisqu'il faut mourir,
Donne-moi que soudain je te puisse encourir,
Ou pour l'honneur de Dieu, ou pour servir mon Prince,
Navré d'une grande plaie, au bord de ma province !

Ronsard, *« Éloge de la Mort », Les Hymnes*, 1555.

Activités

1. **En quoi ce poème est-il à la fois une adresse (à quels récepteurs ?) et un éloge ?**
2. **En quoi consiste la puissance de la mort et qu'est-ce-que le changement dont parle Ronsard au vers 10 ? Que demande Ronsard à la mort ?**
3. **Faites, à l'inverse de Ronsard, un éloge de la vie (en prose).**

1. C'est la partie finale de l'*Éloge de la Mort* qui est reproduite ici.

MARGUERITE DE NAVARRE

Marguerite de Navarre (1492-1549), première femme d'Henri IV, est un écrivain et un philosophe. Inquiète, ardente, humaniste, elle souhaite, avec les Évangélistes – dont Rabelais qu'elle protège – une réforme de l'Église.

L'Heptaméron

MORALE

La nouvelle raconte comment une dame veuve d'Avignon, désireuse de prouver à sa suivante que, malgré les dires de celle-ci, son fils de 15 ans ne manquait pas à sa vertu, se substitua à elle et, de nuit, oublia son nom de mère en couchant avec son fils. Elle en fut enceinte, l'envoya servir le roi à la guerre avec mission de n'en revenir que marié, puis accoucha d'une fille. Le temps passa, la fille grandit et rencontra fortuitement le jeune homme si bien qu'ils se marièrent…

Le mariage consommé, le gentilhomme récrivit à sa mère, disant que dorénavant ne lui pouvait nier[1] la porte de sa maison, vu qu'il lui menait une belle-fille aussi parfaite que l'on saurait désirer. La dame, qui s'enquit quelle alliance il avait prise, trouva que c'était la propre fille d'eux deux, dont elle eut un deuil si désespéré[2], qu'elle cuida mourir soudainement, voyant que tant plus[3] donnait d'empêchement à son malheur, et plus elle était le moyen dont augmentait. Elle, qui ne sut autre chose faire, s'en alla au légat[4] d'Avignon, auquel elle confessa l'énormité de son péché, demandant conseil comment elle se devait conduire. Le légat, satisfaisant à sa conscience, envoya quérir plusieurs docteurs en théologie auxquels il communiqua l'affaire, sans nommer les personnages ; et trouva, par leur conseil, que la dame ne devait jamais rien dire de cette affaire à ses enfants, car, quant à eux, vu l'ignorance, ils n'avaient point péché, mais qu'elle en devait toute sa vie faire pénitence, sans leur en faire un seul semblant[5]. Ainsi s'en retourna la pauvre dame en sa maison ; bientôt après arrivèrent son fils et sa belle-fille, lesquels s'entre-aimaient si fort que jamais mari ni femme n'eurent plus d'amitié et semblance, car elle était sa fille, sa sœur et sa femme, et lui à elle, son père, frère et

1. Fermer.
2. Ce dont.
3. Voyant que plus elle cherchait à empêcher son malheur et plus elle trouvait le moyen de l'augmenter.
4. Représentant du pape en Avignon.
5. Sans ne rien leur dire.

Allégorie de laVolupté
de Abraham Jansens (1575-1632). Musées royaux des Beaux Arts de Bruxelles.

mari. Ils continuèrent toujours en cette grande amitié, et la pauvre dame, en son extrême pénitence, ne les voyait jamais faire bonne chère[6], qu'elle ne se retirât pour pleurer.

Marguerite de Navarre, *L'Heptaméron*, 1559.

6. Bon visage.

Activités

1. **Comment cette histoire est-elle racontée ? Y a-t-il des jugements de valeur et lesquels ? En quoi et comment cette histoire est-elle rendue logique ?**
2. **Commentez les deux dernières phrases, et en particulier l'assertion qui consiste à montrer comment les deux enfants incestueux « s'entre-aiment ».**

MONTAIGNE

Michel Eyquem de Montaigne (1533-1592), **[voir p. 80]**, après un grand voyage à travers l'Europe (1580-1581), devient maire de Bordeaux (1581-1585), rend bien des services à la couronne, et enfin se retire sur ses terres. Dès lors, il ne cesse, et cela jusqu'à sa mort, de travailler sur ses *Essais*.

Essais

AUTOBIOGRAPHIE

Autobiographie, remarques, pensées et œuvre philosophique majeure, ce texte est une somme d'idées sur le monde et sur l'individu qui influencera les siècles à venir. L'« Avis au lecteur » est l'une des définitions possibles des Essais *: si Montaigne souhaite en effet se peindre lui-même dans son ouvrage, on peut aussi affirmer qu'il y peint le monde et « la forme entière de l'humaine nature », comme il l'affirmera au livre* III.

C'est icy un livre de bonne foy, lecteur. Il t'advertit dès l'entrée, que je ne m'y suis proposé aucune fin, que domestique et privée. Je n'y ay eu nulle consideration de ton service, ny de ma gloire. Mes forces ne sont pas capables d'un tel dessein. Je l'ay voué à la commodité particulière de mes parents et amis : à ce que[1] m'ayant perdu (ce qu'ils ont à faire bien tost[2]) ils y puissent retrouver aucuns[3] traits de mes conditions et humeurs, et que par ce moyen ils nourrissent plus entière et plus vifve, la connaissance qu'ils ont eue de moy. Si c'eust esté pour rechercher la faveur du monde, je me fusse mieux paré et me presanterais en une marche estudiée. Je veus qu'on m'y voie en ma façon simple, naturelle et ordinaire, sans contention[4] et artifice : car c'est moy que je peins. Mes défauts s'y liront au vif, et ma forme naïfve[5], autant que la révérence publique me l'a permis. Que si j'eusse esté entre ces nations qu'on dict vivre encore sous la douce liberté des premières loix de nature, je t'asseure que je m'y fusse très-volontiers peint tout entier, et tout nud. Ainsi, lecteur, je suis moy-mesmes la matière de mon livre : ce n'est pas raison que tu employes ton loisir en un subject si frivole et si vain. À Dieu donq, de Montaigne, ce premier de Mars mille cinq cens quatre vingts.

Montaigne, *Essais*, « Avis au lecteur », 1580.

Activités

1. Relevez les marques de la personne : à quels interlocuteurs Montaigne s'adresse-t-il et quelle relation entend-il entretenir avec eux ?
2. Comment pourrait-on ici parler d'autobiographie et quelle fonction aurait-elle ?
3. En quoi le projet de Montaigne et en quoi la manière de l'exprimer entretiennent-ils des liens avec l'idée de nature ?

1. Afin que.
2. Bientôt, très vite.
3. Quelques.
4. Effort, recherche.
5. Naturelle.

Des mystères aux tragédies, de la farce à la comédie

Représentation de la Commedia Dell'Arte devant la foule à la Renaissance. Frise de Baccio del Bianco (1604-1656).

Les farceurs français sont dans la rue, et dans les foires. Et dans les rares théâtres, entre le milieu du XVIe et le début du XVIIe, la tragédie et la comédie naissent, largement influencées par les traditions italienne et espagnole.

De la rue à la scène

Dans la France de 1548, les mystères, longs spectacles populaires, sont interdits. L'Église, toujours encline à considérer que le théâtre est un art dangereux, veut ainsi enfermer la comédie dans des lieux clos. Parallèlement, les comédiens deviennent professionnels, ce qui les amène à préférer eux aussi des lieux clos, pour faire payer les entrées.

La naissance de la tragédie

À mesure qu'on édite les auteurs tragiques grecs et latins, le public lettré se familiarise avec les doctrines antiques de la tragédie. La culture italienne permet de penser qu'il est possible d'écrire des pièces en langue moderne s'enracinant dans l'antiquité. Cependant, la tragédie reste pour tous une pièce *morale*, où des héros et des rois sont confrontés à des calamités, des meurtres et des revirements de fortune de toutes sortes.

De la *Commedia dell'arte* à la comédie

Le théâtre italien est particulier : ses comédiens sont des professionnels, mais il allie une apparence populaire (ses personnages) et un public diversifié. La *commedia dell'arte* se joue ainsi dans les rues comme dans les palais. Sur un canevas convenu, les comédiens savent improviser des *lazzi* (jeux de scène comiques) et porter des masques qui indiquent des types et se combinent avec les vêtements et la manière de parler pour signaler la provenance géographique et la condition du personnage.

On s'attend donc à ce qui va se produire, mais on veut aussi des performances, des improvisations, des cabrioles, tant ce théâtre est à la fois un art du corps et de l'esprit. Son objet n'est pas *a priori* de prendre position sur les grandes questions politiques ou morales, mais peu à peu, le théâtre italien, d'abord satirique, se moquera avec violence du pouvoir. Du simple divertissement, on est passé à la charge politique et, logiquement, les Italiens sont interdits et exilés de France. Ils ne reviendront que lorsque Louis XIV aura disparu.

Activités

1. Le théâtre de la fin XVIe siècle est un art neuf, et se professionnalise. Déterminez en quoi il dérange, inquiète, pourquoi et par qui il est combattu.

2. Documentez-vous sur la *commedia dell'arte*, sa structure, ses personnages, son fonctionnement. Choisissez ensuite des extraits de comédie dans cette anthologie et voyez ce qu'elles empruntent à la *commedia*.

GARNIER

Robert Garnier (1545?-1590), juriste et bon catholique, croyant que la volonté de l'homme est déterminante pour juger de ses actions, est aussi un auteur dramatique moral religieux et politique. Ses tragédies, destinées à être jouées à la cour, dans les collèges, mais aussi à être lues, sont à la source de la tragédie classique du XVIIe siècle.

Antigone

TRAGÉDIE

Dans Antigone, *Garnier reprend le mythe d'Œdipe au moment où le roi de Thèbes, ayant appris qu'il était parricide et incestueux, s'est crevé les yeux et exilé.*
La première scène montre Antigone menant son père sur les chemins et cherchant à le convaincre à la fois de son innocence et de ne pas attenter à ses jours.

ŒDIPE. – Pars ainsi, laisse-moi : j'ai, désireux, quitté
Du Royaume thébain l'antique dignité :
Mais je n'ai pas, laissant ce royal diadème,
Dépouillé le pouvoir que j'avais sur moi-même.
Je suis maître de moi, personne ne me doit
Défendre ou commander : car moi seul j'ai ce droit.
ANTIGONE. – N'aurez-vous point pitié de ma douleur amère ?
ŒDIPE. – N'auras-tu point pitié du malheur de ton père ?
ANTIGONE – Votre malheur est grand, mais un cœur généreux
Surmonte tout malheur, et n'est point malheureux.
ŒDIPE. – Le malheur où je suis n'est pas remédiable[1].
ANTIGONE. – Du malheur qui vous point[2] vous n'êtes pas coupable.
ŒDIPE. – Après m'être du sang de mon père polu[3] ?
ANTIGONE. – Non, puisque l'offenser vous n'avez point voulu.
ŒDIPE. – J'ai ma mère épousée, et massacré mon père.
ANTIGONE. – Mais vous n'en saviez rien, vous ne le pensiez faire.
ŒDIPE. – C'est une forfaiture, un prodige, une horreur.
ANTIGONE. – Ce n'est qu'une fortune, un hasard, une erreur.
ŒDIPE. – Une erreur, qui le sang me glace quand j'y pense.
ANTIGONE. – Ce n'est vraiment qu'erreur, ce n'est qu'une imprudence.
ŒDIPE. – Quel monstre commit onc telle méchanceté[4] ?
ANTIGONE. – Personne n'est méchant qu'avecques volonté.
ŒDIPE. – Ce sont propos perdus : Tu ne saurais combattre
Par tes fortes raisons mon cœur opiniâtre.
J'ai désir de mourir, et de plonger mon mal

Œdipe s'exile de Thèbes, après s'être crevé les yeux, avec sa fille Antigone.
Sur la montagne, on aperçoit le sphinx.
Peinture par Henri Lévy (1840-1904). Musée d'Orsay.

Activités

1. En quoi ce texte procède-t-il par enchaînement de mots, de sons et de figures, formant les arguments et les contre-arguments ?

2. Que permet une telle disposition (réponse de vers à vers ou « stychomythie * ») sur le plan dramaturgique ?

3. Commentez les arguments de l'un et de l'autre personnage et dites en quoi Œdipe est, ou non, coupable, **[voir p. 16].**

4. Comparez ce texte à celui de l'*Heptaméron* de Marguerite de Navarre **[voir p. 94]** **et dites en quoi la fatalité s'exerce sur les héros. Utilisez vos réflexions pour moduler votre jugement quant à la culpabilité d'Œdipe.**

Avec mon âme serve[5], en l'abîme infernal :
Et si plus bas encore un trépassé dévale,
Plus bas je veux tomber que la voûte infernale.

Garnier, *Antigone*, Acte I, scène I, 1580.

1. Ne peut être évité.
2. Qui vous touche.
3. Pollué, sali.
4. Quel monstre commit jamais un tel crime ?
5. Esclave.

LA PEINTURE RENAISSANTE

Le terme de Renaissance fut utilisé pour la première fois en 1550 par le peintre et théoricien Giorgio Vasari et sert de nos jours à désigner le grand mouvement littéraire et artistique qui s'est développé en Italie, puis dans toute l'Europe, au cours des XVe et XVIe siècles.

Antiquité et religion

FIGURATION

La Renaissance fut d'abord un retour à l'Antiquité païenne sans oublier ce que le Moyen Âge avait apporté pour la représentation des sujets religieux. L'invention de la perspective au XVe siècle, et l'apparition de la peinture à l'huile, vers 1460, permirent aux techniques de figuration de considérablement s'améliorer. Grâce à une réflexion théorique, philosophique et pratique, l'homme se trouvait peint pour sa beauté d'homme, comme fier représentant de la création divine.

Piero della Francesca *(vers 1415-1492),* La Flagellation du Christ, *1480, Palais ducal d'Urbino, (Scala)*

Léonard de Vinci *(1452-1519),* Portrait de Ginevra Benci, *vers 1478. (National Gallery of Art, Washington).*

L'année 1504

PERSPECTIVE

On retiendra, comme date symbolique, l'année 1504 durant laquelle séjournèrent à Florence Léonard de Vinci, Michel-Ange et Raphaël. Tous trois ont une vocation universaliste et tous trois, affirmant l'apparition d'un type d'homme nouveau, placèrent l'artiste en position de légitimité. Le peintre, savant, inspiré et bon technicien, pouvait ainsi revendiquer une place essentielle dans la société et dans le monde.

Raphaël Sanzio
(1483-1520),
Le Mariage de la Vierge,
1504,
(Pinacothèque de la Brera, Milan)

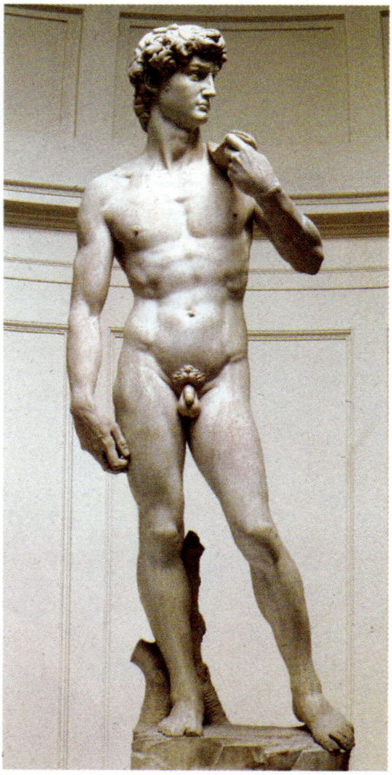

Michel-Ange
(1475-1564),
Statue de David,
1504, (Florence, Offices)

Activités

1. **Établissez les règles principales de la perspective à partir du tableau de della Francesca, et cherchez-en l'application dans les autres tableaux.**
2. **Comment les corps humains occupent-ils l'espace des tableaux et comment leur beauté est-elle représentée dans ces tableaux et cette sculpture ?**
3. **Vous chercherez à définir l'impact de ces œuvres sur le spectateur : quelles émotions, selon vous, visent-elles ?**

Le XVIIe siècle

LE « GRAND » SIÈCLE ?

Après les conflits et les massacres du siècle précédent, après les guerres de religion et la difficile conquête du pouvoir par Henri IV, prince protestant devenu catholique par raison d'État, on espère que la paix revienne enfin et qu'un pouvoir royal fort et pacifique s'établisse.

Un désir de paix démenti par l'histoire

Mais l'Histoire ne va pas ainsi : un régicide (Henri IV est assassiné en 1610), deux régences difficiles (Marie de Médicis de 1610 à 1617 ; Anne d'Autriche, de 1643 à 1661), l'installation d'un pouvoir absolu répressif, des luttes sociales et religieuses et des guerres particulièrement longues et meurtrières (dont la Guerre de Trente ans, 1618 à 1648), une révolte nobiliaire (la Fronde de 1648 à 1653), et une révolution en Angleterre (de 1648 à 1660), font de l'ordre politique un idéal irréel et de la paix une fiction.

Le règne de Louis XIV débute en 1661 mais il faudra attendre encore vingt ans pour que deviennent réellement sensibles les efforts du pouvoir pour endiguer tout ce désordre.

Combat de Vitry pendant la Fronde. Peinture de S. Lecomte. Château de Chantilly.

Deux périodes littéraires ?

On a cherché à décomposer ce siècle en deux périodes littéraires : la période baroque, [Le courant baroque p. 106] qui durerait jusqu'en 1650 environ, et la période classique, toute la seconde partie du siècle, jusqu'en 1715 (mort de Louis XIV). C'est une simplification indicative, mais hâtive. S'il est vrai qu'en France, la première partie du siècle est à la recherche de formes complexes, [Le genre narratif p. 113] et que la seconde, massivement, s'interroge sur les manières de systématiser et de simplifier les formes (clarté, simplicité, raison et goût), les tendances classiques ne débutent pas en 1650, mais à la fin des années 1620, et les formes baroques perdurent dans les tragédies à machines, les ballets, les tragédies lyriques, etc. L'Europe, quant à elle, est nettement plus « baroque » que « classique », en Angleterre, en Espagne, en Allemagne, comme en Italie. En France, toutefois, la création de l'Académie française (1635), et le renforcement du pouvoir monarchique favorisent la prédominance du classicisme [La langue, la littérature et l'État p.122]

Page précédente : L'Enlèvement des Sabines, *Nicolas Poussin (1594-1665). Musée du Louvre.*

L'art au service du roi

La France, à partir de la majorité de Louis XIV et de sa prise de pouvoir en 1661, ne conteste plus le pouvoir absolu du roi: les auteurs et les peintres célèbrent le souverain, les aristocrates se pressent à la cour, et commence alors une période de faste [Le siécle du théâtre p. 130]: Louis XIV est jeune, aime les ballets, les fêtes somptueuses, les éloges, et se donne pour mission d'imposer son pouvoir comme celui du «Lieutenant de Dieu sur terre», sans égal. Le «roi très chrétien» conforte l'église de France, gallicane, dans son opposition au pape, limite de plus en plus les droits des protestants et enfin révoque l'Édit de Nantes en 1685. La monarchie doit être indivisible et forte, et s'appuyer sur une seule religion, celle du roi. La pensée doit s'adapter, plier, ou s'exiler. Dans le même temps, les ministres, Colbert, puis Louvois, mettent de l'ordre dans les affaires et, par le mécénat d'État, donnent aux artistes les moyens de créer monuments, statues, peintures, tragédies et éloges à la gloire du roi.

Le triomphe de Louis XIV conduisant le char du soleil. Miniature de Joseph Werner, Château de Versailles.

De Versailles à Paris: la mort du Soleil

Cependant, cette politique a ses revers. L'art de cour et l'art de la ville se distinguent bien vite. Les querelles et les crises esthétiques et politiques se succèdent, le libertinage érudit et libre-penseur ne cède aucun terrain, et les critiques, philosophique et historique, peaufinent leurs arguments [La pensée débattue p. 159]. Si les premières guerres du règne de Louis XIV sont des victoires, après 1685 viennent de terribles défaites. La crise financière s'aggrave, les protestants résistent passivement, se révoltent ou s'exilent, la ville réfléchit, conteste [Blâme et éloge p. 180], et la popularité du roi diminue. Après la mort de la reine Marie-Thérèse, Louis XIV épouse secrètement Madame de Maintenon qui est fort dévote. La fin de son règne est très longue et très noire: le roi verra son fils et son petit-fils mourir, son corps, son royaume et son image se dégrader. Le 1er septembre 1715, le vieux roi, après un règne personnel de 54 ans, meurt, à Versailles.

Durant tout ce second temps du règne, l'essentiel de la vie intellectuelle et financière est à Paris, là où l'on est au contact des autres pays, par des gazettes, des publications qui échappent à la censure, et des lettres [Mémoires et lettres p. 172]. On y remet en question des valeurs qu'on croyait éternelles, on y joue des comédies du doute, et l'on se prend à penser que tout pourrait changer.

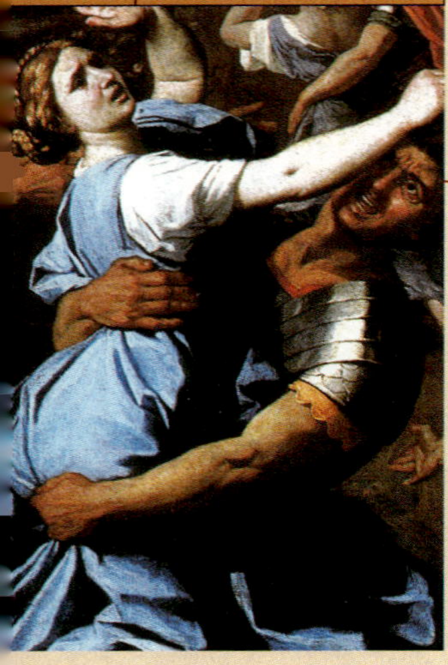

Le courant baroque

Le début du XVIIe siècle, en Europe, est marqué par un travail sur les formes changeantes. Le monde apparaît comme un changement perpétuel, c'est ce qu'on a appelé, plus tard, le mouvement baroque. Sous les apparences des mots, des figures et des conduites, les hommes jouent le jeu politique, dissimulent pour agir, travestissent pour mieux convaincre. Et simultanément, ils ont conscience que ce même monde est une absolue vanité.

MARBEUF

Pierre de Marbeuf (1596-1645) célèbre dans ses poèmes les liens de l'eau et de l'amour, reprend la vieille opposition de l'eau et du feu, et, dans ce sonnet, redouble le sens par une structure sonore particulièrement virtuose.

Le Déluge *de Nicolas Poussin (1594-1665) : l'autre versant, classique, de la représentation des thèmes de l'eau et du feu, chers au baroque.*

Et l'amer et l'amour…

SONNET AMOUREUX

En France, la poésie baroque prend pour thème principal le travestissement et la métamorphose. Inconstance de l'amour, mouvement des choses de la nature, des eaux, des nuages, des lumières, l'univers baroque est un monde en perpétuel changement…

Et la mer et l'amour ont l'amer pour partage,
Et la mer est amere, et l'amour est amer,
L'on s'abyme[1] en l'amour aussi bien qu'en la mer,
Car la mer et l'amour ne sont point sans orage.

Celuy qui craint les eaux, qu'il demeure au rivage,
Celuy qui craint les maux qu'on souffre pour aimer,
Qu'il ne se laisse pas à l'amour enflamer,
Et tous deux ils seront sans hazard de naufrage[2].

La mere de l'amour[3] eut la mer pour berceau,
Le feu sort de l'amour, sa mere sort de l'eau,
Mais l'eau contre ce feu ne peut fournir des armes.

Si l'eau pouvoit éteindre un brasier amoureux,
Ton amour qui me brûle est si fort douloureux,
Que j'eusse éteint son feu de la mer de mes larmes.

Marbeuf, *Recueil de vers de Monsieur de Marbeuf*, 1628.

Activités

1. **Analysez la forme de ce poème. Quels sont les effets poétiques qui découlent de ce travail rhétorique ?**
2. **Quels sont les thèmes traités ici ? En quoi est-ce une déclaration d'amour ?**
3. **Comparez ce texte aux poèmes de Louise Labé [voir p. 88]. Analysez les points communs et les différences.**

1. On tombe dans l'abîme.
2. Et tous deux ils ne risqueront pas de faire naufrage.
3. La mère de l'amour est Vénus, née de la vague.

CHASSIGNET

Jean-Baptiste Chassignet (1570-71?-1635?) poète français dont les œuvres sont souvent empreintes de mélancolie. Il met sa virtuosité poétique au service d'une réflexion sur la mort et sur Dieu et ses compositions rappellent parfois le genre de Malherbe.

Un corps mangé de vers

POÉSIE RELIGIEUSE

Le courant baroque n'est pas seulement ordonné sur un système de jeu sur les mots, les sens et les sons, il dit aussi que l'apparence des formes est le miroir du monde et qu'elle s'abolit dans la mort la plus affreuse. Ainsi, puisque les plus belles choses humaines sont mortelles, Dieu est le seul moyen d'échapper à la vanité du monde.

Activités

1. Étudiez la forme et les thèmes de ce poème. En quoi est-ce un poème religieux ?
2. Résumez le sujet du sonnet en une courte phrase suivant la structure de raisonnement suivante : « Puisque…, et que…, il faut… dans la mesure où… ».
3. Comparez ce sonnet au poème de Vigny [voir p.456] puis débatttez de la question suivante : « Est-il nécessaire d'utiliser la peur de la mort pour convaincre de croire en Dieu ? »

Mortel, pense quel est dessous la couverture
D'un charnier mortuaire un cors mangé de vers,
Descharné, desnervé[1], où les os descouvers,
Depoulpez[2], desnouez, delaissent leur jointure ;

Icy l'une des mains tombe de pourriture,
Les yeux d'autre costé destournez à l'envers
Se distillent en glaire, et les muscles divers
Servent aux vers goulus d'ordinaire pasture ;

Le ventre deschiré cornant[3] de puanteur
Infecte l'air voisin de mauvaise senteur,
Et le né my-rongé difforme le visage ;

Puis connoissant l'estat de ta fragilité,
Fonde en Dieu seulement, estimant vanité
Tout ce qui ne te rend plus sçavant et plus sage.

Chassignet, *Le Mespris de la vie et consolation contre la mort*, 1594.

1. Dont les nerfs sont retirés.
2. Écorchés.
3. Hurlant de puanteur.

Le courant baroque

Le début du XVIIe siècle est marqué par ce qu'on appelle « le Baroque ». Le mot veut dire au départ « perle irrégulière ». C'est un terme de joaillerie d'origine portugaise. Il sera par la suite (depuis la fin du XVIIIe siècle), appliqué à la littérature du XVIIe siècle, en France et en Europe, et à une période plus large qui va, pour la musique et l'architecture, jusqu'au XVIIIe siècle.

Vanité de Simon Renard de Saint André. La « vanité », permet de réfléchir aux apparences du monde et à la phrase de la Bible : « vanité des vanités, tout est vanité ».

La « perle irrégulière »

D'un côté, la littérature exalte les contours incertains, la fluidité, les effets de miroirs et les métamorphoses, et d'un autre côté, cette même littérature médite sur le monde comme apparence trompeuse (le *theatrum mundi* ou « théâtre du monde ») et sur la mort, seule certitude pour tous les hommes. La poésie reflète ce même déchirement : passion de l'inconstance et, simultanément, réflexion sur l'immobilité, en ce temps « noir » de guerres et de malheur.

Le Baroque en France et ailleurs

C'est ainsi toute l'Europe, de Gongora en Espagne à Shakespeare en Angleterre et à Torquato Tasso en Italie, qui se passionne pour la virtuosité rhétorique et qui observe le théâtre du monde et les principes de l'illusion. Les artistes, qui construisent les décors de ballets, s'inspirent des décors « grotesques* » surchargés jusqu'au délire. Les romanciers écrivent des romans-fleuves qui enchaînent les histoires d'amour (comme *L'Astrée* d'Honoré d'Urfé) ou de grands romans héroïques qui vantent les grandes actions et les grands sentiments, influencés par les traditions espagnole (comme l'*Amadis de Gaule*, roman de chevalerie espagnol du XIVe siècle) et italienne (à travers des auteurs comme L'Arioste et Le Tasse).

Mais jouer ainsi de l'inconstance du monde fait courir un risque : celui de ne plus distinguer le réel de son illusion, ni la folie de la sagesse. Le mouvement baroque, dès lors, aura deux conséquences : d'un côté un extrême raffinement du langage et de conduite, ce sera la « préciosité » [voir p. 143] ; de l'autre, un doute extrême sur le monde et les certitudes qu'on peut en avoir, et ce sera la philosophie libertine [voir p. 160]

Activités

1. En vous appuyant sur les textes de l'anthologie, et sur d'autres que vous chercherez, composez le décor idéal de la mise en scène baroque (paysages, personnages, représentations plastiques, références mythologiques, etc).
2. Examinez la « vanité » reproduite ici et prolongez la réflexion sur la vie et la mort qui y est contenue.

PEINTURE BAROQUE

La foi et l'inquiétude

LE CORPS

Le Caravage (vers 1570-1610), peintre baroque italien, rompt avec l'idéal humaniste de la Renaissance **[voir pp. 60, 64 et 78]** *: l'homme n'est plus un mythe, ni le centre du monde. L'atmosphère « réaliste » renvoie à une inquiétude et à une spiritualité angoissée : le tableau s'assombrit et les corps souffrent, violemment… Parallèlement, la peinture espagnole, avec le Greco (1540-1614), allonge les corps et les visages, assombrit les couleurs et représente la souffrance.*

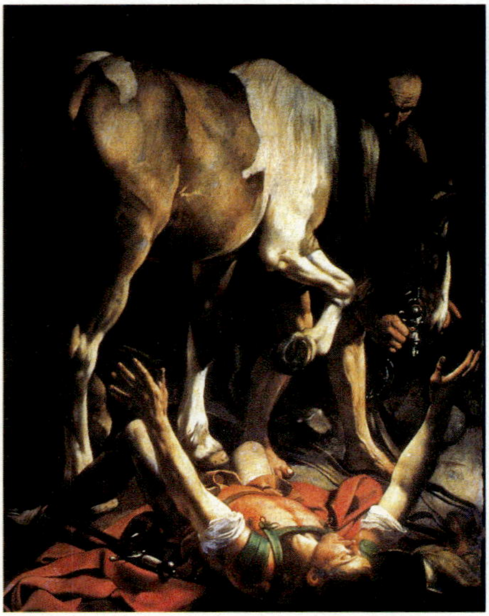

Le Caravage
La Conversion de saint Paul, *1600-1601, Santa Maria del Popolo, Rome, archives Smeets.*

Le Greco
Saint Martin partageant son manteau avec un pauvre, *1597-1599. (National Gallery of Art, Washington).*

Les formes et l'émotion

LA LUMIÈRE

Un peu plus tard, Pierre-Paul Rubens (1577-1640), peintre flamand profondément influencé par le Caravage, clairement confiant dans la force de représentation de la peinture et en son aptitude à émouvoir pour convaincre, est l'un des grands peintres de la Contre-Réforme catholique **[voir p. 78]**.
Rembrandt (1606-1669), peintre hollandais, joue lui aussi sur les effets de lumière pour rendre un moment, une atmosphère, en visant parfois à représenter l'irreprésentable, ou l'abstraction de la pensée.

Rubens
La Descente de croix, *1612, Cathédrale Notre-Dame d'Anvers.*

Rembrandt
Le Philosophe en méditation, *vers 1631, Louvre, RMN.*

Activités

1. Étudiez la composition géométrique de ces tableaux et dites en quoi elle vous paraît signifiante.
2. Quels rôles jouent la lumière et la couleur pour transmettre les émotions ?
3. En quoi le tableau de Rembrandt vous paraît-il susceptible de représenter la méditation ?

GRACIÁN

Baltasar Gracián y Morales (1601-1658) est un moraliste jésuite qui, dans *L'Homme de cour*, définit les conduites nécessaires à la vie et à l'intérêt du courtisan. Partant de la lecture des Italiens Machiavel [voir p. 75] et Castiglione (*Le Traité du courtisan*, 1528), il cherche néanmoins à soumettre le calcul à la morale honnête.

L'Homme de cour

VÉRITÉ ET APPARENCE

Gracián joue sur les mots pour établir des maximes utiles à ceux qui sont plongés dans les lieux du pouvoir : conseils tactiques et jugements moraux sur l'idéal de l'honnête courtisan.

LX

Le bon sens.

Quelques-uns naissent prudents, ils entrent, par un penchant naturel, dans le chemin de la sagesse, et d'abord[1] ils sont presque à mi-chemin. La raison leur mûrit avec l'âge et l'expérience, et ils arrivent enfin au plus haut degré de jugement. Ils ont horreur du caprice comme d'une tentation de leur prudence, mais surtout dans les matières d'État qui, à cause de leur extrême importance, exigent qu'on prenne toutes les sûretés. De tels hommes méritent d'être au timon de l'État, ou du moins d'être du conseil de ceux qui le tiennent.

XCVIII

Dissimuler.

Les passions sont les brèches de l'esprit. La science du plus grand usage est l'art de dissimuler. Celui qui montre son jeu risque de perdre. Que la circonspection combatte contre la curiosité. À ces gens qui épluchent de si près les paroles, couvre ton cœur d'une haie de défiance et de réserve. Qu'ils ne connaissent jamais ton goût, de peur qu'ils ne te préviennent, ou par la contradiction, ou par la flatterie.

XCIC

La réalité et l'apparence.

Les choses ne passent point pour ce qu'elles sont mais pour ce dont elles ont l'apparence. Il n'y a guère de gens qui voient jusqu'au dedans, presque tout le monde se contente des apparences. Il ne suffit pas d'avoir bonne intention si l'action a mauvaise apparence.

Gracián, *L'Homme de cour*, 1647.

Activités

1. En quoi chaque paragraphe est-il à la fois détenteur d'un sens général et formé d'une suite de courtes maximes ?
2. Quelle conception Gracián a-t-il de l'homme, du courtisan et de la société ?
3. Pensez-vous que cet idéal de l'honnête courtisan soit encore applicable aujourd'hui. Pourquoi ?

1. Dès l'abord.

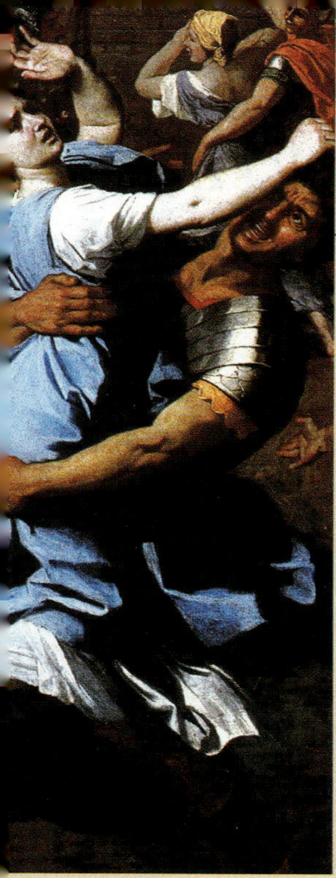

Le genre narratif

Le XVIIe siècle explore les formes narratives. Les grands et longs romans d'amour pastoraux se développent, approfondissent une réflexion sur les conduites amoureuses, tandis que les romans burlesques les moquent en se plaçant sur le terrain des choses basses et réelles. Don Quichotte part à la recherche de la perfection, comme les chevaliers d'antan, et se retrouve sur les routes poussiéreuses, affrontant la médiocrité des hommes et la sienne propre. On s'interroge alors sur les possibles fonctions du genre narratif : moyen de convaincre, par la fiction, d'une vérité, ou moyen de réflexion, plus classique, sur l'horreur fascinante que dégage l'histoire des passions humaines ?

TRISTAN L'HERMITE

Le Page disgrâcié (1643) est une œuvre en prose du poète Tristan L'Hermite (1601-1655) qui raconte avec beaucoup d'humour les dix-huit premières années d'un page à la cour d'Henri IV. Ce texte à la première personne et qui joue avec le principe de l'autobiographie, puisque l'auteur est censé être le narrateur, montre comment un jeune noble pauvre doit, en passant d'un maître à l'autre, faire carrière malgré les embûches.

Le Page disgracié

COMIQUE

Dans ce passage, le page secrétaire est au service d'un prince qui nourrissait aussi, dans sa maison, un grand singe, appelé maître Robert, qui faisait toutes sortes de tours et était un fort grand ivrogne.

Ce méchant animal, qui ne cherchait que le moyen de pouvoir aller s'enivrer, entendit bientôt que l'on comptait de l'argent chez ce trésorier[1], et se présenta deux ou trois fois à la porte pour essayer d'y faire quelque rafle et s'enfuir ; mais on lui ferma toujours l'huis[2] au nez ; enfin le payeur et son commis étant sortis pour quelque affaire après avoir bien fermé les portes de leur logis, maître Robert prit fort bien son temps et, montant par un degré[3] qui était aux offices jusque sur les tuiles de la maison, trouva l'invention de descendre dans la chambre du payeur, dont les fenêtres avaient été laissées ouvertes. La première chose qu'il fit, ce fut de remplir ses bouges de pistoles[4] qu'il trouva étalées sur la table, comme cela parut après, et, s'étant muni de ce dont il s'imaginait avoir besoin pour trafiquer au cabaret, il prit un sac de pièces d'or et, montant sur la couverture de la maison, se mit à les jeter à poignées. Au commencement ce n'était que pour avoir le plaisir de les voir tomber et faire bruit sur le pavé ; mais ensuite ce fut pour avoir le divertissement de voir tout le monde se battre à qui en aurait. Cela le fit rentrer dans la chambre pour aller quérir d'autres sacs quand celui-là fut vidé, et le nombre fut si grand des personnes qui se pressèrent pour arriver à l'endroit où maître Robert faisait largesse qu'on ne pouvait plus entrer dans la rue, tellement que le payeur tout transi de douleur et son commis fondant en larmes ne purent approcher de leur maison et furent de loin spectateurs du désastre, sans pouvoir jamais y donner ordre. Les gardes du prince y vinrent pour faire retirer le peuple ; mais ils eurent beau crier et commander au nom du prince

1. Le trésorier payeur des gendarmes, chargé de conserver l'argent de leur solde. Le singe y entend forcément le bruit de l'or et sait depuis longtemps que l'or permet d'acheter du vin.
2. La porte.
3. Un escalier.
4. Pièces d'or dont le singe remplit ses poches.

« Singe femelle ou guenon rousse – s'en méfier. »
Flaubert.

Activités

1. Comment l'auteur s'appuie-t-il sur des détails précis, sur un rythme précis et sur la création d'un héros particulier pour créer le comique ?
2. En quoi l'action du singe est-elle à la fois héroïque, burlesque* et ambiguë : est-elle ou non morale ? condamne-t-elle ou non la valeur qu'on donne à l'argent ?

que cette populace se retirât, cette foule de gens ne connaissait plus rien que maître Robert et n'avait plus d'yeux que pour le regarder ni de mains que pour essayer de prendre ce qu'il jetait. La gendarmerie fut mal payée pour ce jour-là ; mais en revanche, il y eut tel simple soldat qui reçut par les mains de maître Robert trente-cinq et quarante pistoles. On dit que ses libéralités montèrent à près de quarante mille livres. Il se peut faire toutefois que le payeur voulut, en exagérant la chose, profiter même de sa perte ; car le prince, noble et généreux, voulut porter tout seul cette disgrâce[5]. Cependant maître Robert mourut peu de temps après, non sans soupçon d'avoir pris de la mort aux rats de la main du commis du payeur des gendarmes, qui était un petit garçon fort vindicatif.

Tristan L'Hermite, *Le Page disgracié*, chap. XLI, 1643.

5. Le prince, responsable du singe, trouva lui-même l'argent nécessaire.

CERVANTÈS

Don Quichotte (*El Ingenioso Hidalgo don Quichotte de la Mancha*) de Miguel de Cervantès (1547-1616) parut en 1605 pour la première partie et en 1615 pour la seconde. Ce roman est une œuvre majeure de la littérature européenne et devint vite la référence commune aux lecteurs et aux écrivains de l'époque.

Don Quichotte

PARODIE

Ce texte inclassable est simultanément une parodie qui se moque des romans de chevalerie, une quête du vrai et des apparences, l'envers de toutes choses, et surtout un livre sur la littérature et sur l'écriture. Le passage qui suit est l'un des plus connus puisqu'il s'agit de l'épisode des moulins à vent, au début du livre, où Don Quichotte, à peine sorti de sa demeure, se met en état de combattre ce qu'il imagine être des géants effrayants.

DU BEAU SUCCÈS QUE LE VALEUREUX DON QUICHOTTE EUT EN L'ÉPOUVANTABLE ET JAMAIS IMAGINÉE AVENTURE DES MOULINS À VENT, AVEC D'AUTRES ÉVÉNEMENTS DIGNES D'HEUREUSE RESSOUVENANCE.

Là-dessus ils découvrirent trente ou quarante moulins à vent qu'il y a en cette plaine, et, dès que don Quichotte les vit, il dit à son écuyer : « La fortune conduit nos affaires mieux que nous n'eussions su désirer, car voilà, ami Sancho Pança, où se découvrent trente ou quelque peu plus de démesurés géants, avec lesquels je pense avoir combat et leur ôter la vie à tous, et de leurs dépouilles nous commencerons à nous enrichir : car c'est ici une bonne guerre, et c'est faire grand service à Dieu d'ôter une si mauvaise semence de dessus la face de la terre.

– Quels géants ? dit Sancho.

– Ceux que tu vois là, répondit son maître, aux longs bras, et d'aucuns les ont quelquefois de deux lieues.

– Regardez, monsieur, répondit Sancho, que ceux qui paraissent là ne sont pas des géants, mais des moulins à vent et ce qui semble des bras sont les ailes, lesquelles, tournées par le vent, font mouvoir la pierre du moulin.

– Il paraît bien, répondit don Quichotte, que tu n'es pas fort versé en ce qui est des aventures : ce sont des géants, et, si tu as peur, ôte-toi de là et te mets en oraison, tandis que je vais entrer avec eux en une furieuse et inégale bataille ». Et,

Illustration de Don Quichotte par Honoré Daumier (1808-1879).

disant cela, il donna des éperons à son cheval Rossinante, sans s'amuser aux cris que son écuyer Sancho faisait, l'avertissant que sans aucun doute c'étaient des moulins à vent, et non pas des géants, qu'il allait attaquer. Mais il était tellement aheurté à cela que c'étaient des géants qu'il n'entendait pas les cris de son écuyer Sancho, ni ne s'apercevait pas de ce que c'était, encore qu'il en fût bien près; au contraire, il disait à haute voix: « Ne fuyez pas, couardes et viles créatures, car c'est un seul chevalier qui vous attaque ». Sur cela il se leva un peu de vent, et les grandes ailes de ces moulins commencèrent à se mouvoir, ce que voyant don Quichotte, il dit: « Vous pourriez mouvoir plus de bras que ceux du géant Briarée: vous allez me le payez. » Et, disant cela, il se recommanda de tout son cœur à sa dame Dulcinée, lui demandant qu'elle le secourût en ce danger; puis, bien couvert de sa rondache, et la lance en l'arrêt, il accourut, au grand galop de Rossinante, donner dans le premier moulin qui était devant lui, et lui porta un coup de lance en l'aile: le vent la fit tourner avec une telle violence qu'elle mit la lance en pièces, emmenant après soi le cheval et le chevalier, qui s'en furent rouler un bon espace parmi la plaine.

Sancho Pança accourut à toute course de son âne pour le secourir, et, quand il fut à lui, il trouva qu'il ne se pouvait remuer: tel avait été le coup que lui et Rossinante avaient reçu. « Dieu me soit en aide! dit Sancho; ne vous ai-je pas bien dit que vous regardiez bien ce que vous faisiez, que ce n'étaient que des moulins à vent, et que personne ne le pouvait ignorer, sinon quelqu'un qui en eût de semblables en la tête? »

Cervantès, *Don Quichotte*, 1re partie, chap. VIII, 1605.
Trad. C. Oudin et F. Ravet revue par J. Cassou, Éd. Gallimard, 1949.

Activités

1. **Don Quichotte se trompe-t-il vraiment lorsqu'il s'attaque aux moulins? Pour quelles raisons?**
2. **Commentez la manière dont fonctionne la parodie burlesque d'un combat grandiose et épique [voir p. 37].**
3. **Réécrivez cet épisode en une cinquantaine de lignes en imaginant les héros confrontés à un obstacle moderne.**

SCARRON

Paul Scarron (1610-1660), dans *Le Roman comique* (1651-1657), utilise le style burlesque pour jouer sur l'oppostion entre les réalités sordides, les mots du registre populaire et la dignité que ses personnages sont censés vouloir conserver. Le mot *burlesque* est un terme de littérature qui définit ce passage du haut au bas, qui provoque le rire.

Le Roman comique

LE COMIQUE

Activités

1. **Que doit-on faire et que doit-on lire dans un début de roman ? Ce passage correspond-il à la norme ?**
2. **Quelle image des comédiens ce texte véhicule-t-il ?**
3. **Cherchez dans l'anthologie des extraits de comédies que vous confronterez à ce texte. Le personnage décrit ici vous semblerait-il apte à jouer l'une d'elles ?**

Une troupe de comédiens, qui rêve de jouer fièrement la tragédie, se trouve prise dans des accidents sordides : le roman est donc doublement comique (amusant, et ayant rapport à la comédie, au théâtre). Le passage qui suit est le début du roman, où l'on présente les comédiens de la troupe.

La charrette était pleine de coffres, de malles et de gros paquets de toiles peintes qui faisaient comme une pyramide au haut de laquelle paraissait une demoiselle habillée moitié ville, moitié campagne. Un jeune homme, aussi pauvre d'habits que riche de mine, marchait à côté de la charrette. Il avait un grand emplâtre sur le visage, qui lui couvrait un œil et la moitié de la joue, et portait un grand fusil sur son épaule, dont il avait assassiné plusieurs pies, geais et corneilles, qui lui faisaient comme une bandoulière, au bas de laquelle pendaient par les pieds une poule et un oison qui avaient bien la mine d'avoir été pris à la petite guerre[1]. Au lieu de chapeau, il n'avait qu'un bonnet de nuit, entortillé de jarretières[2] de différentes couleurs, et cet habillement de tête était une manière de turban qui n'était encore qu'ébauché et auquel on n'avait pas encore donné la dernière main. Son pourpoint était une casaque de grisette, ceinte avec une courroie, laquelle lui servait aussi à soutenir une épée qui était si longue qu'on ne s'en pouvait aider adroitement sans fourchette[3]. Il portait des chausses[4] troussées à bas d'attaches, comme celles des comédiens quand ils représentent un héros de l'antiquité, et il avait, au lieu de souliers, des brodequins à l'antique que les boues avaient gâtés jusqu'à la cheville du pied.

Scarron, *Le Roman comique*, chap. I : « Une troupe de comédiens arrive dans la ville du Mans », 1651-1657.

1. Au braconnage.
2. Liens avec lesquels on attache ordinairement les bas.
3. Objet qui permet de tenir les épées très lourdes et qui renvoie plutôt à la période médiévale.
4. Sorte de pantalon court qui s'arrête aux genoux, ici elles sont troussées, c'est-à-dire relevées.

Mme de LA FAYETTE

Madame de La Fayette (1634-1693), en 1678, utilise l'Histoire pour narrer une tragédie de la passion. Lors de la publication de *La Princesse de Clèves*, l'opinion publique, persuadée qu'une femme ne pouvait être l'auteur d'un tel chef-d'œuvre, en attribue le mérite à un homme (comme La Rochefoucauld, célèbre moraliste).

La Princesse de Clèves

RENCONTRE AMOUREUSE

Dans ce roman, en peu de pages contrairement aux « grands romans » du temps, des individus aiment, souffrent, jalousent et meurent. Sobriété toute classique donc, proche de l'esthétique théâtrale pour un discours sur la passion.

Elle passa tout le jour des fiançailles[1] chez elle à se parer, pour se trouver le soir au bal et au festin royal qui se faisait au Louvre. Lorsqu'elle arriva, l'on admira sa beauté et sa parure ; le bal commença et, comme elle dansait avec M. de Guise, il se fit un assez grand bruit vers la porte de la salle, comme de quelqu'un qui entrait et à qui on faisait place. Mme de Clèves acheva de danser et, pendant qu'elle cherchait des yeux quelqu'un qu'elle avait dessein de prendre, le roi lui cria de prendre celui qui arrivait. Elle se tourna et vit un homme qu'elle crut d'abord ne pouvoir être que M. de Nemours, qui passait par-dessus quelques sièges pour arriver où l'on dansait. Ce prince était fait d'une sorte qu'il était difficile de n'être pas surprise de le voir quand on ne l'avait jamais vu, surtout ce soir-là, où le soin qu'il avait pris de se parer augmentait encore l'air brillant qui était dans sa personne ; mais il était difficile aussi de voir Mme de Clèves pour la première fois sans avoir un grand étonnement.

M. de Nemours fut tellement surpris de sa beauté que, lorsqu'il fut proche d'elle, et qu'elle lui fit la révérence, il ne put s'empêcher de donner des marques de son admiration. Quand ils commencèrent à danser, il s'éleva dans la salle un murmure de louanges. Le roi et les reines se souvinrent qu'ils ne s'étaient jamais vus, et trouvèrent quelque chose de singulier de les voir danser ensemble sans se connaître. Ils les appelèrent quand ils eurent fini sans leur donner le loisir de parler à personne et leur demandèrent s'ils n'avaient pas bien envie de savoir qui ils étaient, et s'ils ne s'en doutaient point.

Mme de La Fayette, *La Princesse de Clèves*, 1678.

Activités

1. **Commentez le travail sur les marques de la personne et sur le maniement des temps.**
2. **Comment la surprise des deux protagonistes est-elle ménagée de manière à donner l'effet d'un coup de foudre ?**
3. **Comparez cette scène de première rencontre à celle de San Antonio [voir p. 569] en vous interrogeant sur les constantes et les variations stylistiques.**

1. Celles de M. de Lorraine.

J.-P. CAMUS

Jean-Pierre Camus (1584-1652), évêque désireux d'amener les âmes à craindre Dieu, souhaite, par l'horreur, édifier ses lecteurs, mais en déchaînant le plaisir noir de la lecture des crimes, il a aussi, un siècle plus tard, passionné le marquis de Sade **[voir p. 209]**

LE TRAGIQUE

Spectacles d'horreur

De la fin du XVIe siècle au milieu du XVIIe siècle, les histoires tragiques furent l'un des genres littéraires les plus célèbres. Les auteurs y racontent des cas de forfaits sanglants qui chaque fois se terminent tragiquement (par la mort, conformément au sens du mot « tragique » au XVIIe siècle). Dans ce texte, Camus transpose l'histoire mythologique de Médée dans la réalité contemporaine. En transformant un sujet culturel en « cas » judiciaire, il rend la cruauté de Médée à la fois plus présente et plus terrible.

Un jour que Safandin était allé voir la vilaine Mandrace[1], dans le sein de laquelle il se perdait malheureusement, la furieuse Alfride, ayant envoyé les servantes dehors en diverses commissions, se résolut de mourir et de traîner avec soi au sépulcre les enfants qu'elle avait eus de son infidèle mari. Ayant donc fermé sur elle toutes les portes de la maison, elle empoigne une hache destinée à fendre du bois et court après l'aîné de ses enfants qui avait environ huit ans. Ce pauvre garçon, voyant qu'elle le poursuivait pour le tuer, s'enfuit en la cave et se cache derrière des tonneaux : cette maudite mère eut bien la patience d'allumer une lampe et de le chercher pour l'assommer. Ce petit, se voyant découvert, se jette à ses pieds et tâche par ses prières et ses larmes de fléchir à compassion le cœur de cette impitoyable, lui remontrant qu'il ne l'avait point offensée. Mais cette tigresse, ne se souciant ni de cris ni de larmes, lui fend la tête, le met en pièces, et puis, toute forcenée de cette exécution, remonte et court après une petite fille qui n'avait que cinq ans et la taille par morceaux. De là, elle va à un petit garçon qui s'était tapi derrière une porte et, lui ayant coupé le col, bat les murailles de sa tête. Enfin, elle exerce les mêmes cruautés sur un petit enfant qui dormait en son berceau et n'avait que six mois. Pour catastrophe[2] de cette sanglante tragédie, elle se donna d'un couteau dans la

1. Pour prouver que l'adultère et la passion amoureuse sont les pires des maux, Camus place l'histoire de Médée en Allemagne contemporaine : Safandin (Jason) est le mari qui est séduit par Mandrace, et Alfride (Médée, la magicienne légendaire qui se vengea en égorgeant ses enfants) est la femme abandonnée.
2. Ce terme est un terme d'esthétique théâtrale se rapportant à la dernière péripétie qui amène le dénouement.

Medée, *peinture de Giovanni Benedetto Castiglione (1610-1670). Une autre vision de l'horrible mythe de Médée.*

gorge, ne mourant pas sur-le-champ de ce coup, peut-être par providence de Dieu sur Safandin, car chacun étant abreuvé du mauvais ménage qu'il faisait avec sa femme, qui n'eût conjecturé que c'eût été lui qui eût fait tous ces horribles massacres ?

Les servantes, revenues de leurs messages et ne pouvant rentrer en la maison, la firent ouvrir, où elles trouvèrent tous ces spectacles d'horreur et la misérable Alfride nageant dans son propre sang et dans celui de ses enfants. Elle eut encore le temps de reconnaître sa faute, dont elle n'amoindrit pas la coulpe pour dire que l'infidèle Safandin en était la cause. Elle mourut avant qu'on pût mettre aucun appareil à sa plaie, laissant à tout le voisinage une détestation de son funeste désespoir, et une leçon aux maris de traiter humainement et fidèlement leurs femmes, et selon le conseil de l'Apôtre[3], de se comporter envers elles comme avec des vaisseaux[4] fragiles, leur portant honneur en se souvenant de cet Oracle sacré, que la maison où règne l'adultère non seulement ne peut prospérer, mais est sujette à mille malheurs.

J.-P. Camus, « La Mère Médée » in *Spectacles d'horreur*, 1630.

Activités

1. **Comment cet extrait est-il construit (place du narrateur, emploi des temps, vocabulaire…) ?**
2. **Quelles leçons Camus veut-il que le lecteur tire de sa narration (sur les questions de l'adultère, de la passion amoureuse, de la fidélité, de l'honneur qu'on doit aux femmes, etc.), et quelles leçons en tirez-vous vous-même ?**
3. **Débat : « Le spectacle de l'horreur et du sang est-il un spectacle dangereux ou capable de détourner les lecteurs et les spectateurs des forfaits qui y sont peints ? » Vous pourrez, par exemple, vous appuyer sur votre propre attitude face à un film d'horreur.**

3. Saint Paul.
4. Les vases.

La langue, la littérature et l'État

La France doit avoir une langue, une littérature unifiées par des règles, un art maîtrisable et des institutions capables de vérifier la bonne marche de tout cela : là est le principe politique. Toutefois, malgré cet effort de centralisation et de systématisation de l'art et de la langue, bien des choses échappent encore et sous l'ordre monarchique en constitution, d'autres ordres persistent, plus anciens, plus légitimes même : l'art, s'il est politiquement destiné à servir l'État et le souverain, ou Dieu, sait aussi résister et accéder, de lui-même, à une autonomie farouche.

RICHELIEU

Pour le cardinal de Richelieu (1585-1642), affiner et clarifier la langue, c'était aussi contribuer à son rayonnement et mettre à la disposition du pouvoir un outil fiable. Il fit donc en sorte que le roi Louis XIII sanctionne le 1er janvier 1635 l'existence de l'Académie par des lettres patentes.

Statuts de l'Académie

LANGUE FRANÇAISE

Au début du XVIIe siècle, on se met à penser à l'opportunité de fixer la langue sous le couvert de l'autorité publique. Pour que la langue française soit un instrument clair et précis, il s'agissait d'établir un emploi certain des mots qui soit accepté par une autorité.

PREMIÈREMENT. – Personne ne sera reçu dans l'Académie, qui ne soit agréable à Mgr le Protecteur, et qui ne soit de bonnes mœurs, de bonne réputation, de bon esprit, et propre aux fonctions académiques.[…]

21. Il n'y sera mis en délibération aucune matière concernant la religion ; et néanmoins, pour ce qu'il est impossible qu'il ne se rencontre dans les ouvrages qui seront examinés quelque proposition qui regarde ce sujet, comme le plus noble exercice de l'éloquence et le plus utile entretien de l'esprit, il ne sera rien prononcé sur les maximes de cette qualité, l'Académie soumettant toujours aux lois de l'Église, en ce qui touchera les choses saintes, les avis et les approbations qu'elle donnera pour les termes et la forme des ouvrages seulement.

22. Les matières politiques ou morales ne seront traitées dans l'Académie que conformément à l'autorité du Prince, à l'état du gouvernement et aux lois du royaume.

23. L'on prendra garde qu'il ne soit employé dans les ouvrages qui seront publiés sous le nom de l'Académie ou d'un particulier en qualité d'Académicien, aucun terme libertin ou licencieux et qui puisse être équivoque ou mal interprété.

24. La principale fonction de l'Académie sera de travailler avec tout le soin et toute la diligence possible à donner des règles certaines à notre langue et à la rendre pure, éloquente et capable de traiter les arts et les sciences.

RICHELIEU

25. Les meilleurs auteurs de la langue française seront distribués aux Académiciens pour observer tant les dictions que les phrases qui peuvent servir de règles générales et en faire rapport à la Compagnie qui jugera de leur travail et s'en servira aux occasions.

26. Il sera composé un Dictionnaire, une Grammaire, une Rhétorique et une Poétique sur les observations de l'Académie. [...]

43. Les règles générales qui seront faites par l'Académie touchant le langage, seront suivies par tous ceux de la Compagnie qui écriront tant en prose qu'en vers.

44. Ils suivront aussi les règles qui seront faites pour l'orthographe.

45. L'Académie ne jugera que des ouvrages de ceux dont elle est composée ; et si elle se trouve obligée par quelque considération d'en examiner d'autres, elle donnera seulement ses avis, sans en faire aucune censure et sans en donner aussi d'approbation.

46. S'il arrive que l'on fasse quelques écrits contre l'Académie, aucun des Académiciens n'entreprendra d'y répondre ou de rien publier pour sa défense, sans en avoir charge expresse de la Compagnie assemblée au nombre de vingt pour le moins.

47. Il est expressément défendu à tous ceux qui seront reçus en l'Académie de révéler aucune chose concernant la correction, le refus d'approbation ou tout autre fait de cette nature qui puisse être important au général ou aux particuliers de la Compagnie, sous peine d'en être bannis avec honte sans espérance de rétablissement.

Cardinal de Richelieu, *Statuts de l'Académie française*, 1635, enregistrés en 1637.

Activités

1. **Comment doit-on rédiger un règlement (style législatif, emploi de l'impersonnel, temps, etc.) ; en quoi ce style permet-il que le texte ait force de loi ?**
2. **Quelle doit être la position de l'Académie vis-à-vis de la langue, et quelles sont ses quatre grandes tâches ?**
3. **Constituez un dossier sur l'histoire de l'Académie en cherchant à comprendre quelles en ont été et quelles en sont les fonctions (littéraires, sociales, politiques).**

La langue, le roi, l'écrivain

Un double mouvement se dessine au XVIIe siècle dans l'histoire de la langue et des Lettres. D'abord la tentation de l'excès, de la surcharge, c'est le courant baroque [voir p. 109]. Parallèlement, la Raison gagne de nouveaux domaines : on fixe un nouvel idéal, celui de *l'honnête homme*, homme cultivé et de bon goût, dégagé de tout excès, modeste et maître de lui.

Triple portrait de Richelieu par Philippe de Champaigne (1602-1674).

La loi fixe la langue

Richelieu crée, en 1635, l'Académie française pour donner une langue, une grammaire et des normes fixes aux Français et aux auteurs. À l'inconstance des mots et des figures répond donc le « bon » sens qui fixe les normes. Les *puristes*, autour du poète Malherbe, veulent évacuer de la langue tout ce qui la rend irrégulière, trop diverse et trop excessive.

Le mécénat d'État

L'Académie lit tout ce qui est publié, juge des qualités des auteurs, de leur style et les hiérarchise par ordre de valeur. Peu à peu, aux cercles privés et aux artistes protégés par de riches mécènes, succèdent des académies royales et des auteurs chargés par le roi d'écrire pour la gloire du royaume. Richelieu et Louis XIII puis Louis XIV et Colbert installent une véritable politique culturelle de mécénat d'État. Il s'agit ainsi de participer à la politique de la couronne en vantant ses mérites par l'écrit, d'obtenir des faveurs ou des pensions, mais parallèlement de s'affirmer comme auteur pratiquant la belle langue, et d'obtenir, par la publication de ses œuvres, la reconnaissance d'un public élargi.

« – Escrivain, s. m. Qui escrit. Les sergents font d'ordinaire de méchants *Escrivains*, on ne peut lire leur escriture.

– Escrivain, se dit plus particulièrement de celuy qui est reçu Maistre en l'art d'escrire. Les Maistres *Escrivains*. Juré pour la vérification des escritures et signatures, il va apprendre à escrire chez un tel Maistre *Escrivain*.

– Escrivain, se dit aussi de ceux qui ont composé des Livres, des Ouvrages. Tite Live, Hérodote, sont de fameux *Escrivains* pour l'Histoire. Nous ne manquons pas de bons *Escrivains* en notre siècle. »

Furetière, *Dictionnaire universel*, 1680.

Activités

1. D'après la définition du *Dictionnaire* de Furetière dites ce que sont les métiers d'écrivain au XVIIe siècle. Et de nos jours ?
2. D'après-vous, est-il important pour la littérature que les écrivains soient autonomes, indépendants de tous pouvoirs politiques ou idéologiques ?
3. Lire les textes de Marot p. 66, de Frédéric II à Voltaire p. 247, et la fiche *Mécénat et subvention* p. 531.

« SENTENCE »

Après celle d'Aix-en-Provence (1609-1611), l'affaire des possédées de Loudun (1632-1637) est la plus connue. Les possédées sont le plus souvent des religieuses dont des diables occupent le corps. Celui que l'on croit sorcier n'est plus un paysan ou une paysanne illettrée, mais un prêtre, Urbain Grandier, accusé d'avoir envoyé ces diables dans le corps de religieuses.

Procès de Loudun

JURIDIQUE

Le XVIe siècle européen voit se répandre des épidémies de sorcellerie qui conduisent le plus souvent les autorités religeuses ou laïques à condamner les prétendus sorciers à des peines très lourdes, qui vont du bannissement au bûcher. À cette croyance en l'existence de sectes démoniaques vouées à adorer le diable pour détruire l'ordre chrétien, se substituent, peu à peu, dans la France du XVIIe siècle, de grandes affaires de possession.

Urbain Grandier sera le « sorcier » de Loudun : accusé, interrogé, soumis à la torture, il finira brûlé le 18 août 1634. Ce qui n'empêchera pas la possession de tourmenter pendant encore quelques années les Ursulines de Loudun. Voici la sentence prononcée le jour de son exécution par le greffier.

Vu par Nous, commissaires députés par le Roi, Juges souverains[1] en cette partie, suivant les lettres patentes du Roi du huitième juillet mil six cent trente-quatre, le procès criminel fait à la requête du Procureur de sa Majesté demandeur et accusateur pour crime de magie, sortilège, irréligion, impiété, sacrilège et autre cas et crimes abominables, d'une part, et Maître Urbain Grandier, prêtre, curé à l'église de Saint-Pierre de Loudun et l'un des chanoines de l'église de Sainte-Croix dudit lieu, prisonnier défenseur et accusé, d'autre.

Nous, sans avoir égard à ladite requête du onzième du présent mois d'août, avons déclaré et déclarons ledit Urbain Grandier dûment atteint et convaincu du crime de magie, maléfice et possession arrivé par son fait ès personnes d'aucunes religeuses ursulines[2] de cette ville de Loudun et autres séculières mentionnées au procès. Ensemble des autres cas et crimes résultant d'icelui[3].

Pour réparation desquels, l'avons condamné et condamnons à faire amende honorable, tête nue et en chemise, la corde au col, tenant en ses mains une torche ardente du

1. Juges représentant la puissance royale qui agissent après que le procureur du roi s'est saisi de l'affaire et l'a instruite. Le procureur est alors instructeur puis « accusateur ».
2. Sur les personnes de certaines religieuses de la congrégation des Ursulines.
3. L'ensemble des cas cités et des crimes sont imputables à Urbain Grandier.

Exécution de Urbain Grandier à Loudun le 18 août 1634. Gravure sur bois d'époque.

poids de deux livres devant les principales portes des églises Saint-Pierre-du-Marché et Sainte-Ursule de cette ville, et là, à genoux, demander pardon à Dieu, au Roi et à la justice. Et ce fait, être conduit en la place publique de Sainte-Croix de cette dite ville pour y être attaché à un poteau sur un bûcher, qui pour cet effet sera dressé audict lieu[4], et y être son corps brûlé vif avec les pactes et caractères magiques restant au Greffe[5], ensemble le livre manuscrit par lui composé contre le célibat des prêtres, et ses cendres jetées au vent.

Avons déclaré et déclarons tous et chacun ses biens acquis et confisqués au Roi, sur iceux préalablement pris la somme de cent cinquante livres tournois pour être employés à l'achat d'une lame de cuivre en laquelle sera gravé le présent arrêt par extrait, et icelui apposé dans un lieu éminent en ladite église des Ursulines pour y demeurer à perpétuité.

Et auparavant qu'être procédé l'exécution dudit arrêt, ordonnons que ledit Grandier sera appliqué à la question[6] ordinaire et extraordinaire sur la vérité de ses complices.

Prononcé audit Loudun le dix-huitième août mil six cent trente quatre.

Sentence prononcée par le greffier au procès d'Urbain Grandier, « sorcier de Loudun », 1634.

Activités

1. **La magie, la sorcellerie passent pour une atteinte à l'ordre du monde, à Dieu, au roi, à la justice, etc. Comment cela est-il sensible dans cet arrêt ?**
2. **L'arrêt met en place une cérémonie : étudiez la symbolique de cette mise à mort et donnez-en la signification.**
3. **Regroupez-vous pour inventer et mimer le procès d'un « hérétique ». Vous pourrez vous appuyer sur le texte de Benjamin Péret [voir p. 650].**

4. Sur le lieu indiqué.
5. Les documents déposés au greffe et prouvant qu'Urbain Grandier avait fait un pacte avec le diable.
6. La torture.

RACINE

En 1667, Jean Racine (1639-1699) s'oppose à ses anciens maîtres, les jansénistes de Port-Royal, et en particulier à Nicole qui, dans sa lettre sur les *Hérésies imaginaires*, avait accusé le théâtre en la personne d'un auteur du temps, Desmarets de Saint-Sorlin, de pervertir les âmes. C'est l'occasion pour Racine de défendre son métier.

Lettre à l'auteur des *Hérésies imaginaires*

THÉÂTRE ET RELIGION

L'Église n'a jamais fait très bon ménage avec le théâtre. Si les jésuites espagnols et italiens se servent du théâtre pour représenter les mystères de la foi, les jésuites français se cantonnent aux limites de leurs collèges et se méfient d'un public extérieur, conscients du danger qu'il y a à représenter les affaires de religion sur la scène laïque. Plus rigoristes, les jansénistes français et les puritains anglais souhaitent interdire le théâtre qui divertit de la religion et corrompt les âmes.

Et qu'est-ce que les romans et les comédies peuvent avoir de commun avec le jansénisme[1] ? Pourquoi voulez-vous que ces ouvrages d'esprit soient une occupation peu honorable devant les hommes, et horrible devant Dieu ? Faut-il, parce que Desmarets a fait autrefois un roman et des comédies, que vous preniez en aversion tous ceux qui se sont mêlés d'en faire ? Vous avez assez d'ennemis : pourquoi en chercher de nouveaux ? Oh ! Que le Provincial[2] était bien plus sage que vous ! Voyez comme il flatte l'Académie, dans le temps même qu'il persécute la Sorbonne[3]. Il n'a pas voulu se mettre tout le monde sur les bras. Il a ménagé les faiseurs de romans. Il s'est fait violence pour les louer ; car, Dieu merci, vous ne louez jamais que ce que vous faites ; et, croyez-moi, ce sont peut-être les seules gens qui vous étaient favorables.

Mais si vous n'étiez pas contents d'eux, il ne fallait pas tout d'un coup les injurier. Vous pouviez employer des termes plus doux que ces mots d'*empoisonneurs publics*, et de *gens horribles parmi les chrétiens*. Pensez-vous que l'on vous en croie sur votre parole ? Non, non, Monsieur, on n'est point

1. Doctrine enseignée et approfondie à Port-Royal – là où Racine a suivi ses principales études. À partir de Jansénius, certaines théories jansénistes s'appuient sur les textes les plus rigoureux de saint Augustin pour condamner, entre autres choses, les passions et la représentation des passions que fait le théâtre **[voir p.130 à 158]**.
2. Pascal, auteur des *Provinciales*, **[voir p. 163]**.
3. Faculté de théologie à Paris.

accoutumé à vous croire si légèrement. Il y a vingt ans que vous dites tous les jours que les cinq Propositions[4] ne sont pas dans Jansénius ; cependant on ne vous croit pas encore.

Mais nous connaissons l'austérité de votre morale. Nous ne trouvons point étrange que vous damniez les poètes : vous en damnez bien d'autres qu'eux. Ce qui nous surprend, c'est de voir que vous voulez empêcher les hommes de les honorer. Hé ! Monsieur, contentez-vous de donner les rangs dans l'autre monde : ne réglez point les récompenses de celui-ci. Vous l'avez quitté il y a longtemps : laissez-le juger des choses qui lui appartiennent. Plaignez-le, si vous voulez, d'aimer des bagatelles, et d'estimer ceux qui les font ; mais ne leur enviez point de misérables honneurs auxquels vous avez renoncé.

Aussi bien il ne vous sera pas facile de les leur ôter : ils en sont en possession depuis trop de siècles. Sophocle, Euripide, Térence, Homère et Virgile nous sont encore en vénération, comme ils l'ont été dans Athènes et dans Rome. Le temps, qui a abattu les statues qu'on leur a élevées à tous, et les temples mêmes qu'on a élevés à quelques-uns d'eux, n'a pas empêché que leur mémoire ne vînt jusqu'à nous. Notre siècle, qui ne croit pas être obligé de suivre votre jugement en toutes choses, nous donne tous les jours les marques de l'estime qu'il fait de ces sortes d'ouvrages, dont vous parlez avec tant de mépris ; et malgré toutes ces maximes sévères que toujours quelque passion vous inspire, il ose prendre la liberté de considérer toutes les personnes en qui l'on voit luire quelques étincelles du feu qui échauffa autrefois ces grands génies de l'Antiquité. [...]

Retranchez-vous donc sur le sérieux. Remplissez vos *Lettres* de longues et doctes périodes. Citez les Pères. Jetez-vous souvent sur les injures, et presque toujours sur les antithèses. Vous êtes appelé à ce style. Il faut que chacun suive sa vocation.

Je suis votre très humble serviteur.

Racine, *Lettre à l'auteur des* Hérésies imaginaires *et des* Deux visionnaires, 1667.

Activités

1. **Analyser les principes de la polémique et de la persuasion dans ce texte. Quelle est ici la conduite prêtée à l'interlocuteur et au lecteur ?**
2. **Pourquoi l'Église condamne-t-elle le théâtre ? Au nom de quoi ? Ne peut-on, à votre avis, faire un théâtre qui ne mette pas en danger la religion ?**
3. **Vous comparerez le style des *Provinciales* [voir p. 163] à celui de Racine. Quelles en sont les points communs et les différences ?**

4. Propositions théologiques sur la Grâce, attribuées au jansénistes pour qu'elles puissent êtres condamnées par le Pape.

Le siècle du théâtre

Au XVIIe siècle, le théâtre est un art neuf, qui réfléchit à sa théorie et, simultanément, conquiert de nouveaux publics. En Angleterre et en Espagne, le public populaire souhaite du spectacle tandis que le public plus cultivé est avide de raffinements; et les troupes répondent, dans le même temps, à l'un et à l'autre. En Italie, et surtout en France, les hiérarchies sont plus nettes: on définit des genres du plus « bas », la farce, au plus « élevé », la tragédie, en évitant le mélange des genres sur une même scène.

SHAKESPEARE

William Shakespeare (1564-1616) est l'auteur le plus célèbre du théâtre anglais. On lui attribue plus de 37 pièces : drames historiques, comme *Henry IV*, *Henry V* ou *Richard III* ; tragédies, comme *Macbeth*, *Hamlet* ou *Roméo et Juliette* ; comédies comme *Le Songe d'une nuit d'été*, *Mesure pour mesure*, ou *La Tempête* et *La Nuit des rois*. Sans compter 154 *Sonnets* sur l'amitié.

Le Roi Lear

VÉRITÉ ET APPARENCE

Dans Le Roi Lear, *Lear, le roi de Grande-Bretagne décide d'abdiquer et de partager son royaume entre ses trois filles en proportion de l'affection qu'elles portent à leur père. Gonerille et Regane lui jurent leur amour tandis que Cordelia dit aimer son père comme le devoir l'ordonne. Outragé et furieux, Lear donne le royaume à Gonerille et Regane, mais rapidement les deux aînées se démasquent et l'ancien roi, avec sa troupe de chevaliers et toute sa cour, est rejeté hors des palais royaux.*

LE FOU. – Sais-tu la différence, mon garçon, entre un fol amer et un doux fol ?

LEAR. – Non, l'ami, enseigne-moi.

LE FOU.

Celui qui te persuada
De donner tes terres,
Qu'il se mette auprès de moi :
Viens, toi, prends sa place.
Lors doux fol et fol amer
À l'instant paraissent,
L'un dessous cette livrée
L'autre… que voilà[1].

LEAR. – Me traites-tu de fou, gamin ?

LE FOU. – Tous tes autres titres, tu les as gaspillés ; celui-là, tu es né avec.

KENT[2]. – Ceci n'est point toute folie, monseigneur.

LE FOU. – Non, sur ma foi, les seigneurs et les grands n'entendent pas m'en laisser tout l'usage ; quand j'aurais un monopole, ils en voudraient leur part, et les dames aussi ; jaloux de me voir accaparer la folie, ils me viendraient chaparder. Noncle, donne-moi un œuf, et je te donnerai deux couronnes.

LEAR. – Et quelles seront ces deux couronnes ?

1. L'autre fou, (le fou amer) que désigne le doux fol, est le roi Lear.
2. Le comte de Kent suit Lear dans son malheur après avoir voulu le dissuader d'abdiquer en le traitant de fou.

SHAKESPEARE

Le Fou. – Eh bien ! l'œuf coupé par le milieu et la chair gobée, les deux couronnes dudit œuf. Fendre ta couronne par le milieu pour en distribuer les deux moitiés, c'était porter ton âne sur le dos à travers le bourbier : tu n'avais guère d'esprit sous ta couronne chauve quand tu rejetas ta couronne d'or. Si je parle en fou, qu'on fouette le premier qui s'en avise.

Les fous n'eurent jamais saison moins salutaire
Car les hommes sensés déments sont devenus
Et de leurs cinq esprits ne savent plus que faire
Parmi leurs gestes saugrenus.

Lear. – Depuis quand es-tu si prodigue en chansons, coquin ?

Le Fou. – Je m'y adonne, noncle, depuis que tu as pris tes filles pour mères ; car le jour où tu leur as cédé la verge en mettant bas ta culotte,

Elles pleurant de joie soudaine,
Moi j'ai chanté de peine
À voir un roi cligner musette
Et des fous s'aller mettre.

Je t'en prie, noncle, prends un maître d'école pour enseigner le mensonge à ton fou ; j'aimerais bien apprendre à mentir.

Lear. – Si tu mens, fripon, nous te ferons fouetter.

Le Fou. – Je m'émerveille que vous puissiez être parents, toi et tes filles : elles me feraient fouetter pour dire la vérité, et toi tu me ferais fouetter pour mentir ; il arrive encore qu'on me fouette pour ce que je tiens ma langue. J'aimerais mieux être n'importe quoi plutôt que fou, et pourtant je ne voudrais pas être dans ta peau, noncle ; tu as rogné ton esprit des deux côtés sans rien laisser au milieu.

Entre Gonerille.

Mais voici l'une des rognures.

Lear. – Eh bien ! ma fille ! Pourquoi ce diadème d'ombrage ? Vous me semblez bien sourcilleuse depuis quelque temps.

Le Fou. – Tu faisais bonne figure quand tu n'avais pas à te soucier de ses bouderies ; te voilà maintenant un zéro sans chiffre. Je vaux mieux que toi : je suis un fou, tu n'es rien. *(À Gonerille.)* Oui, pour sûr, je tiendrai ma langue ; vous avez beau ne rien dire, votre mine me l'ordonne. Chut, chut !

Le roi et le fou, avec Jean Marais dans Le Roi Lear, *mise en scène de 1979.*

Qui, las de tout, ne garde mie
De croûte ou mie,
D'un tantinet prendra l'envie.

Voilà une cosse vidée. *(Il désigne Lear)*

GONERILLE. – Non seulement, monsieur, ce fou plein de licence, mais d'autres encore de votre suite insolente récriminent et querellent à toute heure, soulevant de grossiers tapages qui ne se peuvent supporter.

Shakespeare, *Le Roi Lear*, Acte I, scène IV, 1606.
Trad. P. Leyris et E. Hollard. Éd Gallimard, 1959.

Activités

1. **Montrez, en examinant les répliques, que le style n'est pas homogène. Montrez qu'il appartient à différents « genres » et nommez ceux que vous reconnaîtrez. Quel est le but de ces variations ?**
2. **Le fou est celui qui fait rire par le bouleversement des systèmes de valeurs. Qui dit la vérité ici, et en quoi consiste-t-elle ?**

Le Théâtre élisabéthain

L'Angleterre connaît une période d'intense renouveau culturel entre le milieu du XVIe siècle et le début du XVIIe. Le théâtre élisabéthain – qui se développe sous le règne d'Elisabeth Ire (1533-1603) et de Jacques Ier (1603-1623), voit apparaître de nombreux auteurs, dont Marlowe (1564-1593), Shakespeare (1564-1615), Ben Jonson (1572-1637) et John Ford (1586-1639).

D'abord jouées dans les cours d'auberge, avec une galerie courant le long des premiers étages, les comédies se transportent dans les premiers théâtres en rond que l'on construit dans la banlieue des villes The Theatre *en 1576*, The Swan *en 1595*, The Globe, *théâtre de Shakespeare en 1595).*

Le théâtre et son public

Le public populaire s'enthousiasme pour le théâtre. Alors que la bourgeoisie aisée et l'aristocratie ont peu à peu leurs propres théâtres « fermés », les gens du peuple se retrouvent dans les théâtres « ouverts ». Debout, turbulents, passionnés, les artisans, les petits bourgeois, les étudiants et la canaille fréquentent assidûment le théâtre.

Une représentation complexe

Le Vice et le Péché, là est, au départ, la trame principale des pièces: une lutte dans laquelle le Bien doit finalement triompher. Mais rapidement, les personnages allégoriques sont « humanisés », deviennent plus complexes: les oppositions tranchées entre le Bien et le Mal ne sont pas si franches. À cela, on ajoute les personnages comiques, qui viennent détendre le spectateur par la moquerie et le doute: comment prendre au sérieux les actes des autres personnages lorsqu'entre en scène un *clown* ou un « fou » (qui accompagne les rois et commente leurs actions de manière bouffonne)?

Comment ne pas douter de la réalité et de la justesse des jugements de ceux qui ne sont ni *clowns* ni fous? Des questions religieuses et morales, on passe alors aux questions profanes et politiques: l'ensemble du monde est touché par la diversité des avis sur les princes, les hommes et la nature. Dès lors, malgré sa volonté affichée de mettre en scène une leçon morale, le théâtre élisabéthain en vient à montrer que le monde est un théâtre illusoire et à représenter le fait que le mal et la cruauté sont à la fois des choses terribles et fascinantes.

Activités

1. D'après cette page et celle concernant le courant baroque p. 109, en quoi le théâtre élisabethain vous paraît-il « baroque » ?
2. Documentez-vous sur le théâtre de Shakespeare, et essayez de comprendre pour quelles raisons il reste le plus joué dans les pays occidentaux ?

CALDERÓN

Pedro Calderón de la Barca (1600-1681) est l'un des plus grands dramaturges du Siècle d'Or espagnol, auteur de plus de deux cents pièces religieuses ou profanes. Entré dans les ordres à l'âge de 51 ans, il composera surtout, à la fin de sa vie, des *autos sacramentales* **[voir p. 137]**.

La Vie est un songe

VÉRITÉ ET APPARENCE

Rosaura, une jeune femme travestie en cavalier, découvre la prison où le prince Sigismond est condamné à vivre. Basilio, le père de Sigismond, souhaite tenter une expérience : après avoir caché l'existence de son fils à toute la cour, il veut maintenant l'introduire à son insu dans le monde monarchique afin qu'il s'y réveille comme dans un rêve, qu'il y gouverne et révèle son vrai caractère. Clotaldo, pour préparer le prince, lui fait boire un breuvage d'opium et lui raconte une allégorie du pouvoir : Sigismond sera un aigle bénéfique à l'empire. Arrivé à la cour, le prince se révèle violent et brutal, mais tombe amoureux de Rosaura. Le roi, déçu, décide de faire reconduire son fils endormi à la tour et de lui faire croire que tout cela n'était qu'un songe. Il faudra donc que, peu à peu, Sigismond se civilise.

CLOTALDO. SIGISMOND, LE ROI.

CLOTALDO. – Racontez-moi ce que vous avez rêvé.

SIGISMOND. – En supposant que ce fût un rêve, je dirai non ce que j'ai rêvé, Clotaldo, mais ce que j'ai vu. Je me trouvai, à mon réveil, dans un lit (douce et cruelle illusion !) brodé de si vives et fraîches couleurs, qu'on eût dit la couche des fleurs tissée des mains du printemps. Une multitude de nobles, prosternés à mes pieds, m'appelaient leur prince, et me présentaient des parures, des bijoux, des vêtements. Tu es venu alors changer en allégresse le calme de mes sens, en m'apprenant mon bonheur, car, tout misérable que me voici maintenant, j'étais prince de Pologne.

CLOTALDO. – Vous m'avez sans doute bien récompensé pour la bonne nouvelle ?

SIGISMOND. – Assez mal. Je t'appelais traître, et d'un cœur emporté et farouche deux fois j'ai voulu te donner la mort.

CLOTALDO. – Tant de rigueur envers moi ?

SIGISMOND. – J'étais le maître de tous et de tous je me vengeais. J'aimais une femme seulement… et ce n'était pas une illusion, je crois, car tout a disparu et cela seul est resté.

CALDERÓN

Le roi s'en va.

CLOTALDO, *à part.* – Le roi s'est senti tout ému de l'entendre et s'en est allé. *(À Sigismond)* Comme nous avions parlé de cet aigle, quand vous vous êtes endormi, vous avez rêvé d'empire. Mais, même en songe, Sigismond, il faudrait respecter celui qui vous éleva avec tant de peine ; même en songe, on ne perd rien à bien faire[1].

Il sort.

SIGISMOND. – Cela est vrai. Réprimons donc cette humeur farouche, cette fureur, cet esprit de domination, si jamais le rêve recommence ; et nous ferons ainsi, puisque nous sommes dans un monde si étrange que vivre ce n'est que rêver, et que l'expérience m'enseigne que l'homme qui vit rêve ce qu'il est, jusqu'au moment où il s'éveille. Le roi rêve qu'il est roi, et vivant dans son illusion, il commande, il dispose, il gouverne. Et ces ovations qu'il reçoit et qui ne lui sont que prêtées, s'inscrivent dans le vent et en cendres la mort les change, cruelle infortune ! Et que l'on veuille encore régner, quand il faut finir par s'éveiller dans le sommeil de la mort ! Le riche rêve de sa richesse qui lui donne tant de soucis ; le pauvre rêve qu'il subit sa misère et sa pauvreté. Il rêve, celui qui commence à s'élever ; il rêve, celui qui s'agite et sollicite ; il rêve, celui qui offense et outrage. Dans ce monde, en conclusion, chacun rêve ce qu'il est, sans que personne s'en rende compte. Moi, je rêve que je suis ici, chargé de ces fers, et j'ai rêvé que je me voyais dans une autre condition plus flatteuse. Qu'est-ce que la vie ? – Une fureur. Qu'est-ce que la vie ? – Une illusion, une ombre, une fiction, et le plus grand bien est peu de chose, car toute la vie est un songe, et les songes mêmes ne sont que songes[2].

Calderon, *La Vie est un songe*, deuxième journée, scène II, 1636.
Trad. A. de Latour revue par D. Soullier, Livre de poche, 1996.

1. Clotaldo sort après avoir rappelé à Sigismond à la fois un rêve allégorique (l'aigle et l'empire) mais aussi son bref passage à la cour (qui doit passer pour un rêve). Dans le même temps, le geôlier lui indique qu'il a la liberté d'agir et de se rapprocher du bien.
2. La deuxième journée s'achève avec ce monologue dans lequel Sigismond décide de suivre le conseil de Clotaldo, autrement dit d'agir pour le bien, tout en considérant que la vie n'est qu'illusion.

Activités

1. Définissez le style du monologue de Clotaldo (personnel, impersonnel, structure, enchaînements). Permet-il de faire avancer l'intrigue ?

2. Hiérarchisez (en vous aidant de l'introduction) les différents niveaux de fiction du texte : rêve du prince, rêve programmé, réalité de la prison, réalité de la représentation…, puis relevez les termes qui indiquent le caractère illusoire de la vie. Peut-on, à votre avis, sortir de l'illusion ?

3. Vous est -il déjà arriver de vivre quelque chose avec la sensation de rêver ? Comment êtes- vous revenu de cette impression ? Faites le point sur cette expérience en quelques pages.

Le Siècle d'Or espagnol

Décor extrêmement chargé, typique des mises en scènes d'autosacramental en Espagne.

Après plus d'un siècle de faste grâce à l'or des Amériques, le règne de Philippe II, de 1556 à 1598, marque l'apogée mais aussi la décadence de l'Espagne. Le royaume ibérique ne sait pas s'adapter à l'essor tout nouveau de l'économie européenne. Cette période du Siècle d'Or (fin XVIe siècle et début du XVIIe) est pourtant l'une des plus productives dans toute l'histoire de la littérature. Ses *comedias*, sa poésie, riche et formelle, et ses romans seront rapidement traduits dans toute l'Europe.

Le genre de l'auto-sacramental

Dès le XIIe siècle, surgit l'*auto-sacramental* (acte du Saint-Sacrement). Il s'agit de représenter, à la faveur d'une fête religieuse, un épisode sacré (la naissance du Christ par exemple) et un mystère de la foi afin d'enseigner, en les dramatisant, les dogmes de la religion. Dans de somptueuses processions qui parcourent les rues, des comédiens, des clercs, des moines et des laïcs viennent représenter le spectacle de la religion. Ce théâtre de la foi est aussi un théâtre populaire parce qu'il mêle tout le peuple sans aucune ségrégation.

Une incroyable profusion théâtrale

Le théâtre espagnol du XVIIe siècle se compose de 10 000 *comedias* et d'environ 1 000 *auto sacramentales*. Les textes sont pour la plupart perdus et ne nous sont souvent parvenus que de petits cahiers incomplets recueillis par des amateurs et plus rarement par les auteurs eux-mêmes. Les auteurs les plus célèbres sont Lope de Vega, Tirso de Molina, l'auteur du premier *Don Juan, L'Abuseur de Séville* (1625-1630), ou Calderón. Le théâtre est partout : dans les villes et les villages, mais aussi à Mexico, Lima, Anvers, Naples, Constantinople. Le jeu sur les apparences, le vêtement, le déguisement, sont des constantes, car pour ces comédies, le monde est un théâtre dans lequel les hommes cherchent une vérité morale et religieuse. Au centre, le valet ou *gracioso* fait rire et interroge par sa manière ridicule et juste de poser les grandes questions de l'existence. Le Sganarelle de Molière, en particulier dans *Dom Juan*, sera construit à partir de ce personnage.

Activités

1. Le théâtre du Siècle d'Or espagnol et le théâtre élisabéthain sont des théâtres populaires, dans la mesure où ils mêlent toutes sortes de publics. Qu'en est-il en France durant le XVIIe siècle ? Et par la suite ?

2. Autour de la notion de théâtre populaire, voir De Babione p.47, *De la farce à la comédie...* p.57, Regnard p. 138, Molière p. 142, Goldoni p. 266, Jarry p. 300, Beckett p. 630, etc.

REGNARD

Jean-François Regnard (1655-1709), auteur français, décide d'écrire pour le théâtre italien et sa première pièce est *Le Divorce*. Écrite en 1688, cette pièce qui permet de voir comment la comédie italienne, venue en France dans la seconde moitié du XVIe siècle, s'est parfaitement acclimatée au théâtre français. La seconde moitié du XVIe siècle voit l'installation en France des comédiens italiens.

Le Divorce

COMÉDIE

L'intrigue est très simple : Isabelle veut divorcer d'un mari vieux et grincheux (M. Sotinet) et s'appuie sur les valets, dont Arlequin et Mezzetin, pour gagner sa liberté. Tout cela donne lieu à des facéties et des lazzi*, tout en ridiculisant les mœurs du siècle. La scène citée ici met en scène Arlequin déguisé en barbier qui, en rasant Sotinet, doit lui voler sa bourse.*

SOTINET, ARLEQUIN, *en barbier*, MEZZETIN.

ARLEQUIN, *à Sotinet*. – On m'a dit, monsieur, que vous aviez besoin d'un homme de ma profession ; je viens vous offrir mes services.

SOTINET. – Ah ! monsieur, je suis ravi de vous voir ; faites-moi, s'il vous plaît, la barbe, le plus promptement que vous pourrez.

ARLEQUIN. – Ne vous mettez pas en peine, monsieur ; dans deux petites heures votre affaire sera faite.

SOTINET. – Comment, dans deux heures ! Je crois que vous vous moquez.

ARLEQUIN. – Oh ! que cela ne vous étonne pas ; j'ai bien été trois mois entiers après une barbe, et tandis que je rasais d'un côté, le poil revenait de l'autre ; mais présentement je suis plus habile ; vous allez voir. *(Il déploie ses outils, ôte son manteau, et le met au cou de Sotinet, au lieu de linge à barbe)*

SOTINET. – Mais qu'est-ce donc que vous m'avez mis au cou ?

ARLEQUIN. – Ah ! ma foi, je vous demande pardon : l'empressement de vous raser m'a fait prendre mon manteau pour votre linge à barbe. Allons, toi, donne-moi le linge, vite. *(Mezzetin lui donne le linge)*

SOTINET, *regardant Mezzetin*. – Qui est cet homme-là ?

ARLEQUIN. – C'est maître Jacques, celui qui accommode mes outils. Venez, maître Jacques, repassez-moi ce rasoir pour faire la barbe à monsieur.

MEZZETIN *prend le rasoir, et contrefaisant le rémouleur, d'une jambe figure la roue de la meule, et avec la bouche, il contrefait le bruit que fait le rasoir quand on le pose sur la meule pour le repasser, et celui que font les gouttes d'eau qui tombent sur la roue pendant qu'on repasse; ce qu'Arlequin explique à mesure à Sotinet. À la fin, après plusieurs lazzis de cette nature, Mezzetin chante un air italien; puis, donnant le rasoir à Arlequin, lui dit:*

– La bourse est de ce côté-ci; ne la manque pas. *(Il s'en va).*

SOTINET. – Voilà un plaisant homme!

ARLEQUIN. – Allons, allons, monsieur, je n'ai pas beaucoup de temps à perdre. Mettez-vous là. *(Il le pousse rudement dans un fauteuil, et lui prenant le nez, lui met des morailles*[1]*)*

SOTINET, *criant.* – Hai, hai, hai! *(Il arrache les morailles, et les jette par terre.)* Eh! que diable faites-vous là? Me prenez-vous pour un cheval?

ARLEQUIN. – Point du tout, monsieur; mais c'est qu'il y a des gens qui sont terriblement rétifs sous le fer, et avec cet instrument-là, on leur couperait la gorge, qu'ils ne diraient mot.

SOTINET. – Vraiment, je le crois bien.

ARLEQUIN *prend un bassin fait en forme de pot de chambre, et le met sous le nez de Sotinet pour le laver.*

SOTINET, *prenant le bassin.* – Qu'est-ce que cela?

ARLEQUIN. – C'est un bassin à deux mains. *(Arlequin le lave, en lui donnant de temps en temps des soufflets; puis il tire une grosse boule, dont il se sert pour savonnette, et après en avoir bien frotté le visage de Sotinet, il la lui laisse tomber sur un pied)*

SOTINET. – Qu'est-ce donc que cela signifie? Avez-vous entrepris de m'estropier? *(Il se lève)*

ARLEQUIN, *repoussant violemment Sotinet sur le fauteuil.* – Que de babil! Tenez-vous donc, si vous voulez; croyez-vous que je n'aie que vous à raser? *(Il le rase avec un rasoir d'une grandeur à faire peur)*

SOTINET. – Allez tout doucement; vous m'écorchez tout vif.

ARLEQUIN. – C'est que vous avez le cuir si dur, que vous ébréchez tous mes rasoirs. *(Il prend le cuir à repasser, et l'accroche par un bout au cou de Sotinet, tenant l'autre bout de la main gauche; et pour avoir plus de force à repasser son rasoir qu'il tient de la main droite, il lève un de ses pieds et l'appuie rudement sur l'estomac de Sotinet; puis tirant le bout du cuir de toute sa force, il repasse dessus son rasoir, de manière qu'il étrangle Sotinet, qui à peine peut crier.)*

Regnard, *Le Divorce*, Acte I, scène IV, 1688.

Activités

1. **Si la majorité des répliques est rédigée, il est, pour Mezzetin et Arlequin, possible et même parfois obligatoire d'ajouter des paroles. Où peut-on les placer? Quelles seraient-elles?**

2. **Les indications scéniques demandent elles aussi à être développées. Imaginez-les en vous rappelant les «types» que sont Arlequin (le rusé, le rapide, le jongleur, celui qui se travestit) et Mezzetin (le valet italien, son comparse).**

3. **Rédigez le texte complet (avec indications scéniques et répliques) dont pourrait disposer un metteur en scène. L'idéal serait, ensuite, de le jouer.**

1. Tenailles pour pincer le nez des chevaux difficiles à ferrer.

CORNEILLE

Pierre Corneille (1606-1684), vers 1630, fait avancer la comédie en l'éloignant considérablement de la farce. La comédie de Corneille fait sourire plus qu'elle ne fait rire, elle se veut morale, en principe, mais elle se mêle aussi de défendre le théâtre par les moyens du théâtre *(L'Illusion comique)*.

La Place royale

EXPOSITION

Dans La Place royale *(1633), le jeune Corneille met en scène des jeunes gens, sans avoir besoin de représenter dans des rôles majeurs leurs parents ou leurs valets. Il échappe ainsi à la structure comique canonique du jeu des maîtres et des valets, des pères et des fils. À Paris, sur la Place royale, les amours s'entrecroisent et l'inconstance des sentiments est au cœur des débats.*

ANGÉLIQUE. – Vois-tu, j'aime Alidor, et c'est assez te dire.
Le reste des mortels pourrait m'offrir des vœux,
Je suis aveugle, sourde, insensible pour eux;
La pitié de leurs maux ne peut toucher mon âme
Que par des sentiments dérobés à ma flamme.
On ne doit point avoir des amants par quartier[1];
Alidor a mon cœur, et l'aura tout entier;
En aimer deux, c'est être à tous deux infidèle.

PHYLIS. – Qu'Alidor seul te rende à tout autre cruelle,
C'est avoir pour le reste un cœur trop endurci.

ANGÉLIQUE. – Pour aimer comme il faut, il faut aimer ainsi.

PHYLIS. – Dans l'obstination où je te vois réduite,
J'admire ton amour, et ris de ta conduite.
Fasse état qui voudra de ta fidélité,
Je ne me pique point de cette vanité;
Et l'exemple d'autrui m'a trop fait reconnaître
Qu'au lieu d'un serviteur c'est accepter un maître.
Quand on n'en souffre qu'un, qu'on ne pense qu'à lui,
Tous autres entretiens nous donnent de l'ennui,
Il nous fait de tout point vivre à sa fantaisie,
Souffrir de son humeur, craindre sa jalousie,
Et de peur que le temps n'emporte ses ferveurs,
Le combler chaque jour de nouvelles faveurs:
Notre âme, s'il s'éloigne, est chagrine, abattue;

1. Les charges (administratives, politiques, etc.) étaient à cette époque divisées entre différents titulaires et l'on devait en avoir la responsabilité durant un trimestre. Le jeu de mots d'Angélique repose sur le fait que la condition d'amant est une charge pour certains, et que certaines partagent les rôles.

Sa mort nous désespère, et son change nous tue.
Et de quelque douceur que nos feux soient suivis,
On dispose de nous sans prendre notre avis ;
C'est rarement qu'un père à nos goûts s'accommode ;
Et lors, juge quels fruits on a de ta méthode.
Pour moi, j'aime un chacun, et sans rien négliger,
Le premier qui m'en conte a de quoi m'engager :
Ainsi tout contribue à ma bonne fortune ;
Tout le monde me plaît et rien ne m'importune.
De mille que je rends l'un de l'autre jaloux,
Mon cœur n'est à pas un, et se promet à tous ;
Ainsi tous à l'envi s'efforcent à me plaire ;
Tous vivent d'espérance, et briguent leur salaire ;
L'éloignement d'aucun ne saurait m'affliger,
Mille encore présents m'empêchent d'y songer.
Je n'en crains point la mort, je n'en crains point le change
Un monde m'en console aussitôt, ou m'en venge.
Le moyen que de tant et de si différents
Quelqu'un n'ait assez d'heur pour plaire à mes parents ?
Et si quelque inconnu m'obtient d'eux pour maîtresse,
Ne crois pas que j'en tombe en profonde tristesse ;
Il aura quelques traits de tant que je chéris,
Et je puis avec joie accepter tous maris.

ANGÉLIQUE. – Voilà fort plaisamment tailler cette matière,
Et donner à ta langue une libre carrière ;
Ce grand flux de raisons dont tu viens m'attaquer
Est bon à faire rire, et non à pratiquer.
Simple ! tu ne sais pas ce que c'est que tu blâmes,
Et ce qu'a de douceurs l'union de deux âmes ;
Tu n'éprouvas jamais de quels contentements
Se nourrissent les feux des fidèles amants.
Qui peut en avoir mille en est plus estimée ;
Mais qui les aime tous de pas un n'est aimée ;
Elle voit leur amour soudain se dissiper.
Qui veut tout retenir laisse tout échapper.

Corneille, *La Place royale*, Acte I, scène I, 1633.

Activités

1. Qu'apprend-on ici d'utile à la compréhension future de la pièce (intrigue, thèmes généraux, suite de l'intrigue, dénouement possible) ?

2. Analysez la mise en place et la portée des arguments de chacun des personnages ?

3. Comparez cette scène d'exposition à d'autres que vous chercherez dans l'anthologie, (par exemple celle de *La Double inconstance* de Marivaux, [voir p. 258]) Que remarquez-vous ?

MOLIÈRE

Vers 1660, Molière (1622-1673) joue *Les Précieuses ridicules* (1659) qui lui valent la faveur du public et la haine de l'Hôtel de Bourgogne, le grand théâtre qui dominait jusque-là Paris. Molière, en ridiculisant les précieuses, s'en prend à un courant qui n'est déjà plus tout à fait à la mode.

SATIRE

Les Précieuses

Molière met ici en scène deux femmes qui se targuent d'être précieuses mais ne sont que ridicules. Mascarille, valet de du Croisy, amant rebuté, joue ici l'auteur galant et se moque d'elles.

MASCARILLE. – Je ne sais si je me trompe, mais vous avez toute la mine d'avoir fait quelque comédie.

MAGDELON. – Eh ! il pourrait être quelque chose de ce que vous dites.

MASCARILLE. – Ah ! ma foi, il faudra que nous la voyions. Entre nous, j'en ai composé une que je veux faire représenter.

CATHOS. – Hé, à quels comédiens la donnez-vous ?

MASCARILLE. – Belle demande ! Aux grands comédiens[1]. Il n'y a qu'eux qui soient capables de faire valoir les choses ; les autres sont des ignorants qui récitent comme l'on parle ; ils ne savent pas faire ronfler les vers, et s'arrêter au bel endroit : et le moyen de connaître où est le beau vers, si le comédien ne s'y arrête, et ne vous avertit par là qu'il faut faire le brouhaha ?

CATHOS. – En effet, il y a manière de faire sentir aux auditeurs les beautés d'un ouvrage ; et les choses ne valent que ce qu'on les fait valoir.

MASCARILLE. – Que vous semble de ma petite-oie[2] ? La trouvez-vous congruante à l'habit ?

CATHOS. – Tout à fait.

MASCARILLE. – Le ruban est bien choisi.

MAGDELON. – Furieusement bien. C'est Perdrigeon[3] tout pur.

MASCARILLE. – Que dites-vous de mes canons[4] ?

MAGDELON. – Ils ont tout à fait bon air.

MASCARILLE. – Je puis me vanter au moins qu'ils ont un grand quartier plus que tous ceux qu'on fait.

MAGDELON. – Il faut avouer que je n'ai jamais vu porter si haut l'élégance de l'ajustement.

MASCARILLE. – Attachez un peu sur ces gants la réflexion de votre odorat.

MAGDELON. – Ils sentent terriblement bon.

Molière, *Les Précieuses ridicules,* 1659.

Activités

1. **Pour chaque réplique choisissez un mot sur lequel la diction doit insister pour produire le rire. De quoi doit-on rire (rire de farce, rire sur les mœurs sociales, esthétiques, etc.) ?**
2. **En quoi les trois personnages sont-ils ridicules. Quel doit être le jugement du public sur eux ?**
3. **Choisissez une « mode » qui vous paraît ridicule. Rédigez à plusieurs une scène utilisant le principe de la satire, puis jouez la.**

1. Les comédiens de l'Hôtel de Bourgogne, qui ne voient pas l'arrivée de Molière à Paris d'un bon œil.
2. Les accessoires d'une toilette (gants, rubans, chapeau, nœud d'épée, bas).
3. Le mercier à la mode.
4. Rubans que l'on attachait au-dessous du genou.

La préciosité

En réaction contre une longue période de guerre civile, une certaine brutalité des mœurs et surtout une perception réaliste du monde par la littérature, le courant précieux cherche à réintroduire de la finesse dans les relations humaines, la réflexion sur l'amour et l'esthétique.

Frontispice de l'édition de 1633 du célèbre roman d'Honoré d'Urfé, L'Astrée.

Le modèle précieux

La publication de *L'Astrée* d'Honoré d'Urfé (1607-1627) met à la mode les bergers courtois pratiquant un amour subtil et romanesque : rêve, promenades et merveilleux s'entremêlent, dans un roman tantôt en vers, tantôt en prose. Ce texte, à visée morale et religieuse, sera lu par tous, et c'est à partir de lui que s'édifiera la doctrine précieuse. Dès lors, le roman, à la manière de *L'Astrée* (*Artamène*, 1653, et *Clélie*, 1654-61, de Mlle de Scudéry sont deux des plus connus), propose un idéal nouveau, un univers où l'épuration des idées et des passions, le goût et la rêverie triompheraient enfin du réel bas.

Les salons

Les salons sont un phénomène social et littéraire dans les années 1620-1660. À l'Hôtel de Rambouillet, Catherine de Vivonne, marquise de Rambouillet, réunit les auteurs et les gens « honnêtes » qu'elle choisit afin de produire, en commun, des réflexions sur ce qui a « du prix ». Questions psychologiques, questions de langage, joutes littéraires en fables, en énigmes, en impromptus (poèmes improvisés) ou en bouts-rimés, tout se joue à plusieurs, durant les conversations. Les pédants et les hommes vulgaires, terriens ou guerriers, sont bannis de ces salons où l'on recherche, en commun, les meilleures manières de s'exprimer, d'écrire et de se conduire.

C'est ainsi que le courant précieux épris de paix, de recherche esthétique, et de volonté d'épuration des esprits et des discours, fut finalement l'apanage des femmes, contre la guerre, le pouvoir infini des maris, la brutalité des rapports de force sociaux **[voir p. 102]**. Par l'attention qu'il apporta à la symbolique amoureuse, le mouvement précieux renouvela les rituels de la tradition courtoise, travailla sur le geste, le maquillage, les codes de la vie amoureuse et sur les langages qui les sous-tendent.

Activités

1. À la lecture de cette page et des textes écrits par des femmes au XVIIe siècle, dites en quoi ces écrivains sont importantes en matière de narration amoureuse et d'étude des mœurs.
2. Étudiez les thèmes de la femme écrivain et de l'écriture amoureuse, voir Marie de France p. 41, Louis Labé p. 88, Mme de La Fayette p. 119, Mme de Graffigny p. 232, George Sand p. 310, M. Tsvétaïeva p. 494, etc.

MOLIÈRE

Molière, en février 1665, écrit une comédie fort dangereuse, à la suite de *Tartuffe* qui venait d'être interdit. Quinze jours après la première, les pressions de toutes sortes font que Molière retire sa pièce : cette version originale qui n'a pas été imprimée, *Le Festin de pierre,* qu'on nommera en 1682 *Dom Juan*, sera à jamais perdu.

Le Festin de pierre

CENSURE

Les éditions que nous connaissons sont toutes des versions construites à partir d'éléments pris dans les éditions du XVIIe siècle postérieures à la mort de Molière (1622-1673).

L'édition de 1682 est copieusement « cartonnée », c'est-à-dire censurée par le lieutenant général de police (une grande partie de la scène du pauvre disparaît, entre autres coupures).

La seule édition à peu près fiable est celle qui fut imprimée à Amsterdam, en 1683 (et qui a été publiée par Joan Dejean, Droz, 1999).

Il faudra attendre 1813 pour que le texte complet soit réimprimé et 1841 pour qu'il soit joué pour la première fois, à l'Odéon.

SGANARELLE. – Enseigne-nous un peu le chemin qui mène à la ville.

LE PAUVRE. – Vous n'avez qu'à suivre cette route, Messieurs, et tourner à main droite quand vous serez au bout de la forêt ; mais je vous donne avis que vous devez vous tenir sur vos gardes, et que depuis quelque temps il y a des voleurs ici autour.

DOM JUAN. – Je te suis obligé mon ami, et je te rends grâces de tout mon cœur.

LE PAUVRE. – Si vous voulez me secourir, Monsieur, de quelque aumône.

DOM JUAN. – Ah, ah, ton avis est intéressé à ce que je vois.

LE PAUVRE. – Je suis un Pauvre homme, Monsieur, retiré tout seul dans ce bois depuis plus de dix ans, et je ne manquerai pas de prier le Ciel qu'il vous donne toute sorte de biens.

DOM JUAN. – Eh ! prie le Ciel qu'il te donne un habit, sans te mettre en peine des affaires des autres.

SGANARELLE. – Vous ne connaissez pas Monsieur, bon homme, il ne croit qu'en deux et deux sont quatre, et en quatre et quatre sont huit.

DOM JUAN. – Quelle est ton occupation parmi ces arbres ?

LE PAUVRE. – De prier le Ciel tout le jour pour la prospérité des gens de bien qui me donnent quelque chose.

DOM JUAN. – Il ne se peut donc pas que tu ne sois bien à ton aise ?

LE PAUVRE. – Hélas, Monsieur, je suis dans la plus grande nécessité du monde.

DOM JUAN. – Tu te moques, un homme qui prie le Ciel tout le jour ne peut pas manquer d'être bien dans ses affaires.

LE PAUVRE. – Je vous assure Monsieur que le plus souvent je n'ai pas un morceau de pain à mettre sous les dents.

DOM JUAN. – Voilà qui est étrange, et tu es bien mal reconnu de tes soins ; ah, ah, je m'en vais te donner un louis d'or tout à l'heure pourvu que tu veuilles jurer.

LE PAUVRE. – Ah, Monsieur, voudriez-vous que je commisse un tel péché ?

DOM JUAN. – Tu n'as qu'à voir si tu veux gagner un louis d'or ou non, en voici un que je donne si tu jures, tiens, il faut jurer.

LE PAUVRE. – Monsieur.

DOM JUAN. – À moins de cela tu ne l'auras pas.

SGANARELLE. – Va, va, jure un peu, il n'y a pas de mal.

DOM JUAN. – Prends, le voilà, prends te dis-je, mais jure donc.

LE PAUVRE. – Non Monsieur, j'aime mieux mourir de faim.

DOM JUAN. – Va, va, je te le donne pour l'amour de l'humanité, mais que vois-je là ? un homme attaqué par trois autres ! La partie est trop inégale, et je ne dois pas souffrir cette lâcheté.

Molière, *Le Festin de pierre*, Acte III, scène II, 1665.
Éditions d'Amsterdam, 1683.

Activités

1. **Comment Dom Juan procède-t-il pour prendre le pauvre au piège ? Quelles sont les réactions de Sganarelle, et au nom de quoi Dom Juan donne-t-il finalement au pauvre (est-ce de la *charité*) ?**
2. **Relevez les passages qui risquent de choquer et dites en quoi ils transgressent l'ordre, esthétique, moral, ou religieux.**

MOLIÈRE

Dom Juan

La scène du pauvre, au théâtre Sylvia Montfort en 1995.

DOM JUAN, SGANARELLE, FRANCISQUE.

SGANARELLE. – Enseignez-nous un peu le chemin qui mène à la Ville.

FRANCISQUE. – Vous n'avez qu'à suivre cette route, Messieurs, et détournez à main droite quand vous serez au bout de la forest. Mais je vous donne avis que vous devez vous tenir sur vos gardes, et que depuis quelque temps, il y a des voleurs icy autour.

DOM JUAN. – Je te suis bien obligé, mon ami et je te rends grâces de tout mon cœur de ton bon avis.

SGANARELLE, *regardant dans la forest.* – Ha, Monsieur, quel bruit, quel cliquetis !

DOM JUAN, *en se retournant.* – Que voy-je-là, un homme attaqué par trois autres ? la partie est trop inégale, et je ne dois pas souffrir cette lascheté. *Il court au lieu du combat.*

Molière, *Dom Juan*, Acte II, Scène II, 1665.
Édition de Paris « cartonnée », 1682.

Activités

1. **Comparez le premier et le deuxième texte et faites la liste des passages supprimés en expliquant, pour chacun d'entre eux, les raisons de la censure.**
2. **Rédigez une note en vous plaçant du point de vue du Lieutenant Général de Police qui justifie votre « cartonnage ».**

T. CORNEILLE

Thomas Corneille (1625-1709), poète dramatique, frère de Pierre Corneille, écrivit tout comme lui plusieurs tragédies. Il resta cependant toujours effacé derrière son frère.

Dom Juan

RÉÉCRITURE

La troupe de Molière, après la mort de son chef, avait demandé à Thomas Corneille d'établir une version tronquée de Dom Juan. *Cette version supprime tout ce qui peut choquer et fait de Dom Juan un simple séducteur de femmes. La scène du pauvre est remplacée par la scène de séduction d'une jeune fille de quatorze ans, Léonor.*

SGANARELLE. – Il est fort charitable.
Voyez, se marier pour vous ôter l'ennui
D'être Religieuse, attendez tout de luy.
LÉONOR. – Si j'osais m'assurer…
SGANARELLE. – C'est une bagatelle,
Que ce qu'il vous promet. Sa bonté naturelle
Va si loin, qu'il est prêt, pour faire trêve aux coups,
D'épouser, s'il le faut, votre tante avec vous.
LÉONOR. – Ah ! Qu'il n'en fasse rien ; elle est si dégoûtante…
Mais moi, suis-je assez belle…
DOM JUAN. – Ah, ciel ! Toute charmante.
Quelle douceur pour moi de vivre sous vos lois !
Non, ce qui fait l'Hymen n'est point de notre choix.
J'en suis trop convaincu, je vous connais à peine,
Et, tout à coup, je cède à l'amour qui m'entraîne.
LÉONOR. – Je voudrais qu'il fût vrai, car ma tante, et la peur
Que me fait le couvent…
DOM JUAN. – Ah ! Connaissez mon cœur,
Voulez-vous que ma foi, pour preuve indubitable ;
Vous fasse le serment le plus épouvantable ?
Que le Ciel…
LÉONOR. – Je vous crois, ne jurez point.
DOM JUAN. – Eh bien ?
LÉONOR. – Mais, pour nous marier, sans que l'on en sût rien ;
Si la chose pressait, comment faudrait-il faire ?
DOM JUAN. – Il faudrait avec moi venir chez un Notaire,
Signer le mariage, et, quand tout serait fait,
Nous laisserions gronder votre tante.

Thomas Corneille, *Dom Juan*, Acte III, scène II, 1677-1681.

Activités

1. **En quoi cette réécriture est-elle esthétiquement conforme et en quoi développe-t-elle l'idée d'un Dom Juan moins dangereux ?**
2. **Que permet le rôle de la jeune fille par rapport aux spectateurs (est-ce une victime, Dom Juan est-il un prédateur condamnable) ?**
3.  **Choisissez dans l'anthologie un texte contemporain qui vous paraît choquant du point de vue de l'ordre moral ou politique, et transformez-le pour qu'il paraisse plus « conforme ».**

CORNEILLE

En 1640, juste après *Horace*, Pierre Corneille (1606-1684) fait représenter *Cinna*, tragédie simple où la politique et l'amour sont les ressorts de l'intrigue. Une conspiration est tramée par deux amants (Cinna et Émilie) contre un souverain (Auguste) tyrannique jusqu'ici, mais qui veut s'amender.

Cinna

DÉNOUEMENT

La grande question de Cinna *est la suivante : comment un « tyran d'établissement », autrement dit un souverain illégitime qui a conquis le pouvoir par la force et le sang, devenu « tyran d'exercice », puisqu'il a jusqu'ici conservé son pouvoir par la force et la violence, peut-il devenir un « monarque » légitime et admirable ? Là est le problème essentiel de cette tragédie. La scène III de l'acte V illustre cet éclatant changement.*

AUGUSTE. – En est-ce assez, ô Ciel ! et le sort, pour me nuire,
A-t-il quelqu'un des miens qu'il veuille encore séduire ?
Qu'il joigne à ses efforts le secours des enfers.
Je suis maître de moi comme de l'univers ;
Je le suis, je veux l'être. Ô siècles, ô mémoire,
Conservez à jamais ma dernière victoire !
Je triomphe aujourd'hui du plus juste courroux
De qui le souvenir puisse aller jusqu'à vous.
Soyons amis, Cinna[1], c'est moi qui t'en convie :
Comme à mon ennemi je t'ai donné la vie,
Et malgré la fureur de ton lâche destin,
Je te la donne encor comme à mon assassin.
Commençons un combat qui montre par l'issue
Qui l'aura mieux de nous ou donnée ou reçue.
Tu trahis mes bienfaits, je les veux redoubler ;
Je t'en avais comblé, je t'en veux accabler :
Avec cette beauté que je t'avais donnée,
Reçois le consulat pour la prochaine année.
Aime Cinna, ma fille[2], en cet illustre rang,
Préfères-en la pourpre à celle de mon sang ;
Apprends sur mon exemple à vaincre ta colère :
Te rendant un époux, je te rends plus qu'un père.

1. Cinna, ami d'Auguste, parce qu'il est aussi l'amant d'Émilie, qui veut se venger du souverain qui a tué son père, a accepté d'entrer dans la conjuration.
2. Émilie qui doit donc préférer la pourpre (insigne du pouvoir) au sang d'Auguste.

Cinna à genoux devant Auguste, dans une mise en scène de J.-M. Villégier à la Comédie Française en 1984.

ÉMILIE. – Et je me rends, Seigneur, à ces hautes bontés,
Je recouvre la vue auprès de leurs clartés :
Je connais mon forfait, qui me semblait justice ;
Et, ce que n'avait pu la terreur du supplice,
Je sens naître en mon âme un repentir puissant,
Et mon cœur en secret me dit qu'il y consent.
Le Ciel a résolu votre grandeur suprême ;
Et pour preuve, Seigneur, je n'en veux que moi-même :
J'ose avec vanité me donner cet éclat,
Puisqu'il change mon cœur, qu'il veut changer l'État.
Ma haine va mourir, que j'ai crue immortelle ;
Elle est morte, et ce cœur devient sujet fidèle ;
Et prenant désormais cette haine en horreur,
L'ardeur de vous servir succède à sa fureur.

CINNA. – Seigneur, que vous dirai-je après que nos offenses
Au lieu de châtiments trouvent des récompenses ?
Ô vertu sans exemple ! ô clémence qui rend
Votre pouvoir plus juste, et mon crime plus grand !

Corneille, *Cinna ou la Clémence d'Auguste*, Acte V, scène III, 1640.

Activités

1. **Ici, le dénouement vient clore la pièce par une grande action qu'on puisse admirer. En quoi est-ce un coup de théâtre en même temps qu'un coup d'État ?**
2. **Pourquoi cette tragédie, qui finit bien, reste-t-elle néanmoins une tragédie.**
3. **Déterminer la composition de la tirade d'Auguste (prise de décision, adresse, effet de surprise) et analyser son impact sur les autres personnages.**
4. **Réécrivez cette scène en imaginant un dénouement « tragique » à la pièce. Quelles conséquences cette modification aurait-elle ?**

BOILEAU

Nicolas Boileau-Despréaux (1636-1711) écrit son *Art poétique* (1674) après que la tragédie classique s'est installée sur le devant de la scène théâtrale et bien après les efforts de normalisation effectués, entre autres par d'Aubignac (*La Pratique du théâtre*, 1657), Corneille (*Discours*, 1660).

Art poétique

POÉTIQUE DU THÉÂTRE

Boileau réutilise un genre ancien dont Aristote (La Poétique), *et Horace* (Art poétique), *sont les références majeures. Il les reprend pour définir les règles de la tragédie dans ce passage célèbre.*

Le secret est d'abord de plaire et de toucher :
Inventez des ressorts qui puissent m'attacher.
Que dès les premiers vers l'action préparée
Sans peine du sujet aplanisse l'entrée.
Je me ris d'un acteur qui, lent à s'exprimer,
De ce qu'il veut, d'abord, ne sait pas m'informer ;
Et qui, débrouillant mal une pénible intrigue,
D'un divertissement me fait une fatigue.
J'aimerais mieux encore qu'il déclinât son nom,
Et dît : « Je suis Oreste, ou bien Agamemnon[1] »,
Que d'aller, par un tas de confuses merveilles,
Sans rien dire à l'esprit, étourdir les oreilles :
Le sujet n'est jamais assez tôt expliqué.
Que le lieu de la scène y soit fixe et marqué.
Un rimeur, sans péril, delà les Pyrénées[2],
Sur la scène en un jour renferme des années :
Là souvent le héros d'un spectacle grossier,
Enfant au premier acte, est barbon au dernier
Mais nous, que la raison à ses règles engage,
Nous voulons qu'avec art l'action se ménage ;
Qu'en un lieu, qu'en un jour, un seul fait accompli
Tienne jusqu'à la fin le théâtre rempli.
Jamais au spectateur n'offrez rien d'incroyable :
Le vrai peut quelquefois n'être pas vraisemblable.
Une merveille absurde est pour moi sans appas :
L'esprit n'est point ému de ce qu'il ne croit pas.
Ce qu'on ne doit point voir, qu'un récit nous l'expose
Les yeux en la voyant saisiraient mieux la chose ;
Mais il est des objets que l'art judicieux
Doit offrir à l'oreille et reculer des yeux.

Boileau, *Art poétique*, chant III, 1674.

Activités

1. **Pour chaque groupe de vers, énoncez l'idée principale concernant le système tragique.**
2. **Quelles sont ici les marques didactiques* dans le style poétique ? En quoi est-ce un discours et un poème ?**
3. **Choisissez une tragédie (*Phèdre*, *Bérénice*, *Britannicus*, etc.) et examinez les « ressorts » dont parle Boileau.**

1. Personnages de la mythologie traités par Euripide et qu'on retrouve dans *Andromaque*, de Racine, 1667.
2. Boileau vise ici le théâtre espagnol et particulièrement Lope de Vega auteur de l'*Arte nuevo* qui théorise l'esthétique espagnole.

RACINE

Jean Racine (1639-1699), poète dramatique français, se place dès le début de sa carrière en rival de Corneille. Sa tragédie la plus célèbre a donné lieu aux plus grandes représentations modernes. Racine devint historiographe du roi à la fin de sa vie.

Phèdre

DÉCLARATION

Phèdre, épouse de Thésée, aime son beau-fils, Hippolyte malgré les interdits. À l'acte II, scène IV, alors qu'on croit Thésée – le roi d'Athènes – disparu, Phèdre déclare son amour avec feu au jeune homme interdit.

HIPPOLYTE. – Madame, pardonnez. J'avoue en rougissant,
Que j'accusais à tort un discours innocent.
Ma honte ne peut plus soutenir votre vue,
Et je vais…
PHÈDRE. – Ah ! cruel, tu m'as trop entendue.
Je t'en ai dit assez pour te tirer d'erreur.
Eh bien, connais donc Phèdre et toute sa fureur.
J'aime. Ne pense pas qu'au moment que je t'aime,
Innocente à mes yeux je m'approuve moi-même,
Ni que du fol amour qui trouble ma raison
Ma lâche complaisance ait nourri le poison.
Objet infortuné des vengeances célestes,
Je m'abhorre encor plus que tu ne me détestes.
Les dieux m'en sont témoins, ces dieux qui dans mon flanc
Ont allumé le feu fatal à tout mon sang,
Ces dieux qui se sont fait une gloire cruelle
De séduire le cœur d'une faible mortelle.
Toi-même en ton esprit rappelle le passé.
C'est peu de t'avoir fui, cruel, je t'ai chassé.
J'ai voulu te paraître odieuse, inhumaine.
Pour mieux te résister, j'ai recherché ta haine.
De quoi m'ont profité mes inutiles soins ?
Tu me haïssais plus, je ne t'aimais pas moins.
Tes malheurs te prêtaient encor de nouveaux charmes.
J'ai langui, j'ai séché, dans les feux, dans les larmes.
Il suffit de tes yeux pour t'en persuader,
Si tes yeux un moment pouvaient me regarder.
Que dis-je ? Cet aveu que je te viens de faire,
Cet aveu si honteux, le crois-tu volontaire ?

Racine, *Phèdre*, acte II, scène IV, v. 667 à 694, 1677.

LA TRAGÉDIE

Phèdre

SCÉNOGRAPHIE

Voici les photos de cinq mises en scène de Phèdre. *Chacune, à sa manière, a choisi un mode de représentation, donc une manière d'interpréter le texte de Racine.*

Nudité de la scénographie (le sable, la mer au loin, un mur figurant l'enfermement) et explosion de la passion lors de la scène de l'aveu de Phèdre à Hippolyte, pour Luc Bondy.

Odéon, 1999. Luc Bondy, avec Valérie Dréville (Phèdre) et Sylvain Jacques (Hippolyte)

Vision de la cérémonie racinienne à travers la tradition théâtrale japonaise du Kabuki, *rencontre de deux dramaturgies* a priori *étrangères pour une représentation étonnante de l'intensité sauvage de l'amour de Phèdre, pour Moriaki Watanabé.*

Tokyo et TNP Chaillot, 1986 (en langue japonaise). Moriaki Watanabé. Avec Kayo Goto (Phèdre).

Activités

1. **Vous examinerez les photos des mises en scène en vous attachant à la scènographie et aux costumes, et vous direz ce que chacune de ces représentations se donne pour charge de représenter.**
2. **À votre avis, que faut-il faire pour que la passion de Phèdre soit, de nos jours, représentable ?**
3. **Imaginez votre propre mise en scène du passage cité ici et jouez-la.**

Décor moderne et métallique, costumes somptueux aux reflets changeants, figuration du poids du destin par le plafond en miroir, mise en scène d'une cérémonie et d'un enfermement, pour Anne Delbée.

Comédie Française, 1997.
Anne Delbée.
Avec Martine Chevallier (Phèdre), Éric Genovèse (Hippolyte), François Beaulieu (Thésée).
Costumes de Christian Lacroix.

Distance historique, décor et costumes « d'époque » pour laisser toute la place à la musicalité et même à la musique de Racine, ponctuées d'airs d'épinette ou de violon où alternent chants et paroles, pour Jean-Marie Villegier.

Évreux, 1991 et TEP, 1992.
Jean-Marie Villegier.
Avec Natacha Amal (Phèdre), Olivier Wener (Hippolyte), Marc Zammit (Thésée).

Enfin, décor monochrome et costumes noirs et gris pour figurer les silhouettes antiques, somnambuliques, anonymes, des acteurs pris par le mouvement tragique du texte avec au centre du plateau, une porte étroite comme seule échappatoire, pour François-Michel Pesenti.

Gennevilliers, 1998.
François-Michel Pesenti.
Avec Emmanuèle Stochl (Phèdre) et Hermine Karagheuz (Œnone).

Le Classicisme

De la mort de Louis XIII, en 1643, à celle de Louis XIV, en 1715, la France change, irréversiblement. La période précédente, mouvante, conflictuelle [voir p.109], laisse cependant bien des traces. On s'aperçoit rapidement que la monarchie absolue n'est pas faite d'une pièce et que le pouvoir sans partage doit bien composer avec la République des Lettres [voir p.172].

Le retour des « classiques »

Racine pour la tragédie, Molière pour la comédie, La Fontaine pour la fable, Boileau pour la théorie dramatique, La Bruyère pour la peinture des mœurs, Madame de La Fayette pour le roman, la seconde moitié du XVIIe siècle est surtout dominée par la production française.

« Le Siècle de Louis XIV » est souvent synonyme de ce qu'on a appelé, plus tard, le « Classicisme ». Ordre, clarté, unité, sont les mots essentiels, et le pouvoir royal se donne pour mission d'installer son bon goût dans les lettres et les arts. Le Baroque n'est pas éteint, mais il n'a pas bonne presse. Les rigueurs de la raison s'appliquent à l'esthétique, il faut classer, hiérarchiser, contrôler, édicter des règles afin que tout auteur puisse reproduire l'idéal partagé par ses pairs et promulgué par le Roi et l'Académie [voir p.125]. Le culte d'une Antiquité adaptée aux idées contemporaines fait rage, et l'on cherche le beau, le simple, le vrai à partir d'Horace, d'Aristote, de Cicéron et de Virgile. Des règles de composition en découlent pour les genres littéraires comme pour les arts plastiques ou l'architecture. Le goût du grandiose et du majestueux s'y joint ; c'est un moment majeur du rayonnement français, voulu par Louis XIV et que toute l'Europe imite.

Exemple d'architecture classique : la façade du chateau de Maisons-sur-Seine

La querelle des Anciens et des Modernes

L'honnête homme, cultivé, équilibré, maître de soi comme de l'univers, soumis à son roi et respectueux de Dieu, devient le héros du moment. Cependant, les différents courants qui ont marqué le début du siècle n'ont pas disparu. Le développement des sciences, les voyages de plus en plus nombreux, le scepticisme des libertins, le doute cartésien, l'impact de la Révolution anglaise, les luttes religieuses animent et quelquefois compromettent ce bel équilibre. Dès 1680, il n'est plus possible d'ignorer cette immense « crise de la conscience européenne » qui forge les idées que le XVIIIe siècle aura à charge de développer. Sans remettre en question la gloire des Anciens, on revendique celle des contemporains (c'est la querelle des Anciens et des Modernes). L'art et la science modernes ont aussi leurs droits…

La tragédie classique

La tragédie qu'on appelle surtout « classique » reste cependant l'emblème du XVIIe siècle. Corneille et Racine en sont ses principaux représentants. C'est une pièce de théâtre en cinq actes, en alexandrins, dont le sujet est le plus souvent emprunté à la Fable (la mythologie) ou à l'Histoire (généralement romaine), mettant en scène des personnages illustres et représentant une action dont le but revendiqué est d'exciter la terreur et la pitié par le spectacle des passions humaines et des catastrophes qui en sont la fatale conséquence. Ce faisant, la tragédie est d'abord un *code esthétique* (voir ci-contre). C'est à partir d'un nombre limité de personnages, dans un lieu et une durée précise, et selon des règles déterminées que la tragédie entend représenter le monde. Le conflit qu'elle met en scène est parfois le conflit de l'homme avec Dieu, mais surtout le conflit des hommes entre eux, et le conflit de l'homme avec lui-même et ses passions.

La tragédie déroule sous nos yeux une crise dont l'issue est presque toujours sanglante car la fatalité des dieux ou des passions conduit les personnages à leur perte (en particulier chez Racine). Les auteurs visent une finalité morale capable, sous le couvert du plaisir pris à l'émotion, d'instruire le public. Les passions n'y sont présentées aux yeux des spectateurs que pour montrer tout le désordre dont elles sont la cause, et le vice y est peint partout avec des couleurs qui en font connaître et haïr la difformité. Pourtant, les vices qui sont représentés, qu'ils soient calculs politiques ou transgressions terribles, intéressent si fort qu'ils plaisent aussi par leur difformité.

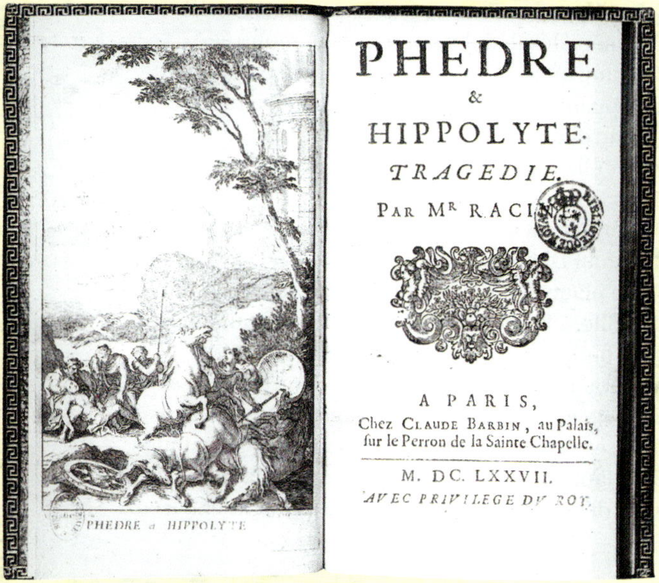
PHEDRE & HIPPOLYTE

PHEDRE
&
HIPPOLYTE
TRAGEDIE.
PAR Mr RACI

A PARIS,
Chez CLAUDE BARBIN, au Palais,
ſur le Perron de la Sainte Chapelle.
M. DC. LXXVII.
AVEC PRIVILEGE DU ROY.

LA RÈGLE DES TROIS UNITÉS

Pour garantir l'effet de crainte et de pitié, auquel Corneille joindra l'admiration et Racine la compassion, la tragédie classique, ce poème dramatique, est soumise à des règles. Loin de brider l'imagination du poète, ces « règles » contraignantes ont, dès les origines, pour fonction de concentrer l'émotion : il s'agit de faire vite et fort. Unité de lieu, de temps et d'action : l'attention du spectateur ne doit pas se disperser. À cette règle des trois unités, les dramaturges du Grand Siècle ajoutent deux autres règles nécessaires au nouveau goût d'une époque avide de raison et d'ordre : la bienséance et la vraisemblance, qui serviront à canaliser certains débordements de langage et d'imagination que la nouvelle sensibilité ne supporterait plus. Le respect des trois unités, le style noble et l'alexandrin s'imposent afin que le public puisse comprendre, analyser, enfin s'émouvoir sans se perdre.

Activités

1. En quoi la doctrine classique de la tragédie est-elle une réponse à ceux qui affirment que le théâtre corrompt les esprits ?
2. Le théâtre doit-il, selon vous, reposer sur la simplicité, le bon sens, l'ordre et la clarté ?
3. Comment caractériser le « style classique » ? Appuyez-vous sur des exemples de l'anthologie : Racine p. 156, Corneille p. 148, Boileau p. 150, Molière p. 144.

RACINE

Sur l'ordre de Louis XIV et de Mme de Maintenon, Jean Racine (1639-1699) écrivit une pièce religieuse pour les demoiselles de Saint-Cyr[1], *Athalie*, dont il chercha à faire un spectacle total, mi-opéra, mi-tragédie biblique. Cette tragédie à grand spectacle est une tragédie sans amour, mais qui sait pourtant émouvoir, tout entière consacrée à la gloire et à la force de Dieu.

Athalie

THÉÂTRE ET RELIGION

Athalie, reine de Judée, persécute les prophètes juifs, comme l'avait fait avant elle sa mère Jézabel. Pour venger cette mère (mangée par les chiens), elle a décidé d'exterminer tous les princes de la race de David. Un seul en a échappé, le petit Joas, qui a été élevé dans le temple de Dieu. La pièce raconte les derniers moments du règne d'Athalie, qui sera finalement massacrée. En songe, Athalie a une prémonition de son destin…

ATHALIE. – Je jouissais en paix du fruit de ma sagesse;
Mais un trouble importun vient, depuis quelques jours,
De mes prospérités interrompre le cours.
Un songe (me devrais-je inquiéter d'un songe ?)
Entretient dans mon cœur un chagrin[2] qui le ronge.
Je l'évite partout, partout il me poursuit.
C'était pendant l'horreur d'une profonde nuit.
Ma mère Jézabel devant moi s'est montrée,
Comme au jour de sa mort pompeusement parée.
Ses malheurs n'avaient point abattu sa fierté;
Même elle avait encore cet éclat emprunté
Dont elle eut soin de peindre et d'orner son visage,
Pour réparer des ans l'irréparable outrage.
« Tremble, m'a-t-elle dit, fille digne de moi;
Le cruel Dieu des Juifs l'emporte aussi sur toi.
Je te plains de tomber dans ses mains redoutables,
Ma fille. » En achevant ces mots épouvantables,
Son ombre vers mon lit a paru se baisser;
Et moi, je lui tendais les mains pour l'embrasser.
Mais je n'ai plus trouvé qu'un horrible mélange
D'os et de chairs meurtris et traînés dans la fange,
Des lambeaux pleins de sang et des membres affreux
Que des chiens dévorants se disputaient entre eux.

1. Maison d'éducation pour jeunes filles nobles sans fortune, dirigée par Mme de Maintenon.
2. Préoccupation douloureuse.

*Voltaire affirme que le plus grand intérêt d'*Athalie *est de faire verser des larmes à partir de la candeur et de la simplicité des mots, tout en ne se privant pas des moyens proprement théâtraux de la représentation (décors, costumes, musique, chœurs). Ici, une mise en scène de 1980 au TNP.*

ABNER. – Grand Dieu !
ATHALIE. – Dans ce désordre à mes yeux se présente
Un jeune enfant couvert d'une robe éclatante,
Tels qu'on voit des Hébreux les prêtres revêtus.
Sa vue a ranimé mes esprits abattus ;
Mais, lorsque revenant de mon trouble funeste,
J'admirais sa douceur, son air noble et modeste,
J'ai senti tout à coup un homicide acier
Que le traître en mon sein a plongé tout entier.
De tant d'objets divers le bizarre assemblage
peut-être du hasard vous paraît un ouvrage.
Moi-même quelque temps, honteuse de ma peur,
Je l'ai pris pour l'effet d'une sombre vapeur.
Mais de ce souvenir mon âme possédée
A deux fois en dormant revu la même idée ;
Deux fois mes tristes yeux se sont vu retracer
Ce même enfant toujours tout prêt à me percer.
Lasse enfin des horreurs dont j'étais poursuivie,
J'allais prier Baal de veiller sur ma vie
Et chercher du repos au pied de ses autels.
Que ne peut la frayeur sur l'esprit des mortels !

Racine, *Athalie*, Acte II, scène VI, 1691.

Activités

1. **Examinez la construction du songe en deux parties, puis analysez les marques temporelles, les personnages mis en scène, leur « dialogue » et le système d'annonce de la suite de l'intrigue.**
2. **Ce songe « proleptique* » peut-il faire changer Athalie de conduite ou n'est-ce qu'une annonce du destin qui l'attend ?**
3. **Quelle idée Athalie a-t-elle de la cruauté des dieux et quelle idée nous en donne-t-elle ?**
4. **Débat : est-il nécessaire de craindre Dieu pour croire en Lui ?**

POUSSIN

Nicolas Poussin (1594-1665), figure majeure de la peinture classique française, étudia les maîtres italiens. À la complexité, il préféra les choses bien ordonnées, cherchant à créer un accord harmonieux entre le sujet, le lieu et l'atmosphère.

Orphée et Eurydice

CLASSICISME

Le classicisme en peinture refuse absolument la manière du Caravage **[voir p. 110]***. Le tableau doit être un objet rationnel, soumis au trait, baigné dans une lumière générale. En cela, les classiques s'opposent à Rubens qui privilégie les couleurs et l'émotion. Le Baroque pour un temps est chassé des palais et le principe de la clarté et de la mesure, l'inspiration « antique » font de cette école française une exception, à l'heure où règne en Europe l'énergie des formes.*

Nicolas Poussin,
Orphée et Eurydice,
vers 1650, Musée du Louvre.

Activités

1. **Étudiez la composition de la toile et la relation entre le paysage et les personnages : qu'en déduisez-vous ?**
2. **Quelle vision de la mythologie Poussin cherche-t-il à transmettre et quel est, selon vous, l'impact de la musique que joue Orphée ?**
3. **Comment les tableaux peuvent-ils figurer le son ou la musique ? Vous prendrez quelques exemples, ou vous les inventerez.**

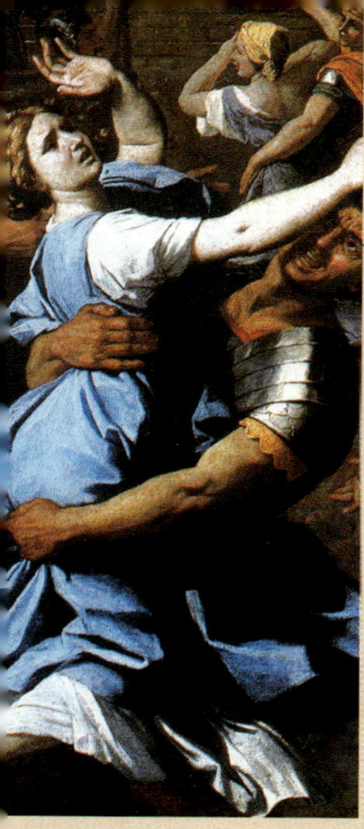

La pensée débattue

Le XVIIe siècle est affamé de systèmes : chaque mouvement de pensée a le sien qu'il affronte aux autres. Les uns doutent, radicalement, et se moquent des dogmes sur lesquels reposent la société, la religion et l'État : ce sont les libertins. Les autres se querellent sur ces mêmes dogmes, en particulier sur ceux du salut, de la providence et de la grâce : Pascal et les jansénistes s'opposent au courant jésuite sur la question de la volonté et du libre-arbitre. Enfin vers la fin du siècle, la critique historique et philosophique s'interroge sur la manière dont se forgent les opinions, les préjugés et les croyances.

Le libertinage érudit

Le libertinage, tel qu'on le conçoit au XVIIe siècle, est un courant philosophique et diffère en cela du libertinage de mœurs ou social du XVIIIe siècle. C'est, selon d'Assoucy, libertin converti sur le tard à la religion, un « rengorgement de science ». Trop s'interroger, être trop « curieux », mettre en cause la foi par les moyens de la raison, là sont les principales tendances des libertins de cette époque. Ces libertins de l'intellect, Gassendi, La Mothe, Le Vayer, Guy Patin, Cyrano, et, d'une certaine manière, Molière et La Fontaine, s'interrogent sans cesse et contestent les vérités les plus établies. Mais simultanément, autour de Théophile de Viau, dans la première partie du XVIIe siècle, se regroupent quelques grands aristocrates et des littérateurs tout autant épris de liberté de pensée que de liberté de mœurs : c'est ce libertinage ostentatoire, provocateur et franchement incrédule, qui enfantera les libertins du siècle suivant.

Étude anatomique et pathologique du corps humain.
J. Riolan, 1649.

L'humour contre la censure

On comprend que l'Église se soit acharnée sur les uns et les autres tout au long du siècle. En jouant avec les textes, en pratiquant l'art du demi-mot, du clin d'œil, du double-sens, de l'ironie et de la feinte rhétorique, les écrivains libertins ne cessent de contourner les interdits. Enfin, en n'adressant leur art qu'à leurs pairs, en ne s'exprimant qu'en « privé » – même s'ils publient leurs textes – ces écrivains se préservent et affirment bien haut qu'ils n'ont aucune envie de changer le monde. Ils le dérangent, avec humour, raison et constance.

La libre pensée

Le courant libertin subsiste durant tout le siècle et sait se nourrir, pour douter, des avancées de la raison philosophique, et donc du cartésianisme. Il met en question l'autorité, la tradition, en utilisant, là encore, les lumières de la raison, de l'histoire, ou du bon sens. Religion, politique, société, esthétique, morale, aucun domaine n'est épargné par ce mouvement sceptique qui frôle bien souvent l'athéisme. Le libertin est amené, par une voie ou par une autre, à douter de tout : religion, doctrines politiques, morale et autorités, mais sans nécessairement agir, puisqu'il s'agit ici, avant tout, de penser.

Activités

1. Documentez-vous sur les libertins cités dans cette page et, en vous servant des arguments libertins et de vos propres réflexions, vous direz si l'exercice de la raison est nécessairement ennemi de la croyance religieuse.
2. Du libertinage érudit au libertinage de mœurs, voir Molière p. 142, Cyrano de Bergerac p. 161, *Le Libertinage* p. 230, Marivaux p. 258, Laclos p. 238, etc.

CYRANO de BERGERAC

Dans *L'Autre monde ou Les États et empires de la lune* (posthume, 1657), Savinien de Cyrano de Bergerac (1619-1655), raconte à travers le discours d'un auteur-narrateur accompagné d'un démon, un voyage fantastique et particulièrement critique pour les valeurs de son temps.

L'Autre monde

ARGUMENTATION

La lune permet de rencontrer bien des gens, en particulier un philosophe résolument hostile à la viande, et même à l'idée qu'on puisse manger des végétaux. Si bien que le narrateur doit manger dans une salle séparée. Ce passage permet à Cyrano, auteur libertin et athée, de soutenir le paradoxe que si les hommes ont une âme, les choux ont bien le droit d'en avoir une aussi.

Nous nous étendîmes donc sur des matelas fort mollets, couverts de grands tapis ; et un jeune serviteur, ayant pris le plus vieil de nos philosophes, le conduisit dans une petite salle séparée, d'où mon démon lui cria de nous venir retrouver, sitôt qu'il aurait mangé.

Cette fantaisie de manger à part me donna la curiosité d'en demander la cause : « Il ne goûte point, me dit-il, l'odeur de viande, ni même des herbes, si elles ne sont mortes d'elles-mêmes, à cause qu'il les pense capables de douleur. » – Je ne m'ébahis pas tant, répliquais-je, qu'il s'abstienne de la chair et de toutes choses qui ont eu vie sensitive ; car en notre monde les pythagoriciens[1], et même quelques saints anachorètes, ont usé de ce régime ; mais de n'oser par exemple couper un chou de peur de le blesser, cela me semble tout à fait ridicule. – Et moi, répondit mon démon, je trouve beaucoup d'apparence en son opinion.

« Car, dites-moi, ce chou dont vous parlez n'est-il pas autant créature de Dieu que vous ? N'avez-vous également tous deux pour père et mère Dieu et la privation ? Dieu n'a-t-il pas eu, de toute éternité, son intellect occupé de sa naissance aussi bien que de la vôtre ? Encore, semble-t-il, qu'il ait pourvu plus nécessairement à celle du végétant que du raisonnable, puisqu'il a remis la génération d'un homme au caprice de son père, qui pouvait pour son plaisir l'engendrer ou ne l'engendrer pas : rigueur dont cependant il n'a pas voulu traiter avec le chou ; car au lieu de remettre à la discrétion du père de germer le fils, comme s'il eût appréhendé

1. Les pythagoriciens sont ceux qui suivent la doctrine de Pythagore, philosophe grec du VIe siècle av. J.-C. ; les anachorètes sont des ermites qui vivent seuls dans des lieux isolés.

CYRANO DE BERGERAC

davantage que la race du chou pérît que celle des hommes, il les contraint, bon gré, mal gré, de se donner l'être les uns aux autres, et non pas ainsi que les hommes, qui ne les engendrent que selon leurs caprices, et qui en leur vie n'en peuvent engendrer au plus qu'une vingtaine, au lieu que les choux en peuvent produire quatre cent mille par tête[2]. De dire que Dieu a pourtant plus aimé l'homme que le chou, c'est que nous nous chatouillons pour nous faire rire : étant incapable de passion, il ne saurait ni haïr ni aimer personne ; et, s'il était susceptible d'amour, il aurait plutôt des tendresses pour ce chou que vous tenez, qui ne saurait l'offenser, que pour cet homme dont il a déjà devant les yeux les injures qu'il lui doit faire et qui voudrait le détruire s'il le pouvait. Ajoutez à cela que l'homme ne saurait naître sans crime, étant une partie du premier criminel[3] ; mais nous savons fort bien que le premier chou n'offensa pas son créateur au paradis terrestre. Si on dit que nous sommes faits à l'image du Souverain Être, et non pas le chou ? Quand il serait vrai, nous avons en souillant notre âme par où nous lui ressemblons effacé cette ressemblance, puisqu'il n'y a rien de plus contraire à Dieu que le péché. Si donc notre âme n'est plus son portrait, nous ne lui ressemblons pas plus par les pieds, par les mains, par la bouche, par le front et par les oreilles, que le chou par ses feuilles, par ses fleurs, par sa tige, par son trognon, et par sa tête.

Cyrano de Bergerac, *L'Autre Monde ou Les États et Empires de la Lune*, 1657.

Activités

1. **Reprenez le texte et déterminez le trajet de l'argumentation qui conduit à privilégier, parmi les créatures de Dieu, le chou au détriment de l'homme.**
2. **Sur quoi repose la démonstration de Cyrano ? Quelles grandes vérités met-elle en cause ? Comment les ridiculise-t-elle ?**
3. **Rédigez un texte argumentatif dans lequel vous ferez le même trajet discursif en choisissant par exemple un animal.**

2. Autrement dit le chou est moins libre d'engendrer que l'homme, mais plus prolifique, par la grâce de Dieu.
3. Rappel du péché originel et de la faute d'Adam, que le premier chou n'a sûrement pas commise.

PASCAL

Blaise Pascal (1623-1662) polémiste, philosophe et savant est l'un des grands penseurs jansénistes du XVIIe siècle. Dans *Les Provinciales* (1656-1657), sous le couvert de l'anonymat, il défend en dix-huit lettres mordantes la cause des jansénistes attaqués par les jésuites.

Les Provinciales

POLÉMIQUE

Dans la septième lettre, Pascal examine la « direction d'intention », doctrine qui permet d'excuser certaines infractions majeures, dont l'homicide, au nom du fait qu'elles n'ont pas été voulues par le criminel.

Je[1] veux maintenant vous faire voir cette grande méthode dans tout son lustre sur le sujet de l'homicide, qu'elle justifie en mille rencontres, afin que vous jugiez par un tel effet tout ce qu'elle est capable de produire. Je vois déjà, lui dis-je, que par là tout sera permis, rien n'en échappera. Vous allez toujours d'une extrémité à l'autre, répondit le Père : corrigez-vous de cela. Car, pour vous témoigner que nous ne permettons pas tout, sachez que, par exemple, nous ne souffrons jamais d'avoir l'intention formelle de pécher pour le seul dessein de pécher ; et que quiconque s'obstine à n'avoir point d'autre fin dans le mal que le mal même, nous rompons avec lui ; cela est diabolique : voilà qui est sans exception d'âge, de sexe, de qualité. Mais quand on n'est pas dans cette malheureuse disposition, alors nous essayons de mettre en pratique notre méthode de *diriger l'intention*, qui consiste à se proposer pour fin de ses actions un objet permis. Ce n'est pas qu'autant qu'il est en notre pouvoir nous ne détournions les hommes des choses défendues ; mais, quand nous ne pouvons pas empêcher l'action, nous purifions au moins l'intention ; et ainsi nous corrigeons le vice du moyen par la pureté de la fin.

Voilà par où nos Pères[2] ont trouvé moyen de permettre les violences qu'on pratique en défendant son honneur. Car il n'y a qu'à détourner son intention du désir de vengeance, qui est criminel, pour la porter au désir de défendre son honneur, qui est permis selon nos Pères. Et c'est ainsi qu'ils accomplissent tous leurs devoirs envers Dieu et envers les hommes. Car ils contentent le monde en permettant les actions ; et ils satisfont à l'Évangile en purifiant les intentions.

Pascal, *Les Provinciales*, VIIe lettre, 1657.

Activités

1. **Faites le plan de la démonstration du jésuite, puis analysez l'impact de l'interruption du narrateur. En quoi vient-elle introduire un effet polémique ?**
2. **Comment le jésuite justifie-t-il la direction d'intention et l'homicide ? En quoi cette défense de l'homicide est-elle ironique ?**
3. **Comparez ce texte à l'extrait de *L'Esprit des Lois* de Montesquieu [voir p. 204] et essayez de définir le fonctionnement de l'ironie.**

1. C'est un père jésuite qui parle et c'est le narrateur qui répond.
2. Pères jésuites.

LA FONTAINE

Jean de La Fontaine (1621-1695) est un écrivain fort divers. On ne retient de lui souvent que des fables apprises par cœur sans savoir que La Fontaine s'est essayé à presque tous les genres (contes, odes, théâtre, élégies, etc.) avec toujours autant d'agilité.

Le Milan et le Rossignol

SATIRE

Les Fables *mettent souvent en scène des animaux, qui eux-mêmes renvoient à des conduites humaines. La Fontaine se rapproche en cela de sa source principale, le fabuliste grec Ésope, mais insère sous ces écrits moraux des éléments satiriques touchant l'actualité, ainsi que des critiques philosophiques.*

Après que le Milan[1], manifeste voleur,
Eut répandu l'alarme en tout le voisinage,
Et fait crier sur lui les enfants du village,
Un Rossignol tomba dans ses mains, par malheur.
Le héraut[2] du Printemps lui demande la vie.
« Aussi bien, que manger en qui n'a que le son ?
Écoutez plutôt ma chanson ;
Je vous raconterai Térée et son envie[3].
– Qui, Térée ? est-ce un mets propre pour les Milans ?
– Non pas, c'était un Roi dont les feux violents
Me firent ressentir leur ardeur criminelle ;
Je m'en vais vous en dire une chanson si belle
Qu'elle vous ravira : mon chant plaît à chacun. »
Le Milan alors lui réplique :
« Vraiment nous voici bien, lorsque je suis à jeun,
Tu me viens parler de musique.
– J'en parle bien aux Rois. – Quand un Roi te prendra,
Tu peux lui conter ces merveilles :
Pour un Milan, il s'en rira :
Ventre affamé n'a point d'oreilles. »

La Fontaine, *Fables*, Livre IX, fable XX, 1671.

1. C'est un oiseau de proie.
2. Celui qui annonce les nouvelles.
3. Térée viola Philomèle, sœur de sa femme Procné, puis lui coupa la langue pour qu'elle ne dise rien, mais elle réussit à prévenir sa sœur. Procné tua son fils par vengeance et le fit manger à son père Térée avant de s'enfuir. Fou de colère, Térée poursuivit avec une hache les deux sœurs qui furent sauvées par les dieux. La tradition note que Philomèle fut changée en rossignol, Procné en hirondelle et Térée en huppe.

Activités

1. **Analysez le style de La Fontaine en cherchant à déterminer l'impact des effets pour la lecture du texte.**
2. **Résumez les leçons qui peuvent exister sous l'allégorie du Milan et du Rossignol, en supposant que le milan est un prédateur humain et le rossignol une personne de rang inférieur.**
3. **En étudiant la ponctuation, le rythme, la longueur des vers et enfin la place des mots, lisez ou récitez cette fable de différentes manières.**

L'éloge et la satire

La poésie du XVIIe siècle n'est pas seulement amoureuse ou dramatique, elle veut aussi avoir prise sur le réel. La poésie, en ce temps, participe de très près à la vie et accompagne l'action, en particulier politique, pour blâmer ou faire l'éloge des sujets et des personnages qu'elle prend pour cible.

Louis XIV, le Roi Soleil, objet de tous les éloges.

L'éloge du souverain

On a déjà vu [voir p. 125] que les écrivains, soumis au mécénat royal, ne manquaient pas de faire l'éloge du souverain sous toutes les formes possibles. Cette omniprésence de l'éloge fait figure de système. La conscience sereine que le règne de Louis XIV est le plus grand règne du monde, que la langue, la civilisation, la littérature et l'art français sont les meilleurs, traverse presque tous les textes. L'enthousiasme, l'émotion, l'effusion, qui accompagnent les célébrations du roi dans les pièces poétiques comme dans les œuvres dramatiques, sont des procédés infiniment codés et travaillés par les auteurs, au point que toute variation a du sens, et que souvent l'on peut voir poindre des critiques sous certaines d'entre elles.

La satire, des origines à Boileau

La satire, au contraire, est l'expression d'un jugement sans complaisance. À l'origine, la satire était un genre à elle toute seul : un poème assez long en strophes destiné à la critique des mœurs. Mais, depuis Horace et Juvénal, la satire a touché de nombreux genres. Ton familier, tendance burlesque, veine gauloise voire égrillarde, les poèmes satiriques s'affichent dans les recueils du début du siècle (en particulier avec Mathurin Régnier). Agrippa d'Aubigné, dans *Les Tragiques* [voir p. 84], donnera à cette veine une allure plus épique et plus politique. Par la suite, les œuvres satiriques, sous forme de poèmes politiques violents et de pamphlets, formeront les plus gros bataillons des *Mazarinades* et *Contre-Mazarinades* durant la Fronde, et il s'agira d'y peindre, pour les ridiculiser, les acteurs de la guerre civile. Mais c'est Boileau qui, utilisant les Latins, renouera avec la tradition de la satire morale consacrée aux mœurs. Durant toute sa vie, il s'illustrera dans ce genre, souvent en nommant ses victimes, et en tout premier lieu les hommes de lettres.

Activités

1. Constituez un dossier illustrant les diverses formes de la satire des origines à nos jours.
2. Comment peut-on rire et, simultanément, avoir une visée morale ? Vous puiserez, pour répondre à cette question, dans les textes de ce manuel (poésie, roman et théâtre). Molière p. 142, La Fontaine p. 164, Beaumarchais p. 262, Becquer p. 450, Brassens p. 518, etc.

PASCAL

À la mort de Pascal (1623-1662), on recueillit un « amas de pensées détachées » destinées à être reprises au sein d'une apologie de la religion chrétienne. Les *Pensées* furent publiées par Port-Royal **[voir p. 128]**, en 1669, reprenant le classement de Pascal. Des érudits ont cherché à reconstituer un ordre dans ces fragments.

Pensées

ARGUMENTATION

Ils[1] ont un instinct secret qui les porte à chercher le divertissement et l'occupation au-dehors, qui vient du ressentiment de leurs misères continuelles. [...]

Ainsi l'homme est si malheureux qu'il s'ennuierait même sans aucune cause d'ennui par l'état propre de sa complexion. Et il est si vain qu'étant plein de mille causes essentielles d'ennui, la moindre chose comme un billard et une balle qu'il pousse suffisent pour le divertir.

Mais, direz-vous, quel objet a-t-il en tout cela ? celui de se vanter demain entre ses amis de ce qu'il a mieux joué qu'un autre. Ainsi les autres suent dans leur cabinet pour montrer aux savants qu'ils ont résolu une question d'algèbre qu'on n'aurait pu trouver jusqu'ici, et tant d'autres s'exposent aux derniers périls pour se vanter ensuite d'une place qu'ils auront prise aussi sottement à mon gré. Et enfin les autres se tuent pour remarquer toutes ces choses, non pas pour en devenir plus sages, mais seulement pour montrer qu'ils les savent, et ceux-là sont les plus sots de la bande puisqu'ils le sont avec connaissance, au lieu qu'on peut penser des autres qu'ils ne le seraient plus, s'ils avaient cette connaissance.

Tel homme passe sa vie sans ennui en jouant tous les jours peu de chose. Donnez-lui tous les matins l'argent qu'il peut gagner chaque jour, à la charge qu'il ne joue point, vous le rendez malheureux. On dira peut-être que c'est qu'il recherche l'amusement du jeu et non pas le gain. Faites-le donc jouer pour rien, il ne s'y échauffera pas et s'y ennuiera. Ce n'est donc pas l'amusement seul qu'il recherche. Un amusement languissant et sans passion l'ennuiera. Il faut qu'il s'y échauffe, et qu'il se pipe[2] lui-même en s'imaginant qu'il serait heureux de gagner ce qu'il ne voudrait pas qu'on lui donnât à condition de ne point jouer, afin qu'il se forme un sujet de passion et qu'il excite sur cela son désir, sa colère, sa crainte pour cet objet qu'il s'est formé comme les enfants qui s'effraient du visage qu'ils ont barbouillé.

Pascal, *Pensées*, 1669.

Activités

1. **Déterminez le trajet argumentatif du texte de Pascal. En quoi ces remarques forment-elles à la fois des pensées détachées et une démonstration complète ?**
2. **En quoi le divertissement (de *divertere* en latin) est-il une action qui détourne l'homme des choses essentielles ?**
3. **Dressez la liste de vos « divertissements ». Puis classez-les en disant en quoi ils vous semblent dangereux, ou utiles.**

1. Les hommes.
2. Se trompe.

POULLAIN DE LA BARRE

Avec Poullain de la Barre (1647-1700) surgit, dans la seconde moitié du XVIIe siècle, l'émergence d'une pensée féministe. L'année de la mort de Molière, paraît un ouvrage qui s'oppose aux préjugés, au nom de la nature et de l'égalité des sexes.

De l'Égalité des deux sexes

ÉGALITÉ DES SEXES

On remarquera que c'est un homme qui parle, comme s'il était encore impossible aux femmes de défendre elles-mêmes leur point de vue.

Quelque tempérament qu'aient les femmes, elles ne sont pas moins capables que nous de la vérité et de l'étude. Et si l'on trouve à présent en quelques-unes quelque défaut, ou quelque obstacle, ou même que toutes n'envisagent pas les choses solides comme les hommes, à quoi pourtant l'expérience est contraire, cela doit être uniquement rejeté sur l'état extérieur de leur sexe, et sur l'éducation qu'on leur donne, qui comprend l'ignorance où on les laisse, les préjugés ou les erreurs qu'on leur inspire, l'exemple qu'elles ont de leurs semblables, et toutes les manières à quoi la bienséance, la contrainte, la retenue, la sujétion et la timidité les réduisent.

En effet on n'oublie rien à leur égard qui serve à les persuader que cette grande différence qu'elles voient entre leur sexe et le nôtre, c'est un ouvrage de la raison, ou d'institution divine. L'habillement, l'éducation, et les exercices ne peuvent être plus différents. Une fille n'est en assurance que sous les ailes de sa mère, ou sous les yeux d'une gouvernante qui ne l'abandonne point; on lui fait peur de tout, on la menace des esprits dans tous les lieux de la maison où elle pourrait se trouver seule; dans les grandes rues et dans les temples mêmes il y a quelque chose à craindre, si elle n'y est escortée.

Le grand soin que l'on prend de la parer y applique tout son esprit; tant de regards qu'on lui jette, et tant de discours qu'elle entend sur la beauté y attachent toutes ses pensées; et les compliments qu'on lui rend sur ce sujet, font qu'elle y met tout son bonheur. Comme on ne parle d'autre chose, elle

POULLAIN DE LA BARRE

y borne tous ses desseins, et ne porte point ses vues plus haut. La danse, l’écriture et la lecture, sont les plus grands exercices des femmes ; toute leur bibliothèque consiste dans quelques petits livres de dévotion, avec ce qui est dans la cassette[1].

Toute leur science se réduit à travailler de l’aiguille. Le miroir est le grand maître et l’oracle qu’elles consultent. Les bals, les comédies, les modes font le sujet de leurs entretiens ; elles regardent les cercles comme de célèbres académies, où elles vont s’intruire de toutes les nouvelles de leur sexe. Et s’il arrive que quelques-unes se distinguent du commun par la lecture de certains livres qu’elles auront eu bien de la peine à attraper, à dessein de s’ouvrir l’esprit, elles sont obligées souvent de s’en cacher ; la plupart de leurs compagnes par jalousie ou autrement, ne manqueront jamais de les accuser de vouloir faire les précieuses[2]. […]

En tout ce qu’on fait connaître aux femmes voit-on rien qui aille à les instruire solidement ? Il semble au contraire qu’on soit convenu de cette sorte d’éducation pour leur abaisser le courage, pour obscurcir leur esprit, et ne le remplir que de vanités et de sottises ; pour y étouffer toutes les semences de vertu et de vérité ; pour rendre inutiles toutes les dispositions qu’elles pourraient avoir aux grandes choses, et pour leur ôter le désir de se rendre parfaites, comme nous, en leur ôtant les moyens.

Poullain de la Barre, *De l’Égalité des deux sexes, discours physique et moral, où l’on voit l’importance de se défaire des préjugés*, 1673.

1. Petit coffre destiné à ranger de l’argent, des bijoux.
2. **[voir pp. 142 et 143]**.

Activités

1. **Où est la thèse de Poullain de la Barre et comment est-elle formulée ?**
2. **Constituez un dossier dans lequel vous regrouperez d’un côté les raisons qui permettent de penser que les hommes et les femmes sont égaux ; et de l’autre, les arguments qui, en jouant sur les différences (physiques, psychologiques, etc.), ont été invoqués pour contredire cette égalité.**
3. **Vous confronterez ce dossier à ceux de vos camarades et vous en débattrez.**

VEIRAS

Denis Veiras, (1630-1700) aventurier français, publia à Londres en 1675, *The History of the Sevarites*. Utopie, roman de voyage, reprise des thèmes libertins, le livre construit une société d'où sont bannies l'ambition, l'avarice, la fausse croyance et le fanatisme, au profit d'une société sans pauvreté, tout entière tournée vers l'Être Suprême.

Les Sévarambes

UTOPIE

Nous avons parmi nous des gens qui regorgent de biens et de richesses, et d'autres qui manquent de tout. Nous en avons qui passent leur vie dans la fainéantise et dans la volupté, et d'autres qui suent incessamment pour gagner leur misérable vie. Nous en avons qui sont élevés en dignité et qui ne sont nullement dignes ni capables d'exercer les charges qu'ils possèdent. Et nous en avons enfin qui ont beaucoup de mérite, mais qui manquant des biens de la fortune croupissent misérablement dans la boue et sont condamnés à une éternelle bassesse.

Mais parmi les Sévarambes, personne n'est pauvre, personne ne manque des choses nécessaires et utiles à la vie, et chacun a sa part aux plaisirs et aux divertissements publics, sans que, pour jouir de tout cela, il ait besoin de se tourmenter le corps et l'âme par un travail dur et accablant. Un exercice modéré de huit heures par jour lui procure tous ces avantages, à lui, à sa famille et à tous ses enfants, quand il en aurait mille. Personne n'a le soin de payer la taille, ni les impôts, ni d'amasser des sommes d'argent pour enrichir ses enfants, pour doter ses filles, ni pour acheter les héritages. Ils sont exempts de tous ces soins, et sont tous riches dès le berceau. Et si tous ne sont pas élevés aux dignités publiques, du moins ont-ils cette satisfaction de n'y voir que ceux que le mérite et l'estime de leurs concitoyens y ont élevés. Ils sont tous nobles et tous roturiers et nul ne peut reprocher aux autres la bassesse de leur naissance, ni se glorifier de la splendeur de la sienne. Personne n'a ce déplaisir de voir vivre les autres dans l'oisiveté, pendant qu'il travaille pour nourrir leur orgueil et leur vanité. Enfin, si l'on considère le bonheur de ce peuple, on trouvera qu'il est aussi parfait qu'il le puisse être en ce monde, et que toutes les autres nations.

Veiras, *Histoire des Sévarambes,* 1677-1679.

Activités

1. Sur quelles critiques de la société du XVIIe siècle s'appuie Veiras pour construire son utopie ?
2. Le travail, le mérite et l'estime sont-ils des valeurs sur lesquelles une société juste et égalitaire peut se fonder ?

BAYLE

Pierre Bayle (1647-1706), chrétien, philosophe, érudit, esprit libre et critique, s'empara d'exemples de superstition et de préjugés pour dénoncer les fausses croyances.

SCIENCE

Pensées diverses

En décembre 1680, une comète apparut dans le ciel de Paris. La population s'émut de cette apparition et pensa que sa dernière heure était arrivée.

Les savants font quelquefois une aussi méchante caution[1] que le peuple, et une tradition fortifiée de leur témoignage n'est pas pour cela exempte de fausseté. Il ne faut donc pas que le nom et le titre de savant nous en imposent. Que savons-nous si ce grand docteur qui avance quelque doctrine a apporté plus de façon à s'en convaincre, qu'un ignorant qui l'a crue sans l'examiner? Si le docteur en a fait autant, sa voix n'a pas plus d'autorité que celle de l'autre, puisqu'il est certain que le témoignage d'un homme ne doit avoir de force, qu'à proportion du degré de certitude qu'il s'est acquis en s'instruisant pleinement du fait.

Je vous l'ai déjà dit, et je le répète encore: un sentiment ne peut devenir probable par la multitude de ceux qui le suivent, qu'autant qu'il a paru vrai à plusieurs indépendamment de toute prévention, et par la seule force d'un examen judicieux, accompagné d'exactitude, et d'une grande intelligence des choses: et comme on a fort bien dit qu'un témoin qui a vu est plus croyable que dix qui parlent par ouï-dire, on peut aussi assurer qu'un habile homme qui ne débite que ce qu'il a extrêmement médité, et qu'il a trouvé à l'épreuve de tous ses doutes, donne plus de poids à son sentiment, que cent mille esprits vulgaires qui se suivent comme des moutons, et se reposent de tout sur la bonne foi d'autrui. Et c'est à cause de cela sans doute que Thémistius[2] et Cicéron ont déclaré si nettement, le premier qu'il croirait plutôt à ce que Platon lui ferait entendre d'un signe de tête, qu'à ce que tous les autres philosophes lui affirmeraient avec serment; et le dernier, que la seule autorité de Platon, sans aucune preuve, briserait toute l'incrédulité de son esprit.

Bayle, *Pensées diverses sur la comète*, 1681.

Activités

1. **Définissez la méthode de travail de Bayle pour s'opposer à la tradition.**
2. **En quoi Bayle utilise-t-il la venue de la comète comme un prétexte pour installer un système de critique historique et philosophique: dans quel(s) but(s)?**
3.  **Discutez d'une croyance répandue, en cherchant à savoir comment elle s'est édifiée, à quoi elle sert, qui elle sert et comment on peut s'en défaire.**

1. Mauvaise garantie.
2. Thémistius (317-388) est un philosophe et rhéteur grec, commentateur d'Aristote.

FONTENELLE

Bernard de Fontenelle (1657-1757), témoin de la crise de conscience européenne de la fin du XVIIe siècle et persuadé qu'il y avait un progrès dans les Lettres comme dans les Sciences voulut transmettre, dans des ouvrages de vulgarisation, le savoir philosophique et scientifique qu'il possédait fort bien.

Entretiens

SCIENCE

Fontenelle affirme ici, en un ton léger et sous forme de dialogue, que l'avancée des sciences permettra un jour à l'homme d'aller dans la lune, quoi qu'en pensent les défenseurs d'un univers clos et archaïque.

« On fait plus que se figurer la chose possible, répliquai-je, on commence déjà à voler un peu[1] ; plusieurs personnes différentes ont trouvé le secret de s'ajuster des ailes qui les soutinssent en l'air, de leur donner du mouvement, et de passer par-dessus des rivières. À la vérité, ce n'a pas été un vol d'aigle, et il en a quelquefois coûté à ces nouveaux oiseaux un bras ou une jambe ; mais enfin, cela ne représente encore que les premières planches que l'on a mises sur l'eau, et qui ont été le commencement de la navigation. De ces planches-là, il y avait bien loin jusqu'à de gros navires qui pussent faire le tour du monde. Cependant peu à peu sont venus les gros navires. L'art de voler ne fait encore que de naître ; il se perfectionnera, et quelque jour on ira jusqu'à la lune. Prétendons-nous avoir découvert toutes choses, ou les avoir mises à un point qu'on n'y puisse rien ajouter ? Eh ! de grâce, consentons qu'il y ait encore quelque chose à faire pour les siècles à venir.

– Je ne consentirai point, dit-elle, qu'on vole jamais que d'une manière à se rompre aussitôt le cou.

– Eh bien, lui répondis-je, si vous voulez qu'on vole toujours si mal ici, on volera mieux dans la lune ; ses habitants seront plus propres que nous à ce métier ; car il n'importe que nous allions là, ou qu'ils viennent ici ; et nous serons comme les Américains qui ne se figuraient pas qu'on pût naviguer, quoiqu'à l'autre bout du monde, on naviguât fort bien.

Fontenelle, *Entretiens sur la pluralité des mondes, 2e soir*, 1686.

Activités

1. **Comment Fontenelle s'y prend-il pour « faire passer » les informations et les idées : en quoi est-ce une technique pédagogique ?**
2. **Examinez les arguments de Fontenelle en faveur d'une ouverture du monde, ainsi que ceux qui s'opposent à ses thèses.**
3. **Rédigez un dialogue de vulgarisation destiné à initier un interlocuteur à l'histoire de la conquête de l'espace.**

1. Dès 1678, il y eut des tentatives « scientifiques » pour faire voler l'homme.

Mémoires et lettres

À mesure que l'imprimerie, l'édition et l'écriture étendent le champ de la lecture, on voit apparaître de nouveaux genres, en particulier les mémoires et la correspondance, genres désormais imprimés et non plus destinés à un seul lecteur. On s'écrit aussi bien au sein de la République des Lettres (réseau de pensée et de correspondances entretenu entre les philosophes, les scientifiques et les hommes de lettres de l'époque), que dans les cercles philosophiques et aristocratiques : les nouvelles se répandent plus vite en empruntant les circuits, dorénavant plus fiables, de la poste. Les mémoires, surtout aristocratiques, reviennent sur les actions des grands et, à travers leur plume, réfléchissent sur un monde passé.

LE CARDINAL DE RETZ

Paul de Gondi, cardinal de Retz (1613-1679) écrivit des *Mémoires* qui seront publiés de manière posthume en 1717. Ennemi irréductible de Mazarin, homme de grande culture, politicien passionné, prêtre peu fait pour cet état, il conspira contre le régime durant vingt ans, à Paris, puis à Rome.

Mémoires

ÉLOGE

Si ces Mémoires, *plaidoyer de Retz pour lui-même, sont une source historique peu fiable, ils offrent néanmoins un point de vue sur les événements et les acteurs du temps. Ici, Retz fait le portrait du prince de Condé, grand seigneur, prince du sang, chef de guerre admirable et en rébellion contre Mazarin durant la Fronde.*

Monsieur le Prince est né capitaine, ce qui n'est jamais arrivé qu'à lui, à César et à Spinola[1]. Il a égalé le premier; il a passé le second. L'intrépidité est l'un des moindres traits de son caractère. La nature lui avait fait l'esprit aussi grand que le cœur. La fortune, en le donnant à un siècle de guerre, a laissé au second toute son étendue; la naissance, ou plutôt l'éducation, dans une maison attachée et soumise au cabinet[2], a donné des bornes trop étroites au premier. L'on ne lui a pas inspiré d'assez bonne heure les grandes et générales maximes, qui sont celles qui font et qui forment ce que l'on appelle l'esprit de suite. Il n'a pas eu le temps de les prendre par lui-même, parce qu'il a été prévenu, dès sa jeunesse, par la chute imprévue des grandes affaires et par l'habitude au bonheur[3]. Ce défaut a fait qu'avec l'âme du monde la moins méchante, il a fait des injustices; qu'avec le cœur d'Alexandre, il n'a pas été exempt, non plus que lui, de faiblesse; qu'avec un esprit merveilleux, il est tombé dans des imprudences; qu'ayant toutes les qualités de François de Guise[4], il n'a pas servi l'État, en de certaines occasions, aussi bien qu'il le devait; et qu'ayant toutes celles de Henri du même nom, il n'a pas poussé la faction où il le pouvait. Il n'a pu remplir son mérite, c'est un défaut; mais il est rare, mais il est beau.

Cardinal de Retz, *Mémoires*, Éd. posthume, 1717.

Activités

1. **En quoi ce texte est-il un « portrait » ? Relevez et classez les traits moraux de Condé, les critiques et les éloges.**
2. **Quelle opposition le mémorialiste ménage-t-il entre la naissance, l'inné et l'acquis. En quoi Condé est-il un grand homme ?**
3. **Comparez ce texte avec l'*Oraison funèbre de Condé* par Bossuet [voir p. 181] en vous posant les mêmes questions.**

1. Général gênois (1559-1630) au service de l'Espagne, comme Condé le fut après la Fronde.
2. Dans une maison ou l'on étudiait beaucoup.
3. Chance.
4. François et Henri de Guise, chefs de la Ligue, durant les Guerres de Religion.

PONTIS

Pontis (1578-1670) narre, dans des *Mémoires* (1676) qu'il n'a pas rédigés – puisqu'il semble les avoir dictés, à Pierre Thomas du Fossé (1634-1698), lettré janséniste – un témoignage sur les armées et les cours de Louis XIII et Louis XIV.

Mémoires

ÉCRITURE DE SOI

Durant le XVIIe siècle, les mémoires, d'abord autobiographiques, vont tendre peu à peu vers la fiction et devenir de véritables romans à la première personne rédigés sous forme de témoignages.

Étant âgé de quatorze ans et ayant perdu mon père et ma mère, je sentis une inclination extraordinaire pour la guerre, et je résolus de commencer à en apprendre le métier. Je servis d'abord une année dans le régiment de Bonne, où je portai la carabine, le mousquet n'y étant point en usage.

Je retournai ensuite à Pontis pour voir si mon frère aîné, qui avait, selon la coutume du pays, tout le bien de la maison, serait dans la disposition de faire quelque chose pour moi, et je passai quelques mois avec lui. Voyant qu'il ne me voulait employer qu'aux soins du ménage [comme intendant], dont je me sentais fort éloigné, je pris la résolution de m'en aller à Paris, et de travailler par moi-même à m'avancer comme je pourrais dans le monde.

Je demandai à mon frère ce qui m'était nécessaire pour ce dessein ; mais son indifférence m'obligea d'aller trouver mes autres parents. Je m'adressai particulièrement à une tante que j'avais et qui m'aimait beaucoup. Je reçus d'elle ce que je pouvais désirer pour mon voyage, et d'un oncle qui avait aussi bien de l'affection pour moi un petit cheval : avec cet équipage de cadet, je partis après avoir pris congé de mes parents pour m'en aller à Paris.

Passant par Grenoble, qui est à deux journées du village de Pontis, je me crus obligé d'aller saluer M. de Lesdiguières de qui j'avais l'honneur d'être parent. Il me reçut avec beaucoup de bonté, et me demanda :

– Cadet, quel est ton dessein dans le voyage que tu entreprends ?

– D'apprendre à devenir honnête homme, lui répartis-je, et de me rendre digne de vous offrir mon service.

Pontis, *Mémoires du sieur de Pontis,* 1676.

Activités

1. **De quelle manière le « je » est-il employé dans ce texte et celui de Mme de Villedieu ?**
2. **Que permettent le « regard rétrospectif » et le jeu sur les temps ?**

Mme de VILLEDIEU

Marie-Catherine Desjardins, dite Mme de Villedieu (1640?-1683), est l'une des grandes femmes-écrivains du XVIIe siècle. Outre des poèmes et des pièces qui eurent un certain succès, elle attacha surtout son nom à l'histoire du roman (*Les Désordres de l'amour*, 1675; *Mémoires de la vie d'Henriette-Sylvie de Molière*, 1671).

Mémoires

ÉCRITURE DE SOI

Les mémoires sont ici devenus un récit pseudo-autobiographique où l'héroïne raconte avec précision, galanterie et humour, la vie d'une femme qui doit utiliser toutes les ressources de son esprit pour être reconnue comme «personne».

Pour commencer, je n'ai jamais bien su qui j'étais; je sais seulement que je ne suis pas une personne qui ait de communes destinées; que ma naissance, mon éducation et mes mariages ont été l'effet d'autant d'aventures extraordinaires, et que si je voulais emprunter l'éclat de quelque héroïne fabuleuse, il se trouverait des gens au monde, comme peut-être il s'en est déjà trouvé, qui travailleraient à appuyer la fable de ma généalogie, pour en rendre l'histoire plus obscure.

Je fus nommée Henriette-Sylvie, par l'ordre de ma mère même, à ce que l'on m'a dit. Henriette, sans doute, pour quelque raison qui n'était connue que d'elle seule, et Sylvie, apparemment, parce que j'étais venue au monde à l'entrée d'un bois appelé le bois de Sylves; je reçus le nom de Molière, qui m'est demeuré par habitude, de ceux qui se donnèrent le soin de m'élever et qui le portaient eux-mêmes.

Mme de Villedieu, *Mémoires de la vie de Henriette-Sylvie de Molière,* 1671.

Activités

3. Jusqu'ici, les romans prenaient comme personnages de grands personnages historiques, ou des gens de bas lignage, en quoi ces deux passages montrent-ils que de nouveaux héros adviennent et qu'un nouvel art romanesque est en train de naître?

4. Comparez ces deux textes à d'autres autobiographies que vous trouverez dans l'anthologie puis notez vos observations sur l'évolution du genre à travers les siècles.

Mémoires et autobiographie

Le mot mémoire (au masculin) désigne à l'origine un document brut, un ensemble de notes qui garde la mémoire d'un fait. Mais, dans la deuxième partie du siècle, ce type de texte devient un véritable genre littéraire, principalement écrit par des aristocrates.

La « vanité » permet de réfléchir aux apparences d'un monde qui n'est que vanités. Ci-dessus, une vanité de Peter Gerritsz Roestraten (1630-1700).

Le statut du mémorialiste

Proche du roman, le genre des mémoires est aussi une sorte de plaidoirie pour soi-même destinée d'abord à un intime qui comprendrait les traits de confidence. Dans le même temps, le mémorialiste a le souci de plaire à tous, autrement-dit de dépasser le premier destinataire pour toucher un public plus large. Ni historien, puisqu'il n'est pas tenu à la vérité et peut faire état de ses interprétations, ni romancier, puisqu'il n'est pas dans la fiction absolue, ni autobiographe, puisqu'il peut décrire des événements qu'il n'a pas vécus, ni épistolier, puisqu'il dépasse son destinataire, le mémorialiste emprunte donc à tous ces statuts pour les étendre et les modifier.

Un genre complexe

Les mémoires sont des « éléments » de vérité, livrés le long d'un récit généralement chronologique, et destinés à dire quelque chose sur l'histoire privée et publique d'un temps. Dès lors, l'auteur peut y insérer des tableaux historiques, des portraits et des anecdotes, comme il lui plaît. Genre aristocratique, ce type de texte fait fi de tous les codes et les utilise tous, avec une certaine distance ironique vis-à-vis de l'Histoire et des réalités de l'époque.

« MADAME, quelque répugnance que je puisse avoir à vous donner l'histoire de ma vie, [...] je vous obéis, même aux dépens de ma réputation. Le caprice de la fortune m'a fait honneur de beaucoup de fautes ; et je doute qu'il soit judicieux de lever le voile qui en cache une partie. Je vais cependant vous instruire nuement et sans détour des plus petites particularités, depuis le moment que j'ai commencé à connaître mon état ; et je ne vous célerai aucune des démarches que j'ai faites en tous les temps de ma vie.
Je vous supplie très humblement de ne pas être surprise de trouver si peu d'art et au contraire tant de désordre en toute ma narration, et de considérer que [...] je ne vous dirai rien qu'avec toute la sincérité que demande l'estime que je sens pour vous. Je mets mon nom à la tête de cet ouvrage, pour m'obliger davantage moi-même à ne diminuer et à ne grossir en rien la vérité. »

(Cardinal de Retz, *Mémoires*, I, 1675-1677, Éd. 1717).

Activités

1. Observez le document : Quelle démarche prétend adopter le Cardinal ? Comment joue-t-il avec la vérité ?
2. Recherchez les différences entre Mémoires, Autobiographie et récit à la 1re personne en vous appuyant sur les textes de Montaigne p. 80, Defoe p. 213, Rousseau p. 215, Constant p. 321, Amiel p. 326, Nerval p. 461, Proust p. 489, etc.

DESCARTES

René Descartes (1590-1650) ne fut pas seulement un grand scientifique et un grand philosophe, c'était aussi un voyageur hors du commun qui rédigea des lettres particulièrement intéressantes.

Lettre à Guez de Balzac

L'ÉPISTOLAIRE

Dans cette lettre du 5 mai 1631, Descartes écrit à Guez de Balzac[1] et lui propose de venir s'installer à Amsterdam, ville libre, préférable à toutes les retraites champêtres, comme celle du destinataire.

Je me vais promener tous les jours parmi la confusion d'un grand peuple, avec autant de liberté et de repos que vous sauriez faire dans vos allées, et je n'y considère pas autrement les hommes que j'y vois, que je ferais les arbres qui se rencontrent en vos forêts, ou les animaux qui y paissent. Le bruit même de leur tracas n'interrompt pas plus mes rêveries, que ferait celui de quelque ruisseau. Que si je fais quelquefois réflexion sur leurs actions, j'en reçois le même plaisir, que vous feriez de voir les paysans qui cultivent vos campagnes ; car je vois que tout leur travail sert à embellir le lieu de ma demeure, et à faire que je n'y aie manque d'aucune chose. Que s'il y a du plaisir à voir croître les fruits en vos vergers, et à y être dans l'abondance jusques aux yeux, pensez-vous qu'il n'y en ait pas bien autant, à voir venir ici des vaisseaux, qui nous apportent abondamment tout ce que produisent les Indes, et tout ce qu'il y a de rare en l'Europe. Quel autre lieu pourrait-on choisir au reste du monde, où toutes les commodités de la vie, et toutes les curiosités qui peuvent être souhaitées, soient si faciles à trouver qu'en celui-ci ? Quel autre pays où l'on puisse jouir d'une liberté si entière, où l'on puisse dormir avec moins d'inquiétude, où il y ait toujours des armées sur pied exprès pour nous garder, où les empoisonnements, les trahisons, les calomnies soient moins connus, et où il soit demeuré plus de reste de l'innocence de nos aïeux ? Je ne sais comment vous pouvez tant aimer l'air d'Italie, avec lequel on respire si souvent la peste, et où toujours la chaleur du jour est insupportable, la fraîcheur du soir malsaine, et où l'obscurité de la nuit couvre des larcins et des meurtres.

René Descartes, *Lettre à Balzac du 5 mai 1631*.

Activités

1. **Donnez les caractéristiques du style de la lettre en observant les marques de personnes, les temps, le ton et la manière dont sont narrés les faits et les détails.**
2. **Pourquoi la ville est-elle capable de laisser plus de liberté que la campagne ? Quels sont les exemples et les arguments employés par Descartes ? Sont-ils, selon vous, probants ?**

1. Épistolier (1595-1654) choyé par Richelieu qui en fit l'un des premiers membres de l'Académie. Ses *Lettres* (1624-1654) eurent un grand succès dans les milieux littéraires et mondains de l'époque.

Mme de SÉVIGNÉ

Dans ses *Lettres* (1646-1696, publiées en 1725), Marie de Rabutin-Chantal, marquise de Sévigné (1626-1696) donne des nouvelles du monde et d'elle-même à sa fille, Mme de Grignan. Cette correspondance était d'abord lue par la destinataire avant d'être recopiée, montrée dans les salons et les cabinets de lecture et enfin publiée en recueil.

Lettre à Mme de Grignan

L'ÉPISTOLAIRE

De 1670 à 1680, un énorme scandale agita la France. La marquise de Brinvilliers, convaincue de meurtre, révéla, dit-on, sous la torture que bien des personnes de la cour avaient eu recours aux « poisons » qu'elle et la Voisin distribuaient largement. Une commission enquêta jusqu'à ce que de très grands noms soient impliqués et qu'on renonce à poursuivre l'enquête.

Le mardi, elle eut la question ordinaire, extraordinaire[1] ; elle avait dîné et dormi huit heures. Elle fut confrontée à Mmes de Dreux, Le Féron, et plusieurs autres, sur le matelas. On ne dit pas encore ce qu'elle a dit ; on croit toujours qu'on verra des choses étranges. Elle soupa le soir, et recommença, toute brisée qu'elle était, à faire la débauche avec scandale. On lui en fit honte, et on lui dit qu'elle ferait bien mieux de penser à Dieu, et de chanter un *Ave maris stella* ou un *Salve*[2] que toutes ces chansons ; elle chanta l'un et l'autre en ridicule. Elle mangea le soir et dormit. Le mercredi se passa de même en confrontations et débauches et chansons ; elle ne voulut point voir de confesseur. Enfin le jeudi, qui était hier, on ne voulut lui donner qu'un bouillon. Elle en gronda, craignant de n'avoir pas la force de parler à ces messieurs[3]. Elle vint en carrosse de Vincennes à Paris ; elle étouffa un peu et fut embarrassée. On la voulut faire confesser, point de nouvelles. À cinq heures on la lia et, avec une torche à la main, elle parut dans le tombereau[4], habillée de blanc ; c'est une sorte d'habit pour être brûlée. Elle était fort rouge, et l'on voyait qu'elle repoussait le confesseur et le crucifix avec violence. Nous la vîmes passer à l'hôtel de Sully, Mme de Chaulnes et Mme de Sully, la Comtesse, et bien d'autres. À Notre-Dame, elle ne voulut jamais prononcer l'amende honorable[5] et, à la Grève, elle se défendit autant qu'elle put de sortir du tombereau. On l'en tira de force. On

1. Ce sont les deux manières de torturer l'inculpé d'abord pour le faire avouer, ensuite pour le faire dénoncer ses complices. Contrairement à ce qu'affirme Mme de Sévigné, la Voisin dont il est ici question fut exécutée sans passer par la question.
2. Deux chants religieux à la gloire de la Vierge Marie.
3. Les juges chargés de la question.
4. Le chariot qui emmène les condamnés à travers les rues.
5. L'arrêt devant Notre-Dame devait permettre aux accusés de reconnaître leur faute afin de sauver leur âme pour être brûlés, en bons chrétiens, sur la place de Grève (devant l'Hôtel de Ville).

la mit sur le bûcher, assise et liée avec du fer. On la couvrit de paille. Elle jura beaucoup, elle repoussa la paille cinq ou six fois, mais enfin le feu s'augmenta et on l'a perdue de vue, et ses cendres sont en l'air présentement. Voilà la mort de Mme Voisin, célèbre par ses crimes et par son impiété. On croit qu'il y aura de grandes suites qui nous surprendront.

Un juge, à qui mon fils disait, l'autre jour, que c'était une étrange chose que de la faire brûler à petit feu, lui dit : « Ah ! monsieur, il y a certains petits adoucissements à cause de la faiblesse du sexe. – Eh quoi ! monsieur, on les étrangle ? – Non, mais on leur jette des bûches sur la tête ; les garçons du bourreau leur arrachent la tête avec des crocs de fer. » Vous voyez bien, ma fille, que cela n'est pas si terrible que l'on pense. Comment vous portez-vous de ce petit conte ? Il m'a fait grincer les dents. Une de ces misérables, qui fut pendue l'autre jour, avait demandé la vie à M. de Louvois[6] et qu'en ce cas, elle dirait des choses étranges ; elle fut refusée. « Eh bien ! dit-elle, soyez persuadé que nulle douleur ne me fera dire une seule parole. » On lui donna la question ordinaire, extraordinaire, et si extraordinaire qu'elle pensa y mourir, comme une autre qui expira, le médecin lui tenant le pouls, soit dit en passant. Cette femme donc souffrit tout l'excès de ce martyre sans parler. On la mène à la Grève. Avant que d'être jetée, elle dit qu'elle voulait parler. Elle se présente héroïquement : « Messieurs, dit-elle, assurez M. de Louvois que je suis sa servante, et que je lui ai tenu ma parole ; allons, qu'on achève. » Elle fut expédiée à l'instant. Que dites-vous de cette sorte de courage ? Je sais encore mille petits contes agréables comme celui-là, mais le moyen de tout dire ?

Pendant que nous sommes parmi ces horreurs, vous êtes au bal, ma bonne, vous donnez de grands soupers, mon petit-fils est sur le théâtre et danse à merveille ; en vérité, c'est ce qui s'appelle le carnaval.

Mme de Sévigné, *Lettre à Madame de Grignan du 23 février 1680*.

Activités

1. **Quelles sont les fonctions du ton « léger » et du badinage ? Quel impact ont-ils sur la destinataire et sur les lecteurs ?**
2. **Quels détails montrent la culpabilité de la Voisin et simultanément la cruauté de la justice d'Ancien Régime ?**
3. **Que dit l'épistolière de la théâtralisation du spectacle de l'exécution ; où et pourquoi doute-t-elle de cette justice ?**
4. **Rédigez une lettre sur ce modèle dans laquelle vous raconterez un problème d'actualité à un(e) ami(e) en adoptant un point de vue subjectif.**

6. Ministre de Louis XIV.

Blâme et éloge

Le blâme et l'éloge sont les deux faces d'une rhétorique démonstrative qui consiste à rendre compte du côté positif ou négatif d'un même objet. Au XVIIe siècle, on blâme ainsi l'amour-propre, les vices, ou les ennemis du roi et de Dieu, et on fait l'apologie du souverain, d'un des grands du royaume, ou d'une vertu. Par des oraisons, de grands portraits, des maximes, des fragments, ou même dans des récits, l'art épidictique* permet de fournir un jugement à suivre par le lecteur ou l'auditeur, mais cache souvent d'autres points de vue, plus critiques, ou plus personnels.

BOSSUET

Jacques-Bénigne Bossuet (1627-1704), évêque de Meaux, théologien, philosophe et grand orateur sacré, fut le maître de l'éloquence religieuse classique. Précepteur du Dauphin, académicien, et homme d'Église, il prononça les oraisons funèbres des grands personnages du royaume.

Oraison funèbre

PORTRAIT

Bossuet trace ici un portrait élogieux du défunt prince de Condé en rendant compte de la plus glorieuse victoire de celui qui n'était encore que le duc d'Enghien : le triomphe de Rocroi (19 mai 1643).

Le voyez-vous comme il vole ou à la victoire ou à la mort ? Aussitôt qu'il eut porté de rang en rang l'ardeur dont il était animé, on le vit presque en même temps pousser l'aile droite des ennemis, soutenir la nôtre ébranlée, rallier le Français à demi vaincu, mettre en fuite l'Espagnol victorieux, porter partout la terreur, et étonner de ses regards étincelants ceux qui échappaient à ses coups. Restait cette redoutable infanterie de l'armée d'Espagne, dont les gros bataillons serrés, semblables à autant de tours, mais à des tours qui sauraient réparer leurs brèches, demeuraient inébranlables au milieu de tout le reste en déroute, et lançaient des feux de toutes parts. Trois fois le jeune vainqueur s'efforça de rompre ces intrépides combattants ; trois fois il fut repoussé par le valeureux comte de Fontaines, qu'on voyait porté dans sa chaise et, malgré ses infirmités, montrer qu'une âme guerrière est maîtresse du corps qu'elle anime. Mais enfin il faut céder. C'est en vain qu'à travers des bois, avec sa cavalerie toute fraîche, Beck précipite[1] sa marche pour tomber sur nos soldats épuisés ; le prince l'a prévenu[2], les bataillons enfoncés demandent quartier[3] ; mais la victoire va devenir plus terrible pour le duc d'Enghien que le combat. Pendant qu'avec un air assuré il s'avance pour recevoir la parole[4] de ces braves gens, ceux-ci, toujours en garde, craignent la surprise de quelque nouvelle attaque : leur effroyable décharge[5] met les nôtres en furie ; on ne voit plus que carnage ; le sang enivre le soldat, jusqu'à ce que le grand prince, qui ne put voir égorger ces lions comme de timides brebis, calma les courages émus, et joignit au plaisir de vaincre celui de pardonner.

Bossuet, *Oraison funèbre du prince de Condé*, 1687.

Activités

1. **En quoi cet extrait appartient-il au style de l'épopée et en quoi est-il un éloge ?**
2. **Sous le récit de bataille on peut lire un portrait de Condé : Appuyez-vous sur les formes utilisées pour désigner le héros et établissez les traits du Prince.**
3. **Écrivez l'oraison funèbre de quelqu'un que vous considérez comme un grand homme. Vous pourrez vous appuyer sur l'*Oraison funèbre de Jean Moulin* par Malraux** **[voir p. 517]**

1. Accélère.
2. Deviné et devancé son action.
3. Demandent grâce.
4. Reddition
5. Réaction, contre-attaque

Rhétorique et conversation

La rhétorique est à proprement parler une technique de la parole persuasive. Cet art de la persuasion est enseigné depuis l'antiquité (Aristote, Cicéron, Quintilien ont écrit des traités qui sont toujours lus aux XVIe et XVIIe siècles), et bénéficie, durant la Renaissance, d'un intérêt majeur. Toute parole étant destinée à convaincre, séduire, émouvoir ou instruire un public, est ainsi codifiée par cet « art » qui repose sur une technique. Art de persuader mais aussi art de bien dire.

Trois types de discours

Il faut d'abord se demander ce que l'on doit traiter, et en fonction du sujet, choisir un genre de discours approprié, un style : pour accuser ou défendre, on utilisera le discours judiciaire (procès…), pour louer, blâmer ou instruire, on utilisera le discours démonstratif ou épidictique* (prédication, réception d'apparat…), pour persuader ou dissuader, on utilisera le discours délibératif (assemblée…).

Cinq opérations (de l'idée au corps et à la voix)

Il faut d'abord classer les éléments avant de les exprimer : chercher quoi dire et chercher les arguments (c'est l'*imagination*) ; les disposer correctement en faisant le plan du discours (c'est la *disposition*) ; savoir énoncer ce plan en choisissant les mots et en l'ornant par des figures (c'est l'*élocution*) ; savoir agir en utilisant des gestes, des mimiques (c'est l'*action*) et en prononçant correctement avec des effets de voix (c'est la *prononciation*) ; et enfin savoir se servir de sa mémoire pour restituer le discours (c'est la *mémoire*).

1. *L'invention*

Lorsqu'on cherche quoi dire et une fois le genre établi (judiciaire, délibératif ou démonstratif), il faut choisir ses arguments : les uns sont affectifs, ils font appel aux sentiments de l'orateur qui doit convaincre de sa sincérité, de sa bonne foi (c'est l'*ethos*) et visent les passions de l'auditeur (c'est le *pathos*) ; les autres sont rationnels, ce sont les preuves destinées à soutenir la démonstration (les *lieux*) et les arguments.

2. *La disposition*

Il faut envisager quatre parties dans le plan du discours :

– l'*exorde* qui doit susciter la bienveillance de l'auditoire et présente ce qui suit ;

– la *narration* qui expose les faits et produit une sorte de récit ;

– la *confirmation* qui rassemble les preuves et les arguments, et amplifie par des figures le raisonnement afin qu'il attire l'adhésion de l'auditoire ;

– la *péroraison* qui conclut le discours, récapitule l'argumentation, émeut une dernière fois l'auditeur, et amplifie le sujet traité en exprimant son importance.

3. *L'élocution*

L'efficacité du discours repose sur la manière dont il est énoncé, sur la forme, le style. Il faut donc adapter le style au sujet :

– *style élevé* pour un sujet noble (dans la péroraison et dans des formes comme l'éloge, l'oraison, la tragédie, l'ode) ;

– *style moyen* pour présenter ou argumenter (dans la narration et la confirmation, ou les genres narratifs, scientifiques, comiques ou romanesques) ;

– *style simple* pour plaire (dans l'exorde, les digressions, ou, à nouveau, dans la comédie et le roman) ;

Un prédicateur sur sa chaire en train d'enseigner l'assemblée. XVIIe siècle, B.N.

– *style bas* lorsqu'il s'agira, dans le burlesque, le pamphlet ou le roman comique, de narrer des faits dans un vocabulaire expressément vulgaire.
Il faut par ailleurs adapter le style à l'auditoire, qui attend une certaine forme pour certains sujets, et à l'orateur qui doit ainsi montrer à quel niveau il parle pour être cru et compris. Mais il faut encore plaire en employant des ornements convaincants et plaisants, des figures de style: figures de mots (allitération*, anaphore*…), de sens (métaphore*, métonymie*, hyperbole*, litote*…), de construction (ellipse*, antithèse*, chiasme*…), de pensée (allégorie*, prétérition*, ironie*…)

Rhétorique, littérature et conversation

On comprend ainsi mieux comment un écrivain classique, dont toute l'éducation oratoire et littéraire a reposé sur cette technique, se sert de ce cadre pour écrire lorsqu'il pratique un genre clairement marqué, et l'adapte, lorsqu'il pratique un genre plus « moderne », comme l'essai ou le roman. Le travail littéraire sera donc de jouer avec la rhétorique en la marquant explicitement, ou en la subvertissant. Sans persuader, on peut se contenter de séduire et de toucher, et par là convaincre d'une chose qui, par elle-même, ne relève pas de la persuasion.

D'autre part, la rhétorique contraignante, dans le courant du XVIIe siècle, devient peu à peu plus « naturelle » et plus expressive: avec Pascal, puis La Bruyère, les phrases sont plus courtes, le style plus coupé. Les ornementations et les figures se veulent plus « pures », et plus « élégantes », prenant en compte un nouveau public, moins formé à la rhétorique classique et plus enclin à aimer la « conversation ».

Activités

1. Cherchez en bibliothèque le monologue d'Émilie (*Cinna*, Acte I, scène I) et faites-en l'étude rhétorique en fonction des indications données dans cette page.
2. Essayez de repérer les règles de rhétorique appliquées dans les textes suivants: Cyrano de Bergerac p. 161, Pascal p. 166, Fontenelle p. 171, Laclos p. 205, Balzac p. 344, Proudhon p.423, Gracq p. 656.

LA ROCHEFOUCAULD

François VI, duc de La Rochefoucauld, prince de Marcillac (1613-1680), est un grand aristocrate. Comme tel, il défend, durant la Fronde (durant laquelle il est gravement blessé en 1652), les valeurs aristocratiques.

Maximes

MORALE

Après l'échec de la Fronde, La Rochefoucauld s'écarte de la vie politique, rejoint les salons parisiens, compose des maximes morales et fait figure d'« honnête homme », lucide, loyal, haïssant l'amour-propre, mais toujours enclin à le définir.

Nos vertus ne sont le plus souvent que des vices déguisés[1].

Ce que nous prenons pour des vertus n'est souvent qu'un assemblage de diverses actions que la fortune arrange comme il lui plaît. (éd. 1666-1671)

Les vices entrent dans la composition des vertus, comme les poisons entrent dans la composition des remèdes : la prudence les assemble et les tempère, et elle s'en sert utilement contre les maux de la vie. (*Maxime* CLXXXVI, éd. 1678)

Rien n'est plus rare que la véritable bonté : ceux mêmes qui croient en avoir n'ont d'ordinaire que de la complaisance ou de la faiblesse. (*Maxime* CDLXXXI, éd. 1678)

L'amour de la justice n'est, en la plupart des hommes, que la crainte de souffrir l'injustice. (*Maxime* LXXVIII, éd. 1678)

La clémence est un mélange de gloire, de paresse et de crainte, dont nous faisons une vertu. (Manuscrit)

Peu de gens connaissent la mort : on la souffre, non pas par la résolution, mais par la stupidité et par la coutume, et la plupart des hommes meurent parce qu'on meurt. (Manuscrit)

Le vrai honnête homme est celui qui ne se pique de rien. (*Maxime* CCIII, éd. 1678)

La Rochefoucauld, *Maximes*, 1666-1678.

Activités

1. Définissez le style de la maxime en observant les temps, les marques de personnes, l'art de la formule et la concision, les figures de style et l'art de la « chute ».

2. Quelle image de la nature humaine se dégage de ses maximes ? En quoi consiste la morale de l'honnêteté ? En quoi la première maxime citée est-elle l'enseigne de toute la réflexion ?

3. Énoncez une série de règles de morale que vous réduirez progressivement à la forme de maximes.

1. Cette maxime sert d'épigraphe à tout le recueil à partir de l'édition de 1675.

LA BRUYÈRE

Jean de La Bruyère (1645-1696) est l'auteur des *Caractères* (1688-1696), œuvre de moraliste, composée de fragments plus ou moins longs qui permettent de juger du temps, des hommes et des notions qui président à la politique comme aux mœurs.

Les Caractères

SATIRE

Dans la première édition (1688), La Bruyère se présente comme un continuateur et traducteur de Théophraste (moraliste grec IVe-IIIe siècle av. J.-C.). Mais on put vite comprendre qu'il était question de l'actualité, des grands et des petits personnages de la Cour et de la ville, au point que l'on chercha des clefs. Le succès fut énorme.

L'on parle d'une région où les vieillards sont galants, polis et civils ; les jeunes gens au contraire, durs, féroces, sans mœurs ni politesse : ils se trouvent affranchis de la passion des femmes dans un âge où l'on commence ailleurs à la sentir ; ils leur préfèrent des repas, des viandes, et des amours ridicules. Celui-là chez eux est sobre et modéré, qui ne s'enivre que de vin : l'usage trop fréquent qu'ils en ont fait le leur a rendu insipide ; ils cherchent à réveiller leur goût déjà éteint par des eaux-de-vie, et par toutes les liqueurs les plus violentes ; il ne manque à leur débauche que de boire de l'eau-forte. Les femmes du pays précipitent le déclin de leur beauté par des artifices qu'elles croient servir à les rendre belles : leur coutume est de peindre leurs lèvres, leurs joues, leurs sourcils et leurs épaules, qu'elles étalent avec leur gorge, leurs bras et leurs oreilles, comme si elles craignaient de cacher l'endroit par où elles pourraient plaire, ou de ne pas se montrer assez. Ceux qui habitent cette contrée ont une physionomie qui n'est pas nette, mais confuse, embarrassée dans une épaisseur de cheveux étrangers, qu'ils préfèrent aux naturels et dont ils font un long tissu pour couvrir leur tête : il descend à la moitié du corps, change les traits, et empêche qu'on ne connaisse les hommes à leur visage. Ces peuples d'ailleurs ont leur Dieu et leur roi : les grands de la nation s'assemblent tous les jours, à une certaine heure, dans un temple qu'ils nomment église ; il y a au fond de ce temple un autel consacré

LA BRUYÈRE

Louis XIV en prières à Versailles.

Activités

1. Comment est installée la distance, dès le début du texte, et par quels éléments formels est-elle poursuivie ? Quel en sont les effets ?
2. Analysez la progression du texte : reprenez point par point les faits cités et montrez l'ampleur de la critique de La Bruyère à l'égard de ses contemporains.
3. Vous comparerez ce type de décalage avec celui du texte de Mme de Graffigny [voir p. 232]. Le principe formel et les enjeux politiques et moraux sont-ils les mêmes ?

à leur Dieu, où un prêtre célèbre des mystères qu'ils appellent saints, sacrés et redoutables ; les grands forment un vaste cercle au pied de cet autel, et paraissent debout, le dos tourné directement au prêtre et aux saints mystères, et les faces élevées vers leur roi, que l'on voit à genoux sur une tribune, et à qui ils semblent avoir tout l'esprit et tout le cœur appliqués. On ne laisse pas de voir dans cet usage une espèce de subordination ; car ce peuple paraît adorer le prince, et le prince adorer Dieu. Les gens du pays le nomment ***[1] ; il est à quelque quarante-huit degrés d'élévation du pôle, et à plus d'onze cents lieues de mer des Iroquois et des Hurons.

La Bruyère, « De la cour » in *Les Caractères*, 1688.

1. Les trois astérisques sont un moyen d'auto-censure mais en même temps une marque ironique car tout le monde devine qu'il s'agit de Versailles, là où le roi entend la messe face à l'autel et où les courtisans le regardent, le dos tourné vers l'autel.

FÉNELON

François de Salignac de la Mothe-Fénelon (1651-1715), évêque de Cambrai, fut précepteur du petit-fils de Louis XIV et c'est pour son auguste élève qu'il compose *Les Aventures de Télémaque*. Sous la fiction de ce texte pédagogique, c'est un véritable traité politique et religieux qu'il écrit.

Télémaque

PÉDAGOGIE

Dans ce passage, Mentor montre à Télémaque comment le roi de Salente, Idoménée, a su établir un royaume idéal, après bien des vicissitudes. Le texte n'a pas été apprécié par Louis XIV et Fénelon est tombé en disgrâce.

L'autre mal[1], presque incurable, est le luxe. [...] Les proches parents du roi veulent imiter sa magnificence ; les grands, celle des parents du roi ; les gens médiocres veulent égaler les grands ; car qui est-ce qui se fait justice ? Les petits veulent passer pour médiocres : tout le monde fait plus qu'il ne peut, les uns, par faste et pour se prévaloir de leurs richesses, les autres, par mauvaise honte et pour cacher leur pauvreté. Ceux mêmes qui sont assez sages pour condamner un si grand désordre ne le sont pas assez pour oser lever la tête les premiers et pour donner des exemples contraires. Toute une nation se ruine, toutes les conditions se confondent. La passion d'acquérir du bien pour soutenir une vaine dépense corrompt les âmes les plus pures : il n'est plus question que d'être riche ; la pauvreté est une infamie. Soyez savant, habile, vertueux ; instruisez les hommes ; gagnez des batailles ; sauvez la patrie ; sacrifiez tous vos intérêts : vous êtes méprisé, si vos talents ne sont relevés par le faste. Ceux mêmes qui n'ont pas de bien veulent paraître en avoir ; ils en dépensent comme s'ils en avaient : on emprunte, on trompe, on use de mille artifices indignes pour parvenir. Mais qui remédiera à ces maux ? Il faut changer le goût et les habitudes de toute une nation : il faut lui donner de nouvelles lois. Qui le pourra entreprendre, si ce n'est un roi philosophe, qui sache, par l'exemple de sa propre modération, faire honte à tous ceux qui aiment une dépense fastueuse et encourager les sages, qui seront bien aises d'être autorisés dans une honnête frugalité ?

Fénelon, *Les Aventures de Télémaque*, 1699.

Activités

1. **Établissez un plan du discours de Mentor, et résumez les arguments qui sont destinés à convaincre l'auditeur.**
2. **Au nom de quoi Fénelon proscrit-il le luxe ? Quelles sont les qualités du prince capables de résister à la passion du luxe et par quel biais peuvent-elles agir sur la nation ?**
3. **Dîtes en quoi ce discours est aussi une critique du pouvoir de Louis XIV par Fénelon.**

1. Le royaume d'Idoménée évite deux écueils : l'autorité injuste et trop violente, et le luxe.

Le XVIIIe siècle

LE SIÈCLE DES LUMIÈRES

Caricature des trois ordres d'ancien régime : le clergé et la noblesse écrasant le tiers état.

L'Ancien Régime

La Révolution de 1789 met fin à l'*Ancien Régime*. Que faut-il entendre par là ?

1. Un système politique : la *monarchie absolue*. C'est-à-dire un roi héréditaire de droit divin, sans constitution écrite limitant ses pouvoirs, sans assemblée élue. Mais absolu ne signifie pas despotique. Les pouvoirs du roi sont largement bridés par les traditions, les privilèges des provinces, des villes, des corps sociaux, et la faiblesse de l'encadrement administratif. La justice est d'ailleurs rendue par des juges propriétaires de leur charge (les parlements), qui ont manifesté en 1715 le droit de critiquer les lois édictées par le roi.

2. Un système social, qui distribue la société en trois ordres (le clergé, la noblesse, le tiers état) non égaux devant les lois et l'impôt. La noblesse est elle-même divisée par la différence des titres et des fortunes, le tiers état, dont le poids augmente au cours du siècle, par celle des richesses, des professions, de l'instruction.

Il ne faut pas confondre Lumières et bourgeoisie. La couche des intellectuels est certes composée majoritairement de roturiers, mais aussi de nobles (Montesquieu, Laclos, Condorcet) et d'ecclésiastiques (l'abbé Prévost, l'abbé Bergier). La société française d'Ancien Régime mêle intimement monde aristocratique et élite intellectuelle. Une fraction du clergé, notamment les curés, a participé activement au déclenchement de la Révolution. L'Église conserve avant 1789 le monopole de l'enseignement, et encadre solidement toute la société. Le culte protestant est interdit depuis 1685 (révocation de L'Édit de Nantes).

Lumières et développement

Page précédente : l'Embarquement pour Cythère de Watteau (1684-1721). Musée du Louvre.

Les Lumières bénéficient d'un essor économique qui a fait défaut au XVIIe siècle. Cela répand l'aspiration à mieux vivre (l'idée de bonheur), le désir aussi de réformer les « abus » et de dissiper les « préjugés », les « superstitions » **[Débats et combats du siècle des lumières p. 192]**. Le spectaculaire progrès des sciences depuis le XVIIe siècle pousse à tout examiner à la lumière de la raison, aussi bien les mœurs, les lois que les formes politiques et les croyances religieuses. Cet examen critique s'élargit avec les progrès de l'instruction et de la lecture [Dialogues à dire, dialogues à dire p. 253], l'extension des villes, le développement des voyages [Récits d'ailleurs p. 219], la diffusion des livres et des journaux [Mémoires et écritures de soi p. 212]

Trois rois et une révolution

Le XVIIIe siècle traverse la fin du règne de Louis XIV (1661-1715), la Régence (1715-1723), le règne de Louis XV (1723-1774), celui de Louis XVI (1774-1789), la Révolution (1789-1799). La Régence a voulu se démarquer du règne précédent par une réaction aristocratique et anti-dévote (le rappel à Paris d'une troupe d'acteurs italiens en 1716 a valeur de symbole). La Révolution supprime la division en ordres, les titres nobiliaires et les privilèges, établit une Constitution écrite, une assemblée élue qui vote lois et impôts égaux pour tous, avant de décapiter Louis XVI et d'instaurer une République. Mais que la Révolution se réclame des Lumières ne signifie pas que Montesquieu, Voltaire ou Diderot souhaitaient, ni même envisageaient un tel bouleversement, qui met fin à la suprématie de la noblesse et retire à l'Église la totalité de ses richesses.

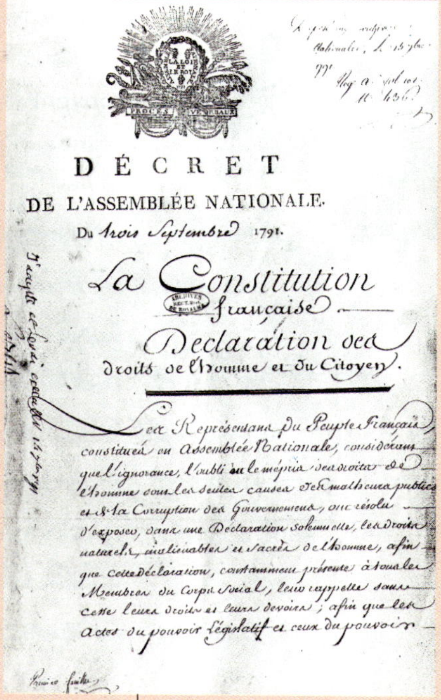

DÉCRET

DE L'ASSEMBLÉE NATIONALE.

Du trois Septembre 1791.

La Constitution française.

Declaration des droits de l'homme et du Citoyen.

Les Représentans du Peuple François, constitués en assemblée Nationale, considérant que l'ignorance, l'oubli ou le mépris des droits de l'homme sont les seules causes des malheurs publics et de la Corruption des Gouvernemens, ont résolu d'exposer, dans une Déclaration solennelle, les droits naturels, inaliénables et sacrés de l'homme, afin que cette déclaration, constamment présente à tous les Membres du Corps social, leur rappelle sans cesse leurs droits et leurs devoirs ; afin que les actes du pouvoir législatif et ceux du pouvoir

Texte de la Constitution de 1791.

Lumières et écriture

Tous les grands écrivains du XVIIIe siècle ne sont pas des « philosophes », c'est-à-dire des partisans déclarés des Lumières. Marivaux a critiqué deux textes caractéristiques de ce qu'on appellera après 1750 les « Lumières » ou la « philosophie » : les *Lettres Persanes* de Montesquieu (1721) et les *Lettres Philosophiques* de Voltaire (1734) [Conversations épistolaires p. 244]. Il est élu à l'Académie française contre Voltaire, par le parti dévot. L'abbé Prévost s'interroge dans ses romans sur la destinée humaine à la lumière de la religion, et il est très difficile de savoir ce que pensait le romancier Crébillon. [Travail et trouvailles du roman p. 225]. Ce n'est pas un hasard si ces trois auteurs importants appartiennent essentiellement à la première moitié du siècle : c'est après 1750 que les Lumières, notamment à travers l'*Encyclopédie* et une lutte des idées de plus en plus active et bruyante, s'imposent comme le mouvement intellectuel majeur du siècle.

Débats et combats du siècle des Lumières

Le XVIIIe siècle est moins riche en grands philosophes que le XVIIe. Mais le débat s'y fait combat, devant l'opinion publique, avec toutes les armes de la littérature, et le plus souvent sans passer par la forme stricte du traité philosophique rigoureux et abstrait. C'est cette diversité des approches, des tons et des formes que ce groupement veut évoquer.

CHALLE

On vient d'attribuer à Robert Challe (1659-1721) la paternité d'un violent traité déiste, *Difficultés sur la religion proposées au Père Malebranche* (1710-1711 ?), longtemps resté manuscrit et clandestin. Il a aussi écrit un roman **[voir p. 226]** et un remarquable *Journal d'un voyage aux Indes Orientales* (1721).

Difficultés sur la religion

CRISE DE LA RELIGION

Ce court extrait donne une idée des critiques adressées à la religion catholique officielle à l'aube des Lumières.

Enfin, ce qui a terriblement assailli ma prévention, c'est quand j'ai vu de grands peuples plus sages que nous, au moins mieux réglés dans leur mœurs, être également persuadés de mille extravagances dont nous nous moquons. Élevons-nous un peu, M.R.P.[1] ; transportons-nous un moment dans ce pays intelligible[2], et regardons de là Paris et Pékin, Rome et Constantinople, Madrid et l'ancien Mexique. Regardons de là le pape et le muphti, le bonze et le rabbin, le paysan avec son curé, le nègre avec son marabout, le Turc avec son iman, le Persan avec son molla, le Siamois avec son talapoin, l'Américain, le Brésilien, le Virginien, avec leurs werovanes, leurs coquaroux. De bonne foi, qui est le plus ridicule ? Est-il plus extravagant de courir et d'attendre respectueusement toutes sortes de biens d'une figure à dix visages, avec cent bras, que d'une oublie[3] incrustée dans un vase précieux et rayonnante de pierreries ; de se tenir dans une rivière pour retirer le soleil de son éclipse, que d'employer quelques gouttes d'eau jetées en l'air pour empêcher le tonnerre, etc. ? Il n'y a point d'impertinences dans le paganisme le plus outré dont on ne trouve une fidèle copie dans notre religion ; le parallèle n'en est pas difficile. Fournissez, M.R.P., une liste des extravagances païennes, je ferai l'autre partie. Nous avons même des choses incomparablement plus choquantes et plus pernicieuses, le purgatoire, la transsubstantiation, la prédestination, la confession et tant d'autres.

Challe, *Difficultés sur la religion*, 1710-1711.

Activités

1. **Relevez le champ lexical de la religion. Quels termes appartiennent à la théologie catholique ?**
2. **Quelle est l'importance de la comparaison dans ce débat ? Étudiez ses formes, et les divers éléments qui la composent et voyez sa fonction dans la démonstration.**

1. Mon Révérend Père.
2. Au pays de la raison.
3. Pâtisserie (synonyme ironique d'hostie).

Les Lumières

On désigne par *Lumières* un mouvement intellectuel européen devenu dominant au cours du XVIIIe siècle, dont certaines valeurs essentielles s'incarnent par exemple dans la Constitution américaine et dans la Révolution française (*Déclaration des Droits de l'Homme et du Citoyen*, 1789).

Diversité

Il va de soi que les *Lumières* prennent des formes différentes et suivent des rythmes spécifiques selon les traditions propres à chaque nation. En France, bien que Voltaire et Montesquieu commencent leur activité littéraire dès la Régence (1715-1723), les *Lumières* (ce qu'on appelait alors la « philosophie ») ne deviennent une force visible qu'après 1750, sans jamais constituer un « parti » organisé. Unis sur quelques valeurs essentielles, Voltaire, Montesquieu, Diderot, Rousseau ont entre eux de profonds désaccords philosophiques, religieux et politiques.

Idéaux et refus

Les *Lumières* s'opposent à l'intolérance religieuse, à la soumission de la raison devant les dogmes cléricaux, au despotisme politique (à ne pas confondre avec la monarchie), au respect des traditions. Elles prônent la valeur de l'éducation, de la science, la liberté de penser et de publier, le pluralisme religieux (à ne pas confondre avec la laïcité de l'État ni même avec le droit à l'athéisme), le développement de l'économie, bref, un idéal de bonheur ici-bas par la paix, le bien-être matériel, le recul de l'ignorance, la satisfaction modérée des passions. Sur bien des points, un tel idéal heurtait l'Église catholique, qui devint le principal adversaire des *Lumières*, surtout après la Révolution française. Ce qui caractérise les *Lumières* françaises, c'est leur vif anticléricalisme.

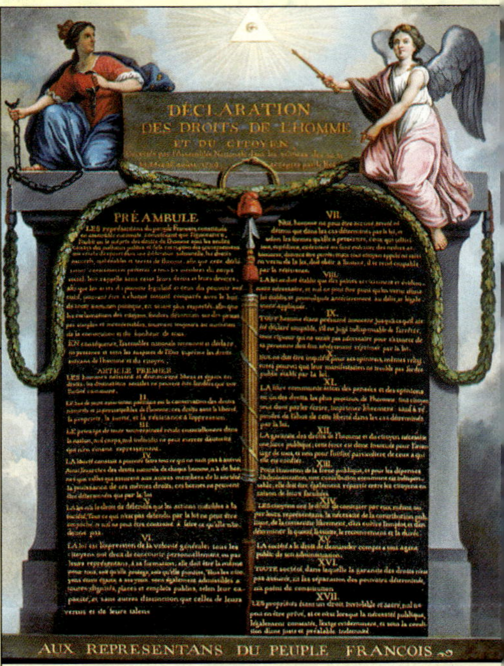

La Déclaration Universelle des Droits de l'Homme, texte fondateur sur lequel s'appuie la philosophie des Lumières.

« Qu'est-ce que les Lumières ? *La sortie de l'homme de sa minorité, dont il est lui-même responsable. Minorité*, c'est-à-dire incapacité de se servir de son entendement sans la direction d'autrui, minorité *dont il est lui-même responsable* puisque la cause en réside non dans un défaut de l'entendement, mais dans un manque de décision et de courage de s'en servir sans la direction d'autrui. *Sapere aude !* (Ose savoir !) Aie le courage de te servir de ton propre entendement ! Voilà la devise des Lumières. [...] pour ces Lumières il n'est rien requis d'autre que la *liberté* [...] l'usage public de notre propre raison doit toujours être libre, et lui seul peut amener les Lumières parmi les hommes. »

Kant, *Qu'est-ce que les Lumières ?*, 1784.

Activités

1. En quoi cette définition de Kant pouvait-elle choquer les Églises ?
2. Les textes que vous trouverez dans ce chapitre : pp. 193, 195, 197, 200, 202, 210, etc., vous semblent-ils illustrer cette définition ? Pourquoi ? Dans quelle mesure ?

VOLTAIRE

La fécondité exceptionnelle de Voltaire (1694-1778) lui a permis d'aborder tous les genres : théâtre, épopée, poésie, histoire, récits, essais philosophiques, critique littéraire, mémoires, tout en laissant une énorme Correspondance.

Article « Théiste »

RELIGION

Le Dictionnaire philosophique portatif *(1764-1769), qui parut anonymement en 118 articles, rassemble l'essentiel du message voltairien.*

Le théiste est un homme fermement persuadé de l'existence d'un Être suprême aussi bon que puissant, qui a formé tous les êtres étendus, végétants, sentants, et réfléchissants ; qui perpétue leur espèce, qui punit sans cruauté les crimes, et récompense avec bonté les actions vertueuses.

Le théiste ne sait pas comment Dieu punit, comment il favorise, comment il pardonne ; car il n'est pas assez téméraire pour se flatter de connaître comment Dieu agit ; mais il sait que Dieu agit, et qu'il est juste. Les difficultés contre la Providence ne l'ébranlent point dans sa foi, parce qu'elles ne sont que de grandes difficultés, et non pas des preuves ; il est soumis à cette Providence, quoiqu'il n'en aperçoive que quelques effets et quelques dehors ; et, jugeant des choses qu'il ne voit pas par les choses qu'il voit, il pense que cette Providence s'étend dans tous les lieux et dans tous les siècles.

Réuni dans ce principe avec le reste de l'univers, il n'embrasse aucune des sectes qui toutes se contredisent. Sa religion est la plus ancienne et la plus étendue ; car l'adoration simple d'un Dieu a précédé tous les systèmes du monde. Il parle une langue que tous les peuples entendent, pendant qu'ils ne s'entendent pas entre eux. Il a des frères depuis Pékin jusqu'à la Cayenne, et il compte tous les sages pour ses frères. Il croit que la religion ne consiste ni dans les opinions d'une métaphysique inintelligible, ni dans de vains appareils[1], mais dans l'adoration et dans la justice. Faire le bien, voilà son culte ; être soumis à Dieu, voilà sa doctrine.

Voltaire, *Dictionnaire philosophique portatif*, 1764-1769.

1. Décors et costumes des rites religieux.

Activités

1. **Identifiez le thème de chaque paragraphe. Comment expliquer leur ordre et leur ampleur croissante ?**
2. **Montrez comment le catéchisme théiste reprend le vocabulaire chrétien.**
3. **À la manière des publicitaires ou de la propagande, ramenez ce texte à trois slogans incisifs.**

Philosophes et philosophie

Les Philosophes et leurs adversaires appartiennent à l'élite sociale, et s'adressent à elle. On peut évaluer le public lisant : 500 000 lecteurs potentiels, dont 50 000 décident du succès d'un livre. Mais à la fin de l'Ancien Régime, des lecteurs plus populaires peuvent lire (ou écouter) une propagande dite *philosophique*, simplifiée et abrégée, violemment dirigée contre les moines, l'Église, la cour et la famille royale.

Sous la houlette de Voltaire, les philosophes sont réunis autour d'une table. On reconnait entres autres : le père Adam, d'Alembert, Diderot, La Harpe, Marmontel, etc.

Le marché littéraire

On estime à 3 500 le nombre d'auteurs jusqu'à la Révolution, dont 2 500 entre 1750 et 1789 (2 200 de 1643 à 1665). Le milieu littéraire s'est laïcisé (32 % de clercs en 1784, contre 50 % au XVIIe), et les auteurs du tiers état passent, en un siècle, de 25 à 53 %. Le Philosophe tend à succéder au clerc, mais ne peut guère vivre de sa plume, faute de droits d'auteur liés à la vente, et faute d'un public assez large. Sans fortune personnelle, il faut donc pensions et sinécures, ou produire sans relâche (Diderot, Rétif de la Bretonne, etc.).

Un mot fétiche

Le XVIIIe s'identifie au *Philososophe*, à la *Philosophie*. Est philosophe, selon l'*Encyclopédie*, celui qui fait un usage critique et méthodique de sa raison, au service du bien public et aux dépens des *préjugés*. Après 1750, le mot s'affiche partout. Les Philosophes se servent de tous les genres (essai, dictionnaire, roman, dialogue, pamphlet, traité, théâtre), de tous les tons, de toutes les occasions (Voltaire et les Affaires) pour discréditer leurs adversaires, avant tout les hommes d'Église, qui ne sont pas en reste. Mais il faut rappeler qu'un Philosophe, au sens des *Lumières*, n'est pas forcément un auteur. La *Philosophie* ? Une manière de vivre et de penser avant 1789.

« Le philosophe [...] ne s'érige point en prophète, il ne se dit point inspiré des dieux [...] Par quelle fatalité, honteuse peut-être pour les peuples occidentaux, faut-il aller au bout de l'Orient pour trouver un sage simple, sans faste, sans imposture, qui enseignait aux hommes à vivre heureux six cents ans avant notre ère vulgaire [...] ? Ce sage est Confucius, qui, seul des anciens législateurs, ne voulut jamais tromper les hommes. »

Voltaire, *Dictionnaire philosophique*, article « Philosophie », 1765.

Activités

1. Marquez les différences essentielles entre un philosophe selon les *Lumières* et ceux que vous connaissez dans notre société.
2. Autour de la notion de philosophie, voir pp. 195, 197, 204, 206, etc.

DIDEROT

L'*Encyclopédie* (1751-1766), dirigée d'abord par Diderot **[voir p. 200]** et le mathématicien d'Alembert, puis par Diderot seul à partir de 1758, est le monument collectif et éclectique des Lumières françaises.

Encyclopédie

TOLÉRANCE

INTOLÉRANCE, (Morale)[1]. Le mot *intolérance* s'entend communément de cette passion féroce qui porte à haïr et à persécuter ceux qui sont dans l'erreur. Mais pour ne pas confondre des choses fort diverses, il faut distinguer deux sortes d'*intolérance*, l'ecclésiastique et la civile.

L'*intolérance* ecclésiastique consiste à regarder comme fausse toute autre religion que celle que l'on professe, et à le démontrer sur les toits, sans être arrêté par aucune terreur, par aucun respect humain, au hasard même de perdre la vie. Il ne s'agira point dans cet article de cet héroïsme qui a fait tant de martyrs dans tous les siècles de l'Église.

L'*intolérance* civile consiste à rompre tout commerce et à poursuivre, par toutes sortes de moyens violents, ceux qui ont une façon de penser sur Dieu et sur son culte, autre que la nôtre.

Quelques lignes détachées de l'Écriture sainte, des pères, des conciles, suffiront pour montrer que l'*intolérant* pris en ce dernier sens, est un méchant homme, un mauvais chrétien, un sujet dangereux, un mauvais politique, et un mauvais citoyen. […]

Il est impie d'exposer la religion aux imputations odieuses de tyrannie, de dureté, d'injustice, d'insociabilité, même dans le dessein d'y ramener ceux qui s'en seraient malheureusement écartés.

L'esprit ne peut acquiescer qu'à ce qui lui paraît vrai ; le cœur ne peut aimer que ce qui lui semble bon. La violence fera de l'homme un hypocrite, s'il est faible ; un martyr, s'il est courageux. Faible ou courageux, il sentira l'injustice de la persécution et s'en indignera.

L'instruction, la persuasion et la prière, voilà les seuls moyens légitimes d'étendre la religion.

Tout moyen qui excite la haine, l'indignation et le mépris, est impie.

1. L'orthographe de cet article a été modernisée pour en faciliter la compréhension.

DIDEROT

Tout moyen qui réveille les passions et qui tient à des vues intéressées, est impie. […]

Il est impie de vouloir imposer des lois à la conscience, règle universelle des actions. Il faut l'éclairer et non la contraindre.

Diderot, article « Intolérance » in *Encyclopédie*, 1751-1766.

ABBÉ BERGIER

Le *Dictionnaire de théologie* (1788-1790) de l'abbé Bergier (1718-1790), réédité 31 fois et traduit plusieurs fois au XIXe siècle, défend les thèses de l'Église catholique.

Article « Tolérance »

RELIGION

TOLÉRANCE, INTOLÉRANCE, en fait de Religion. Il n'est peut-être pas de termes dont on ait abusé davantage, depuis plus d'un siècle, que de ces deux mots ; il n'en est aucun qui ait donné lieu à d'aussi violentes déclamations. Il faut donc commencer par en fixer, s'il est possible, les différentes significations.

1. Dans un État où il y a une Religion dominante, qui est censée faire partie des lois, on appelle *tolérance civile et politique* la permission que le Gouvernement accorde aux sectateurs d'une Religion différente d'en faire l'exercice plus ou moins public, d'avoir des assemblées particulières et des Pasteurs pour les gouverner, de faire des règlements de police et de discipline, et sans encourir aucune peine. On comprend que cette *tolérance* peut être plus ou moins étendue, suivant les circonstances, suivant qu'elle paraît plus ou moins compatible avec l'ordre public, avec la tranquillité, le repos, la prospérité de l'État, et l'intérêt général des Sujets. Soutenir que chez une Nation policée, toute Religion quelconque doit être également permise, qu'aucune ne doit être dominante ou plus favorisée qu'une autre, que chaque particulier doit être le maître d'en avoir une, ou de n'en point avoir, c'est une absurdité que l'on a osé soutenir de nos jours, et que nous réfuterons ci-après.

2. Parmi les différentes sociétés chrétiennes, on appelle *tolérance ecclésiastique*, *religieuse*, ou *théologique*, la profession que fait une secte de croire que les Membres d'une autre secte peuvent faire leur salut, sans renoncer à leur croyance ; que l'on peut sans danger fraterniser avec eux, et les admettre aux mêmes pratiques de Religion.

Abbé Bergier, article « Tolérance, Intolérance » in *Dictionnaire de théologie*, 1788-1790.

Activités

1. **Relevez dans les deux textes les marques du genre « dictionnaire ». Expliquez l'emploi du mot « déclamations » par Bergier.**
2. **Étudiez les accords et désaccords de Diderot et Bergier.**
3. **Rédigez un article de dictionnaire dans lequel vous définirez l'intolérance selon vos critères personnels.**

Les alphabets de la raison

Les 17 volumes de l'*Encyclopédie* de Diderot et d'Alembert, ce « monument de l'esprit humain » (Voltaire).

Le dictionnaire (alphabétique comme dans l'*Encyclopédie* de Diderot et d'Alembert, ou méthodique, c'est-à-dire par ordre de matières) est une des formes favorites du siècle. De 1680 à 1739 : 167 dictionnaires. De 1740 à 1799 : 536. De 1800 à 1829 : 512. Le *Dictionnaire philosophique portatif* de Voltaire (1764) est précédé, entre 1738 et 1763, par au moins 30 dictionnaires portatifs. On publie en 1758 un dictionnaire des dictionnaires !

Encyclopédie

Ce « monument de l'esprit humain » (Voltaire) s'édifie de 1750 à 1772, sur 17 volumes de texte, 11 de planches, en mobilisant de nombreux collaborateurs et de gros capitaux. Le pape et le parlement de Paris condamnent le projet en 1759. Le roi ferme les yeux mais interdit une réimpression (1770). Au total : plus de 60 000 articles, 25 000 grandes pages, 2 900 planches. Diderot a tenu, malgré les regrets de Voltaire, à respecter une grande diversité d'opinions, parfois dans le même article *(Âme)*.

Dictionnaires anti-philosophiques

Aucun genre ou registre n'appartient en propre aux Philosophes, qui luttent avec leurs contradicteurs, ou entre eux, à travers les mêmes formes. Des hommes d'Église érudits, mais oubliés, font donc paraître des dictionnaires anti-philosophiques. Le plus connu est celui de l'abbé Bergier (*Dictionnaire de théologie*, 1788-1790, réédité 31 fois au XIXe siècle. Voir p. 198). Mais nul dictionnaire n'est aussi célèbre que celui, en 118 articles, de Voltaire.

« L'ouvrage dont nous donnons aujourd'hui le premier volume a deux objets : comme *Encyclopédie* il doit exposer, autant qu'il est possible, l'ordre et l'enchaînement des connaissances humaines ; comme *Dictionnaire raisonné des sciences, des arts et des métiers*, il doit contenir sur chaque science et sur chaque art [...] les principes généraux qui en sont le corps et la substance » (d'Alembert, *Discours préliminaire des Éditeurs*, en tête du premier volume de l'*Encyclopédie ou Dictionnaire raisonné des Sciences, des Arts et des Métiers, par une société de gens de lettres*, 1751).

« Pourquoi n'introduirons-nous pas l'homme dans notre ouvrage, comme il est placé dans l'univers ? Pourquoi n'en ferons-nous pas un centre commun ? »

Diderot, art. Encyclopédie.

Activités

1. Enquêtez sur les formes et le succès des encyclopédies ou dictionnaires actuels.
2. Lisez les pp. 197, 198, 424, 427. Que remarquez-vous par rapport aux articles de dictionnaires que vous avez coutume de lire ?

DIDEROT

Philosophe matérialiste et athée, romancier, théoricien du théâtre et dramaturge, critique d'art, passionné de chimie et de médecine, Denis Diderot (1713-1784) s'illustra dans tous les genres. Ses positions philosophiques évoluèrent au fil de ses œuvres : *Le Neveu de Rameau*, *Supplément au Voyage de Bougainville*, *Le Rêve de d'Alembert*, etc.

Le Rêve de d'Alembert

SCIENCES

Dans ce dialogue, Mlle de L'Espinasse (1732-1776) rapporte au médecin Bordeu les propos de d'Alembert supposé rêver à haute voix.

MLLE DE L'ESPINASSE[1]. – […] J'avais espéré que le reste de la nuit serait tranquille.

BORDEU. – Cela produit ordinairement cet effet.

MLLE DE L'ESPINASSE. – Point du tout ; sur les deux heures du matin il en est revenu à sa goutte d'eau qu'il appelait un mi… cro…

BORDEU. – Un microcosme.

MLLE DE L'ESPINASSE. – C'est son mot. Il admirait la sagacité des anciens philosophes[2]. Il disait ou faisait dire à son philosophe, je ne sais lequel des deux : si lorsque Épicure[3] assurait que la terre contenait les germes de tout, et que l'espèce animale était le produit de la fermentation, il avait proposé de montrer une image en petit de ce qui s'était fait en grand à l'origine des temps, que lui aurait-on répondu ?… Et vous l'avez sous vos yeux cette image et elle ne vous apprend rien… Qui sait si la fermentation et ses produits sont épuisés ? Qui sait à quel instant de la succession de ces générations animales nous en sommes ? Qui sait si ce bipède déformé qui n'a que quatre pieds de hauteur, qu'on appelle encore dans le voisinage du pôle un homme, et qui ne tarderait pas à perdre ce nom en se déformant un peu davantage, n'est pas l'image d'une espèce qui passe ? Qui sait s'il n'en est pas ainsi de toutes les espèces d'animaux ? Qui sait si tout ne tend pas à se réduire à un grand sédiment inerte et immobile ? Qui sait quelle sera la durée de cette inertie ? Qui sait quelle race nouvelle peut résulter derechef d'un amas aussi grand de points sensibles et vivants ? pourquoi pas un seul animal ? Qu'était l'éléphant dans son origine ? Peut-être

1. Elle animait un salon réputé et vivait avec d'Alembert.
2. Ceux de l'Antiquité.
3. Philosophe grec (341-270 av. J.- C.).

l'animal énorme tel qu'il nous paraît, peut-être un atome, car tous les deux sont également possibles ; ils ne supposent que le mouvement et les propriétés diverses de la matière... L'éléphant, cette masse énorme, organisée, le produit subit de la fermentation ! pourquoi non ? le rapport de ce grand quadrupède à sa matrice première est moindre que celui du vermisseau à la molécule de farine qui l'a produit... Mais le vermisseau n'est qu'un vermisseau... C'est-à-dire la petitesse qui vous dérobe son organisation lui ôte son merveilleux... Le prodige, c'est la vie, c'est la sensibilité, et ce prodige n'en est plus un... Lorsque j'ai vu la matière inerte passer à l'état sensible[4], rien ne doit plus m'étonner... Quelle comparaison d'un petit nombre d'éléments mis en fermentation dans le creux de ma main, et de ce réservoir immense d'éléments divers épars dans les entrailles de la terre, à sa surface, au sein des mers, dans la vague des airs !...

Cependant, puisque les mêmes causes subsistent, pourquoi les effets ont-ils cessé ? Pourquoi ne voyons-nous plus le taureau percer la terre de sa corne, appuyer ses pieds contre le sol, et faire effort pour en dégager son corps pesant ?

4. Le refus de considérer la matière comme inerte, et l'hypothèse d'une continuité organique entre les différents états de la matière, humanité comprise, définit le matérialisme de Diderot.

Diderot, *Le Rêve de d'Alembert*, 1769.

Activités

1. Quels sont les rôles respectifs de Mlle de L'Espinasse et Bordeu dans ce passage ? (Qui pose les questions ? Qui y répond ? Qui écoute ? Qui tient le rôle principal et pourquoi ?...)

2. Relevez et commentez les modalités du discours de d'Alembert (hypothèse, description lyrique). Comparez-les avec celles utilisées dans le texte de Claude Bernard [voir p. 362] (style positiviste scientifique, observation des effets, etc.). Lequel de ces discours scientifiques vous paraît-il le plus rigoureux ?

MONTESQUIEU

Le baron de Montesquieu (1689-1755) est devenu célèbre par un roman épistolaire, les *Lettres persanes* (1721), et un traité de philosophie politique, *De l'esprit des lois* (1748).

Lettres persanes

INÉGALITÉ DES SEXES

Les Lettres persanes *sont constituées de 161 lettres, échangées entre deux Persans séjournant à Paris et leurs divers correspondants.*

Rica à Ibben.
À Smyrne.

C'est une grande question, parmi les hommes, de savoir s'il est plus avantageux d'ôter aux femmes la liberté, que de la leur laisser. Il me semble qu'il y a bien des raisons pour et contre. Si les Européens disent qu'il n'y a pas de générosité à rendre malheureuses les personnes que l'on aime ; nos Asiatiques répondent qu'il y a de la bassesse aux hommes de renoncer à l'empire que la nature leur a donné sur les femmes. Si on leur dit que le grand nombre des femmes enfermées est embarrassant ; ils répondent que dix femmes, qui obéissent, embarrassent moins qu'une qui n'obéit pas. Que s'ils objectent, à leur tour, que les Européens ne sauraient être heureux avec des femmes qui ne leur sont pas fidèles ; on leur répond que cette fidélité, qu'ils vantent tant, n'empêche point le dégoût, qui suit toujours les passions satisfaites ; que nos femmes sont trop à nous ; qu'une possession si tranquille ne nous laisse rien à désirer, ni à craindre ; qu'un peu de coquetterie est un sel qui pique et prévient la corruption. Peut-être qu'un homme plus sage que moi serait embarrassé de décider : car, si les Asiatiques font fort bien de chercher des moyens propres à calmer leurs inquiétudes, les Européens font fort bien aussi de n'en point avoir[1].

Après tout, disent-ils, quand nous serions malheureux en qualité de maris, nous trouverions toujours moyen de nous dédommager en qualité d'amants. Pour qu'un homme pût se plaindre avec raison de l'infidélité de sa femme, il faudrait qu'il n'y eût que trois personnes dans le monde ; ils seront toujours à but[2], quand il y en aura quatre.

C'est une autre question de savoir si la loi naturelle soumet les femmes aux hommes. « Non, me disait l'autre jour

1. Les deux Persans ont découvert que la jalousie, en France, ridiculise un mari.
2. Être à égalité, être sur le même plan.

un philosophe très galant: la nature n'a jamais dicté une telle loi. L'empire que nous avons sur elles est une véritable tyrannie; elles ne nous l'ont laissé prendre, que parce qu'elles ont plus de douceur que nous, et, par conséquent, plus d'humanité et de raison. Ces avantages, qui devaient sans doute leur donner la supériorité, si nous avions été raisonnables, la leur ont fait perdre, parce que nous ne le sommes point.

Or, s'il est vrai que nous n'avons sur les femmes qu'un pouvoir tyrannique, il ne l'est pas moins qu'elles ont sur nous un empire naturel; celui de la beauté, à qui rien ne résiste. Le nôtre n'est pas de tous les pays; mais celui de la beauté est universel. Pourquoi aurions-nous donc un privilège? Est-ce parce que nous sommes les plus forts? Mais c'est une véritable injustice. Nous employons toutes sortes de moyens pour leur abattre le courage. Les forces seraient égales, si l'éducation l'était aussi. Éprouvons-les dans les talents que l'éducation n'a point affaiblis: et nous verrons si nous sommes si forts.

Il faut l'avouer, quoique cela choque nos mœurs: chez les peuples les plus polis, les femmes ont toujours eu de l'autorité sur leurs maris; elle fut établie par une loi chez les Égyptiens, en l'honneur d'Isis; et chez les Babyloniens, en l'honneur de Sémiramis. On disait des Romains, qu'ils commandaient à toutes les nations, mais qu'ils obéissaient à leurs femmes».

Montesquieu, *Lettres persanes*, Lettre 38, 1721.

Activités

1. Quels sont les deux grands thèmes débattus?

2. Reconstituez l'argumentation de chacune des deux civilisations sur ces deux thèmes.

3. Peut-on connaître la position de Rica sur la polémique évoquée? et celle de Montesquieu?

4. Pensez-vous que l'égalité d'éducation assure l'égalité des sexes?

MONTESQUIEU

De l'esprit des lois

ESCLAVAGE

Ce passage fameux De L'esprit des lois *s'insère dans une réflexion sur les origines de l'esclavage.*

Activités

1. **Classez les arguments pro-esclavagistes. Sont-ils tous du même ordre ?**
2. **Relevez les procédés de l'ironie. En quoi consiste-t-elle ?**
3. **Sur le modèle de Montesquieu, défendez de façon clairement ironique un sujet indéfendable (la dictature, le travail des enfants, le chômage, etc.).**

De l'esclavage des nègres

Si j'avais à soutenir le droit que nous avons eu de rendre les nègres esclaves, voici ce que je dirais :

Les peuples d'Europe ayant exterminé ceux de l'Amérique, ils ont dû mettre en esclavage ceux de l'Afrique, pour s'en servir à défricher tant de terres.

Le sucre serait trop cher, si l'on ne faisait travailler la plante qui le produit par des esclaves.

Ceux dont il s'agit sont noirs depuis les pieds jusqu'à la tête ; et ils ont le nez si écrasé qu'il est presque impossible de les plaindre.

On ne peut se mettre dans l'esprit que Dieu, qui est un être très sage, ait mis une âme, surtout une âme bonne, dans un corps tout noir.

Il est si naturel de penser que c'est la couleur qui constitue l'essence de l'humanité, que les peuples d'Asie, qui font des eunuques, privent toujours les noirs du rapport qu'ils ont avec nous d'une façon plus marquée.

On peut juger de la couleur de la peau par celle des cheveux, qui, chez les Égyptiens, les meilleurs philosophes du monde, était d'une si grande conséquence, qu'ils faisaient mourir tous les hommes roux qui leur tombaient entre les mains.

Une preuve que les nègres n'ont pas le sens commun, c'est qu'ils font plus de cas d'un collier de verre que de l'or, qui, chez des nations policées, est d'une si grande conséquence.

Il est impossible que nous supposions que ces gens-là soient des hommes, parce que, si nous les supposions des hommes, on commencerait à croire que nous ne sommes pas nous-mêmes chrétiens.

Montesquieu, *De l'esprit des lois*, Livre XV, chapitre V, 1748.

LACLOS

Auteur des *Liaisons dangereuses* (1782), Choderlos de Laclos (1741-1803) passa longtemps pour un libertin, ce que semble démentir son mode de vie et le fait qu'il ait participé à un concours académique, sur le perfectionnement de l'éducation des femmes (1783).

Des femmes et de leur éducation

INÉGALITÉ DES SEXES

Voici un passage du début de ce discours inachevé.

Ô femmes ! approchez et venez m'entendre. Que votre curiosité, dirigée une fois sur des objets utiles, contemple les avantages que vous avait donnés la nature et que la société vous a ravis. Venez apprendre comment, nées compagnes de l'homme, vous êtes devenues son esclave ; comment, tombées dans cet état abject, vous êtes parvenues à vous y plaire, à le regarder comme votre état naturel ; comment enfin, dégradées de plus en plus par une longue habitude de l'esclavage, vous en avez préféré les vices avilissants mais commodes aux vertus plus pénibles d'un être libre et respectable. Si ce tableau fidèlement tracé vous laisse de sang-froid, si vous pouvez le considérer sans émotion, retournez à vos occupations futiles. *Le mal est sans remède, les vices se sont changés en mœurs*[1]. Mais si au récit de vos malheurs et de vos pertes, vous rougissez de honte et de colère, si des larmes d'indignation s'échappent de vos yeux, si vous brûlez du noble désir de ressaisir vos avantages, de rentrer dans la plénitude de votre être, ne vous laissez plus abuser par de trompeuses promesses, n'attendez point les secours des hommes auteurs de vos maux : ils n'ont ni la volonté, ni la puissance de les finir, et comment pourraient-ils vouloir former des femmes devant lesquelles ils seraient forcés de rougir ? Apprenez qu'on ne sort de l'esclavage que par une grande révolution. Cette révolution est-elle possible ? C'est à vous seules à le dire puisqu'elle dépend de votre courage. Est-elle vraisemblable ? Je me tais sur cette question ; mais jusqu'à ce qu'elle soit arrivée, et tant que les hommes régleront votre sort, je serai autorisé à dire, et il me sera facile de prouver qu'*il n'est aucun moyen de perfectionner l'éducation des femmes*.

Laclos, *Des femmes et de leur éducation*, 1783.

Activités

1. Pourquoi Laclos apostrophe-t-il les femmes ?
2. Quel sens faut-il donner au mot « révolution » ?
3. Étudiez l'éloquence de ce passage.
4. Adoptez dans un dialogue le point de vue de l'autre sexe sur un thème polémique (inégalité des salaires, grossesse, etc.).

1. Citation de Sénèque, mise en exergue du Discours.

ROUSSEAU

Citoyen de Genève, autodidacte génial, Jean-Jacques Rousseau (1712-1778) s'inscrit à la fois dans et contre les Lumières françaises. Après des essais philosophiques et un roman (*La Nouvelle Héloïse*, 1761), il se consacra essentiellement à se justifier à travers des écrits autobiographiques.

Sur l'origine et les fondements de l'inégalité parmi les hommes

INÉGALITÉ

Le Discours sur l'origine et les fondements de l'inégalité *répond à un concours de l'Académie de Dijon.*

Activités

1. **Définissez les deux types d'inégalités distingués par Rousseau.**
2. **Quelles seraient, selon vous, les grandes inégalités actuelles ?**

Je conçois dans l'Espèce humaine deux sortes d'inégalité ; l'une que j'appelle naturelle ou Physique, parce qu'elle est établie par la Nature, et qui consiste dans la différence des âges, de la santé, des forces du Corps, et des qualités de l'Esprit, ou de l'Âme ; l'autre qu'on peut appeller inégalité morale, ou politique, parce qu'elle dépend d'une sorte de convention, et qu'elle est établie, ou du moins autorisée par le consentement des Hommes. Celle-ci consiste dans les différents Privilèges, dont quelques-uns jouissent, au préjudice des autres, comme d'être plus riches, plus honorés, plus Puissants qu'eux, ou même de s'en faire obéir.

On ne peut pas demander quelle est la source de l'inégalité Naturelle, parce que la réponse se trouverait énoncée dans la simple définition du mot : on peut encore moins chercher, s'il n'y aurait point quelque liaison essentielle entre les deux inégalités ; car ce serait demander, en d'autres termes, si ceux qui commandent valent nécessairement mieux que ceux qui obéissent, et si la force du Corps ou de l'Esprit, la sagesse ou la vertu, se trouvent toujours dans les mêmes individus, en proportion de la Puissance, ou de la Richesse : Question bonne peut-être à agiter entre des Esclaves entendus de leurs maîtres, mais qui ne convient pas à des Hommes raisonnables et libres, qui cherchent la vérité.

Rousseau, *Discours sur l'origine et les fondements de l'inégalité parmi les hommes*, 1755.

La circulation des idées

Les *Lumières* ne peuvent se réduire aux œuvres de quelques grands écrivains et philosophes. Elles sont inséparables de leur diffusion orale et écrite, de la formation d'une opinion publique.

Le salon de Mme Geoffrin (1699-1777), l'un des plus célèbres vers 1730.

La presse

Apparue au XVIIe siècle, la presse passe de 200 titres à près de 900. Par le relais des domestiques, des cafés, des salles de lecture, certaines couches populaires urbaines sont touchées, surtout à la veille de la Révolution. Le premier quotidien français *(Journal de Paris)* est lancé en 1777.

Les cafés

Moins populaires que les cabarets, les cafés offrent à leurs clients des journaux, des partenaires de jeux et de discussions philosophiques, littéraires, politiques. Diderot situe sa rencontre avec *le Neveu de Rameau* dans un café du Palais-Royal **[voir p. 273]**.

Les salons

Les grands salons, animés par des femmes (Mmes de Lambert, du Deffand, de Lespinasse, Geoffrin, etc.), et qui accueillent parisiens, provinciaux, étrangers…, caractérisent le siècle, en mêlant l'élite intellectuelle et mondaine. C'est certainement à ce public rompu à l'art de la conversation, mais vite ennuyé, que pensaient d'abord les auteurs français en écrivant. Rousseau, par exemple, ne s'y sentit jamais à l'aise *(les Confessions)*.

Autres lieux de sociabilité

Il faut y ajouter, pour comprendre le triomphe progressif des *Lumières* après 1750, les académies, les sociétés littéraires, les clubs, les loges maçonniques importées d'Angleterre (de 1727 à 1790, environ 50 000 initiés). Les réunions maçonniques, d'abord interdites, furent ensuite officialisées.

Littérature clandestine

L'État contrôle l'imprimé, par le biais d'une autorisation d'éditer (un *privilège*). Mais circulent aussi des manuscrits hétérodoxes coûteux ; des livres (moins chers) reproduisant illégalement des ouvrages autorisés ; et des livres interdits, donc clandestins, édités en France ou à l'étranger (livres subversifs ou pornographiques, transportés par des colporteurs qui risquent prison ou galères). En 1764, sur 1 500 titres français édités en France ou à l'étranger, 40 % sont autorisés, 60 % ont une permission tacite ou sont clandestins, car l'État s'efforce de ne pas trop nuire aux intérêts économiques de l'édition française. Jusqu'au dernier tiers du siècle, il traque moins les philosophes que les contestataires religieux (jansénistes, protestants).

Activités

1. Faites une enquête sur les droits d'auteur aujourd'hui, le pouvoir de l'État, et la censure.
2. À propos des lieux et des modes de circulation des idées, lire *La langue, le roi, l'écrivain* p. 125, *Le journaliste* p. 413, *Informer et apprendre* p. 425, *Écrire et lire* p. 433, *Édition et prix* p. 584.

SAINT-JUST

Ami et collaborateur de Robespierre (1758-1794), guillotiné avec lui, Louis Antoine de Saint-Just (1767-1794) fut l'un des plus jeunes théoriciens de la Révolution française. Ses œuvres oratoires, concises et violentes, firent de lui une des plus vigoureuses figures de la Révolution.

Discours

POLITIQUE

Cet extrait de discours est typique de la politique de Terreur révolutionnaire animée par Robespierre.

Jusqu'à quand serons-nous dupes, et de nos ennemis intérieurs par l'indulgence déplacée, et des ennemis du dehors dont nous favorisons les projets par notre faiblesse ? Épargnez l'aristocratie, et vous vous préparerez cinquante ans de troubles. *Osez !* ce mot renferme toute la politique de votre révolution.

L'étranger veut régner chez nous par la discorde : étouffons-la en séquestrant nos ennemis et ses partisans. Rendons guerre pour guerre. Nos ennemis ne peuvent plus nous résister longtemps ; ils nous font la guerre pour s'entre-détruire. *Pitt veut détruire la maison d'Autriche, celle-ci la Prusse, tous ensemble l'Espagne ; et cette affreuse et fausse alliance veut détruire les Républiques de l'Europe.*

Pour vous, détruisez le parti rebelle ; bronzez la liberté ; vengez les patriotes victimes de l'intrigue ; mettez le bon sens et la modestie à l'ordre du jour ; ne souffrez point qu'il y ait un malheureux ni un pauvre dans l'État : ce n'est qu'à ce prix que vous aurez fait une révolution et une République véritable : eh ! qui vous saurait gré du malheur des bons et du bonheur des méchants ?

Vos Comités[1] vous présentent le décret suivant :

ARTICLE PREMIER. – Le Comité de sûreté générale est investi du pouvoir de mettre en liberté les patriotes détenus. Toute personne qui réclamera sa liberté, rendra compte de sa conduite depuis le 1er mai 1789.

ART II. – Les propriétés des patriotes sont inviolables et sacrées. Les biens des personnes reconnues ennemis de la Révolution seront séquestrés au profit de la République ; ces personnes seront détenues jusqu'à la paix, et bannies ensuite à perpétuité.

Saint-Just, *Discours*, 26 février 1794.

Activités

1. **Quels sont le destinataire* et le destinateur* de ce discours ?**
2. **Quels sont les procédés de l'appel à l'action (type de phrases, figures de style et de rhétorique, exemples, etc.) ?**
3.  **Imaginez une prise de parole d'un représentant de votre classe appelant à : la révolte, la grève, une manifestation, etc.**

1. Organes chargés d'exécuter les décrets votés par les députés.

SADE

Le marquis de Sade (1740-1814) passa une part de sa vie en prison, avant 1789 et sous Napoléon, pour outrages aux mœurs. Ses romans, interdits à la publication jusqu'à une date récente, mêlent fiction et discours philosophiques violemment provocateurs.

La Philosophie dans le boudoir

MORALE

Pour ne pas citer les descriptions de travaux pratiques, voici un discours extrait de La Philosophie dans le boudoir *(1795), initiation d'une jeune fille au libertinage sadien.*

DOLMANCÉ[1]. – Ah ! renonce aux vertus, Eugénie[2] ! Est-il un seul des sacrifices qu'on puisse faire à ces fausses divinités, qui vaille une minute des plaisirs que l'on goûte en les outrageant ? Va, la vertu n'est qu'une chimère, dont le culte ne consiste qu'en des immolations perpétuelles, qu'en des révoltes sans nombre contre les inspirations du tempérament. De tels mouvements peuvent-ils être naturels ? La nature conseille-t-elle ce qui l'outrage ? Ne sois pas la dupe, Eugénie, de ces femmes que tu entends nommer vertueuses. Ce ne sont pas, si tu veux, les mêmes passions que nous qu'elles servent, mais elles en ont d'autres, et souvent bien plus méprisables… C'est l'ambition, c'est l'orgueil, ce sont des intérêts particuliers, souvent encore la froideur seule d'un tempérament qui ne leur conseille rien. Devons-nous quelque chose à de pareils êtres, je le demande ? N'ont-elles pas suivi les uniques impressions de l'amour de soi ? Est-il donc meilleur, plus sage, plus à propos de sacrifier à l'égoïsme qu'aux passions ? Pour moi, je crois que l'un vaut bien l'autre ; et qui n'écoute que cette dernière voix a bien plus de raisons sans doute, puisqu'elle est seule l'organe de la nature, tandis que l'autre n'est que celle de la sottise et du préjugé.

Sade, *La Philosophie dans le boudoir*, 1795.

Activités

1. **Quel est le procédé oratoire le plus fréquent dans ce passage ? Quel en est l'effet ?**
2. **Faites l'inventaire des arguments de Dolmancé contre la morale.**
3. **Qu'est-ce que Dolmancé entend par « nature » ?**

1. Nom du maître libertin.
2. La jeune élève très zélée.

CONDORCET

Antoine de Condorcet (1743-1794), mathématicien, philosophe et homme politique, fut accusé d'être Girondin pendant la Terreur. Il écrivit clandestinement son œuvre principale dans laquelle il affirme le rôle essentiel de l'Éducation dans le progrès intellectuel. Arrêté, il se suicida.

Esquisse d'un tableau historique des progrès de l'esprit humain

HISTOIRE

Condorcet a laissé de nombreux écrits, dont l'Esquisse d'un tableau historique de l'esprit humain *(1795). Il décrit ici l'époque des Lumières.*

En Angleterre Collins et Bolingbroke, en France Bayle, Fontenelle, Voltaire, Montesquieu et les écoles formées par ces hommes célèbres combattirent en faveur de la vérité ; employant tour à tour toutes les armes que l'érudition, la philosophie, l'esprit, le talent d'écrire peuvent fournir à la raison ; prenant tous les tons, employant toutes les formes, depuis la plaisanterie jusqu'au pathétique, depuis la compilation la plus savante et la plus vaste jusqu'au roman ou au pamphlet du jour ; couvrant la vérité d'un voile qui ménageait les yeux trop faibles, et laissait le plaisir de la deviner ; caressant les préjugés avec adresse pour leur porter des coups plus certains ; n'en menaçant presque jamais, ni plusieurs à la fois, ni même un seul tout entier ; consolant quelquefois les ennemis de la raison, en paraissant ne vouloir dans la religion qu'une demi-tolérance, dans la politique qu'une demi-liberté ; ménageant le despotisme quand ils combattaient les absurdités religieuses, et le culte quand ils s'élevaient contre la tyrannie ; attaquant ces deux fléaux dans leur principe, quand même ils paraissaient n'en vouloir qu'à des abus révoltants ou ridicules, et frappant ces arbres funestes dans leurs racines, quand ils semblaient se borner à en élaguer quelques branches égarées.

Condorcet, *Esquisse d'un tableau historique des progrès de l'esprit humain*, 1795.

Activités

1. **Quelles sont, d'après l'auteur, les grandes valeurs des Lumières, et leurs cibles ?**
2. **Quelle fut selon lui la méthode des philosophes français avant 1789 ?**
3. **Cherchez dans cette anthologie des textes illustrant le propos de Condorcet.**

CARICATURE

Voltaire **[voir p. 195]** et Rousseau **[voir p. 206]**, figures emblématiques des Lumières s'opposaient sur tout : l'un devenu immensément riche par ses spéculations, finit en gentilhomme terrien à la frontière suisse (Voltaire à Ferney) ; l'autre, citoyen de Genève, gagnait sa vie en copiant de la musique, affichait ses origines plébéiennes et proclamait ses convictions démocratiques, notamment dans *Le Contrat social*.

AFFRONTEMENT

Les deux hommes de lettres ennemis sont ici représentés au cours d'un affrontement symbolique : à gauche, Rousseau ; à droite Voltaire.

Activités

1. **Documentez-vous sur les idées et les positions respectives de Voltaire et Rousseau pour comprendre en quoi ils s'opposaient ?**
2. **Où se situe le travail de la caricature dans cette page ? Quels en sont les procédés ?**

Mémoires et écriture de soi

La montée de l'individualisme au XVIIIe siècle favorise l'écriture de soi. Mais ce terme générique ne doit pas masquer les immenses différences entre les mémoires aristocratiques de Saint-Simon, à visée historique, les autobiographies de Rousseau, Ménétra, Casanova, et les témoignages sous forme subjective de Defoe et Rétif.

DEFOE

Romancier et poète anglais, auteur de *Robinson Crusoé* (1719), Daniel Defoe (1660-1731) composa en la seule année 1722 trois romans (dont *Moll Flanders*), qui font de lui un maître incontesté du récit.

Journal de l'année de la peste

NARRATION

Le Journal de l'année de la peste *est une œuvre de fiction donnée pour un témoignage authentique : le narrateur, un commerçant, raconte minutieusement la peste qui décima Londres en 1664-1665.*

Tandis que l'on chauffait le lit, la mère déshabilla la jeune fille[1] et, aussitôt que celle-ci fut étendue, elle, examinant le corps à la lueur d'une bougie, découvrit immédiatement les signes fatals à l'intérieur des cuisses. Incapable de se contenir, elle jeta la bougie et se mit à pousser des cris si effrayants qu'ils auraient suffi à emplir d'horreur le cœur le plus ferme. Ce ne fut pas un cri ou un hurlement unique : l'effroi s'étant emparé de ses esprits, elle tomba tout d'abord en pâmoison ; mais, sortie de son évanouissement, elle courut par toute la maison, montant et descendant l'escalier comme une folle, et elle l'était en effet ; elle continua ainsi de crier et de hurler durant des heures, ayant perdu toute raison ou du moins toute maîtrise de ses sens. Elle ne la recouvra d'ailleurs jamais entièrement, m'a-t-on dit. Quant à la jeune fille, c'était déjà une morte, car la gangrène qui produit les taches s'était étendue à tout le corps, et le décès se produisit dans les deux heures. Et la mère continua de crier, ne sachant rien de plus sur son enfant, plusieurs heures encore après qu'elle fut morte. Cela se passait il y a si longtemps que je n'en suis plus très certain, mais je crois bien que la mère ne se remit jamais et qu'elle mourut deux ou trois semaines après.

C'était là un cas extraordinaire, c'est pourquoi en ayant eu si pleine connaissance je m'y attache plus particulièrement ; or, il y en eut beaucoup de semblables, et il était rare que le bulletin parût sans qu'y figurassent deux ou trois décès sous la rubrique « peur », et l'on pouvait bien dire que ceux-là étaient morts de peur.

Defoe, *Journal de l'année de la peste*, 1722.

Activités

1. **Classez les principaux procédés littéraires destinés à authentifier le récit.**
2. **Relevez les indices temporels et étudiez leur fonction.**
3. **Comment le narrateur dramatise-t-il son récit ?**

1. Sa mère vient de découvrir sur elle des signes de la peste.

SAINT-SIMON

Le duc de Saint-Simon (1675-1755) s'est rendu fameux par ses *Mémoires*, qui font revivre par le menu des milliers de personnages du règne de Louis XIV et de la Régence. Ils ne furent publiés intégralement qu'au XIXe siècle (en 1830).

Mémoires

PORTRAIT

Le récit de l'année 1715 est un récapitulatif du règne et un journal de la mort de Louis XIV. Saint-Simon évoque ici la construction du château de Marly-le-Roi (1680-90), pour nourrir le portrait qu'il trace du roi.

Peu à peu l'ermitage[1] fut augmenté ; d'accroissement en accroissement les collines taillées pour faire place et y bâtir, et celle du bout largement emportée pour donner au moins une échappée de vue fort imparfaite. Enfin, en bâtiments, en jardins, en eaux, en aqueducs, en ce qui est si connu et si curieux sous le nom de machine de Marly[2] ; en parc, en forêt ornée et renfermée, en statues, en meubles précieux, Marly est devenu ce qu'on le voit encore ; tout dépouillé qu'il est depuis la mort du roi. En forêts toutes venues, et touffues qu'on y a apportées en grands arbres de Compiègne, et de bien plus loin sans cesse, dont plus des trois quarts mouroient, et qu'on remplaçoit aussitôt ; en vastes espaces de bois épais et d'allées obscures, subitement changées en immenses pièces d'eau où on se promenoit en gondoles, puis remises en forêts à n'y pas voir le jour dès le moment qu'on les plantoit, je parle de ce que j'ai vu en six semaines ; en bassins changés cent fois ; en cascades de même à figures successives et toutes différentes ; en séjours de carpes, ornés de dorures et de peintures les plus exquises, à peine achevées, rechangées et rétablies autrement par les mêmes maîtres, et cela une infinité de fois, cette prodigieuse machine dont on vient de parler, avec ses immenses aqueducs, ses conduits et ses réservoirs monstrueux, uniquement consacrée à Marly sans plus porter d'eau à Versailles ; c'est peu de dire que Versailles tel qu'on l'a vu n'a pas coûté Marly.

Saint-Simon, *Mémoires*, 1715.

Activités

1. **Analysez et commentez la structure de la longue phrase du passage.**
2. **Dans quelle mesure le château de Marly vaut-il comme portrait du roi ?**

1. Premier état modeste du château.
2. Destinée à apporter de l'eau à Versailles.

ROUSSEAU

Jean-Jacques Rousseau (1712-1778, [voir p. 206]), hanté par l'idée d'un complot dirigé contre lui et voulant se justifier de ses fautes devant la postérité, a consacré la fin de sa vie à des écrits autobiographiques.

Les Confessions

AUTOBIOGRAPHIE

Les Confessions, commencées en 1764, ne furent publiées qu'après la mort de Rousseau (Livres I à VI en 1782, VII à XII en 1789). En voici le début, précédé de la fin du préambule.

Être éternel, rassemble autour de moi l'innombrable foule de mes semblables ; qu'ils écoutent mes confessions, qu'ils gémissent de mes indignités, qu'ils rougissent de mes misères. Que chacun d'eux découvre à son tour son cœur aux pieds de ton trône avec la même sincérité ; et puis qu'un seul te dise, s'il l'ose : *Je fus meilleur que cet homme-là.*

Je suis né à Genève en 1712, d'Isaac Rousseau, Citoyen[1], et de Suzanne Bernard, Citoyenne. Un bien fort médiocre à partager entre quinze enfants, ayant réduit presque à rien la portion de mon père, il n'avait pour subsister que son métier d'horloger, dans lequel il était à la vérité fort habile. Ma mère, fille du ministre[2] Bernard, était plus riche ; elle avait de la sagesse et de la beauté : ce n'était pas sans peine que mon père l'avait obtenue. Leurs amours avaient commencé presque avec leur vie : dès l'âge de huit à neuf ans ils se promenaient ensemble tous les soirs sur la Treille ; à dix ans ils ne pouvaient plus se quitter. La sympathie, l'accord des âmes affermit en eux le sentiment qu'avait produit l'habitude. Tous deux, nés tendres et sensibles, n'attendaient que le moment de trouver dans un autre la même disposition, ou plutôt ce moment les attendait eux-mêmes, et chacun d'eux jeta son cœur, dans le premier qui s'ouvrit pour le recevoir. Le sort, qui semblait contrarier leur passion, ne fit que l'animer. Le jeune amant, ne pouvant obtenir sa maîtresse, se consumait de douleur ; elle lui conseilla de voyager pour l'oublier. Il voyagea sans fruit, et revint plus amoureux que jamais. Il retrouva celle qu'il aimait tendre et fidèle. Après cette épreuve, il ne restait qu'à s'aimer toute la vie ; ils le jurèrent, et le ciel bénit leur serment.

Rousseau, *Les Confessions*, Livre 1, 1782-1788.

Activités

1. **Comparez le programme autobiographique de Rousseau avec celui de Ménétra [voir p. 216].**
2. **Comment Rousseau (se) représente-t-il ses parents ?**
3. **Pour comparer ces *Mémoires* avec ceux d'un aristocrate, lisez le chap. I du Livre I des *Mémoires d'outre-tombe* de Chateaubriand (« Je suis né gentilhomme »).**

1. Les citoyens étaient ceux ayant droit de vote dans la République. Jean-Jacques aime signer « Citoyen de Genève ».
2. Pasteur protestant.

MÉNÉTRA

Né en 1738, vitrier, Jacques-Louis Ménétra commence son tour de France professionnel en 1757 et s'installe à Paris en 1764. Cet artisan a dû rencontrer Rousseau en 1771.

Journal de ma vie

AUTOBIOGRAPHIE

Ménétra a laissé un Journal manuscrit, sans ponctuation, écrit phonétiquement. Cette édition ne ponctue pas, mais sépare les phrases, inscrit des paragraphes, et modernise l'orthographe de cette « autobiographie en godasses et en sabots » (D. Roche).

Journal de ma vie écrit
pour moi en l'an 1764
Ménétra
Le tout sans ostentation et sans réflexion

Écrire la vérité selon moi cela doit être ni parler d'armes et de blasons oublier ce qu'étaient ses ancêtres et de ces vains titres n'en décorer son nom

Je suis né le 13 juillet 1738 natif de cette grande cité[1] Mon père était de la classe de ceux qu'on nomme artisans ordinairement Il professait l'état de vitrier C'est donc de lui que j'établirai la souche de ma famille et ne parlerai nullement de mes ancêtres Mon père se maria et s'établit en même temps et épousa une fille vertueuse qui lui donna quatre enfants trois filles et un garçon dont c'est de moi que je vais écrire toutes les petites fredaines

Mon père devient veuf que j'avais deux ans L'on m'avait mis en nourrice Ma grand-mère qui m'a toujours beaucoup aimé et même idolâtré, sachant que la nourrice où j'étais était gâtée[2], (elle)[3] me vint chercher et après être guéri me remit en nourrice [ou][3] Je retombai chez une assez bonne femme qui m'apprit de bonne heure l'état de mendier Elle avait pour nourrisson un muet que l'on dit que je copiais à merveille Ma mère[4] et mon parrain étant venus pour me voir et m'apporter un cordon[5] de l'ordre de Saint-François car ils m'avaient voué à tous les saints me trouvèrent dans une église leur demandant la calistade[6] Ils me remmenèrent et depuis ce moment jusqu'à l'âge de onze ans je demeurai chez ma bonne grand-mère

Ménétra, *Journal de ma vie*, 1764.

Activités

1. **À quels types de mémoires ce projet autobiographique s'oppose-t-il nettement ?**
2. **Relevez les marques stylistiques du refus de l'« ostentation ». La simplicité exclut-elle la malice ? Pourquoi ?**
3. **Rédigez la première page de votre autobiographie.**
4. **Réécrivez ce texte dans la langue du XXIe siècle.**

1. Paris.
2. Vérolée
3. Parenthèses et crochets sont de l'éditeur.
4. Sa grand-mère maternelle.
5. Symbole franciscain de la dévotion à l'Enfant-Jésus.
6. Charité (en provençal).

CASANOVA

D'abord destiné à entrer dans les ordres, le Vénitien Giacomo Casanova (1725-1798) fut tour à tour soldat, intrigant, diplomate, financier, voyageant dans toute l'Europe et collectionnant les conquêtes amoureuses. Il immortalisa ses mille aventures dans ses *Mémoires*, écrits en français.

Histoire de ma vie

LIBERTINAGE

Le libertinage de Casanova, dont voici un exemple, n'attaque ni la religion, ni les femmes, ni l'amour, contrairement aux héros cruels de Crébillon et Laclos **[voir pp. 270 et 238]**

Cultiver les plaisirs de mes sens fut dans toute ma vie ma principale affaire ; je n'en ai jamais eu de plus importante. Me sentant né pour le sexe différent du mien, je l'ai toujours aimé, et je m'en suis fait aimer tant que j'ai pu. J'ai aussi aimé la bonne table avec transport, et passionnément tous les objets faits pour exciter la curiosité.

J'eus des amis qui me firent du bien, et je fus assez heureux de pouvoir en toute occasion leur donner des marques de ma reconnaissance ; et j'eus de détestables ennemis qui m'ont persécuté, et que je n'ai pas exterminés parce que je ne l'ai pas pu. Je ne leur aurais jamais pardonné, si je n'eusse oublié le mal qu'ils m'ont fait. L'homme qui oublie une injure ne l'a pas pardonnée, il l'a oubliée ; car le pardon part d'un sentiment héroïque, d'un cœur noble et d'un esprit généreux, tandis que l'oubli vient d'une faiblesse de mémoire, ou d'une douce nonchalance amie d'une âme pacifique, et souvent d'un besoin de calme et de paix ; car la haine, à la longue, tue le malheureux qui se plaît à la nourrir.

Si on m'appelle sensuel on aura tort, car la force de mes sens ne m'a jamais arraché à mes devoirs, quand j'en ai eu. Par la même raison on n'aurait jamais dû appeler Homère ivrogne : *Laudibus arguitur vini vinosus Homerus* *.

J'ai aimé les mets au haut goût : le pâté de macaroni fait par un bon cuisinier napolitain, l'*Ogliapotrida*, la morue de Terre-Neuve bien gluante. [...] Pour ce qui regarde les femmes, j'ai toujours trouvé que celle que j'aimais sentait bon, et plus sa transpiration était forte plus elle me semblait suave.

Quel goût dépravé ! Quelle honte de se le reconnaître, et de ne pas en rougir !

Casanova, *Histoire de ma vie*, Préface, 1787.

Activités

1. **Définissez les différentes passions évoquées.**
2. **Montrez comment ce texte conjugue provocation et justification.**
3. **En quoi consiste le libertinage de Casanova ?**

* « C'était pour honorer ce poète divin Qu'on l'accusa de trop aimer le vin. »

Horace, *Épîtres*, I, 19, 6.

RÉTIF DE LA BRETONNE

Typographe de métier, écrivain prodigieusement fécond, Rétif de la Bretonne (1734-1806) a écrit un très grand nombre de romans, pièces de théâtre, autobiographies (*Monsieur Nicolas*, 1797), projets de réformes et utopies.

Les Nuits de Paris

NARRATION

Rétif avait d'abord pensé à un autre titre : Les Mille et Une Nuits françaises. *Il écrira ensuite des* Nuits révolutionnaires.

Hibou ! Combien de fois tes cris funèbres ne m'ont-ils pas fait tressaillir, dans l'ombre de la nuit ! Triste et solitaire, comme toi, j'errais seul, au milieu des ténèbres, dans cette capitale immense : la lueur des réverbères, tranchant avec les ombres, ne les détruit pas, elle les rend plus saillantes ; c'est le clair-obscur des grands peintres ! J'errais seul, pour connaître l'Homme… Que de choses à voir, lorsque tous les yeux sont fermés * ! Citoyens paisibles ! j'ai veillé pour vous ; j'ai couru seul les nuits pour vous ! Pour vous, je suis entré dans les repaires du vice et du crime. Mais je suis un traître pour le vice et pour le crime ; je vais vous vendre ses secrets… Pour vous, je l'ai guetté à toutes les heures de la nuit, et je ne l'ai quitté, que lorsque l'aurore le chassait, avec les ténèbres ses fauteurs… Ô jeune et tendre beauté, qui dors tranquille sous la garde sacrée d'une mère vigilante, tu ne sauras jamais ce qu'endurent les infortunées de ton sexe, de ton âge, de ta beauté, de ton innocence !… Mais pourquoi ne le saurais-tu pas ? Je veux t'instruire. Je veux que tu frissonnes, en t'applaudissant de ton bonheur !…

Rétif de la Bretonne, *Les Nuits de Paris*, 1786-1788.

Activités

1. **Quelles fonctions le philosophe-hibou s'attribue-t-il ?**
2. **Comment définir les registres du texte ?**
3. **Quel grand romancier du XIXe siècle se propose aussi de dévoiler les secrets et vices de Paris ?**

* Sujet de la 1re figure.
Le Hibou-Spectateur, marchant la nuit dans les rues de la capitale. On voit au-dessus de sa tête, voler le Hibou, et dans les rues, un enlèvement de filles ; des voleurs qui crochètent une porte ; le guet à cheval et le guet à pied.
« Que de choses à voir, lorsque tous les yeux sont fermés ! »[1]

1. Note de l'auteur en vue d'éventuelles estampes.

Récits d'ailleurs

Les récits de voyages, rassemblés en énormes collections, sont une forme importante des Lumières, qui s'interrogent sur la diversité des coutumes, des formes politiques et des religions. On propose ici trois exemples de cette influence : un récit de voyage imaginaire ; un véritable journal de navigateur et une réflexion philosophique en marge d'un authentique voyage.

SWIFT

Ecclésiastique et écrivain irlandais de langue anglaise, Jonathan Swift (1667-1745) est un maître de l'ironie et de la satire. Il a écrit de nombreux pamphlets (anonymes), des poèmes, le *Conte du Tonneau* (1704), *Conseils aux domestiques* (1731), etc.

Voyages de Gulliver

VOYAGE EXTRAORDINAIRE

Les Voyages de Gulliver *(1726, traduits en français en 1727) sont l'œuvre capitale de Swift, dont le* Voyage chez les Houyhnhnms *forme la dernière Partie. On reproduit ici un passage du premier chapitre.*

Les deux chevaux[1] s'approchèrent de moi, et considérèrent avec une grande attention mon visage et mes mains. Le destrier gris promena le sabot de sa patte droite sur toute la surface de mon chapeau et me le bossela de telle façon que je dus l'ôter pour le mettre en forme ; puis je me couvris. Il me regardait faire avec ébahissement, de même que son compagnon, un alezan foncé. Celui-ci tâta les pans de ma veste, et, constatant qu'ils flottaient autour de mon corps, il donna de nouveaux signes de surprise. L'autre aussi. Il me caressa la main droite, semblant en admirer la douceur et la couleur, mais il me la serra si fort entre le sabot et le paturon[2] que je ne pus retenir un hurlement ; après quoi il s'efforçèrent de me tâter tout doucement. C'étaient surtout mes bas et mes souliers qui les intriguaient ; ils n'arrêtaient pas de les palper, s'adressant des hennissements l'un à l'autre et faisant différents gestes du sabot ; on eût dit des philosophes en présence d'un problème inconnu et difficile.

Somme toute, le comportement de ces animaux était si logique et rationnel, si sagace et judicieux, que ma conclusion dernière fut que j'avais sûrement affaire à des magiciens, qui, pour une raison ou pour une autre, s'étaient métamorphosés de la sorte, et qui, trouvant en chemin un étranger, avaient décidé de s'amuser à ses dépens.

Swift, *Voyages de Gulliver,* Quatrième partie, chapitre 1, 1726.

Activités

1. **Quel sont les procédés ironiques de ce passage ?**
2. **Imaginez, sous forme de récit, de dialogue ou de B.D., la rencontre entre un homme et un être d'une autre planète.**
3. **Comparez ce texte à ceux de Cyrano [voir p. 161] et Veiras [voir p. 169]. Analysez et commentez leurs différences.**

1. Ce sont des Houyhnhnms (de homo/homme ?), des chevaux raisonnables. Leurs serviteurs sont des Hnms (sans voyelles, donc).
2. Partie de la jambe du cheval.

LAPÉROUSE

Le comte de Lapérouse (1741-1788) a laissé le *Journal* de son voyage d'exploration maritime autour du monde (1785-1788), terminé tragiquement en 1788, à Vanikoro dans le Pacifique.

Voyage autour du monde

VOYAGE

Le Voyage autour du monde *fut édité en 1797, sur décret de l'Assemblée Constituante (1791). Lapérouse décrit ici les mœurs des habitants de l'île de Manua (archipel des Samoa).*

Des arbres à pain, des cocos, des bananes, des goyaves, des oranges présentaient à ces peuples fortunés une nourriture saine et abondante ; des poules, des cochons, des chiens, qui vivaient de l'excédent de ces fruits, leur offraient une agréable variété de mets. Ils étaient si riches, ils avaient si peu de besoins qu'ils dédaignaient nos instruments de fer et nos étoffes et ne voulaient que des rassades[1] : comblés de biens réels, ils ne désiraient que des inutilités.

Ils avaient vendu, à notre marché, plus de deux cents pigeons ramiers privés qui ne voulaient manger que dans la main ; ils avaient aussi échangé les tourterelles et les perruches les plus charmantes, aussi privées que les pigeons. Quelle imagination ne se peindrait le bonheur dans un séjour aussi délicieux ! Ces insulaires, disions-nous sans cesse, sont sans doute les plus heureux habitants de la terre ; entourés de leurs femmes et de leurs enfants, ils coulent au sein du repos des jours purs et tranquilles ; ils n'ont d'autre soin que celui d'élever des oiseaux et, comme le premier homme, de cueillir sans aucun travail les fruits qui croissent sur leurs têtes. Nous nous trompions ; ce beau séjour n'était pas celui de l'innocence : nous n'apercevions, à la vérité, aucune arme ; mais les corps de ces Indiens, couverts de cicatrices, prouvaient qu'ils étaient souvent en guerre ou en querelle entre eux ; et leurs traits annonçaient une férocité qu'on n'apercevait pas dans les traits des femmes. La nature avait sans doute laissé cette empreinte sur la figure de ces Indiens pour avertir que l'homme presque sauvage et dans l'anarchie est un être plus méchant que les animaux les plus féroces.

Lapérouse, *Voyage autour du monde*, 1797.

Activités

1. **Sur quelles oppositions ce passage est-il construit ?**
2. **À quel mythe Lapérouse s'oppose-t-il ici ?**
3. **Rédigez une lettre qu'un indigène aurait pu écrire pour décrire et juger Lapérouse et ses hommes.**

1. Verroterie.

Récits de voyage et Utopies

Les *Lumières* critiquent les traditions et les préjugés en interrogeant l'Histoire, mais aussi les autres peuples. Elles poursuivent ainsi la tradition des récits de voyage, en plein essor à partir du XVIe siècle, grâce à l'imprimerie et aux grandes découvertes maritimes, qui révèlent des mondes inconnus [voir p. 81].

Illustration du Voyage de Bougainville *(1729-1827), l'un des plus célèbres récits de voyage du XVIIIe siècle. Ici, une case d'indiens tagal, près de Manille.*

Nature et civilisation

La réflexion des libertins au XVIIe, des philosophes au XVIIIe, se fixe sur les peuples étrangers au christianisme : peuplades proches de l'état de nature, ou nations hautement civilisées, telle la Chine. La figure du Sauvage, comme celle du Chinois, est tantôt idéalisée (pour dénoncer les travers européens), tantôt décrite moins complaisamment. Il ne faut surtout pas réduire les *Lumières* (ni Rousseau !) au mythe du Bon Sauvage [voir p. 206].

Pays de nulle part

On distinguait mal, sous l'Ancien Régime, récits de voyage et utopies. L'utopie moderne, fondée en Angleterre par Thomas More en 1516 (voir p. 65), est la description d'une cité idéale et inconnue, contre-modèle de la société réelle. Conçue au départ comme un récit de voyage, elle prendra ensuite diverses formes : roman à épisodes, pièce dramatique, projet de réforme, etc. On compte moins de 10 utopies au XVIIe, 70 au XVIIIe, moins de 40 au XIXe, presque aucune au XVIe. En 1771, L.S. Mercier la transporte dans le futur (*L'An 2440*), en passant de nulle part à plus tard. Fénelon, Montesquieu, Prévost, Marivaux, Voltaire, Sade, voire Rousseau, ont illustré le genre.

« Tous les critiques évoquent le ton sermonneur, la monotonie du genre, la pauvreté de l'invention romanesque dans l'utopie traditionnelle. [...] Dans les premiers écrits utopiques on est frappé par l'absence des éléments propres au roman traditionnel : personnages, action, épisodes, rebondissements, dénouement. [...] Cette monotonie va se répéter [...] pendant deux ou trois siècles : départ de l'aventureux narrateur, inévitable naufrage, découverte providentielle de l'île, visite extasiée, retour au pays. [...] Rien ne se passe en Utopie. »

R. Trousson, *Utopie et esthétique romanesque*, 1978.

Activités

1. Quelle sont les différences essentielles entre l'utopie d'Ancien Régime et la science-fiction du XXe siècle, cinéma compris ?
2. Autour du récit de voyage, voir les pp. 65, 72, 187,220, 408, 575, etc.

DIDEROT

Denis Diderot (1713-1784), **[voir pp. 197, 200, 233, 252]**, le très sérieux directeur de l'*Encyclopédie*, adorait les mystifications littéraires, les idées hardies, mais craignait la prison.

Supplément au voyage de Bougainville

BONS SAUVAGES

Entre 1766 et 1769, L.-A. de Bougainville (1729-1811) accomplit sur la Boudeuse *un des premiers voyages français autour du monde, dont le récit parut en 1771. Dans son* Supplément *(1772-1779), publié en 1796, Diderot fait l'apologie des mœurs naturelles et dénonce le colonialisme.*

C'est un vieillard qui parle. Il était père d'une famille nombreuse. À l'arrivée des Européens, il laissa tomber des regards de dédain sur eux, sans marquer ni étonnement, ni frayeur, ni curiosité. Ils l'abordèrent; il leur tourna le dos et se retira dans sa cabane. Son silence et son souci ne décelaient que trop sa pensée: il gémissait en lui-même sur les beaux jours de son pays éclipsés. Au départ de Bougainville, lorsque les habitants accouraient en foule sur le rivage, s'attachaient à ses vêtements, serraient ses camarades entre leurs bras, et pleuraient, ce vieillard s'avança d'un air sévère, et dit:

« Pleurez malheureux Tahitiens! pleurez; mais que ce soit de l'arrivée, et non du départ de ces hommes ambitieux et méchants: un jour, vous les connaîtrez mieux. Un jour, ils reviendront, le morceau de bois[1] que vous voyez attaché à la ceinture de celui-ci, dans une main et le fer[2] qui pend à côté de celui-là, dans l'autre, vous enchaîner, vous égorger, ou vous assujettir à leurs extravagances et à leurs vices; un jour vous servirez sous eux, aussi corrompus, aussi vils, aussi malheureux qu'eux. Mais je me console; je touche à la fin de ma carrière; et la calamité que je vous annonce, je ne la verrai point. Ô Tahitiens! ô mes amis! Vous auriez un moyen d'échapper à un funeste avenir; mais j'aimerais

1. Le crucifix de l'aumônier du navire.
2. L'épée.

DIDEROT

mieux mourir que de vous en donner le conseil. Qu'ils s'éloignent et qu'ils vivent. »

Puis s'adressant à Bougainville, il ajouta : « Et toi, chef des brigands qui t'obéissent, écarte promptement ton vaisseau de notre rive : nous sommes innocents, nous sommes heureux ; et tu ne peux que nuire à notre bonheur. Nous suivons le pur instinct de la nature ; et tu as tenté d'effacer de nos âmes son caractère. Ici tout est à tous ; et tu nous as prêché je ne sais quelle distinction du *tien* et du *mien*. Nos filles et nos femmes nous sont communes ; tu as partagé ce privilège avec nous ; et tu es venu allumer en elles des fureurs inconnues. Elles sont devenues folles dans tes bras ; tu es devenu féroce entre les leurs. Elles ont commencé à se haïr ; vous vous êtes égorgés pour elles ; elles nous sont revenues teintes de votre sang. Nous sommes libres ; et voilà que tu as enfoui dans notre terre le titre[3] de notre futur esclavage. Tu n'es ni un dieu, ni un démon : qui es-tu donc, pour faire des esclaves ? Orou ! Toi qui entends la langue de ces hommes-là, dis-nous à tous, comme tu me l'as dit à moi-même, ce qu'ils ont écrit sur cette lame de métal : *ce pays est à nous*. Ce pays est à toi ! Et pourquoi ? Parce que tu y as mis le pied ? Si un Tahitien débarquait un jour sur vos côtes, et qu'il gravât sur une de vos pierres ou sur l'écorce d'un de vos arbres : *ce pays est aux habitants de Tahiti*, qu'en penserais-tu ?

3. Bougainville a pris possession de Tahiti en y plantant une « lame de métal ».

Diderot, *Supplément au voyage de Bougainville*, 1772-1779.

Activités

1. **Par quel moyen pourraient-ils « échapper à un funeste avenir » ?**
2. **Dégagez et commentez la composition de ce passage (récit, discours, dialogue...).**
3. **En quoi consiste le bonheur des Tahitiens, et à quoi s'oppose-t-il ?**

Travail et trouvailles du roman

C'est au XVIIIe siècle que le roman devient un genre majeur et massif de la production littéraire. S'il a du mal à trouver place dans l'esthétique classique, faute de règles, et s'il heurte souvent la morale, il est pratiqué par presque tous les grands écrivains. Deux formes dominent : le roman par lettres et les pseudo-mémoires, mais le récit à la troisième personne n'est pas absent.

ROBERT CHALLE

Robert Challe (1659-1721) est l'auteur d'un traité déiste **[voir p. 193]**, du *Journal d'un voyage aux Indes Orientales* (1721), et d'un roman.

Les Illustres Françaises

NARRATION

Dans Les Illustres Françaises *(1713), sept narrateurs se racontent l'histoire de leur amour, heureux ou malheureux. La dernière Histoire s'oppose aux autres par le libertinage du narrateur, Dupuis, qui raconte ici son « premier commerce d'amour », à l'âge de 13 ans.*

Activités

1. **Relevez les détails qui produisent un effet de réel.**
2. **En quoi consiste le libertinage de l'écolier ?**
3. **Comment le narrateur se juge-t-il après -coup ?**

Je revenais un soir au logis ; il faisait extrêmement chaud. Environ vers le milieu de la rue je trouvai un éventail à mes pieds. Je le ramassai et levai la tête en haut pour voir d'où il venait. Je vis une jeune femme à la première chambre[1] qui me dit : Laissez, laissez, mon bel enfant, voilà un laquais qui va le quérir. – Je vous le porterai bien moi-même, Madame, répondis-je, et en même temps j'entrai dans la maison. Son laquais que je trouvai sur le degré[2] voulut m'ôter cet éventail : je ne voulus pas le lui donner ; et comme nous étions à peu près de même âge, je ne lui répondis qu'en le menaçant. Je passai. Voilà votre éventail, Madame, lui dis-je en le lui rendant.

– Je vous remercie, Monsieur, me dit-elle, il ne fallait pas vous donner la peine de monter ; mon petit laquais descendait. – Il est vrai, Madame, lui répondis-je, mais je n'aurais pas eu le plaisir de vous voir de près. Ma réponse la fit rire ; elle me questionna sur mes classes, et je lui répondis sinon avec esprit, du moins avec une hardiesse qui allait jusques à l'effronterie. C'est encore une bonne qualité que j'ai oublié de me donner. J'ai toujours ouï-dire qu'on n'avait jamais vu un petit garçon plus hardi et plus effronté que moi, pour mon âge. Vous verrez si je me suis démenti depuis.

Challe, *Les Illustres Françaises*, 1713.

1. Premier étage.
2. Escalier.

MONTESQUIEU

Charles de Secondat, baron de Montesquieu (1689-1755), **[voir pp. 202 et 204]**, moraliste, penseur et philosophe français, devint célèbre avec un roman épistolaire, les *Lettres Persanes* (1721). Penseur libéral, ses idées sont fondées sur un profond respect de la personne humaine.

Lettres Persanes

INÉGALITÉ DES SEXES

Des deux Persans séjournant à Paris, Usbek est le seul à posséder un sérail en Perse. Voici les deux dernières lettres du recueil.

Solim[1] à Usbek.
À Paris.

J'ai pris mon parti : tes malheurs vont disparaître : je vais punir. Je sens déjà une joie secrète : mon âme et la tienne vont s'apaiser : nous allons exterminer le crime, et l'innocence va pâlir.

Ô vous, qui semblez n'être faites que pour ignorer tous vos sens, et être indignées de vos désirs mêmes ; éternelles victimes de la honte et de la pudeur, que ne puis-je vous faire entrer à grands flots dans ce sérail malheureux, pour vous voir étonnées de tout le sang que j'y vais répandre !

Du sérail d'Ispahan, le 8 de la lune de Rebiab[2], *1*, 1720.

Une vision « occidentalisée » du sérail, tel que le construisait l'imaginaire français du XVIII*e siècle.*

1. Le chef des eunuques, gardiens du sérail.
2. Le mois de Mai.

MONTESQUIEU

Roxane[3] à Usbek.
À Paris.

Oui, je t'ai trompé ; j'ai séduit tes eunuques ; je me suis jouée de ta jalousie ; et j'ai su, de ton affreux sérail, faire un lieu de délices et de plaisirs.

Je vais mourir ; le poison va couler dans mes veines : car que ferais-je ici, puisque le seul homme[4] qui me retenait à la vie n'est plus ? Je meurs ; mais mon ombre s'envole bien accompagnée : je viens d'envoyer devant moi ces gardiens sacrilèges, qui ont répandu le plus beau sang du monde.

Comment as-tu pensé que je fusse assez crédule pour m'imaginer que je ne fusse dans le monde que pour adorer tes caprices ? Que, pendant que tu te permets tout, tu eusses le droit d'affliger tous mes désirs ? Non : j'ai pu vivre dans la servitude ; mais j'ai toujours été libre : j'ai réformé tes lois sur celles de la nature ; et mon esprit s'est toujours tenu dans l'indépendance.

Tu devrais me rendre grâces encore du sacrifice que je t'ai fait ; de ce que je me suis abaissée jusqu'à te paraître fidèle ; de ce que j'ai lâchement gardé dans mon cœur ce que j'aurais dû faire paraître à toute la terre ; enfin, de ce que j'ai profané la vertu, en souffrant qu'on appelât de ce nom ma soumission à tes fantaisies.

Tu étais étonné de ne point trouver en moi les transports de l'amour : si tu m'avais bien connue, tu y aurais trouvé toute la violence de la haine.

Mais tu as eu longtemps l'avantage de croire qu'un cœur comme le mien t'était soumis : nous étions tous deux heureux ; tu me croyais trompée, et je te trompais.

Ce langage, sans doute, te paraît nouveau. Serait-il possible qu'après t'avoir accablé de douleurs, je te forçasse encore d'admirer mon courage ? Mais, c'en est fait, le poison me consume, ma force m'abandonne ; la plume me tombe des mains ; je sens affaiblir jusqu'à ma haine : je me meurs.

Du sérail d'Ispahan, le 8 de la lune de Rebiab, 1, 1720.

Montesquieu, *Lettres Persanes*, Lettres 160-161, 1721.

Activités

1. **Relevez les marques, dans les deux lettres, d'un pastiche de la tragédie.**
2. **Au nom de quelles valeurs Roxane justifie-t-elle sa conduite ?**
3. **Ce cri de révolte vous paraît-il en concordance avec le texte de Laclos sur l'éducation des femmes ?** **[voir p. 205]**

3. L'épouse favorite d'Usbek, la seule qu'il croit fidèle.
4. Son amant, tué par les eunuques.

MARIVAUX

Pierre Carlet de Marivaux (1688-1763), né à Riom, fréquente les salons parisiens dès son arrivée dans la capitale en 1712. Il réussit le rare exploit de briller dans trois genres différents : le théâtre **[voir pp. 258 et 260]**, le roman et l'essai.

Le Paysan parvenu

LIBERTINAGE

Dans ce passage du Paysan parvenu *(1734-1735), Jacob, jeune paysan venu servir à Paris, est sur le point de se marier avec une riche bourgeoise de 50 ans, Mlle Habert. Il rencontre alors une aristocrate, Mme de Ferval, qui s'intéresse à lui.*

Nous[1] entendîmes alors du bruit dans une chambre prochaine.

N'y aurait-il pas là quelque domestique qui nous écoute ? dit-elle en pliant sa lettre. J'en serais fâchée ; sortons. Rendez ce billet à Mlle Habert, dites-lui que je suis son amie, entendez-vous, et dès que vous serez marié, venez m'en informer ici où je demeure ; mon nom est au bas du billet que j'ai écrit ; mais ne venez que sur le soir, je vous donnerai ces papiers que vous copierez, et nous causerons sur les moyens de vous rendre service dans la suite. Allez, mon cher enfant, soyez sage, j'ai de bonnes intentions pour vous, dit-elle d'un ton plus bas avec douceur, et en me tendant la lettre d'une façon qui voulait dire : Je vous tends la main aussi ; du moins je le compris de même, de sorte qu'en recevant le billet, je baisai cette main qui paraissait se présenter, et qui ne fit point la cruelle, malgré la vive et affectueuse reconnaissance avec laquelle je la baisais, et cette main était belle.

Pendant que je la tenais : Voilà encore ce qu'il ne faut point dire, me glissa-t-elle en me quittant. Oh ! je suis honnête garçon, madame, lui répondis-je bien confidemment, en vrai paysan pour le coup, en homme qui convient de bonne foi qu'on ne le maltraite pas, et qui ne sait pas vivre avec la pudeur des dames.

Marivaux, *Le Paysan parvenu*, 1734-1735.

Activités

1. **Quelles sont la place et la fonction du discours direct ?**
2. **Comment se marque la supériorité de Mme de Ferval ? (Qui mène le dialogue, qui détient l'initiative, qui garde le silence… ?)**

1. Jacob et Mme de Ferval.

Le libertinage

Essentiellement intellectuel au XVIIe siècle [voir p. 160], le libertinage se transporte au XVIIIe siècle sur le terrain des mœurs. Est libertin celui ou celle qui pratique l'inconstance, spontanée ou systématique.

Giacomo Casanova (1725-1798), le plus célèbre des libertins.

Libertinage et philosophie

À l'inverse de Sade [voir p. 209], les Philosophes ne pouvaient guère se reconnaître dans les grands héros du roman libertin, qui consacrent leur énergie à séduire et humilier (Crébillon, Laclos). Bien loin d'incarner la Philosophie, les libertins de Laclos (Valmont, Mme de Merteuil) se moquent de la morale, des vertus d'humanité et de bienfaisance, font un usage systématique de l'hypocrisie au service exclusif de leurs intérêts égoïstes, de leur orgueil. Avant Laclos, Crébillon présente aussi les lois du libertinage mondain non pas comme fondées sur la raison, sur la nature, mais sur les mœurs artificielles, dépravées, de l'aristocratie.

Libertinage et polémique

À cela, les adversaires des Philosophes répondaient que le libertinage applique des principes *philosophiques* : la recherche du bonheur par le plaisir, la réhabilitation des passions, la primauté de l'examen personnel, le refus des traditions, l'individualisme, l'irrespect religieux, etc. Ils n'hésitaient pas à considérer les Philosophes comme des libertins, favorables à l'abandon de tout principe moral et religieux, quel qu'en fût le coût social. Sade retourne contre les *Lumières* leurs propres principes, pour affirmer le droit absolu du plus fort à faire ce qu'il veut (la torture, l'inceste, le viol), au nom de la Nature.

« J'aurai cette femme ; je l'enlèverai au mari qui la profane : j'oserai la ravir au dieu même qu'elle adore. Quel délice d'être tour à tour l'objet et le vainqueur de ses remords ! Loin de moi l'idée de détruire les préjugés qui l'assiègent ! Ils ajouteront à mon bonheur et à ma gloire. Qu'elle croie à la vertu, mais qu'elle me la sacrifie ; que ses fautes l'épouvantent sans pouvoir l'arrêter ; et qu'agitée de mille terreurs, elle ne puisse les oublier, les vaincre que dans mes bras. Qu'alors, j'y consens, elle me dise : « Je t'adore » ; elle seule, entre toutes les femmes, sera digne de prononcer ce mot. Je serai vraiment le Dieu qu'elle aura préféré. »

Laclos, *Les Liaisons dangereuses*, lettre VI, Valmont à Mme de Merteuil, 1782.

Activités

1. Pratiquement disparu au XIXe, le libertin a-t-il des successeurs au XXe siècle, y compris au cinéma ? Justifiez et illustrez vos réponses.
2. Lire les textes de Casanova p. 217. Crébillon p. 270, Laclos p. 238, Sade p. 209.

L'ABBÉ PRÉVOST

L'abbé Prévost (1697-1763), après avoir hésité entre l'église et l'armée, devint un prédicateur mondain réputé. Il traduisit bon nombre d'auteurs anglais et composa de nombreux romans de mœurs et d'aventures, notamment *Manon Lescaut* (1731).

Histoire d'une Grecque moderne

INCIPIT

L'Histoire d'une Grecque moderne *(1740) est, comme la plupart de ses romans, un récit à la première personne. Voici les premières lignes du récit.*

Ne me rendrai-je point suspect par l'aveu qui va faire mon exorde ? Je suis l'amant de la belle Grecque dont j'entreprends l'histoire. Qui me croira sincère dans le récit de mes plaisirs ou de mes peines ? Qui ne se défiera point de mes descriptions et de mes éloges ? Une passion violente ne fera-t-elle point changer de nature à tout ce qui va passer par mes yeux ou par mes mains ? En un mot, quelle fidélité attendra-t-on d'une plume conduite par l'amour ? Voilà les raisons qui doivent tenir un lecteur en garde. Mais s'il est éclairé, il jugera tout d'un coup qu'en les déclarant avec cette franchise j'étais sûr d'en effacer bientôt l'impression par un autre aveu. J'ai longtemps aimé, je le confesse encore, et peut-être ne suis-je pas aussi libre de ce fatal poison que j'ai réussi à me le persuader. Mais l'amour n'a jamais eu pour moi que des rigueurs. Je n'ai connu ni ses plaisirs, ni même ses illusions, qui dans l'aveuglement où j'étais auraient suffi sans doute pour me tenir lieu d'un bien réel. Je suis un amant rebuté, trahi même, si je dois m'en fier à des apparences dont j'abandonnerai le jugement à mes lecteurs ; estimé néanmoins de ce que j'aimais, écouté comme un père, respecté comme un maître, consulté comme un ami ; mais quel prix pour des sentiments tels que les miens !

L'Abbé Prévost, *Histoire d'une Grecque moderne*, 1740.

Activités

1. **Comment le narrateur se définit-il ? Relevez les formules les plus nettes.**
2. **À quoi tient l'ambiguïté du récit qui s'annonce ?**
3. **Comparez cet incipit avec celui de *Jacques le Fataliste* [voir p. 233] et des Faux-Monnayeurs [voir p. 586]. Analysez et commentez leurs points communs et leurs différences.**

Mme de GRAFIGNY

Françoise de Grafigny (1695-1758) s'est illustrée dans deux genres considérés alors comme spécifiquement féminins : le roman et la correspondance, mais a aussi composé une comédie sentimentale, *Cénie* (1750).

Lettres d'une Péruvienne

POLITIQUE

Les Lettres d'une Péruvienne *(1747) connurent un succès retentissant. Conduite malgré elle en France, la princesse inca Zilia adresse ses lettres à Aza, resté en Amérique.*

Activités

1. **Relevez et classez les sujets d'étonnement critique.**
2. **Quel État idéal se dessine dans ce texte ?**
3. **À partir de ce texte, rédigez une lettre critique sur un pays étranger.**

Le gouvernement de cet empire[1], entièrement opposé à celui du tien, ne peut manquer d'être défectueux. Au lieu que le *Capa-Inca* est obligé de pourvoir à la subsistance de ses peuples, en Europe les souverains ne tirent la leur que des travaux de leurs sujets ; aussi les crimes et les malheurs viennent-ils presque tous des besoins mal satisfaits.

Le malheur des nobles, en général, naît des difficultés qu'ils trouvent à concilier leur magnificence apparente avec leur misère réelle.

Le commun des hommes ne soutient son état que par ce qu'on appelle commerce ou industrie ; la mauvaise foi est le moindre des crimes qui en résultent.

Une partie du peuple est obligée, pour vivre, de s'en rapporter à l'humanité des autres : les effets en sont si bornés[2], qu'à peine ces malheureux ont-ils suffisamment de quoi s'empêcher de mourir.

Sans avoir de l'or, il est impossible d'acquérir une portion de cette terre que la nature a donnée à tous les hommes. Sans posséder ce qu'on appelle du bien, il est impossible d'avoir de l'or, et par une inconséquence qui blesse les lumières naturelles, et qui impatiente la raison, cette nation orgueilleuse, suivant les lois d'un faux honneur qu'elle a inventé, attache de la honte à recevoir de tout autre que du souverain ce qui est nécessaire au soutien de sa vie et de son état[3].

Françoise de Grafigny, *Lettres d'une Péruvienne*, Lettre XX, 1747.

1. La France.
2. Limités.
3. Allusion aux pensions royales, et à l'interdiction pour les nobles d'exercer une profession, ce qui était « déroger ».

DIDEROT

Philosophe, romancier, journaliste, réformateur du théâtre, Denis Diderot (1712-1784, **[voir pp. 197, 200 et 252]**) a brillé dans tous les genres, sauf… le théâtre. Ses œuvres multiples témoignent de l'évolution de sa pensée philosophique, du déisme au matérialisme athée, mais dans l'ensemble exalte la nature conçue comme une force « divine » et bonne.

Jacques le Fataliste et son maître

INCIPIT

Jacques le Fataliste et son maître *(1765, publié en 1796) est un roman qui s'interroge sur le roman. En voici l'incipit.*

Comment s'étaient-ils rencontrés ? Par hasard, comme tout le monde. Comment s'appelaient-ils ? Que vous importe ? D'où venaient-ils ? Du lieu le plus prochain. Où allaient-ils ? Est-ce que l'on sait où l'on va ? Que disaient-ils ? Le maître ne disait rien ; et Jacques disait que son capitaine disait que tout ce qui nous arrive de bien et de mal ici-bas était écrit là-haut.

LE MAITRE. – C'est un grand mot que cela.

JACQUES. – Mon capitaine ajoutait que chaque balle qui partait d'un fusil avait son billet.

LE MAITRE. – Et il avait raison…

Après une courte pause, Jacques s'écria : Que le diable emporte le cabaretier et son cabaret !

LE MAITRE. – Pourquoi donner au diable son prochain ? Cela n'est pas chrétien.

JACQUES. – C'est que, tandis que je m'enivre de son mauvais vin, j'oublie de mener nos chevaux à l'abreuvoir. Mon père s'en aperçoit ; il se fâche. Je hoche de la tête ; il prend un bâton et m'en frotte un peu durement les épaules. Un régiment passait pour aller au camp devant Fontenoy[1] ; de dépit je m'enrôle. Nous arrivons ; la bataille se donne.

LE MAITRE. – Et tu reçois la balle à ton adresse.

Diderot, *Jacques le Fataliste et son maître*, 1796.

Activités

1. **Cherchez le sens de *fataliste* dans un dictionnaire de la langue classique. Qui est fataliste dans ce passage ?**
2. **Quelle est la fonction des interrogations dans le premier paragraphe ?**
3. **Quelles sont les différences essentielles entre cet incipit et un début habituel de roman ?**

1. Victoire française sur les Anglais, 1745.

VOLTAIRE

Voltaire (1694-1778), poète tragique et épique, historien, philosophe, fut considéré en son temps comme le plus grand écrivain de son siècle. Il ne se décida que fort tard à publier des récits de fiction (*Zadig*, 1748).

Candide ou l'optimisme

UTOPIE

Candide (1759) est son récit le plus célèbre. Candide découvre ici, en Amérique du Sud, un État idéal, l'Eldorado.

Cacambo[1] demanda humblement quelle était la religion d'Eldorado. Le vieillard rougit encore. « Est-ce qu'il peut y avoir deux religions ? dit-il ; nous avons, je crois, la religion de tout le monde : nous adorons Dieu du soir jusqu'au matin. – N'adorez-vous qu'un seul Dieu ? dit Cacambo, qui servait toujours d'interprète aux doutes de Candide. – Apparemment, dit le vieillard, qu'il n'y en a ni deux, ni trois, ni quatre. Je vous avoue que les gens de votre monde font des questions bien singulières. » Candide ne se lassait pas de faire interroger ce bon vieillard ; il voulut savoir comment on priait Dieu dans l'Eldorado. « Nous ne le prions point, dit le bon et respectable sage ; nous n'avons rien à lui demander ; il nous a donné tout ce qu'il nous faut ; nous le remercions sans cesse. » Candide eut la curiosité de voir des prêtres ; il fit demander où ils étaient. Le bon vieillard sourit. « Mes amis, dit-il, nous sommes tous prêtres ; le roi et tous les chefs de famille chantent des cantiques d'actions de grâces solennellement tous les matins ; et cinq ou six mille musiciens les accompagnent. – Quoi ! vous n'avez point de moines qui enseignent, qui disputent, qui gouvernent, qui cabalent[2], et qui font brûler les gens qui ne sont point de leur avis[3] ? – Il faudrait que nous fussions fous, dit le vieillard ; nous sommes tous ici du même avis, et nous n'entendons pas ce que vous voulez dire avec vos moines. »

Voltaire, *Candide ou l'Optimisme*, chapitre XVIII, 1759.

Activités

1. **Distinguez les deux modalités narratives de ce passage. Laquelle est la plus importante, et pourquoi ?**
2. **Définissez les caractères de cette religion. Quel nom lui donne-t-on ?**
3. **Peut-on déceler de l'ironie dans ce passage ? Quelles en sont les cibles ?**

1. Domestique de Candide.
2. Qui complotent.
3. Allusion à l'Inquisition.

Succès et formes du roman

C'est au XVIIIe que le roman, genre mineur et officiellement méprisé, apparu dans l'Antiquité tardive, envahit la scène littéraire et éditoriale. Tous les grands écrivains s'y essaient, à part Beaumarchais. Mais on se méfie du terme : sur 600 titres nouveaux parus entre 1720 et 1750, 6 seulement s'intitulent romans ! Les autres parlent de Nouvelles, d'Histoire, de Voyages, de Vie, de Confessions, de Mémoires, d'Aventures… « Les vrais gens de lettres les méprisent » (Voltaire). On l'abandonne volontiers aux femmes, pour le lire et pour l'écrire (Mme Riccoboni, Mme de la Charrière, Mme de Tencin).
Mais son succès est indéniable, et même Voltaire s'y met en 1747.

Paul et Virginie, *de Bernardin de Saint-Pierre fut l'un des plus gros succès du roman au XVIIIe siècle.*

Un genre inclassable

Le roman échappe aux définitions et aux classements par la chronologie, la longueur, la forme narrative, les thèmes, le ton, etc. : *Candide* (1759) est-il un conte ou un roman ? On peut cependant noter l'explosion du roman-mémoires à partir de 1730 : plus de 200 titres sur 950 entre 1700-1750, 25 % entre 1735-1750. L'autre forme majeure est le roman épistolaire **[voir p. 251]**, illustré par Montesquieu, Rousseau, Laclos, Rétif (plus de 150 entre 1750-1778). Mais le récit à la troisième personne n'est pas absent : *Candide* et *L'Ingénu* (1767) de Voltaire, *Jacques le Fataliste* de Diderot, *Paul et Virginie* (1788) de Bernardin de Saint-Pierre, etc. Un même roman peut combiner plusieurs modes (par ex. lettres et récit, comme dans *Werther*, **[voir p. 236]**). Toutes ces formes traversent la Révolution française.
Le roman s'ouvre aux plus hautes interrogations philosophiques (Prévost, Rousseau), et s'abandonne aux clichés.

« Venus de Rousseau, de Richardson, de Fielding, de Prévost, on retrouve un peu partout (dans le dernier tiers du siècle) les mêmes personnages et les mêmes épisodes : personnages de la jeune femme vertueuse et sensible luttant contre un amour coupable ; du vieux mari […] ; du séducteur félon […] ; du bon prêtre, bon docteur, bon parent […] ; du domestique à la fidélité entière et au langage coloré […] ; épisodes du coup de foudre […] du suicide […] ; du portrait perdu ou dérobé ; de la petite vérole ; de la fausse couche […] ; de l'accident ou de l'incendie. »

H. Coulet, *Le Roman jusqu'à la Révolution*, Éd. A. Colin, 1967.

Activités

1. Qu'est-ce qu'un « cliché ». De quoi naît-il et comment évolue-t-il ? Décrivez quelques clichés cinématographiques actuels.
2. Sur l'évolution des formes du roman à travers les siècles lire les pp. 307, 350, 571 et 572

GOETHE

Johann von Goethe (1749-1832) est le plus illustre des écrivains allemands. Il reçut à Weimar, où il occupait d'importantes fonctions, toute l'élite intellectuelle européenne.

Les Souffrances du jeune Werther

ÉPISTOLAIRE

Les Souffrances du jeune Werther *(1774) eurent une grande influence sur la littérature. Le héros, déchiré par un conflit insurmontable entre mondes social et intérieur, finit par se suicider. Voici sa dernière lettre, posthume.*

Le lundi matin (c'était le 21 décembre), il écrivit la lettre suivante, qu'après sa mort on a trouvée toute cachetée sur son bureau, adressée à Lotte, et qu'on lui porta et que je veux reproduire ici, intercalée. Elle s'explique toute entière par les circonstances.

« C'est décidé, Lotte[1], je veux mourir. Je te l'écris sans exaltation romanesque, le matin du jour où je te verrai pour la dernière fois. Quand tu liras ceci, ma bien chère, déjà la froide tombe couvrira les restes inanimés du malheureux, de l'inquiet, qui, pour les derniers instants de sa vie, ne connaît pas de plus douce joie que de s'entretenir avec toi. Je viens d'avoir une nuit terrible, et pourtant, hélas ! une nuit bienfaisante ; c'est elle qui a déterminé et raffermi ma résolution : je veux mourir. Hier, quand je m'arrachai de toi, dans la rébellion terrible de tous mes sens, comme tout cela affluait à mon cœur, et comme la pensée de mon existence sans espoir et sans joie à côté de toi me glaça d'horreur. C'est à peine si je pus atteindre ma chambre, hors de moi, je me jetai sur mes genoux ; alors, ô mon Dieu ! tu m'accordas le dernier soulagement des larmes amères ! Mille projets et mille résolutions tourbillonnaient dans mon âme ; enfin une pensée immuable, invincible, la dernière, resta seule : je veux mourir ! Je me couchai, et le lendemain, dans la paix du réveil, elle était encore là, inébranlée, intacte ; toute-puissante dans mon cœur. Je veux mourir ! Ce n'est pas désespoir, c'est certitude que j'ai porté déjà plus que ma part de

1. La jeune femme mariée que Werther, précepteur des enfants, aime d'un amour impossible.

Gravure de 1774, illustration des Souffrances du jeune Werther.

«C'est pour la dernière fois Werther, vous ne me reverrez jamais.» Cette phrase devait, quelques jours plus tard, conduire le jeune Werther au suicide.

souffrances et que je me sacrifie pour toi. Oui, Lotte, pourquoi le tairais-je ? Il fallait qu'un de nous trois partît ; j'ai voulu que ce fût moi. Ô chère ! cette pensée s'est faufilée furieusement dans mon cœur déchiré… souvent… souvent… tuer ton mari, toi et moi, qu'il en soit donc ainsi ! Quand tu monteras sur la colline, par un beau soir d'été, alors souviens-toi de moi, qui arrivais tant de fois par cette vallée et puis abaisse tes regards vers le cimetière, vers ma tombe, où le vent balancera les grandes herbes éclairées par les rayons du couchant. J'étais calme en commençant, et maintenant, car ces images me reviennent si vivantes ! maintenant je pleure comme un enfant.»

Goethe, *Les Souffrances du jeune Werther*, 1774.

Activités

1. **Peut-on dire, avec Werther, que cette lettre est «sans exaltation romanesque» ?**
2. **En quoi cette lettre peut-elle justifier le titre ?**
3. **Peut-on dire qu'il s'agit d'une lettre philosophique ?**

LACLOS

Chøderlos de Laclos (1741-1803), officier d'artillerie, déçu dans sa carrière militaire, écrivit des ouvrages de stratégie, divers traités et un seul et unique roman : *Les Liaisons dangereuses* (1782), le plus célèbre roman libertin du XVIIIe siècle.

Les Liaisons dangereuses

LIBERTINAGE

Pour se venger de la mère de Cécile, le vicomte de Valmont, épris de Mme de Tourvel, séduit par force Cécile (15 ans), elle-même amoureuse du jeune Danceny. La jeune fille confesse son secret à Mme de Merteuil, qui se prétend l'amie de la mère et de la fille, en réalité redoutable complice de Valmont.

Cécile Volanges à la marquise de Merteuil.

Ah ! mon Dieu, Madame, que je suis affligée ! que je suis malheureuse ! Qui me consolera dans mes peines ? Qui me conseillera dans l'embarras où je me trouve ? Ce M. de Valmont… et Danceny ! non, l'idée de Danceny me met au désespoir… Comment vous raconter ? Comment vous dire ?… Je ne sais comment faire. Cependant mon cœur est plein… Il faut que je parle à quelqu'un, et vous êtes la seule à qui je puisse, à qui j'ose me confier. Vous avez tant de bonté pour moi ! Mais n'en ayez pas dans ce moment-ci ; je n'en suis pas digne : que vous dirai-je ? je ne le désire point. Tout le monde ici m'a témoigné de l'intérêt aujourd'hui… ils ont tous augmenté ma peine. Je sentais tant que je ne le méritais pas ! Grondez-moi au contraire ; grondez-moi bien, car je suis bien coupable : mais après, sauvez-moi ; si vous n'avez pas la bonté de me conseiller, je mourrai de chagrin.

Apprenez donc… ma main tremble, comme vous voyez, je ne peux presque pas écrire, je me sens le visage tout en feu… Ah ! c'est bien le rouge de la honte. Hé bien ! je la souffrirai ; ce sera la première punition de ma faute. Oui, je vous dirai tout.

Vous saurez donc que M. de Valmont, qui m'a remis jusqu'ici les lettres de M. Danceny, a trouvé tout d'un coup que c'était trop difficile[1] ; il a voulu avoir une clef de ma chambre.

1. Il fallait remettre les lettres sans se faire remarquer des autres hôtes du château. Simple prétexte, évidemment.

*Du château de... ce 1er octobre 17**.*

La Marquise de Merteuil à Cécile Volanges.

Hé bien ! Petite, vous voilà donc bien fâchée, bien honteuse, et ce M. de Valmont est un méchant homme, n'est-ce pas ? Comment ! il ose vous traiter comme la femme qu'il aimerait le mieux ! Il vous apprend ce que vous mouriez d'envie de savoir ! En vérité, ces procédés-là sont impardonnables. Et vous, de votre côté, vous voulez gardez votre sagesse pour votre amant (qui n'en abuse pas) ; vous ne chérissez de l'amour que les peines, et non les plaisirs ! Rien de mieux, et vous figurerez à merveille dans un roman. De la passion, de l'infortune, de la vertu par-dessus tout, que de belles choses ! Au milieu de ce brillant cortège, on s'ennuie quelquefois à la vérité, mais on le rend bien.

Voyez donc, la pauvre enfant, comme elle est à plaindre ! Elle avait les yeux battus le lendemain ! Et que direz-vous donc, quand ce seront ceux de votre amant ? Allez, mon bel ange, vous ne les aurez pas toujours ainsi ; tous les hommes ne sont pas des Valmont. Et puis ne plus oser lever ces yeux-là ! Oh ! par exemple, vous avez eu bien raison ; tout le monde y aurait lu votre aventure. Croyez-moi cependant, s'il en était ainsi, nos femmes et même nos demoiselles auraient le regard plus modeste.

Malgré les louanges que je suis forcée de vous donner, comme vous voyez, il faut convenir pourtant que vous avez manqué votre chef-d'œuvre ; c'était de tout dire à votre maman. Vous avez si bien commencé ! déjà vous vous étiez jetée dans ses bras, vous sanglotiez, elle pleurait aussi ; quelle scène pathétique ! et quel dommage de ne l'avoir pas achevée ! Votre tendre mère, toute ravie d'aise, et pour aider à votre vertu, vous aurait cloîtrée pour toute votre vie ; et là vous auriez aimé Danceny tant que vous auriez voulu, sans rivaux et sans péché ; vous vous seriez désolée tout à votre aise ; et Valmont, à coup sûr, n'aurait pas été troubler votre douleur par de contrariants plaisirs.

Sérieusement peut-on, à quinze ans passés, être enfant comme vous l'êtes ?

Choderlos de Laclos, *Les Liaisons dangereuses*, Lettres XCVII et CV, 1782.

Activités

1. Dans le post-scriptum de sa réponse, Mme de Merteuil dit : « Vous écrivez toujours comme un enfant ». Relevez et classez les marques de ce style enfantin.
2. Identifiez et commentez l'ironie de Mme de Merteuil.
3. Montrez en quoi cette leçon libertine est une perversion de l'éducation prônée par les Lumières. (Développement et autonomie de la raison, refus des conventions et des préjugés, etc.)

BECKFORD

Lord William Beckford (1760-1844) écrivit *Vathek* (publié anonymement en 1787) pour son plaisir, et en français. Une préface de Mallarmé le rendra fameux au XIXe siècle.

Vathek

CONTE PHILOSOPHIQUE

Ce « Conte arabe » conduit le calife Vathek au bout de son destin fatal, en un lieu mystérieux où il espère découvrir des secrets prodigieux.

Au milieu de cette salle immense, se promenait une multitude d'hommes et de femmes, qui tous, tenant la main droite sur le cœur, ne faisaient attention à nul objet et gardaient un profond silence. Ils étaient tous pâles comme des cadavres, et leurs yeux enfoncés dans leurs têtes ressemblaient à ces phosphores qu'on aperçoit la nuit dans les cimetières. Les uns écumaient de rage et couraient de tous côtés comme des tigres blessés d'un trait empoisonné ; tous s'évitaient ; et, quoiqu'au milieu d'une foule, chacun errait au hasard, comme s'il avait été seul.

À l'aspect de cette funeste compagnie, Vathek et Nouronihat[1] se sentirent glacés d'effroi. Ils demandèrent avec importunité au Giaour[2] ce que tout cela signifiait, et pourquoi tous ces spectres ambulants n'ôtaient jamais leur main droite de dessus leur cœur. Ne vous embarrassez pas de tant de choses à l'heure qu'il est, leur répondit-il brusquement ; vous saurez tout dans peu : hâtons-nous de nous présenter devant Eblis. Ils continuèrent donc à marcher à travers tout ce monde ; mais malgré leur première assurance, ils n'avaient pas le courage de faire attention aux perspectives des salles et des galeries, qui s'ouvraient à droite et à gauche : elles étaient toutes éclairées par des torches ardentes et par des brasiers dont la flamme s'élevait en pyramide jusqu'au centre de la voûte.

Beckford, *Vathek*, 1787.

Activités

1. Relevez les éléments fantastiques.
2. À quel lieu de la théologie chrétienne cette évocation orientale fait-elle penser ?

1. Compagne de Vathek.
2. Un « Tentateur », qui promet à Vathek des connaissances interdites, au prix de crimes monstrueux.

WALPOLE

Avec *Le Château d'Otrante* (1764), Horace Walpole (1717-1797) inaugure le genre du roman *gothique*, dit aussi « roman noir », qui, d'Angleterre, va déferler sur l'Europe. Ce genre romanesque illustre le goût des Lumières finissantes pour le surnaturel, l'angoisse, la terreur, le monstreux…

Le Château d'Otrante

ROMAN NOIR

Ce passage se situe à quelques paragraphes du début. Manfred, tyrannique prince d'Otrante, envoie un serviteur chercher son fils Conrad, qu'il attend pour le marier.

L'homme[1] resta muet, mais continua de désigner la cour ; enfin, en réponse à des questions réitérées, il hurla : « Oh ! Le heaume ! le heaume ! »

Cependant, quelques invités avaient couru jusqu'à l'endroit d'où parvenait un bruit confus de cris d'horreur et de surprise.

Manfred, qui commençait à s'alarmer de ne pas voir revenir son fils, alla lui-même s'informer de ce qui provoquait cet étrange tumulte. Mathilde[2] resta, s'efforçant d'assister sa mère, et Isabelle[3] demeura pour la même raison et aussi pour éviter de montrer la moindre impatience de son fiancé pour qui, à vrai dire, elle n'avait conçu que peu d'affection.

Ce qui frappa d'abord les yeux de Manfred fut un groupe de ses valets s'efforçant de soulever quelque chose qui lui apparut comme une montagne de plumes noires. Il regarda fixement sans pouvoir en croire ses yeux.

– Que faites-vous là ? cria-t-il, courroucé. Où est mon fils ?

Une clameur lui répondit :

– Ah ! Monseigneur ! Le Prince ! Le Prince ! Le heaume ! Le heaume !

Bouleversé par ces lamentables exclamations, et craignant il ne savait quoi, Manfred s'avança précipitamment. Mais, quel spectacle pour les yeux d'un père, il voyait son enfant écrasé et presque enseveli sous un gigantesque heaume, cent fois plus grand qu'aucun casque jamais fait pour un être humain, et couvert d'une quantité proportionnée de plumes noires.

Walpole, *Le Château d'Otrante*, 1764.

Activités

1. **Comment le romancier suscite-t-il la curiosité du lecteur ?**
2. **Relevez les signes du fantastique.**
3. **Imaginez en une trentaine de lignes l'être fantastique auquel pourrait appartenir ce casque démesuré.**

1. Le serviteur.
2. Sœur de Conrad.
3. L'épouse imposée à Conrad.

DEUX VISAGES DE L'ART AU XVIIIe

La peinture libertine

SENSUALITÉ

Fragonard *(Jean Honoré, 1732-1806), élève de Chardin, Boucher, Van Loo, ami de Greuze, Hubert Robert et David, lauréat du Prix de Rome à vingt ans, est resté célèbre comme le peintre français des Lumières le plus doué pour la représentation des émois sensuels. Mais son œuvre ne se réduit pas à cette veine libertine, pas plus que le siècle au libertinage. Il participa à l'organisation du futur Musée du Louvre.*

Le Verrou *a beaucoup fait pour la renommée de Fragonard, au même titre que* La Jeune Fille faisant jouer son chien dans son lit, L'Instant désiré, Le Baiser à la dérobée, Les Hasards heureux de l'escarpolette. *Le tableau est exposé au Louvre.*

Activités

1. Quelles caractéristiques picturales soulignent la sensualité de ce tableau ?
2. Vers quoi le regard est-il attiré ? Pourquoi ?

Néo-classicisme

SÉVÉRITÉ

David *(Jacques-Louis, 1748-1825) incarne une tendance esthétique tout à fait différente du réalisme de Chardin, du pathétique sentimental de Greuze, ou de la sensualité de Boucher et Fragonard : le goût des « beautés simples et sévères » du néo-classicisme, retour à l'Antiquité qui marque aussi l'architecture de la fin du siècle et de l'Empire. David, partisan enthousiaste de la Révolution française (*Marat assassiné dans sa baignoire*, 1793), s'exila au retour des Bourbons en 1815.*

Le Serment des Horaces *fut composé à Rome, durant 11 mois. Triomphalement exposé à Paris en 1785, il passa aussitôt, à juste titre, pour le manifeste d'un art nouveau. Le pape avait demandé à voir le tableau avant son départ pour la France. La nostalgie de l'héroïsme antique traverse les Lumières (Montesquieu, Rousseau) et inspire les acteurs de la Révolution française.*

Activités

1. Quels éléments relèvent ici du néo-classicisme ?
2. Quelle vertu le tableau exalte-t-il ? Comment ?

Conversations épistolaires

En portant le brio de la conversation à son apogée dans le cadre des salons, les Lumières ne pouvaient que favoriser l'art épistolaire, cette conversation à distance. On a choisi trois échanges: entre un philosophe, un roi et une femme du monde; entre un autre philosophe et son amante, réduite au silence posthume.

VOLTAIRE

La fécondité exceptionnelle de Voltaire (1694-1778) lui permit d'aborder tous les genres : théâtre, épopée, poésie, histoire, récits, essais philosophiques, critique littéraire, mémoires, tout en laissant une énorme correspondance.

Correspondance

IRONIE

Lettre à Frédéric II

Brouillés après un séjour de Voltaire à Berlin (1750-1753) et son arrestation humiliante à Francfort, le roi de Prusse Frédéric II et Voltaire reprirent leur correspondance entamée en 1736 (environ 800 lettres).[1]

Sire,

Vous êtes aussi bon frère que bon général, mais il n'est pas possible que Tronchin[2] aille à Schwet auprès du prince votre frère. Il y a sept ou huit personnes de Paris, étant abandonnées des médecins, qui se sont fait transporter à Genève ou dans le voisinage, et qui croient ne respirer qu'autant que Tronchin ne les quitte pas. Votre majesté pense bien que parmy ces personnes je ne compte point ma pauvre nièce[3] qui languit depuis six ans. D'ailleurs Tronchin gouverne la santé des enfants de France[4] et envoie de Genève ses avis deux fois par semaine. Il ne peut s'écarter. Il prétend que la maladie de Mg le prince Ferdinand[5] sera longue. Il conviendrait peut-être que le malade entreprit le voyage qui contribuerait encore à sa santé en le faisant passer d'un climat assez froid dans un air plus tempéré. S'il ne peut prendre ce party, celuy de faire instruire Tronchin touttes les semaines de son état, est le plus avantageux.

Comment avez-vous pu imaginer que je pusse jamais laisser prendre une copie de votre écrit adressé à M. le prince de Brunswick[6]. Il y a certainement de très belles choses, mais elles ne sont pas faittes pour être montrées à la nation. Elle n'en serait pas flattée, le roy de France le serait encore moins et je vous respecte trop l'un et l'autre pour jamais laisser

1. L'orthographe et la ponctuation de ces deux lettres manuscrites ont été respectées.
2. Médecin genevois que Frédéric II demande à Voltaire de faire venir auprès de son frère.
3. Mme Denis, nièce et maîtresse de Voltaire.
4. La famille royale.
5. Le frère de Frédéric II.
6. Frédéric II soupçonne Voltaire d'avoir divulgué une lettre trop libre sur la France.

transpirer ce qui ne servirait qu'à vous rendre irréconciliables. Je n'ay jamais fait de vœux que pour la paix. J'ay encore une grande partie de la correspondance de Madame la markgrave de Bareith avec le cardinal de Tencin pour tâcher de procurer un bien si nécessaire à une grande partie de l'Europe ; j'ay été le dépositaire de touttes les tentatives faittes pour parvenir à un but si désirable. Je n'en ay pas abusé, et je n'abuserai pas de votre confiance au sujet d'un écrit qui tendrait à un but absolument contraire. Soyez dans un parfait repos sur cet article. Ma malheureuse nièce que cet écrit a fait trembler, l'a brûlé, et il n'en reste de vestige que dans ma mémoire qui en a retenu trois strophes trop belles.

Je tombe des nues quand vous m'écrivez que je vous ay dit des duretés. Vous avez été mon idole pendant vingt années de suitte. Je l'ay dit à la terre, au ciel, à Gusman[7] même. Mais votre métier de héros et votre place de roy ne rendent pas le cœur bien sensible. C'est dommage, car ce cœur était fait pour être humain et sans l'héroïsme et le trône vous auriez été le plus aimable des hommes dans la société.

7. Personnage d'une tragédie de Voltaire.

Voltaire à Frédéric II, 19 mai 1759.

Lettre de Frédéric II à Voltaire

Apprenez qu'à moins que celui[1] que vous savez ne revienne sur terre faire des miracles, mon frère n'ira chercher personne. Il est encore, dieu merci, assez grand seigneur pour faire venir et payer des médecins suisses ; et vous savez que les frédérics, en plus grande quantité que les louis[2], l'emportent sur eux chez les médecins, les poètes, et quelquefois même chez les philosophes qui, occupés de vaines spéculations, ne font guère réflexion sur la partie morale de leur science. Votre nièce a fait éclater le faste de son zèle en faveur de sa nation, elle m'a brûlé comme je vous ai fait brûler à Berlin, et comme vous l'avez été en France[3]. Vos Français extravaguents tous, quand il est question de la prééminence de leur royaume, ils sont charmés de vous lâcher un roi mon maître, d'affecter les travers de vieux ambassadeurs hors de mode, et de prendre fait et cause pour des rois qui ne leur font pas l'honneur de daigner les connaître ; en vérité, c'est dommage que votre nièce n'ait pas épousé M. Prior[4], cela aurait fait une belle race de poli-

1. Jésus.
2. Les rois de France.
3. Il avait fait brûler à Berlin un pamphlet de Voltaire. Il feint ici de croire que Mme Denis a détruit sa lettre pour ses railleries contre Louis XV.
4. Poète et diplomate anglais (1664-1721).

tiques. Pour moi, je ne ménage aucun de ceux qui me font enrager, je les mords le mieux que je puis. Nous allons nous battre selon toute apparence en peu de jours[5], et pour peu que la fortune me seconde, les subdélégués de leurs majestés impériales[6] et l'homme à la toque bénite[7], seront bien étrillés; après cela, quelle consolation de se moquer d'eux! Pour vous, qui ne vous battrez point, pour dieu, ne vous moquez de personne; soyez tranquille et heureux, puisque vous n'avez point de persécuteurs, et sachez jouir sans inquiétude d'une tranquillité que vous avez obtenue après avoir couru soixante ans pour l'attraper. Adieu, je vous souhaite paix et salut. Ainsi soit-il.

Frédéric

P. S. Mais êtes-vous sage à soixante et dix ans? Apprenez à votre âge de quel style il convient de m'écrire. Comprenez qu'il y a des libertés permises et des impertinences intolérables aux gens de lettres et aux beaux esprits. Devenez enfin philosophe, c'est-à-dire raisonnable. Puisse le ciel, qui vous a donné tant d'esprit, vous donner du jugement à proportion! Si cela pouvait arriver, vous seriez le premier homme du siècle, et peut-être le premier que le monde ait porté: c'est ce que je vous souhaite. Ainsi soit-il.

5. Il risque sa vie et son trône dans la Guerre de Sept Ans (1756-1763).
6. Les généraux russes et autrichiens alliés contre lui.
7. Le pape Clément XIII avait béni le général Daun, adversaire de Frédéric II.

Frédéric II à Voltaire, 10 juin 1759.
Voltaire, *Correspondance*, 1759.

Activités

1. **Qu'est-ce qui, dans la lettre de Voltaire, irrite la susceptibilité royale de Frédéric II ?**
2. **Relevez les traits perfides que les correspondants se décochent.**
3. **Rédigez une lettre de sollicitation, à la fois polie et insolente, adressée à une personnalité célèbre.**

L'ironie

L'ironie est une modalité fondamentale de l'écriture des *Lumières*, en vue de discréditer les *préjugés* et d'affirmer gaiment le droit de la raison à tout examiner. Bien entendu, il serait absurde de réduire les *Lumières* à l'usage de l'ironie. L'impact extraordinaire de Rousseau sur ses lecteurs tient avant tout à son éloquence passionnée, à sa force de conviction, et Voltaire lui-même, roi incontesté de l'ironie, mais également de la tragédie, sait qu'il faut aussi toucher le cœur (*Traité sur la tolérance*, 1763). Avec le drame bourgeois **[voir p. 272]** et après Rousseau, le style pathétique *(sensible)* envahit le siècle des *Lumières* et marque les discours de la Révolution française.

Caricature de Voltaire, grand philosophe des Lumières et maître incontesté de l'ironie.

Qu'est-ce que l'ironie?

Au sens étroit hérité de l'Antiquité, elle consiste à se moquer en disant le contraire de ce qu'on veut faire comprendre (procédé de l'antiphrase*). Mais en un sens plus large, on parlera aussi de l'ironie de telle situation, du rapport ironique entre des chapitres, des personnages, des idées, etc.

Indices et registres de l'ironie

Ils sont nombreux, mais souvent ambigus : intonation orale, guillemets, italiques, points d'exclamation, de suspension, intensifs (*bien sûr, évidemment, en effet…*), hyperboles*, litotes*, pastiches*, fausse naïveté, preuves absurdes ou inadéquates, etc. Pour saisir l'ironie d'un discours, il faut donc comprendre le contexte et l'intention du locuteur ou du narrateur. Les registres de l'ironie sont multiples : elle peut être indulgente, indignée, méprisante, cruelle, ou joyeuse (dans la comédie, c'est la spécialité des domestiques), etc. Les libertins de Laclos sont des virtuoses de l'ironie cinglante, signe de leur brillante méchanceté.

« Le roi de France [Louis XIV] est le plus puissant prince d'Europe. […] Ce roi est un grand magicien : il exerce son empire sur l'esprit même de ses sujets ; il les fait penser comme il veut. […] Ce que je dis de ce prince ne doit pas t'étonner : il y a un autre magicien, plus fort que lui, qui n'est pas moins maître de son esprit qu'il l'est lui-même de celui des autres. Ce magicien s'appelle *le Pape*. Tantôt il lui fait croire que trois ne sont qu'un, que le pain qu'on mange n'est pas du pain, ou que le vin qu'on boit n'est pas du vin, et mille autres choses de cette espèce. Et pour le tenir toujours en haleine et ne point lui laisser perdre l'habitude de croire, il lui donne de temps en temps, pour l'exercer, de certains articles de croyance. »

Montesquieu, *Lettres persanes*, Lettre XXIV, Rica à Iben, 1721

Activités

1. La tragédie ou la poésie admettent-elles l'ironie ? Pourquoi ?
2. Étudiez les formes de l'ironie dans les textes de Montesquieu p. 204, Laclos p. 238, Villiers de l'Isle Adam p. 363.

Correspondance

VOLTAIRE

MORALE

Lettre de Madame du Deffand à Voltaire

La marquise du Deffand (1697-1780) s'est surtout fait connaître par son salon, un des plus fameux du siècle, et par sa correspondance.

Vous n'avez point eu de mes nouvelles monsieur, parce que depuis six semaines ou deux mois je suis noire comme de l'encre, ne prenant part à rien, m'ennuyant de tout, sans désirs, sans sentiment, et m'affligeant toujours du malheur d'être née[1] ; car quoique vous en puissiez dire c'est le seul véritable puisqu'il est le principe et la cause de tous les autres, mais comme il est inutile de s'en affliger, il est ridicule de s'en plaindre.

Monsieur Dargenson[2] arriva ici le 12 de Juillet à demi mort, une fièvre lente, la poitrine affectée, son état empirait tous les jours – mais insensiblement ; le 22 du mois dernier on s'aperçut qu'il était à l'extrémité. On envoya chercher le curé, qui resta avec lui jusqu'à 5 heures du soir, qu'il mourut. De toutes les pratiques accoutumées il ne fut question que de l'extrême onction. On n'a pu sçavoir ce qu'il pensait, n'ayant point parlé. Ainsi on en peut porter tel jugement que l'on voudra. Le président de Montesquieu fit tout ce qu'on a coutume de faire et dit tout ce qu'on voulut lui faire dire. Je trouve que la manière dont on meurt ne prouve pas grand chose et ne peut être une autorité ni pour ni contre. Un tour d'imagination en décide, et bien sot est celui qui se contraint dans ces derniers moments.

Je suis très fâchée contre vous, tout le monde me vient dire des traits et des articles d'un ouvrage[3] qui fait grand bruit, et Je n'apprends tout cela que par le public. Est-ce ainsy qu'on en use avec ses amis ? J'en suis fort mécontente je vous l'avoue ; ne prenez pas la peine de vous excuser par de mauvaises raisons, elles augmenteraient mon mécontentement.

Madame du Deffand à Voltaire, 10 septembre 1764.

1. Elle était sujette à des crises dépressives.
2. Le comte d'Argenson (1696-1764), ancien condisciple de Voltaire, ancien ministre de Louis XV, exilé en province, revenu mourir à Paris.
3. Le *Dictionnaire philosophique portatif*, de Voltaire, paru anonymement en 1764.

VOLTAIRE

Lettre à Madame du Deffand

Eh bien oui Madame il serait tout aussi bon pour le moins de n'être pas né. L'évangile ne l'a dit que de Judas; mais l'ecclésiastique le dit de tous les hommes. Et si Salomon a fait l'ecclésiaste, vous êtes de l'avis du plus sage et du plus voluptueux[1] de tous les rois. Remarquons seulement que Salomon ne parlait ainsi que quand il digérait mal. L'abbé de Chaulieu[2] qui valait bien Salomon, a dit:

« Bonne ou mauvaise santé
fait notre philosophie. »

Je suis donc volontiers de votre avis quand je soufre, et nous n'aurons plus de querelle sur cet article. Je croirai avec vous qu'il eût beaucoup mieux valu au prince Ivan[3] de n'être pas né, que d'être empereur au berceau pour vivre vingt quatre ans dans un cachot et pour y mourir de huit coups de poignard.

Je serais homme à souhaiter de n'être point né si on m'accusait d'avoir fait le dictionnaire philosophique, car quoyque cet ouvrage me paraisse aussi vrai que hardi, quoy qu'il respire la morale la plus pure, les hommes sont si sots et si méchants, les dévots sont si fanatiques que je serais sûrement persécuté. Cet ouvrage que je crois très utile ne sera jamais de moy. Je n'en ay envoyé à personne. J'ay même de la peine à en faire venir quelques exemplaires pour moy même. Dès que j'en aurai, je vous en ferai parvenir. Mais par quelle voie? Je n'en sçais rien. Tous les gros paquets sont saisis à la poste, les ministres n'aiment pas qu'on envoie sous leur nom des choses dont on peut leur faire des reproches. Il faut attendre l'occasion de quelque voyageur.

Je suis indigné qu'un homme[4] qui avait le sens commun, ait passé les cinq dernières heures de sa vie avec un prêtre. Deux minutes suffisaient. S'il faut payer chez vous ce tribut à l'usage on doit acquitter cette dette le plus vite qu'il est possible. Je vous prie de dire à Monsieur le Président Hénaut combien je regrette son ami. Mais si nous avions eu le malheur de perdre Monsieur Hénaut aurait-il fallu écrire à Monsieur Dargenson? Je n'ay point écrit à son fils parce que son fils ne m'écrirait pas sur la mort de mon père. Savez-vous Madame qu'il m'en coûte infiniment d'écrire? Je vois à peine mon papier; et je suis très malade.

Voltaire à Madame du Deffand, 21 septembre 1764.

Activités

1. **Voltaire répond-il à tous les points de la lettre de Mme du Deffand, et dans quel ordre ?**
2. **En quoi Voltaire n'est-il pas d'accord avec Mme du Deffand sur la manière de mourir dans une société catholique ?**
3. **Étudiez le ton des deux lettres. Comment Voltaire joue-t-il avec les propos de sa correspondante ?**

1. Car auteur présumé du *Cantique des Cantiques*, poèmes apparemment érotiques.
2. Poète français libertin (1639-1720).
3. Ivan VI (1740-1764), tsar de Russie à l'âge de 2 mois, exilé puis tué par Catherine II de Russie.
4. Le comte d'Argenson, évoqué par Mme du Deffand.

La lettre

Mode de communication en passe d'être détruit par le téléphone, la lettre appartient à la fois à l'art de la conversation et à l'art de l'écriture. On a encore l'habitude, au XVIIIe, de lire à haute voix, dans un salon, tout ou partie d'une lettre intéressante. Depuis le XVIIe, les écrivains se doutent qu'on publiera leurs lettres, comme on a gardé celles de Cicéron. La lettre est donc, souvent, à la fois privée et publique, manuscrite et en attente de publication. Il existe, depuis le XVIIe, des manuels qui en enseignent l'art, étroitement lié aux codes de politesse et aux registres de style. Les femmes passaient pour devoir y exceller (Mmes de Sévigné, du Deffand), mais les maîtres du genre sont Diderot et Voltaire.

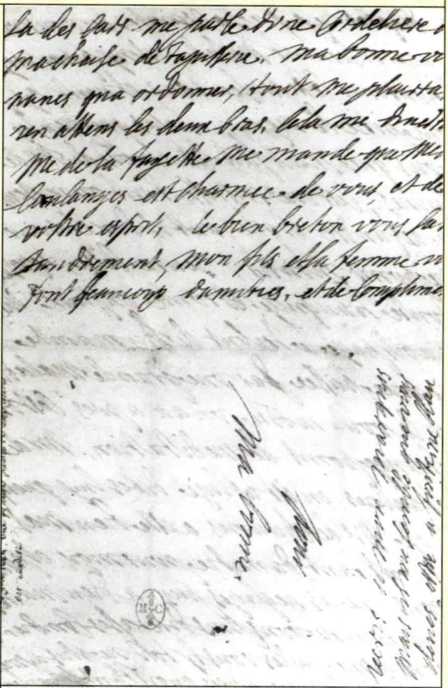

Lettre de Mme de Sévigné à sa fille, Mme de Grignan.

Romans épistolaires…

Le roman par lettres était, avec le roman-mémoires, une des deux formes fondamentales du roman à la première personne. On peut distinguer le roman épistolaire polyphonique* (à plusieurs correspondants), et le recueil monodique* (car la forme la plus attendue, l'échange duel, n'existe quasiment pas au XVIIIe !). Cette dernière formule l'emporte avant 1750, malgré l'exemple des *Lettres Persanes* (1721). Nul hasard si, à l'âge d'or des salons, correspond, à l'échelle européenne, celui du roman épistolaire, pratiquement disparu au cours du XIXe.

…et traités par lettres

La lettre ne se cantonnait pas dans l'analyse du cœur. Dès le XVIIe (Pascal, *Lettres Provinciales)*, elle donnait un tour plus vif, moins pédant, aux matières intellectuelles. Les *Lettres Persanes* mêlent roman et discussions philosophiques, formule refusée par Voltaire dans les *Lettres Philosophiques* (1734), mais adoptée par Rousseau dans *La Nouvelle Héloïse* (1760).

« D'ailleurs, ces sortes de romans [par lettres] réussissent ordinairement, parce que l'on rend compte soi-même de sa situation actuelle ; ce qui fait plus sentir les passions, que tous les récits qu'on en pourrait faire. […] Enfin, dans les romans ordinaires [romans en « il »], les digressions ne peuvent être permises que lorsqu'elles forment elles-mêmes un nouveau roman [Histoires emboîtées]. […] Mais, dans la forme des lettres, […] où les sujets qu'on traite ne sont dépendants d'aucun dessein ou d'aucun plan déjà formé, l'auteur s'est donné l'avantage de pouvoir joindre de la philosophie et de la morale à un roman. »

Montesquieu, *Quelques réflexions sur les Lettres persanes.*

Activités

1. Existe-t-il encore, de nos jours, un usage littéraire de la lettre ? D'après vous, pourquoi ?
2. Lisez les textes de Marot p. 66, Mme de Sévigné p. 178, Montesquieu p. 227, Laclos p. 238, Proust p. 506.

DIDEROT

De la correspondance de Diderot (1713-1784), **[voir pp. 197, 200, 223, 233]** avec Sophie Volland (1716-1784), toutes les lettres de la femme aimée, mais non légitime, ont disparu. Il reste moins de 200 lettres de Diderot sur environ 550 (il ne les recopiait pas).

Lettres à Sophie Volland

MORALE

Ce serait un phénomène bien étrange qu'un homme pensant et disant toujours mal, et se conduisant toujours bien. Le dérangement de la tête influe sur le cœur, et le dérangement du cœur sur la tête. Faisons en sorte, mon amie, que votre vie soit sans mensonge. Plus je vous estimerai, plus vous me serez chère. Plus je vous montrerai de vertus, plus vous m'aimerez. Combien je redouterais le vice quand je n'aurais pour juge que ma Sophie !

J'ai élevé dans son cœur une statue que je ne voudrais jamais briser. Quelle douleur pour elle si je me rendais coupable d'une action qui m'avilît à ses yeux ! N'est-il pas vrai que vous m'aimeriez mieux mort que méchant ? Aimez-moi donc toujours, afin que je craigne toujours le vice. Continuez de me soutenir dans le chemin de la bonté. Qu'il est doux d'ouvrir ses bras, quand c'est pour y recevoir et pour y serrer un homme de bien ! c'est cette idée qui consacre les caresses ; qu'est-ce que les caresses de deux amants lorsqu'elles ne peuvent être l'expression du cas infini qu'ils font d'eux-mêmes ? Qu'il y a de petitesse et de misère dans les transports des amants ordinaires ! qu'il y a de charmes, d'élévation et d'énergie dans nos embrassements ! Venez, ma Sophie ; venez. Je sens mon cœur échauffé. Cet attendrissement qui vous embellit, va paraître sur ce visage. Il y est. Ah ! que n'êtes-vous à côté de moi pour en jouir.

Denis Diderot, *Lettres à Sophie Volland*, 4 juin 1759.

Activités

1. **En quoi ce texte permet-il de dire que les lettres suppléent l'absence ?**
2. **Quels sont pour Diderot les rapports de l'amour et de la morale ?**

Dialogues à lire, dialogues à dire

Les hommes des Lumières étaient fous de théâtre, public et privé. De cette immense production, seules quelques dizaines de pièces, toutes comiques, ont survécu en France. Il n'en va pas de même en Allemagne, qui revient en force sur la scène littéraire européenne dans la deuxième moitié du siècle. Mais si le théâtre est l'art du dialogue, tout dialogue est-il théâtral ? Crébillon et Diderot permettent de poser la question.

LESAGE

René Lesage (1668-1747), romancier et auteur dramatique, écrivain professionnel, se fit traducteur des dramaturges espagnols avant de connaître le succès pour ses propres œuvres, notamment au théâtre avec *Crispin rival de son maître*, 1707 et *Turcaret*, 1709 ; et dans le roman avec *Gil Blas*, 1715.

Turcaret

COMIQUE

Dans Turcaret, *nul ne mérite la sympathie : ni les femmes, toutes intéressées, ni le financier enrichi, Turcaret, ni le valet Frontin, qui prendra sa place.*

LA BARONNE, MARINE, FRONTIN

FRONTIN. – Je viens de la part de mon maître et de la mienne, Madame, vous donner le bonjour.

LA BARONNE[1], *d'un air froid.* – Je vous en suis obligée, Frontin.

FRONTIN. – Et Mademoiselle Marine veut bien aussi qu'on prenne la liberté de la saluer.

MARINE[2], *d'un air brusque.* – Bon jour et bon an.

FRONTIN, *présentant un billet à la Baronne.* – Ce billet que Monsieur le Chevalier vous écrit, vous instruira, Madame, de certaine aventure…

MARINE, bas à la Baronne. – Ne le recevez pas.

LA BARONNE, *prenant le billet.* – Cela n'engage à rien, Marine, voyons, voyons ce qu'il me demande.

MARINE. – Sotte curiosité !

LA BARONNE, *lit.* – *Je viens de recevoir le portrait d'une comtesse, je vous l'envoie et vous le sacrifie. Mais vous ne devez point me tenir compte de ce sacrifice, ma chère Baronne. Je suis si occupé, si possédé de vos charmes, que je n'ai pas la liberté de vous être infidèle. Pardonnez, mon adorable, si je ne vous en dis pas davantage, j'ai l'esprit dans un accablement mortel. J'ai perdu cette nuit tout mon argent, et Frontin vous dira le reste.*

Le Chevalier.

MARINE. – Puisqu'il a perdu tout son argent, je ne vois pas qu'il y ait du reste à cela.

FRONTIN. – Pardonnez-moi ; outre les deux cents pistoles que Madame eut la bonté de lui prêter hier, et le peu d'argent qu'il avait d'ailleurs, il a encore perdu mille écus sur sa

1. Entretenue par Turcaret, elle est amoureuse du chevalier et paie ses dettes de jeu.
2. Suivante de la Baronne.

parole : voilà le reste. Oh diable il n'y a pas un mot inutile dans les billets de mon maître.

LA BARONNE. – Où est le portrait ?

FRONTIN, *donnant le portrait.* – Le voici.

LA BARONNE. – Il ne m'a point parlé de cette comtesse-là, Frontin.

FRONTIN. – C'est une conquête, Madame, que nous avons faite sans y penser. Nous rencontrâmes l'autre jour cette comtesse dans un lansquenet[3].

MARINE. – Une comtesse de lansquenet.

FRONTIN. – Elle agaça[4] mon maître, il répondit pour rire à ses minauderies. Elle, qui aime le sérieux, a pris la chose fort sérieusement. Elle nous a ce matin envoyé son portrait. Nous ne savons pas seulement son nom.

MARINE. – Je vais parier que cette comtesse-là est quelque dame normande[5]. Toute sa famille bourgeoise se cotise pour lui faire tenir à Paris une petite pension, que les caprices du jeu augmentent ou diminuent.

FRONTIN. – C'est ce que nous ignorons.

MARINE. – Ho que non ! Vous ne l'ignorez pas. Peste, vous n'êtes pas gens à faire sottement des sacrifices. Vous en connaissez bien le prix.

FRONTIN. – Savez-vous bien, Madame, que cette dernière nuit a pensé être une nuit éternelle pour Monsieur le Chevalier ? En arrivant au logis, il se jette dans un fauteuil, il commence par se rappeler les plus malheureux coups du jeu, assaisonnant ses réflexions d'épithètes et d'apostrophes énergiques.

LA BARONNE, *regardant le portrait.* – Tu as vu cette comtesse, Frontin ? N'est-elle pas plus belle que son portrait ?

3. Jeu de cartes.
4. Aguicha.
5. Les Normands passaient pour rusés et peu fiables.

Lesage, *Turcaret*, Acte I, Scène II, 1709.

Activités

1. **Quels enjeux (dramatiques, comiques, psychologiques...) déterminent les interventions de chaque personnage ?**
2. **Quelles ressources dramaturgiques Lesage tire-t-il du billet ?**
3. **En quoi le comique est-il ici sans indulgence pour les personnages ?**

VOLTAIRE

Voltaire (1694-1778), connu comme bel esprit et poète mondain, fut d'abord réputé au XVIIIe siècle comme poète tragique et épique avant de devenir le grand écrivain et philosophe que nous connaissons. Il mourut à quatre-vingt-quatre ans, entouré de la ferveur populaire.

TRAGÉDIE

Œdipe

Œdipe, 1718, est sa première tragédie.

LE GRAND PRÊTRE. – C'en est fait, et les dieux sont contents.
Laïus[1] du sein des morts cesse de vous poursuivre,
Il vous permet encor de régner et de vivre ;
Le sang d'Œdipe enfin suffit à son courroux.
LE CHŒUR. – Dieux !
JOCASTE[2]. – Ô mon fils ! hélas ! dirai-je mon époux ?
Ô des noms les plus chers assemblage effroyable !
Il est donc mort ?
LE GRAND PRÊTRE. – Il vit, et le sort qui l'accable
Des morts et des vivants semble le séparer ;
Il s'est privé du jour avant que d'expirer.
Je l'ai vu dans ses yeux enfoncer cette épée
Qui du sang de son père avait été trempée ;
Il a rempli son sort, et ce moment fatal
Du salut des Thébains est le premier signal.
Tel est l'ordre du ciel, dont la fureur se lasse ;
Comme il veut, aux mortels il fait justice ou grâce ;
Ses traits sont épuisés sur ce malheureux fils.
Vivez, il vous pardonne.
JOCASTE. – Et moi, je me punis.
Elle se frappe.
Par un pouvoir affreux réservée à l'inceste,
La mort est le seul bien, le seul dieu qui me reste.
Laïus, reçois mon sang, je te suis chez les morts ;
J'ai vécu vertueuse, et je meurs sans remords.
LE CHŒUR. – Ô malheureuse reine ! ô destin que j'abhorre !
JOCASTE. – Ne plaignez que mon fils, puisqu'il respire encore.

1. Roi de Thèbes, père d'Œdipe que celui-ci a tué en ignorant qui il était.
2. Mère et épouse d'Œdipe, veuve du roi Laïus.

Prêtres, et vous Thébains, qui fûtes mes sujets,
Honorez mon bûcher, et songez à jamais
Qu'au milieu des horreurs du destin qui m'opprime
J'ai fait rougir les dieux qui m'ont forcée au crime.

Voltaire, *Œdipe*, Acte V, scène VI, 1718.

BIANCOLLELI

Biancollelli (1680-1734), comédien italien, est surtout célèbre pour ses brillantes interprétations du personnage d'Arlequin, mais il fut à la fois acteur comique et dramaturge.

Œdipe travesti

PARODIE

Œdipe travesti, paru en 1719, fait la parodie de l'*Œdipe* de Voltaire.

TRIVELIN, *en aveugle conduit par un petit garçon.*
TRIVELIN. – Mon mignon, je saurai récompenser ton zèle,
Viens conduire mes pas, sois mon guide fidèle ;
Tes soins ne seront pas infructueux, ni vains.
COLOMBINE. – Où vas-tu donc, mon fils ?
TRIVELIN. – Je vais aux Quinze-Vingts[1] ;
Peut-être voudra-t-on m'y donner une place.
COLOMBINE. – L'infortuné !
TRIVELIN. – D'ici pour jamais je me chasse :
Honteux de mes forfaits, justement furieux,
Moi-même j'ai voulu me crever les deux yeux :
Je ne vous verrai plus, j'en donne ma parole,
Et voilà dans mes maux tout ce qui me console.
Bonjour, allons, mon fils, donnez-moi votre bras,
Car je suis trop sujet à faire des faux pas.
Il s'en va.
COLOMBINE. – Aller aux Quinze-Vingts ! Ah ! Quel dessein tragique ;
Qui l'eût cru ! L'action est vraiment héroïque ;
Mais je me trouve mal, tout mon corps s'affaiblit ;
Claudine, par pitié, viens bassiner mon lit.

Biancollelli, *Œdipe travesti*, Scène XIV, 1719.

Activités

1. **Dans le texte de Voltaire, relevez les marques typiques d'un dénouement de tragédie classique (vous pourrez vous aider de la fiche [voir p. 154] sur *le classicisme* et des autres tragédies que vous connaissez).**
2. **En quoi consiste sa réécriture parodique ? (Quels sont les éléments repris ? de quelle manière sont-ils subvertis ? Dans quel but ?)**

1. Hôpital parisien pour aveugles.

MARIVAUX

Pierre Carlet de Marivaux (1688-1763) **[voir p. 229]**, auteur de plus de 30 comédies, est le dramaturge classique français de loin le plus joué après Molière.

La Double Inconstance

EXPOSITION

SILVIA, TRIVELIN[1] *et quelques femmes à la suite de* SILVIA
SILVIA *paraît sortir comme fâchée.*

TRIVELIN. – Mais, Madame, écoutez-moi.

SILVIA. – Vous m'ennuyez.

TRIVELIN. – Ne faut-il pas être raisonnable ?

SILVIA, *impatiente.* – Non, il ne faut pas l'être, et je ne le serai point.

TRIVELIN. – Cependant…

SILVIA, *avec colère.* – Cependant, je ne veux point avoir de raison : et quand vous recommenceriez cinquante fois votre cependant, je n'en veux point avoir : que ferez-vous là ?

TRIVELIN. – Vous avez soupé hier si légèrement, que vous serez malade, si vous ne prenez rien ce matin.

SILVIA. – Et moi, je hais la santé, et je suis bien aise d'être malade ; ainsi, vous n'avez qu'à renvoyer tout ce qu'on m'apporte, car je ne veux aujourd'hui ni déjeuner, ni dîner, ni souper ; demain la même chose. Je ne veux qu'être fâchée, vous haïr tous tant que vous êtes, jusqu'à tant que j'aie vu Arlequin[1] dont on m'a séparée : voilà mes petites résolutions, et si vous voulez que je devienne folle, vous n'avez qu'à me prêcher d'être plus raisonnable, cela sera bientôt fait.

TRIVELIN. – Ma foi, je ne m'y jouerai pas, je vois bien que vous me tiendriez parole ; si j'osais cependant…

SILVIA, *plus en colère.* – Eh ! bien ! ne voilà-t-il pas encore un cependant ?

TRIVELIN. – En vérité, je vous demande pardon, celui-là m'est échappé, mais je n'en dirai plus, je me corrigerai. Je vous prierai seulement de considérer…

SILVIA. – Oh ! vous ne vous corrigez pas, voilà des considérations qui ne me conviennent point non plus.

1. Nom traditionnel. d'un valet italien masqué, comme Arlequin.

TRIVELIN, *continuant.* – … que c'est votre souverain qui vous aime.

SILVIA. – Je ne l'empêche pas, il est le maître : mais faut-il que je l'aime, moi ? Non, et il ne le faut pas, parce que je ne le puis pas ; cela va tout seul, un enfant le verrait, et vous ne le voyez pas.

TRIVELIN. – Songez que c'est sur vous qu'il fait tomber le choix qu'il doit faire d'une épouse entre ses sujettes.

SILVIA. – Qui est-ce qui lui a dit de me choisir ? M'a-t-il demandé mon avis ? S'il m'avait dit : Me voulez-vous, Silvia ? je lui aurais répondu : Non, seigneur, il faut qu'une honnête femme aime son mari, et je ne pourrais pas vous aimer. Voilà la pure raison, cela ; mais point du tout, il m'aime, crac, il m'enlève, sans me demander si je le trouverai bon.

TRIVELIN. – Il ne vous enlève que pour vous donner la main.

SILVIA. – Eh ! que veut-il que je fasse de cette main, si je n'ai pas envie d'avancer la mienne pour la prendre ? Force-t-on les gens à recevoir des présents malgré eux ?

TRIVELIN. – Voyez, depuis deux jours que vous êtes ici, comment il vous traite ; n'êtes-vous pas déjà servie comme si vous étiez sa femme ? Voyez les honneurs qu'il vous fait rendre, le nombre de femmes qui sont à votre suite, les amusements qu'on tâche de vous procurer par ses ordres. Qu'est-ce qu'Arlequin au prix d'un prince plein d'égards, qui ne veut pas même se montrer qu'on ne vous ait disposée à le voir ? d'un prince jeune, aimable et rempli d'amour, car vous le trouverez tel. Eh ! Madame, ouvrez les yeux, voyez votre fortune, et profitez de ses faveurs.

Marivaux, *La Double Inconstance*, Acte I, Scène I, 1723.

Activités

1. Qu'apprend-on dans ce début de scène d'exposition ?
2. Comment Trivelin tente-t-il de défendre la cause du Prince, son maître ?
3. Quel type de personnage de jeune fille les répliques de Silvia font-elles apparaître ?

MARIVAUX

L'Île des esclaves

INÉGALITÉ

Dans L'Île des esclaves *(1725), pièce en un acte, Marivaux imagine une île où, en cas de naufrage, maîtres et esclaves sont obligés d'échanger leurs conditions. Arlequin, devenu maître, tente ici de séduire Euphrosine, réduite à son tour au rang de suivante. Voici la fin de la scène.*

ARLEQUIN. – Vous me trouvez un peu nigaud, n'est-il pas vrai ? mais cela se passera ; c'est que je vous aime, et que je ne sais comment vous le dire.

EUPHROSINE. – Vous ?

ARLEQUIN. – Eh pardi oui ; qu'est-ce qu'on peut faire de mieux ? Vous êtes si belle, il faut bien vous donner son cœur, aussi bien vous le prendriez de vous-même.

EUPHROSINE. – Voici le comble de mon infortune.

ARLEQUIN, *lui regardant les mains.* – Quelles mains ravissantes ! les jolis petits doigts ! que je serais heureux avec cela ! mon petit cœur en ferait bien son profit. Reine, je suis bien tendre, mais vous ne voyez rien ; si vous aviez la charité d'être tendre aussi, oh ! je deviendrais fou tout à fait.

EUPHROSINE. – Tu ne l'es déjà que trop.

ARLEQUIN. – Je ne le serai jamais tant que vous en êtes digne.

EUPHROSINE. – Je ne suis digne que de pitié, mon enfant.

ARLEQUIN. – Bon, bon, à qui est-ce que vous contez cela ? vous êtes digne de toutes les dignités imaginables : un empereur ne vous vaut pas, ni moi non plus : mais me voilà, moi, et un empereur n'y est pas et un rien qu'on voit vaut mieux que quelque chose qu'on ne voit pas. Qu'en dites-vous ?

EUPHROSINE. – Arlequin, il me semble que tu n'as point le cœur mauvais.

ARLEQUIN. – Oh ! il ne s'en fait plus de cette pâte-là, je suis un mouton.

EUPHROSINE. – Respecte donc le malheur que j'éprouve.

ARLEQUIN. – Hélas ! je me mettrais à genoux devant lui.

EUPHROSINE. – Ne persécute point une infortunée, parce que tu peux la persécuter impunément. Vois l'extrémité où je suis réduite ; et si tu n'as point d'égard au rang que je

Euphrosine (Dominiaue Charpentier) et Arlequin (Bernard Waver) dans une mise en scène contemporaine de l'Île des esclaves au théâtre des Gémeaux en 1998.

tenais dans le monde, à ma naissance, à mon éducation, du moins que mes disgrâces, que mon esclavage, que ma douleur t'attendrissent. Tu peux ici m'outrager autant que tu le voudras; je suis sans asile et sans défense, je n'ai que mon désespoir pour tout secours, j'ai besoin de la compassion de tout le monde, de la tienne même, Arlequin; voilà l'état où je suis, ne le trouves-tu pas assez misérable? tu es devenu libre et heureux, cela doit-il te rendre méchant? Je n'ai pas la force de t'en dire davantage; je ne t'ai jamais fait de mal, n'ajoute rien à celui que je souffre.

ARLEQUIN, *abattu, les bras abaissés, et comme immobile.* – J'ai perdu la parole.

Marivaux, *L'Île des esclaves*, Scène VIII, 1725.

Activités

1. Où et comment s'opère le renversement de situation ?
2. Classez et commentez les sources du comique.
3. Arlequin est-il réellement devenu un maître ?

BEAUMARCHAIS

Créateur du personnage de Figaro, Pierre Augustin Caron de Beaumarchais (1732-1799), libertin et aventurier sans scrupules, écrivit des drames et des comédies tout en exerçant toutes sortes de métiers. Sa notoriété repose essentiellement sur ses comédies du *Barbier de Séville* et du *Mariage de Figaro*.

Le Mariage de Figaro

EXPOSITION

D'abord interdit par la censure, Le Mariage de Figaro *(1784), comédie en cinq actes, fut un des triomphes du siècle.*

Le théâtre représente une chambre à demi démeublée ; un grand fauteuil de malade est au milieu. Figaro, avec une toise, mesure le plancher. Suzanne attache à sa tête, devant une glace, le petit bouquet de fleurs d'oranger, appelé chapeau de la mariée.

Scène première.

FIGARO, SUZANNE.

FIGARO. – Dix-neuf pieds sur vingt-six.

SUZANNE. – Tiens, Figaro, voilà mon petit chapeau : le trouves-tu mieux ainsi ?

FIGARO, *lui prend les mains.* – Sans comparaison, ma charmante. Oh ! que ce joli bouquet virginal, élevé sur la tête d'une belle fille, est doux, le matin des noces, à l'œil amoureux d'un époux !...

SUZANNE, *se retire.* – Que mesures-tu donc là, mon fils ?

FIGARO. – Je regarde, ma petite Suzanne, si ce beau lit que Monseigneur nous donne aura bonne grâce ici.

SUZANNE. – Dans cette chambre ?

FIGARO. – Il nous la cède.

SUZANNE. – Et moi, je n'en veux point.

FIGARO. – Pourquoi ?

SUZANNE. – Je n'en veux point.

FIGARO. – Mais encore ?

SUZANNE. – Elle me déplaît.

FIGARO. – On dit une raison.

SUZANNE. – Si je n'en veux pas dire ?

FIGARO. – Oh ! quand elles sont sûres de nous !

SUZANNE. – Prouver que j'ai raison serait accorder que je puis avoir tort. Es-tu mon serviteur, ou non ?

FIGARO. – Tu prends de l'humeur contre la chambre du château la plus commode, et qui tient le milieu des deux appartements. La nuit, si Madame est incommodée, elle sonnera de son côté ; zeste, en deux pas tu es chez elle. Monseigneur veut-il quelque chose : il n'a qu'à tinter du sien ; crac, en trois sauts me voilà rendu.

SUZANNE. – Fort bien ! Mais quand il aura *tinté* le matin, pour te donner quelque bonne et longue commission, zeste, en deux pas, il est à ma porte, et crac, en trois sauts...

FIGARO. – Qu'entendez-vous par ces paroles ?

SUZANNE. – Il faudrait m'écouter tranquillement.

FIGARO. – Eh, qu'est-ce qu'il y a ? bon Dieu !

SUZANNE. – Il y a, mon ami, que, las de courtiser les beautés des environs, monsieur le comte Almaviva veut rentrer au château, mais non pas chez sa femme ; c'est sur la tienne, entends-tu, qu'il a jeté ses vues, auxquelles il espère que ce logement ne nuira pas. Et c'est ce que le loyal Bazile, honnête agent de ses plaisirs, et mon noble maître à chanter, me répète chaque jour, en me donnant leçon.

FIGARO. – Bazile ! Ô mon mignon, si jamais volée de bois vert, appliquée sur une échine, a dûment redressé la moelle épinière à quelqu'un...

SUZANNE. – Tu croyais, bon garçon, que cette dot qu'on me donne était pour les beaux yeux de ton mérite ?

FIGARO. – J'avais assez fait[1] pour l'espérer.

SUZANNE. – Que les gens d'esprit sont bêtes !

FIGARO. – On le dit[2].

SUZANNE. – Mais c'est qu'on ne veut pas le croire.

FIGARO. – On a tort.

SUZANNE. – Apprends qu'il la destine à obtenir de moi secrètement, certain quart d'heure, seul à seule, qu'un ancien droit du seigneur[3]... Tu sais s'il était triste !

FIGARO. – Je le sais tellement, que si monsieur le Comte, en se mariant, n'eût pas aboli ce droit honteux, jamais je ne t'eusse épousée dans ses domaines.

SUZANNE. – Eh bien, s'il l'a détruit, il s'en repent ; et c'est de la fiancée qu'il veut le racheter en secret aujourd'hui.

Beaumarchais, *Le Mariage de Figaro*,
Acte I, Scène I, 1784.

Activités

1. **Relevez les éléments d'information (sur les personnages, l'intrigue, la situation dramatique) apportés aux spectateurs.**
2. **Pourquoi cette exposition est-elle très vraisemblable et vivante ?**
3. **Faites un dossier en cherchant des photos de différentes mises en scène et comparez quelques types de décors réalisés pour cet acte.**

1. Allusion au *Barbier de Séville*, où Figaro avait rendu possible le mariage du comte Almaviva.
2. C'est ce que dit Laclos dans la lettre 38 des *Liaisons dangereuses* (1762).
3. Pseudo-droit féodal, dit aussi droit de cuissage, qui aurait accordé aux seigneurs la virginité des futures épouses.

BEAUMARCHAIS

DRAME

L'Autre Tartuffe ou La Mère coupable

L'Autre Tartuffe ou La Mère coupable *(1792), « drame en cinq actes et en prose », clôt une sorte de trilogie théâtrale* (Le Barbier de Séville, *1775;* Le Mariage de Figaro, *1784). Père et mère chacun d'un enfant adultérin, le Comte et la Comtesse Almaviva se trouvent pour la première fois depuis vingt ans dans la chambre de la Comtesse, à la demande de celle-ci.*

Scène XII

LA COMTESSE, *seule, un genou sur son fauteuil.* – Ce moment me semble terrible comme le jugement dernier! Mon sang est prêt à s'arrêter... Ô mon Dieu! donnez-moi la force de frapper au cœur d'un époux! (*Plus bas.*) Vous seul connaissez les motifs qui m'ont toujours fermé la bouche! Ah! s'il ne s'agissait du bonheur de mon fils, vous savez, ô mon Dieu, si j'oserais dire un seul mot pour moi! Mais enfin, s'il est vrai qu'une faute pleurée vingt ans ait obtenu de vous un pardon généreux, comme un sage ami m'en assure, ô mon Dieu, donnez-moi la force de frapper au cœur d'un époux!

Scène XIII

LA COMTESSE, LE COMTE, LÉON[1], *caché.*

LE COMTE, *sèchement.* – Madame, on dit que vous me demandez?

LA COMTESSE, *timidement.* – J'ai cru, monsieur, que nous serions plus libres dans ce cabinet que chez vous.

LE COMTE. – M'y voilà, madame; parlez.

LA COMTESSE, *tremblante.* – Asseyons-nous, monsieur, je vous en conjure, et prêtez-moi votre attention.

LE COMTE, *impatient.* – Non, j'entendrai debout; vous savez qu'en parlant je ne saurais tenir en place.

LA COMTESSE, *s'asseyant, avec un soupir, et parlant bas.* – Il s'agit de mon fils..., monsieur.

LE COMTE, *brusquement.* – De votre fils, madame?

LA COMTESSE. – Et quel autre intérêt pourrait vaincre ma répugnance à engager un entretien que vous ne recherchez jamais? Mais je viens de le voir dans un état à faire compassion: l'esprit troublé, le cœur serré de l'ordre que vous lui

1. Fils adultérin de la Comtesse et de Chérubin (*Le Mariage de Figaro*, **[voir p. 262]**), mais reconnu enfant légitime du Comte.

Mise en scène de la Comédie Française en 1990.

donnez de partir sur-le-champ ; surtout du ton de dureté qui accompagne cet exil. Eh ! comment a-t-il encouru la disgrâce d'un p…, d'un homme si juste ? Depuis qu'un exécrable duel nous a ravi notre autre fils[2]…

LE COMTE, *les mains sur le visage, avec un air de douleur.* – Ah !…

LA COMTESSE. – Celui-ci, qui jamais ne dût connaître le chagrin, a redoublé de soins et d'attentions pour adoucir l'amertume des nôtres !

LE COMTE, *se promenant doucement.* – Ah !…

LA COMTESSE. – Le caractère emporté de son frère, son désordre, ses goûts et sa conduite déréglée nous en donnaient souvent de bien cruels. Le ciel sévère, mais sage en ses décrets, en nous privant de cet enfant, nous en a peut-être épargné de plus cuisants pour l'avenir.

LE COMTE, *avec douleur.* – Ah !… ah !…

LA COMTESSE. – Mais, enfin, celui qui nous reste a-t-il jamais manqué à ses devoirs ? Jamais le plus léger reproche fut-il mérité de sa part ? Exemple des hommes de son âge, il a l'estime universelle : il est aimé, recherché, consulté. Son p… protecteur naturel, mon époux seul, paraît avoir les yeux fermés sur un mérite transcendant dont l'éclat frappe tout le monde. (*Le comte se promène plus vite sans parler. La comtesse, prenant courage de son silence, continue d'un ton plus ferme et l'élève par degrés*).

Beaumarchais, *L'Autre Tartuffe ou La Mère coupable*, Acte II, Scènes XII-XIII, 1792.

Activités

1. Comment se manifeste la culpabilité de la Comtesse ?
2. Quels sont les signes du pathétique ?
3. Cherchez dans l'Anthologie des extraits de tragédie de Corneille, Racine ou Voltaire et comparez-les à cette scène de drame. Quelles sont les différences les plus frappantes ?

2. Leur seul enfant commun, tué en duel.

GOLDONI

Le dramaturge italien Carlo Goldoni (1707-1793) s'illustra d'abord à Venise. Venu à Paris travailler pour les acteurs italiens, il remporta un vif succès à la Comédie-Française avec une pièce écrite directement en français, *Le Bourru bienfaisant* (1770).

Le Bourru bienfaisant

LA JEUNE FILLE

Le Bourru bienfaisant, *M. Géronte, a de la tendresse pour sa nièce Angélique, mais elle redoute ses accès de colère. Il voudrait la marier avec un ami de son âge, tandis qu'elle aime en secret le jeune Valère.*

ANGÉLIQUE, *se tient à quelque distance.*

M. GÉRONTE. – Approchez.

ANGÉLIQUE, *avec timidité, ne faisant qu'un pas.* – Monsieur…

M. GÉRONTE, *un peu vivement.* – Comment voulez-vous que je vous entende, si vous êtes à une lieue de moi ?

ANGÉLIQUE, *s'avance en tremblant.* – Excusez, Monsieur.

M. GÉRONTE, *avec douceur.* – Qu'avez-vous à me dire ?

ANGÉLIQUE. – Marton ne vous a-t-elle pas dit quelque chose ?

M. GÉRONTE, *il commence avec tranquillité et s'échauffe peu à peu.* – Oui ; elle m'a parlé de vous ; elle m'a parlé de votre frère, de cet insensé, de cet extravagant, qui se laisse mener par une femme imprudente, qui s'est ruiné, qui s'est perdu, et qui me manque encore de respect !

ANGÉLIQUE, *veut s'en aller.*

M. GÉRONTE, *vivement.* – Où allez-vous ?

ANGÉLIQUE, *en tremblant.* – Monsieur, vous êtes en colère…

M. GÉRONTE. – Qu'est-ce que cela vous fait ? Si je me mets en colère contre un sot, ce n'est pas contre vous. Approchez, parlez, et n'ayez pas peur de ma colère.

ANGÉLIQUE. – Mon cher oncle, je ne saurais vous parler, si je ne vous vois tranquille.

M. GÉRONTE, *à part.* – Quel martyre ! (*À Angélique, en se contraignant.*) Me voilà tranquille. Parlez.

ANGÉLIQUE. – Monsieur… Marton vous aura dit…

M. GÉRONTE. – Je ne prends pas garde à ce que m'a dit Marton, c'est de vous que je le veux savoir.

ANGÉLIQUE, *avec timidité.* – Mon frère…

M. GÉRONTE, *la contrefaisant.* – Votre frère…

ANGÉLIQUE. – Voudrait me mettre dans un Couvent.

M. GÉRONTE. – Eh bien ? Aimez-vous le Couvent ?

ANGÉLIQUE. – Mais, Monsieur…

M. GÉRONTE, *vivement.* – Parlez donc.

ANGÉLIQUE. – Ce n'est pas à moi à me décider.

M. GÉRONTE, *encore plus vivement.* – Je ne dis pas que vous vous décidiez : mais je veux savoir quel est votre penchant.

ANGÉLIQUE. – Monsieur, vous me faites trembler.

M. GÉRONTE, *à part.* – J'enrage. (*En se contraignant.*) Approchez, je vous comprends ; vous n'aimez donc pas le Couvent ?

ANGÉLIQUE. – Non, Monsieur.

M. GÉRONTE. – Quel est l'état que vous aimeriez davantage ?

ANGÉLIQUE. – Monsieur…

M. GÉRONTE, *un peu vivement.* – Ne craignez rien, je suis tranquille, parlez-moi librement.

ANGÉLIQUE, *à part.* – Ah ! Que n'ai-je le courage ?…

M. GÉRONTE. – Venez ici. Voudriez-vous vous marier ?

ANGÉLIQUE. – Monsieur…

M. GÉRONTE, *vivement.* – Oui, ou non ?

ANGÉLIQUE. – Si vous vouliez…

M. GÉRONTE, *vivement.* – Oui, ou non ?

ANGÉLIQUE. – Mais, oui.

M. GÉRONTE, *encore plus vivement.* – Oui ? Vous voulez vous marier, perdre la liberté, la tranquillité ? Eh bien ! tant pis pour vous ; oui, je vous marierai.

Goldoni, *Le Bourru bienfaisant*, Acte I, Scène VIII, 1770.

Activités

1. Quelle est la situation de parole des deux protagonistes ?

2. D'où naît le comique ?

3. Cherchez la scène I de l'acte II du *Tartuffe* de Molière et comparez-la avec cette scène. Que remarquez-vous ?

LESSING

Gotthold Lessing (1729-1781), écrivain allemand, fils d'un pasteur, fit des études de langue et de théologie qu'il abandonna pour la poésie et le théâtre. Dramaturge, il se donne pour mission d'exprimer les aspirations sociales bourgeoises, dénonçant un ordre social révolu. Il est l'un des plus grands écrivains des Lumières allemandes.

Nathan le Sage

RELIGION

Nathan le Sage (1779) a pour héros un Juif dont la fille adoptive, chrétienne d'origine, tombe amoureuse d'un Templier prisonnier. L'action, située à Jérusalem au temps des Croisades, sous le règne de Saladin, permet de confronter les trois grandes religions monothéistes, et donc d'illustrer la tolérance. D'où la célèbre parabole des trois anneaux, racontée par Nathan au sultan.

NATHAN. – Il y a des siècles de cela, en Orient, vivait un homme qui possédait un anneau d'une valeur inestimable, don d'une main chère. La pierre était une opale, où se jouaient mille belles couleurs, et elle avait la vertu secrète de rendre agréable à Dieu et aux hommes quiconque la portait animé de cette conviction. Quoi d'étonnant si l'Oriental la gardait constamment au doigt, et prit la décision de la conserver éternellement à sa famille ? Voici ce qu'il fit. Il légua l'anneau au plus aimé de ses fils, et il statua que celui-ci, à son tour, léguerait l'anneau à celui de ses fils qui lui serait le plus cher, et que perpétuellement le plus cher, sans considération de naissance, par la seule vertu de l'anneau, deviendrait le chef, le premier de sa maison. – Entends-moi, Sultan.

SALADIN. – Je t'entends. Poursuis !

NATHAN. – Ainsi donc, de père en fils, cet anneau vint finalement aux mains d'un père de trois fils qui tous trois lui obéissaient également, qu'il ne pouvait par conséquent s'empêcher d'aimer tous trois d'un même amour. À certains moments seulement, tantôt celui-ci, tantôt celui-là, tantôt le troisième – lorsque chacun se trouvait seul avec lui et que les deux autres ne partageaient pas les épanchements de son cœur – lui semblait plus digne de l'anneau, qu'il eut alors la pieuse faiblesse de promettre à chacun d'eux. Les choses allèrent ainsi, tant qu'elle allèrent. – Mais la mort était proche, et le bon père tombe dans l'embarras. Il a peine à contrister ainsi deux de ses fils, qui se fient à sa parole. – Que faire ? Il envoie secrètement chez un artisan, auquel il commande deux autres anneaux sur le modèle du sien, avec l'ordre de ne ménager ni peine ni argent pour les faire de tous points semblables à celui-ci. L'artiste y réussit. Lorsqu'il apporte les anneaux au père, ce dernier est incapable de distinguer son anneau qui a servi de modèle. Joyeux et allègre, il convoque ses fils, chacun à part, donne à chacun sa bénédiction, – et son anneau, – et meurt. – Tu m'écoutes, n'est-ce pas, Sultan ?

SALADIN (*qui, ému, s'est détourné de lui*). – J'écoute, j'écoute ! – Viens-en bientôt à la fin de ton histoire. – Est-elle proche ?

NATHAN. – J'ai fini. Car la suite, désormais, se conçoit d'elle-même. – À peine le père mort, chacun arrive avec son anneau, et chacun veut être le chef de la maison. On enquête, on se querelle, on s'accuse. Peine perdue ; impossible de prouver quel anneau était le vrai. – (*Après une pause, pendant laquelle il attend la réponse du Sultan*) : Presque aussi impossible à prouver qu'aujourd'hui pour nous – la vraie croyance.

SALADIN. – Comment ? c'est là toute la réponse à ma question ?…

NATHAN. – Mon excuse simplement si je ne me risque pas à distinguer les trois anneaux, que le père a fait faire dans l'intention qu'on ne puisse pas les distinguer.

SALADIN. – Les anneaux ! – Ne te joue pas de moi ! – Je croirais, moi, qu'on pourrait malgré tout distinguer les religions que je t'ai nommées, jusque dans le vêtement, jusque dans les mets et les boissons !

Lessing, *Nathan le Sage*, Acte III, Scène VII, 1779.

Activités

1. **Comment Lessing tente-t-il de dramatiser la parabole philosophique ?**
2. **En quoi les personnages illustrent-ils la leçon de tolérance ?**
3. **Comparez cette parabole avec celles du dernier chapitre de *Candide*.**

CRÉBILLON

Claude Crébillon (1707-1777) passe pour l'inventeur du libertinage romanesque à la façon des Lumières. Auteur de romans licencieux, il risqua la prison pour des allusions religieuses satiriques.

Les Égarements du cœur et de l'esprit

LIBERTINAGE

Les Égarements du cœur et de l'esprit (1736-1738) reprennent la forme favorite de Prévost et Marivaux : les pseudo-mémoires. Le narrateur, Meilcour, raconte sa découverte des lois du libertinage aristocratique. Son inexpérience juvénile éclate devant une femme déjà mûre, Mme de Lursay, qui veut l'inciter à se déclarer.

Je fus un quart d'heure auprès de Madame de Lursay, sans lui rien dire : elle imitait ma taciturnité, et quelque désir qu'elle eût de me parler, elle ne savait comment rompre le silence.

Cependant une comédie qu'on jouait alors, et avec succès, lui en fournit l'occasion. Elle me demanda si je l'avais vue : je lui répondis que oui.

– L'intrigue, dit-elle, ne m'en paraît pas neuve, mais j'en aime assez les détails : elle est noblement écrite, et les sentiments y sont bien développés. N'en pensez-vous pas comme moi ?

– Je ne me pique pas d'être connaisseur, répondis-je. En général elle m'a plu ; mais j'aurais peine à bien parler de ses beautés et de ses défauts.

– Sans avoir du théâtre une connaissance parfaite, on peut, reprit-elle, décider sur certaines parties ; le sentiment par exemple en est une sur laquelle on ne se trompe point : ce n'est pas l'esprit qui le juge, c'est le cœur ; et les choses intéressantes remuent également les gens bornés, et ceux qui ont le plus de lumières. J'ai trouvé dans cette pièce des endroits touchés avec art : il y a surtout une déclaration d'amour qui à mon sens est extrêmement délicate, et c'est un des morceaux que j'en estime le plus.

– Il m'a frappé comme vous, répondis-je, et j'en sais d'autant plus de gré à l'auteur, que je crois cette situation difficile à bien manier.

– Ce ne serait pas par-là que je l'estimerais, reprit-elle : dire qu'on aime est une chose qu'on fait tous les jours, et fort aisément, et si cette situation a de quoi plaire, c'est moins par son propre fond que par la façon neuve dont elle est traitée.

– Je ne serais pas entièrement de votre avis, Madame, répondis-je, et je ne crois pas qu'il soit facile de dire qu'on aime.

– Je suis persuadée, dit-elle, que cet aveu coûte à une femme ; mille raisons que l'amour ne peut absolument détruire, doivent le lui rendre pénible ; car vous n'imaginez pas sans doute qu'un homme risque quelque chose à le faire ?

– Pardonnez-moi, Madame, lui dis-je : c'était précisément ce que je pensais. Je ne trouve rien de plus humiliant pour un homme que de dire qu'il aime.

– C'est dommage assurément, reprit-elle, que cette idée soit ridicule ; par sa nouveauté peut-être elle ferait fortune. Quoi ! il est humiliant pour un homme de dire qu'il aime !

– Oui, sans doute, dis-je, quand il n'est pas sûr d'être aimé.

– Et comment, reprit-elle, voulez-vous qu'il sache s'il est aimé ? L'aveu qu'il fait de sa tendresse peut seul autoriser une femme à y répondre. Pensez-vous, dans quelque désordre qu'elle sentît son cœur, qu'il lui convînt de parler la première, de s'exposer par cette démarche à se rendre moins chère à vos yeux, et à être l'objet d'un refus ?

Crébillon, *Les Égarements du cœur et de l'esprit*, 1736-1738.

Activités

1. Comment Mme de Lursay procède-t-elle pour mener le dialogue selon son projet ?

2. Pourquoi est-elle tenue d'emprunter un chemin détourné ?

3. Ce dialogue romanesque est-il transposable tel quel dans une comédie ?

Réforme philosophique du théâtre

La théorie classique, issue d'Aristote, distinguait deux genres essentiels (en dehors de l'opéra) : la tragédie – en 5 actes et en vers – et la comédie – en 1, 3 ou 5 actes, en vers ou en prose. Pièces à l'appui, Diderot propose en 1757-1758 (*De la poésie dramatique*) une nouvelle division, tripartite. Les deux anciens genres sont repoussés aux extrémités du champ théâtral, pour laisser place au *genre honnête et sérieux*, dit *drame bourgeois* (ou *domestique*).

Figaro, le valet du Barbier de Séville *de Beaumarchais, caractère classique malgré son originalité, preuve du succès relatif de la réforme proposée par Diderot.*

La scène comme miroir

Dans ce large espace intermédiaire, les pièces seront plus ou moins comiques, plus ou moins pathétiques, sans cependant juxtaposer farce et tragédie, comme chez Shakespeare. Il s'agit donc de rénover l'ancien tragique et l'ancien comique, trop éloignés du spectateur, pour représenter sur scène des conflits plus vrais, plus croyables : ceux des contradictions, douloureuses ou comiques, de la vertu. Diderot propose de remplacer la peinture des *caractères*, épuisés, par celle des *conditions* (le Père, le Fils, le Juge, etc.), d'où découlent les contradictions nouvelles du devoir. Ce genre intermédiaire, plus proche de la vie quotidienne, appelle plutôt la prose, et étend la liberté de l'acteur. Il exclut le valet traditionnel en comédie, trop stéréotypé, trop cynique.

Le demi-succès du drame bourgeois

Cette théorie audacieuse et pleine d'avenir enthousiasma Beaumarchais (*Eugénie*, 1767), et eut des émules de talent, comme Sedaine et Mercier, sans cependant produire d'incontestables chefs-d'œuvre. *Le Barbier de Séville* et *Le Mariage de Figaro* (1775 ; 1784) de Beaumarchais s'inscrivent dans le cadre de la comédie classique.

« Voici donc le système dramatique dans toute son étendue. La comédie gaie, qui a pour objet le ridicule et le vice ; la comédie sérieuse, qui a pour objet la vertu et les devoirs de l'homme. La tragédie, qui aurait pour objet nos malheurs domestiques ; la tragédie, qui a pour objet les catastrophes publiques et les malheurs des grands.
Mais, qui est-ce qui nous peindra fortement les devoirs des hommes ? Quelles seront les qualités du poète qui se proposera cette tâche ?
Qu'il soit philosophe, qu'il ait descendu en lui-même, qu'il y ait vu la nature humaine, qu'il soit profondément instruit des états de la société. »

Diderot, *De la poésie dramatique*, 1758.

Activités

1. Quelles sont les différences entre drame bourgeois et drame romantique (voir p. 285) ?
2. Sur l'évolution du théâtre à travers les siècles, lire les pp. 97, 134, 137, 155, 285, 496 et 628.

DIDEROT

Virtuose du dialogue philosophique et romanesque, Denis Diderot (1713-1784), **[voir p. 197]** était beaucoup moins à l'aise au théâtre.

Le Neveu de Rameau

ARGUMENTATION

Dialogue, récit, satire, portrait ? Œuvre inclassable, Le Neveu de Rameau *(1762, publié au XIXe siècle) est tout cela à la fois, dans le face à face inoubliable du philosophe* (Moi) *et de l'artiste raté, bouffon des riches* (Lui).

J'étais quelquefois surpris de la justesse des observations de ce fou, sur les hommes et sur les caractères ; et je le lui témoignai.

C'est, me répondit-il, qu'on tire parti de la mauvaise compagnie, comme du libertinage. On est dédommagé de la perte de son innocence, par celle de ses préjugés. Dans la société des méchants, où le vice se montre à masque levé, on apprend à les connaître ; et puis j'ai un peu lu.

MOI. – Qu'avez-vous lu ?

LUI. – J'ai lu et je lis et relis sans cesse Théophraste[1], La Bruyère et Molière.

MOI. – Ce sont d'excellents livres.

LUI. – Ils sont bien meilleurs qu'on ne pense ; mais qui est-ce qui sait les lire ?

MOI. – Tout le monde ; selon la mesure de son esprit.

LUI. – Presque personne. Pourriez-vous me dire ce qu'on y cherche ?

MOI. – L'amusement et l'instruction.

LUI. – Mais quelle instruction ; car c'est là le point ?

MOI. – La connaissance de ses devoirs ; l'amour de la vertu ; la haine du vice.

LUI. – Moi, j'y recueille tout ce qu'il faut faire, et tout ce qu'il ne faut pas dire. Ainsi quand je lis l'*Avare* ; je me dis : Sois avare, si tu veux ; mais garde-toi de parler comme l'avare. Quand je lis *le Tartuffe* ; je me dis : Sois hypocrite, si tu veux ; mais ne parle pas comme l'hypocrite. Garde des vices qui te sont utiles ; mais n'en aie ni le ton ni les apparences qui te rendraient ridicule. Pour se garantir de ce ton, de ces apparences, il faut les connaître ; or ces auteurs en

1. Écrivain grec, modèle de La Bruyère (1645-1696).

DIDEROT

Mise en scène contemporaine (1991) du Neveu de Rameau *avec Christian Riehl et Christian Desmet*

Activités

1. Quelle est la différence entre le 1er paragraphe, le 2e et la suite du texte ?
2. Quelle est la thèse du Neveu ? En quoi consiste le paradoxe ?
3. Quels arguments opposeriez-vous à cette thèse ?

ont fait des peintures excellentes. Je suis moi et je reste ce que je suis ; mais j'agis et je parle comme il convient. Je ne suis pas de ces gens qui méprisent les moralistes. Il y a beaucoup à profiter, surtout en ceux qui ont mis la morale en action. Le vice ne blesse les hommes que par intervalle. Les caractères apparents du vice les blessent du matin au soir. Peut-être vaudrait-il mieux être un insolent que d'en avoir la physionomie ; l'insolent de caractère n'insulte que de temps en temps ; l'insolent de physionomie insulte toujours. Au reste, n'allez pas imaginer que je sois le seul lecteur de mon espèce. Je n'ai d'autre mérite ici, que d'avoir fait par système, par justesse d'esprit, par une vue raisonnable et vraie ce que la plupart des autres font par instinct. De là vient que leurs lectures ne les rendent pas meilleurs que moi ; mais qu'ils restent ridicules, en dépit d'eux ; au lieu que je ne le suis que quand je veux, et que je les laisse alors loin derrière moi ; car le même art qui m'apprend à me sauver du ridicule en certaines occasions, m'apprend aussi dans d'autres à l'attraper supérieurement. Je me rappelle alors tout ce que les autres ont dit, tout ce que j'ai lu, et j'y ajoute tout ce qui sort de mon fonds qui est en ce genre d'une fécondité surprenante.

Diderot, *Le Neveu de Rameau*, 1760-1772.

L'Europe littéraire

L'éclat exceptionnel des *Lumières* françaises, avivé par le retentissement de la Révolution de 1789, ne doit pas masquer leurs dettes à l'égard de l'Angleterre, et l'essor de la littérature allemande après 1750. L'Italie (malgré Goldoni) et l'Espagne n'ont plus le rayonnement des siècles précédents. La Russie cherche sa place dans le concert européen.

Une mine de charbon en Angleterre, première puissance économique et maritime, modèle d'industrialisation à la fin du XVIIIe siècle.

Le modèle anglais

Première puissance économique et maritime, seul État qui connaisse des élections, la liberté de la presse, de réunion et des individus, et possède un parlement votant les impôts, l'Angleterre est à la source de beaucoup de thèmes philosophiques français. Dans ses *Lettres philosophiques* (1734), Voltaire n'accorde guère à la France qu'un seul avantage : le goût littéraire, qui marque selon lui l'infériorité de Shakespeare par rapport à Corneille et Racine. Dans le *Traité sur la tolérance*, il propose d'accorder aux Protestants français le statut des Catholiques à Londres. Diderot invoque des pièces anglaises pour défendre le drame bourgeois. Le roman noir [voir p. 241] vient d'Outre-Manche, et les poètes anglais surclassent ceux de France.

Sturm und Drang

Sortis ruinés, en 1648, de la Guerre de Trente Ans, les États allemands vont connaître après 1750 un renouveau littéraire éclatant (Lessing, Goethe, Schiller). Le mouvement *Sturm und Drang (Tempête et Tumulte)*, en substituant Shakespeare et le Siècle d'Or espagnol au modèle classique français, propulse la littérature allemande à l'avant-garde de l'Europe. Mais la France des *Lumières* n'en prend pas conscience, pas plus qu'elle ne connaît la révolution philosophique apportée par Kant (1724-1804).

« Les Anglais avaient déjà un théâtre, aussi bien que les Espagnols, quand les Français n'avaient que des tréteaux. Shakespeare, qui passait pour le Corneille des Anglais, fleurissait à peu près dans le temps de Lope de Vega ; il créa le théâtre. Il avait un génie plein de force et de fécondité, de naturel et de sublime, sans la moindre étincelle de bon goût et sans la moindre connaissance des règles. Je vais vous dire une chose hasardée, mais vraie : c'est que le mérite de cet auteur a perdu le théâtre anglais. »

Voltaire, *Lettres philosophiques*, lettre XVIII, 1734.

Activités

1. Documentez-vous sur les auteurs de théâtre anglais. Est-il exact que Shakespeare ait tué le théâtre anglais ? Justifiez votre réponse.
2. Analysez l'influence de la littérature ou du cinéma américains en France.
3. Lire les textes de Shakespeare p. 131, Goethe pp. 236, 284, Schiller pp. 276, 294.

SCHILLER

Friedrich von Schiller (1759-1805), poète et dramaturge allemand influencé par les poètes du *Sturm und Drang* **[voir p. 277]**, écrivit plusieurs drames incisifs et polémiques où sont dénoncés les abus de la tyrannie. Il fut, avec Goethe, l'un des plus grands dramaturges du XVIIIe siècle.

Les Brigands

DRAME

La première représentation des Brigands *(1782) eut un immense retentissement en Allemagne. L'action, marquée par une rivalité fratricide et la révolte de Karl Moor contre la société, s'étend sur deux ans.*

MOOR. – Peuh ! La peste soit de ce siècle exténué de castrats, tout juste bon à remâcher les exploits des temps passés, à écorcher de gloses les héros antiques, à les saloper à coup de tragédies. La force de ses reins est épuisée : aujourd'hui, c'est la levure de bière qui doit aider à perpétuer le genre humain.

SPIEGELBERG. – Le thé, frère[1], le thé.

MOOR. – Regardez-les cantonner la saine nature dans de fades conventions ; ils n'ont pas le courage de vider un verre, parce qu'il leur faudrait en plus porter une santé… Ils flagornent le cireur de bottes pour qu'il les appuie auprès de Sa Grâce, mais malmènent le pauvre diable, dont ils n'ont rien à redouter… Ils s'adorent pour un bon déjeuner et seraient prêts à s'empoisonner pour un dessous de lit qui leur échappe dans une enchère… Ils condamnent le Sadducéen[2], qui ne se force pas assez à venir à la messe, et comptent leurs usures de juif au pied de l'autel… tombent à genoux pour mieux étaler leur traîne… ne quittent pas le curé d'un regard, pour apprécier la frisure de sa perruque… tombent évanouis au spectacle d'une oie qu'on saigne, et applaudissent des deux mains quand leur rival en amour fait faillite à la bourse… J'avais beau leur serrer chaleureusement la main… « Un jour encore », pensais-je… En vain !… Au trou, le chien !… Prières ! Serments ! Larmes ! *Trépignant.* Diable de l'enfer !

SPIEGELBERG. – Et tout ça pour quelques milliers de misérables ducats…

MOOR. – Non, je ne veux pas y songer. Moi, corseter mon corps, et faire des lois le corset de ma volonté ! La loi a tout

1. Ami de Karl Moor.
2. Membre d'une secte juive antique.

gâché, et fait ramper comme la limace ce qui eût volé comme l'aigle. La loi n'a formé aucun grand homme, quand la liberté enfante colosses et prodiges. Ils se barricadent dans les viscères d'un tyran, flattent les humeurs de son estomac et se laissent coincer par ses pets… Ah ! Puisse l'esprit d'Arminius[3] couver encore sous ses cendres ! Mets-moi à la tête d'une armée de gars comme moi, et l'Allemagne deviendra une République à côté de laquelle Rome et Sparte auront été des couvents de bonnes sœurs. *Il jette son épée sur la table et se lève.*

SPIEGELBERG, *saute soudain de son siège…* – Bravo ! Bravissimo ! Tu m'amènes à point à mon sujet ! Je m'en vais te glisser à l'oreille, Moor, quelque chose qui me trotte dans l'esprit depuis longtemps, et tu es l'homme qu'il me faut – bois, frère, bois – que dirais-tu de nous faire juifs et de remettre sur le tapis le Royaume de Judée ?

MOOR, *riant à gorge déployée.* – Ah ! Je vois, je vois à présent… Je vois… tu veux faire passer le prépuce de mode parce que le barbier a déjà le tien ?

SPIEGELBERG. – Espèce de feignasse ! En effet, je suis déjà merveilleusement circoncis. Mais dis, ce plan n'est-il par malin et courageux ? Nous dépêchons un manifeste aux quatre coins du monde et convoquons en Palestine tout ce qui ne mange pas de porc. Là, je prouve par des documents plausibles qu'Hérode le Tétrarque[4] était mon ancêtre, et ainsi de suite. En voilà, une victoire, mon gars, de les remettre sur la terre ferme et de leur faire reconstruire, Jérusalem. Allons ! Boutons les Turcs hors d'Asie !

3. Chef germain qui battit les Romains en l'an 9 après J.-C.
4. Roi des Juifs (37-34 av. J.-C.), célèbre pour sa cruauté.

Schiller, *Les Brigands*, Acte I, Scène II, 1782.

Activités

1. **À part la traduction en prose, quelles sont les différences les plus frappantes avec le style d'une tragédie française ?**
2. **Relevez et commentez les champs lexicaux de l'énergie et de l'épuisement.**
3. **Quels sont les traits les plus marquants de Karl Moor ?**

Le XIXe siècle

L'ÂGE DES RÉVOLUTIONS

Selon Victor Hugo

« La Révolution a clos un siècle et commencé l'autre.
Un ébranlement dans les intelligences prépare un bouleversement dans les faits; c'est le dix-huitième siècle. Après quoi, la révolution politique faite cherche son expression, et la révolution littéraire s'accomplit. C'est le dix-neuvième **[Écritures de l'Histoire, p. 394]**. Romantisme et socialisme, c'est, on l'a dit avec hostilité, mais avec justesse, le même fait. **[Une littérature militante, p. 420]** Souvent la haine, en voulant injurier, constate, et, autant qu'il est en elle, consolide. […]
Le triple mouvement littéraire, philosophique et social du dix-neuvième siècle, qui est un seul mouvement, n'est autre chose que le courant de la révolution dans les idées. Ce courant, après avoir entraîné les faits, se continue immense dans les esprits **[Miroirs du réel, p. 339]**.
Ce mot, 93 littéraire, si souvent répété en 1830 contre la littérature contemporaine **[Échos de la vie littéraire, p. 410]**, n'était pas une insulte autant qu'il voulait l'être. Il était, certes, aussi injuste de l'employer pour caractériser tout le mouvement littéraire qu'il est inique de l'employer pour qualifier toute la révolution politique; il y a dans ces deux phénomènes autre chose que 93. Mais ce mot, 93 littéraire, avait cela de relativement exact qu'il indiquait, confusément mais réellement, l'origine du mouvement littéraire propre à notre époque, tout en essayant de le déshonorer. Ici encore la clairvoyance de la haine était aveugle. Ses barbouillages de boue au front de la vérité sont dorure, lumière et gloire.
La Révolution, tournant climatérique de l'humanité, se compose de plusieurs années. Chacune de ces années exprime une période, représente un aspect ou réalise un organe du phénomène. 93, tragique, est une de ces années colossales. Il faut quelquefois aux bonnes nouvelles une bouche de bronze. 93 est cette bouche.
Écoutez-en sortir l'annonce énorme. Inclinez-vous, et restez effaré, et soyez attendri. Dieu la première fois a dit lui-même *fiat lux*, la seconde fois il l'a fait dire.
Par qui ?
Par 93.

Le poète inspiré, tel que le concevait le XIXe siècle et notamment Victor Hugo.

Page précédente :
La Liberté guidant le peuple, *d'Eugène Delacroix (1798-1863). Musée du Louvre.*

Donc, nous hommes du dix-neuvième siècle, tenons à honneur cette injure : – vous êtes 93.
Mais qu'on ne s'arrête pas là. Nous sommes 89 aussi bien que 93. La Révolution, toute la Révolution, voilà la source de la littérature du dix-neuvième siècle **[Révolutions poétiques, p. 451]**. »
Ainsi s'exprime Victor Hugo en 1864 dans son *William Shakespeare*.

Un siècle de progrès

Consulat (1800-1804), 1er Empire (1804-1814), 1re Restauration (1814-1815), épisode des Cent-Jours (1815), 2nde Restauration (1815-1830), Monarchie de Juillet (1830-1848), 2e République (1848-1852), 2nd Empire (1852-1870), 3e République : autant de bouleversements politiques liés à la lutte permanente entre héritage de la Révolution et diverses moutures de la contre-révolution ou du conservatisme **[Le théâtre entre tradition et modernité, p. 282]**. Mais le siècle ne fut pas que cela : montée de l'industrialisation, urbanisation, développement de la presse, évolution vers un enseignement laïque et national, extension du chemin de fer, reconstitution d'un empire colonial, autant d'ouvertures et d'expansions. Lente conquête de libertés politiques, sociales, intellectuelles, lente émancipation de la femme, autant de progrès décisifs.

La Locomotive
de Claude Monet (1840-1926), Paris, Musée Marmottan.

Le chemin de fer est l'un des symboles du progrès qui fait rage au XIXe siècle avec la révolution industrielle.

L'écrivain du XIXe siècle

Ce vrai grand siècle a vu quatre avènements : démocratie politique, capitalisme industriel, conscience historique et nationale, culture de masse **[Littérature populaire, p. 304]**, **[Récits fantastiques, p. 379]**, qui fusionnent dans une république synthétisant le rapprochement de la société et de sa représentation politique, liées par un rationalisme dominant, et où de nouvelles contestations se font jour que le XXe siècle développera **[Naturalisme et fin de siècle, p. 358]**. Quoi d'étonnant à ce que la littérature porte à ce point la marque de l'Histoire, et prenne à son compte les enjeux et débats qui nous ont formés et déterminés ? Dépositaire du pouvoir spirituel, l'écrivain témoigne, exprime, commente, critique, annonce et dénonce. Cependant, s'il se tient à l'avant de la société, il en est aussi l'envers, et les valeurs de son art s'opposent au triomphe du matérialisme. Voix et lumière d'une part, figure marginale **[Romans du moi, p. 318]**, **[Écriture de soi et autobiographie, p. 325]** ou maudite de l'autre **[Malaise et mal être du poète, p. 437]**, dépendant du marché littéraire et soucieux de sa liberté, tel apparaît l'écrivain moderne.

Le théâtre entre tradition et modernité

À partir des formes et des genres classiques, le XIXe siècle cherche un théâtre mieux adapté aux attentes et aux besoins d'une société remodelée par la Révolution. Il s'ouvre de plus en plus au théâtre étranger. Diversifiant ses formes, il est également servi par des grands acteurs.

GOETHE

Grande figure européenne, Johann Wolfang von Goethe (1749-1832), poète, romancier, essayiste, a beaucoup écrit pour le théâtre. Pratiquant tous les genres, il est l'un des créateurs du drame romantique et l'auteur du best-seller *Les Souffrances du jeune Werther* (1774).

Faust

DRAME

La première version publiée du poème dramatique Faust, *œuvre majeure du* XIX*e siècle, date de 1806. Nerval la traduit en 1828. Inachevé,* Le Second Faust *paraît en 1832.*

Pris entre Méphistophélès, le diable tentateur, et Dieu qui lui laisse les moyens d'assurer son salut, le savant Faust symbolise la condition humaine.

FAUST, *(entrant avec le barbet*[1]*).* – J'ai quitté les champs et les prairies qu'une nuit profonde environne. Je sens un religieux effroi éveiller par des pressentiments la meilleure de mes deux âmes. Les grossières sensations s'endorment avec leur activité orageuse; je suis animé d'un ardent amour des hommes, et l'amour de Dieu me ravit aussi.

Sois tranquille, barbet; ne cours pas çà et là auprès de la porte; qu'y flaires-tu? Va te coucher derrière le poêle; je te donnerai mon meilleur coussin; puisque là-bas, sur le chemin de la montagne, tu nous as récréés par tes tours et tes sauts, aie soin que je retrouve en toi maintenant, un hôte parfaitement paisible.

Ah! dès que notre cellule étroite s'éclaire d'une lampe amie, la lumière pénètre aussi dans notre sein, dans notre cœur rendu à lui-même. La raison commence à parler, et l'espérance à luire; on se baigne au ruisseau de la vie, à la source dont elle jaillit.

Ne grogne point, barbet! Les hurlements d'un animal ne peuvent s'accorder avec les divins accents qui remplissent mon âme entière. Nous sommes accoutumés à ce que les hommes déprécient ce qu'ils ne peuvent comprendre, à ce que le bon et le beau, qui souvent leur sont nuisibles, les fassent murmurer; mais faut-il que le chien grogne à leur exemple?... Hélas! Je sens déjà qu'avec la meilleure volonté, la satisfaction ne peut plus jaillir de mon cœur... Mais pourquoi le fleuve doit-il sitôt tarir, et nous replonger dans notre

1. Espèce de chien.

GOETHE

soif éternelle ? J'en ai trop fait l'expérience ! Cette misère va cependant se terminer enfin ; nous apprenons à estimer ce qui s'élève au-dessus des choses de la terre, nous aspirons à une révélation, qui nulle part ne brille d'un éclat plus pur et plus beau que dans le Nouveau Testament. J'ai envie d'ouvrir le texte, et, m'abandonnant une fois à des impressions naïves, de traduire le saint original dans la langue allemande qui m'est si chère. *(Il ouvre un volume et s'arrête).* Il est écrit : *Au commencement était le Verbe !* Ici je m'arrête déjà ! Qui me soutiendra plus loin ? Il m'est impossible d'estimer assez ce mot, *le Verbe !* Il faut que je le traduise autrement, si l'esprit daigne m'éclairer. Il est écrit : *Au commencement était l'esprit !* Réfléchissons bien sur cette première ligne, et que la plume ne se hâte pas trop ! Est-ce bien l'esprit qui crée et conserve tout ? Il devrait y avoir : *Au commencement était la force !* Cependant tout en écrivant ceci, quelque chose me dit que je ne dois pas m'arrêter à ce sens. L'esprit m'éclaire enfin ! L'inspiration descend sur moi, et j'écris consolé : *Au commencement était l'action !*

S'il faut que je partage la chambre avec toi, barbet, cesse tes cris et tes hurlements ! Je ne puis souffrir près de moi un compagnon si bruyant : il faut que l'un de nous deux quitte la chambre ! C'est malgré moi que je viole les droits de l'hospitalité ; la porte est ouverte, et tu as le champ libre. Mais que vois-je ? Cela est-il naturel ? Est-ce une ombre, est-ce une réalité ? Comme mon barbet vient de se gonfler ! Il se lève avec effort, ce n'est plus une forme de chien. Quel spectre ai-je introduit chez moi ? Il a déjà l'air d'un hippopotame, avec ses yeux de feu et son effroyable mâchoire. Oh ! je serai ton maître ! Pour une bête aussi infernale, la clef de Salomon[2] m'est nécessaire.

2. Référence aux procédés de la magie.

Gœthe, *Faust.* Trad. Nerval, 1828.

Activités

1. **Déterminez les mouvements du monologue.**
   Quelles sont les marques lexicales et syntaxiques du débat intérieur ? Comment celui-ci est-il dramatisé ?
2. **Peut-on voir ici en Faust un représentant de l'humanité ?**
   Justifiez votre réponse.
3.  **Faites un exposé sur le mythe de Faust, en remontant à la pièce de l'Anglais Marlowe. Recherchez sous quelles formes artistiques il a été traité, notamment au XIXe siècle.**

Le théâtre au XIXe siècle

Lieux et personnel

10 salles à Paris en 1789, environ 100 en 1900, fortement concentrées rive droite, réparties entre salles subventionnées et privées, de grands théâtres en province, des acteurs tendant à devenir des monstres sacrés (Talma, Frédérick Lemaître, Marie Dorval, Sarah Bernhardt…), la naissance progressive de la mise en scène moderne : tout fait du théâtre une forme dominante de la littérature, malgré la censure. En témoignent la permanente tentation théâtrale des grands auteurs, l'importance des débats et des affrontements ainsi que les aspirations à un théâtre national et populaire.

Ruys Blas de Victor Hugo, dans une mise en scène de G. Wilson à la Comédie-Française en 1992

Représentation et public

Les théâtres se différencient par le genre de leurs pièces et la nature de leur public. La représentation commence tôt, même si l'éclairage passe progressivement au gaz. L'électricité n'arrive qu'à la fin du siècle. Jusqu'aux travaux d'Haussmann, le boulevard du Temple, surnommé le Boulevard du crime, offre les spectacles les plus populaires.

Les grands genres

La tragédie survit péniblement, très concurrencée par le drame romantique **[voir p. 442]**, qui triomphe entre 1830 et 1845. Dans les années 1880, le drame symboliste n'attire qu'un public restreint. Après 1850, domine la comédie sérieuse, mettant en scène les mœurs modernes. Le succès de la comédie ne se dément d'ailleurs pas, et elle se diversifie considérablement.

Les genres populaires

Né sous la Révolution, le mélodrame privilégie l'émotion. De Scribe à Feydeau **[voir p. 302]**, le vaudeville* recourt à tous les procédés pour faire rire. Voué au divertissement, traitant surtout de l'argent et des aléas du mariage, le théâtre de Boulevard s'adresse aux diverses couches de la bourgeoisie.

« [L'actrice donne l'émotion] par les modulations les plus touchantes, par les transitions les plus légères, par les nuances les plus savantes, par toutes les ressources et les finesses de l'art dramatique, et par l'emploi merveilleux du *médium*, du plein de la voix sur une note basse, et par la conduite, à travers une succession de tons gradués et touchants, de tirades qu'elle achève et détache avec un trait de force. Joignez […] des gestes moelleux ou fiers, un jeu muet parlant mieux que ses paroles, des suspensions inattendues, une physionomie concentrée, douloureuse, prenant par moments un aspect léthargique. »

É. de Goncourt, *La Faustin*, 1882.

Activités

1. Lisez les préfaces de Victor Hugo, notamment celle de *Cromwell*, et documentez-vous sur les nombreux efforts de réforme du théâtre au XIXe siècle.
2. Observez l'évolution des formes du théâtre à travers les siècles en vous aidant des pages sur le théâtre au XVIe siècle p. 97, le *théâtre élisabéthain* p. 134, *Le Siècle d'Or* p. 137, le *classicisme* p. 154, La réforme du théâtre au XVIIIe siècle p. 272, La scène au XXe siècle p. 620.

HUGO

Écrivain, dramaturge et poète, Victor Hugo (1802-1885) défendit le principe de la liberté dans l'art qui fut à l'origine de la célèbre bataille littéraire qui eut lieu lors de la première représentation d'*Hernani*. Chef de file des romantiques, il s'impose de plus de plus comme « l'homme siècle ».

Hernani

LE HÉROS ROMANTIQUE

Après le succès remporté par Alexandre Dumas en 1829 avec Henri III et sa cour, *Victor Hugo fait représenter* Hernani *à la Comédie Française le 25 février 1830. Le vieux Don Ruy Gomez de Silva doit épouser sa nièce Doña Sol, amoureuse et aimée du bandit Hernani. Poursuivi, ce dernier trouve refuge chez son rival, et reproche à Doña Sol d'accepter facilement ce mariage forcé. La jeune fille se disculpe.*

HERNANI, DOÑA SOL.

HERNANI. – Hélas ! j'ai blasphémé ! Si j'étais à ta place,
Doña Sol, j'en aurais assez, je serais lasse
De ce fou furieux, de ce sombre insensé
Qui ne sait caresser qu'après qu'il a blessé.
Je lui dirais : Va-t'en ! Repousse-moi, repousse !
Et je te bénirai, car tu fus bonne et douce,
Car tu m'as supporté trop longtemps, car je suis
Mauvais, je noircirais tes jours avec mes nuits !
Car c'en est trop enfin, ton âme est belle et haute
Et pure, et si je suis méchant, est-ce ta faute ?
Épouse le vieux duc, il est bon, noble, il a
Par sa mère Olmedo[1], par son père Alcala[2]
Encore un coup, sois riche avec lui, sois heureuse !
Moi, sais-tu ce que peut cette main généreuse
T'offrir de magnifique ? Une dot de douleurs.
Tu pourras y choisir ou du sang ou des pleurs.
L'exil, les fers, la mort, l'effroi qui m'environne,
C'est là ton collier d'or, c'est ta belle couronne,
Et jamais à l'épouse un époux plein d'orgueil
N'offrit plus riche écrin de misère et de deuil !
Épouse le vieillard, te dis-je ; il te mérite !
Eh ! qui jamais croira que ma tête proscrite
Aille avec ton front pur ? Qui, nous voyant tous deux,
Toi calme et belle, moi violent, hasardeux[3],
Toi paisible et croissant comme une fleur à l'ombre,

1. Ville de Castille.
2. Ville d'Andalousie.
3. Aventureux, comportant un risque.

Hernani
de Victor Hugo
à l'Attrape théâtre
en 1996.

Moi heurté dans l'orage à des écueils sans nombre,
Qui dira que nos sorts suivent la même loi ?
Non. Dieu qui fait tout bien ne te fit pas pour moi.
Je n'ai nul droit d'en haut sur toi, je me résigne.
J'ai ton cœur, c'est un vol ! Je le rends au plus digne.
Jamais à nos amours le ciel n'a consenti.
Si j'ai dit que c'était ton destin, j'ai menti !
D'ailleurs, vengeance, amour, adieu ! mon jour s'achève.
Je m'en vais, inutile, avec mon double rêve,
Honteux de n'avoir pu ni punir ni charmer,
Qu'on m'ait fait pour haïr, moi qui n'ai su qu'aimer.
Pardonne-moi ! fuis-moi ! ce sont mes deux prières ;
Ne les rejette pas, car ce sont les dernières.
Tu vis et je suis mort. Je ne vois pas pourquoi
Tu te ferais murer dans ma tombe avec moi.
DOÑA SOL. – Ingrat !
HERNANI. – Monts d'Aragon ! Galice ! Estramadoure[4] !
– Oh ! je porte malheur à tout ce qui m'entoure ! –
J'ai pris vos meilleurs fils pour mes droits ; sans remords,
Je les ai fait combattre, et voilà qu'ils sont morts !
C'étaient les plus vaillants de la vaillante Espagne.
Ils sont morts ! Ils sont tous tombés dans la montagne,
Tous sur le dos couchés, en braves, devant Dieu,
Et, si leurs yeux s'ouvraient, ils verraient le ciel bleu.
Voilà ce que je fais de tout ce qui m'épouse !
Est-ce une destinée à te rendre jalouse ?
Doña Sol, prends le duc, prends l'enfer, prends le roi !
C'est bien. Tout ce qui n'est pas moi vaut mieux que moi !

Hugo, *Hernani*, Acte III, scène IV, 1830.

4. Provinces d'Espagne.

Activités

1. Quels sont les différents tons des propos d'Hernani ?

2. Comment le héros met-il en scène son moi ? Soulignez l'exacerbation frénétique, le jeu des oppositions, des invocations, des adresses, des hyperboles, les possibilités offertes au jeu de l'acteur…

3. Relevez les éléments qui rappellent la tragédie classique (vocabulaire, rôle de la fatalité, statut social des personnages…). En quoi sont-ils transformés par l'esthétique romantique ?

LAUZANNE

Auguste de Lauzanne (1805-1877), parodiste représentatif de l'époque, a été aidé dans l'écriture de cette parodie par F.-A. Duvert (1795-1876). Le titre d'*Harnali* est aussi une allusion au célèbre acteur comique qui interpréta le rôle : Arnal.

Harnali

PARODIE

Harnali est un ex-contrôleur de théâtre, marchand de billets de théâtre. Il est opposé à Dégommé Comilva, vieil actionnaire de théâtre, dont il aime la nièce, Quasifol, et à Charlot, chef du contrôle, soupirant malheureux de la nièce.

HARNALI, *seul.*

Je m'attache à tes pas, et jamais chien de race
N'aura su, mieux que moi, suivre un lièvre à la trace :
Oui, même en ton sommeil, nouveau sujet d'effroi,
Ainsi qu'un cauchemar je pèserai sur toi.
Dans l'ombre, tu verras mes prunelles ardentes,
Comme ces vers luisants, émeraudes vivantes,
Que souvent les gamins mettent à leurs chapeaux.
Pour toi, plus de sommeil ! pour toi, plus de repos !
Jusqu'au moment fatal où, sûr de ma vengeance,
J'assouvirai ma rage en te donnant ta danse.
(Il remonte la scène d'une manière tragique
et redescend tranquillement.)
Ce n'est encore ici que le commencement…
Je sors… Je ne sais trop ni pourquoi ni comment.
Dans la passe où je suis, il serait mieux peut-être
D'attendre mon rival, de me faire connaître…
Oui, mais nos démêlés s'éclairciraient trop tôt ;
Allonger la courroie est peut-être un défaut ;
Mais il nous faut aller jusqu'à la catastrophe,
Et pour arriver là nous avons peu d'étoffe ;
Jamais tailleur adroit, quelques efforts qu'il fit,
Avec un quart de drap n'a pu faire un habit ;
Et jamais pâtissier, quelque soin qu'il y mette,
Ne fait d'un peu de pâte une énorme galette.
(L'orchestre joue l'air : J'aime les tartelettes.)

Lauzanne, *Harnali*, scène VI, mars 1830.

Activités

1. Confrontez ce texte à l'original de Victor Hugo. Le personnage d'Hernani vous semble-t-il risible ? Quelles sont selon vous les raisons de la parodie ?

2. Repérez les procédés de la parodie, puis confrontez ce texte à d'autres écrits parodiques que vous trouverez dans l'anthologie. Les procédés sont-ils constants ? À votre avis, pourquoi ?

STOP

Les artistes caricaturistes sont légion au XIXe siècle, et ce dessin est l'un des plus célèbres dans l'abondante iconographie qui existe autour du théâtre romantique.

Les romantiques à la représentation d'Hernani

CARICATURE

Caricature des romantiques à la représentation d'Hernani, gravure sur bois de Gérard d'après un dessinde Louis Morel-Retz, dit Stop (1825-1899).

Les romantiques à la représentation d'*Hernani*. Dessin de Stop.

Activités

1. Documentez-vous sur la bataille d'*Hernani* : quels étaient les enjeux esthétiques fondamentaux de cette querelle ? Pourquoi les écrivains romantiques se sont-ils rassemblés autour de V. Hugo pour mener cette bataille ?
2. Qui sont les écrivains caricaturés ? Quels sont ici les moyens de la caricature ?

MUSSET

Enfance heureuse, brillantes études : Alfred de Musset (1810-1857) choisit la littérature. Il s'écarte du milieu romantique après 1830. Échec à la scène : il écrit son « théâtre dans un fauteuil » tout en diversifiant sa production (poésies, roman, contes, critique). Usé par les excès, il meurt jeune.

Les Caprices de Marianne

COMÉDIE

Parmi les comédies dramatiques de Musset, Les Caprices de Marianne *(1833) mettent en scène à la fois le problème de l'innocence ou de la culpabilité féminine et celui de la jeunesse confrontée au mal du siècle engendré par la Révolution Française et sa fracture historique. Ami débauché du pur Cœlio amoureux de Marianne, Octave lui a promis de plaider sa cause auprès de celle-ci.*

OCTAVE. – Si jamais homme au monde a été digne de vous comprendre, digne de vivre et de mourir pour vous, cet homme est Cœlio. Je n'ai jamais valu grand'chose, et je me rends cette justice, que la passion dont je fais l'éloge trouve un misérable interprète. Ah ! si vous saviez sur quel autel sacré vous êtes adorée comme un Dieu ! Vous, si belle, si jeune, si pure encore, livrée à un vieillard qui n'a plus de sens, et qui n'a jamais eu de cœur ! Si vous saviez quel trésor de bonheur, quelle mine féconde repose en vous ! en lui ! dans cette fraîche aurore de jeunesse, dans cette rosée céleste de la vie, dans ce premier accord de deux âmes jumelles ! Je ne vous parle pas de sa souffrance, de cette douce et triste mélancolie qui ne s'est jamais lassée de vos rigueurs, et qui en mourrait sans se plaindre. Oui, Marianne, il en mourra. Que puis-je vous dire ? Qu'inventerais-je pour donner à mes paroles la force qui leur manque ? Je ne sais pas le langage de l'amour. Regardez dans votre âme ; c'est elle qui peut vous parler de la sienne. Y a-t-il un pouvoir capable de vous toucher ? Vous qui savez supplier Dieu, existe-t-il une prière qui puisse rendre ce dont mon cœur est plein ?

MARIANNE. – Relevez-vous, Octave. En vérité, si quelqu'un entrait ici, ne croirait-on pas, à vous entendre, que c'est pour vous que vous plaidez ?

OCTAVE. – Marianne ! Marianne ! au nom du ciel, ne souriez pas ! ne fermez pas votre cœur au premier éclair qui l'ait peut-être traversé ! Ce caprice de bonté, ce moment précieux va s'évanouir. – Vous avez prononcé le nom de Cœlio, vous avez pensé à lui, dites-vous. Ah ! si c'est une fantaisie, ne me la gâtez pas. – Le bonheur d'un homme en dépend.

MARIANNE. – Êtes-vous sûr qu'il ne me soit pas permis de sourire ?

OCTAVE. – Oui, vous avez raison, je sais tout le tort que mon amitié peut faire. Je sais qui je suis, je le sens ; un pareil langage dans ma bouche a l'air d'une raillerie. Vous doutez de la sincérité de mes paroles ; jamais peut-être je n'ai senti avec plus d'amertume qu'en ce moment le peu de confiance que je puis inspirer.

MARIANNE. – Pourquoi cela ? Vous voyez que j'écoute. Cœlio me déplaît ; je ne veux pas de lui. Parlez-moi de quelque autre, de qui vous voudrez. Choisissez-moi dans vos amis un cavalier[1] digne de moi, envoyez-le-moi, Octave. Vous voyez que je m'en rapporte à vous.

OCTAVE. – Ô femme trois fois femme ! Cœlio vous déplaît, – mais le premier venu vous plaira. L'homme qui vous aime depuis un mois, qui s'attache à vos pas, qui mourrait de bon cœur sur un mot de votre bouche, celui-là vous déplaît ! Il est jeune, beau, riche et digne en tout point de vous ; mais il vous déplaît ! et le premier venu vous plaira !

MARIANNE. – Faites ce que je vous dis, ou ne me revoyez pas.

Elle sort.

OCTAVE. – Ton écharpe est bien jolie, Marianne, et ton petit caprice de colère est un charmant traité de paix. – Il ne me faudrait pas beaucoup d'orgueil pour le comprendre : un peu de perfidie suffirait. Ce sera pourtant Cœlio qui en profitera.

Il sort.

Musset, *Les Caprices de Marianne*, Acte II, scène III, 1833.

Activités

1. Observez la répartition des répliques. Qu'en concluez-vous ?
2. Avec quels arguments Octave plaide-t-il la cause de son ami Cœlio ? Montrez comment son plaidoyer se charge de plus en plus d'émotions (ponctuation, lexique, adresses à Marianne, etc.).
3. Sur quel ton Marianne exprime-t-elle sa fin de non recevoir ?

1. Homme, soupirant.

MUSSET

Lorenzaccio

LE HÉROS ROMANTIQUE

Drame romantique publié en 1834, Lorenzaccio *reste pour nous un des exemples les plus achevés peut-être du genre. Débauché et corrompu, Lorenzo de Médicis a juré de tuer Alexandre, duc et tyran de Florence, qui lui a fait perdre ses illusions et sa pureté originelle. Dans cette scène centrale, la plus longue de la pièce, il s'adresse au vieux Philippe Strozzi, chef des républicains adversaires du duc.*

LORENZO. – Tu me demandes pourquoi je tue Alexandre ? Veux-tu donc que je m'empoisonne, ou que je saute dans l'Arno ? Veux-tu donc que je sois un spectre, et qu'en frappant sur ce squelette *(il frappe sa poitrine)* il n'en sorte aucun son ? Si je suis l'ombre de moi-même, veux-tu donc que je rompe le seul fil qui rattache aujourd'hui mon cœur à quelques fibres de mon cœur d'autrefois ? Songes-tu que ce meurtre, c'est tout ce qui me reste de ma vertu ? Songes-tu que je glisse depuis deux ans sur un rocher taillé à pic, et que ce meurtre est le seul brin d'herbe où j'ai pu cramponner mes ongles ? Crois-tu donc que je n'aie plus d'orgueil, parce que je n'ai plus de honte, et veux-tu que je laisse mourir en silence l'énigme de ma vie ? Oui, cela est certain, si je pouvais revenir à la vertu, si mon apprentissage du vice pouvait s'évanouir, j'épargnerais peut-être ce conducteur de bœufs – mais j'aime le vin, le jeu et les filles, comprends-tu cela ? Si tu honores en moi quelque chose, toi qui me parles, c'est mon meurtre que tu honores, peut-être justement parce que tu ne le ferais pas. Voilà assez longtemps, vois-tu, que les républicains me couvrent de boue et d'infamie ; voilà assez longtemps que les oreilles me tintent, et que l'exécration des hommes empoisonne le pain que je mâche. J'en ai assez d'entendre brailler en plein vent le bavardage humain ; il faut que le monde sache un peu qui je suis et qui il est. Dieu merci ! c'est peut-être demain que je tue Alexandre ; dans deux jours j'aurai fini. Ceux qui tournent autour de moi avec des yeux louches, comme autour d'une curiosité monstrueuse apportée d'Amérique, pourront satisfaire leur gosier et vider leur sac à paroles. Que les hommes me comprennent ou non, qu'ils agissent ou n'agissent pas, j'aurai dit aussi ce que j'ai à dire ; je leur ferai tailler leurs plumes si je ne leur fais pas nettoyer leurs piques, et l'Humanité gardera sur sa joue le soufflet de mon épée marqué en traits de sang.

Musset, *Lorenzaccio*, Acte III, scène III, 1834.

Lorenzo,
joué par Redjep Mitrovitsa,
dans une mise en scène
de Daniel Mesguich
au théâtre de Saint Denis
en 1986.

Activités

1. **Quels sont les différents mouvements de la tirade ?**
2. **Relevez et classez par figures de rhétorique les diverses images et comparaisons. Quelles thématiques tissent-elles ?**
3. **Quel portrait de lui-même le personnage trace-t-il ?**
4. **Il n'y a ici qu'une seule didascalie. Pouvez-vous cependant imaginer la gestuelle du comédien interprétant le personnage ? Justifiez vos hypothèses.**

SCHILLER

Poète et dramaturge, Friedrich von Schiller (1759-1805) est l'un des principaux créateurs du drame romantique allemand (*Les Brigands*, 1782). Dénonciateur des abus, ami de Goethe, il se tourne de plus en plus vers le culte du beau et du bien, tout en célébrant la liberté individuelle et la nation allemande.

Don Carlos

DRAME

Achevé en 1787, Don Carlos *est un des meilleurs exemples du drame romantique allemand. Fils de Philippe II roi d'Espagne, le prince Carlos voit sa fiancée Élisabeth de Valois épousée, au nom de la raison d'État, par son père devenu veuf. Après plusieurs mois d'attente vaine, Don Carlos parvient enfin à obtenir un tête à tête avec l'objet de sa flamme.*

LA REINE, CARLOS.
Le marquis de Posa[1] *et la marquise de Mondécar*[2]
se retirent en fond de scène.

CARLOS. – *se jetant aux pieds de la reine.*
Elle est enfin venue, cette heure,
Et Carlos peut toucher cette chère main !
LA REINE. – Quelle démarche ! Quelle répréhensible
Et téméraire surprise ! Levez-vous !
On peut nous voir. Ma suite n'est pas loin.
CARLOS. – Je ne me lève pas, je veux, à genoux,
Demeurer sous le charme, en ces lieux,
Et y enraciner mon geste…
LA REINE. – Insensé !
À quelle audace vous porte ma faveur !
Eh quoi ! Ignorez-vous que c'est la reine,
Que c'est la mère, à qui s'adressent
ces mots impudents ? Ignorez-vous
Que je pourrais, moi… de cet incident,
Au roi…
CARLOS. – Et que je devrais, moi, mourir ?
Qu'ils viennent me traîner d'ici sur l'échafaud !
Une heure dérobée aux joies du Paradis
vaut bien qu'on la paie de sa mort.
LA REINE. – Et votre reine ?
CARLOS *(se levant)* – Dieu, ô Dieu ! Je pars…
Je vous quitte… n'y suis-je pas contraint

1. Le marquis de Posa est un ami de Carlos.
2. La marquise de Mondécar est la suivante de la reine.

Puisque vous l'exigez ? Mère ! Mère !
Quel jeu terrible vous jouez avec moi ! Un signe,
Un demi-regard, un son de votre bouche
M'ordonne d'être, et de périr.
Que voulez-vous qu'il arrive encore ?
Que peut-il y avoir sous le soleil
Que je ne m'empresse de sacrifier
À un seul de vos désirs ?
LA REINE. – Fuyez.
CARLOS. – Dieu !
LA REINE. – Voilà, Carle, tout ce que par mes larmes
J'implore… Fuyez, avant que mes dames,
Avant que mes geôliers ne nous trouvent
Vous et moi, ensemble, et ne rapportent
La grande nouvelle à votre père…
CARLOS. – J'attends ici
Mon destin, qu'il soit de vivre ou de mourir.
Eh quoi ? Toutes mes espérances, devais-je
Les placer sur cet unique instant,
Qui vous offre enfin à moi sans témoin,
Pour me voir abuser par de fausses terreurs
Aussi près du but ? Non ! Le monde peut cent fois,
Peut mille et mille fois tourner sur ses deux pôles
Avant que le hasard renouvelle sa grâce.
LA REINE. – Qu'il nous l'épargne pour les siècles à venir !
Malheureux ! Que voulez-vous de moi ?
CARLOS. – Ô Reine, j'ai lutté !
J'ai lutté comme mortel jamais ne lutta,
Dieu m'en est témoin. Reine ! Ce fut en vain !
C'en est fini de mon héroïsme. Je suis défait.
LA REINE. – Silence, au nom de mon repos…
CARLOS. – Vous étiez mienne à la face du monde,
Deux grands trônes vous disaient ma promise,
Le ciel et la nature vous reconnaissaient mienne,
Et Philippe, Philippe vous a ravie à moi…
LA REINE. – Il est votre père.
CARLOS. – Votre époux.

Schiller, *Don Carlos*, Acte I, scène V, 1787.
Trad. S. Fort, Éd. de l'Arche, 1997.

Activités

1. **Pourquoi la reine se qualifie-t-elle de mère, et pourquoi Carlos l'appelle-t-il ainsi de son côté ? Quelle importance cela prend-il dans la scène ?**
2. **Par quels moyens (ponctuation, lexique, etc.) s'expriment la passion et le désespoir de Carlos ? Quels moyens la reine utilise-t-elle pour repousser son ex-fiancé ? Quelles sont ses motivations ?**
3. **Une telle scène vous paraît-elle possible dans une tragédie ? Quelle différence pouvez-vous établir entre le genre tragique et celui du drame romantique ?**

VERDI

Compositeur lyrique italien, maître incontesté de l'art vocal, Giuseppe Verdi (1813-1901) connut un immense succès grâce à la force dramatique de ses opéras et à la justesse avec laquelle il sut rendre les expressions de l'âme humaine.

Don Carlo

DRAME

Verdi adapta pour la scène lyrique la pièce de Schiller. La version française fut créée à Paris en 1867, avec un livret de Méry et Du Locle. Traduit en italien, l'opéra fut représenté la même année en Italie avec le titre Don Carlo.

ÉLISABETH. – Ô Dieu clément, ce cœur sans prix,
Qu'il soit consolé, qu'il oublie !
Adieu, Carlos, dans cette vie.
Ah ! vivre auprès de vous c'était le paradis !
DON CARLOS. – Ô prodige ! Mon cœur déchiré se console !
Ma douleur poignante s'envole !
Le ciel a pitié de mes pleurs…
À vos pieds, éperdu de tendresse, je meurs !
(Il tombe évanoui sur le gazon.)
ÉLISABETH *(se penchant sur Don Carlos)*. –
Dieu puissant, la vie est éteinte
Dans son regard de pleurs voilé !
Rendez le calme, ô bonté sainte !
À ce noble cœur désolé !
Hélas ! Sa douleur me déchire,
Entre mes bras, pâle et glacé,
D'amour, de douleur, il expire,
Celui qui fut mon fiancé !
DON CARLOS *(dans le délire)*. –
Par quelle douce voix, mon âme est ranimée ?
Élisabeth, c'est toi, ma bien-aimée,
Assise à mes côtés, comme aux jours d'autrefois ?
Ah ! Le printemps vermeil a reverdi les bois !
ÉLISABETH. – Ô délire ! Ô terreur !
Il expire ! Ô bonté sainte !
DON CARLOS. – À ma tombe fermée,
(revenant à lui)
Au sommeil éternel
Pourquoi m'arracher, Dieu cruel !

Don Carlo *de Verdi à l'opéra Bastille en 1998.*

ÉLISABETH. – Carlos !
DON CARLOS. – Que sous mes pieds se déchire la terre !
Que sur mon front éclate le tonnerre.
Je t'aime. Élisabeth ! Le monde est oublié !
(Il la prend dans ses bras.)
ÉLISABETH *(se dégageant avec effroi)*. –
Eh bien ! donc, frappez votre père !
Venez, de son meurtre souillé,
Traîner à l'autel votre mère !
DON CARLOS. – Ah ! Fils maudit !!!
(fuyant épouvanté)
ÉLISABETH. – Sur nous le Seigneur a veillé !
(tombant à genoux)
Seigneur ! Seigneur !

Verdi, *Don Carlo*, 1867. Livret original de la première version en français par C. du Locle et J. Méry.

Activités

1. **Comparez cette transposition dans le livret de l'opéra de Verdi à la scène originale du drame de Schiller en mettant en évidence le caractère lyrique de cette deuxième version.**
2. **Écoutez un extrait de l'opéra de Verdi puis discutez de vos impressions. La musique vous émeut-elle davantage que le jeu dramatique ? Pourquoi ?**

IBSEN

Poète et dramaturge norvégien, Henrik Ibsen (1828-1906) est notamment l'auteur de *Peer Gynt* (1867) et d'*Hedda Gabler* (1890). Il exerce à la fin du siècle une forte influence sur le théâtre européen en général et français en particulier.

Maison de Poupée

DÉNOUEMENT

Nora est la femme de l'avocat Torvald Helmer, qui la choie comme une poupée. Pour sauver son mari malade, elle a emprunté en secret une forte somme en falsifiant la signature de son père. Helmer est nommé directeur de la banque où travaille Krogstad qui lui a prêté l'argent. Tout se révèle, et Helmer fait d'amers reproches à Nora, qui voit en lui un être égoïste et mesquin. Elle décide de le quitter pour assumer son propre destin.

NORA. – Écoute. Torvald. Quand une femme quitte le domicile conjugal, comme je fais aujourd'hui, les lois, m'a-t-on dit, dénouent le mari de tout engagement envers elle. Je sais en tout cas que moi je t'en tiens quitte. Il ne faut pas que tu te sentes lié, pas plus que je ne le demeure moi-même. Liberté entière de part et d'autre. Tiens, voici ton anneau : rends-moi le mien.

HELMER. – Cela aussi ?

NORA. – Oui.

HELMER. – Tiens.

NORA. – Merci. Maintenant tout est fini. Je laisse les clefs là. Pour ce qui concerne le ménage, la bonne est au fait… elle l'est mieux que moi. Demain, après mon départ, Christine viendra ranger dans une malle tout ce que j'ai apporté avec moi en venant ici. Je veux qu'on me l'expédie.

HELMER.– Tout est fini ! Ne veux-tu plus jamais penser à moi. Nora ?

NORA. – Je penserai souvent à toi, bien sûr, et aux enfants, et à la maison.

HELMER. – Puis-je t'écrire, Nora ?

NORA. – Non ! Jamais. Je te le défends.

HELMER. – Oh ! mais je puis bien t'envoyer…

NORA. – Rien, rien.

HELMER. – … T'aider, si tu en as besoin.

NORA. – Non, te dis-je ! Je n'accepte rien d'un étranger.

Dominique Blanc au théâtre de L'Odéon en 1997.

HELMER. – Nora… ne serai-je plus jamais qu'un étranger pour toi ?

NORA, *prenant son sac de voyage.* – Ah ! Torvald, il faudrait pour cela le plus grand des prodiges.

HELMER. – Mais moi je veux y croire. Nomme-le ! Nous devrons nous transformer à un tel point que…

NORA. – À tel point que notre union devienne un vrai mariage. Adieu.

Elle sort par la porte d'entrée.

HELMER, *s'affaissant sur une chaise, près de la porte, et se couvrant le visage des deux mains.* – Nora, Nora ! *(Il relève la tête et regarde autour de lui.)* Partie ! Elle est partie ! *(Avec un espoir naissant.)* Le plus grand des prodiges…?

On entend au-dehors le bruit de la porte de la maison qui se referme.

Ibsen, *Maison de Poupée*, scène finale, 1879.
Trad. M. Prozor, Éd. Librairie Académique Perrin, 1961.

Activités

1. **Qui domine le dialogue ? Pourquoi et comment ?**
2. **Comparez les modalités de ce dénouement avec celles de *Cinna* [voir p. 148].**
3. **Réécrivez la scène en inversant les positions.**

JARRY

Après de brillantes études, Alfred Jarry (1867-1907) prépare l'École Normale avec pour professeur Henri Bergson, et fréquente les milieux littéraires parisiens. De 1896 à 1902, il rédige *Ubu Roi*, publie poèmes et romans dans la mouvance symboliste. Ruiné, malade, sa production se tarit après 1903.

Ubu Roi

COMIQUE

Première pièce d'une véritable geste, Ubu roi *a fait scandale lors de sa première représentation en 1896. En effet, cette pièce inclassable met en scène les aventures outrageusement burlesques du couple Ubu et cultive systématiquement la provocation thématique et stylistique. En voici l'incipit.*

PÈRE UBU, MÈRE UBU.

PÈRE UBU. – Merdre !

MÈRE UBU. – Oh ! voilà du joli, Père Ubu, vous estes un fort grand voyou.

PÈRE UBU. – Que ne vous assom' je, Mère Ubu !

MÈRE UBU. – Ce n'est pas moi, Père Ubu, c'est un autre qu'il faudrait assassiner.

PÈRE UBU. – De par ma chandelle verte, je ne comprends pas.

MÈRE UBU. – Comment, Père Ubu, vous estes content de votre sort ?

PÈRE UBU. – De par ma chandelle verte, merdre, madame, certes oui, je suis content. On le serait à moins : capitaine de dragons, officier de confiance du roi Venceslas, décoré de l'ordre de l'Aigle Rouge de Pologne[1] et ancien roi d'Aragon, que voulez-vous de mieux ?

MÈRE UBU. – Comment ! après avoir été roi d'Aragon vous vous contentez de mener aux revues une cinquantaine d'estafiers armés de coupe-choux, quand vous pourriez faire succéder sur votre fiole la couronne de Pologne à celle d'Aragon ?

PÈRE UBU. – Ah ! Mère Ubu, je ne comprends rien de ce que tu dis.

MÈRE UBU. – Tu es si bête !

PÈRE UBU. – De par ma chandelle verte, le roi Venceslas est

1. Décoration imaginaire.

encore bien vivant ; et même en admettant qu'il meure, n'a-t-il pas des légions d'enfants ?

MÈRE UBU. – Qui t'empêche de massacrer toute la famille et de te mettre à leur place ?

PÈRE UBU. – Ah ! Mère Ubu, vous me faites injure et vous allez passer tout à l'heure par la casserole.

MÈRE UBU. – Eh ! pauvre malheureux, si je passais par la casserole, qui te raccommoderait tes fonds de culotte ?

PÈRE UBU. – Eh vraiment ! et puis après ? N'ai-je pas un cul comme les autres ?

MÈRE UBU. – À ta place, ce cul, je voudrais l'installer sur un trône. Tu pourrais augmenter indéfiniment tes richesses, manger fort souvent de l'andouille et rouler carrosse par les rues.

PÈRE UBU. – Si j'étais roi, je me ferais construire une grande capeline comme celle que j'avais en Aragon et que ces gredins d'Espagnols m'ont impudemment volée.

MÈRE UBU. – Tu pourrais aussi te procurer un parapluie et un grand caban qui te tomberait sur les talons.

PÈRE UBU. – Ah ! je cède à la tentation. Bougre de merdre, merdre de bougre, si jamais je le rencontre au coin d'un bois, il passera un mauvais quart d'heure.

MÈRE UBU. – Ah ! bien, Père Ubu, te voilà devenu un véritable homme.

PÈRE UBU. – Oh non ! moi, capitaine de dragons, massacrer le roi de Pologne ! plutôt mourir !

MÈRE UBU, *à part...* – Oh ! merdre ! (*Haut.*) Ainsi tu vas rester gueux comme un rat, Père Ubu.

PÈRE UBU. – Ventrebleu, de par ma chandelle verte, j'aime mieux être gueux comme un maigre et brave rat que riche comme un méchant et gras chat.

MÈRE UBU. – Et la capeline ? et le parapluie ? et le grand caban ?

PÈRE UBU. – Eh bien, après, Mère Ubu ? *(Il s'en va en claquant la porte.)*

MÈRE UBU, *seule* – Vrout, merdre, il a été dur à la détente, mais vrout, merdre, je crois pourtant l'avoir ébranlé. Grâce à Dieu et à moi-même, peut-être dans huit jours serai-je reine de Pologne.

Jarry, *Ubu Roi*, Acte I, scène I, 1896.

Activités

1. Sur quoi se fonde le comique du texte ? De quoi ce texte fait-il la satire ?
2. Relevez tous les éléments provocateurs et caricaturaux du texte.
3. En vous fondant sur les informations que donne le texte, faites la mise en scène de cette scène d'exposition.

FEYDEAU

Passionné par l'écriture théâtrale dès l'adolescence, Georges Feydeau (1862-1921) connaît, à partir de 30 ans, un succès qui ne se démentira jamais. Il approfondit la portée du vaudeville en étoffant le caractère de ses personnages. Absence d'intrigue, fantaisie verbale, quiproquos nourrissent son univers comique.

La Dame de chez Maxim

COMIQUE

Peintre féroce de la bourgeoisie, Feydeau agence des intrigues où les personnages burlesques et les situations absurdes s'entremêlent à plaisir. Représentée en 1899, La Dame de chez Maxim *a pour héroïne la Môme Crevette que Petypon a ramenée chez lui après une soirée agitée au restaurant « chez Maxim ».*

PETYPON, MONGICOURT, puis LA MÔME.

PETYPON, *qui est resté médusé sur place, les yeux fixés sur le canapé et récapitulant.* – Elle m'a embrassé dans mon lit ! et je dormais sous le canapé !

MONGICOURT[1], *dans le même sentiment que Petypon.* – Oui !

L'air concentré, il prend de la main droite la chaise qui est près du canapé et l'amène devant lui.

PETYPON, *avec un hochement de tête* – Comment expliques-tu ça, toi ?

MONGICOURT, *ouvrant de grands bras.* – Je cherche !

PETYPON, *brusquement, se laissant tomber sur le canapé.* Mon Dieu ! Est-ce que je serais somnambule ?

Ils restent un moment dans cette pose méditative, le dos tourné l'un à l'autre, Petypon face à l'avant-scène gauche, Mongicourt à l'avant-scène droite. Tout à coup un long et bruyant bâillement se fait entendre venant de la pièce du fond.

LA VOIX. – Ahouahouahahah !

PETYPON, *tournant la tête vers Mongicourt.* – Qu'est-ce que tu dis ?

MONGICOURT, *tournant la tête vers Petypon.* – Moi ? J'ai rien dit !

PETYPON. – Tu as fais « Ahouahouahahah » !

MONGICOURT. – C'est pas moi !

PETYPON. – Comment, c'est pas toi !

1. Ami de Petypon.

LA VOIX, *nouveau bâillement.* – Ahouhahah ! aah !

PETYPON, *se levant et se tournant dans la direction d'où vient le bruit.* – Eh ! tiens !

MONGICOURT, *se levant également en enjambant sa chaise.* – Eh ! Oui !

LA VOIX. – Aouh ! ah ! ouhah !

PETYPON. – Mais ça vient de ma chambre !

MONGICOURT. – Absolument !

PETYPON, *tout en se dirigeant, suivi de Mongicourt, vers la tapisserie du fond.* – Je ne rêve pas !... Il y a quelqu'un par là !...

Simultanément ils écartent les deux tapisseries. Petypon en tirant celle de gauche, côté jardin, Mongicourt celle de droite, côté cour. Chacun d'eux fait un bond en arrière en apercevant, couchée dans le lit, en simple chemise de jour, une jeune femme au minois éveillé, aux cheveux blonds et coupés courts.

PETYPON et MONGICOURT. – Ah !

LA MÔME, *se dressant sur son séant et sur un ton gamin.* – Bonjour, les enfants !

PETYPON, *ahuri.* – Qu'est-ce que c'est que celle-là ?

MONGICOURT, *tombant assis en se tordant de rire, sur la chaise à droite et contre le chambranle de la baie.* – Eh ben, mon vieux !... tu vas bien !

PETYPON, *les cheveux dressés et affolé, au pied du lit.* – Hein ! Mais pas du tout !... Qu'est-ce que ça veut dire ? *(À la Môme)* Madame ! Qu'est-ce que ça signifie ?... D'où sortez-vous ?...

LA MÔME, *d'une voix amusée.* – Comment, d'où que je sors ? Eh bien, tu le sais bien !

PETYPON, *indigné.* – Mais je ne vous connais pas !... mais en voilà une idée !... Pourquoi êtes-vous dans mon lit ?

LA MÔME. – Comment, pourquoi que j'y suis ? Non mais, t'en as une santé ! *(À Mongicourt)* Dis donc, eh !... L'inconnu ! Il me demande pourquoi que j'y suis dans son lit !

MONGICOURT, *se tordant.* – Oui !... Oui !

PETYPON. – Mais, absolument ! Quoi ? J'ai le droit de savoir... *(Furieux, à Mongicourt)* Mais ne ris donc pas comme ça, toi ! C'est pas drôle ! *(À La Môme)* Qui êtes-vous ? Comment êtes-vous ici ?

LA MÔME. – Non, mais on se croirait chez le juge d'instruction !... Qui que je suis ?... Eh ben, la môme Crevette, parbleu !

Feydeau, *La Dame de chez Maxim*, Acte I, scène IV, 1899.

Activités

1. **Suivez le mouvement de cette scène. Quelles sont les principales articulations ? Comment le rythme est-il indiqué ?**
2. **Relevez et classez les procédés du comique de boulevard et comparez-les à ceux d'*Ubu Roi* [voir p. 300]. A-t-on affaire au même type de comique ? Pourquoi ?**
3. **Documentez-vous sur le genre du vaudeville : histoire, auteurs, thèmes favoris, procédés.**
4. **Transposez cette scène en scénario cinématographique.**

Littérature populaire

Pour la première fois dans la littérature française, le peuple devient à la fois objet littéraire et destinataire de nombreuses œuvres appartenant à tous les genres. C'est une des conséquences majeures de la Révolution, qui se développera tout au long du siècle. Les mondes paysan et ouvrier conquerront lentement leur place légitime.

BÉRANGER

Pierre Jean Béranger (1780-1857) est le plus célèbre chansonnier du siècle. Ami de nombreux écrivains, il fut considéré comme l'égal des plus grands poètes. Auteur notamment du *Roi d'Yvetot* (1813), il contribua largement à la diffusion de la légende napoléonienne.

Le vieux drapeau

POLITIQUE

Le vieux drapeau *est l'une des chansons patriotiques qui firent la gloire de Béranger.*

Air : Elle aime à rire, elle aime à boire.

De mes vieux compagnons de gloire
Je viens de me voir entouré ;
Nos souvenirs m'ont enivré,
Le vin m'a rendu la mémoire.
Fier de mes exploits et des leurs,
J'ai mon drapeau dans ma chaumière.
Quand secouerai-je la poussière
Qui ternit ses nobles couleurs ?

Il est caché sous l'humble paille
Où je dors pauvre et mutilé,
Lui qui, sûr de vaincre, a volé
Vingt ans de bataille en bataille !
Chargé de lauriers et de fleurs,
Il brilla sur l'Europe entière.
Quand secouerai-je la poussière
Qui ternit ses nobles couleurs ?

Ce drapeau payait à la France
Tout le sang qu'il nous a coûté.
Sur le sein de la Liberté
Nos fils jouaient avec sa lance.
Qu'il prouve encore aux oppresseurs
Combien la gloire est roturière.
Quand secouerai-je la poussière
Qui ternit ses nobles couleurs ?

La France défend le drapeau contre l'anti-patriotisme, gravure parue dans Le petit journal du 3 octobre 1909.

Son aigle est resté dans la poudre,
fatigué de lointains exploits.
Rendons-lui le coq des Gaulois ;
Il sut lancer la foudre.
La France, oubliant ses douleurs,
Le rebénira, libre et fière.
Quand secouerai-je la poussière
Qui ternit ses nobles couleurs ?

Las d'errer avec la Victoire,
Des lois il deviendra l'appui.
Chaque soldat fut, grâce à lui,
Citoyen aux bords de la Loire[1].
Seul il peut voiler nos malheurs ;
Déployons-le sur la frontière.
Quand secouerai-je la poussière
Qui ternit ses nobles couleurs ?

Mais il est là près de mes armes ;
Un instant osons l'entrevoir.
Viens, mon drapeau ! viens, mon espoir !
C'est à toi d'essuyer mes larmes.
D'un guerrier qui verse des pleurs
Le ciel entendra la prière :
Oui, je secouerai la poussière
Qui ternit tes nobles couleurs.

Béranger, « *Le vieux drapeau* », 1821.

Activités

1. **Quels sont les événements historiques évoqués par cette chanson ?**
2. **Comment la chanson s'organise-t-elle (refrain, versification, rimes) ?**
3. **Recherchez d'autres chants patriotiques, depuis la Révolution jusqu'à la Seconde Guerre mondiale et faites un exposé sur leur teneur, leurs points communs et leurs différences.**

1. Lors de l'invasion de la France en 1814, une résistance s'organisa sur les rives de la Loire autour de troupes restées fidèles à l'Empereur.

Feuilleton

Étymologiquement, le mot feuilleton vient de « feuillet ». Initialement, le feuilleton était l'article de critique inséré au bas de la page d'un journal. Il est devenu ensuite l'extrait romanesque publié quotidiennement au même endroit.

Un genre populaire

Émile de Girardin publie le premier feuilleton dans son journal *La Presse*, avec *Le Rhin* de Hugo. Tandis que le public accueille avec enthousiasme ce nouveau genre, les critiques vitupèrent en lui reprochant d'immoler l'esthétique sur l'autel de l'émotion. Le roman-feuilleton, en effet, privilégie le suspense et joue avec la sensibilité du lecteur au détriment de la vraisemblance. Comme le mélodrame, il comprend peu de descriptions, mais multiplie les difficultés, les chutes préparant les rebondissements, jouant avec la pitié du lecteur et avec ses larmes, avant de faire triompher les héros au dénouement. En outre, il met en scène des gueux, des pauvres, des gens du peuple, qui accèdent au statut de personnages littéraires. C'est ainsi que le langage populaire avec ses images pittoresques, sa syntaxe gauchie, son vocabulaire déformé fait irruption dans la littérature.

Un genre incontournable

Dès ses débuts, le feuilleton connaît un tel succès qu'il donne naissance à une nouvelle presse, celle des journaux-romans, et devient un passage obligé pour tout romancier qui doit d'abord publier son roman sous cette forme, en livrant à date fixe des portions égales de texte. Cet expédient permettra un temps à Balzac de régler ses dettes, et Sue, Dumas, seront bientôt les virtuoses du genre avant de céder la place à Paul Féval, Gaston Leroux (*Rouletabille*) ou Ponson du Terrail (*Rocambole*). Le feuilleton d'aujourd'hui s'appelle la série télévisée.

JOURNAL DU JEUDI
LITTÉRATURE — HISTOIRE — VOYAGES
Administration et Rédaction, passage Colbert, 26.

SOMMAIRE.
Georges, par Alexandre Dumas. — Jane la Pâle par H. De Balzac. — Histoire des Révolutions de Pirmasentz, par Alphonse Karr.

GEORGES
par
ALEXANDRE DUMAS

Un exemplaire du Journal du jeudi *dans lequel paraissait chaque semaine un épisode de roman feuilleton*

« La nuit est faite pour les poètes, les amoureux, les patrouilles, les voleurs et les romanciers.
– Alors vous voulez que je commence mon roman tout de suite ?
– Il est commencé.
Dites vous […] que vous n'êtes plus un auteur qui crée des situations, pèse des événements, prépare des péripéties, que vous êtes un acteur de ce grand drame humain dont le théâtre est le monde […], où chacun agit suivant son intérêt à son caprice, à sa fantaisie en apparence, mais, en réalité, poussé par la main invisible et toute puissante de sa destinée. Les pleurs qui y couleront seront de véritables larmes, le sang qui y sera versé sera de véritable sang, et vous-même mêlerez vos larmes et votre sang aux larmes et au sang des autres. »

Dumas, *Les Mohicans de Paris*, chapitre VIII, 1854-1855.

Activité

Le principe du roman feuilleton existe-il encore aujourd'hui ? Recherchez dans plusieurs journaux quotidiens français ce par quoi il a parfois été remplacé.

SUE

Romancier spécialisé dans le genre du feuilleton, après avoir écrit des romans maritimes et des romans de mœurs, Eugène Sue (1804-1857) a connu un succès considérable avec *Les Mystères de Paris* puis *Le Juif errant* (1844-1845). Il y exprime des idées sociales et humanitaires.

Les Mystères de Paris

INCIPIT

Publiés en feuilleton dans la presse en 1842 et 1843, Les Mystères de Paris *furent un événement littéraire. Ils lancèrent véritablement le genre, qui devait connaître une vogue extraordinaire. En voici l'entrée en matière.*

Le 13 décembre 1838, par une soirée pluvieuse et froide, un homme d'une taille athlétique, vêtu d'une mauvaise blouse, traversa le pont au Change et s'enfonça dans la Cité, dédale de rues obscures, étroites, tortueuses, qui s'étend depuis le Palais de Justice jusqu'à Notre-Dame.

Le quartier du Palais de Justice, très circonscrit, très surveillé, sert pourtant d'asile ou de rendez-vous aux malfaiteurs de Paris. N'est-il pas étrange, ou plutôt fatal, qu'une irrésistible attraction fasse toujours graviter ces criminels autour du formidable tribunal qui les condamne à la prison, au bagne, à l'échafaud !

Cette nuit-là, donc, le vent s'engouffrait violemment dans les espèces de ruelles de ce lugubre quartier ; la lueur blafarde, vacillante, des réverbères agités par la bise, se reflétait dans le ruisseau d'eau noirâtre qui coulait au milieu des pavés fangeux.

Les maisons, couleur de boue, étaient percées de quelques rares fenêtres aux châssis vermoulus et presque sans carreaux. De noires, d'infectes allées conduisaient à des escaliers plus noirs, plus infects encore, et si perpendiculaires, que l'on pouvait à peine les gravir à l'aide d'une corde à puits fixée aux murailles humides par des crampons de fer.

Le rez-de-chaussée de quelques-unes de ces maisons était occupé par des étalages de charbonniers, de tripiers ou de revendeurs de mauvaises viandes.

Malgré le peu de valeur de ces denrées, la devanture de presque toutes ces misérables boutiques était grillagée de fer, tant les marchands redoutaient les audacieux voleurs de ce quartier.

L'homme dont nous parlons, en entrant dans la rue aux Fèves, située au centre de la Cité, ralentit beaucoup sa marche : il se sentait sur son terrain.

La nuit était profonde, l'eau tombait à torrents, de fortes rafales de vent et de pluie fouettaient les murailles.

Dix heures sonnaient dans le lointain à l'horloge du Palais de Justice.

Des femmes embusquées sous des porches voûtés, obscurs, profonds comme des cavernes chantaient à demi-voix quelques refrains populaires.

Une de ces créatures était sans doute connue de l'homme dont nous parlons ; car, s'arrêtant brusquement devant elle, il la saisit par le bras.

– Bonsoir, Chourineur[1].

Cet homme, repris de justice, avait été ainsi surnommé au bagne.

– C'est toi, la Goualeuse[2], dit l'homme en blouse ; tu vas me payer l'*eau d'aff*[3], ou je te fais danser sans violons !

– Je n'ai pas d'argent, répondit la femme en tremblant ; car cet homme inspirait une grande terreur dans le quartier.

– Si ta *filoche* est à *jeun*[4], l'*ogresse*[5] du tapis-franc[6] te fera crédit sur ta bonne mine.

– Mon Dieu ! je lui dois le loyer des vêtements que je porte…

– Ah ! tu raisonnes ? s'écria le Chourineur. Et il donna dans l'ombre et au hasard un si violent coup de poing à cette malheureuse, qu'elle poussa un cri de douleur aigu.

– Ça n'est rien que ça, ma fille ; c'est pour t'avertir…

Sue, *Les Mystères de Paris*, 1re partie, chap. I, 1842-1843.

1. Argot : donneur de coups de couteau.
2. La chanteuse.
3. L'eau-de-vie.
4. Si ta bourse est vide.
5. La patronne.
6. Cabaret ou auberge où se réunissent les voleurs.

Activités

1. **Par quels procédés le narrateur capte-t-il l'intérêt du lecteur ?**
2. **Quelle position morale adopte-t-il ?**
3. **Cette page vous semble-t-elle une ouverture traditionnelle de roman ? Justifiez votre réponse en comparant ce début à ceux de *Jacques le fataliste* p. 233, et des *Faux Monnayeurs* p. 586.**

GEORGE SAND

Berrichonne, Aurore Dupin, dite George Sand (1804-1876), forge son pseudonyme sur le nom de l'un de ses amants, Jules Sandeau. *Indiana* (1832), son premier roman, inaugure une œuvre considérable. Après 1851, « la bonne dame de Nohant » rédige l'*Histoire de [s]a vie* (1854).

La Mare au diable

NARRATION

La Mare au diable *(1846) est l'un des romans consacrés par son auteur au monde paysan de sa province de prédilection, le Berry. Dans la préface, George Sand affirme que « la mission de l'art est une mission de sentiments et d'amour ».*

Le laboureur Germain est à la recherche de son fils qu'il avait confié pour quelques heures à la jeune Marie. Il retrouve cette dernière, terrorisée par le fermier qui devait l'engager, près de la mare au diable que les gens du cru considèrent comme un endroit maudit.

Marie approcha en rampant, et dès qu'elle vit Germain, que le fermier suivait de près, elle courut se jeter dans ses bras ; et, s'attachant à lui comme une fille à son père :

– Ah ! mon brave Germain, lui dit-elle, vous me défendrez ; je n'ai pas peur avec vous.

Germain eut le frisson. Il regarda Marie : elle était pâle, ses vêtements étaient déchirés par les épines où elle avait couru, cherchant le fourré, comme une biche traquée par les chasseurs. Mais il n'y avait ni honte ni désespoir sur sa figure.

– Ton maître veut te parler, lui dit-il, en observant toujours ses traits.

– Mon maître ? dit-elle fièrement ; cet homme-là n'est pas mon maître et ne le sera jamais ! C'est vous, Germain, qui êtes mon maître. Je veux que vous me rameniez avec vous… Je vous servirai pour rien !

Le fermier s'était avancé, feignant un peu d'impatience.

– Hé ! la petite, dit-il, vous avez oublié chez nous quelque chose que je vous rapporte.

– Nenni, Monsieur, répondit la petite Marie, je n'ai rien oublié, et je n'ai rien à vous demander…

– Écoutez un peu ici, reprit le fermier, j'ai quelque chose à vous dire moi ! Allons ! n'ayez pas peur… deux mots seulement.

– Vous pouvez les dire tout haut… je n'ai pas de secrets avec vous.

– Venez prendre votre argent, au moins.

– Mon argent ? Vous ne me devez rien, Dieu merci !

– Je m'en doutais bien, dit Germain à demi voix ; mais c'est égal, Marie… écoute ce qu'il a à te dire… car, moi, je suis curieux de le savoir. Tu me le diras après, j'ai mes raisons pour ça. Va auprès de son cheval… je ne te perds pas de vue.

Marie fit trois pas vers le fermier, qui lui dit, en se penchant sur le pommeau de sa selle et en baissant la voix :

Petite, voilà un beau louis d'or pour toi ! tu ne diras rien, entends-tu ? Je dirai que je t'ai trouvée trop faible pour l'ouvrage de ma ferme… Et qu'il ne soit plus question de ça… Je repasserai par chez vous un de ces jours ; et si tu n'as rien dit, je te donnerai encore quelque chose… Et puis, si tu es plus raisonnable, tu n'as qu'à parler : je te ramènerai chez moi, ou bien, j'irai causer avec toi à la brune dans les prés. Quel cadeau veux-tu que je te porte ?

– Voilà, monsieur, le cadeau que je vous fais, moi ! répondit à haute voix la petite Marie, en lui jetant son louis d'or au visage, et même assez rudement. Je vous remercie beaucoup, et vous prie, quand vous repasserez par chez nous, de me faire avertir : tous les garçons de mon endroit iront vous recevoir, parce que chez nous, on aime fort les bourgeois qui veulent en conter aux pauvres filles ! Vous verrez ça, on vous attendra.

– Vous êtes une menteuse et une sotte langue ! dit le fermier courroucé, en levant son bâton d'un air de menace. Vous voudriez faire croire ce qui n'est point, mais vous ne me tirerez pas d'argent : on connaît vos pareilles !

Marie s'était reculée effrayée ; mais Germain s'était élancé à la bride du cheval du fermier, et le secouant avec force :

– C'est entendu, maintenant ! dit-il, et nous voyons de quoi il retourne… À terre ! mon homme ! à terre ! et causons tous les deux !

G. Sand, *La Mare au Diable*, 1846.

Activités

1. **Précisez les positions respectives des trois personnages (sociales, morales, spatiales, etc.), et la composition et la progression du texte. Qu'en concluez-vous ?**
2. **En étudiant le vocabulaire, la syntaxe, la ponctuation, etc., montrez que les propos tenus par les personnages s'harmonisent avec leur condition sociale.**
3. **Quelles sont ici les caractéristiques du roman populaire ? Marie est sauvée par un champion qui s'oppose au mauvais maître. Quelle tradition littéraire cette scène reprend-elle ?**
4. **Marie dresse un réquisitoire contre le fermier. Écrivez-le.**

HUGO

Homme politique et poète, Victor Hugo (1802-1885) est sans doute le plus grand écrivain du XIXe siècle. Chef de file des romantiques, il explore tous les genres littéraires. Honoré et respecté, il aura des funérailles nationales.

Les Misérables

ÉPOPÉE

Dans Les Misérables, *la figure emblématique de Gavroche demeure l'une des plus touchantes, et sa mort, l'un des épisodes les plus poignants. Entre les deux barricades, il ramasse sur les cadavres les armes et les cartouches…*

À force d'aller en avant, il parvint au point où le brouillard de la fusillade devenait transparent. Si bien que les tirailleurs de la ligne rangés et à l'affût derrière leur levée de pavés, et les tirailleurs de la banlieue massés à l'angle de la rue, se montrèrent soudainement quelque chose qui remuait dans la fumée.

Au moment où Gavroche débarrassait de ses cartouches un sergent gisant près d'une borne, une balle frappa le cadavre.

– Fichtre ! dit Gavroche. Voilà qu'on me tue mes morts.

Une deuxième balle fit étinceler le pavé à côté de lui. Une troisième renversa son panier.

Gavroche regarda, et vit que cela venait de la banlieue.

Il se dressa tout droit, debout, les cheveux au vent, les mains sur les hanches, l'œil fixé sur les gardes nationaux qui tiraient, et il chanta :

On est laid à Nanterre,
C'est la faute à Voltaire,
Et bête à Palaiseau,
C'est la faute à Rousseau.

Puis il ramassa son panier, y remit, sans en perdre une seule, les cartouches qui en étaient tombées, et, avançant vers la fusillade, alla dépouiller une autre giberne. Là une quatrième balle le manqua encore. Gavroche chanta :

Je ne suis pas notaire,
C'est la faute à Voltaire,
Je suis petit oiseau,
C'est la faute à Rousseau.

Une cinquième balle ne réussit qu'à tirer de lui un troisième couplet :

Joie est mon caractère,
C'est la faute à Voltaire,
Misère est mon trousseau,
C'est la faute à Rousseau.

Cela continua ainsi quelque temps.

Le spectacle était épouvantable et charmant. Gavroche, fusillé, taquinait la fusillade. Il avait l'air de s'amuser beaucoup. C'était le moineau becquetant les chasseurs. Il répondait à chaque décharge par un couplet. On le visait sans cesse, on le manquait toujours. Les gardes nationaux et les soldats riaient en l'ajustant. Il se couchait, puis se redressait, s'effaçait dans un coin de porte, puis bondissait, disparaissait, reparaissait, se sauvait, revenait, ripostait à la mitraille par des pieds de nez, et cependant pillait les cartouches, vidait les gibernes et remplissait son panier. Les insurgés, haletants d'anxiété, le suivaient des yeux. La barricade tremblait ; lui, il chantait. Ce n'était pas un enfant, ce n'était pas un homme ; c'était un étrange gamin fée. On eût dit le nain invulnérable de la mêlée. Les balles couraient après lui, il était plus leste qu'elles. Il jouait on ne sait quel effrayant jeu de cache-cache avec la mort ; chaque fois que la face camarde[1] du spectre s'approchait, le gamin lui donnait une pichenette.

Une balle pourtant, mieux ajustée ou plus traître que les autres, finit par atteindre l'enfant feu follet. On vit Gavroche chanceler, puis il s'affaissa. Toute la barricade poussa un cri ; mais il y avait de l'Antée[2] dans ce pygmée ; pour le gamin toucher le pavé, c'est comme pour le géant toucher la terre ; Gavroche n'était tombé que pour se redresser ; il resta assis sur son séant, un long filet de sang rayait son visage, il éleva ses deux bras en l'air, regarda du côté d'où était venu le coup, et se mit à chanter :

Je suis tombé par terre,
C'est la faute à Voltaire,
Le nez dans le ruisseau,
C'est la faute à…

Il n'acheva point. Une seconde balle du même tireur l'arrêta court. Cette fois il s'abattit la face contre le pavé, et ne remua plus. Cette petite grande âme venait de s'envoler.

Hugo, *Les Misérables*, ve partie, livre I, chap. XV, 1864.

Activités

1. **Observez la métamorphose progressive de Gavroche de l'animal à l'être surnaturel. Déterminez-en les différentes étapes.**
2. **Quel rôle les couplets jouent-ils dans la progression du récit ?**
3. **Quels éléments font de cet épisode un spectacle ? Soulignez en particulier le rôle des verbes d'action, le jeu des temps verbaux, la position et les réactions des spectateurs, le passage du comique au tragique.**
4. **Imaginez cette scène racontée du point de vue de Gavroche.**

1. Qui a le nez plat et écrasé ; camarde est l'un des surnoms de la mort.
2. Géant de la mythologie qui reprenait force à chaque fois qu'il touchait la terre.

CHRISTOPHE

Ancien élève de l'École Normale Supérieure, professeur puis sous-directeur du laboratoire de botanique de la Sorbonne, Christophe (1856-1945), de son vrai nom Georges Colomb, écrivit de nombreuses bandes dessinées parmi lesquelles *La Famille Fenouillard*, *Le Sapeur Camember* et *l'Idée fixe du savant Cosinus*.

Les Facéties du sapeur Camember

BANDE DESSINÉE

Ce que c'est que l'accent.

« Le colonel est-il visuel, mam'selle Victoire ?

– Foui ! mossieu Gamempre, ché fiens té le foir… tans son gabinet… il é… grivé.

– Pas possible ! le colonel il… ?!!

– C'est gomme ché fous le tis, mossieu Gamempre. »

« C'est-y malheureux ! pense Camember en courant chercher le major… Crevé ! Un homme si z'aimable ! Ainsi, pas plus tard qu'à ce matin, il m'disait z'à moi-même, en me tirant la barbe : Mon brave Camember, tu ne seras jamais qu'un z'imbécile. »

Activités

1. La continuité entre chaque vignette est-elle établie à partir du texte ou du dessin ? Comment peut-on alors caractériser le dessin ?

2. Étudiez les attitudes des personnages et montrez qu'ils sont représentés de manière théâtralisée. Enrichissez votre réponse en étudiant le traitement du décor, des « accessoires ».

3. Comparez cette planche à celle de « Blueberry » [voir p. 578], (place et longueur du texte, expression des visages, effets de mouvements, décor…). Montrez la relation entretenue par la bande dessinée ancienne avec le théâtre et celle entretenue par la bande dessinée récente avec le cinéma.

« M'sieur l'major… l'colonel… l'père du régiment… qui se portait à c'matin comme vous et moi… eh bien ! paraîtrait qu'pour l'estant il s'aurait déshabitué de souffler, vu qu'il a reçu sa feuille de route pour l'autre monde, sans billet d'retour. »

La fatale nouvelle s'étant répandue avec la rapidité de la foudre, le major, muni de sa trousse et flanqué des officiers du régiment, fait irruption dans le cabinet où le grand chef achevait fort tranquillement un rapport.

« Ah ça ! espèce de dromadaire ! pourrais-tu me dire ce que signifie cette plaisanterie »

– Mon colonel, c'est mam'selle Victoire, qu'elle m'a dit : « Je viens de voir le colonel il est crevé ! »

« Oh ! mossieu Gamempre, gémit Victoire, citée à comparaître, c'est pas chentil te faire arrifer tes misères à une bôvre cheune fille innocente… Ch'ai pas tit : « Le golonel il est grévé »… ch'ai tit : « Le golonel il égrivé… avec une blume, quoi ! »

Christophe, *Les facéties du sapeur Camember,*
paru en feuilleton de 1890-1896, en volume en 1896.

ZEVACO

Corse, tour à tour professeur, soldat, militant et journaliste anarchiste, Michel Zevaco (1860-1918) est un prolifique romancier, maître du feuilleton et du roman de cape et d'épée. Au *Matin*, il sera payé un franc la ligne (de 15 à 20 francs d'aujourd'hui, soit environ 3 euros).

Pardaillan

NARRATION

Héritier d'Alexandre Dumas et de Paul Féval, Zevaco invente le « roman de cape et d'épée républicain » (J.-P. Sartre, Les Mots, *1964). Allant du règne d'Henri II à la régence de Marie de Médicis, le cycle raconte en dix volumes les aventures de Pardaillan, chevalier du peuple qui met sa vaillance au service de la liberté et des bonnes causes.*

Amoureux d'une jeune voisine dont il ignore l'identité, un matin, Jean de Pardaillan se voit appelé au secours par cette dernière.

Il fit une toilette soignée. Il s'agissait de prouver aux gentilshommes de la cour qu'un Pardaillan était à son aise sur tous les terrains. Quand il fut prêt, n'ayant plus qu'à ceindre son épée accrochée au mur, il constata qu'il avait encore deux ou trois heures devant lui avant de pouvoir se présenter raisonnablement au Louvre.

Il se dirigea donc vers la fenêtre sans grand espoir d'ailleurs d'apercevoir Loïse.

À ce moment, Pipeau grogna sourdement. Pardaillan ne prêta aucune attention à ce grognement, et ouvrit sa fenêtre.

Presque au même instant, la fenêtre de Loïse s'ouvrit avec violence, et la jeune fille, les cheveux dénoués, les yeux hagards, apparut, leva la tête vers Pardaillan et cria:

« Venez ! Venez ! »

– « Enfer ! gronda Pardaillan. Que se passe-t-il ? »

C'était la première fois que Loïse adressait la parole au chevalier. Et c'était, selon toute apparence, pour implorer son secours, et il fallait que le danger fût grave pour qu'elle eût osé jeter ce cri qui ressemblait à un cri de terreur.

« J'accours ! » rugit Pardaillan.

À la même seconde, Pipeau fit entendre un aboi[1] furieux, la porte vola en éclats, une douzaine d'hommes armés se ruèrent dans la chambre et l'un d'eux cria:

« Au nom du roi !… »

1. Aboiement

Pardaillan voulut s'élancer vers son épée demeurée à la muraille ; mais avant qu'il eût pu faire un mouvement, il fut entouré, saisi par les bras et par les jambes, et il tomba.

« À moi, monsieur ! » cria la voix de Loïse.

Et cette voix arracha au chevalier un rugissement.

Dans un prodigieux effort, il tendit ses muscles… et, alors, il constata que ses jambes étaient liées ! Liés aussi ses bras. Il ferma les yeux et, de ses paupières closes, jaillit une larme que dévora la fièvre des joues…

Pendant ce temps, le chien hurlait, pillait, mordait, dans le tas. Quand le chevalier fut réduit à l'impuissance, Nancey[2] compta autour de lui deux morts et cinq blessés.

Pardaillan avait assommé l'un des morts d'un coup de poing à la tempe. Pipeau avait étranglé l'autre.

« En route ! » commanda le capitaine.

Pardaillan, tout ficelé, fut saisi, emporté… et le long aboiement lugubre du chien ponctua la défaite de son maître.

Dans la rue, le chevalier ouvrit les yeux, et vit trois carrosses. L'un était rangé contre la porte de l'hôtellerie et celui-là était pour lui.

Les deux autres stationnaient devant la maison d'en face ; le premier était vide ; dans le deuxième, Pardaillan reconnut Henri de Montmorency[3], le maréchal de Damville !

Il n'eut pas le temps d'en voir plus long, car il fut jeté dans le carrosse qui lui était destiné, les mantelets furent aussitôt rabattus, et il se trouva dans une prison roulante qui se mit aussitôt en mouvement.

Pardaillan était comme fou de fureur et de désespoir.

Mais, si désespéré qu'il fût, il garda assez de sang-froid pour suivre en imagination les tours et détours de la voiture qui l'entraînait. Il connaissait admirablement son Paris et, au bout de quelques minutes, il fut fixé…

« On me conduit à la Bastille ! »

La Bastille, c'était l'oubliette, c'était la tombe, c'était la mort lente au fond de quelque cachot sans air.

Pardaillan comprit qu'il était perdu.

Zevaco, *Le Chevalier de Pardaillan*,
feuilleton, 1902, volume, 1907.

Activités

1. **Dégagez les étapes du récit et distinguez les différentes formes de discours dans ce texte.**
2. **Relevez les procédés employés par l'auteur pour maintenir la tension dramatique. Quel est l'effet produit sur le lecteur ?**
3. **En vous reportant à la fiche [voir p. 350] dites si ce texte appartient, ou non, au roman populaire et si cette page conviendrait pour un feuilleton.**
4. **Comparez Pardaillan avec les héros d'autres romans populaires [voir pp. 310, 312, 399]. Ont-ils des caractéristiques communes ? Lesquelles ?**

2. Le Capitaine des gardes venu arrêter Pardaillan.
3. L'ennemi acharné de Pardaillan et Loïse.

Romans du Moi

Dans leur tentative d'expression de l'intériorité, les écrivains recourent parfois à la fiction et à la distance qu'autorise l'utilisation d'un personnage racontant sa vie.

CHATEAUBRIAND

Né à Saint-Malo d'une famille de vieille noblesse, François-René de Chateaubriand (1768-1848) partage sa vie entre son engagement politique, ses voyages en Europe, en Amérique et en Orient, et ses activités littéraires. Il consacre les 18 dernières années de sa vie à la rédaction des *Mémoires d'outre-tombe*.

Atala

RELIGION

Premier grand texte que Chateaubriand publie en 1801 à son retour d'émigration, Atala, *qui comporte quelques éléments autobiographiques, utilise les prestiges de l'exotisme (son intrigue se situe chez les Indiens d'Amérique) et donne un avant-goût du* Génie du Christianisme *(1802). Il a connu un extraordinaire succès, et le récit des funérailles de l'héroïne, victime de son déchirement entre son amour et sa foi chrétienne, est l'une de ses pages les plus émouvantes et les plus célèbres.*

Nous convînmes que nous partirions le lendemain au lever du soleil pour enterrer Atala sous l'arche du pont naturel à l'entrée des Bocages de la mort. Il fut aussi résolu que nous passerions la nuit en prières auprès du corps de cette sainte.

Vers le soir, nous transportâmes ses précieux restes à une ouverture de la grotte, qui donnait vers le nord. L'ermite les avait roulés dans une pièce de lin d'Europe, filé par sa mère : c'était le seul bien qui lui restât de sa patrie, et depuis longtemps il le destinait à son propre tombeau. Atala était couchée sur un gazon de sensitives de montagnes ; ses pieds, sa tête, ses épaules et une partie de son sein étaient découverts. On voyait dans ses cheveux une fleur de magnolia fanée… celle-là même que j'avais déposée sur le lit de la vierge, pour la rendre féconde. Ses lèvres, comme un bouton de rose cueilli depuis deux matins, semblaient languir et sourire. Dans ses joues d'une blancheur éclatante, on distinguait quelques veines bleues. Ses beaux yeux étaient fermés, ses pieds modestes étaient joints, et ses mains d'albâtre pressaient sur son cœur un crucifix d'ébène ; le scapulaire de ses vœux était passé à son cou. Elle paraissait enchantée par l'Ange de la mélancolie, et par le double sommeil de l'innocence et de la tombe. Je n'ai rien vu de plus céleste. Quiconque eût ignoré que cette jeune

Atala au tombeau,
de Girodet (1767-1824).
Musée du Louvre.

fille avait joui de la lumière, aurait pu la prendre pour la statue de la Virginité endormie.

Le religieux ne cessa de prier toute la nuit. J'étais assis en silence au chevet du lit funèbre de mon Atala. Que de fois, durant son sommeil, j'avais supporté sur mes genoux cette tête charmante ! Que de fois je m'étais penché sur elle, pour entendre et pour respirer son souffle ! Mais à présent aucun bruit ne sortait de ce sein immobile, et c'était en vain que j'attendais le réveil de la beauté !

La lune prêta son pâle flambeau à cette veillée funèbre. Elle se leva au milieu de la nuit, comme une blanche vestale qui vient pleurer sur le cercueil d'une compagne. Bientôt elle répandit dans les bois ce grand secret de mélancolie, qu'elle aime à raconter aux vieux chênes et aux rivages antiques des mers. De temps en temps, le religieux plongeait un rameau fleuri dans une eau consacrée, puis secouant la branche humide, il parfumait la nuit des baumes du ciel. Parfois il répétait sur un air antique quelques vers d'un vieux poète nommé Job ; il disait :

« J'ai passé comme une fleur ; j'ai séché comme l'herbe des champs.

« Pourquoi la lumière a-t-elle été donnée à un misérable, et la vie à ceux qui sont dans l'amertume du cœur ? »

Chateaubriand, *Atala*, 1801.

Activités

1. **Relevez les éléments d'énonciation descriptifs (champs lexicaux, temps verbaux, indices d'énonciation) qui font d'Atala une « sainte » et une « statue ».**
2. **Quels éléments contribuent-ils à faire de cette scène un tableau ? (lignes, attitude, couleur, etc.)**
3. **À quel moment l'émotion du narrateur se manifeste-t-elle dans le texte ? À quoi la repérez-vous ?**
4. **Quelle image de la religion les paroles et les gestes du religieux donnent-ils ?**

CONSTANT

Suisse, Benjamin Constant (1767-1830) devient citoyen français après 1798. Il entretient une orageuse liaison avec Mme de Staël. Homme politique connu, longtemps opposé à Napoléon, député de l'opposition libérale sous la Restauration, il publie essais politiques, pamphlets, romans, dont un autobiographique, *Adolphe*.

Adolphe

ÉCRITURE DE SOI

Adolphe *(1816) présente l'histoire d'un jeune homme qui, lassé de sa vie auprès de sa maîtresse Ellénore, cherche à rompre tout en craignant cette rupture. Un ami de son père l'incite à quitter Ellénore et Adolphe prend la défense de celle-ci. Mais, sur le chemin du retour, pour la première fois, il s'interroge sur lui-même, sur son amour, et sur son avenir.*

Arrivé au milieu de la campagne, je ralentis ma marche, et mille pensées m'assaillirent. Ces mots funestes :

« Entre tous les genres de succès et vous, il existe un obstacle insurmontable, et cet obstacle c'est Ellénore » retentissaient autour de moi. Je jetais un long et triste regard sur le temps qui venait de s'écouler sans retour ; je me rappelais les espérances de ma jeunesse, la confiance avec laquelle je croyais autrefois commander à l'avenir, les éloges accordés à mes premiers essais, l'aurore de réputation que j'avais vue briller et disparaître.

Je me répétais les noms de plusieurs de mes compagnons d'étude, que j'avais traités avec un dédain superbe, et qui, par le seul effet d'un travail opiniâtre et d'une vie régulière, m'avaient laissé loin derrière eux dans la route de la fortune, de la considération et de la gloire : j'étais oppressé de mon inaction. Comme les avares se représentent dans les trésors qu'ils entassent tous les biens que ces trésors pourraient acheter, j'apercevais dans Ellénore la privation de tous les succès auxquels j'aurais pu prétendre. Ce n'était pas une carrière seule que je regrettais : comme je n'avais essayé d'aucune, je les regrettais toutes. N'ayant jamais employé mes forces, je les imaginais sans bornes, et je les maudissais ; j'aurais voulu que la nature m'eût créé faible et médiocre, pour me préserver au moins du remords de me dégrader volontairement. Toute louange, toute approbation pour mon esprit

CONSTANT

ou mes connaissances, me semblaient un reproche insupportable : je croyais entendre admirer les bras vigoureux d'un athlète chargé de fers au fond d'un cachot. Si je voulais ressaisir mon courage, me dire que l'époque de l'activité n'était pas encore passée, l'image d'Ellénore s'élevait devant moi comme un fantôme, et me repoussait dans le néant ; je ressentais contre elle des accès de fureur, et, par un mélange bizarre cette fureur ne diminuait en rien la terreur que m'inspirait l'idée de l'affliger.

Mon âme, fatiguée de ces sentiments amers, chercha tout à coup un refuge dans des sentiments contraires. Quelques mots, prononcés au hasard par le baron de T*** sur la possibilité d'une alliance douce et paisible, me servirent à me créer l'idéal d'une compagne. Je réfléchis au repos, à la considération, à l'indépendance même que m'offrirait un sort pareil ; car des liens que je traînais depuis si longtemps me rendaient plus dépendant mille fois que n'aurait pu le faire une union reconnue et constatée. J'imaginais la joie de mon père ; j'éprouvais un désir impatient de reprendre dans ma patrie et dans la société de mes égaux la place qui m'était due ; je me représentais opposant une conduite austère et irréprochable à tous les jugements qu'une malignité froide et frivole avait prononcés contre moi, à tous les reproches dont m'accablait Ellénore.

Constant, *Adolphe*, chap VII, 1816.

Activités

1. **Dégagez les sentiments qui agitent successivement le narrateur.**
2. **À qui s'adresse réellement la fureur du narrateur ? Que regrette-t-il ?**
3. **Que reproche implicitement le narrateur à Ellénore ?**
4. **En vous reportant à la fiche « romantisme » [voir p. 442], dites si ce texte vous paraît ou non relever de ce mouvement littéraire.**
5. **En vous appuyant sur ce texte, rédigez la défense d'Ellénore.**

MUSSET

Alfred de Musset (1810-1857), qui s'était écarté du milieu romantique après 1830, devait publier en 1836 *La Confession d'un enfant du siècle*, roman autobiographique désabusé, largement inspiré des amours de Musset avec George Sand.

La Confession d'un enfant du siècle

HISTOIRE

La Confession d'un enfant du siècle *évoque aussi cette génération de jeunes gens qui, nés sous Napoléon, vouent un culte à l'Empereur d'autant plus grand que la société sous la Restauration ne leur laisse aucune chance de pouvoir assouvir leurs ambitions.*

Un seul homme était en vie alors en Europe ; le reste des êtres tâchait de se remplir les poumons de l'air qu'il avait respiré. Chaque année, la France faisait présent à cet homme de trois cent mille jeunes gens ; c'était l'impôt payé à César, et, s'il n'avait ce troupeau derrière lui, il ne pouvait suivre sa fortune. C'était l'escorte qu'il lui fallait pour qu'il pût traverser le monde, et s'en aller tomber dans une petite vallée d'une île déserte, sous un saule pleureur.

Jamais il n'y eut tant de nuits sans sommeil que du temps de cet homme ; jamais on ne vit se pencher sur les remparts des villes un tel peuple de mères désolées ; jamais il n'y eut un tel silence autour de ceux qui parlaient de mort. Et pourtant jamais il n'y eut tant de joie, tant de vie, tant de fanfares guerrières, dans tous les cœurs. Jamais il n'y eut de soleils si purs que ceux qui séchèrent tout ce sang. On disait que Dieu les faisait pour cet homme, et on les appelait ses soleils d'Austerlitz. Mais il les faisait bien lui-même avec ses canons toujours tonnants, et qui ne laissaient des nuages qu'aux lendemains de ses batailles.

C'était l'air de ce ciel sans tache, où brillait tant de gloire, où resplendissait tant d'acier, que les enfants respiraient alors. Ils savaient bien qu'ils étaient destinés aux hécatombes ; mais ils croyaient Murat[1] invulnérable, et on avait vu passer l'empereur sur un pont où sifflaient tant de balles, qu'on ne savait s'il pouvait mourir. Et quand même on aurait dû mourir, qu'était-ce que cela ? La mort elle-même était si belle alors, si grande, si magnifique dans sa pourpre

1. Général de cavalerie, puis maréchal dans l'armée de Napoléon.

L'empereur Napoléon 1er en 1809, par Robert Lefèvre, (1755-1830). Paris, Musée Carnavalet.

fumante ! elle ressemblait si bien à l'espérance, elle fauchait de si verts épis, qu'elle en était comme devenue jeune, et qu'on ne croyait plus à la vieillesse. Tous les berceaux de France étaient des boucliers, tous les cercueils en étaient aussi ; il n'y avait vraiment plus de vieillards, il n'y avait que des cadavres ou des demi-dieux.

Cependant l'immortel empereur était un jour sur une colline à regarder sept peuples s'égorger ; comme il ne savait pas encore s'il serait le maître du monde ou seulement de la moitié, Azraël[2] passa sur la route, il l'effleura du bout de l'aile, et le poussa dans l'Océan. Au bruit de sa chute, les puissances moribondes se redressèrent sur leurs lits de douleur, et, avançant leurs pattes crochues, toutes les royales araignées découpèrent l'Europe, et de la pourpre de César se firent un habit d'Arlequin.

Musset, *La Confession d'un enfant du siècle*, Ire partie, chap II, 1836.

Activités

1. **Quel portrait de Napoléon ce texte trace-t-il ? Étudiez le jeu des temps et les figures de style. Quel sens particulier donnent-ils à ce portrait ? L'Empereur est-il loué uniquement pour lui-même ?**
2. **En vous appuyant sur les champs lexicaux les plus importants, dites quels thèmes prédominent dans cette page.**
3. **Constituez un dossier informatif sur Napoléon.**
4. **Organisez le procès de Napoléon, accusé d'être un tyran.**

2. Dans la religion musulmane, Azraël est l'ange de la mort.

Écriture de soi et autobiographie

Au règne de l'objectivité et de la raison classique succède désormais l'épanchement narcissique de l'individu, solitaire, déboussolé, à la recherche de nouvelles valeurs dans une histoire redéfinie par la Révolution.

AMIEL

Né à Genève, Henri-Frédéric Amiel (1821-1881) y tint la chaire d'esthétique puis de philosophie, après des études en Allemagne consacrées surtout à Hegel. Piètre poète qui connut quelques succès d'estime, il consacra une partie de sa vie à apprendre à se connaître. À cet effet, il rédigea son journal pendant 34 ans.

Journal

TÉMOIGNAGE

Dialogue entre un « tu » et un « je », ce journal se présente globalement comme une confession à deux voix, mais le « je » s'exprime seul dans de longs passages.

Lundi 22 janvier 66. (9 h. 1/2 m.)

Je vois avec douleur ma mémoire devenir infidèle, lacunière, labile. Les noms propres m'échappent maintenant avec une facilité déplorable, et la débandade se met dans mes nomenclatures de tous les ordres. L'âge du retour, du déclin, de la désagrégation a commencé pour moi. L'effet est d'autant plus sensible que je n'ai aucune gymnastique quotidienne de mes facultés, comme j'en ai pour mes muscles et mes nerfs. Je manque de cohésion, de consistance, de suite, tous mes élans ne sont que des velléités, mes efforts ne sont que des coups de collier. Aussi je n'aboutis à rien.

ON N'ABOUTIT À RIEN SANS SE CONTINUER.

À peine si ma journée fait un ensemble ; ma semaine, mon mois, mon année n'en font point. Toutes mes lectures, mes heures de travail, mes pensées et mes volontés s'émiettent, s'éparpillent, s'égrènent, sans réussir à faire une pyramide ou même un collier. Les bagatelles me dévorent. Je ne vis qu'au jour le jour, comme on fait en voyage, dans l'intérim entre deux situations réglées, ou dans une courte vacance d'écolier. – Sans mes cours à l'Académie et mon journal intime, je ne pourrais même dire ce que j'ai fait dans une année, tant ma ligne de marche est accidentelle, bizarre, interrompue ; tant je flotte au gré des impressions et des circonstances, tant je gouverne peu ma vie. Discipliner ses forces et son activité en vue d'un but déterminé ; prendre des habitudes ; défendre sa volonté générale contre l'invasion de l'imprévu ; distribuer ses heures et réaliser un plan, a été toujours mon aspiration et mon impossibilité. Je ne crois pas avoir tenu bon une seule semaine dans un programme quelconque arrêté librement.

Amiel, *Journal Intime*, 1866.

Activités

1. Étudiez l'enchaînement des phrases. Quels sont les éléments qui vous permettent de définir le style de ce passage comme celui d'un journal ?
2. Vous comparerez ce texte à celui extrait du journal de Jules Renard [voir p. 327], puis élargirez la comparaison au journal des Goncourt [voir p. 418].

RENARD

Journaliste et écrivain, Jules Renard (1864-1910), humoriste cinglant, analyste précis des mœurs et auteur à succès (*L'Écornifleur*, 1892 ; *Poil de carotte*, 1894), occupera une place importante dans les milieux littéraires. Proche des idées de Jaurès, il sera dreyfusard.

Journal

INCIPIT

On trouve dans ce journal une chronique du Paris fin-de-siècle, des réflexions, des aphorismes, des notes de lecture, le récit d'événements personnels et familiaux. En voici la première page.

La phrase lourde, et comme chargée de fluides électriques, de Baudelaire.

Un oiseau enveloppé de brumes, comme s'il rapportait des morceaux d'un nuage déchiré à coups de bec. [...]

Variété de femmes : il faut voir avec quelle mélancolie elle avale un pot de confitures.

J'ai en horreur les histoires qui se passent quelque part. C'est sans doute pour cette raison que j'aime beaucoup les livres de voyages, étant si peu « calé » en géographie que les lieux qu'on me décrit sont pour moi des pays vagues, des pays d'imagination et de rêve qui, pour ainsi dire, ne comptent pas.

La vertu des femmes, au contraire des lattes de boulanger[1], a d'autant moins de valeur qu'on y fait plus d'entailles.

L'effet le plus puissamment produit, Villiers de l'Isle-Adam[2] le doit aux mots qui jurent avec les faits. [...]

Le talent est une question de quantité. Le talent, ce n'est pas d'écrire une page : c'est d'en écrire 300. Il n'est pas de roman qu'une intelligence ordinaire ne puisse concevoir, pas de phrase si belle qu'elle soit qu'un débutant ne puisse construire. Reste la plume à soulever, l'action de régler son papier, de patiemment l'emplir. Les forts n'hésitent pas. Ils s'attablent, ils sueront. Ils iront au bout. Ils épuiseront l'encre, ils useront le papier. Cela seul les différencie, les hommes de talent, des lâches qui ne commenceront jamais. En littérature, il n'y a que des bœufs. Les génies sont les plus gros, ceux qui peinent dix-huit heures par jour d'une manière infatigable. La gloire est un effort constant.

Jules Renard, *Journal*, 1887.

Activités

1. Étudiez l'ordre et la disposition des entrées. Quels regroupements thématiques pouvez-vous établir ?
2. Dans quelles entrées le « *je* » du diariste* apparaît-il ? Sa présence est-elle décelable ailleurs ?
3. Développez en quelques paragraphes l'une des entrées qui vous paraissent susceptibles d'être des amorces de récits.

1. Pièces de bois sur laquelle le boulanger faisait une encoche à chaque achat fait à crédit.
2. **[voir p. 363]**

VALLÈS

Enfance malheureuse, participation à la Révolution de 1848 à Nantes, carrière journalistique : tout prépare Jules Vallès (1832-1885) à devenir un militant de la Commune. Il fonde *Le Cri du Peuple* en février 1871. Condamné à mort, il s'exile et entame une trilogie autobiographique terminée après son retour à Paris.

L'Enfant

PÉDAGOGIE

Sous les traits de Jacques Vingtras, Vallès évoque une enfance difficile auprès de parents qui le maltraitent et ne se réconcilient que par les sévices qu'ils lui infligent. Espérant ne plus être puni, le jeune garçon se met à travailler d'arrache-pied à l'école.

De temps en temps ils se raccommodent et me battent tous deux à la fois ! Les raccommodements durent peu.

Je suis bien malheureux, mais j'ai toujours à cœur le reproche sanglant de mon père, et je me dis que je dois expier ma faute, en courbant la tête sous les coups et en *bûchant* pour que sa situation universitaire, déjà compromise, ne souffre pas encore de ma paresse !

Je fais tout ce que je peux ; je me couche quelquefois à minuit, et même ma mère, qui jadis m'accusait de dormir trop tôt, m'accuse maintenant de brûler trop de chandelle : « Et pour quoi faire ? Des singeries, tout ça. »

Mon père prétend que je lis des romans en cachette, on ne me sait pas gré du mal que je me donne, et c'est à peine si l'on paraît content de ce que j'ai de bonnes places, car j'ai repris la tête et je suis le premier de la classe.

Pour arriver à cela, quelles heures ennuyeuses j'ai passées ! Ce *Gradus ad Parnassum* [1] où je cherche les épithètes de qualité, et les brèves et les longues, ce sale bouquin me fait horreur !

Mon *Alexandre* [2] a les coins mangés ; c'est moi qui les ai mordus de rage et j'ai de son cuir dans l'estomac.

Tout ce latin, ce grec, me paraît baroque et barbare ; je m'en bourre, je l'avale comme de la boue.

Je ne cause pas, je ne bavarde plus ; on m'aimait davantage avant, et j'entends qu'on dit par derrière :

« C'est parce que son père lui donne des danses[3] ».

On dit aussi :

1. Ouvrage scolaire très en usage au XIXe siècle, recueillant notamment des figures de rhétorique.
2. Peut-être les *Histoires d'Alexandre le Grand* de Quinte-Curce, auteur latin, ou les *Expéditions d'Alexandre* d'Arrien de Nicomédie, auteur grec.
3. Expression populaire signifiant « il le bat ».

« Ne trouvez-vous pas qu'il est devenu sournois et qu'il a l'air sainte-nitouche ? »

J'ai été premier en je ne sais plus quoi, et le premier porte les compositions au proviseur ; mais il est en conversation particulière avec quelqu'un et l'on me dit d'attendre dans le cabinet voisin. – celui d'où l'on entend tout.

On parlait de nous.

« Nous ne disons rien de l'affaire Vingtras, c'est entendu »

– Non rien ; ce serait lui faire du tort pour toute sa vie dans l'Université, et puis, vous savez, j'aurais été à sa place, avec une femme comme celle qu'il a…

– Il est de fait ! et toujours à vous parler des cochons qu'elle a gardés, des bourrées qu'elle a dansées. – Youp la, la ! – tandis que Mme Brignolin, eh ! eh !

– Plus bas, dit le proviseur, si ma femme entendait ! »

J'eus peur dans mon cabinet. Je me les figurais allant à la porte, l'entrouvrant pour voir s'il y avait des oreilles.

C'était le proviseur et l'inspecteur d'académie : j'avais reconnu leurs voix. Ils reprirent :

« Je me suis contenté de lui donner un avertissement une fois. J'ai pris le prétexte de son fils.

– Qu'est-ce que c'est que ce garçon-là ?

– Un pauvre petit malheureux qu'on habille comme un singe, qu'on bat comme un tapis, pas bête, bon cœur. Il a plu beaucoup à l'inspecteur, la dernière fois… Je l'ai donc pris pour prétexte. « Occupez-vous plus de votre fils » ; cela voulait dire : « Restez un peu plus avec votre femme », – et il a tenu compte de l'observation. »

Je restai rêveur toute la journée du lendemain…

Mon père s'en fâcha, et me bousculant avec un geste de colère :

« Vas-tu retomber dans tes rêvasseries, fainéant ? L'inspecteur doit arriver dans quelque temps, il ne s'agit pas de me faire honte, comme l'an passé, et de nous faire souffrir tous de ta paresse ! »

Quelle honte ? quelle paresse ?

Mon père m'avait menti.

Vallès, *L'Enfant*, 1878-1879.

Activités

1. **Comment se répartissent les différentes modalités du discours ? Par quels moyens (lexique, syntaxe, ponctuation, etc.) le récit est-il dramatisé ?**

2. **Quels sentiments le fils éprouve-t-il à l'égard de son père ?**

3. **Comparez cette évocation de la vie scolaire au XIXe siècle avec le début de *Louis Lambert* de Balzac et de *Madame Bovary* de Flaubert.**

4. **Discutez de l'évolution des systèmes pédagogiques en vous appuyant sur votre expérience personnelle.**

STENDHAL

Grenoblois, Henri Beyle dit Stendhal (1783-1842) se révolte très jeune contre ses parents. Engagé dans l'armée de Napoléon Bonaparte, il découvre l'Italie avec ravissement. Commencée en 1835 et publiée de manière posthume, *La Vie de Henry Brulard* – dont le prénom et les initiales sont ceux de son auteur Henri Beyle – est une vraie « fausse autobiographie ».

La Vie de Henry Brulard

INCIPIT

Sous le masque transparent du narrateur, Stendhal entreprend ici l'exploration et l'élucidation de son moi depuis les années de la petite enfance.

Je me trouvais ce matin, 16 octobre 1832, à San Pietro in Montorio, sur le mont Janicule, à Rome ; il faisait un soleil magnifique. Un léger vent de sirocco à peine sensible faisait flotter quelques petits nuages blancs au-dessus du mont Albano, une chaleur délicieuse régnait dans l'air ; j'étais heureux de vivre. Je distinguais parfaitement Frascati et Castel Gandolfo qui sont à quatre lieues d'ici, la villa Aldobrandini où est cette sublime fresque de Judith du Dominiquin. Je vois parfaitement le mur blanc qui marque les réparations faites en dernier lieu par le prince F[rançois] Borghèse, celui-là même que je vis à Wagram colonel d'un régiment de cuirassiers, le jour où M. de Noue, mon ami, eut la jambe emportée. Bien plus loin, j'aperçois la roche de Palestrina et la maison blanche de Castel San Pietro qui fut autrefois sa forteresse. Au-dessous du mur contre lequel je m'appuie sont les grands orangers du verger des Capucins, puis le Tibre et le Prieuré de Malte, un peu après sur la droite le tombeau de Cecilia Metella, S[ain]t-Paul et la pyramide de Cestius. En face de moi je vois S[ain]te-Marie-Majeure et les longues lignes du palais de Monte-Cavallo. Toute la Rome ancienne et moderne, depuis l'ancienne voie Appienne avec les ruines de ses tombeaux et de ses aqueducs jusqu'au magnifique jardin du Pincio bâti par les Français, se déploie à la vue.

Ce lieu est unique au monde, me disais-je en rêvant, et la Rome ancienne malgré moi l'emportait sur la moderne, tous les souvenirs de Tite-Live me revenaient en foule. Sur le mont Albano à gauche du couvent j'apercevais les prés d'Annibal.

Quelle vue magnifique ! C'est donc ici que *La Transfiguration* de Raphaël a été admirée pendant deux siècles et demi. Quelle différence avec la triste galerie de marbre gris où elle est enterrée aujourd'hui au fond du Vatican ! Ainsi, pendant deux cent cinquante ans ce chef-d'œuvre a été ici : deux cent cinquante ans !... Ah ! dans trois mois j'aurai cinquante ans ; est-il bien possible ? 1783, 93, 1803 : je suis tout le compte sur mes doigts... et 1833 : cinquante. Est-il bien possible ?

Cinquante ! Je vais avoir la cinquantaine, et je chantais l'air de Grétry : Quand on a la cinquantaine.

Stendhal, La *Vie de Henry Brulard*,
chap. I, in *Œuvres intimes*, II, 1842.

COLOMB

RÉÉCRITURE

Dans l'édition posthume du roman de Stendhal, on trouve aussi la réécriture de certains passages, faite par Colomb, cousin de Stendhal, qui estimait que ce dernier écrivait mal.

Vers le milieu du mois d'octobre 1832, Beyle, assis sur les marches de l'église de San Pietro in Montorio, contemplait un magnifique coucher de soleil. Son âme, ravie des pompeux accidents produits par les rayons de l'astre à son déclin, jouissait délicieusement de l'imposant tableau qui allait disparaître dans les ténèbres. Plongé d'abord dans une mélancolie douce, son esprit prit insensiblement un caractère de tristesse, qui augmenta à mesure que les teintes de la lumière s'affaiblissaient. Au moment où la nuit succéda au crépuscule, Beyle se repliant sur lui-même, portant sa pensée sur ses jeunes années surtout, s'avoua douloureusement que, dans trois mois, il aurait cinquante ans ! Cette découverte l'affligea comme aurait pu le faire l'annonce inopinée d'un malheur irréparable. Son affaissement moral était arrivé au plus haut période, l'idée d'écrire sa vie lui vint à l'esprit.

Colomb, La *Vie de Henry Brulard*,
chap. I, in *Œuvres intimes*, II, 1842.

Activités

1. **Quelles sont les marques de l'écriture autobiographique ?**
2. **Documentez-vous sur les lieux romains, les personnages historiques et les figures de l'art évoqués par le narrateur.**
3. **Comparez ces textes : l'original et la réécriture. Pensez-vous que la réécriture soit réellement meilleure ?**

CHATEAUBRIAND

François-René de Chateaubriand (1768-1848), écrivain qui vit sa carrière militaire interrompue par la Révolution, partagea sa vie entre la politique, les voyages et l'écriture. Très tôt, il conçut le projet de raconter sa vie.

Mémoires d'outre-tombe

AUTOBIOGRAPHIE

Cette autobiographie se veut rédigée par-delà la tombe afin de ressaisir l'unité et le mouvement d'une vie confrontée aux vicissitudes de l'Histoire. Cet immense ouvrage embrasse l'Histoire de France de la fin de l'Ancien Régime à la Monarchie de Juillet, y entrelaçant la vie publique et privée de l'auteur.

C'est aussi à Rome que je conçus, pour la première fois, l'idée d'écrire les *Mémoires de ma vie*; j'en trouve quelques lignes jetées au hasard, dans lesquelles je déchiffre ce peu de mots « Après avoir erré sur la terre », passé les plus belles années de ma jeunesse loin de mon pays, et souffert à peu près tout ce qu'un homme peut souffrir, la faim même, je revins à Paris en 1800.

Dans une lettre à M. Joubert j'esquissais ainsi mon plan:

« Mon seul bonheur est d'attraper quelques heures pendant lesquelles je m'occupe d'un ouvrage qui peut seul apporter de l'adoucissement à mes peines : ce sont les *Mémoires de ma vie*. Rome y entrera; ce n'est que comme cela que je puis désormais parler de Rome. Soyez tranquille, ce ne seront point des confessions pénibles pour mes amis: si je suis quelque chose dans l'avenir, mes amis y auront un nom aussi beau que respectable. Je n'entretiendrai pas non plus la postérité du détail de mes faiblesses; je ne dirai de moi que ce qui est convenable à ma dignité d'homme et, j'ose le dire, à l'élévation de mon cœur. Il ne faut présenter au monde que ce qui est beau; ce n'est pas mentir à Dieu que de ne découvrir de sa vie que ce qui peut porter nos pareils à des sentiments nobles et généreux ».

Chateaubriand, *Mémoires d'outre-tombe*, Livre XV, chap. VII, 1848.

Activités

1. **À la lumière de ce texte, quelles différences faites-vous entre mémoires et autobiographie ?**
2.  **Comparez le projet de Chateaubriand à celui du Cardinal de Retz [voir p. 173]. Qu'en pensez-vous ?**

Miroirs du réel

Le récit, et surtout le roman deviennent le genre dominant du siècle. La labilité de ces formes leur permet de prendre en charge, tout en les métamorphosant, les différentes facettes de la réalité.

Mme de STAËL

Fille de Necker et des Lumières, favorable à une Révolution modérée, brillante mondaine, théoricienne de la littérature et de la politique modernes, exilée par Napoléon, parcourant le continent et animatrice du groupe de Coppet[1], Germaine de Staël (1766-1817) est une grande figure européenne.

Corinne

PORTRAIT

Corinne ou l'Italie *se présente à la fois comme une célébration des paysages, des arts et du passé italiens, comme le drame personnel de la femme de génie dans une société masculine, et celui de la femme du midi catholique amoureuse d'un homme du nord protestant. Le jeune Oswald, lord Nelvil, se rend à Rome pour tenter d'y soigner sa mélancolie. Il y rencontre pour la première fois la poétesse Corinne lors du triomphe de celle-ci au Capitole.*

Les quatre chevaux blancs qui traînaient le char de Corinne se firent place au milieu de la foule. Corinne était assise sur ce char construit à l'antique, et de jeunes filles, vêtues de blanc, marchaient à côté d'elle. Partout où elle passait l'on jetait en abondance des parfums dans les airs ; chacun se mettait aux fenêtres pour la voir, et ces fenêtres étaient parées en dehors par des pots de fleurs et des tapis d'écarlate ; tout le monde criait *Vive Corinne ! vive le génie ! vive la beauté !* L'émotion était générale ; mais lord Nelvil ne la partageait point encore ; et bien qu'il se fût déjà dit qu'il fallait mettre à part, pour juger tout cela, la réserve de l'Angleterre, et les plaisanteries françaises, il ne se livrait point à cette fête, lorsqu'enfin il aperçut Corinne.

Elle était vêtue comme la Sibylle du Dominiquin[2], un schall[3] des Indes tourné autour de sa tête, et ses cheveux du plus beau noir entremêlés avec ce schall ; sa robe était blanche ; une draperie bleue se rattachait au-dessous de son sein, et son costume était très pittoresque, sans s'écarter cependant assez des usages reçus, pour que l'on pût y trouver de l'affectation. Son attitude sur le char était noble et modeste : on apercevait bien qu'elle était contente d'être admirée ; mais un sentiment de timidité se mêlait à sa joie, et semblait demander grâce pour son triomphe ; l'expression de sa physionomie, de ses yeux, de son sourire, intéressait pour elle, et le premier regard fit de lord Nelvil son ami, avant même qu'une impression plus vive le subjuguât. Ses

1. Coppet est le nom d'un château qui appartenait à Mme de Staël, situé sur les bords du lac Léman, et dont elle fit l'un des centres du préromantisme en y accueillant Constant, Chateaubriand, Byron…
2. Célèbre tableau de Domenico Zampieri, dit Le Dominiquin, peintre italien (1581-1641). La Sibylle grecque était une prêtresse d'Apollon et une devineresse de grande réputation. On appela ensuite sibylles les prophétesses, comme celle de Cumes.
3. Orthographe primitive du mot châle, d'après l'anglais *schawl*.

bras étaient d'une éclatante beauté ; sa taille grande, mais un peu forte, à la manière des statues grecques, caractérisait énergiquement la jeunesse et le bonheur ; son regard avait quelque chose d'inspiré. L'on voyait dans sa manière de saluer et de remercier, pour les applaudissements qu'elle recevait, une sorte de naturel qui relevait l'éclat de la situation extraordinaire dans laquelle elle se trouvait ; elle donnait à la fois l'idée d'une prêtresse d'Apollon, qui s'avançait vers le temple du Soleil, et d'une femme parfaitement simple dans les rapports habituels de la vie ; enfin tous ses mouvements avaient un charme qui excitait l'intérêt et la curiosité, l'étonnement et l'affection.

L'admiration du peuple pour elle allait toujours en croissant, plus elle approchait du Capitole[4], de ce lieu si fécond en souvenirs. Ce beau ciel, ces Romains si enthousiastes, et par-dessus tout Corinne, électrisaient l'imagination d'Oswald : il avait vu souvent dans son pays des hommes d'État portés en triomphe par le peuple ; mais c'était la première fois qu'il était témoin des honneurs rendus à une femme, à une femme illustrée seulement par les dons du génie : son char de victoire ne coûtait de larmes à personne ; et nul regret, comme nulle crainte, n'empêchait d'admirer les plus beaux dons de la nature, l'imagination, le sentiment et la pensée.

Mme de Staël, *Corinne ou l'Italie*, 1807.

4. Nom de l'une des sept collines de Rome et de l'ensemble des bâtiments qu'elle supporte. Site légendaire de l'allaitement de Romulus par la louve et centre religieux de la Rome antique.

Activités

1. **Quel est ici le point de vue organisateur de la scène ? Comment le regard et les sentiments de lord Nelvil évoluent-ils ?**
2. **Relevez les interventions du narrateur. Montrez en quoi elles participent, avec les commentaires des spectateurs, à la construction d'un portrait idéalisant.**
3. **Étudiez l'ordre du portrait de Corinne proprement dit. Quelles en sont les références esthétiques et historiques (peinture, Antiquité, etc.) ? Quelle image de l'héroïne se dégage-t-elle ?**

GÉRARD

Peintre et illustrateur, François Gérard (1770-1837) s'est notamment illustré dans l'art du portrait. Chargé par Napoléon des portraits de la famille impériale et de la cour, il devint cependant plus tard le peintre officiel de Louis XVIII et fut très prisé par les cours étrangères.

Corinne au cap Misène

L'HÉROÏNE

Gérard représente ici le personnage éponyme du roman sous les traits de la romancière.

Activités

1. **Étudiez la disposition spatiale du tableau, le jeu des regards et l'attitude de l'héroïne. Qu'en concluez-vous ?**
2. **Confrontez ce tableau à la description physique de Corinne dans le texte précédent. Le portrait vous semble-t-il lui correspondre ? Pourquoi, d'après vous, le peintre a-t-il représenté Corinne sous les traits de Mme de Staël ?**

MÉRIMÉE

Spécialiste du genre bref (nouvelle, conte), Prosper Mérimée (1803-1870) fréquentera la cour impériale de Napoléon III, et mourra juste après sa chute. Il situe ses récits dans le midi méditerranéen et affiche son souci d'exactitude et d'objectivité tout en privilégiant l'exotisme et la couleur locale.

Mateo Falcone

NARRATION

Un bandit corse, poursuivi par la maréchaussée, trouve refuge chez Mateo Falcone, absent, mais qui a laissé Fortunato, son fils unique âgé de dix ans, garder la maison. L'adjudant de gendarmerie, qui survient peu après, tente de corrompre l'enfant pour savoir où est caché le bandit.

L'adjudant tira de sa poche une montre d'argent qui valait bien dix écus ; et, remarquant que les yeux du petit Fortunato étincelaient en la regardant, il lui dit en tenant la montre suspendue au bout de sa chaîne d'acier :

– Fripon ! tu voudrais bien avoir une montre comme celle-ci suspendue à ton col, et tu te promènerais dans les rues de Porto-Vecchio[1], fier comme un paon ; et les gens te demanderaient : « Quelle heure est-il ? » et tu leur dirais : « Regardez à ma montre ».

– Quand je serai grand, mon oncle le caporal me donnera une montre.

– Oui ; mais le fils de ton oncle en a déjà une… pas aussi belle que celle-ci, à la vérité… Cependant il est plus jeune que toi.

L'enfant soupira.

– Eh bien, la veux-tu cette montre, petit cousin ?

Fortunato, lorgnant la montre du coin de l'œil, ressemblait à un chat à qui l'on présente un poulet tout entier. Et comme il sent qu'on se moque de lui, il n'ose y porter la griffe, et de temps en temps il détourne les yeux pour ne pas s'exposer à succomber à la tentation ; mais il se lèche les babines à tout moment, il a l'air de dire à son maître : « Que votre plaisanterie est cruelle ! »

Cependant l'adjudant Gamba semblait de bonne foi en présentant sa montre. Fortunato n'avança pas la main mais il lui dit avec un sourire amer :

– Pourquoi vous moquez-vous de moi ?

1. Ville de la côte orientale de la Corse.

MÉRIMÉE

Activités

1. Étudiez le mouvement de la scène et la progression de la tentation. Quelle est la position du narrateur ? Pourquoi ?
2. Comment la scène est-elle dramatisée (dialogue, le combat intérieur de Fortunato, l'accélération du récit) ?
3. Comparez cette scène de tentation avec celle de *Peter Schlemihl* de Von Chamisso [voir p. 381]. Quels sont les points communs des deux personnages qui se laissent tenter ? D'après vous, pourquoi ?
4. Placez-vous du point de vue de Fortunato et écrivez son débat intérieur.

– Par Dieu ! je ne me moque pas. Dis-moi seulement où est Gianetto, et cette montre est à toi.

Fortunato laissa échapper un sourire d'incrédulité ; et, fixant ses yeux noirs sur ceux de l'adjudant, il s'efforçait d'y lire la foi qu'il devait avoir en ses paroles.

– Que je perde mon épaulette, s'écria l'adjudant, si je ne te donne pas la montre à cette condition ! Les camarades sont témoins ; et je ne puis m'en dédire. »

En parlant ainsi, il approchait toujours la montre, tant qu'elle touchait presque la joue pâle de l'enfant. Celui-ci montrait bien sur sa figure le combat que se livraient en son âme la convoitise et le respect dû à l'hospitalité. Sa poitrine nue se soulevait avec force, et il semblait près d'étouffer. Cependant la montre oscillait, tournait, et quelquefois lui heurtait le bout du nez. Enfin, peu à peu sa main droite s'éleva vers la montre : le bout de ses doigts la toucha ; et elle pesait tout entière dans sa main sans que l'adjudant lâchât pourtant le bout de la chaîne… Le cadran était azuré… la boîte nouvellement fourbie… au soleil, elle paraissait toute de feu… La tentation était trop forte.

Fortunato éleva aussi sa main gauche et indiqua du pouce, par-dessus son épaule, le tas de foin auquel il était adossé. L'adjudant le comprit aussitôt. Il abandonna l'extrémité de la chaîne ; Fortunato se sentit seul possesseur de la montre. Il se leva avec l'agilité d'un daim, et s'éloigna de dix pas du tas de foin, que les voltigeurs[2] se mirent aussitôt à culbuter.

On ne tarda pas à voir le foin s'agiter ; et un homme sanglant, le poignard à la main, en sortit ; mais, comme il essayait de se lever en pied, sa blessure refroidie ne lui permit plus de se tenir debout. Il tomba. L'adjudant se jeta sur lui et lui arracha son stylet. Aussitôt on le garrotta fortement malgré sa résistance.

Gianetto, couché par terre et lié comme un fagot, tourna la tête vers Fortunato qui s'était rapproché.

– Fils de… ! lui dit-il avec plus de mépris que de colère.

Mérimée, *Mateo Falcone*, 1829-1833.

2. Fantassins appartenant à des compagnies mobiles.

Le réalisme

Réalismes conviendrait mieux que *réalisme*. D'abord inscrit dans la tradition de la *mimésis*, imitation de la réalité, définie par Aristote (*La Poétique*) et Platon (*La République*), il est aussi lancé comme un slogan. En 1855, le théoricien et romancier Champfleury (pseudonyme de Jules Husson, 1821-1889) veut imposer le réalisme comme un courant nouveau.

Vendanges en Bourgogne, *de Daubigny (1817-1878). Paris, Musée d'Orsay.*

Une notion difficile à cerner

L'histoire littéraire rassemble sous ce vocable des auteurs fort différents. On peut cependant privilégier ceux qui veulent un art objectif et moderne, et qui font de l'artiste un témoin de son temps. Ils prennent du même coup position contre une littérature jugée idéalisante, qu'elle soit classique ou romantique. Le réaliste se veut un révolté.

Le réalisme comme adhésion au monde

Contre les impératifs littéraires anciens, les réalistes, refusant les exclusions, acceptent de traduire par l'art tout aspect de la réalité, et affirment que tout est beau et donc digne d'écriture, notamment les milieux populaires. Se pose alors la question du style : comment transcrire cette beauté jusqu'alors méprisée sans tomber dans la vulgarité ni la dégrader en stéréotypes ?

Le réalisme comme illusion du réel

On peut donc aussi définir le réalisme comme ensemble de moyens et procédés stylistiques. Dans les arts plastiques, il s'agit d'un style figuratif. En littérature, c'est avant tout l'art de la description, la présence des détails matériels et des objets.

L'effet de réel

L'écriture réaliste vise à créer l'illusion référentielle, où la représentation littéraire fait mine de s'effacer derrière le réel représenté. Il s'agit en fait d'expliquer en racontant.

« Cette doctrine littéraire qui gagne tous les jours du terrain et qui conduirait à une fidèle imitation, non pas des chefs-d'œuvre de l'art, mais des originaux que nous donne la nature, pourrait très bien s'appeler le réalisme : ce serait [...] la littérature dominante du XIXe siècle, la littérature du vrai. »

Mercure français **du XIXe siècle, (1826).**

« La réalité, selon moi, ne doit être qu'un tremplin. Nos amis sont persuadés qu'à elle seule elle constitue tout l'État. Ce matérialisme m'indigne. [...] Après les Réalistes, nous avons les Naturalistes et les Impressionnistes. Quel progrès ! »

Flaubert, *Lettre à Tourgueniev*, 1877.

Activité

Les extraits du *Rouge et le Noir* p. 340, de *Madame Bovary* p. 353, de *Germinal* p. 368, de *Bel-Ami* p. 414 vous paraissent-ils réalistes ? Pourquoi ?

STENDHAL

Henri Beyle (1783-1842), après une adolescence révoltée, se passione pour le dessin, les mathématiques, le théâtre et la littérature. Installé en Italie, il y fait paraître ses premières œuvres, signées du nom de Stendhal. De retour à Paris, il défend un romantisme libéral et écrit notamment *Armance* et *Le Rouge et le Noir.*

Le Rouge et le Noir

JURIDIQUE

Deuxième roman de Stendhal, Le Rouge et le Noir, *inspiré d'un fait divers, se déroule à la fin de la Restauration. Julien Sorel, fils d'un charpentier, ancien précepteur des enfants du maire de Verrières, M. de Rênal, ancien séminariste à Besançon, ancien secrétaire à Paris du Marquis de la Môle et ancien amant de Mathilde, fille de celui-ci, est condamné à mort pour avoir tiré sur Mme de Rênal, sa première maîtresse, dans l'église de Verrières. Lors de son procès, il plaide lui-même sa défense.*

Comme le président faisait son résumé, minuit sonna. Le président fut obligé de s'interrompre; au milieu du silence de l'anxiété universelle, le retentissement de la cloche de l'horloge remplissait la salle.

Voilà le dernier de mes jours qui commence, pensa Julien. Bientôt il se sentit enflammé par l'idée du devoir. Il avait dominé jusque-là son attendrissement, et gardé sa résolution de ne point parler; mais quand le président des assises lui demanda s'il avait quelque chose à ajouter, il se leva. Il voyait devant lui les yeux de Mme Derville qui, aux lumières, lui semblèrent bien brillants. Pleurerait-elle, par hasard? pensa-t-il.

– Messieurs les jurés,

– L'horreur du mépris, que je croyais pouvoir braver au moment de la mort, me fait prendre la parole. Messieurs, je n'ai point l'honneur d'appartenir à votre classe, vous voyez en moi un paysan qui s'est révolté contre la bassesse de sa fortune.

– Je ne vous demande aucune grâce, continua Julien en affermissant sa voix. Je ne me fais point illusion, la mort m'attend: elle sera juste. J'ai pu attenter aux jours de la femme la plus digne de tous les respects, de tous les hommages. Mme de Rênal avait été pour moi comme une mère. Mon crime est atroce, et il fut *prémédité.* J'ai donc mérité la mort, Messieurs les jurés. Mais quand je serais moins cou-

Gravure de Dubouchet illustrant le procès de Julien Sorel dans Le Rouge et le Noir *de Stendhal.*

pable, je vois des hommes qui, sans s'arrêter à ce que ma jeunesse peut mériter de pitié, voudront punir en moi et décourager à jamais cette classe de jeunes gens qui, nés dans une classe inférieure et en quelque sorte opprimés par la pauvreté, ont le bonheur de se procurer une bonne éducation, et l'audace de se mêler à ce que l'orgueil des gens riches appelle la société.

– Voilà mon crime, Messieurs, et il sera puni avec d'autant plus de sévérité que, dans le fait, je ne suis point jugé par mes pairs. Je ne vois point sur les bancs des jurés quelque paysan enrichi, mais uniquement des bourgeois indignés… ».

Pendant vingt minutes, Julien parla sur ce ton ; il dit tout ce qu'il avait sur le cœur ; l'avocat général, qui aspirait aux faveurs de l'aristocratie, bondissait sur son siège ; mais malgré le tour un peu abstrait que Julien avait donné à la discussion, toutes les femmes fondaient en larmes. Mme Derville elle-même avait son mouchoir sur ses yeux. Avant de finir, Julien revint à la préméditation, à son repentir, au respect, à l'adoration filiale et sans bornes que, dans les temps plus heureux, il avait pour Mme de Rênal… Mme Derville jeta un cri et s'évanouit.

Stendhal, *Le Rouge et le Noir*, 1830.

Activités

1. **Les deux récits du texte concourent-ils à augmenter l'intensité dramatique de la scène ?**
2. **Quel est le ton du discours de Julien ? En quoi cela contribue-t-il à humilier les juges ?**
3. **Quels éléments (champs lexicaux, syntaxe, temps verbaux) transforment cette plaidoirie en réquisitoire contre la société ?**

BALZAC

Honoré de Balzac (1799-1850) connut une enfance solitaire avec une mère peu aimante. Il multiplia voyages, amours, et entreprises financières désastreuses. Outre 30 contes, 5 pièces et beaucoup d'articles, il conçut une fresque romanesque de 2500 personnages, que la pression de ses créanciers transforma en production frénétique.

Ferragus

LA FEMME MARIÉE

Dans Ferragus *(1833), premier volet de la trilogie* L'Histoire des Treize, *qui comprend également* La Duchesse de Langeais *et* La Fille aux yeux d'or, *Balzac met en scène le chef d'une société secrète, Ferragus, dont la fille Clémence est injustement soupçonnée d'adultère par son mari qui ignore ses véritables origines.*

Il est bien peu de femmes qui ne se soient trouvées, une fois dans leur vie, à propos d'un fait incontestable, en face d'une interrogation précise, aiguë, tranchante, une de ces questions impitoyablement faites par leurs maris, et dont la seule appréhension donne un léger froid, dont le premier mot entre dans le cœur comme y entrerait l'acier d'un poignard. De là cet axiome : *Toute femme ment.* Mensonge officieux, mensonge véniel, mensonge sublime, mensonge horrible ; mais obligation de mentir. Puis, cette obligation admise, ne faut-il pas savoir bien mentir ? Les femmes mentent admirablement en France. Nos mœurs leur apprennent si bien l'imposture ! Enfin, la femme est si naïvement impertinente, si jolie, si gracieuse, si vraie dans le mensonge, elle en reconnaît si bien l'utilité pour éviter, dans la vie sociale, les chocs violents auxquels le bonheur ne résisterait pas, qu'il leur est nécessaire comme la ouate où elles mettent leurs bijoux. Le mensonge devient donc pour elles le fond de la langue, et la vérité n'est plus qu'une exception ; elles la disent, comme elles sont vertueuses, par caprice ou par spéculation. Puis, selon leur caractère, certaines femmes rient en mentant ; celles-ci pleurent, celles-là deviennent graves ; quelques-unes se fâchent. Après avoir commencé dans la vie par feindre de l'insensibilité pour les hommages qui les flattaient le plus, elles finissent souvent par se mentir à elles-mêmes. Qui n'a pas admiré leur apparence de supériorité au moment où elles tremblent pour les mystérieux trésors de leur amour ? Qui n'a pas étudié leur aisance, leur facilité, leur liberté d'esprit dans les plus grands embarras de la vie ? Chez elles, rien d'emprunté : la tromperie coule alors comme la neige tombe du ciel. Puis, avec quel art elles découvrent le vrai dans autrui ! Avec quelle finesse elles emploient la plus droite logique, à propos de la question passionnée qui leur livre toujours quelque secret de cœur chez un homme assez naïf pour procéder près d'elles par interrogation ! Questionner une femme, n'est-ce pas se livrer à elle ? n'apprendra-t-elle pas tout ce qu'on veut lui cacher, et ne saura-t-elle pas se taire en parlant ? Et quelques hommes ont la prétention de lutter avec la femme de Paris ! avec une femme qui sait se mettre au-dessus des coups de poignards, en disant : – *Vous êtes bien curieux ! que vous importe ? Pourquoi voulez-vous le savoir ? Ah ! vous êtes jaloux ! Et si je ne voulais pas vous répondre ?* enfin, avec une femme qui possède cent trente-sept mille manières de dire NON, et d'incommensurables variations pour dire OUI. Le traité du *non* et du *oui* n'est-il pas une des plus belles œuvres diplomatiques, philosophiques, logographiques[1] et morales qui nous restent à faire ? Mais pour accomplir cette œuvre diabolique, ne faudrait-il pas un génie androgyne ? aussi, ne sera-t-elle jamais tentée. Puis, de tous les ouvrages inédits, celui-là n'est-il pas le plus connu, le mieux pratiqué par les femmes ? Avez-vous jamais étudié l'allure, la pose, la *disinvoltura*[2] d'un mensonge ? Examinez.

1. Qui ont rapport au glossaire, aux mots. Un logographe est l'auteur d'un glossaire.
2. Mot italien, désinvolture.

Balzac, *Ferragus*, troisième partie, 1833.

Activités

1. **À qui ce discours est-il attribué ? (Auteur, narrateur, personnage).**
2. **Définissez le thème de cette page.**
3. **Quels éléments du texte relèvent de l'ironie ? Pourquoi ? Appuyez-vous sur d'autres textes de cette anthologie pour justifier vos réponses.**
4. **Quels sont les principaux procédés rhétoriques utilisés ? Quelle stratégie servent-ils ?**

BALZAC

Le Père Goriot

ARGUMENTATION

Le Père Goriot *(1834-1835) raconte l'apprentissage parisien, amoureux et social d'Eugène de Rastignac, pensionnaire de Mme Vauquer, chez qui il fait la connaissance du Père Goriot, qui aime passionnément ses ingrates filles, et du mystérieux Vautrin, qui lui offre un moyen criminel de conquérir Paris. De son côté, sa cousine Mme de Beauséant lui propose une autre voie.*

Eh bien ! monsieur de Rastignac, traitez ce monde comme il mérite de l'être. Vous voulez parvenir, je vous aiderai. Vous sonderez combien est profonde la corruption féminine, vous toiserez la largeur de la misérable vanité des hommes. Quoique j'aie bien lu dans ce livre du monde, il y avait des pages qui cependant m'étaient inconnues. Maintenant je sais tout. Plus froidement vous calculerez, plus avant vous irez. Frappez sans pitié, vous serez craint. N'acceptez les hommes et les femmes que comme les chevaux de poste que vous laisserez crever à chaque relais, vous arriverez ainsi au faîte de vos désirs. Voyez-vous, vous ne serez rien ici si vous n'avez pas une femme qui s'intéresse à vous. Il vous la faut jeune, riche, élégante. Mais si vous avez un sentiment vrai cachez-le comme un trésor ; ne le laissez jamais soupçonner, vous seriez perdu. Vous ne seriez plus le bourreau, vous deviendriez la victime. Si jamais vous aimiez, gardez bien votre secret ! ne le livrez pas avant d'avoir bien su à qui vous ouvriez votre cœur. Pour préserver par avance cet amour qui n'existe pas encore, apprenez à vous méfier de ce monde-ci. Écoutez-moi Miguel[1]... (Elle se trompait naïvement de nom sans s'en apercevoir). Il existe quelque chose de plus épouvantable que ne l'est l'abandon du père par ses deux filles, qui le voudraient mort. C'est la rivalité des deux soeurs entre elles. Restaud[2] a de la naissance, sa femme a été adoptée, elle a été présentée ; mais sa sœur, sa riche sœur, la belle madame Delphine de Nucingen[3], femme d'un homme d'argent, meurt de chagrin ; la jalousie la dévore, elle est à cent lieues de sa sœur ; sa soeur n'est plus sa sœur ; ces deux femmes se renient entre elles comme elles renient leur père. Aussi, madame de Nucingen laperait-elle toute la boue qu'il y a entre la rue Saint-Lazare et la rue de Grenelle[4] pour entrer dans mon salon. Elle a cru que de Marsay[5] la ferait arriver à son but, et elle s'est faite l'esclave de de Marsay, elle assomme de Marsay. De Marsay se soucie fort peu d'elle. Si vous me la présentez vous serez son Benjamin[6], elle vous adorera. Aimez-la si vous pouvez

1. Prénom de l'amant de Mme de Beauséant, Miguel d'Ajuda-Pinto.
2. M. de Restaud est le mari d'une des filles Goriot.
3. Delphine, fille de Goriot, a épousé le banquier Nucingen.
4. Entre le quartier de la Chaussée d'Antin, où résident les nouveaux riches, et le faubourg Saint-Germain, où vit l'aristocratie.
5. Henri de Marsay est l'amant de Delphine.
6. Enfant préféré. Dans la Bible, Jacob a une prédilection pour son fils Benjamin.

après, sinon servez-vous d'elle. Je la verrai une ou deux fois, en grande soirée, quand il y aura cohue ; mais je ne la recevrai jamais le matin. Je la saluerai, cela suffira. Vous vous êtes fermé la porte de la comtesse pour avoir prononcé le nom du père Goriot. Oui, mon cher, vous iriez vingt fois chez madame de Restaud, vingt fois vous la trouveriez absente. Vous avez été consigné. Eh bien ! que le père Goriot vous introduise près de madame Delphine de Nucingen. La belle madame de Nucingen sera pour vous une enseigne. Soyez l'homme qu'elle distingue, les femmes raffoleront de vous. Ses rivales, ses amies, ses meilleures amies voudront vous enlever à elle. Il y a des femmes qui aiment l'homme déjà choisi par une autre, comme il y a de pauvres bourgeoises qui, en prenant nos chapeaux, espèrent avoir nos manières. Vous aurez des succès. À Paris le succès est tout, c'est la clef du pouvoir. Si les femmes vous trouvent de l'esprit, du talent, les hommes le croiront, si vous ne les détrompez pas. Vous pourrez alors tout vouloir, vous aurez le pied partout. Vous saurez alors ce qu'est le monde, une réunion de dupes et de fripons. Ne soyez ni parmi les uns ni parmi les autres. Je vous donne mon nom comme un fil d'Ariane pour entrer dans ce labyrinthe. Ne le compromettez pas, dit-elle en recourbant son cou et jetant un regard de reine à l'étudiant, rendez-le-moi blanc. Allez, laissez-moi. Nous autres femmes, nous avons aussi nos batailles à livrer.

Balzac, *Le Père Goriot*, première partie, 1834-1835

Activités

1. **Dégagez les différents mouvements du texte et montrez quel type de rapports s'établit entre les personnages.**
2. **Repérez les vérités générales sur le monde et sur les femmes. Vous paraissent-elles attribuables uniquement à Mme de Bauséant ? Quelle voie Mme de Beauséant ouvre-t-elle à l'ambition de Rastignac ?**
3. **Quelles comparaisons pouvez-vous établir avec l'extrait de *Bel-Ami* de Maupassant [voir p. 414]. Que pouvez-vous dire des deux héros ?**

BALZAC

ÉPISTOLAIRE

Le Lys dans la vallée

Dans ce roman, publié en 1836, Félix de Vandenesse écrit le récit de sa vie à sa maîtresse Natalie de Manerville. Il évoque longuement son grand amour platonique pour Mme Henriette de Mortsauf et celui, charnel, pour Lady Arabelle Dudley. À la fin du livre, la destinataire du récit répond à son amant.

À Monsieur le comte Félix de Vandenesse

Cher comte, vous avez reçu de cette pauvre madame de Mortsauf une lettre qui, dites-vous, ne vous a pas été inutile pour vous conduire dans le monde, lettre à laquelle vous devez votre haute fortune. Permettez-moi d'achever votre éducation. De grâce, défaites-vous d'une détestable habitude ; n'imitez pas les veuves qui parlent toujours de leur premier mari, qui jettent toujours à la face du second les vertus du défunt. Je suis Française, cher comte ; je voudrais épouser tout l'homme que j'aimerais, et ne saurais en vérité épouser madame de Mortsauf. Après avoir lu votre récit avec l'attention qu'il mérite, et vous savez quel intérêt je vous porte, il m'a semblé que vous aviez considérablement ennuyé lady Dudley en lui opposant les perfections de madame de Mortsauf, et fait beaucoup de mal à la comtesse en l'accablant des ressources de l'amour anglais. Vous avez manqué de tact envers moi, pauvre créature, qui n'ai d'autre mérite que celui de vous plaire ; vous m'avez donné à entendre que je ne vous aimais ni comme Henriette, ni comme Arabelle. J'avoue mes imperfections, je les connais ; mais pourquoi me les faire si rudement sentir ? Savez-vous pour qui je suis prise de pitié ? pour la quatrième femme que vous aimerez. Celle-là sera nécessairement forcée de lutter avec trois personnes ; aussi dois-je vous prémunir, dans votre intérêt comme dans le sien, contre le danger de votre mémoire. Je renonce à la gloire laborieuse de vous aimer : il faudrait trop de qualités catholiques ou anglicanes[1], et je ne me soucie pas de combattre des fantômes. Les vertus de la Vierge de Clochegourde[2] désespéreraient la femme plus sûre d'elle-même, et votre intrépide Amazone décourage les plus hardis désirs de bonheur. Quoi qu'elle fasse, une femme ne pourra jamais espérer pour vous des joies égales à son ambition. Ni le cœur ni les sens ne triompheront jamais de vos souvenirs. Vous avez oublié que nous montons souvent à cheval. Je n'ai

1. L'anglicanisme est la religion d'État en Angleterre.
2. Le domaine de Mme de Mortsauf s'appelle Clochegourde.

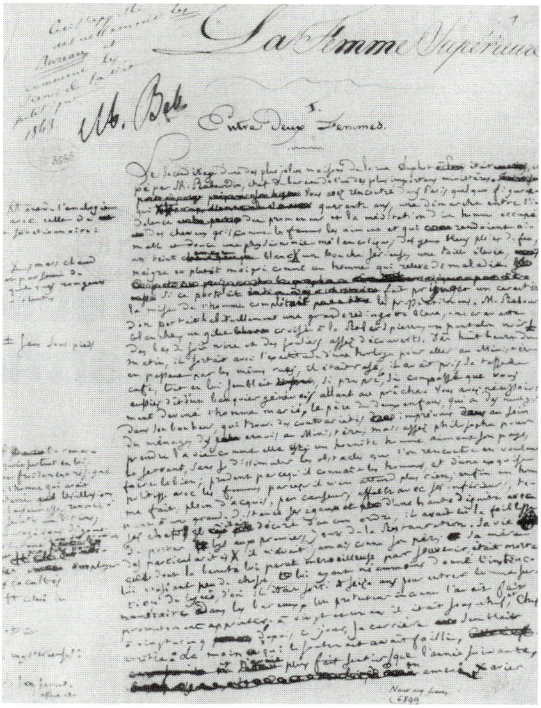
La Femme Supérieure

Entre deux femmes.

Épreuve manuscrite corrigée de la main de Balzac (1859).

pas su réchauffer le soleil attiédi par la mort de votre sainte Henriette, le frisson vous prendrait à côté de moi. Mon ami, car vous serez toujours mon ami, gardez-vous de recommencer de pareilles confidences qui mettent à nu votre désenchantement, qui découragent l'amour et forcent une femme à douter d'elle-même. L'amour, cher comte, ne vit que de confiance. La femme qui, avant de dire une parole, ou de monter à cheval, se demande si une céleste Henriette ne parlait pas mieux, si une écuyère comme Arabelle ne déployait pas plus de grâces, cette femme-là, soyez-en sûr, aura les jambes et la langue tremblantes. Vous m'avez donné le désir de recevoir quelques-uns de vos bouquets enivrants[3], mais vous n'en composez plus. Il est ainsi une foule de choses que vous n'osez plus faire, de pensées et de jouissances qui ne peuvent plus renaître pour vous. Nulle femme, sachez-le bien, ne voudra coudoyer dans votre cœur la morte que vous y gardez. Vous me priez de vous aimer par charité chrétienne. Je puis faire, je vous l'avoue, une infinité de choses par charité, tout, excepté l'amour.

Balzac, *Le Lys dans la vallée*, lettre finale, 1836.

Activités

1. **Relevez tous les éléments qui prouvent qu'il s'agit d'une lettre.**
2. **En quoi cette lettre répond-elle au programme défini par la phrase : « Permettez-moi d'achever votre éducation » ?**
3. **Dégagez les principales étapes de l'argumentation de Natalie de Manerville dans l'ensemble du texte. Dans quelle mesure cette lettre de rupture est-elle ironique ?**
4. **Imaginez une lettre dans laquelle Félix répond au réquisitoire de Natalie de Manerville.**

3. Félix composait des bouquets de fleurs pour Mme de Mortsauf, qui étaient des symboles amoureux.

STENDHAL

Écrivain français, Henri Beyle dit Stendhal (1783-1842) se révolte très jeune contre son père et son précepteur. Il se déclare athée et antimonarchiste et s'engage plus tard dans l'armée de Bonaparte. C'est à ce moment-là qu'il découvre l'Italie qui tiendra une place essentielle dans sa carrière d'écrivain.

La Chartreuse de Parme

RENCONTRE AMOUREUSE

La Chartreuse de Parme *évoque l'Italie depuis 1796, l'apprentissage amoureux de son héros Fabrice Del Dongo, et les aspects satiriques de la vie, des intrigues, et de la politique. Avant de se retirer, pour y mourir, dans le monastère de la Chartreuse, Fabrice qui a tué un homme en duel pour les beaux yeux d'une actrice, connaît paradoxalement le parfait bonheur en prison, lorsqu'il rencontre Clélia, fille de son geôlier.*

« Ainsi, se dit Fabrice, dès qu'il fut seul, ces oiseaux sont à elle, mais dans deux jours je ne les verrai plus ! ». À cette pensée, ses regards prirent une teinte de malheur. Mais enfin, à son inexprimable joie, après une si longue attente et tant de regards, vers midi Clélia vint soigner ses oiseaux. Fabrice resta immobile et sans respiration, il était debout contre les énormes barreaux de sa fenêtre et fort près. Il remarqua qu'elle ne levait pas les yeux sur lui, mais ses mouvements avaient l'air gêné, comme ceux de quelqu'un qui se sent regardé. Quand elle l'aurait voulu, la pauvre fille n'aurait pas pu oublier le sourire si fin qu'elle avait vu errer sur les lèvres du prisonnier, la veille, au moment où les gendarmes l'emmenaient du corps de garde.

Quoique, suivant toute apparence, elle veillât sur ses actions avec le plus grand soin, au moment où elle s'approcha de la fenêtre de la volière, elle rougit fort sensiblement. La première pensée de Fabrice, collé contre les barreaux de fer de sa fenêtre, fut de se livrer à l'enfantillage de frapper un peu avec la main sur ces barreaux, ce qui produirait un petit bruit ; puis la seule idée de ce manque de délicatesse lui fit horreur. « Je mériterais que pendant huit jours elle envoyât soigner ses oiseaux par sa femme de chambre. » Cette idée délicate ne lui fût point venue à Naples ou à Novare.

Il la suivait ardemment des yeux : « Certainement, se disait-il, elle va s'en aller sans daigner jeter un regard sur cette pauvre fenêtre, et pourtant elle est bien en face ». Mais en revenant du fond de la chambre que Fabrice, grâce à sa position plus élevée, apercevait fort bien, Clélia ne put s'empêcher de le regarder du haut de l'œil, tout en marchant, et c'en fut assez pour que Fabrice se crût autorisé à la saluer. « Ne sommes-nous pas seuls au monde ici ? » se dit-il pour s'en donner le courage. Sur ce salut, la jeune fille resta immobile et baissa les yeux ; puis Fabrice les lui vit relever fort lentement ; et évidemment, en faisant effort sur elle-même, elle salua le prisonnier avec le mouvement le plus grave et le plus *distant*, mais elle ne put imposer silence à ses yeux ; sans qu'elle le sût probablement, ils exprimèrent un instant la pitié la plus vive. Fabrice remarqua qu'elle rougissait tellement que la teinte rose s'étendait rapidement jusque sur le haut des épaules, dont la chaleur venait d'éloigner, en arrivant à la volière, un châle de dentelle noire. Le regard involontaire par lequel Fabrice répondit à son salut redoubla le trouble de la jeune fille. « Que cette pauvre femme serait heureuse, se disait-elle en pensant à la duchesse, si un instant seulement elle pouvait le voir comme je le vois ! »

Fabrice avait eu quelque léger espoir de la saluer de nouveau à son départ ; mais, pour éviter cette nouvelle politesse, Clélia fit une savante retraite par échelons, de cage en cage, comme si, en finissant, elle eût dû soigner les oiseaux placés le plus près de la porte. Elle sortit enfin ; Fabrice restait immobile à regarder la porte par laquelle elle venait de disparaître ; il était un autre homme.

Dès ce moment l'unique objet de ses pensées fut de savoir comment il pourrait parvenir à continuer de la voir, même quand on aurait posé cet horrible abat-jour devant la fenêtre qui donnait sur le palais du gouverneur.

Stendhal, *La Chartreuse de Parme*, 1838.

Activités

1. **Analysez la composition du passage en fonction de la progression des sentiments de Fabrice.**
2. **Repérez les indices textuels du thème du regard. Quelles conclusions en tirez-vous ?**
3. **Quelle importance accordez-vous au motif de la cage ? Pourquoi ?**
4. **Réécrivez cette scène du point de vue de Clélia.**

Le roman

Sous-genre méprisé au XVIIe siècle, le roman conquiert ses lettres de noblesse et triomphe au XIXe siècle, supplantant même le théâtre. Il s'approprie toutes les formes d'expression, exploite tous les procédés, se diversifiant en une infinité de formes ou de sous-genres. Aucune classification ne peut en épuiser la richesse.

Le roman de Jules Verne, Le Tour du monde en 80 jours *dans l'édition originale Hetzel.*

Roman d'analyse

Le roman d'analyse ou roman personnel s'organise autour d'un individu. Roman du moi, il fait le récit d'une introspection, suit les méandres d'une conscience, ou conduit un parcours initiatique et éducatif.

Roman populaire, roman noir, roman d'aventures, roman d'anticipation

Le roman populaire s'identifie surtout avec le roman feuilleton [voir fiche p. 307]. Le roman noir, venu d'Angleterre, proche du mélodrame, met en scène trois personnages : la victime, le traître, le justicier. Souvent roman de la victime, il bruit de mystère, de fureur, de persécutions, d'actes héroïques. Le roman d'aventures revêt surtout la forme du roman de cape et d'épée. Le roman d'anticipation, né avec *Frankenstein* (1818), présente une figure ambiguë des pouvoirs du savant. J. Verne en est le maître incontesté.

Roman historique

Il éclôt sous la Restauration avec les traductions de Walter Scott. Il met en scène l'histoire, peint des forces en action pour expliquer les grandes transformations sociales, lie les destinées individuelles, multiplie les points de vue.

Roman de mœurs

De Balzac à Flaubert, cette forme de roman, principalement descriptive, analytique et narrative, procède à l'investigation de divers milieux sociaux et tente d'expliquer quelles forces souterraines président aux transformations modernes de la société.

Roman réaliste et naturaliste

[voir fiches p. 339 et p. 361]

« Aujourd'hui que le roman s'élargit et grandit, qu'il commence à être la grande forme sérieuse, passionnée, vivante, de l'étude littéraire et de l'enquête sociale, qu'il devient, par l'analyse et par la recherche psychologique, l'histoire morale contemporaine, aujourd'hui que le Roman s'est imposé les études et les devoirs de la science, il peut en revendiquer les libertés et les franchises. Et qu'il cherche l'Art et la vérité ; qu'il montre des misères bonnes à ne pas laisser oublier aux heureux de Paris ; qu'il fasse voir aux gens du monde [...] la souffrance humaine ; que le Roman ait cette religion que le siècle passé appelait de ce large et vaste nom : Humanité ; il lui suffit de cette conscience : son droit est là. »

Les Frères Goncourt, préface de *Germinie Lacerteux*. 1865.

Activité

Dites à quel genre romanesque appartiennent les romans de Dumas p. 399 Tolstoï p. 406, Zevaco p. 316, Sue p. 308, Flaubert p. 401. Donnez vos critères de classification.

DICKENS

Romancier anglais, Charles Dickens (1812-1870) connut parfois la misère dans son enfance. Journaliste, écrivain, il voyagea en Europe, en Amérique, mais resta obsédé par cette enfance : toute son œuvre traite la question de l'accès d'un jeune homme à la richesse et au bonheur.

David Copperfield

INCIPIT

David Copperfield *est un roman d'apprentissage que le héros éponyme raconte sous forme autobiographique. Cette page en constitue l'incipit.*

Je suis né coiffé[1] ; et ma coiffe fut mise en vente, par voie d'annonces dans les journaux, au très bas prix de quinze guinées. Les personnes qui s'en allaient en mer manquaient-elles d'argent à l'époque, ou bien manquaient-elles de foi et préféraient-elles des ceintures de liège ? Je ne sais. Tout ce que je sais, c'est qu'il n'y eut qu'une seule offre ; et elle émanait d'un avoué qui s'occupait de courtage : il offrait deux livres en espèces et le complément en xérès, mais se refusait à payer davantage la garantie contre le risque de noyade. En conséquence, on retira l'annonce, qui fut une perte sèche – car, pour ce qui est du xérès, le xérès même de ma pauvre mère était alors en vente – et dix ans plus tard, la coiffe fut offerte comme enjeu dans une loterie qui eut lieu dans notre région, à cinquante participants, à raison d'une demi-couronne par tête, le gagnant devant ajouter cinq shillings[2]. J'y assistais en personne, et je me rappelle m'être senti très mal à mon aise et troublé de voir disposer ainsi d'une partie de moi-même. La coiffe fut gagnée, il m'en souvient par une vieille dame portant un petit panier et qui, bien à contrecœur, en tira les cinq shillings convenus, le tout en pièces d'un demi-penny[3] ; encore en manquait-il deux et demi, ainsi qu'on s'efforça, pendant un temps infini et à grand renfort d'arithmétique, sans aucun résultat d'ailleurs, de le lui prouver. De fait – on se rappellera longtemps dans le pays cette particularité remarquable – elle ne se noya jamais, et mourut triomphalement dans son lit, à quatre-vingt-douze ans.

Dickens, *David Copperfield*, chap I, 1849-1850.
Trad. M. Rosset, A. Parreaux et L. Guétard, Éd. Livre de Poche, 1965.

Activités

1. **Relevez toutes les marques caractéristiques du récit autobiographique.**
2. **Relevez et classez les expressions et les éléments participant à la tonalité comique et ironique de ce texte. Veillez à la distinction entre humour et ironie.**
3. **Comparez ce début de roman avec ceux des pp. 231, 308, 351, 366 et 403.**

1. La coiffe est une membrane couvrant la tête de l'enfant venant au monde. Cette expression signifie être très heureux, fortuné.
2. Ancienne monnaie anglaise.
3. Ancienne monnaie anglaise. Le pluriel du mot fait « pence ».

FLAUBERT

D'un milieu normand bourgeois, Gustave Flaubert (1821-1880) est contraint par une maladie nerveuse à vivre dans la maison familiale de Croisset. Il s'y consacre à l'écriture, partagé entre la tentation romantique et son souci d'exprimer le réel par les moyens d'un style parfait. Il rêve en fait d'un « livre sur rien ».

Petit journal de Madame Bovary

POÉTIQUE DU ROMAN

Dans son abondante correspondance avec sa maîtresse, la femme de lettres Louise Colet, Flaubert évoque souvent son labeur d'écrivain lors de la difficile rédaction de Madame Bovary.

« Je suis en train de recopier, de corriger et raturer toute ma première partie de *Bovary*. Les yeux m'en piquent. Je voudrais d'un seul coup d'œil lire ces cent cinquante-huit pages et les saisir avec tous leurs détails dans une seule pensée. Ce sera le dimanche en huit que je relirai tout à Bouilhet[1] et le lendemain, ou le surlendemain, tu me verras. Quelle chienne de chose que la prose ! Ça n'est jamais fini ; il y a toujours à refaire. Je crois pourtant qu'on peut lui donner la consistance du vers. Une bonne phrase de prose doit être comme un bon vers, *inchangeable*, aussi rythmée, aussi sonore. Voilà du moins mon ambition (il y a une chose dont je suis sûr, c'est que personne n'a jamais eu en tête un type de prose plus parfait que moi ; mais quant à l'exécution, que de faiblesses, que de faiblesses mon Dieu !). Il ne me paraît pas non plus impossible de donner à l'analyse psychologique la rapidité, la netteté, l'emportement d'une narration purement dramatique. Cela n'a jamais été tenté et serait beau. Y ai-je réussi un peu ? Je n'en sais rien. À l'heure qu'il est je n'ai aucune opinion nette sur mon travail. »

À Louise Colet, 22 juillet 1852.

***Flaubert*, « Petit journal de *Madame Bovary* »,**
***in Madame Bovary*, coll. Texte et contexte, Éd. Magnard, 1988.**

Activités

1. **Quel regard l'écrivain porte-t-il sur l'œuvre qu'il est en train de créer ?**
2. **Quelles sont ses préoccupations principales ?**

1. Écrivain et ami d'enfance de Flaubert.

Madame Bovary

IRONIE

Mme Bovary, l'héroïne, nourrie de littérature romanesque, est déçue par « les platitudes du mariage » et sombre dans l'adultère.

Elle songeait quelquefois que c'étaient là pourtant les plus beaux jours de sa vie, la lune de miel, comme on disait. Pour en goûter la douceur, il eût fallu, sans doute, s'en aller vers des pays à noms sonores où les lendemains de mariage ont de plus suaves paresses ! Dans des chaises de poste, sous des stores de soie bleue, on monte au pas des routes escarpées, écoutant la chanson du postillon, qui se répète dans la montagne avec les clochettes des chèvres et le bruit sourd de la cascade. Quand le soleil se couche, on respire au bord des golfes le parfum des citronniers ; puis, le soir, sur la terrasse des villas, seuls et les doigts confondus, on regarde les étoiles en faisant des projets. Il lui semblait que certains lieux sur la terre devaient produire du bonheur, comme une plante particulière au sol et qui pousse mal tout autre part. Que ne pouvait-elle s'accouder sur le balcon des chalets suisses ou enfermer sa tristesse dans un cottage écossais, avec un mari vêtu d'un habit de velours noir à longues basques, et qui porte des bottes molles, un chapeau pointu et des manchettes !

Peut-être aurait-elle souhaité faire à quelqu'un la confidence de toutes ces choses. Mais comment dire un insaisissable malaise, qui change d'aspect comme les nuées, qui tourbillonne comme le vent ? Les mots lui manquaient donc, l'occasion, la hardiesse.

Si Charles l'avait voulu cependant, s'il s'en fût douté, si son regard, une seule fois, fût venu à la rencontre de sa pensée, il lui semblait qu'une abondance subite se serait détachée de son cœur, comme tombe la récolte d'un espalier quand on y porte la main. Mais, à mesure que se serrait davantage l'intimité de leur vie, un détachement intérieur se faisait qui la déliait de lui.

La conversation de Charles était plate comme un trottoir de rue, et les idées de tout le monde y défilaient dans leur costume ordinaire, sans exciter d'émotion, de rire ou de rêverie. Il n'avait jamais été curieux, disait-il, pendant qu'il habitait Rouen, d'aller voir au théâtre les acteurs de Paris. Il ne savait ni nager, ni faire des armes, ni tirer le pistolet, et il ne put, un jour, lui expliquer un terme d'équitation qu'elle avait rencontré dans un roman.

Flaubert, *Madame Bovary,* première partie, chap VII, 1857.

Activités

1. **Repérez dans tout le texte les passages au style indirect libre. Pouvez-vous distinguer certains endroits où se mêlent plusieurs voix narratives ? Lesquelles ?**
2. **Quelle conception de la lune de miel et du mariage Emma s'est-elle forgée ? D'où lui vient-elle ? Quel mouvement littéraire du XIXe Flaubert critique-t-il ici ?**
3. **Quels sont dans ce texte les différents procédés de l'ironie ?**

FLAUBERT

L'Éducation sentimentale

HISTOIRE

Roman d'apprentissage, ce livre décrit la passion platonique de son héros Frédéric Moreau pour une femme mariée, madame Arnoux; roman historique, il met en scène l'échec de toute une génération, celle de la Révolution de 1848. Cette page célèbre évoque la prise des Tuileries en février 1848.

Tout à coup *la Marseillaise* retentit. Hussonnet[1] et Frédéric se penchèrent sur la rampe. C'était le peuple. Il se précipita dans l'escalier, en secouant à flots vertigineux des têtes nues, des casques, des bonnets rouges, des baïonnettes et des épaules, si impétueusement, que des gens disparaissaient dans cette masse grouillante qui montait toujours, comme un fleuve refoulé par une marée d'équinoxe, avec un long mugissement, sous une impulsion irrésistible. En haut, elle se répandit, et le chant tomba.

On n'entendait plus que les piétinements de tous les souliers, avec le clapotement des voix. La foule inoffensive se contentait de regarder. Mais, de temps à autre, un coude trop à l'étroit enfonçait une vitre; ou bien un vase, une statuette déroulait d'une console, par terre. Les boiseries pressées craquaient. Tous les visages étaient rouges; la sueur en coulait à larges gouttes; Hussonnet fit cette remarque:

– Les héros ne sentent pas bon!

– Ah! vous êtes agaçant, reprit Frédéric.

Et poussés malgré eux, ils entrèrent dans un appartement où s'étendait, au plafond, un dais[2] de velours rouge. Sur le trône, en dessous, était assis un prolétaire à barbe noire, la chemise entr'ouverte, l'air hilare et stupide comme un magot[3]. D'autres gravissaient l'estrade pour s'asseoir à sa place.

– Quel mythe! dit Hussonnet. Voilà le peuple souverain!

Le fauteuil fut enlevé à bout de bras, et traversa toute la salle en se balançant.

– Saprelotte! comme il chaloupe! Le vaisseau de l'État est ballotté sur une mer orageuse! Cancane-t-il! cancane-t-il!

On l'avait approché d'une fenêtre, et, au milieu des sifflets, on le lança.

– Pauvre vieux! dit Hussonnet en le voyant tomber dans le jardin, où il fut repris vivement pour être promené ensuite jusqu'à la Bastille, et brûlé.

Alors, une joie frénétique éclata, comme si, à la place du

1. Ami de Frédéric.
2. Appareillage servant de couronnement à un trône, semblable à un ciel-de-lit.
3. Figure grotesque de porcelaine ou de pierre.

Le peuple brûle le trône de Louis-Philippe aux Tuileries en 1848.

trône, un avenir de bonheur illimité avait paru ; et le peuple, moins par vengeance que pour affirmer sa possession, brisa, lacéra les glaces et les rideaux, les lustres, les flambeaux, les tables, les chaises, les tabourets, tous les meubles, jusqu'à des albums de dessins, jusqu'à des corbeilles de tapisserie. Puisqu'on était victorieux, ne fallait-il pas s'amuser ! La canaille s'affubla ironiquement de dentelles et de cachemires. Des crépines d'or[4] s'enroulèrent aux manches des blouses, des chapeaux à plumes d'autruche ornaient la tête des forgerons, des rubans de la Légion d'honneur firent des ceintures aux prostituées. Chacun satisfaisait son caprice ; les uns dansaient, d'autres buvaient. Dans la chambre de la reine, une femme lustrait ses bandeaux avec de la pommade ; derrière un paravent, deux amateurs jouaient aux cartes ; Hussonnet montra à Frédéric un individu qui fumait son brûle-gueule[5] accoudé sur un balcon ; et le délire redoublait son tintamarre continu des porcelaines brisées et des morceaux de cristal qui sonnaient, en rebondissant, comme des lames d'harmonica.

Puis la fureur s'assombrit. Une curiosité obscène fit fouiller tous les cabinets, tous les recoins, ouvrir tous les tiroirs. Des galériens enfoncèrent leurs bras dans la couche des princesses, et se roulaient dessus par consolation de ne pouvoir les violer. D'autres, à figures plus sinistres, erraient silencieusement, cherchant à voler quelque chose ; mais la multitude était trop nombreuse. Par les baies des portes, on n'apercevait dans l'enfilade des appartements que la sombre masse du peuple entre les dorures, sous un nuage de poussière.

Flaubert, *L'Éducation Sentimentale*, troisième partie, 1869.

Activités

1. **En vous fondant sur les connecteurs spatio-temporels, déterminez les différents mouvements du texte.**
2. **En vous inspirant de la fiche sur le roman [voir p. 350], pouvez-vous déterminer de quel genre romanesque cette page semble se rapprocher le plus ? Quel est le procédé stylistique qui empêche l'appartenance, pleine et entière, à ce genre ? Appuyez-vous sur les extraits de *Pardaillan*, du *Vicomte de Bragelonne*, de *Guerre et Paix*, de *Salammbô* [voir p. 401].**

4. Frange servant à l'ornement de dais, de lits, etc.
5. Pipe à tuyau très court.

DAUDET

Né à Nîmes, Alphonse Daudet (1840-1897) devient journaliste à Paris. Il rencontre le poète Frédéric Mistral et se partage entre le midi, source principale de son inspiration et la capitale. Salué par les naturalistes, il connaît de son vivant le succès littéraire.

Tartarin de Tarascon

COMIQUE

Tartarin de Tarascon est le premier roman d'une trilogie. Daudet y crée un personnage de petit bourgeois obèse et méridional, hâbleur et vaniteux, digne de Matamore. Mythomane devenu légendaire, il parodie en les réunissant en lui-même les figures de don Quichotte et de Sancho Pança.*

Avec cette rage d'aventures, ce besoin d'émotions fortes, cette folie de voyages de courses, de diable au vert, comment diantre se trouvait-il que Tartarin de Tarascon n'eût jamais quitté Tarascon ?

Car c'est un fait. Jusqu'à l'âge de quarante-cinq ans, l'intrépide Tarasconnais n'avait pas une fois couché hors de sa ville. Il n'avait pas même fait ce fameux voyage à Marseille, que tout bon Provençal se paie à sa majorité. C'est au plus s'il connaissait Beaucaire, et cependant Beaucaire n'est pas bien loin de Tarascon, puisqu'il n'y a que le pont à traverser. Malheureusement ce diable de pont a été si souvent emporté par les coups de vent, il est si long, si frêle, et le Rhône a tant de largeur à cet endroit que, ma foi ! comprenez… Tartarin de Tarascon préférait la terre ferme.

C'est qu'il faut bien vous l'avouer, il y dans notre héros deux natures très distinctes. « Je sens deux hommes en moi », a dit je ne sais quel Père de l'Église. Il l'eût dit vrai de Tartarin qui portait en lui l'âme de don Quichotte, les mêmes élans chevaleresques, le même idéal héroïque, la même folie du romanesque et du grandiose ; mais malheureusement n'avait pas le corps du célèbre hidalgo[1], ce corps osseux et maigre, ce prétexte de corps, sur lequel la vie matérielle manquait de prise, capable de passer vingt nuits sans déboucler sa cuirasse et quarante-huit heures avec une poignée de riz… Le corps de Tartarin, au contraire, était un brave homme de corps, très gras, très lourd, très sensuel, très douillet, très geignard, plein d'appétits bourgeois et d'exigences domestiques, le corps ventru et court sur pattes de l'immortel Sancho Pança.

1. Terme espagnol désignant un noble.

Don Quichotte et Sancho Pança dans le même homme ! vous comprenez quel mauvais ménage ils y devaient faire ! quels combats ! quels déchirements !… Ô le beau dialogue à écrire pour Lucien[2] ou pour Saint-Evremond[3], un dialogue entre les deux Tartarin, le Tartarin-Quichotte et le Tartarin-Sancho ! Tartarin-Quichotte s'exaltant aux récits de Gustave Aimard[4] et criant : « Je pars ! » Tartarin-Sancho ne pensant qu'aux rhumatismes et disant : « Je reste. »

TARTARIN-QUICHOTTE, *très exalté.* – Couvre-toi de gloire, Tartarin.

TARTARIN-SANCHO, *très calme.* – Tartarin, couvre-toi de flanelle.

TARTARIN-QUICHOTTE, *de plus en plus exalté.* – Ô les bons rifles à deux coups ! ô les dagues, les lassos, les mocassins !

TARTARIN-SANCHO, *de plus en plus calme.* – Ô les bons gilets tricotés ! les bonnes genouillères bien chaudes ! ô les braves casquettes à oreillettes !

TARTARIN-QUICHOTTE, *hors de lui.* – Une hache ! qu'on me donne une hache !

TARTARIN-SANCHO, *sonnant la bonne.* – Jeannette, mon chocolat.

Là-dessus, Jeannette apparaît avec un excellent chocolat, chaud, moiré, parfumé, et de succulentes grillades à l'anis, qui font fort rire Tartarin-Sancho en étouffant les cris de Tartarin-Quichotte.

Et voilà comme il se trouvait que Tartarin de Tarascon n'eût jamais quitté Tarascon.

Daudet, *Tartarin de Tarascon*, chap VI, 1872.

2. Écrivain satirique grec du IIe siècle après J.-C., auteur notamment de dialogues.
3. Moraliste français (1615-1703).
4. Auteur de romans d'aventures (1818-1883).

Activités

1. **Étudiez la composition du texte. Comment se répartissent récit et dialogue imaginaire ? Qu'en concluez-vous ?**
2. **Repérez les interventions du narrateur. Quels sont sa position et son ton ?**
3. **Quel autre texte littéraire est-il évoqué ? Quelle est la fonction de cette référence ?**
4. **Écrivez un dialogue imaginaire entre deux aspects contradictoires d'un même personnage.**

Naturalisme et fin de siècle

La fin du siècle voit se développer à la fois une littérature qui revendique une certaine scientificité et une contestation du monde moderne trop matérialiste et bourgeois. Le désenchantement s'oppose à l'optimisme rationaliste.

BAUDELAIRE

Orphelin de père à six ans, Charles Baudelaire (1821-1867) mènera une vie de bohème et de voyage. À son retour, il doit vivre de sa plume : critiques d'art, poésies, notes de journal intime. Il meurt à 46 ans, aphasique et hémiplégique.

Le peintre de la vie moderne

LA FEMME

Parmi ses textes de critique artistique, Baudelaire consacre une longue étude à l'aquarelliste Constantin Guys, dans lequel il voit le « peintre de la vie moderne ». Il salue en particulier sa représentation de la femme contemporaine.

L'être qui est, pour la plupart des hommes, la source des plus vives, et même, disons-le à la honte des voluptés philosophiques, des plus durables jouissances ; l'être vers qui ou au profit de qui tendent tous leurs efforts ; cet être terrible et incommunicable comme Dieu (avec cette différence que l'infini ne se communique pas parce qu'il aveuglerait et écraserait le fini, tandis que l'être dont nous parlons n'est peut-être incompréhensible que parce qu'il n'a rien à communiquer ; cet être en qui Joseph de Maistre[1] voyait *un bel animal* dont les grâces égayaient et rendaient plus facile le jeu sérieux de la politique ; pour qui et par qui se font et défont les fortunes ; pour qui, mais surtout *par qui* les artistes et les poètes composent leurs plus délicats bijoux ; de qui dérivent les plaisirs les plus énervants et les douleurs les plus fécondantes, la femme, en un mot, n'est pas seulement pour l'artiste en général, et pour M. G.[2] en particulier, la femelle de l'homme. C'est plutôt une divinité, un astre, qui préside à toutes les conceptions du cerveau mâle ; c'est un miroitement de toutes les grâces de la nature condensées dans un seul être ; c'est l'objet de l'admiration et de la curiosité la plus vive que le tableau de la vie puisse offrir au contemplateur. C'est une espèce d'idole, stupide peut-être, mais éblouissante, enchanteresse, qui tient les destinées et les volontés suspendues à ses regards. Ce n'est pas, dis-je, un animal dont les membres, correctement assemblés, fournissent un parfait exemple d'harmonie ; ce n'est même pas le type de beauté pure, tel que peut le rêver

1. Écrivain et philosophe français (1753-1821), il fut, avec de Bonald, un des deux chefs de file de la pensée contre-révolutionnaire.
2. Monsieur Guys.

le sculpteur dans ses plus sévères méditations ; non, ce ne serait pas encore suffisant pour en expliquer le mystérieux et complexe enchantement. Nous n'avons que faire ici de Winckelmann[3] et de Raphaël[4] ; et je suis bien sûr que M. G., malgré toute l'étendue de son intelligence (cela soit dit sans lui faire injure), négligerait un morceau de la statuaire antique, s'il lui fallait perdre ainsi l'occasion de savourer un portrait de Reynolds[5] ou de Lawrence[6]. Tout ce qui orne la femme, tout ce qui sert à illustrer sa beauté, fait partie d'elle-même ; et les artistes qui se sont particulièrement appliqués à l'étude de cet être énigmatique raffolent autant de tout le *mundus muliebris*[7] que de la femme elle-même. La femme est sans doute une lumière, un regard, une invitation au bonheur, une parole quelquefois ; mais elle est surtout une harmonie générale, non-seulement dans son allure et le mouvement de ses membres, mais aussi dans les mousselines, les gazes, les vastes et chatoyantes nuées d'étoffes dont elle s'enveloppe, et qui sont comme les attributs et le piédestal de sa divinité ; dans le métal et le minéral qui serpentent autour de ses bras et de son cou, qui ajoutent leurs étincelles au feu de ses regards, ou qui jasent doucement à ses oreilles. Quel poète oserait, dans la peinture du plaisir causé par l'apparition d'une beauté, séparer la femme de son costume ? Quel est l'homme qui, dans la rue, au théâtre, au bois, n'a pas joui, de la manière la plus désintéressée, d'une toilette savamment composée, et n'en a pas emporté une image inséparable de la beauté de celle à qui elle appartenait, faisant ainsi des deux, de la femme et de la robe, une totalité indivisible ? C'est ici le lieu, ce me semble, de revenir sur certaines questions relatives à la mode et à la parure, que je n'ai fait qu'effleurer au commencement de cette étude, et de venger l'art de la toilette des ineptes calomnies dont l'accablent certains amants très équivoques de la nature.

Baudelaire, « Le Peintre de la Vie Moderne, chap. X »,
in *Le Figaro*, 26-27 nov., 3 déc. 1863.

Activités

1. **Ce portrait de la femme vous paraît-il avoir sa place dans un article de critique artistique ? Pourquoi ?**
2. **Rechercher quelques représentations picturales des peintres évoqués par Baudelaire. Voyez en quoi ils illustrent à bon escient ou non, selon vous, les propos du poète.**
3. **À votre tour, écrivez un article de critique artistique sur un tableau de votre choix.**

3. Archéologue et bibliothécaire allemand (1717-1768).
4. Peintre italien de la Renaissance (1483-1520).
5. Peintre anglais du XVIIIe (1723-1792) qui, à la fin de sa vie, fut nommé principal peintre ordinaire du roi.
6. Portraitiste anglais (1769-1830). À la mort de Reynolds, il lui succéda comme peintre du roi.
7. Le « monde des femmes ».

Le naturalisme

En 1866, Émile Zola combine trois sens du terme : un sens philosophique (rien n'existe en dehors de la nature), un sens esthétique (représentation exacte de la nature), qui recoupe le sens littéraire (ensemble des procédés permettant à un artiste témoin de son temps de donner l'illusion du réel).

Tableau de 1889 représentant un séance d'expérimentation scientifique : au centre, Claude Bernard.

L'histoire du mouvement

Les premiers disciples se réunissent autour de Zola et forment le groupe de Médan, dont Maupassant et Huysmans (qui se retournera contre le mouvement en 1884). En 1880, ils publient un recueil de nouvelles : *Les Soirées de Médan*. Cinq jeunes auteurs quittent le mouvement en 1887 après la publication de *La Terre*. Très affecté, Zola continue cependant et veut ouvrir de plus grandes perspectives humaines au naturalisme.

Les influences

Outre celles des écrivains considérés comme réalistes, de Balzac aux Goncourt, les plus importantes sont celles du positivisme d'Auguste Comte (1798-1857) qui souligne le rôle capital du progrès dans l'histoire de l'humanité, et celles des théories scientifiques comme l'hérédité* ou l'évolutionnisme* développé par Darwin. Zola revendique un statut quasi scientifique pour le roman dans la préface de *Thérèse Raquin* (1868).

La méthode

Empruntant aux savants leurs méthodes, Zola élabore la théorie du « roman expérimental » à partir de *l'Introduction à l'étude de la médecine expérimentale* de Claude Bernard [voir p. 362]

L'ambition littéraire

Zola crée un univers romanesque complexe organisé notamment dans le cycle des *Rougon-Macquart, histoire naturelle et sociale d'une famille sous le Second Empire* (1871-1893). La rigueur de la composition, la référence à la théorie de l'hérédité vont de pair avec un symbolisme riche et puissant.

« Un jour, la physiologie nous expliquera sans doute le mécanisme de la pensée et des passions ; nous saurons comment fonctionne la machine individuelle de l'homme, comment il pense, comment il aime, comment il va de la raison à la passion et à la folie ; mais ces phénomènes, ces faits du mécanisme des organes agissant sous l'influence du milieu intérieur, ne se produisent pas au-dehors isolément et dans le vide. L'homme n'est pas seul, il vit dans une société, dans un milieu social, et dès lors pour nous, romanciers, ce milieu social modifie sans cesse les phénomènes. »

Zola,
***Le Roman expérimental*, 1880.**

Activités

1. Discutez cette affirmation de Zola « l'homme n'est pas seul, il vit dans une société, dans un milieu social […], et […] ce milieu social modifie sans cesse les phénomènes ».
2. Documentez-vous sur le naturalisme en peinture et voyez les limites des théories de Zola dans la représentation artistique de l'homme et de la nature.

C. BERNARD

Physiologiste et médecin, professeur au Collège de France, Claude Bernard (1813-1878) a mis au point la méthode expérimentale, fondée sur le déterminisme des phénomènes biologiques. Son influence fut décisive, notamment sur le naturalisme.

Du raisonnement expérimental

SCIENCES

L'Introduction à l'étude de la médecine expérimentale *est le principal ouvrage théorique de C. Bernard. La première partie, « Du raisonnement expérimental » vise à définir les principes de base.*

On peut s'instruire, c'est-à-dire acquérir de l'expérience sur ce qui nous entoure, de deux manières, empiriquement et expérimentalement. Il y a d'abord une sorte d'instruction ou d'expérience inconsciente et empirique, que l'on obtient par la pratique de chaque chose. Mais cette connaissance que l'on acquiert ainsi n'en est pas moins nécessairement accompagnée d'un raisonnement expérimental vague que l'on se fait sans s'en rendre compte, et par suite duquel on rapproche les faits afin de porter sur eux un jugement. L'expérience peut donc s'acquérir par un raisonnement empirique et inconscient; mais cette marche obscure et spontanée de l'esprit a été érigée par le savant en une méthode claire et raisonnée, qui procède alors plus rapidement et d'une manière consciente vers un but déterminé. Telle est la méthode expérimentale dans les sciences, d'après laquelle l'expérience est toujours acquise en vertu d'un raisonnement précis établi sur une idée qu'a fait naître l'observation et que contrôle l'expérience. En effet, il y a dans toute connaissance expérimentale trois phases : observation faite, comparaison établie et jugement motivé. La méthode expérimentale ne fait pas autre chose que porter un *jugement* sur les faits qui nous entourent, à l'aide d'un *critérium* [1] qui n'est lui-même qu'un autre fait disposé de façon à contrôler le jugement et à donner l'*expérience*. Prise dans ce sens général, l'expérience est l'unique source des connaissances humaines. L'esprit n'a en lui-même que le sentiment d'une relation nécessaire dans les choses, mais il ne peut connaître la forme de cette relation que par l'expérience.

C. Bernard, *Introduction à l'étude de la médecine expérimentale*, première partie, 1865.

Activités

1. **Quelles sont les marques du discours argumentatif ?**
2. **Quels sont les indices textuels du raisonnement ?**
3. **Mettez en rapport ce passage avec les informations dont vous disposez sur le naturalisme [voir p. 361].**

1. Mot latin : critère.

VILLIERS DE L'ISLE-ADAM

Issu d'une famille d'ancienne noblesse, quasi autodidacte, dandy, auteur de poèmes, drames symbolistes et récits, Jean-Marie Villiers de L'Isle-Adam (1838-1889), véritable génie curieux de tout et fréquentant les plus grands écrivains, dut attendre vingt-cinq ans la consécration que lui valurent les *Contes cruels* (1883).

Fleurs de ténèbres

IRONIE

Parmi les vingt-huit textes composant les Contes cruels*, « Fleurs de ténèbres » se présente comme un poème en prose et un tableau de mœurs ironisant sur le commerce mortuaire des fleurs tombales.*

À *Monsieur Léon Dierx* [1]

Bonnes gens, vous qui passez,
Priez pour les trépassés.
Inscription au bord d'un grand chemin.

Ô belles soirées ! Devant les étincelants cafés des boulevards, sur les terrasses des glaciers en renom, que de femmes en toilettes voyantes, que d'élégants « flâneurs » se prélassent !

Voici les petites vendeuses de fleurs qui circulent avec leurs corbeilles.

Les belles désœuvrées acceptent ces fleurs qui passent, toutes cueillies, mystérieuses…

– Mystérieuses ?

– Oui, s'il en fut !

Il existe, sachez-le, souriantes liseuses, il existe, à Paris même, certaine agence sombre qui s'entend avec plusieurs conducteurs d'enterrements luxueux, avec des fossoyeurs même, à cette fin de desservir les défunts du matin en ne laissant pas inutilement s'étioler, sur les sépultures fraîches, tous ces splendides bouquets, toutes ces couronnes, toutes ces roses, dont, par centaines, la piété filiale ou conjugale surcharge quotidiennement les catafalques.

Ces fleurs sont presque toujours oubliées après les ténébreuses cérémonies. L'on n'y songe plus ; l'on est pressé de s'en revenir ; – cela se conçoit !

1. Poète célèbre à la fin du XIXe siècle, au carrefour du Parnasse et du symbolisme (1838-1912).

Une petite marchande de fleurs, gravure de 1885.

Activités

1. **Observez le mouvement du texte. Mettez en rapport l'épigraphe et la fin puis suivez la progression des épithètes, celle du thème mortuaire. Qu'en concluez-vous ?**
2. **Repérez les interventions du narrateur en précisant leur fonction.**
3. **En vous référant à la fiche sur les formes poétiques [voir p. 462], relevez les éléments (lexicaux, structuraux, stylistiques, etc.) qui font de ce texte un poème en prose.**
4. **L'association de la beauté, de l'amour et de la mort évoque plusieurs esthétiques littéraires du XIXe siècle : lesquelles ? Documentez-vous.**

C'est alors que nos aimables croquemorts s'en donnent à cœur-joie. Ils n'oublient pas les fleurs, ces messieurs ! Ils ne sont pas dans les nuages. Ils sont gens pratiques. Ils les enlèvent par brassées, en silence. Les jeter à la hâte par-dessus le mur, dans un tombereau propice, est pour eux l'affaire d'un instant.

Deux ou trois des plus égrillards et des plus dégourdis transportent la précieuse cargaison chez des fleuristes amies qui, grâce à leurs doigts de fée, sertissent de mille façons, en maints bouquets de corsage et de main, en roses isolées, même, ces mélancoliques dépouilles.

Les petites marchandes du soir alors arrivent nanties chacune de sa corbeille. Elles circulent, disons-nous, aux premières lueurs des réverbères, sur les boulevards devant les terrasses brillantes et dans les mille endroits de plaisir.

Et les jeunes ennuyés, jaloux de se bien faire venir des élégantes pour lesquelles ils conçoivent quelque inclination, achètent ces fleurs à des prix élevés et les offrent à ces dames.

Celles-ci, toutes blanches de fard, les acceptent avec un sourire indifférent et les gardent à la main, – ou les placent au joint de leur corsage.

Et les reflets du gaz rendent les visages blafards.

En sorte que ces créatures-spectres, ainsi parées des fleurs de la Mort, portent, sans le savoir, l'emblème de l'amour qu'elles donnent et de celui qu'elles reçoivent.

Villiers de l'Isle-Adam, « Fleurs de ténèbres »
in *Contes cruels*, 1883.

Le décadentisme

Tendance artistique européenne qui se manifeste dans le dernier tiers du siècle, la décadence s'impose en France à partir de 1869 (préface de Gautier pour la nouvelle édition des *Fleurs du mal*) et compte des auteurs comme Verlaine, Péladan, Rollinat, Jean Lorrain. On appellera décadents les artistes qui refusent leur époque en tant qu'elle est matérialiste : groupes des Hydropathes*, des Hirsutes, des Zutistes. Dans les années 1880, des revues (*Le Décadent* d'Anatole Baju), le roman *À Rebours* de Huysmans [voir p. 366], des recueils poétiques comme la parodie citée ci-dessous célèbrent le culte de la beauté et font l'apologie de l'agonie fin de siècle. Le décadentisme entre en concurrence avec le symbolisme [voir p. 460]

Trois personnages parmi les plus célèbres décadents : À gauche, Joséphin Péladan, en haut à droite Pierre Loti en Pharaon et en bas à droite, l'extravagant Jean Lorrain.

Aspects idéologiques

La décadence se veut aristocratie d'esthètes, de mages, de prophètes marginaux, tournés vers le passé et un christianisme artiste, ennemis du progrès et de la vulgarité démocratique.

Les thèmes

Outre une thématique personnelle propre aux créateurs (sentiment de la dégradation personnelle, poids d'un passé qui n'en finit pas de mourir, rêverie fantasmatique…), les décadents privilégient la névrose, la tristesse, les perversions. Ils rassemblent toute une culture multiséculaire, où dominent figures mythologiques fascinantes (le sphinx, la chimère, l'androgyne…) et personnages historiques nimbés de légende (Messaline, Salomé…).

La poétique

Le décadentisme prône le progrès artistique, rendu possible par la savante décomposition de la langue : libération du vers, néologismes, rupture de la syntaxe, goût des mots rares… Il choisit la précision du lexique, un nouvel ordre des mots, l'idéal de l'évocation, et cherche à révéler des trésors inconnus.

“ Nos pères étaient forts et leurs rêves ardents,
S'envolaient d'un coup d'aile au pays de Lumière.
Nous dont la fleur dolente est la rose trémière,
Nous n'avons plus de cœur, nous n'avons plus de dents. ”

Gabriel Vicaire et Henri Beauclair, « Décadents », *Les Déliquescences d'Adoré Floupette*, 1885.

Activités

1. Recherchez les textes suivants et documentez-vous sur leurs auteurs :
- Paul Verlaine, « Langueur », dans *Les Poètes maudits* (1883).
- Joséphin Péladan, *Le Vice suprême* (1884).
- Stéphane Mallarmé, « Prose pour des Esseintes » dans *Poésies* (1899).
- Oscar Milosz, *Le Poème des décadences* (1899).
- Jean Lorrain, *Monsieur de Phocas* (1901).

HUYSMANS

Joris Karl Huysmans (1848-1907) mène une vie solitaire. Son œuvre révèle un pessimisme influencé par la philosophie de Schopenhauer. En 1884, il rompt avec l'esthétique naturaliste et inaugure une nouvelle écriture romanesque fondée sur l'apologie de la décadence.

À Rebours

INCIPIT

Des Esseintes s'est retiré du monde dans une maison aménagée en musée personnel. Dans la notice préliminaire du roman, le portrait du héros illustre déjà le thème principal.

La décadence de cette ancienne maison avait, sans nul doute, suivi régulièrement, son cours ; l'effémination des mâles était allée en s'accentuant ; comme pour achever l'œuvre des âges, les des Esseintes marièrent, pendant deux siècles, leurs enfants entre eux, usant leur reste de vigueur dans les unions consanguines.

De cette famille naguère si nombreuse qu'elle occupait presque tous les territoires de l'Ile-de-France et de la Brie, un seul rejeton vivait, le duc Jean, un grêle jeune homme de trente ans, anémique et nerveux, aux joues caves, aux yeux d'un bleu froid d'acier, au nez éventé et pourtant droit, aux mains sèches et fluettes.

Par un singulier phénomène d'atavisme[1], le dernier descendant ressemblait à l'antique aïeul au mignon, dont il avait la barbe en pointe d'un blond extraordinairement pâle et l'expression ambiguë, tout à la fois lasse et habile.

Son enfance avait été funèbre. Menacée de scrofules[2], accablée par d'opiniâtres fièvres, elle parvint cependant, à l'aide de grand air et de soins, à franchir les brisants de la nubilité, et alors les nerfs prirent le dessus, matèrent les langueurs et les abandons de la chlorose[3], menèrent jusqu'à leur entier développement les progressions de la croissance.

La mère, une longue femme, silencieuse et blanche mourut d'épuisement ; à son tour le père décéda d'une maladie vague ; des Esseintes atteignait alors sa dix-septième année.

Huysmans, *À Rebours*, notice, 1884.

Activités

1. **Montrez comment l'ordre du texte se conforme au travail héréditaire de l'atavisme et au processus de la décadence.**
2. **Comment le terme initial de « décadence » est-il illustré ?**
3. **Comparez ce début de roman avec d'autres que vous trouverez dans l'anthologie. Quelle est sa particularité ?**

1. Instinct héréditaire, habitude héritée des aïeux.
2. Écrouelles, humeurs froides, abcès.
3. Anémie frappant les jeunes filles et les jeunes femmes et donnant à la peau une couleur verdâtre.

MOREAU

Peintre, graveur et dessinateur, Gustave Moreau (1826-1898) fut particulièrement prisé par les parnassiens, les décadents et les symbolistes pour son esthétisme sensuel qui s'opposait aux touches impressionnistes et réalistes.

L'apparition

IRRÉEL

Moreau a représenté l'épisode de Salomé contemplant la tête de saint Jean-Baptiste par une peinture à l'huile et par une aquarelle.

Activités

1. **Étudiez les moyens de l'esthétisation à partir de la représentation du réel (disposition, couleurs, lignes, vêtements, etc.).**
2. **[voir p. 365 et 460]**

ZOLA

Continuateur du réalisme, fondateur et quasi unique théoricien du naturalisme, Émile Zola (1840-1902) a notamment conçu un cycle de vingt romans, *Les Rougon-Macquart, histoire naturelle et sociale d'une famille sous le Second empire* (1870-1893), organisé selon le principe de la faille héréditaire.

Germinal

ÉPOPÉE

Étienne Lantier, responsable syndical dans la mine où il travaille, y dirige une grève générale. Alors que le conflit s'intensifie, les patrons et l'ingénieur de la mine, en promenade, se cachent à la vue d'une manifestation.

Les femmes avaient paru, près d'un millier de femmes, aux cheveux épars, dépeignés par la course, aux guenilles montrant la peau nue, des nudités de femelles lasses d'enfanter des meurt-de-faim. Quelque-unes tenaient leur petit entre les bras, le soulevaient, l'agitaient ainsi qu'un drapeau de deuil et de vengeance. D'autres, plus jeunes, avec des gorges gonflées de guerrières, brandissaient des bâtons; tandis que les vieilles, affreuses, hurlaient si fort, que les cordes de leurs cous décharnés semblaient se rompre. Et les hommes déboulèrent ensuite, deux mille furieux, des galibots[1], des haveurs[2], des raccommodeurs, une masse compacte qui roulait d'un seul bloc, serrée, confondue au point qu'on ne distinguait ni les culottes déteintes, ni les tricots de laine en loques, effacés dans la même uniformité terreuse. Les yeux brûlaient, on voyait seulement les trous des bouches noires, chantant la *Marseillaise*, dont les strophes se perdaient en un mugissement confus accompagné par le claquement des sabots sur la terre dure. Au-dessus des têtes, parmi le hérissement des barres de fer, une hache passa, portée toute droite; et cette hache unique, qui était comme l'étendard de la bande avait, dans le ciel clair, le profil aigu d'un couperet de guillotine.

– Quels visages atroces! balbutia Mme Hennebeau[3].

Negrel dit entre ses dents:

– Le diable m'emporte si j'en reconnais un seul! D'où sortent-ils donc, ces bandits-là?

Et, en effet, la colère, la faim, ces deux mois de souffrance et cette débandade enragée au travers des fosses, avaient allongé en mâchoires de bêtes fauves les faces placides des

1. Jeunes manœuvres travaillant au service des voies.
2. Ouvriers qui abattent le charbon.
3. Épouse du directeur de la mine.

La grève au Creusot *en 1899, peinture de Jules Adler (1865-1952). Écomusée de la communauté du Creusot.*

houilleurs de Montsou. À ce moment, le soleil se couchait, les derniers rayons, d'un pourpre sombre, ensanglantaient la plaine. Alors, la route sembla charrier du sang, les femmes, les hommes continuaient à galoper, saignants comme des bouchers en pleine tuerie.

– Oh ! superbe ! dirent à demi-voix Lucie et Jeanne[4], remuées dans leur goût d'artistes par cette belle horreur.

Elles s'effrayaient pourtant, elles reculèrent près de Mme Hennebeau qui s'était appuyée sur une auge. L'idée qu'il suffisait d'un regard, entre les planches de cette porte disjointe, pour qu'on les massacrât, la glaçait. Négrel[5] se sentait blêmir, lui aussi, très brave d'ordinaire, saisi là d'une épouvante supérieure à sa volonté, une de ces épouvantes qui soufflent de l'inconnu. Dans le coin, Cécile[6] ne bougeait plus. Et les autres, malgré leur désir de détourner les yeux, ne le pouvaient pas, regardaient quand même.

C'était la vision rouge de la révolution qui les emporterait tous, fatalement, par une soirée sanglante de cette fin de siècle. Oui, un soir, le peuple lâché, débridé, galoperait ainsi sur les chemins ; et il ruissellerait du sang des bourgeois. Il promènerait des têtes, il sèmerait l'or des coffres éventrés. Les femmes hurleraient, les hommes auraient ces mâchoires de loups, ouvertes pour mordre. Oui ce seraient les mêmes guenilles, le même tonnerre de gros sabots, la même cohue effroyable de peau sale, d'haleine empestée, balayant le vieux monde, sous leur poussée débordante de barbares.

Zola, *Germinal*, 1885.

Activités

1. **Distinguez les différents points de vue de description de la manifestation. Quel effet produit leur entrelacs ?**
2. **Quelles figures de rhétorique prédominent dans ce texte ? Quels effets produisent-elles ?**
3. **Quels sont les principaux champs lexicaux et réseaux métaphoriques ? Pourquoi l'auteur privilégie-t-il la « vision rouge de la révolution » ?**
4. **Regardez le tableau de Delacroix *La Liberté guidant le peuple* [voir p. 278] et montrez comment la description de Zola en reprend et en transforme les éléments.**

4. Filles des Hennebeau.
5. Ingénieur de la mine, qui doit épouser Cécile.
6. Fille des Grégoire, actionnaires de la mine.

ZOLA

L'Œuvre

POÉTIQUE

Ce quatorzième roman des Rougon-Macquart qui met en scène le peintre Claude Lantier et les affres de la création artistique, a brisé la vieille amitié de Zola et Cézanne, ce dernier ayant cru se reconnaître dans le portrait torturé de Claude. S'étant vu refuser plusieurs fois un tableau au Salon, le peintre songe à une nouvelle œuvre.

Aussi, la troisième année, s'enragea-t-il sur une œuvre de révolte. Il voulut le plein soleil, ce soleil de Paris, qui, certains jours, chauffe à blanc le pavé, dans la réverbération éblouissante des façades : nulle part il ne fait plus chaud, les gens des pays brûlés s'épongent eux-mêmes, on dirait une terre d'Afrique, sous la pluie lourde d'un ciel en feu. Le sujet qu'il traita, fut un coin de la place du Carrousel[1], à une heure, lorsque l'astre tape d'aplomb. Un fiacre cahotait, au cocher somnolent, au cheval en eau, la tête basse, vague dans la vibration de la chaleur ; des passants semblaient ivres, pendant que, seule, une jeune femme, rose et gaillarde sous son ombrelle, marchait à l'aise d'un pas de reine, comme dans l'élément de flamme où elle devait vivre. Mais ce qui, surtout, rendait ce tableau terrible, c'était l'étude nouvelle de la lumière, cette décomposition, d'une observation très exacte, et qui contrecarrait toutes les habitudes de l'œil, en accentuant des bleus, des jaunes, des rouges, où personne n'était accoutumé d'en voir. Les Tuileries, au fond, s'évanouissaient en nuée d'or ; les pavés saignaient, les passants n'étaient plus que des indications, des taches sombres mangées par la clarté trop vive. Cette fois, les camarades, tout en s'exclamant encore, restèrent gênés, saisis d'une même inquiétude : le martyre était au bout d'une peinture pareille. Lui, sous leurs éloges, comprit très bien la rupture qui s'opérait, et, quand le jury, de nouveau, lui eut fermé le Salon, il s'écria douloureusement, dans une minute de lucidité :

– Allons ! c'est entendu… j'en crèverai !

Peu à peu, si la bravoure de son obstination paraissait grandir, il retombait pourtant à ses doutes d'autrefois, ravagé par la lutte qu'il soutenait contre la nature. Toute toile qui revenait, lui semblait mauvaise, incomplète surtout, ne réalisant pas l'effort tenté. C'était cette impuissance qui l'exaspérait, plus encore que les refus du jury. Sans doute, il ne pardonnait pas à ce dernier : ses œuvres, même embryonnaires, valaient cent fois les médiocrités reçues ; mais quelle

1. Place proche du Louvre, où se trouve l'arc de triomphe du Carrousel, érigé sous Napoléon.

Autoportrait de Cézanne 1873. Musée d'Orsay.

souffrance de ne jamais se donner entier, dans le chef-d'œuvre dont il ne pouvait accoucher son génie ! Il y avait toujours des morceaux superbes, il était content de celui-ci, de celui-là, de cet autre. Alors, pourquoi de brusques trous ? pourquoi des parties indignes, inaperçues pendant le travail, tuant le tableau ensuite d'une tare ineffaçable ? Et il se sentait incapable de correction, un mur se dressait à un moment, un obstacle infranchissable, au-delà duquel il lui était défendu d'aller. S'il reprenait vingt fois le morceau, vingt fois il aggravait le mal, tout se brouillait et glissait au gâchis. Il s'énervait, ne voyait plus, n'exécutait plus, en arrivait à une véritable paralysie de la volonté. Étaient-ce donc ses yeux, étaient-ce ses mains qui cessaient de lui appartenir, dans le progrès des lésions anciennes, qui l'avait inquiété déjà ? Les crises se multipliaient, il recommençait à vivre des semaines abominables, se dévorant, éternellement secoué de l'incertitude à l'espérance ; et l'unique soutien, pendant ces heures mauvaises, passées à s'acharner sur l'œuvre rebelle, c'était le rêve consolateur de l'œuvre future, celle où il se satisferait enfin, où ses mains se délieraient pour la création. Par un phénomène constant, son besoin de créer allait ainsi plus vite que ses doigts, il ne travaillait jamais à une toile, sans concevoir la toile suivante. Une seule hâte lui restait, se débarrasser du travail en train, dont il agonisait ; sans doute, ça ne vaudrait rien ; encore, il en était aux concessions fatales, aux tricheries, à tout ce qu'un artiste doit abandonner de sa conscience ; mais ce qu'il ferait ensuite, ah ! ce qu'il ferait, il le voyait superbe et héroïque, inattaquable, indestructible. Perpétuel mirage qui fouette le courage des damnés de l'art, mensonge de tendresse et de pitié sans lequel la production serait impossible, pour tous ceux qui se meurent de ne pouvoir faire de la vie.

Zola, *L'Œuvre*, 1886.

Activités

1. **Quels éléments rendent ce tableau choquant ?**
2. **Quels termes appartiennent au champ lexical de la création ? Qu'en concluez-vous ?**
3. **Étudiez le jeu des temps à partir de « peu à peu » jusqu'à la fin.**
4. **En vous fondant sur la fiche consacrée au naturalisme [voir p. 361], dégagez les éléments du texte qui vous semblent relever de l'esthétique naturaliste.**

CÉZANNE

Paul Cézanne (1839-1906) a combiné la technique impressionniste avec l'héritage revendiqué des classiques. Vouant un profond respect aux anciens maîtres, il voulait intégrer dans des compositions aussi rigoureuses que celles des classiques, les découvertes impressionnistes.

Les Grandes Baigneuses

ROMANTISME

Dans Les Grandes Baigneuses *(1899-1905), Cézanne, vers la fin de sa vie, revient en partie au romantisme de sa première production, à travers une peinture aux couleurs riches, au rythme agité et véhément.*

Activités

1. **Étudiez la composition, les couleurs et les jeux de contrastes du tableau.**
2. **Quelle est l'originalité de cette œuvre ? Montrez en quoi, malgré tout, elle se démarque des lois de la peinture romantique.**

ZOLA

Émile Zola (1840-1902) abandonne tôt ses études et pratique différents métiers avant de devenir journaliste. Écrivain, il évolue du romantisme vers le naturalisme et devient rapidement le chef de file des écrivains naturalistes en se livrant dans ses œuvres à une observation « sur les faits de la nature ».

La Bête humaine

DESCRIPTION

La Bête humaine *prend comme sujet principal la fatalité héréditaire. Jacques Lantier, victime de l'alcoolisme de ses parents, est saisi de folie meurtrière quand il voit nue l'objet de son désir. En revanche, sur la ligne Paris-Le Havre, il conduit avec amour sa locomotive, surnommée la Lison.*

Dans le vaste hangar fermé noir de charbon, et que de hautes fenêtres poussiéreuses éclairaient, parmi les autres machines au repos, celle de Jacques se trouvait déjà en tête d'une voie, destinée à partir la première. Un chauffeur du dépôt venait de charger le foyer, des escarbilles[1] rouges tombaient dessous, dans la fosse à piquer le feu. C'était une de ces machines d'express, à deux essieux couplés, d'une élégance fine et géante, avec ses grandes roues légères réunies par des bras d'acier, son poitrail large, ses reins allongés et puissants, toute cette logique et toute cette certitude qui font la beauté souveraine des êtres de métal, la précision dans la force. Ainsi que les autres machines de la Compagnie de l'Ouest, en dehors du numéro qui la désignait, elle portait le nom d'une gare, celui de Lison, une station du Cotentin. Mais Jacques, par tendresse, en avait fait un nom de femme, la Lison, comme il disait, avec une douceur caressante.

Et, c'était vrai, il l'aimait d'amour, sa machine, depuis quatre ans qu'il la conduisait. Il en avait mené d'autres, des dociles et des rétives, des courageuses et des fainéantes ; il n'ignorait point que chacune avait son caractère, que beaucoup ne valaient pas grand-chose, comme on dit des femmes de chair et d'os ; de sorte que, s'il l'aimait celle-là, c'était en vérité qu'elle avait des qualités rares de brave femme. Elle était douce, obéissante, facile au démarrage, d'une marche régulière et continue, grâce à sa bonne vaporisation. On prétendait bien que, si elle démarrait avec tant d'aisance, cela provenait de l'excellent bandage des roues et surtout du

1. Petit morceau de charbon épargné par la combustion et qui s'échappe de la locomotive.

Jean Gabin dans le rôle de Jacques Lantier dans le Film de La Bête Humaine *tourné d'après le roman d'Émile Zola.*

Activités

1. Quelle est la figure de style qui organise le texte ? Relevez ses marques stylistiques, rhétoriques...
2. Quel portrait est-il dessiné de la locomotive ? Quels rapports Jacques Lantier entretient-il avec sa machine ?
3. Comment la machine, illustration même de la modernité, est-elle ici poétisée ?
4. À la manière de Zola, décrivez une machine ou un objet avec lequel vous entretenez un rapport privilégié.

réglage parfait des tiroirs ; de même que, si elle vaporisait beaucoup avec peu de combustible, on mettait cela sur le compte de la qualité du cuivre des tubes et de la disposition heureuse de la chaudière. Mais lui savait qu'il y avait autre chose, car d'autres machines, identiquement construites, montées avec le même soin, ne montraient aucune de ses qualités. Il y avait l'âme, le mystère de la fabrication, ce quelque chose que le hasard du martelage ajoute au métal, que le tour de main de l'ouvrier monteur donne aux pièces : la personnalité de la machine, la vie.

Il l'aimait donc en mâle reconnaissant, la Lison, qui partait et s'arrêtait vite, ainsi qu'une cavale vigoureuse et docile ; il l'aimait parce que, en dehors des appointements fixes, elle lui gagnait des sous, grâce aux primes de chauffage. Elle vaporisait si bien qu'elle faisait en effet de grosses économies de charbon. Et il n'avait qu'un reproche à lui adresser, un trop grand besoin de graissage : les cylindres surtout dévoraient des quantités de graisse déraisonnables, une faim continue, une vraie débauche. Vainement, il avait tâché de la modérer. Mais elle s'essoufflait aussitôt, il fallait ça à son tempérament. Il s'était résigné à lui tolérer cette passion gloutonne, de même qu'on ferme les yeux sur un vice, chez les personnes qui sont, d'autre part, pétries de qualités ; et il se contentait de dire, avec son chauffeur, en manière de plaisanterie, qu'elle avait, à l'exemple des belles femmes, le besoin d'être graissée trop souvent.

Pendant que le foyer ronflait et que la Lison peu à peu entrait en pression, Jacques tournait autour d'elle, l'inspectant dans chacune de ses pièces, tâchant de découvrir pourquoi, le matin, elle lui avait mangé plus de graisse que de coutume. Et il ne trouvait rien, elle était luisante et propre, d'une de ces propretés gaies qui annoncent les bons soins tendres d'un mécanicien. Sans cesse, on le voyait l'essuyer, l'astiquer; à l'arrivée surtout, de même qu'on bouchonne les bêtes fumantes d'une longue course, il la frottait vigoureusement, il profitait de ce qu'elle était chaude pour la mieux nettoyer des taches et des bavures. Il ne la bousculait jamais non plus, lui gardait une marche régulière, évitant de se mettre en retard, ce qui nécessite ensuite des sauts de vitesse fâcheux. Aussi tous deux avaient-ils fait toujours si bon ménage, que, pas une fois, en quatre années, il ne s'était plaint d'elle, sur le registre du dépôt, où les mécaniciens inscrivent leurs demandes de réparations, les mauvais mécaniciens, paresseux ou ivrognes, sans cesse en querelle avec leurs machines.

Zola, *La Bête humaine*, 1890.

HUYSMANS

À Rebours

DESCRIPTION

*Cet extrait d'*À Rebours *illustre bien les rapports étroits qu'entretient encore Huysmans avec le naturalisme en 1884 malgré le profond tournant que devait marquer ce roman.*

L'une, la Crampton, une adorable blonde, à la voix aiguë, à la grande taille frêle, emprisonnée dans un étincelant corset de cuivre, au souple et nerveux allongement de chatte, une blonde pimpante et dorée, dont l'extraordinaire grâce épouvante lorsque, raidissant ses muscles d'acier, activant la sueur de ses flancs tièdes, elle met en branle l'immense rosace de sa fine roue et s'élance toute vivante, en tête des rapides et des marées!

L'autre, l'Engerth, une monumentale et sombre brune aux cris sourds et rauques, aux reins trapus, étranglés dans une cuirasse en fonte, une monstrueuse bête, à la crinière échevelée de fumée noire, aux six roues basses et accouplées; quelle écrasante puissance lorsque, faisant trembler la terre, elle remorque pesamment, lentement, la lourde queue de ses marchandises!

Huysmans, *À Rebours*, 1884.

Activités

1. À quoi les locomotives sont-elles assimilées? Quelle figure de style organise tout le texte? Quel est l'effet produit?
2. Comparez ce texte à l'extrait de *la Bête humaine* de Zola. Le processus de description est-il le même?
3.  Débat: Quelles conclusions pouvez-vous en tirez quant au rapport du naturalisme avec la modernité?

LAFORGUE

Poète français né en Uruguay, Jules Louis Laforgue (1860-1887) passe la majeure partie de son enfance en France, dans un internat. De cette époque, il conserve un ennui et une tristesse qui se mêlent à l'humour et imprègnent toute sa poésie. Il meurt, pauvre et tuberculeux, à vingt-sept ans.

Complainte du pauvre corps humain

IRONIE

Parues en 1885, Les Complaintes *sont l'un des deux seuls ouvrages publiés du vivant de Laforgue. Elles affectent la forme de chansons populaires, souvent égrenées à l'époque par les orgues de Barbarie.*

L'Homme et sa compagne sont serfs
De corps, tourbillonnants cloaques
Aux mailles de harpes de nerfs
Serves de tout et que détraque
Un fier répertoire d'attaques.

Voyez l'homme, voyez !
Si ça n'fait pas pitié !

Propre et correct en ses ressorts,
S'assaisonnant de modes vaines,
Il s'admire, ce brave corps,
Et s'endimanche pour sa peine,
Quand il a bien sué la semaine.

Et sa compagne ! allons,
Ma bell', nous nous valons.

Faudrait le voir, touchant et nu
Dans un décor d'oiseaux, de roses ;
Ses tics réflexes d'ingénu,
Ses plis pris de mondaines poses ;
Bref, sur beau fond vert, sa chlorose[1] !

Voyez l'Homme, voyez !
Si ça n'fait pas pitié !

1. voir p. 366.

Les Vertus et les Voluptés
Détraquant d'un rien sa machine,
Il ne vit que pour disputer
Ce domaine à rentes divines
Aux lois de mort qui le taquinent.

Et sa compagne ! allons,
Ma bell', nous nous valons.

Il se soutient de mets pleins d'art,
Se drogue, se tond, se parfume,
Se truffe[2] tant, qu'il meurt trop tard ;
Et la cuisine se résume
En mille infections posthumes.

Oh ! ce couple, voyez !
Non, ça fait trop pitié.

Mais ce microbe subversif
Ne compte pas pour la Substance,
Dont les déluges corrosifs
Renoient vite pour l'Innocence
Ces fols germes de conscience.

Nature est sans pitié
Pour son petit dernier.

Laforgue, *Les Complaintes*, 1885.

2. Se remplit d'abondance, s'empiffre.

Activités

1. **Observez la composition et la versification* du poème. Quelles particularités présentent-t-elles ?**
2. **En vous référant à l'un des sens du terme « complainte », chanson des rues racontant sur un mode mi-gouailleur mi-pathétique une histoire triste, justifiez le titre, la structure, les thèmes et la tonalité du poème.**
3. **Comparez cette complainte avec la chanson de Béranger [voir p. 305]. Documentez-vous, puis faites un exposé sur la chanson au XIXe siècle. Recherchez en particulier des romances, des « goualantes », des chansons satiriques...**

SVEVO

Influencé par le roman réaliste et naturaliste français, Italo Svevo (1861-1928), (pseudonyme de Ettore Schmitz) a notamment écrit *Une vie* (1892) et *La Conscience de Zeno* (1923), où il utilise sa connaissance de la psychanalyse.

Senilitá

EXPLICIT

Petit employé d'âge mûr, Émilio Brentani a rencontré la légère et coquette Angiolina. À partir de ce moment-là, il sombre dans la déchéance où il entraîne sa sœur Amalia. À la fin du roman, il fait le bilan de sa vie.

L'aventure terminée, il ne retrouvait plus son équilibre. Longtemps il demeura insatisfait. L'amour et la douleur avaient traversé sa vie et, privé de ces éléments, il lui semblait avoir subi une amputation cruelle. À la fin, ce vide se combla. Il retrouva l'amour de sa tranquilité et le soin qu'il prit de lui-même lui ôta tout autre désir.

Des années après, il admira cette époque de sa vie: la plus importante, la plus lumineuse. Il s'en enchanta. Il en vécut comme un vieillard du souvenir de sa jeunesse. Dans son esprit d'homme de lettres inoccupé, Angiolina subit une singulière métamorphose. Elle conserva intacte sa beauté, mais acquit en surplus toutes les vertus d'Amélie, qui mourut en elle une seconde fois. Elle devint triste, inconsolablement inerte, et son œil limpide s'éclaira d'indulgence. Il la dressa devant lui comme sur un autel, personnification de la pensée et de la douleur, et, si amour signifie admiration et désir, il l'aima toujours. Elle représentait tout ce qu'il avait, à cette époque exceptionnelle, observé et conçu de plus noble.

Cette figure devint même allégorique. Les yeux tendus vers l'horizon, elle contemplait un avenir d'où jaillissaient des lueurs rouges qui se reflétaient sur son visage rose, blanc et doré. Elle attendait! Cette image incarnait le songe qu'il avait fait un jour à côté d'Angiolina et que la fille du peuple n'avait pas compris.

Svevo, *Senilitá*, 1898.
Trad. P.-H. Michel, Éd. du Seuil, 1975.

Activités

1. **Relevez les marques textuelles indiquant que nous sommes à la fin d'un roman.**
2. **Appuyez-vous sur des exemples précis du texte pour montrer comment le personnage reconstruit imaginairement sa vie ?**
3. **En quoi ce passage vous paraît-il représentatif d'une écriture réaliste ? Justifiez votre réponse en vous appuyant sur la p. 339.**

Récits fantastiques

Devant la défection du réel et de l'Histoire, l'écrivain se tourne vers les prestiges de l'imaginaire, du rêve, de l'étrange. Le monde naturel se voit transfiguré par l'irruption du surnaturel.

CHAMISSO

Issu d'une famille française émigrée en Allemagne, Adelbert von Chamisso (1781-1838) fut tour à tour militaire, voyageur et directeur du Jardin botanique de Berlin. Il fréquenta les milieux littéraires allemands, le groupe de Coppet[1] et publia des études botaniques. Ses œuvres s'inspirent notamment de la tradition populaire germanique.

Peter Schlemihl

L'IRÉEL

L'Histoire étrange de Peter Schlemihl *évoque la destinée, vite promue au rang de mythe, de l'homme qui perd son ombre. Au début du roman, le héros est constamment suivi par un homme en gris…*

« Monsieur daignera-t-il excuser mon importunité, si, sans avoir l'honneur d'être connu de lui, j'ose me hasarder à l'aborder ? J'aurais une humble prière à lui faire. Si Monsieur voulait me faire la grâce…

– Mais, au nom de Dieu, Monsieur, – m'écriai-je en l'interrompant dans mon anxiété, – que puis-je pour un homme qui… ?

Nous demeurâmes court tous les deux, et je crois que la rougeur nous monta également au visage.

Après un intervalle de silence, il reprit la parole :

– Pendant le peu de moments que j'ai joui du bonheur de me trouver auprès de vous, j'ai, à plusieurs reprises… je vous demande mille excuses, Monsieur, si je prends la liberté de vous le dire… j'ai contemplé avec une admiration inexprimable l'ombre superbe que, sans aucune attention et avec un noble mépris, vous jetez à vos pieds… cette ombre même que voilà. Encore une fois, Monsieur, pardonnez à votre humble serviteur l'insigne témérité de sa proposition : daigneriez-vous consentir à traiter avec moi de ce trésor ? Pourriez-vous vous résoudre à me le céder ?

Il se tut, et j'hésitais à en croire mes oreilles.

– M'acheter mon ombre ? il est fou, » me dis-je en moi-même ; et d'un ton qui sentait peut-être un peu la pitié, je lui répondis :

– Eh ! mon ami, n'avez-vous donc point assez de votre ombre ? Quel étrange marché me proposez-vous !…

Il continua.

– J'ai dans ma poche bien des choses qui pourraient n'être pas indignes d'être offertes à Monsieur. Il n'est rien que je ne

1. Voir p. 334.

donne pour cette ombre inestimable ; rien à mes yeux n'en peut égaler le prix.

Une sueur froide ruissela sur tout mon corps lorsqu'il me fit ressouvenir de sa poche, et je ne compris plus comment j'avais pu le nommer mon ami. Je repris la parole, et tâchai de réparer ma faute à force de politesses.

– Mais, Monsieur – lui dis-je, – excusez votre humble serviteur ; sans doute que j'ai mal compris votre pensée. Comment mon ombre pourrait-elle… ?

Il m'interrompit :

– Je ne demande à Monsieur que de me permettre de ramasser ici son ombre et de la mettre dans ma poche ; quant à la manière dont je pourrai m'y prendre, c'est mon affaire. En échange, et pour prouver à Monsieur ma reconnaissance, je lui laisserai le choix entre plusieurs bijoux que j'ai avec moi : l'herbe précieuse du pêcheur Glaucus ; la racine de Circé ; les cinq sous du Juif-Errant ; le mouchoir du grand Albert ; la mandragore ; l'armet de Mambrin ; le rameau d'or ; le chapeau de Fortunatus, remis à neuf, et richement remonté, ou, si vous préfériez sa bourse…

– La bourse de Fortunatus ! m'écriai-je.

Et ce seul mot, quelle que fût d'ailleurs mon angoisse, m'avait tourné la tête. Il me prit des vertiges, et je crus entendre les doubles ducats tinter à mon oreille.

– Que Monsieur daigne examiner cette bourse et en faire l'essai.

Il tira en même temps de sa poche et remit entre mes mains un sac de maroquin à double couture et fermé par des courroies. J'y puisai, et en retirai dix pièces d'or, puis dix autres, puis encore dix, et toujours dix. Je lui tendis précipitamment la main.

– Tope ! dis-je, le marché est conclu ; pour cette bourse vous avez mon ombre.

Il me donna la main, et, sans plus de délai, se mit à genoux devant moi ; je le vis avec la plus merveilleuse adresse détacher légèrement mon ombre du gazon depuis la tête jusqu'aux pieds, la plier, la rouler, et la mettre enfin dans sa poche.

Il se releva quand il eut fini, s'inclina devant moi, et se retira dans le bosquet de roses. Je crois que je l'entendis rire en s'éloignant. Pour moi, je tenais ferme la bourse par les cordons ; la terre était également éclairée tout autour de moi, et je n'étais pas encore maître de mes sens.

Von Chamisso, *Peter Schlemihl*, 1824.
Trad. H. Von Chamisso.

Activités

1. **Relevez les marques caractéristiques du récit et du dialogue en commentant la place qui est faite à chacun d'eux.**
2. **En vous référant à la fiche [voir p. 379], dites si ce texte relève du fantastique.**
3. **En vous inspirant de ce texte, écrivez à votre tour un dialogue dans lequel un personnage mystérieux vous propose un marché diabolique.**
4. **Cherchez qui sont le pêcheur Glaucus (Glaucos), Circé, le Juif errant, le grand Albert, Mambrin et Fortunatus. Recherchez aussi ce que sont la Mandragore et le rameau d'or.**

Le fantastique

Étymologiquement, « fantastique » vient du grec *fantastikos*, relatif à l'imaginaire ; on peut aussi le rapprocher de *fantasma*, apparition, fantôme. Littérature de crise issue du roman gothique anglais au XVIIIe siècle, il connaît une grande vogue au XIXe siècle dans toute l'Europe.
En France, il s'enracine dans la réalité socio-culturelle et scientifique de l'époque, lié étroitement à l'engouement romantique pour le spiritisme*, l'illuminisme*, l'ésotérisme*, et aux premières études scientifiques sur la folie. Il accède au statut de genre littéraire avec l'article de Nodier (1830) : *Du fantastique en littérature*.

Le journal La Vie Populaire *de décembre 1886 dans lequel* Le Horla *de Maupassant parut en feuilleton.*

Caractéristiques

Le fantastique exploite l'expansion de l'individu aux réalités visibles et invisibles. Il exprime littérairement l'irruption du surnaturel dans le monde tangible. Il traduit la tension entre la réalité et les phénomènes paranormaux*. Son esthétique vise donc à évoquer l'inimaginable dans un cadre très réaliste. Il s'agit d'inscrire l'impensable dans le corps même du texte. D'où le recours fréquent à la première personne, au journal, à la lettre et, à l'inverse du merveilleux, son ancrage dans un présent contemporain.

Thèmes

Le fantastique exploite les franges incertaines qui réunissent des mondes incompatibles tels la vie et la mort. Il regorge de fantômes, de vampires, joue aussi sur l'opposition êtres animés/inanimés. Cimetières, ruines, imageries nocturnes, participent à une mise en scène où se dévoile la vacillation progressive de la raison.

« Le fantastique demande à la vérité une virginité d'imagination et de croyance qui manque aux littératures secondaires, et qui ne se reproduit chez elles qu'à la suite de ces révolutions dont le passage renouvelle tout ; mais alors, et quand les religions elles-mêmes, ébranlées jusque dans leurs fondements, ne parlent plus à l'imagination, ou ne portent que des notions confuses de jour en jour obscurcies par un scepticisme inquiet, il faut bien que cette faculté de produire le merveilleux dont la nature l'a douée s'exerce sur un genre de création plus vulgaire et mieux approprié aux besoins d'une intelligence matérialisée. L'apparition des fables recommence au moment où finit l'empire de ces vérités réelles ou convenues qui prêtent un reste d'âme au mécanisme usé de la civilisation. »

Nodier, *Du fantastique en littérature, 1830.*

Activités

1. Pouvez-vous dégager des caractéristiques communes entre les textes James p. 390, Maupassant p. 387, Nodier p. 383, Potocki p. 389, Poe p. 386. Lesquelles ?

NODIER

Franc-Comtois, hanté par le souvenir de la Révolution, devenu bibliothécaire à Paris, Charles Nodier (1780-1844) rassemble notamment dans son salon la jeune génération romantique. Après 1830, l'influence qu'il avait exercée grâce à ses conversations, articles et œuvres fantastiques, diminue. Il se réfugie dans l'écriture.

Inès de las Sierras

RENCONTRE

Un officier français accompagne au théâtre Estelle, la femme d'un de ses amis, pour y voir une chanteuse nommée Pedrina. Mais cette chanteuse n'est autre qu'Inès, celle-là même qu'il avait rencontrée deux ans auparavant, et qui était décédée depuis.

Le bruit même qui avait annoncé l'entrée de la Pedrina n'était pas parvenu à m'émouvoir ; je restais calme et les yeux à demi voilés de ma main, quand le silence profond qui avait remplacé cette émotion passagère fut rompu tout à coup par une voix qu'il ne m'était pas possible de méconnaître. La voix d'Inès n'avait jamais cessé de résonner à mon oreille ; elle me poursuivait dans mes méditations, elle me berçait dans mes songes, et la voix que j'entendais, c'était la voix d'Inès ! Je tressaillis, je poussai un cri, je m'élançai sur le devant de la loge, les regards arrêtés sur le théâtre. C'était Inès, Inès elle-même ! Mon premier mouvement fut de chercher, de recueillir autour de moi toutes les circonstances, tous les faits qui pouvaient me confirmer dans l'idée que j'étais à Barcelone, que j'étais à la comédie, que je n'étais pas comme tous les jours, depuis deux ans, la dupe de mon imagination ; qu'un de mes rêves habituels ne m'avait pas surpris. Je m'efforçai de me ressaisir à quelque chose qui pût me convaincre de la réalité de ma sensation. Je trouvai la main d'Estelle et je la pressai avec force.

– Eh bien ! dit-elle en souriant, vous étiez si sûr d'être prémuni contre les séductions d'une voix de femme ! la Pedrina prélude à peine, et vous voilà hors de vous !

– Êtes-vous certaine, Estelle, répliquai-je, que ce soit ici la Pedrina ? Savez-vous précisément si c'est une femme, une comédienne, ou si c'est une apparition ?

Nodier, *Inès de las Sierras*, 1837.

Activités

1. **Quels sont les différentes formes de discours utilisées dans ce passage ? (narratif, descriptif, etc.).**
2. **Quels sont les différentes étapes de la montée de l'émotion du narrateur dans le premier paragraphe ?**
3. **Repérez les indices et notations qui entretiennent l'illusion fantastique du lecteur.**

GAUTIER

Né à Tarbes, fervent admirateur de Hugo qu'il défend lors de la bataille d'*Hernani*, Théophile Gautier (1811-1872) fréquente un temps le Cénacle romantique puis chante les louanges de l'art pour l'art et de la beauté formelle. Il se partage entre voyages et littérature, publiant poésies, romans, feuilletons, articles.

La Morte amoureuse

NARRATION

Influencé par Hoffmann, Théophile Gautier privilégie dans ses récits fantastiques l'irruption du surnaturel dans un univers rationnel et familier. Dans La Morte amoureuse, *un jeune prêtre est troublé par une femme très belle, Clarimonde, dont il apprend qu'elle est une riche courtisane. Appelé au chevet de cette dernière, agonisante, il lui donne un baiser qui la ressuscite.*

Un matin, j'étais assis auprès de son lit, et je déjeunais sur une petite table pour ne la pas quitter d'une minute. En coupant un fruit, je me fis par hasard au doigt une entaille assez profonde. Le sang partit aussitôt en filets pourpres, et quelques gouttes rejaillirent sur Clarimonde. Ses yeux s'éclairèrent, sa physionomie prit une expression de joie féroce et sauvage que je ne lui avais jamais vue. Elle sauta à bas du lit avec une agilité animale, une agilité de singe ou de chat, et se précipita sur ma blessure qu'elle se mit à sucer avec un air d'indicible volupté. Elle avalait le sang par petites gorgées, lentement et précieusement, comme un gourmet qui savoure un vin de Xérès ou de Syracuse; elle clignait les yeux à demi, et la papille de ses prunelles vertes était devenue oblongue au lieu de ronde. De temps à autre, elle s'interrompait pour me baiser la main, puis elle recommençait à presser de ses lèvres les lèvres de la plaie pour en faire sortir encore quelques gouttes rouges. Quand elle vit que le sang ne venait plus, elle se releva l'œil humide et brillant, plus rose qu'une aurore de mai, la figure pleine, la main tiède et moite, enfin plus belle que jamais et dans un état parfait de santé.

– Je ne mourrai pas! je ne mourrai pas! dit-elle à moitié folle de joie et en se pendant à mon cou; je pourrai t'aimer encore longtemps. Ma vie est dans la tienne, et tout ce qui est moi vient de toi. Quelques gouttes de ton riche et noble sang, plus précieux et plus efficace que tous les élixirs du monde, m'ont rendu l'existence.

Cette scène me préoccupa longtemps et m'inspira d'étranges doutes à l'endroit de Clarimonde, et le soir même, lorsque le sommeil m'eut ramené à mon presbytère, je vis l'abbé Sérapion plus grave et plus soucieux que jamais. Il me regarda attentivement et me dit : « Non content de perdre votre âme, vous voulez aussi perdre votre corps. Infortuné jeune homme, dans quel piège êtes-vous tombé ! » Le ton dont il me dit ce peu de mots me frappa vivement ; mais, malgré sa vivacité, cette impression fut bientôt dissipée, et mille autres soins l'effacèrent de mon esprit. Cependant, un soir, je vis dans ma glace, dont elle n'avait pas calculé la perfide position, Clarimonde qui versait une poudre dans la coupe de vin épicé qu'elle avait coutume de préparer après le repas. Je pris la coupe, je feignis d'y porter mes lèvres, et je la posai sur quelque meuble comme pour l'achever plus tard à mon loisir, et, profitant d'un instant où la belle avait le dos tourné, j'en jetai le contenu sous la table ; après quoi je me retirai dans ma chambre et je me couchai, bien déterminé à ne pas dormir et à voir ce que tout cela deviendrait. Je n'attendis pas longtemps ; Clarimonde entra en robe de nuit, et, s'étant débarrassée de ses voiles, s'allongea dans le lit auprès de moi. Quand elle se fut bien assurée que je dormais, elle découvrit mon bras et tira une épingle d'or de sa tête ; puis elle se mit à murmurer à voix basse :

– Une goutte, rien qu'une petite goutte rouge, un rubis au bout de mon aiguille ! Puisque tu m'aimes encore, il ne faut pas que je meure… Ah ! pauvre amour ! Ton beau sang d'une couleur pourpre si éclatante, je vais le boire. Dors, mon seul bien ; dors, mon dieu, mon enfant ; je ne te ferai pas de mal, je ne prendrai de ta vie que ce qu'il faudra pour ne pas laisser éteindre la mienne.

Gautier, *La Morte amoureuse*, 1836-1839.

Activités

1. **Relevez les différents champs lexicaux du premier paragraphe. Qu'en concluez-vous ?**
2. **Pour quelle raison le narrateur assimile-t-il le sang au vin ?**
3. **Dans le dernier paragraphe, repérez tout ce qui contribue à une accélération temporelle. Quel est l'effet produit ?**
4.  **Imaginez les arguments de Clarimonde pour se justifier auprès de son amant en courroux, puis jouez la scène.**

POE

Poète, conteur et critique américain, Edgar Allan Poe (1809-1849) est marqué par l'idée de la mort. Ayant réussi à s'imposer en tant qu'auteur, il est cependant victime de son alcoolisme. Il est l'un des maîtres incontestés du fantastique.

Histoires extraordinaires

DESCRIPTION

Publié en 1841 dans le Graham's Magazine, *intégré en 1845 aux* Histoires extraordinaires *traduites par Baudelaire ultérieurement,* « Double assassinat dans la rue Morgue » *met en scène un policier amateur, Auguste Dupin, confronté à une énigme apparemment insoluble relatée dans un journal.*

Les fenêtres, dans la chambre de derrière et dans celle de face, étaient fermées et solidement assujetties en dedans. Une porte de communication était fermée, mais pas à clef. La porte qui conduit de la chambre du devant au corridor était fermée à clef, et la clef en dedans ; une petite pièce sur le devant de la maison, au quatrième étage, à l'entrée du corridor, ouverte, et la porte entrebâillée ; cette pièce, encombrée de vieux bois de lits, de malles, etc. On a soigneusement dérangé et visité tous ces objets. Il n'y a pas un pouce d'une partie quelconque de la maison qui n'ait été soigneusement visité. On a fait pénétrer des ramoneurs dans les cheminées. La maison est à quatre étages avec des mansardes. Une trappe qui donne sur le toit était condamnée et solidement fermée avec des clous ; elle ne semblait pas avoir été ouverte depuis des années. Les témoins varient sur la durée du temps écoulé entre le moment où l'on a entendu les voix qui se disputaient et celui où l'on a forcé la porte de la chambre. Quelques-uns l'évaluent très court, – deux ou trois minutes, – d'autres, cinq minutes. La porte ne fut ouverte qu'à grand-peine. […]

Paul Dumas, médecin, dépose qu'il a été appelé au point du jour pour examiner les cadavres. Ils gisaient tous les deux sur le fond de sangle du lit dans la chambre où avait été trouvée Mlle l'Espanaye. Le corps de la jeune dame était fortement meurtri et excorié[1]. Ces particularités s'expliquent suffisamment par le fait de son introduction dans la cheminée.

1. Écorché superficiellement.

La gorge était singulièrement écorchée. Il y avait, juste au-dessous du menton, plusieurs égratignures profondes, avec une rangée de taches livides, résultant évidemment de la pression des doigts. La face était affreusement décolorée, et les globes des yeux sortaient de la tête. La langue était coupée à moitié. Une large meurtrissure se manifestait au creux de l'estomac, produite, selon toute apparence, par la pression d'un genou. Dans l'opinion de M. Dumas, Mlle l'Espanaye avait été étranglée par un ou plusieurs individus inconnus.

Le corps de la mère était horriblement mutilé. Tous les os de la jambe et du bras gauche plus ou moins fracassés ; le tibia gauche brisé en esquilles, ainsi que les côtes du même côté. Tout le corps affreusement meurtri et décoloré. Il était impossible de dire comment de pareils coups avaient été portés. Une lourde massue de bois ou une large pince de fer, une arme grosse, pesante et contondante, aurait pu produire de pareils résultats, et encore, maniée par les mains d'un homme excessivement robuste. Avec n'importe quelle arme, aucune femme n'aurait pu frapper de tels coups. La tête de la défunte, quand le témoin la vit, était entièrement séparée du tronc, et, comme le reste, singulièrement broyée. La gorge évidemment avait été tranchée avec un instrument très affilé, très probablement un rasoir.

Alexandre Étienne, chirurgien, a été appelé en même temps que M. Dumas pour visiter les cadavres ; il confirme le témoignage et l'opinion de M. Dumas.

Quoique plusieurs autres personnes aient été interrogées, on n'a pu obtenir aucun autre renseignement d'une valeur quelconque. Jamais assassinat si mystérieux, si embrouillé n'a été commis à Paris, si toutefois il y a eu assassinat.

Poe, « Double assassinat dans la rue Morgue »
in *Histoires extraordinaires,* 1845.

Activités

1. **Relevez dans ce texte les indices de l'écriture journalistique.**
2. **Quels sont les éléments inexplicables du double meurtre ?**
3. **Quels indices dispose le lecteur (et donc le policier amateur) pour démarrer son enquête ?**
4. **Ce texte vous semble-t-il conforme au commencement d'un roman policier ?**
5. **Écrivez un article relatant la découverte sensationnelle d'un événement mystérieux.**

MAUPASSANT

Fils spirituel de Flaubert, patronné par Zola, Guy de Maupassant (1850-1893) est lancé par *Boule de Suif* (1880). Brillant journaliste et conteur, navigateur et voyageur, il vient au roman. La veine fantastique tend à transcrire les progrès de troubles mentaux qui le condamneront à l'internement.

Le Horla

ÉCRITURE DE SOI

Conte fantastique à couleur autobiographique, Le Horla *traite d'une forme de folie : le dédoublement de la personnalité.*

5 *juillet.* – Ai-je perdu la raison ? Ce qui s'est passé, ce que j'ai vu la nuit dernière est tellement étrange, que ma tête s'égare quand j'y songe !

Comme je le fais maintenant chaque soir, j'avais fermé ma porte à clef ; puis, ayant soif, je bus un demi-verre d'eau, et je remarquai par hasard que ma carafe était pleine jusqu'au bouchon de cristal.

Je me couchai ensuite et je tombai dans un de mes sommeils épouvantables, dont je fus tiré au bout de deux heures environ par une secousse plus affreuse encore.

Figurez-vous un homme qui dort, qu'on assassine, et qui se réveille avec un couteau dans le poumon, et qui râle couvert de sang, et qui ne peut plus respirer, et qui va mourir, et qui ne comprend pas – voilà.

Ayant enfin reconquis ma raison, j'eus soif de nouveau ; j'allumai une bougie et j'allai vers la table où était posée ma carafe. Je la soulevai en la penchant sur mon verre ; rien ne coula. – Elle était vide ! Elle était vide complètement ! D'abord, je n'y compris rien ; puis, tout à coup, je ressentis une émotion si terrible, que je dus m'asseoir, ou plutôt, que je tombai sur une chaise ! puis, je me redressai d'un saut pour regarder autour de moi ! puis je me rassis, éperdu d'étonnement et de peur, devant le cristal transparent ! Je le contemplais avec des yeux fixes, cherchant à deviner. Mes mains tremblaient ! On avait donc bu cette eau ? Qui ? Moi ? moi, sans doute ? Ce ne pouvait être que moi ? Alors, j'étais somnambule, je vivais, sans le savoir, de cette double vie mystérieuse qui fait douter s'il y a deux êtres en nous, ou si un être étranger, inconnaissable et invisible, anime, par moments, quand notre âme est engourdie, notre corps captif qui obéit à cet autre, comme à nous-mêmes, plus qu'à nous-mêmes.

Maupassant, *Le Horla*, 1887.

Activités

1. Quelles sont, dans le texte, les indices de l'irruption du fantastique ?

2. Comparez ce texte avec celui de Jules Renard [voir p. 327], celui d'Amiel [voir p. 326], et des Goncourt [voir p. 418].

3. L'entrée suivante du journal, datée du 6 juillet, commence par : « Je deviens fou ». Comment l'entrée du 5 juillet prépare-t-elle ce constat ? Quelle lumière cela apporte-t-il à la notion de fantastique dans ce texte ?

POTOCKI

Archéologue, le comte polonais Jan Potocki (1761-1815) a aussi écrit en français un roman, partiellement publié à Paris en 1813 mais redécouvert en 1958.

Le Manuscrit trouvé à Saragosse

ROMAN PICARESQUE

Lors de la première journée, le jeune officier français Alphonse van Worden traverse la sierra Morena de sinistre réputation et s'endort, lui semble-t-il, entre les bras de deux « belles cousines ».

Enfin je me réveillai réellement ; le soleil brûlait mes paupières. Je les ouvris avec peine. Je vis le ciel. Je vis que j'étais en plein air. Mais le sommeil appesantissait encore mes yeux. Je ne dormais plus, mais je n'étais pas encore éveillé. Des images de supplices se succédèrent les unes aux autres. J'en fus épouvanté. Je me soulevai en sursaut, et me mis sur mon séant…

Où trouverai-je des termes pour exprimer l'horreur dont je fus alors saisi ?… J'étais couché sous le gibet de Los Hermanos. Les cadavres des deux frères de Zoto[1] n'étaient point pendus, ils étaient couchés à mes côtés. J'avais apparemment passé la nuit avec eux. Je reposais sur des morceaux de cordes, des débris de roues, des restes de carcasses humaines, et sur les affreux haillons que la pourriture en avait détachés.

Je crus encore n'être pas bien éveillé et faire un rêve pénible. Je refermai les yeux et je cherchai dans ma mémoire où j'avais été la veille… Alors je sentis que des griffes s'enfonçaient dans mes flancs. Je vis qu'un vautour s'était perché sur moi et dévorait un des compagnons de ma couche. La douleur que me causait l'impression de ses serres acheva de me réveiller. Je vis que mes habits étaient près de moi, et je me hâtai de les mettre. Lorsque je fus habillé, je voulus sortir de l'enceinte du gibet, mais je trouvai la porte clouée, et j'essayai en vain de la rompre. Il me fallut donc grimper ces tristes murailles. J'y réussis et, m'appuyant sur une des colonnes de la potence, je me mis à considérer le pays des environs. Je m'y reconnus aisément. J'étais réellement à l'entrée de la vallée de Los Hermanos, et non loin des bords du Guadalquivir[2].

Potocki, *Le Manuscrit trouvé à Saragosse*, 1889.

Activités

1. **Relevez les marques de l'écriture fantastique dans ce texte. [voir p. 379]. En quoi le jeu des temps participe-t-il de ce fantastique ? Quels éléments contribuent à susciter l'épouvante ?**
2. **Comment la réalité s'inscrit-elle progressivement dans le texte ?**
3. **Renseignez-vous sur l'écriture à la première personne dans la littérature du XIXe siècle. De quelles pratiques ce texte vous semble-t-il se rapprocher le plus ?**

1. Brigand dont les exploits se déroulent dans la vallée de Los Hermanos (« les frères » en espagnol).
2. Fleuve du sud de l'Espagne.

JAMES

Romancier nord-américain, Henry James (1843-1916) découvrit sa vocation littéraire en lisant Balzac. Il vécut longtemps en Europe, et le contraste entre la société du nouveau monde et celle du vieux continent constitue un thème récurrent dans son œuvre.

Le Tour d'écrou

ÉCRITURE DE SOI

Cette histoire fantastique est racontée la veille de Noël par un narrateur qui lit le récit d'un témoin des événements : deux enfants, Miles et Flora sont possédés du démon et leur gouvernante – le témoin en question – tente de les soustraire à l'influence maléfique. Peu de temps après son arrivée, les enfants étant couchés, un fait étrange survient…

Quand, à la fin de ce long jour de juin, je m'arrêtai net en sortant d'un bosquet, en vue de la maison. Ce qui m'avait soudain immobilisée, en proie à un bouleversement plus violent que tout ce qu'une autre vision aurait pu produire, c'était la sensation que mon imagination était, en un éclair, devenue réalité. Il était vraiment là ! – mais très haut, au-delà de la pelouse, tout au sommet de la tour où m'avait conduite, le premier matin, Flora. Cette tour faisait pendant à une autre : deux constructions incongrues, carrées et crénelées, qu'on distinguait l'une de l'autre pour une quelconque raison, bien que j'y visse peu de différence, par les noms de « nouvelle » et d'« ancienne » tour. Elles flanquaient les deux extrémités opposées de la maison et étaient indiscutablement des absurdités architecturales, en partie sauvées par le fait qu'elles n'étaient pas totalement saillantes, ni d'une hauteur trop prétentieuse ; avec leur côté faussement moyenâgeux, elles dataient de la période romantique, déjà devenue un passé respectable. Je les admirais, elles m'avaient fait rêver comme, d'une certaine manière, elles nous séduisaient tous – spécialement quand elles émergeaient indistinctement de l'ombre – par la dimension de leurs véritables remparts. Toutefois, ce n'était pas à une telle hauteur que la silhouette que j'avais si souvent évoquée semblait le mieux à sa place.

Cette silhouette, dans le clair crépuscule, je m'en souviens, produisit en moi deux bouffées d'émotion distinctes, nettement liées aux chocs de ma première et de ma seconde surprise.

Cette seconde surprise fut la conscience brutale de l'erreur de la première : l'homme que rencontrait mon regard n'était pas celui que j'avais hâtivement supposé. J'en éprouvais un trouble de mes facultés visuelles dont, après toutes ces années, je ne peux espérer donner une représentation exacte. Un homme inconnu dans un endroit solitaire est un objet de frayeur bien compréhensible pour une jeune fille élevée au sein de sa famille, et la silhouette qui me faisait face – quelques secondes de plus suffirent à m'en persuader – n'était pas davantage celle de quiconque que je connusse que l'image qui avait habité mon esprit. Je ne l'avais pas vue à Harley Street[1], je ne l'avais vue nulle part. Qui plus est, l'endroit, de la manière la plus étrange, était devenu en un instant, et du seul fait de cette apparition, un lieu désolé. Pour moi qui fais ici cette relation avec une vigilance plus scrupuleuse que jamais, la sensation de ce moment resurgit tout entière. C'était comme si, pendant le moment où me frappait ce dont j'étais si violemment frappée, tout le reste de la scène avait été figé dans la mort. J'entend encore, en écrivant, le silence intense dans lequel sombrèrent les bruits du soir. Les corneilles cessèrent de croasser dans le ciel d'or et l'heure amicale perdit, pendant une indicible minute, toutes ses voix. Mais il n'y eut pas d'autre changement dans la nature, si ce n'est que je voyais avec une étrange acuité. Le ciel demeurait d'or, l'air transparent, et l'homme qui me regardait par-dessus les remparts était aussi distinct qu'un portrait dans son cadre.

James, *Le tour d'écrou*, 1898.
Trad. Monique Nemer, Éd. Stock, 1995.

1. Rue de Londres où résidaient les plus fameux médecins.

Activités

1. **Relevez toutes les marques du récit rétrospectif.**
2. **Comment se manifeste l'effort de la narratrice pour restituer et clarifier les sentiments éprouvés ?**
3. **Relevez tous les éléments qui ancrent ce texte dans la réalité et ceux qui participent de l'atmosphère d'étrangeté.**
4. **En vous inspirant de la fiche [voir p. 382] et en comparant ce texte avec celui de Jules Verne à la page suivante, précisez les différences entre l'étrange et le surnaturel.**

VERNE

Agent de change, passionné de physique et de géographie, Jules Verne (1828-1905), encouragé par l'éditeur Hetzel, se lance à partir de 1862 dans la rédaction des *Voyages extraordinaires dans les mondes connus et inconnus*, qui lui valent richesse et célébrité. Il se replie ensuite dans la solitude.

Le château des Carpathes

ROMAN NOIR

Publié en feuilleton dans Le Magasin d'éducation *puis en volume la même année,* Le Château des Carpathes, *selon l'auteur lui-même, n'est pas une histoire fantastique mais romanesque. Parvenu la nuit tombée à destination, devant le château, tandis que son compagnon Nic Deck dort, le docteur Patak ne parvient pas à trouver le sommeil.*

Minuit – c'était l'heure effrayante entre toutes, l'heure des apparitions, l'heure des maléfices. Que se passait-il donc ?

Le docteur venait de se relever, se demandant s'il était éveillé, ou s'il se trouvait sous l'influence d'un cauchemar.

En effet, là-haut, il crut voir – non ! il vit réellement – des formes étranges, éclairées d'une lumière spectrale, passer d'un horizon à l'autre, monter, s'abaisser, descendre avec les nuages. On eût dit des espèces de monstres, dragons à queue de serpent, hippogriffes[1] aux larges ailes, krakens[2] gigantesques, vampires énormes, qui s'abattaient comme pour le saisir de leurs griffes ou l'engloutir dans leurs mâchoires.

Puis, tout lui parut être en mouvement sur le plateau d'Orgall, les roches, les arbres qui se dressaient à sa lisière. Et très distinctement, des battements, jetés à petits intervalles, arrivèrent à son oreille.

– La cloche… murmure-t-il, la cloche du burg[3]. »

Oui ! c'est bien la cloche de la vieille chapelle, et non celle de l'église de Vulkan, dont le vent eût emporté les sons en une direction contraire.

Et voici que ses battements sont plus précipités… La main qui la met en branle ne sonne pas un glas de mort ! Non ! c'est un tocsin dont les coups haletants réveillent les échos de la frontière transylvaine.

En entendant ces vibrations lugubres, le docteur Patak est pris d'une peur convulsive, d'une insurmontable angoisse,

1. Monstre fabuleux ailé, moitié cheval et moitié griffon.
2. Monstres marins.
3. Mot allemand pour château-fort.

d'une irrésistible épouvante, qui lui fait courir de froides horripilations sur tout le corps.

Mais le forestier a été tiré de son sommeil par les volées terrifiantes de cette cloche. Il s'est redressé, tandis que le docteur Patak semble comme rentré en lui-même.

Nic Deck tend l'oreille, et ses yeux cherchent à percer les épaisses ténèbres qui recouvrent le burg.

« Cette cloche ! Cette cloche ! répète le docteur Patak. C'est le Chort[4] qui la sonne ! »

Décidément, il croit plus que jamais au diable, le pauvre docteur absolument affolé !

Le forestier, immobile, ne lui a pas répondu.

Soudain, des rugissements, semblables à ceux que jettent les sirènes marines à l'entrée des ports, se déchaînent en tumultueuses ondes. L'espace est ébranlé sur un large rayon par leurs souffles assourdissants.

Puis, une clarté jaillit du donjon central, une clarté intense, d'où sortent des éclats d'une pénétrante vivacité, des coruscations aveuglantes. Quel foyer produit cette puissante lumière, dont les irradiations se promènent en longues nappes à la surface du plateau d'Orgall ? De quelle fournaise s'échappe cette source photogénique, qui semble embraser les roches, en même temps qu'elle les baigne d'une lividité étrange ?

– Nic… Nic… s'écrie le docteur, regarde-moi ! Ne suis-je plus comme toi qu'un cadavre ?… »

En effet, le forestier et lui ont pris un aspect cadavérique, figure blafarde, yeux éteints, orbites vides, joues verdâtres au teint grivelé, cheveux ressemblant à ces mousses qui croissent, suivant la légende, sur le crâne des pendus…

Nic Deck est stupéfié de ce qu'il voit, comme de ce qu'il entend. Le docteur Patak, arrivé au dernier degré de l'effroi, a les muscles rétractés, le poil hérissé, la pupille dilatée, le corps pris d'une raideur tétanique. Comme dit le poète des *Contemplations*[5], il « respire de l'épouvante ! »

Une minute – une minute au plus – dura cet horrible phénomène. Puis, l'étrange lumière s'affaiblit graduellement, les mugissements s'éteignirent, et le plateau d'Orgall rentra dans le silence et l'obscurité.

Verne, *Le Château des Carpathes*, 1892.

Activités

1. **En vous appuyant sur les connecteurs logiques et spatio-temporels, dégagez les mouvements du texte.**
2. **Relevez les interventions du narrateur. Quels sont les indices qui vous permettent de le reconnaître ?**
3. **Relevez les éléments qui installent une atmosphère fantastique.**
4. **Dans la littérature fantastique, de l'étrange ou d'horreur, la Transylvanie est traditionnellement la terre des vampires. Quels vampires célèbres en sont-ils originaires ? Recherchez l'origine, l'évolution et les principales illustrations de ce mythe.**

4. Démon.
5. Victor Hugo.

Écritures de l'Histoire

Face à une Histoire au cours incertain, face à un monde en pleine transformation et à une géographie en expansion, l'écrivain se doit de situer son œuvre dans des cadres et des déterminismes nouveaux.

HEINE

Poète et journaliste allemand, auteur notamment du poème *La Lorelei*, européen convaincu, Heinrich Heine (1797-1856) fut un médiateur entre les cultures française et germanique.

De la France

TÉMOIGNAGE

De la France *recueille des articles en forme de lettres où Heine note ses observations critiques sur la France et les Français.*

Que les Français sont heureux ! Ils ne rêvent pas du tout, j'en ai la certitude ; et cette circonstance explique pourquoi ils agissent avec une sûreté si éveillée pendant le jour et ne s'engagent point en des pensées et des sentiments nébuleux et crépusculaires, dans l'art comme dans la vie. Dans les tragédies de nos grands poètes allemands, le songe, la rêverie, le pressentiment jouent un rôle important, dont les poètes tragiques français n'ont pas la moindre idée. Tout ce qu'on voit en ce genre dans les ouvrages modernes en France, ne répond ni aux sentiments de l'auteur ni à ceux du public. Cela n'est que senti à la suite des Allemands, et même, en fin de compte, il n'y a là qu'un pauvre larcin. Car les Français ne se bornent point à commettre des plagiats de pensées et d'images poétiques, d'idées et d'aperçus, ils nous volent aussi nos émotions, nos intimes dispositions, notre âme ; ils commettent des plagiats de sentiment. On s'en aperçoit principalement chez ceux d'entre eux qui copient le radotage religieux de l'école catholico-romantique du temps des Schlegel[1].

Les Français, sauf des exceptions rares, ne peuvent mentir à leur éducation. Ils sont tous plus ou moins matérialistes, selon qu'ils ont reçu plus ou moins longtemps cette éducation française, produit de la philosophie matérialiste. Aussi le charme de la naïveté, le langage secret de l'âme, l'intuition révélatrice, la faculté de s'identifier avec la nature sont interdits à leurs poètes. Ils n'ont que la réflexion, la passion et la sentimentalité.

Heine, *De la France*, IVe lettre, 1833. Trad. 1873.

Activités

1. **Quelle opposition entre les Français et les Allemands Heine établit-il ?**
2. **Pourquoi Heine dit-il que les Français ont reçu une éducation matérialiste ?**
3. **Écrivez, sous forme d'article de presse, une réponse d'un critique français à Heine.**

1. Les frères Friedrich (1772-1829) et August-Wilhelm (1767-1845) Schlegel furent les théoriciens les plus importants du romantisme allemand.

Le siècle de l'Histoire

Sous l'effet de la Révolution, les Français se tournent de plus en plus vers l'Histoire pour comprendre le présent. Intérêt pour le patrimoine, importance du roman historique, multiplications des sujets historiques dans les arts plastiques, goût de l'évasion, tout milite pour faire de l'Histoire une référence permanente. La science historique se développe, avec le recours aux documents, la mise au point de méthodes rigoureuses. Elle reste cependant parfois soumise aux orientations idéologiques des historiens, souvent engagés dans les combats de leur temps. Elle se définit aussi comme un art, répondant au défi posé par la nécessité de raconter et de faire revivre en même temps que d'analyser.

Paris en flammes pendant la Commune en 1871.

L'histoire narrative

Pratiquée par Barante, Augustin Thierry, Thiers, Mignet, Louis Blanc, Lamartine, elle s'attache notamment à évoquer la Révolution.

L'histoire philosophique

Également consacrée à la Révolution, représentée par Guizot, Tocqueville, Taine et Quinet, elle entend dégager les principes à l'œuvre dans la succession des événements, les causes et les effets, les lois du développement des sociétés.

L'histoire-résurrection

C'est la grande ambition de Michelet [voir p. 397]. Il présente son *Histoire de France* comme un récit et un système. Science, matière à philosopher, développant un humanisme, principe d'action, l'Histoire doit enseigner. Sous le Second Empire, à côté des grandes compilations, l'Histoire se tourne de plus en plus vers les époques anciennes de la France et les origines du christianisme (Ernest Renan). On peut parler de véritable mouvement documentaire, d'une érudition encadrée par la rigueur rationaliste.

« Toute autre histoire est mutilée, la nôtre seule est complète ; prenez l'histoire de l'Italie, il y manque les derniers siècles ; prenez l'histoire de l'Allemagne, de l'Angleterre, il y manque les premiers. Prenez celle de la France ; avec elle, vous savez le monde. Et dans cette grande tradition il n'y a pas seulement suite, mais progrès. La France a continué l'œuvre romaine et chrétienne. Le christianisme avait promis, et elle a tenu. L'égalité fraternelle, ajournée à l'autre vie, elle l'a enseignée au monde, comme la loi d'ici-bas. »

Michelet, *Le Peuple*, 1846.

Activités

1. Sur le thème des écritures d l'Histoire, lisez les textes de : Mme de Sévigné p. 178, Musset p. 323, Flaubert p 354, Michelet p. 397, Larousse p. 427 Dorgelès p. 502, Eluard p. 550.

MICHELET

Né avec la Révolution, professeur à l'École Normale Supérieure puis au Collège de France, Jules Michelet (1789-1874) conçoit une *Histoire de France* qu'il peut rédiger après sa révocation par Napoléon III. Il célèbre le Peuple, la Nation, les grandes forces de la nature, tout en s'attaquant aux préjugés.

De la Religion Nouvelle

DESCRIPTION

Michelet fait de son Histoire de la Révolution française *(1847-1853), le « drame final » et le fondement d'un « nouvel évangile de l'humanité ». Dans cette perspective, la fête de la Fédération du 14 juillet 1790 représente un symbole privilégié.*

Au milieu du Champ-de-Mars, s'élevait l'autel de la patrie ; devant l'École militaire, les gradins où devaient s'asseoir le Roi, l'Assemblée.

Tout cela fut long encore. Les premiers qui arrivèrent pour faire bon cœur contre la pluie et dépit au mauvais temps, se mirent bravement à danser. Leurs joyeuses farandoles, se déroulant en pleine boue, s'étendent, vont s'ajoutant sans cesse de nouveaux anneaux dont chacun est une province, un département ou plusieurs pays mêlés. La Bretagne danse avec la Bourgogne, la Flandre avec les Pyrénées… Nous les avons vus commencer, ces groupes, ces danses ondoyantes, dès l'hiver de 89. La farandole immense qui est formée peu à peu de la France tout entière, elle s'achève au Champ-de-Mars, elle expire… Voilà l'unité !

Adieu l'époque d'attente, d'aspiration, de désir, où tous rêvaient, cherchaient ce jour !… Le voici ! Que désirons-nous ? Pourquoi ces inquiétudes ? Hélas ! l'expérience du monde nous apprend cette chose triste, étrange à dire, et pourtant vraie, que l'union trop souvent diminue dans l'unité. La volonté de s'unir, c'était déjà l'unité des cœurs, la meilleure unité peut-être.

Mais silence ! le Roi arrive, il est assis, et l'Assemblée, et la Reine dans une tribune qui plane sur tout le reste.

Lafayette et son cheval blanc arrivent jusqu'au pied du trône ; le commandant met pied à terre et prend les ordres du Roi. À l'autel, parmi deux cents prêtres portant ceintures tricolores, monte d'une allure équivoque, d'un pied boiteux,

Talleyrand, évêque d'Autun : quel autre, mieux que lui doit officier, dès qu'il s'agit de serment ?

Douze cents musiciens jouaient, à peine entendus ; mais un silence se fait : quarante pièces de canon font trembler la terre. À cet éclat de la foudre, tous se lèvent, tous portent la main vers le ciel… Ô roi ! ô peuple ! attendez… Le ciel écoute, le soleil tout exprès perce le nuage… Prenez garde à vos serments !

Ah ! de quel cœur il jure, ce peuple ! Ah ! comme il est crédule encore !… Pourquoi donc le Roi ne lui donne-t-il pas ce bonheur de le voir jurer à l'autel ? Pourquoi jure-t-il à couvert, à l'ombre, à demi caché ? Sire, de grâce, levez haut la main, que tout le monde la voie !

Et vous, Madame, ce peuple enfant, si confiant, si aveugle, qui tout à l'heure dansait avec tant d'insouciance, entre son triste passé et son formidable avenir, ne vous fait-il pas pitié ?… Pourquoi dans vos beaux yeux bleus cette douteuse lueur ? Un royaliste l'a saisie : « Voyez-vous la magicienne ? » disait le comte de Virieu… Vos yeux ont-ils donc vu d'ici votre envoyé qui maintenant reçoit à Nice et félicite l'organisateur des massacres du Midi ? Ou bien, dans ces masses confuses, avez-vous cru voir de loin les armées de Léopold[1] ?

Écoutez !… Ceci, c'est la paix, mais une paix toute guerrière. Les trois millions d'hommes armés qui ont envoyé ceux-ci, ont entre eux plus de soldats que tous les rois de l'Europe. Ils offrent la paix fraternelle, mais n'en sont pas moins prêts au combat. Déjà plusieurs départements, Seine, Charente, Gironde, bien d'autres, veulent donner, armer, défrayer chacun six mille hommes pour aller à la frontière. Tout à l'heure les Marseillais vont demander à partir, ils renouvellent le serment des Phocéens leurs ancêtres, jetant une pierre à la mer et jurant, s'ils ne sont vainqueurs, de ne revenir qu'au jour où la pierre surnagera[2].

Michelet, *Histoire de la Révolution française*, livre III, chap. XII, 1847-1853.

Activités

1. **Quelles sont les positions physique et idéologique du narrateur ? Tout relève-t-il de la vérité historique ? Peut-on dire que l'auteur se comporte aussi en romancier ? Pourquoi ?**
2. **En observant la répartition des termes concrets et des termes abstraits, montrez le passage de la description à l'interprétation.**
3. **Constituez un dossier de textes comparant ce récit avec ceux faits de la même journée du 14 juillet 1790 chez les historiens français et étrangers du XIXe et du XXe siècle (par exemple Louis Blanc, Adolphe Thiers, Jean Jaurès, Albert Soboul, François Furet).**

1. Empereur d'Autriche, frère de la reine Marie-Antoinette.
2. Plutarque raconte comment les Phocéens, attaqués par les Perses, cinglèrent vers la Corse en jurant de ne plus revenir dans leur patrie.

DUMAS

Clerc de notaire à 15 ans, Alexandre Dumas (1802-1870) quitte Paris à 21 ans et mène sa vie comme un roman : aventures féminines, militaires, politiques, voyages, surendettement mais train de vie fastueux, production littéraire pléthorique. Spécialiste du roman historique, il est aussi un précurseur du drame romantique.

Le Vicomte de Bragelonne

ÉPOPÉE

De l'œuvre immense d'Alexandre Dumas, le cycle des Mousquetaires *reste sans doute le plus célèbre. Dernier roman de la trilogie,* Le Vicomte de Bragelonne *(1847-1848) retrace, pendant les premières années du règne de Louis XIV, la fin des aventures de d'Artagnan, Athos, Porthos et Aramis qui sera le seul à survivre. Lors d'un combat, Porthos et Aramis se trouvent dans une caverne à Locmaria, en Bretagne. Une explosion fait s'effondrer la paroi.*

Cet effroyable choc parut rendre à Porthos les forces qu'il avait perdues ; il se releva, géant lui-même entre ces géants. Mais, au moment où il fuyait entre la double haie de fantômes granitiques, ces derniers, qui n'étaient plus soutenus par les chaînons correspondants, commencèrent à rouler avec fracas autour de ce Titan qui semblait précipité du ciel au milieu des rochers qu'il venait de lancer contre lui.

Porthos sentit trembler sous ses pieds le sol ébranlé par ce long déchirement. Il étendit à droite et à gauche ses vastes mains pour repousser les rochers croulants. Un bloc gigantesque vint s'appuyer à chacune de ses paumes étendues ; il courba la tête, et une troisième masse granitique vint s'appesantir entre ses deux épaules.

Un instant, les bras de Porthos avaient plié ; mais l'hercule réunit toutes ses forces, et l'on vit les deux parois de cette prison dans laquelle il était enseveli s'écarter lentement et lui faire place. Un instant, il apparut dans cet encadrement de granit comme l'ange antique du chaos ; mais, en écartant les roches latérales, il ôta son point d'appui au monolithe[1], qui pesait sur ses fortes épaules, et le monolithe, s'appuyant de tout son poids, précipita le géant sur ses genoux. Les

1. Bloc composé d'une seule pierre.

roches latérales, un instant écartées, se rapprochèrent et vinrent ajouter leur poids au poids primitif qui eût suffi pour écraser dix hommes.

Le géant tomba sans crier à l'aide; il tomba en répondant à Aramis par des mots d'encouragement et d'espoir, car un instant, grâce au puissant arc-boutant[2] de ses mains, il put croire que, comme Encelade[3], il secouerait ce triple poids. Mais peu à peu, Aramis vit le bloc s'affaisser; les mains, crispées un instant, les bras roidis par un dernier effort, plièrent, les épaules tendues s'affaissèrent déchirées, et la roche continua de s'abaisser graduellement.

« Porthos ! Porthos ! criait Aramis en s'arrachant les cheveux, Porthos, où es-tu ? Parle !

– Là ! là ! murmurait Porthos d'une voix qui s'éteignait ; patience ! patience ! »

À peine acheva-t-il ce dernier mot : l'impulsion de la chute augmenta la pesanteur ; l'énorme roche s'abattit, pressée par les deux autres qui s'abattirent sur elle, et engloutit Porthos dans un sépulcre de pierres brisées.

En entendant la voix expirante de son ami, Aramis avait sauté à terre. Deux des Bretons le suivirent un levier à la main, un seul suffisant pour garder la barque. Les derniers râles du vaillant lutteur les guidèrent dans les décombres.

Aramis, étincelant, superbe, jeune comme à vingt ans, s'élança vers la triple masse, et de ses mains délicates, comme des mains de femme, leva par un miracle de vigueur un coin de l'immense sépulcre de granit. Alors, il entrevit dans les ténèbres de cette fosse l'œil encore brillant de son ami, à qui la masse soulevée un instant venait de rendre la respiration. Aussitôt les deux hommes se précipitèrent, se cramponnèrent au levier de fer, réunissant leur triple effort, non pas pour le soulever, mais pour le maintenir. Tout fut inutile, les trois hommes plièrent lentement avec des cris de douleur, et la rude voix de Porthos les voyant s'épuiser dans une lutte inutile, murmura d'un ton railleur ces mots suprêmes venus jusqu'aux lèvres avec la suprême respiration : « Trop lourd ! ».

Après quoi, l'œil s'obscurcit et se ferma, le visage devint pâle, la main blanchit, et le Titan se coucha, poussant un dernier soupir.

Dumas, *Le Vicomte de Bragelonne*, troisième partie, chap. 256, 1847-1848.

Activités

1. **Relevez tous les éléments (vocabulaire, syntaxe, figures de style, etc.) qui donnent à ce texte une tonalité épique. Quel effet cela produit-il sur le lecteur ?**
2. **Quels champs lexicaux organisent le récit de la mort de Porthos ?**
3. **Imaginez le plaidoyer d'Aramis justifiant auprès d'Athos et d'Artagnan son incapacité à sauver Porthos.**
4. **Comparez ce récit avec celui de la mort de Gavroche [voir p. 312]. Mettez en évidence le pathétique.**

2. En architecture, construction en forme de demi-arc à l'extérieur, qui sert à soutenir un mur.
3. Un des géants qui combattirent Zeus et assaillirent l'Olympe.

FLAUBERT

Gustave Flaubert (1821-1880) se passionne très tôt pour la littérature. Il partage l'exaltation romantique de sa génération tout en restant soucieux d'exprimer le réel par le moyen d'un style parfait. Atteint d'une maladie nerveuse, il est contraint de se retirer dans la maison familiale du Croisset où il se consacre à l'écriture.

Salammbô

RENCONTRE AMOUREUSE

Reconstitution historique de Carthage au temps d'Hamilcar, Salammbô *est avant tout un roman épique, où se déploient les fastes de l'exotisme et le récit d'une passion impossible. Mâtho, le chef barbare, a dérobé le voile sacré de Tanit, déesse protectrice de la cité, dont la prêtresse Salammbô est la gardienne.*

Mâtho n'entendait pas ; il la contemplait, et les vêtements, pour lui, se confondaient avec le corps. La moire des étoffes était, comme la splendeur de sa peau, quelque chose de spécial et n'appartenant qu'à elle. Ses yeux, ses diamants étincelaient ; le poli de ses ongles continuait la finesse des pierres qui chargeaient ses doigts ; les agrafes de sa tunique, soulevant un peu de ses seins, les rapprochaient l'un de l'autre, et il se perdait par la pensée dans leur étroit intervalle, où descendait un fil tenant une plaque d'émeraudes, que l'on apercevait plus bas sous la gaze violette. Elle avait pour pendants d'oreilles de petites balances de saphir supportant une perle creuse, pleine d'un parfum liquide. Par les trous de la perle, de moment en moment, une gouttelette qui tombait mouillait son épaule nue. Mâtho la regardait tomber.

Une curiosité indomptable l'entraîna ; et, comme un enfant qui porte la main sur un fruit inconnu, tout tremblant, du bout de son doigt, il la toucha légèrement sur le haut de sa poitrine ; la chair un peu froide céda avec une résistance élastique.

Ce contact, à peine sensible pourtant, ébranla Mâtho jusqu'au fond de lui-même. Un soulèvement de tout son être le précipitait vers elle. Il aurait voulu l'envelopper, l'absorber, la boire. Sa poitrine haletait, il claquait des dents.

En la prenant par les deux poignets, il l'attira doucement, et il s'assit alors sur une cuirasse, près du lit de palmier que couvrait une peau de lion. Elle était debout. Il la regardait de bas en haut, en la tenant ainsi entre ses jambes, et il répétait :

« Comme tu es belle ! comme tu es belle ! »

Ses yeux continuellement fixés sur les siens la faisaient souffrir ; et ce malaise, cette répugnance augmentaient d'une façon si aiguë que Salammbô se retenait pour ne pas crier. La pensée de Schahabarim[1] lui revint ; elle se résigna.

Mâtho gardait toujours ses petites mains dans les siennes ; et, de temps à autre, malgré l'ordre du prêtre, en tournant le visage, elle tâchait de l'écarter avec des secousses de ses bras. Il ouvrait les narines pour mieux humer le parfum s'exhalant de sa personne. C'était une émanation indéfinissable, fraîche, et cependant qui étourdissait comme la fumée d'une cassolette. Elle sentait le miel, le poivre, l'encens, les roses, et une autre odeur encore.

Mais comment se trouvait-elle près de lui, dans sa tente, à sa discrétion ? Quelqu'un, sans doute, l'avait poussée ? Elle n'était pas venue pour le zaïmph[2] ? Ses bras retombèrent, et il baissa la tête, accablé par une rêverie soudaine.

Salammbô, afin de l'attendrir, lui dit d'une voix plaintive :

« Que t'ai-je donc fait pour que tu veuilles ma mort ? »

« Ta mort ! »

Elle reprit :

« Je t'ai aperçu un soir, à la lueur de mes jardins qui brûlaient, entre des coupes fumantes et mes esclaves égorgés, et ta colère était si forte que tu as bondi vers moi et qu'il a fallu m'enfuir ! Puis une terreur est entrée dans Carthage. On criait la dévastation des villes, l'incendie des campagnes, le massacre des soldats ; c'est toi qui les avais perdus, c'est toi qui les avais assassinés ! Je te hais ! Ton nom seul me ronge comme un remords. Tu es plus exécré que la peste et que la guerre romaine ! Les provinces tressaillent de ta fureur, les sillons sont pleins de cadavres ! J'ai suivi la trace de tes feux, comme si je marchais derrière Moloch[3] ! »

Mâtho se leva d'un bond ; un orgueil colossal lui gonflait le cœur ; il se trouvait haussé à la taille d'un dieu.

Flaubert, *Salammbô*, chap XI, 1862.

Activités

1. **Quels sont les différentes formess de discours dans ce texte ? (narratif, descriptif, dialogique, etc.)**
2. **Quels éléments contribuent-ils à créer une atmosphère lourdement sensuelle ?**
3. **En observant la situation d'énonciation, la progression du texte, la répartition de la parole, le contenu des propos, précisez quels rapports entretiennent les personnages.**
4. **Racontez la scène du point de vue de Salammbô.**

1. Grand prêtre de Tanit qui a donné l'ordre à Salammbô de récupérer le zaïmph.
2. Manteau sacré.
3. Dieu carthaginois. En fait, il s'agirait de « molk », le don, l'offrande fait sur le tophet, sanctuaire du sacrifice.

BARBEY D'AUREVILLY

D'une famille monarchiste, Jules Barbey d'Aurevilly (1808-1889) rompt avec elle et mène une vie de dandy à Paris où il affiche ses opinions ultra-royalistes. Catholique intransigeant, polémiste redouté, journaliste brillant, il cultive provocation littéraire et paradoxe, s'attirant ainsi amitiés et haines solides.

Le Chevalier des Touches

INCIPIT

Initialement, Le Chevalier des Touches *était l'un des romans d'une vaste fresque romanesque intitulée* Ouest *qui devait évoquer « la guerre de la Chouannerie ». Cet incipit nous situe d'emblée dans une Normandie restée fidèle aux valeurs aristocratiques, dont la petite ville de Valognes est particulièrement représentative.*

C'était vers les dernières années de la Restauration. La demie de huit heures, comme on dit dans l'Ouest, venait de sonner au clocher, pointu comme une aiguille et vitré comme une lanterne, de l'aristocratique petite ville de Valognes.

Le bruit de deux sabots traînants, que la terreur ou le mauvais temps semblaient hâter dans leur marche mal assurée, troublait seul le silence de la place des Capucins, déserte et morne alors comme la *lande du Gibet* elle-même. Tous ceux qui connaissent le pays n'ignorent pas que la *lande du Gibet*, ainsi appelée parce qu'on y pendait autrefois, est un terrain qui fut longtemps abandonné, à droite de la route qui va de Valognes à Saint-Sauveur-le-Vicomte, et qu'une superstition traditionnelle le faisait éviter au voyageur… Quoique en aucun pays, du reste, huit heures et demie ne soient une heure indue et tardive, la pluie, qui était tombée, ce jour-là, sans interruption, la nuit, – on était en décembre, – et aussi les mœurs de cette petite ville, aisée, indolente et bien close, expliquaient la solitude de la place des Capucins et pouvaient justifier l'étonnement du bourgeois rentré, qui peut-être, accoté sous ses contrevents strictement fermés, entendait de loin ces deux sabots, grinçants et haletants sur le pavé humide, et au son desquels un autre bruit vint impétueusement se mêler.

Sans doute, en tournant la place, sablée à son centre et pavée sur ses quatre faces, et en longeant la porte cochère

Une plaine lugubre au coucher du soleil, peinture de Joseph Heydendhal (1844-1906).

vert bouteille de l'hôtel de M. de Mesnilhouseau, qu'on avait, à cause de sa meute, surnommé Mesnilhouseau des chiens, les sabots qu'on entendait réveillèrent cette compagnie des gardes endormie ; car de longs hurlements éclatèrent par-dessus les murs de la cour et se prolongèrent avec la mélancolie désolée qui caractérise le hurlement des chiens dans la nuit. Ce long pleur monotone et désespéré des chiens qui essayèrent de fourrer leur nez et leurs pattes sous la colossale porte cochère, comme s'ils avaient senti sur la place quelque chose d'insolite et de formidable, cette noire soirée, ce vent dans la pluie, cette place solitaire qui n'était pas grande, il est vrai, mais qui, de riante qu'elle était autrefois, quand elle ressemblait à un square anglais, avec ses arbres plantés en carré et ses blanches balises, était devenue presque terrible depuis qu'en 182… on avait dressé au milieu une croix sur laquelle, colorié grossièrement, se tordait, en saignant, un Christ de grandeur naturelle ; tous ces accidents, tous ces détails, pouvaient réellement impressionner le passant aux sabots qui marchait sous son parapluie incliné contre le vent, et dont l'eau qui tombait frappait la soie tendue de ses gouttes sonores, comme si elles eussent été des grains de cristal.

Barbey d'Aurevilly, *Le Chevalier des Touches*, chap I, 1863.

Activités

1. **Relevez les éléments textuels caractéristiques de l'ouverture d'un roman.**
2. **Relevez tous les traits spécifiques d'un texte descriptif. Quelle atmosphère se dégage de cette description ?**
3. **Quelle importance la figure du Christ prend-elle à la fin de ce passage ?**
4. **En vous référant à la fiche sur le roman [voir p. 350], précisez en quoi cet incipit présente les traits d'un roman historique.**

HUGO

Poète et homme politique, Victor Hugo (1802-1885) représente peut-être à lui seul le XIXe siècle. Chef de file des romantiques, il explore tous les genres littéraires, du théâtre à la poésie en passant par le roman.

Quatrevingt-treize

MORALE

Ce roman fait, en quelque sorte, le bilan hugolien de la Révolution Française, en abordant de front la terrible énigme de la Terreur. Condamné à mort par Cimourdain, représentant du Comité de Salut public, Gauvain, avant d'être exécuté, a un ultime entretien avec son ancien précepteur.

Gauvain disait :

– Les grandes choses s'ébauchent. Ce que la révolution fait en ce moment est mystérieux. Derrière l'œuvre visible il y a l'œuvre invisible. L'une cache l'autre. L'œuvre visible est farouche, l'œuvre invisible est sublime. En cet instant je distingue tout très nettement. C'est étrange et beau. Il a bien fallu se servir des matériaux du passé. De là cet extraordinaire 93. Sous un échafaudage de barbarie se construit un temple de civilisation.

– Oui, répondit Cimourdain. De ce provisoire sortira le définitif. Le définitif, c'est-à-dire le droit et le devoir parallèles, l'impôt proportionnel et progressif, le service militaire obligatoire, le nivellement, aucune déviation, et, au-dessus de tous et de tout, cette ligne droite, la loi. La république de l'absolu.

– Je préfère, dit Gauvain, la république de l'idéal.

Il s'interrompit, puis continua :

– Ô mon maître, dans tout ce que vous venez de dire, où placez-vous le dévouement, le sacrifice, l'abnégation, l'entrelacement magnanime des bienveillances, l'amour ? Mettre tout en équilibre, c'est bien ; mettre tout en harmonie, c'est mieux. Au-dessus de la balance il y a la lyre. Votre république dose, mesure et règle l'homme ; la mienne l'emporte en plein azur ; c'est la différence qu'il y a entre un théorème et un aigle.

– Tu te perds dans le nuage.

– Et vous dans le calcul.

Hugo, *Quatrevingt-treize*, 1874.

Activités

1. **Quelles différences peut-on voir entre les deux utopies développées respectivement par Gauvain et Cimourdain ?**
2. **Comment le dialogue progresse-t-il ? (relances, reprises, questions, objections)**
3. **Quelle est la figure rhétorique la plus utilisée dans ce texte ?**

TOLSTOÏ

Romancier, dramaturge et conteur, Léon Tolstoï (1828-1910) est d'origine noble. Soucieux du sort des paysans, engagé volontaire dans l'armée russe, il connaît une gloire mondiale comme écrivain. Une crise morale le conduit à la foi. Tiraillé entre sa vie facile et ses exigences morales, il meurt dans la solitude.

Guerre et Paix

ÉPOPÉE

Guerre et Paix, *sur fond d'événements historiques, met en scène les aventures de deux familles de la noblesse russe. En 1812, Napoléon et sa grande armée ont envahi la Russie. Ils sont aux portes de Moscou.*

À la vue de cette ville étrange, d'une architecture inconnue et insolite, Napoléon éprouvait cette curiosité un peu envieuse et inquiète qu'éprouvent les hommes à la vue des formes d'une vie étrangère qui les ignore. À n'en pas douter, cette ville vivait de toutes les forces de sa vie propre. À ces signes indéfinissables auxquels, à une grande distance, on distingue sans se tromper un corps vivant d'un cadavre, Napoléon voyait du mont Poklonni palpiter la vie de la ville et sentait comme le souffle de ce grand et beau corps.

« *Cette ville asiatique aux innombrables églises, Moscou la sainte. La voilà donc enfin, cette fameuse ville! Il était temps.* » dit Napoléon, et, mettant pied à terre, il fit déployer devant lui un plan de cette Moscou et appela l'interprète Lelorme d'Ideville. « *Une ville occupée par l'ennemi ressemble à une fille qui a perdu son honneur.* » pensait-il (comme il l'avait dit à Toutchkov à Smolensk). Et c'est sous cet angle qu'il contemplait la beauté orientale étendue devant lui et qu'il voyait pour la première fois. Même à lui, la réalisation d'un rêve depuis longtemps caressé et qu'il avait cru irréalisable semblait étrange. Dans la clarté limpide du matin, il regardait tantôt la ville, tantôt le plan, vérifiant les détails, et la certitude de la possession le remplissait d'émotion et d'effroi.

« Mais pouvait-il en être autrement? se dit-il. La voici cette capitale; elle est à mes pieds, attendant son sort. Où est maintenant Alexandre[1] et que pense-t-il? Quelle ville étrange, belle, majestueuse! Et quel instant étrange et majestueux! Sous quel jour me voient-ils! se demandait-il en pen-

1. Alexandre 1er, empereur de Russie de 1801 à 1825.

Napoléon à la porte de Kagpoula à Moscou le 19 octobre 1812. C.-W. Von Faber du Faur.

sant à ses soldats. La voici, la récompense pour tous ces gens de peu de foi, et il jetait un regard sur son entourage et sur les troupes qui approchaient et s'alignaient. Un seul mot de moi, un seul geste de ma main et elle est perdue, cette antique capitale des Czars [2]. *Mais ma clémence est toujours prompte à descendre sur les vaincus*. Je dois faire preuve de magnanimité et de vraie grandeur… Mais non, il n'est pas vrai que je sois à Moscou, songeait-il soudain. Pourtant, la voici à mes pieds avec ses coupoles dorées et ses croix qui jouent et vibrent dans le soleil. Mais je l'épargnerai. Sur ces antiques monuments de la barbarie et du despotisme, j'inscrirai les grands mots de justice et de clémence. C'est à cela qu'Alexandre sera le plus douloureusement sensible, je le connais » (Il semblait à Napoléon que l'essentiel de ce qui se passait consistait en une lutte personnelle entre lui et Alexandre.). « Du haut du Kremlin – oui c'est bien là le Kremlin, oui – je leur donnerai de justes lois, je leur montrerai ce qu'est la vraie civilisation, je forcerai des générations de boyards à rappeler avec amour le nom de leur vainqueur. Je dirai à la députation que je ne voulais pas et que je ne veux pas la guerre ; que je n'ai fait la guerre qu'à la politique perfide de leur Cour, que j'aime et respecte Alexandre et que j'accepterai à Moscou des offres de paix dignes de moi et de mes peuples. Je ne veux pas profiter de la fortune de la guerre pour humilier un souverain respecté. « Boyards[3], leur dirai-je, je ne veux pas la guerre, je veux la paix et le bien-être de tous mes sujets. » D'ailleurs, je sais que leur présence m'inspirera et que je leur parlerai comme je parle toujours : clairement, solennellement et avec grandeur. Mais est-il possible que je sois vraiment à Moscou ? Oui, la voici ! »

Tolstoï, *Guerre et Paix*, 1878.
Trad. E. Huertik, Éd. Livre de Poche, 1968.

Activités

1. **Suivez le mouvement du texte et déterminez les différents points de vue et discours à l'œuvre.**
2. **Par quels moyens (lexique, syntaxe, etc.) le romancier fait-il ressortir le caractère grandiose de ce moment historique ?**
3. **Quel portrait moral, historique et politique de l'Empereur nous est-il donné ici ?**
4. **Rapprochez ce texte des autres textes évoquant la légende napoléonienne [voir pp. 323, 427, et 429]. Complétez ce panorama en recherchant d'autres œuvres littéraires évoquant la figure de Napoléon.**

2. Orthographe de « tsar » plus proche de la prononciation russe de ce mot.
3. Ancien mot pour « nobles » en Russie.

FROMENTIN

Peintre et écrivain, Eugène Fromentin (1820-1876), auteur notamment d'un important roman d'éducation sentimentale à forte teneur autobiographique, *Dominique* (1863), occupe une place essentielle dans la diffusion de l'orientalisme au XIXe siècle.

VOYAGE

Voyage en Égypte

Outre Un été dans le Sahara *(1857) et* Une année dans le Sahel *(1859), Fromentin a laissé un* Voyage en Égypte. *Il faisait partie de la délégation officielle que la France envoya pour l'inauguration du canal de Suez en novembre 1869.*

Sur le Nil, 22 octobre, vendredi

Levé l'ancre à 6 heures et demie. Temps couvert après une nuit extrêmement humide. Air tiède, pas l'ombre de vent ; le Nil fauve, glacé de gris. Village de Ghezir. Nous prenons le grand bras du fleuve en dehors de l'île de Rhoda. On aperçoit les pyramides. Le Vieux-Caire à gauche avec sa multitude de canges[1]. À droite, à 2 000 mètres environ (le Nil est immense), la longue et épaisse forêt de Bedrechein. Au-dessus du vert sombre, les cônes éclairés de rose des deux grandes pyramides.

À gauche, longue chaîne aride surmontée de moulins. L'inondation s'étend jusqu'au pied. Hots de verdure, sycomores, palmiers à base submergée.

Canges chargées de buffles, toutes noires dans des eaux agitées et sombres. Vagues rousses. Le fleuve se dégrade de l'ocre au brun douteux, violet, roussâtre, gris-bleu ; il rejoint l'horizon dans la brume. Au milieu du fleuve, un îlot couvert de roseaux jaune et vert blanchâtre.

Le Nil s'élargit encore.

Les trois pyramides sont visibles depuis la base. Le désert autour et au-delà. La trépidation du bateau est insupportable. Autre îlot étroit et long chargé de « canouchs[2] » verts, frais. Nous remorquons d'abord une cange de provisions. Derrière, la grande « dahahieh » de Mme Chabert, elle est verte à tente grise, vergues vertes, bas du mât rouge, rouf[3] ocre pur.

Le soleil paraît. Le Nil du côté du Caire, au Nord-Ouest, est ocre de rue. Magnifique morceau de collines calcaires. Le

1. Barques à voiles utilisées sur le Nil, notamment pour transporter les voyageurs.
2. D'après l'arabe, palmiers-dattiers.
3. Petite construction élevée sur le pont d'un bateau, moins large qu'une dunette.

Les pyramides d'Égypte, photo de la fin du XIX*e siècle.*

bateau des Allemands marche en avant. Nous le rejoignons. Il remorque une grande cange. Toujours sur la rive droite, à l'horizon, une ligne épaisse de dattiers, rideau dentelé de vapeurs grisâtres. Les canouchs au soleil du vert le plus vif. Dernière et magnifique vue du Caire. La citadelle au fond, le désert, les tombeaux des Mamlouks, la haute chaîne des calcaires. Distance 12 kilomètres ; tout cela, cendre chaude, cendre pâle, cendre bleue.

Les nuages se dissipent. Il en reste un rideau sans épaisseur au Nord. Au levant, de légers flocons ; au Sud, pas une trace. Le brouillard des horizons se dissipe à mesure. Les collines se nuancent de gris, de jaune clair, de violet, de gris bleuâtre, arêtes vives. Au-dessous du soleil, bande ferme de dessin, de couleur neutre. Le large miroitement du Nil, sous le soleil, est éblouissant. Villages de fellahs[4], isolés sur des îlots, avec quelques palmiers, des sycomores.

À droite, un rideau de palmiers très voisin de nous. Troncs tout gris, sommets inclinés vers le Sud, vert fade.

Grande force de tous les tons. Une voile de cange enlevée sur les fonds. Dans un espace libre entre le rideau de palmiers, petites pyramides d'Abou-Sir posées sur les mamelons du désert. Très loin dans la brune grise et rose, je les vois de ma cabine. Le rideau vert recommence. Neuf heures. Charmant village fellah inondé. Palmiers dans l'eau, nous les longeons à les toucher.

À gauche, nouvelle chaîne rocheuse plus voisine, très abrupte, très déchirée. Au-dessous, village bas dans des arbres noirs.

Fromentin, *Voyage en Égypte*, Éd. posthume, 1935.

4. Paysans égyptiens.

Activités

1. **Comment ce texte s'organise-t-il ? Peut-on parler de « carnet de notes » ?**
2. **Quelles notations montrent-elles que l'auteur jette sur le paysage un regard de peintre ?**
3.  **Réécrivez ce passage en rétablissant les verbes et les liens syntaxiques.**

Échos de la vie littéraire

Sous l'effet de la professionnalisation de l'écrivain et de l'importance sociale prise par ces détenteurs du pouvoir spirituel que sont les auteurs, la littérature a tendance à se prendre de plus en plus elle-même pour objet : on écrit sur l'écrivain, sur l'écrivain en train d'écrire, sur le contenu de ses écrits, etc.

SOUVESTRE

Le XIXe siècle est le grand siècle de la presse **[voir pp. 413 et 425]**. De nombreux écrivains sont, comme Émile Souvestre (1806-1854), en même temps journalistes ou chroniqueurs et les différents genres de l'écriture journalistique s'imposent comme de véritables pratiques littéraires.

Un nouveau poète

TÉMOIGNAGE

Cet article met en scène la visite du jeune auteur chez Nodier, dans son salon de la bibliothèque de l'Arsenal, qui connut sa pleine gloire de 1824 à 1834. En voici un extrait.

Le maître de maison s'avança vers moi avec cet air de franchise, d'abandon et de loyauté dont je commençais à me déshabituer depuis mon arrivée à Paris ; il me prit la main, qu'il me serra comme aurait pu le faire un simple provincial ; et me forçant à traverser l'appartement, il me présenta à sa famille. Je vis là ce *bel ange aux yeux noirs*, que je connaissais déjà par les vers de Mme Tastu[1], et il me sembla voir réalisée une de ces figures gracieuses et aériennes que j'avais tant de fois admirées dans les compositions des poètes. C'était la malicieuse finesse du *Lutin d'Argail*[2], tempérée par la céleste mélancolie de *Thérèse*[3]. Poésie, grâce, candeur, charme inexprimable, il y avait de tout cela, plus que tout cela dans cette figure belle comme un rêve. Je restai dans une contemplation muette, et je ne sais combien de temps elle eût duré, si la voix de mon hôte ne m'eût retiré de mon extase en me nommant les personnes qui entraient successivement. C'était comme une revue de toute cette jeune littérature à la fois si noble et si ingénue, si sévère et si embaumée, qui, sur les débris encore mouvants de la Révolution, s'est élevée blanche et belle comme ces fleurs mystérieuses que les temps antiques voyaient croître sur certaines tombes. J'écoutais avec admiration tous ces noms connus de moi ; je regardais avec une curiosité enfantine ces hommes dont j'avais lu les vers tant de fois ; je cherchais sur les traits de chacun d'eux quelque chose de la physionomie idéale que de loin mon imagination leur avait prêtée. Obscur et rude armoricain, j'étais là au milieu de génie, de gloire et de poésie, et j'éprouvais cette espèce d'enivrement éblouissant que cause un spectacle inaccoutumé. Je

1. Poétesse et polygraphe (1798-1885).
2 et 3. Il s'agit de deux œuvres de Nodier.

Exemple d'un salon littéraire au XIXe siècle : le salon de la Comtesse Potocka (1886-1887). Paris, Musée Carnavalet.

m'étais retiré dans un coin du salon, d'où mes regards se promenaient partout, et où je pouvais, dans l'isolement, recevoir chaque impression, en jouir à l'aise. Mes yeux s'arrêtèrent sur un groupe placé devant moi ; au fond, sous un rideau négligemment relevé, près d'une glace qui, comme un foyer étincelant, reflétait les vingt bougies allumées, était assis un jeune homme à la pose nonchalante et aux fraîches couleurs ; près de lui se trouvait une jeune femme dans toute sa beauté de nouvelle épouse, et entre eux un bel et joyeux enfant qui cachait sa tête blonde entre les bras de sa mère. Ce groupe me frappa : on eût dit le modèle de l'une de ces compositions de Devéria, où les lumières se jouent avec tant de profusion au milieu de draperies somptueuses et de figures épanouies, où chaque point scintille à l'œil en teintes riches, soyeuses, éblouissantes, sans ombre mollement dégradée, mystérieusement noyées dans un *clair-obscur*. Tout était bonheur dans ce tableau, mais bonheur positif ; c'était de la santé, du contentement, du bien-être sans rêveuse joie ni languissante ivresse. – Je me penchai vers le maître de maison, et je lui demandai le nom de ce couple heureux. – Victor Hugo. – Je reculai de surprise…

Souvestre, « Souvenir. Un nouveau poète » in *Le Lycée armoricain*, août-sept. 1832.

Activités

1. Étudiez la composition du texte. En quoi est-elle conforme aux principes du compte-rendu d'une visite ?

2. Relevez les formules louangeuses, les hyperboles, la fréquence des épithètes. Qu'en concluez-vous ?

3. Comment la « nouvelle littérature » est-elle définie ? De quel mouvement s'agit-il ?

Le journaliste

Le journaliste politique et le journaliste littéraire. Surveillée par la censure, la presse, prière quotidienne de l'homme moderne, conteste, polémique, juge. Elle accorde une grande place à la politique et à la littérature. Avec des différences selon les moments du siècle, il n'existe guère de barrière entre création littéraire, occupations éditoriales, activité politique, critique et journalisme. Le développement de la presse ne fait que renforcer les liens entre journalisme et littérature, entre écrivain et journaliste. Repoussoir ou figure prestigieuse, redouté et haï, pleinement intégré aux circuits économiques du papier imprimé, celui-ci domine le siècle. Quelques pratiques spécifiques peuvent être distinguées :

La rédaction du Journal des Débats *en 1889.*

– L'échotier rédige les échos, la rubrique consacrée aux petites nouvelles, mondaines ou locales.

– Le feuilletoniste a en charge les articles de littérature, de beaux-arts, de critique insérés au bas de la feuille, ou feuilleton. On ne le confondra pas avec l'auteur de roman-feuilleton **[voir p. 307]**.

– Le chroniqueur se spécialise selon sa chronique, politique, parlementaire, financière, mondaine, théâtrale, musicale, etc., ou celle qui rapporte les bruits de la ville.

Une figure littéraire

L'importance prise par le journaliste dans la société justifie qu'il devienne un personnage littéraire.

Le style journalistique

Les contraintes de la production régulière, de la place, du rapport au lecteur imposent des techniques privilégiant la vivacité, la formule percutante, l'art du bon mot et du mot juste. Il faut séduire, il faut frapper, il faut surprendre. Le journalisme est une école d'écriture.

Activités

1. Lisez les *Illusions perdues* de Balzac et *Bel-Ami* de Maupassant et comparez les journalistes Lucien de Rubempré et Georges Duroy.
2. Documentez-vous sur les diverses fonctions d'un journaliste aujourd'hui. Vous pourrez vous aider notamment de la p. 609 sur *Le Journalisme* au XXe siècle.

« Être journaliste, c'est passer proconsul dans la République des lettres. Qui peut tout dire, arrive à tout faire ! [...] Le journalisme est un enfer, un abîme d'iniquités, de mensonges, de trahisons. »

Balzac, *Illusions perdues*, 1839.

« Nous sommes tous les enfants de la presse [...] C'est elle qui a rompu notre style et qui nous a donné la plupart de nos documents. [...] Elle est la vie, l'action, ce qui grise et ce qui triomphe. Un des outils les plus laborieux et les plus efficaces du siècle, et quiconque s'est mis courageusement à la besogne de ce temps, loin de lui en garder rancune, retourne lui demander des armes à chaque nécessité de bataille. »

Zola, *Adieux*, 1881.

MAUPASSANT

Fonctionnaire à Paris, Guy de Maupassant (1850-1893) fait son apprentissage littéraire sous l'égide de Flaubert. Journaliste et conteur, navigateur et voyageur, il vient au roman assez tôt et est lancé par *Boule de Suif* (1880). Après une brillante carrière, sa progression est assombrie par des troubles nerveux. Il meurt en internement.

Bel-Ami

MORALE

Reprenant le type balzacien de l'arriviste, ce roman d'apprentissage cynique suit l'ascension sociale de Georges Duroy qui, grâce aux femmes, gravit les échelons d'une société foncièrement matérialiste. Devenu Georges Du Roy, il connaît à la fin du roman une véritable apothéose lors de son mariage à la Madeleine avec la fille de son ancienne maîtresse, Madame Walter.

L'encens répandait une odeur fine de benjoin[1], et sur l'autel le sacrifice divin s'accomplissait, l'Homme-Dieu, à l'appel de son prêtre, descendait sur la terre pour consacrer le triomphe du baron Georges Du Roy.

Bel-Ami, à genoux à côté de Suzanne, avait baissé le front. Il se sentait en ce moment presque croyant, presque religieux, plein de reconnaissance pour la divinité qui l'avait ainsi favorisé, qui le traitait avec ces égards. Et sans savoir au juste à qui il s'adressait, il la remerciait de son succès.

Lorsque l'office fut terminé, il se redressa, et, donnant le bras à sa femme, il passa dans la sacristie. Alors commença l'interminable défilé des assistants. Georges, affolé de joie, se croyait un roi qu'un peuple venait acclamer. Il serrait des mains, balbutiait des mots qui ne signifiaient rien, saluait, répondait aux compliments :

« Vous êtes bien aimable. »

Soudain il aperçut Mme de Marelle ; et le souvenir de tous les baisers qu'il lui avait donnés, qu'elle lui avait rendus, le souvenir de toutes leurs caresses, de ses gentillesses, du son de sa voix, du goût de ses lèvres, lui fit passer dans le sang le désir brusque de la reprendre. Elle était jolie, élégante, avec son air gamin et ses yeux vifs. Georges pensait : « Quelle charmante maîtresse, tout de même ».

Elle s'approcha, un peu timide, un peu inquiète, et lui tendit la main. Il la reçut dans la sienne et la garda. Alors il sentit l'appel discret de ces doigts de femme, la douce pression

1. Parfum fabriqué à partir d'un baume issu du styrax benjoin, arbre d'Asie du Sud-Est.

qui pardonne et reprend. Et lui-même il la serrait, cette petite main, comme pour dire : « Je t'aime toujours, je suis à toi ! »

Leurs yeux se rencontrèrent, souriants, brillants, pleins d'amour. Elle murmura de sa voix gracieuse : – À bientôt, monsieur.

Il répondit gaiement : – À bientôt, madame.

Et elle s'éloigna.

D'autres personnes se poussaient. La foule coulait devant lui comme un fleuve. Enfin elle s'éclaircit. Les derniers assistants partirent.

Georges reprit le bras de Suzanne pour retraverser l'église.

Elle était pleine de monde, car chacun avait regagné sa place, afin de les voir passer ensemble. Il allait lentement, d'un pas calme, la tête haute, les yeux fixés sur la grande baie ensoleillée de la porte. Il sentait sur sa peau courir de légers frissons, ces frissons froids que donnent les immenses bonheurs. Il ne voyait personne. Il ne pensait qu'à lui.

Lorsqu'il parvint sur le seuil, il aperçut la foule amassée, une foule noire, bruissante, venue là pour lui, pour lui Georges Du Roy. Le peuple de Paris le contemplait et l'enviait.

Puis, relevant les yeux, il découvrit là-bas, derrière la place de la Concorde, la Chambre des députés. Et il lui sembla qu'il allait faire un bond du portique de la Madeleine au portique du Palais-Bourbon[2].

Il descendit avec lenteur les marches du haut perron entre deux haies de spectateurs. Mais il ne les voyait point ; sa pensée maintenant revenait en arrière, et devant ses yeux éblouis par l'éclatant soleil flottait l'image de Mme de Marelle rajustant en face de la glace les petits cheveux frisés de ses tempes, toujours défaits au sortir du lit.

2. De l'église de la Madeleine on peut voir le Palais-Bourbon où se trouve la Chambre des députés, de l'autre côté du pont de la Concorde.

Maupassant, *Bel-Ami*, 1885.

Activités

1. **Dégagez les différents mouvements du texte.**
2. **Quelle est la valeur du changement de nom du héros ?**
3. **Relevez les termes appartenant au champ lexical de la religion. Montrez qu'ils contribuent à l'apothéose du héros, en n'oubliant pas que le mariage est un sacrement.**
4. **En vous aidant de la fiche [voir p. 350], documentez-vous sur le roman d'apprentissage.**

Aux critiques de Bel-Ami

POÉTIQUE DU ROMAN

Maupassant, arrivant à Rome, y trouve nombre d'articles sévères sur son roman Bel-Ami *récemment paru. Par voie de presse, il répond immédiatement aux reproches qui lui sont faits.*

Est-il, en réalité, journaliste ? Non. Je le prends au moment où il va se faire écuyer dans un manège[1]. Ce n'est donc pas la vocation qui l'a poussé. J'ai soin de dire qu'il ne sait rien, qu'il est simplement affamé d'argent et privé de conscience. Je montre dès les premières lignes qu'on a devant soi une graine de gredin, qui va pousser dans le terrain où elle tombera. Ce terrain est un journal. Pourquoi ce choix, dira-t-on ? Pourquoi ? Parce que ce milieu m'était plus favorable que tout autre pour montrer nettement les étapes de mon personnage ; et aussi parce que le journal mène à tout comme on l'a souvent répété. Dans une autre profession, il fallait des connaissances spéciales, des préparations plus longues. Les portes pour entrer sont plus fermées, celles pour sortir sont moins nombreuses. La Presse est une sorte d'immense république qui s'étend de tous les côtés, où on trouve de tout, où on peut tout faire, où il est aussi facile d'être un fort honnête homme que d'être un fripon. Donc, mon homme, entrant dans le journalisme, pouvait employer facilement les moyens spéciaux qu'il devait prendre pour parvenir.

Il n'a aucun talent. C'est par les femmes seules qu'il arrive. Devient-il journaliste, au moins ? Non. Il traverse toutes les spécialités du journal sans s'arrêter, car il monte à la fortune sans s'attarder sur les marches. Il débute comme reporter, et il passe. Or, en général, dans la Presse, comme ailleurs, on se cantonne dans un coin, et les reporters, nés avec cette vocation, restent souvent reporters toute leur vie. On en cite devenus célèbres. Beaucoup sont de braves gens, mariés, qui font cela comme ils seraient employés dans un ministère. Duroy devient le chef des Échos[2] : autre spécialité fort difficile et qui garde aussi ses gens quand ils y sont passés maîtres. Les Échos font souvent la fortune d'un journal, et on connaît dans Paris quelques échotiers dont la plume est aussi enviée que celle d'écrivains connus. De là Bel-Ami arrive rapidement à la chronique politique. J'espère, au moins, qu'on ne m'accusera pas d'avoir visé MM. J.-J. Weiss ou John Lemoine[3] ? Mais comment me suspecterait-on d'avoir visé quelqu'un ?

1. Lieu où l'on fait faire des exercices aux chevaux.
2. Rubrique de journal consacrée aux petites nouvelles mondaines ou locales. Elle est confiée à un échotier.
3. Célèbres journalistes de l'époque.

La promenade du critique influent, *lithographie de Honoré Daumier (1808-1879).*

Les rédacteurs politiques, plus que tous les autres, peut-être, sont des gens sédentaires et graves qui ne changent ni de profession, ni de feuille[4]. Ils font toute leur vie le même article ; selon leur opinion, avec plus ou moins de fantaisie, de variété et de talent dans la forme. Et quand ils changent d'opinion, ils ne font que changer de journal. Or, il est bien évident que mon aventurier marche vers la politique militante, vers la députation, vers une autre vie et d'autres événements. Et s'il est arrivé par la pratique, à une certaine souplesse de plume, il n'en devient pas pour cela un écrivain, ni un véritable journaliste. C'est aux femmes qu'il devra son avenir. Le titre : *Bel-Ami*, ne l'indique-t-il pas assez ?

Maupassant, « Aux Critiques de Bel-Ami »
in *Gil Blas* du 7 juin 1885.

Activités

1. **Quel portrait de son héros fait Maupassant ? Et quel tableau Maupassant dresse-t-il de la presse ?**
2. **Quelles sont les marques textuelles de réponse à des critiques ?**
3. **Relevez les occurrences de style familier, de pointes satiriques et dites en quoi elles servent le propos de l'auteur.**
4. **Documentez-vous sur la presse contemporaine et comparez-la à celle de la fin du XIXe dont nous parle Maupassant.**

4. Journal.

LES GONCOURT

Les frères Goncourt (Edmond, 1822-1896 et Jules, 1830-1870) relèvent de la mouvance réaliste tout en se voulant esthètes. Observateurs minutieux des milieux littéraires, romanciers et historiens des mœurs, ils privilégient les détails symptomatiques et les cas cliniques. Edmond fondera l'académie Goncourt.

Journal

PORTRAIT

Tenu à partir du coup d'État de Louis-Napoléon Bonaparte du 2 décembre 1851 et jusqu'à la mort d'Edmond, ce journal est d'abord partiellement publié de 1887 à 1896, avant une parution intégrale achevée en 1956. Les deux frères privilégient l'Histoire de leur temps à travers petits faits et événements.

Flaubert, qui part à Croisset[1] marier sa nièce, vient nous faire ses adieux. Il nous parle longuement d'une création qui a fort occupé sa première jeunesse. Avec quelques intimes et surtout un, son intime, Le Poittevin, camarade de collège, métaphysicien très fort, nature un peu sèche, mais d'une élévation d'idées extraordinaire, ils avaient inventé un personnage imaginaire, dans la peau, les manches et la voix duquel ils passaient tour à tour les bras et leur esprit de blague.

Ce personnage, assez difficile à faire comprendre et qui avait ce nom collectif et générique, le *Garçon*, était un type tout comme Pantagruel. Il représentait la blague du matérialisme et du romantisme, la caricature de la philosophie d'Holbach. Flaubert et ses amis lui avaient attribué une personnalité complète et tous les caractères d'un homme et d'un caractère réel, compliqué de toutes sortes de bêtises provinciales. Ce fut une plaisanterie lourde, obstinée, patiente, continue, héroïque, éternelle, comme une plaisanterie de petite ville ou d'Allemand.

Le *Garçon* avait des gestes propres, qui étaient des gestes d'automate, un rire saccadé et strident, qui n'était pas du tout un rire, une force corporelle énorme.

Rien ne donne mieux l'idée de cette création étrange et qui les possédait véritablement, qui les affolait, que la charge consacrée, chaque fois qu'on passait devant une cathédrale de Rouen. L'un disait aussitôt : « C'est beau, cette architecture gothique, ça élève l'âme. » Aussitôt, celui qui faisait le *Garçon* pressait son rire et ses gestes : « Oui, c'est beau… et

1. Bourg proche de Rouen où résidait Flaubert.

la Saint-Barthélemy aussi ! Et l'Édit de Nantes et les dragonnades, c'est beau aussi ! »

L'éloquence du *Garçon* éclatait surtout dans une parodie des causes célèbres, qu'on jouait dans le grand billard du père Flaubert[2], de l'Hôtel-Dieu de Rouen. On y prononçait les plus cocasses défenses d'accusés, des oraisons funèbres de personnes vivantes, des torrents de plaidoiries grasses, qui duraient trois heures.

Le *Garçon* avait toute une histoire à laquelle chacun apportait sa page. Il faisait des poésies et il finissait par tenir un *Hôtel des Farces*, où il y avait la Fête de la Merde, lors de la vidange, et où l'on entendait résonner dans les couloirs les commandes suivantes : « Trois seaux de merde au 14 ! Douze godemichets[3] au 8 ! » La création, par là, aboutissait à de Sade. C'est étonnant, ce de Sade, on le trouve à tous les bouts de Flaubert comme un horizon. Il affirme qu'alors, il ne l'avait pas lu.

Homais[4] me semble la figure, réduite pour les besoins du roman, du *Garçon*.

2. Le père de Flaubert était chirurgien à l'Hôtel-Dieu de Rouen.
3. Objet affectant la forme d'un sexe masculin.
4. Pharmacien, personnage de *Madame Bovary* (1857).

Les Goncourt, *Journal, année 1860*, 1887-1896.

Activités

1. **Quelle image de l'écrivain Flaubert est-elle ici élaborée par les Goncourt ?**
2. **Le récit de Flaubert est adapté pour les besoins du journal, qui fait le compte-rendu d'une conversation. Repérez les marques stylistiques de la transposition.**
3. **Le titre complet de cette œuvre combine les termes de « journal » et de « mémoires ». Établissez la différence entre les deux genres** **[voir pp. 176 et 615]**

Une littérature militante

Siècle de combat, siècle du progrès industriel et de nouveaux clivages sociaux, siècle où apparaît de plus en plus nettement « l'intellectuel » de type moderne, le XIXe siècle engendre naturellement une littérature engagée.

MAISTRE

Homme politique, écrivain et philosophe, Joseph de Maistre (1753-1821) est sujet du roi de Sardaigne, dont il sera l'ambassadeur en Russie de 1803 à 1817. Adversaire résolu et brillant de la Révolution, il s'impose comme l'un des principaux théoriciens contre-révolutionnaires.

Les Soirées de Saint-Pétersbourg

CRISE DE LA RELIGION

Les Soirées de Saint-Pétersbourg ou Entretiens sur le gouvernement temporel de la Providence *exposent les idées contre-révolutionnaires de Maistre. Elles se présentent sous la forme de onze dialogues entre un sénateur russe et un chevalier français. Il s'agit de réfuter les principes de la philosophie des Lumières et d'interpréter le sens tragique de l'Histoire selon un plan providentiel.*

C'est précisément ce que fait Dieu, lorsque des innocents périssent dans une catastrophe générale: mais revenons. Je me flatte que Voltaire[1] n'avait pas plus sincèrement pitié que moi de ces *malheureux enfants sur le sein maternel écrasés et sanglants*; mais c'est un délire de les citer pour contredire le prédicateur qui s'écrie: *Dieu s'est vengé; ces maux sont le prix de nos crimes*; car rien n'est plus vrai en général. Il s'agit seulement d'expliquer pourquoi l'innocent est enveloppé dans la peine portée contre les coupables, mais comme je vous le disais tout à l'heure, ce n'est qu'une objection; et si nous faisons plier les vérités devant les difficultés, il n'y a plus de philosophie. Je doute d'ailleurs que Voltaire, qui écrivait si vite, ait fait attention qu'au lieu de traiter une question particulière, relative à l'événement dont il s'occupait dans cette occasion, il en traitait une générale; et qu'il demandait, sans s'en apercevoir, *pourquoi les enfants, qui n'ont pu encore ni mériter ni démériter, sont sujets dans tout l'univers aux mêmes maux qui peuvent affliger les hommes faits?* Car s'il est décidé qu'un certain nombre d'enfants doivent périr, je ne vois pas comment il leur importe de mourir d'une manière plutôt que d'une autre. Qu'un poignard traverse le cœur d'un homme, ou qu'un peu de sang s'accumule dans son cerveau, il tombe mort également; mais dans le premier cas on dit qu'il a fini ses jours *par une mort violente*. Une

1. Le comte fait ici allusion au *Poème sur le désastre de Lisbonne* (1756), où Voltaire posait la question du mal à l'occasion du tremblement de terre qui avait détruit la capitale portugaise.

MAISTRE

lame d'acier placée dans le cœur est une maladie, comme un simple durillon que nous appellerions *polype.*

Il faudrait donc s'élever encore plus haut, et *demander en vertu de quelle cause il est devenu nécessaire qu'une foule d'enfants meurent avant de naître; que la moitié franche de ceux qui naissent, meurent avant l'âge de raison.* Toutes ces questions faites dans un esprit d'orgueil et de contention[2] sont tout à fait dignes de *Mathieu Garo*[3]; mais si on les propose avec une respectueuse curiosité, elles peuvent exercer notre esprit sans danger. Platon s'en est occupé; car je me rappelle que, dans son *Traité de la République*, il amène sur la scène, je ne sais trop comment un certain Levantin (Arménien, si je ne me trompe), qui raconte beaucoup de choses sur les supplices de l'autre vie, éternels ou temporaires; car il les distingue très exactement. Mais à l'égard des enfants morts avant l'âge de raison, Platon dit qu'*au sujet de leur état dans l'autre vie, cet étranger racontait des choses qui ne devaient pas être répétées.*

Pourquoi ces enfants naissent-ils, ou pourquoi meurent-ils ? Qu'arrivera-t-il d'eux un jour ? Ce sont des mystères peut-être inabordables; mais il faut avoir perdu le sens pour argumenter de ce qui ne se comprend pas contre ce qui se comprend très bien.

Maistre, *Les Soirées de Saint-Pétersbourg,* Éd. posthume, 1821.

2. Débat, discussion.
3. Allusion au personnage de Garo du *Pédant joué* de Cyrano de Bergerac, paysan qui ne sait parler que patois et déclare tout de go qu'il en sait autant que son curé. La Fontaine l'évoque aussi dans *Le Gland et la Citrouille* (*Fables*, IX, 4).

Activités

1. **Justifiez le choix de l'exemple des enfants innocents pour poser la question du mystère de l'intention divine.**
2. **Relevez les marques du discours argumentatif.**
3. **Comment un tel raisonnement permet-il de comprendre la position de Maistre ?**

PROUDHON

Issu d'une famille très pauvre, Pierre-Joseph Proudhon (1809-1865) est contraint de devenir typographe malgré ses succès scolaires. Il joue un rôle de premier plan lors de la révolution de 1848 et devient un écrivain socialiste connu qui s'intéresse surtout à la liberté, à l'individu, et nie le gouvernement de l'État.

De la misère

ARGUMENTATION

Proudhon nuance ses attaques lancées dans Qu'est-ce que la propriété *(1840). Il n'est plus question de supprimer la propriété privée mais d'en limiter les abus.*

Si j'avais à répondre à la question suivante : *qu'est-ce que l'esclavage ?* et que d'un seul mot je répondisse : *c'est l'assassinat*, ma pensée serait d'abord comprise. Je n'aurais pas besoin d'un long discours pour montrer que le pouvoir d'ôter à l'homme la pensée, la volonté, la personnalité, est un pouvoir de vie et de mort, et que faire un homme esclave, c'est l'assassiner.

Pourquoi donc à cette autre demande : *qu'est-ce que la propriété ?* ne puis-je répondre de même : *c'est le vol*, sans avoir la certitude de n'être pas entendu, bien que cette seconde proposition ne soit que la première transformée ? J'entreprends de discuter le principe même de notre gouvernement et de nos institutions, la propriété ; je suis dans mon droit : je puis me tromper dans la conclusion qui ressortira de mes recherches ; je suis dans mon droit : il me plaît de mettre la dernière pensée de mon livre au commencement ; je suis toujours dans mon droit.

Tel auteur enseigne que la propriété est un droit civil, né de l'occupation et sanctionné par la loi ; tel autre soutient qu'elle est un droit naturel, ayant sa source dans le travail ; et ces doctrines, tout opposées qu'elles semblent, sont encouragées, applaudies. Je prétends que ni le travail, ni l'occupation, ni la loi ne peuvent créer la propriété ; qu'elle est un effet sans cause : suis-je répréhensible ?

Que de murmures s'élèvent ! – *la propriété, c'est le vol !* voici le tocsin de 93 ! Voici le branle-bas des révolutions !… – lecteur, rassurez-vous : je ne suis point un agent de discorde, un boute-feu de sédition. J'anticipe de quelques jours sur l'histoire ; j'expose une vérité dont nous tâchons en vain d'arrêter le dégagement ; j'écris le préambule de notre future constitution.

Proudhon, *La Philosophie de la misère*, 1846.

Activités

1. Observez les différents énonciateurs, réels ou supposés. Montrez en quoi ils déterminent les différentes étapes du raisonnement.

2. Observez les verbes d'énonciation : qu'apprennent-ils sur le point de vue de l'énonciateur ?

3. Quelle est la thèse de l'auteur ? Pourquoi a-t-elle suscité des réactions si violentes ?

4.  **En adoptant le ton du texte, montrez que la propriété est légitime.**

LAROUSSE

Pierre Larousse (1817-1875), à la fois grammairien, encyclopédiste et littérateur, fonda une librairie d'édition classique puis s'adonna pendant dix ans à la rédaction du *Grand Dictionnaire universel du XIXe*. Il mourut avant son achèvement.

Liberté

ÉLOGE

Le Grand Dictionnaire universel du XIXe siècle, *fut la plus grande entreprise encyclopédique du XIXe. Dictionnaire, il donne l'étymologie et l'histoire des mots, leur sens propre et figuré. L'argot même y prend place. Encyclopédie, il traite des sujets de natures très variées qui touchent aussi bien aux sciences qu'à la théologie, la littérature, l'histoire ou les arts.*

Activités

1. **Ce texte vous paraît-il relever du dictionnaire ou de l'encyclopédie ?**
2. **Quelles sont les différentes acceptions du terme « liberté » dans ce texte ?**
3. **Quelle est la fonction du champ lexical de la guerre ?**
4.  **Rédigez le même article, du point de vue d'un auteur de la fin du XXe siècle.**

LIBERTÉ. – Liberté ! égalité ! fraternité ! Credo en trois mots, symbole complet de croyances nouvelles, devise magique qui fit palpiter le cœur de la terrre, voilà ce que contenait en germe le serment du Jeu de paume ; en germe, avons-nous dit, car les fruits durables sont lents à mûrir. De ces trois termes parfaitement coordonnés, le dernier ne nous apparaît encore que comme une vague lueur à l'horizon de l'avenir ; le second est déjà devenu, en principe du moins, la base de la société française et de plusieurs autres, et il tend à passer dans les faits ; seule la *liberté*, par la lenteur de sa marche, par ses éclipses longues et fréquentes, laisse encore des craintes à ses partisans, et des espérances à ses ennemis. La réflexion et l'étude des faits doivent suffire cependant pour décourager les uns et rassurer les autres. La liberté politique nous fut assez souvent ravie, et, quand elle a progressé, cela n'a jamais été qu'avec un accompagnement de menaces qui semblaient rendre douteux son lendemain ; mais la *liberté* de conscience a marché d'un pas sûr et continu : le dogme a perdu un terrain qu'il ne regagnera plus ; la *liberté* civile peut donc être compromise un instant dans les institutions ; une forteresse lui reste, d'où ses ennemis ne la débusqueront pas : la conscience publique. Pour que l'assiégé sorte de la place et reprenne ses positions, deux choses lui suffisent, qui ne peuvent lui faire défaut : le temps et l'occasion.

***Grand Dictionnaire universel du XIXe siècle*, article « Liberté ».**

Informer et apprendre

La presse

On entre à partir de Louis-Philippe dans une ère industrielle de la presse, qui diffuse à bon marché informations et connaissances [voir p. 413].

L'école

De 14 000 communes sans école en 1829, on passe à 160 et 5 millions d'élèves en 1882, avant même les lois de Jules Ferry et la lutte entre l'Église et la République laïque. En 1830, l'enseignement secondaire masculin privé et public compte 60 000 élèves; en 1876, 155 000 et 164 000 à la fin du siècle. Les filles accèdent au lycée public en 1880. Le baccalauréat ès lettres ouvre sur les emplois administratifs et sur l'enseignement supérieur. Vers 1880, de la 6e à la terminale, la semaine comporte 3 heures de français et 9 heures de langues anciennes. Version, thème, rhétorique, lecture commentée des « grands auteurs » classiques : les manuels sont avant tout des anthologies. La dissertation apparaît vers 1890.

Dictionnaires

Depuis l'*Encyclopédie* [voir p. 199], les ouvrages méthodiques disposés alphabétiquement prennent une importance considérable. Littré compose son *Dictionnaire de langue* (1872). À partir de 1866, le *Grand Dictionnaire universel du XIXe siècle* de P. Larousse [voir p. 424] veut transmettre une somme de connaissances placées sous la lumière du rationalisme positiviste. Se multiplient les dictionnaires sur tous les sujets, de la conversation à la médecine.

Récits de voyage

Continuant une pratique antérieure, le XIXe siècle, tant par goût de l'exotisme que pour élargir la connaissance du globe, voit une grande production de récits de voyage. Les plus grand écrivains publient de tels ouvrages et les métamorphosent en véritables œuvres littéraires (Chateaubriand, Hugo, Lamartine, Nerval…).

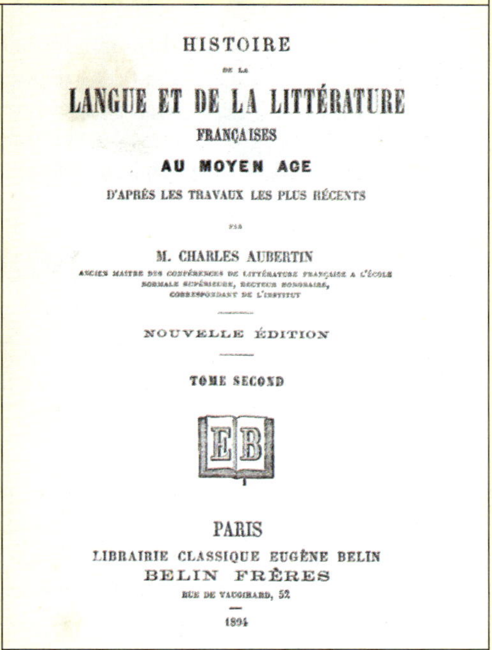
HISTOIRE
DE LA
LANGUE ET DE LA LITTÉRATURE
FRANÇAISES
AU MOYEN AGE
D'APRÈS LES TRAVAUX LES PLUS RÉCENTS
PAR
M. CHARLES AUBERTIN
ANCIEN MAÎTRE DES CONFÉRENCES DE LITTÉRATURE FRANÇAISE A L'ÉCOLE NORMALE SUPÉRIEURE, RECTEUR HONORAIRE, CORRESPONDANT DE L'INSTITUT
NOUVELLE ÉDITION
TOME SECOND
EB
PARIS
LIBRAIRIE CLASSIQUE EUGÈNE BELIN
BELIN FRÈRES
RUE DE VAUGIRARD, 52
1894

Page de titre d'un manuel scolaire de langue et littérature française de 1894. Éditions Belin.

> « En racontant [à nos enfants] le voyage courageux de deux jeunes Lorrains à travers la France entière, nous avons voulu la leur faire pour ainsi dire voir et toucher. […] En même temps, ce récit place sous les yeux de l'enfant tous les devoirs en exemples. […] En groupant ainsi toutes les connaissances morales et civiques autour de l'idée de la France, nous avons voulu présenter aux enfants la patrie sous ses traits les plus nobles, et la leur montrer grande par l'honneur, par le travail, par le respect profond du devoir et de la justice. »

G. Bruno [Mme Alfred Fouillée], *Le Tour de la France par deux enfants. Devoir et patrie*, 1877.

Activités

1. À partir de la lecture de *L'Enfant* de Vallès p. 328 et de recherches personnelles, imaginez la vie scolaire d'un élève sous le second Empire.
2. Autour du thème de l'éducation et de la pédagogie, lire les textes de : Rabelais p. 68, Fénelon p. 187, Laclos p. 205, Diderot p. 273, Péguy p. 487, S. de Beauvoir p. 612, etc.

MARX

Philosophes, hommes politiques, économistes, Karl Marx (1818-1883) et Friedrich Engels (1820-1895) sont les fondateurs du socialisme scientifique. En 1864, Marx prend la tête de la 1re Internationale, où il s'oppose aux anarchistes et aux partisans de Proudhon. Le mouvement communiste ne cessera de se réclamer de lui.

Manifeste du parti communiste

POLITIQUE

Écrit pour la Ligue des Justes, ce livre a fait le tour du monde. En voici la page liminaire.

Un spectre hante l'Europe : le spectre du communisme. Toutes les puissances de la vieille Europe se sont unies en une Sainte-Alliance[1] pour traquer ce spectre : le pape et le tsar, Metternich[2] et Guizot[3], les radicaux de France et les policiers d'Allemagne.

Quelle est l'opposition qui n'a pas été accusée de communisme par ses adversaires au pouvoir ? Quelle est l'opposition qui, à son tour, n'a pas renvoyé à ses adversaires de droite ou de gauche l'épithète infamante de communiste ?

Il en résulte un double enseignement :

1. Déjà le communisme est reconnu comme une puissance par toutes les puissances d'Europe ;

2. Il est grand temps que les communistes exposent, à la face du monde entier, leurs conceptions, leurs buts et leurs tendances ; qu'ils opposent au conte du spectre communiste un manifeste du Parti lui-même.

C'est à cette fin que des communistes de diverses nationalités se sont réunis à Londres et ont rédigé le *Manifeste* suivant, qui est publié en anglais, français, allemand, italien, flamand et danois.

Marx, *Le Manifeste du Parti Communiste*, 1848.

1. Pacte signé en 1815 entre la Russie, l'Autriche et la Prusse pour détruire dans toute l'Europe l'œuvre de la Révolution française.
2. Premier ministre autrichien, grande figure de la contre-révolution européenne (1773-1859).
3. Président du Conseil sous Louis-Philippe (1787-1871).

Activités

1. Suivez le mouvement du texte et dégagez-en les articulations.

2. Quelles force, valeur, portée faut-il accorder à l'incipit de ce passage ?

3. Recherchez les différentes significations du mot « manifeste », puis comparez ce texte avec le *Manifeste Dada* [voir p. 644].

LAROUSSE

Pierre Larousse (1817-1875), pédagogue et grammairien français, publia une série d'ouvrages pédagogiques puis fonda une librairie d'édition classique qui se développa rapidement. Son œuvre majeure fut le *Grand dictionnaire universel du* XIXe sur lequel il travailla pendant dix ans mais qu'il ne vit jamais achevé.

Bonaparte

POLITIQUE

Le Grand dictionnaire universel du XIXe siècle, *fut la plus grande entreprise encyclopédique du* XIXe*. Il traite des sujets de nature très variée qui touchent aussi bien aux sciences qu'à la théologie, la littérature, l'histoire ou les arts. Ici, un article fort peu « objectif » sur Napoléon Bonaparte.*

BONAPARTE, – le nom le plus grand, le plus glorieux, le plus éclatant de l'Histoire, sans en excepter celui de Napoléon – général de la République française, né à Ajaccio (île de Corse) le 15 août 1769, mort au château de Saint-Cloud, près de Paris, le 18 brumaire, an VIII de la République française, une et indivisible (9 novembre 1799).

Ce début, qui va faire dresser plus d'une oreille, montre tout simplement qu'en toutes choses nous aimons les situations tranchées; et les oreilles reviendront à leur état normal quand nous aurons dit que nous voyons deux hommes, aussi bien que deux noms, en Napoléon Bonaparte: Bonaparte et Napoléon; le général républicain, l'écolier de Brienne[1], le brillant officier de Toulon, le convive républicain du *Souper de Beaucaire*, le vainqueur d'Arcole[2], etc.; puis le colosse d'Austerlitz[3], le maître de l'Europe, le vaincu de Waterloo, le prisonnier de Sainte-Hélène[4]. Oui, il y a deux hommes en cette personnalité, en cet être si singulièrement doué, dont le double nom et le double visage, d'un caractère tout particulier, se sont trouvés admirablement appropriés au double rôle qu'il a joué dans le monde. Auguste[5]; a beau s'appeler Octave; Octave a beau se nommer Auguste; c'est toujours le même homme, rusé, timide, hypocrite, astucieux, reniant ses amis quand son intérêt lui commande de les sacrifier. Ici, nous le répétons, nous avons deux hommes distincts, en même temps que deux noms séparés.

Bonaparte, nom frappant, facile à retenir, simple, uni, militaire, à consonnes dures, brèves, sèches, expressives, et signifiant quelque chose, par-dessus le marché; nom jusques

1. Chef-lieu de canton de l'Aube. Bonaparte y fit ses études à l'école militaire créée au XVIIe siècle.
2. Ville italienne où Bonaparte remporta une éclatante victoire sur les Autrichiens en 1796.
3. Ville de Moravie où Napoléon remporta une grande victoire sur les Austro-Russes en 1805.
4. Île anglaise de l'Atlantique, située au sud de l'Équateur, où Napoléon finit ses jours.
5. Nom du premier empereur romain, né en 63 avant J.-C. Octave est son prénom.

Napoléon 1er *(1769-1821), portrait par Henri Grevedon.*

alors inconnu, mais composé de quatre syllabes énergiques qui devaient se graver pour toujours dans la mémoire, dès qu'on les avait une fois entendues soit sous la forme italienne *Buonaparte*, soit sous la forme française, qui est restée, *Bonaparte*; quel nom plus convenable au citoyen général en chef de l'armée d'Italie, à ce jeune Corse qui rêve d'Annibal quand il gravit les flancs escarpés des Alpes !

Napoléon, nom sonore, vibrant, impérial, mais harmonieux aussi, coulant, et, chose remarquable, bruissant agréablement aux oreilles françaises ; inconnu également (in-ouï, *in auditus*), éminemment convenable à l'autre rôle, au rôle de maître et d'impérator, un de ces noms à l'emporte-pièce, qui vous obligent à baisser machinalement la tête comme quand on entend résonner le bruit de la foudre ou un coup de canon, nom doux en même temps, où les voyelles dominent et où l'on voit percer quelque chose de ce *oui* si diversement interprété du 10 décembre.

***Grand dictionnaire universel du XIXe*, Article « Bonaparte ».**

Activités

1. **En quoi le début du texte transgresse-t-il les règles d'une entrée de dictionnaire ?**
2. **Relevez tous les indices textuels montrant que cet article est idéologiquement orienté.**
3. **Faites un exposé sur Napoléon, ses conquêtes et ses défaites, l'état de la France avant puis après son règne.**
4. **Réécrivez cet article de votre point de vue.**

HUGO

Fils d'un général d'Empire, Victor Hugo (1802-1885), verra en Napoléon une grande figure du siècle opposée à celle, grotesque, de Napoléon III. Il explore tous les genres littéraires. Chef de file des romantiques, il aura des funérailles nationales.

Les Châtiments

ÉPOPÉE

Dans ce poème des Châtiments, *Hugo évoque le destin épique de l'empereur Napoléon Ier et son ultime défaite à Waterloo, le 18 juin 1815.*

Waterloo ! Waterloo ! Waterloo ! morne plaine !
Comme une onde qui bout dans une urne[1] trop pleine,
Dans ton cirque de bois, de coteaux, de vallons,
La pâle mort mêlait les sombres bataillons.
D'un côté c'est l'Europe et de l'autre la France.
Choc sanglant ! des héros Dieu trompait l'espérance ;
Tu désertais, victoire, et le sort était las.
Ô Waterloo ! je pleure et je m'arrête, hélas !
Car ces derniers soldats de la dernière guerre
Furent grands ; ils avaient vaincu toute la terre,
Chassé vingt rois, passé les Alpes et le Rhin,
Et leur âme chantait dans les clairons d'airain !
Le soir tombait ; la lutte était ardente et noire.
Il avait l'offensive et presque la victoire ;
Il tenait Wellington[2] acculé sur un bois.
Sa lunette à la main, il observait parfois
Le centre du combat, point obscur où tressaille
La mêlée, effroyable et vivante broussaille,
Et parfois l'horizon, sombre comme la mer.
Soudain, joyeux, il dit : Grouchy[3] ! – C'était Blücher[4] !
L'espoir changea de camp, le combat changea d'âme,
La mêlée en hurlant grandit comme une flamme.
La batterie anglaise écrasa nos carrés[5].
La plaine où frissonnaient les drapeaux déchirés,
Ne fut plus, dans les cris des mourants qu'on égorge,
Qu'un gouffre flamboyant, rouge comme une forge ;
Gouffre où les régiments, comme des pans de murs,

1. Récipient recueillant les cendres des morts.
2. Général commandant les troupes anglaises.
3. Général français dont les troupes ne purent arriver à temps.
4. Général commandant les troupes prussiennes.
5. Formation en carré adoptée par les fantassins.

HUGO

Tombaient, où se couchaient comme des épis mûrs
Les hauts tambours-majors aux panaches énormes,
Où l'on entrevoyait des blessures difformes !
Carnage affreux ! moment fatal ! l'homme inquiet
Sentit que la bataille entre ses mains pliait.
Derrière un mamelon la garde était massée.
La garde, espoir suprême et suprême pensée !
– Allons ! faites donner la garde, cria-t-il, –
Et Lanciers, Grenadiers aux guêtres de coutil[6],
Dragons que Rome eût pris pour des légionnaires,
Cuirassiers, Canonniers qui traînaient des tonnerres,
Portant le noir colback[7] ou le casque poli,
Tous, ceux de Friedland[8] et ceux de Rivoli[9],
Comprenant qu'ils allaient mourir dans cette fête,
Saluèrent leur dieu, debout dans la tempête.
Leur bouche, d'un seul cri, dit : vive l'empereur !
Puis, à pas lents, musique en tête, sans fureur,
Tranquille, souriant à la mitraille anglaise,
La garde impériale entra dans la fournaise.
Hélas ! Napoléon, sur sa garde penché,
Regardait, et, sitôt qu'ils avaient débouché
Sous les sombres canons crachant des jets de soufre,
Voyait, l'un après l'autre, en cet horrible gouffre,
Fondre ces régiments de granit et d'acier
Comme fond une cire au souffle d'un brasier.
Ils allaient, l'arme au bras, front haut, graves, stoïques.
Pas un ne recula. Dormez, morts héroïques !
Le reste de l'armée hésitait sur leurs corps
Et regardait mourir la garde. – C'est alors
Qu'élevant tout à coup sa voix désespérée,
La Déroute, géante à la face effarée,
Qui, pâle, épouvantant les plus fiers bataillons,
Changeant subitement les drapeaux en haillons,
À de certains moments, spectre fait de fumées,
Se lève grandissante au milieu des armées,
La Déroute apparut au soldat qui s'émeut,
Et, se tordant les bras, cria : Sauve qui peut !
Sauve qui peut ! affront ! horreur ! toutes les bouches
Criaient ; à travers champs, fous, éperdus, farouches,
Comme si quelque souffle avait passé sur eux,
Parmi les lourds caissons et les fourgons poudreux,
Roulant dans les fossés, se cachant dans les seigles,
Jetant shakos, manteaux, fusils, jetant les aigles,
Sous les sabres prussiens, ces vétérans, ô deuil !
Tremblaient, hurlaient, pleuraient, couraient !

6. Guêtres de toile serrée et solide.
7. Bonnet à poil en forme de cône tronqué renversé.
8. Victoire de Napoléon sur les Russes (1807).
9. Victoire de Bonaparte sur les Autrichiens (1797).

La bataille de Waterloo le 18 juin 1815, peinture de R.-A. Hillingford (1828- ?)

– En un clin d'œil, –
Comme s'envole au vent une paille enflammée,
S'évanouit ce bruit qui fut la grande armée,
Et cette plaine, hélas ! où l'on rêve aujourd'hui,
Vit fuir ceux devant qui l'univers avait fui !
Quarante ans sont passés, et ce coin de la terre,
Waterloo, ce plateau funèbre et solitaire,
Ce champ sinistre où Dieu mêla tant de néants,
Tremble encor d'avoir vu la fuite des géants !
Napoléon les vit s'écouler comme un fleuve ;
Hommes, chevaux, tambours, drapeaux ;
– et dans l'épreuve, –
Sentant confusément revenir son remords,
Levant les mains au ciel, il dit : – mes soldats morts, –
Moi vaincu ! mon empire est brisé comme verre.
Est-ce le châtiment cette fois, Dieu sévère ? –
Alors parmi les cris, les rumeurs, le canon,
Il entendit la voix qui lui répondait : Non !

Hugo, *Les Châtiments*, 1853.

Activités

1. **À quel genre appartient ce texte ? Relevez tous les éléments épiques du poème.**
2. **Précisez la position et la part du narrateur dans le texte.**
3. **Comparez ce texte à l'article du dictionnaire sur « Bonaparte » à la page précédente. Commentez les similitudes de style et la part du narrateur.**

HUGO

Mansuétude des anciens juges

JURIDIQUE

La Légende des siècles *parcourt l'histoire légendaire et mythique de l'humanité depuis la Création pour annoncer l'aube des temps nouveaux. Ce poème évoque les temps sombres de la torture.*

Activités

1. **Observez le jeu des oppositions (rhétoriques, sémantiques, morales). Montrez en quoi elles font de ce poème un réquisitoire contre la torture.**
2. **Relevez les modes de liaison entre les vers (enjambement, rejet). Quels effets produisent-ils ?**
3. **Dégagez les principaux champs lexicaux. Quel thème illustrent-ils ?**

Les chambres de torture étaient d'âpres demeures ;
On n'y passait jamais plus de quatre ou cinq heures,
Et l'on entrait jeune homme et l'on sortait vieillard.
Le juge pour le code et le bourreau pour l'art
S'épuisaient, et, mêlant fer rouge et loi romaine,
Ayant à travailler sur de la chair humaine,
N'épargnaient rien afin d'arriver à l'aveu.
Sous leurs mains, l'os, le muscle, et l'ongle et le cheveu
Frémissaient, et, hurlant plus fort selon la fibre
Qui tressaille, et selon le nerf profond qui vibre,
Un homme devenait un clavier où Vouglans[1]
Jouait de l'agonie avec ses doigts sanglants.
Ne croyez pas pourtant que lui, ni Farinace[2],
Ou Levert[3], n'eussent rien au cœur que la menace ;
Ils priaient au besoin le captif garrotté ;
Ils sucraient la torture avec de la bonté ;
L'accusé qui résiste attriste la grand'chambre[4] ;
Bénins, ils l'imploraient en lui brisant un membre ;
Ils étaient paternels ; ils se penchaient, prêchant,
Suppliant, regrettant d'agir, l'air pas méchant,
Pour faire à cet œil terne et sombre, à cette bouche,
À cette âme aux abois, vomir l'aveu farouche.
Pasquier[5] leurrait d'espoir ces regards presque éteints ;
Delancre[6] au patient disait des vers latins ;
Bodin[7], sachant par cœur Virgile[8] et ses idylles,
Les citait ; et parfois ils pleuraient, crocodiles.

Hugo, « Mansuétude des Anciens juges »
in *La Légende des Siècles,* 1859.

1. Criminaliste français du XVIIIe siècle.
2. Farinacci, jurisconsulte italien (1544-1618).
3. Sous-préfet qui sévit durement contre les républicains.
4. Chambre de justice de l'ancien Parlement.
5. Rapporteur dans l'affaire Lally-Tolendal dénoncée par Voltaire.
6. Magistrat français du XVIIe siècle, chasseur de sorciers.
7. Magistrat français du XVIe siècle.
8. Poète latin de l'Antiquité.

Écrire et lire au XIXe siècle

La question d'argent

Depuis la Révolution, l'écrivain ne bénéficie plus guère du mécénat. Quand il ne dispose pas de fortune personnelle, il lui faut vivre de sa plume ou avoir un emploi, car les subventions officielles sont rares. Un écrivain n'est qu'exceptionnellement issu du peuple. Entre un quart et un tiers des auteurs naissent à Paris. La moitié y meurt.

Les droits d'auteur

La propriété littéraire est définie en 1793. Elle sera renforcée, notamment en 1887. Sauf au théâtre, où il reçoit un pourcentage sur les représentations, l'auteur est en général mal rémunéré et, par contrat, une fois pour toutes. En outre, la contrefaçon belge à bon marché sévit jusqu'en 1852. Progressivement, les auteurs s'organisent et sont mieux associés au succès commercial de leurs œuvres.

La lecture

Le colportage demeure, mais tend à s'effacer devant la vogue du feuilleton **[voir p. 307]**. Apparus au XVIIIe siècle, les cabinets de lecture louent les livres, et les romans sont très demandés. Les bibliothèques gratuites naîtront ensuite. L'extension de l'alphabétisation et de la scolarisation accroît le nombre des lecteurs.

Production et diffusion du livre

L'activité littéraire est surveillée. Financièrement fragile, le marché est centralisé à Paris. Le tirage moyen avant 1848 est d'environ 1 200 exemplaires. Formats économiques, baisse des prix vont assurer une meilleure croissance à partir de 1860, et, grâce au feuilleton, le roman populaire se développe.

La critique

Liée au développement de la presse **[voir p. 425]**, activité lucrative pour de nombreux écrivains, elle se développe considérablement. Elle prétend de plus en plus régenter les lettres.

Un écrivain à sa table de travail peint en 1883 par Caillebotte. Paris, Musée d'Orsay.

« L'instruction se répand, des milliers de lecteurs sont créés. Le journal pénètre partout, les campagnes elles-mêmes achètent des livres. En un demi-siècle, le livre, qui était un objet de luxe, devient un objet de consommation courante. Autrefois, il coûtait très cher ; aujourd'hui les bourses les plus humbles peuvent se faire une petite bibliothèque. Ce sont là des faits décisifs : dès que le peuple sait lire, et dès qu'il peut lire à bon marché, le commerce de librairie décuple ses affaires, l'écrivain trouve largement le moyen de vivre de sa plume. »

Émile Zola, « L'argent dans la littérature » in *Le Messager de l'Europe*, mars 1880).

Activités

1. Documentez-vous sur les conditions de vie des écrivains au XIXe siècle et notamment des poètes. À ce sujet, lire les *Illusions perdues* de Balzac, *Chatterton* de Vigny, le poème de Bécquer p. 450.
2. Qu'en est-il des conditions de vie des grands peintres comme Monet, Manet, Cézanne, Van Gogh, etc ? Que savez-vous des conditions de vie des artistes aujourd'hui ?

ZOLA

Écrivain français, Émile Zola (1840-1902) pratique différents métiers avant de devenir journaliste. Chef de file des écrivains naturalistes, il montre aussi dans ses romans ses préoccupations sociales. Adhérant aux doctrines socialistes, il prendra parti pour Dreyfus par un article retentissant : *J'accuse* (1898).

J'accuse

JURIDIQUE

Le 13 janvier 1898, Zola intervient directement dans les virulents débats suscités par l'affaire Dreyfus, et, rejoignant le camp des « dreyfusards », devient, par le coup d'éclat et de tonnerre de cet article, l'exemple de l'écrivain engagé et de l'intellectuel militant.

Monsieur le Président,

Me permettez-vous, dans ma gratitude pour le bienveillant accueil que vous m'avez fait un jour, d'avoir le souci de votre juste gloire et de vous dire que votre étoile, si heureuse jusqu'ici, est menacée de la plus honteuse, de la plus ineffaçable des taches ?

Vous êtes sorti sain et sauf des basses calomnies, vous avez conquis les cœurs. Vous apparaissez rayonnant dans l'apothéose de cette fête patriotique que l'alliance russe a été pour la France, et vous vous préparez à présider au solennel triomphe de notre Exposition Universelle, qui couronnera notre grand siècle de travail, de vérité et de liberté. Mais quelle tache de boue sur votre nom – j'allais dire sur votre règne – que cette abominable affaire Dreyfus : Un conseil de guerre vient par ordre, d'oser acquitter un Esterhazy, soufflet suprême à toute vérité, à toute justice. Et c'est fini, la France a sur la joue cette souillure, l'histoire écrira que c'est sous votre présidence qu'un tel crime social a pu être commis.

Puisqu'ils ont osé, j'oserai aussi, moi. La vérité, je la dirai, car j'ai promis de la dire, si la justice, régulièrement saisie, ne la faisait pas, pleine et entière. Mon devoir est de parler, je ne veux pas être complice. Mes nuits seraient hantées par le spectre de l'innocent qui expie là-bas, dans la plus affreuse des tortures, un crime qu'il n'a pas commis.

Cinq Centimes

ERNEST VAUGHAN

L'AURORE

Littéraire, Artistique, Sociale

ERNEST VAUGHAN

J'Accuse...!

LETTRE AU PRÉSIDENT DE LA RÉPUBLIQUE

Par ÉMILE ZOLA

LETTRE A M. FÉLIX FAURE

Président de la République

Page originale de l'Aurore *dans laquelle parut le célèbre « J'accuse » de Zola.*

Et c'est à vous, monsieur le Président, que je la crierai, cette vérité, de toute la force de ma révolte d'honnête homme. Pour votre honneur, je suis convaincu que vous l'ignorez. Et à qui donc dénoncerai-je la tourbe malfaisante des vrais coupables, si ce n'est à vous, le premier magistrat du pays ? […]

Mais cette lettre est longue, monsieur le Président, et il est temps de conclure.

J'accuse le lieutenant-colonel du Paty de Glam d'avoir été l'ouvrier diabolique de l'erreur judiciaire, en inconscient, je veux le croire, et d'avoir ensuite défendu son œuvre néfaste, depuis trois ans, par les machinations les plus saugrenues et les plus coupables.

J'accuse le général Mercier de s'être rendu complice, tout au moins par faiblesse d'esprit, d'une des plus grandes iniquités du siècle.

J'accuse le général Billot d'avoir eu entre les mains les preuves certaines de l'innocence de Dreyfus et de les avoir étouffées, de s'être rendu coupable de ce crime de lèse-humanité et de lèse-justice, dans un but politique et pour sauver l'état-major compromis.

J'accuse le général de Boisdeffre et le général Gonse de s'être rendus complices du même crime, l'un sans doute par passion cléricale, l'autre peut-être par cet esprit de corps qui fait des bureaux de la guerre l'arche sainte, inattaquable.

J'accuse le général de Pellieux et le commandant Ravary d'avoir fait une enquête scélérate, j'entends par là une enquête de la plus monstrueuse partialité, dont nous avons, dans le rapport du second, un impérissable monument de naïve audace.

J'accuse les trois experts en écritures, les sieurs Belhomme, Varinard et Couard, d'avoir fait des rapports mensongers et frauduleux, à moins qu'un examen médical ne les déclare atteints d'une maladie de la vue et du jugement.

J'accuse les bureaux de la guerre d'avoir mené dans la presse, particulièrement dans *l'Éclair* et dans *l'Écho de Paris*, une campagne abominable, pour égarer l'opinion et couvrir leur faute.

J'accuse enfin le premier conseil de guerre d'avoir violé le droit, en condamnant un accusé sur une pièce restée secrète, et j'accuse le second conseil de guerre d'avoir couvert cette illégalité, par ordre, en commettant à son tour le crime juridique d'acquitter sciemment un coupable.

En portant ces accusations, je n'ignore pas que je me mets sous le coup des articles 30 et 31 de la loi sur la presse du 29 juillet 1881, qui punit les délits de diffamation. Et c'est volontairement que je m'expose.

Quant aux gens que j'accuse, je ne les connais pas, je ne les ai jamais vus, je n'ai contre eux ni rancune ni haine. Ils ne sont pour moi que des entités, des esprits de malfaisance sociale. Et l'acte que j'accomplis ici n'est qu'un moyen révolutionnaire pour hâter l'explosion de la vérité et de la justice.

Je n'ai qu'une passion, celle de la lumière, au nom de l'humanité qui a tant souffert et qui a droit au bonheur. Ma protestation enflammée n'est que le cri de mon âme. Qu'on ose donc me traduire en cour d'assises et que l'enquête ait lieu au grand jour !

J'attends.

Veuillez agréer, monsieur le Président, l'assurance de mon profond respect.

Zola, « J'accuse » in *l'Aurore*, 1898.

Activités

1. **Dans le début de la lettre, repérez les indices textuels de la forme épistolaire.**
2. **Quelle figure de rhétorique organise principalement la fin du texte ? Quel effet produit-elle sur le lecteur ?**
3. **Documentez-vous sur l'affaire Dreyfus. Recherchez dans quelles circonstances précises et avec quelles intentions Zola décide d'écrire cette lettre au Président de la République.**

Malaise et mal-être du poète

S'il s'engage souvent, le poète se retire parfois du monde, aspire à un ailleurs pour trouver du nouveau, cisèle la forme, et explore le continent langage. Maudit ou idolâtré, marginal ou chef de file, il réinvente l'univers.

LAMARTINE

Né d'une famille noble peu fortunée, Alphonse de Lamartine (1790-1869) tire principalement son inspiration poétique de sa vie privée. Les thèmes du temps et de la nature, associés à ses sentiments personnels, parcourent son œuvre. Poète adulé, il a mené parallèlement une carrière politique et diplomatique.

L'Isolement

RÉÉCRITURE

Premier grand recueil de la poésie romantique les Méditations poétiques *développent les thèmes privilégiés de la mélancolie et de la solitude. Voici les deux premiers quatrains de « L'Isolement » figurant dans les méditations ainsi que leurs deux versions primitives.*

Souvent sur la montagne, à l'ombre du vieux chêne,
Au coucher du soleil, tristement je m'assieds ;
Je promène au hasard mes regards sur la plaine,
Dont le tableau changeant se déroule à mes pieds.

Ici, gronde le fleuve aux vagues écumantes,
Il serpente, et s'enfonce en un lointain obscur ;
Là, le lac immobile étend ses eaux dormantes
Où l'étoile du soir se lève dans l'azur.

Larmartine, extrait de « L'Isolement »
in *Méditations poétiques*, 1820.

Activités

1. **Observez les différents états du texte. Étudiez les effets produits par les changements.**
2. **Étudiez les rythmes et le vocabulaire de ces différentes versions. Lesquels, d'après-vous, rendent-ils le mieux le sentiment de la mélancolie ? Justifiez vos réponses.**

Peinture anomyme de 1833 représentant une cascade près du pont d'Espagne dans les Pyrénées.

Première version

Au sommet du rocher, au pied d'un chêne,
Au coucher du soleil souvent je vais m'asseoir;
Et promène au hasard mes regards sur la plaine,
Dont le (vas) tableau changeant se déroule à mes pieds

Ici, mugit le fleuve aux vagues écumantes,
Il serpente, et s'enfonce en un lointain obscur;
Là, le lac immobile étend ses eaux dormantes
Et le pâle Vesper tremble dans son azur.

Deuxième version

Sur la cime des monts, à l'ombre du vieux chêne,
Au coucher du soleil tristement je m'assieds
Et promène au hasard mes regards sur la plaine,
Dont le tableau changeant se déroule à mes pieds.

Ici le (vaste) fleuve en paix roule ses eaux dormantes
Il blanchit et s'enfonce en un lointain obscur;
Là, le lac immobile étend ses eaux dormantes
Et l'étoile du soir brille dans son azur.

Larmartine, versions primitives du poème, 1818.

MUSSET

Alfred de Musset (1810-1857) obtint très jeune de nombreux succès littéraires. Lié au cénacle de Nodier, il fréquente les auteurs romantiques dont il s'écartera après 1830. Génie précoce et avide de liberté, sa production couvre tous les genres. Il meurt jeune, usé par les excès.

La Nuit de décembre

LE POÈTE ROMANTIQUE

Appartenant au quatuor des Nuits, *liées à quatre aventures amoureuses de l'auteur, « La Nuit de décembre » aborde le thème du double, vision hallucinatoire du poète, symbole de sa profonde solitude.*

Le Poète

Du temps que j'étais écolier,
Je restais un soir à veiller
Dans notre salle solitaire.
Devant ma table vint s'asseoir
Un pauvre enfant vêtu de noir,
Qui me ressemblait comme un frère.

Son visage était triste et beau :
À la lueur de mon flambeau,
Dans mon livre ouvert il vint lire.
Il pencha son front sur sa main
Et resta jusqu'au lendemain,
Pensif, avec un doux sourire.

Comme j'allais avoir quinze ans,
Je marchais un jour, à pas lents,
Dans un bois, sur une bruyère.
Au pied d'un arbre vint s'asseoir
Un jeune homme vêtu de noir,
Qui me ressemblait comme un frère.

Je lui demandai mon chemin ;
Il tenait un luth[1] d'une main,
De l'autre un bouquet d'églantine[2].
Il me fit un salut d'ami,
Et, se détournant à demi,
Me montra du doigt la colline.

1. Symbole de la poésie.
2. Fleur qui récompense les poètes (comme les lauriers sont symbole de gloire).

À l'âge où l'on croit à l'amour,
J'étais seul dans ma chambre un jour,
Pleurant ma première misère.
Au coin de mon feu vint s'asseoir
Un étranger vêtu de noir,
Qui me ressemblait comme un frère.

Il était morne et soucieux;
D'une main il montrait les cieux,
Et de l'autre il tenait un glaive.
De ma peine il semblait souffrir,
Mais il ne poussa qu'un soupir,
Et s'évanouit comme un rêve.

À l'âge où l'on est libertin,
Pour boire un toast en un festin,
Un jour je soulevai mon verre.
En face de moi vint s'asseoir
Un convive vêtu de noir,
Qui me ressemblait comme un frère.

Il secouait sous son manteau
Un haillon de pourpre en lambeau,
Sur sa tête un myrte[3] stérile.
Son bras maigre cherchait le mien,
Et mon verre, en touchant le sien,
Se brisa dans ma main débile[4].[...]

Qui donc es-tu, spectre de ma jeunesse,
Pèlerin que rien n'a lassé?
Dis-moi pourquoi je te trouve sans cesse
Assis dans l'ombre où j'ai passé.
Qui donc es-tu, visiteur solitaire,
Hôte assidu de mes douleurs?
Qu'as-tu donc fait pour me suivre sur terre?
Qui donc es-tu, qui donc es-tu, mon frère,
Qui n'apparais qu'au jour des pleurs?

Musset, « La Nuit de décembre »,
1835, in *Nuits*, 1835-37.

Activités

1. **Définissez le type de strophes et de vers utilisés, le système des rimes, et les modulations du refrain dont vous étudierez les variations.**
2. **Observez la dernière strophe de l'extrait : définissez le type de vers utilisés, le système des rimes et les différentes adresses du Poète à la Vision. Quels sont les effets produits par rapport au début du poème ?**
3. **Le poète évoque et s'adresse à une même entité : quelle est-elle ? Comment celle-ci est-elle liée à l'évolution du poète dans le temps ?**
4. **Lecture cursive : lire le cycle complet des *Nuits*. Réfléchir sur les différences entre la « Nuit de décembre » et les trois autres.**

3. Arbrisseau à petites fleurs blanches dégageant une odeur agréable. Traditionnellement, le myrte était consacré à Vénus.
4. Faible.

Le romantisme

Si l'adjectif *romantique* est employé dès le XVIIe siècle péjorativement pour *romanesque*, le terme *romantisme* naît en 1825, sous la plume de Stendhal, dans son second *Racine et Shakespeare*. Il recouvre en fait des réalités distinctes et désigne un mouvement européen qui éclôt entre la fin du XVIIIe siècle et 1825 pour agoniser entre 1850 et 1860.

Le voyageur devant une mer de brouillard, *de Caspar David Friedrich, 1818.*

La contestation littéraire

En France, le mouvement romantique s'affirme en opposition avec le classicisme. Au primat classique de la raison, il substitue celui de la sensibilité, de l'imagination ; à celui des règles esthétiques, la revendication d'une totale liberté ; au refus de l'intériorité, la primauté du moi. Et si le classicisme accepte la vie et la société telles qu'elles sont, le romantisme se veut jeunesse du monde rêvant d'une nouvelle genèse, et cultive les passions, l'excès, la fureur, la générosité, l'audace, le goût pour une religion rédemptrice et salvatrice, l'ésotérisme.

Une autre vision du monde

La fracture définitive de la Révolution fait entrer l'humanité dans l'Histoire qui, dès lors, s'organise selon un devenir : le romantique croit en l'avenir prométhéen du progrès. L'Histoire devient un sujet littéraire. Mais la conscience, déchirée entre son aspiration à l'infini et un univers aux bornes étriquées, en proie au mal de vivre, oscille entre deux attitudes antithétiques : le repli sur soi, l'abandon à la nature et au rêve qui permettent de retrouver une unité perdue, ou l'ouverture au monde et l'engagement.

Activités

1. Les extraits de la *Confession d'un enfant du siècle* p. 323, *La Chartreuse de Parme* p. 348, *Adolphe* p. 321, vous paraissent-ils romantiques ? Justifiez votre réponse.
2. Documentez-vous sur les manifestations du romantisme dans les autres arts et notamment en peinture et en musique. Écoutez des extraits de la *Symphonie Fantastique* de Berlioz et chercher en quoi sa mélodie colorée, ses hardiesses rythmiques et harmoniques en font une œuvre romantique.

**« Le romantisme n'est précisément ni dans le choix des sujets ni dans la vérité exacte, mais dans la manière de sentir. [...] Pour moi, le romantisme est l'expression la plus récente, la plus actuelle du beau.
Il y a autant de beautés qu'il y a de manières habituelles de chercher le bonheur.
La philosophie du progrès explique ceci clairement ; ainsi, comme il y a eu autant d'idéals qu'il y a eu pour les peuples de façons de comprendre la morale, l'amour, la religion, etc., le romantisme ne consistera pas dans une exécution parfaite, mais dans une conception analogue à la morale du siècle. [...]
Qui dit romantisme dit art moderne – c'est-à-dire intimité, spiritualité, couleur, aspiration vers l'infini, exprimées par tous les moyens que contiennent les arts. »**

Baudelaire, *Salon de 1846*.

BAUDELAIRE

Né en 1821, orphelin de père à six ans, Charles Baudelaire (1821-1867) ne s'entend pas avec son beau-père. Bachelier, il mène une vie de bohème littéraire puis voyage. À son retour, il devient dandy et doit vivre de sa plume : critiques d'art, poésies, notes de journal intime. Il meurt à 46 ans, aphasique et hémiplégique.

Les Aveugles

DESCRIPTION

Condamné dès sa parution pour « atteinte aux bonnes mœurs », le recueil des Fleurs du mal *(1857) présente une structure très élaborée. Dans la section « Tableaux parisiens », se déploient, au sein de la ville, diverses figures de la misérable condition humaine.*

Contemple-les, mon âme ; ils sont vraiment affreux.
Pareils aux mannequins ; vaguement ridicules ;
Terribles, singuliers comme les somnambules ;
Dardant on ne sait où leurs globes ténébreux.

Leurs yeux, d'où la divine étincelle est partie,
Comme s'ils regardaient au loin, restent levés
Au ciel ; on ne les voit jamais vers les pavés
Pencher rêveusement leur tête appesantie.

Ils traversent ainsi le noir illimité,
Ce frère du silence éternel. Ô cité !
Pendant qu'autour de nous tu chantes, ris et beugles,

Éprise du plaisir jusqu'à l'atrocité,
Vois ! je me traîne aussi ! mais, plus qu'eux hébété,
Je dis : Que cherchent-ils au Ciel, tous ces aveugles ?

Baudelaire, « Les Aveugles », in *Les Fleurs du Mal*, 1857.

Activités

1. **Observez le rythme, le vocabulaire, les sonorités, les coupes, etc., des trois premières strophes. En quoi servent-ils une vision tragique des aveugles ?**
2. **Le terme « aveugles » désigne-t-il seulement les handicapés physiques ?**
3. **Comment, dans le dernier tercet, Baudelaire passe-t-il d'une méditation sur la condition des aveugles, à une méditation sur lui-même ?**
4. **Recherchez le tableau de Brueghel le Vieux « La Parabole des aveugles », qui a sans doute inspiré Baudelaire. Quelles sont les équivalences poétiques de ce tableau ?**

BAUDELAIRE

L'Invitation au voyage

VOYAGE

Dès l'édition originale des Fleurs du mal *(1857), ce poème appartient à la section « Spleen et idéal ». L'un des premiers, Baudelaire emploie les rythmes brefs en nombre impairs. On peut rapprocher ce texte d'une chanson de Pierre Dupont (1821-1870), « La Promenade sur l'eau »*

Mon enfant, ma sœur,
Songe à la douceur
D'aller là-bas vivre ensemble !
Aimer à loisir,
Aimer et mourir
Au pays qui te ressemble !
Les soleils mouillés,
De ces ciels brouillés
Pour mon esprit ont les charmes
Si mystérieux
De tes traîtres yeux,
Brillant à travers leurs larmes.

Là, tout n'est qu'ordre et beauté,
Luxe, calme et volupté.

Des meubles luisants,
Polis par les ans,
Décoreraient notre chambre ;
Les plus rares fleurs
Mêlant leurs odeurs
Aux vagues senteurs de l'ambre,
Les riches plafonds,
Les miroirs profonds,
La splendeur orientale,
Tout y parlerait
À l'âme en secret
Sa douce langue natale.

Là, tout n'est qu'ordre et beauté,
Luxe, calme et volupté.

En Hollande,
les barques près du moulin,
De J.-J. Barthold (1819-1891).
Paris, Musée d'Orsay.

Vois sur ces canaux
Dormir ces vaisseaux
Dont l'humeur est vagabonde ;
C'est pour assouvir
Ton moindre désir
Qu'ils viennent du bout du monde.
Les soleils couchants
Revêtent les champs,
Les canaux, la ville entière,
D'hyacinthe et d'or ;
Le monde s'endort
Dans une chaude lumière.

Là, tout n'est qu'ordre et beauté,
Luxe, calme et volupté.

Charles Baudelaire, « L'Invitation au Voyage »,
in *Les Fleurs du Mal*, 1857.

Activités

1. Dégagez la composition du poème. Essayez de justifiez le type de strophes et de vers choisi par Baudelaire.

2. Étudiez les sonorités, les rythmes, les reprises anaphoriques, les procédés de versification (coupes, enjambements, rejets, etc.). Montrez que cela contribue à créer un climat de rêve et donne une tonalité lyrique au poème.

3. Comparez ce poème au poème en prose qui a le même titre.

BAUDELAIRE

L'Invitation au voyage

RÉÉCRITURE

Les Petits poèmes en prose *furent publiés de manière posthume sous le titre* Le Spleen de Paris. *À plusieurs reprises, Baudelaire, se plaît à traiter en prose un sujet qu'il avait versifié dans* Les Fleurs du mal.

Il est un pays superbe, un pays de Cocagne, dit-on, que je rêve de visiter avec une vieille amie. Pays singulier, noyé dans les brumes de notre Nord, et qu'on pourrait appeler l'Orient de l'Occident, la Chine de l'Europe, tant la chaude et capricieuse fantaisie s'y est donné carrière, tant elle l'a patiemment et opiniâtrement illustré de ses savantes et délicates végétations.

Un vrai pays de Cocagne, où tout est beau, riche, tranquille, honnête ; où le luxe a plaisir à se mirer dans l'ordre ; où la vie est grasse et douce à respirer ; d'où le désordre, la turbulence et l'imprévu sont exclus ; où le bonheur est marié au silence ; où la cuisine elle-même est poétique, grasse et excitante à la fois ; où tout vous ressemble, mon cher ange.

Tu connais cette maladie fiévreuse qui s'empare de nous dans les froides misères, cette nostalgie du pays qu'on ignore, cette angoisse de la curiosité ? Il est une contrée qui te ressemble, où tout est beau, riche, tranquille et honnête, où la fantaisie a bâti et décoré une Chine occidentale, où la vie est douce à respirer, où le bonheur est marié au silence. C'est là qu'il faut aller vivre, c'est là qu'il faut aller mourir !

Oui, c'est là qu'il faut aller respirer, rêver et allonger les heures par l'infini des sensations. Un musicien a écrit l'*Invitation à la valse*[1] ; quel est celui qui composera l'*Invitation au voyage*, qu'on puisse offrir à la femme aimée, à la sœur d'élection ?

Oui, c'est dans cette atmosphère qu'il ferait bon vivre, là-bas, où les heures plus lentes contiennent plus de pensées, où les horloges sonnent le bonheur avec une plus profonde et plus significative solennité.

Sur des panneaux luisants, ou sur des cuirs dorés et d'une richesse sombre, vivent discrètement des peintures béates, calmes et profondes, comme les âmes des artistes qui les créèrent. Les soleils couchants, qui colorent si richement la salle à manger ou le salon, sont tamisés par de belles étoffes ou par ces hautes fenêtres ouvragées que le plomb divise en nombreux compartiments. Les meubles sont vastes, curieux, bizarres, armés de serrures et de secrets comme des âmes

1. Il s'agit du musicien Karl Maria von Weber (1786-1826).

raffinées. Les miroirs, les métaux, les étoffes, l'orfèvrerie et la faïence y jouent pour les yeux une symphonie muette et mystérieuse ; et de toutes choses, de tous les coins, des fissures des tiroirs et de plis des étoffes s'échappe un parfum singulier, un *revenez-y* de Sumatra, qui est comme l'âme de l'appartement.

Un vrai pays de Cocagne, te dis-je, où tout est riche, propre et luisant, comme une belle conscience, comme une magnifique batterie de cuisine, comme une splendide orfèvrerie, comme une bijouterie bariolée ! Les trésors du monde y affluent, comme dans la maison d'un homme laborieux et qui a bien mérité du monde entier. Pays singulier, supérieur aux autres, comme l'Art l'est à la Nature, où celle-ci est réformée par le rêve, où elle est corrigée, embellie, refondue.

Qu'ils cherchent, qu'ils cherchent encore, qu'ils reculent sans cesse les limites de leur bonheur, ces alchimistes de l'horticulture ! Qu'ils proposent des prix de soixante et de cent mille florins pour qui résoudra leurs ambitieux problèmes ! Moi, j'ai trouvé ma *tulipe noire*[2] et mon *dahlia bleu*[3] !

Fleur incomparable, tulipe retrouvée, allégorique dahlia, c'est là, n'est-ce pas, dans ce beau pays si calme et si rêveur, qu'il faudrait aller vivre et fleurir ? Ne serais-tu pas encadrée dans ton analogie, et ne pourrais-tu pas te mirer, pour parler comme les mystiques, dans ta propre *correspondance ?*

Des rêves ! toujours des rêves ! et plus l'âme est ambitieuse et délicate, plus les rêves l'éloignent du possible. Chaque homme porte en lui sa dose d'opium naturel, incessamment sécrétée et renouvelée, et, de la naissance à la mort, combien comptons-nous d'heures remplies par la jouissance positive, par l'action réussie et décidée ? Vivrons-nous jamais, passerons-nous jamais dans ce tableau qu'a peint mon esprit, ce tableau qui te ressemble ?

Ces trésors, ces meubles, ce luxe, cet ordre, ces parfums, ces fleurs miraculeuses, c'est toi. C'est encore toi, ces grands fleuves et ces canaux tranquilles. Ces énormes navires qu'ils charrient, tout chargés de richesses, et d'où montent les chants monotones de la manœuvre, ce sont mes pensées qui dorment ou qui roulent sur ton sein. Tu les conduis doucement vers la mer qui est l'Infini, tout en réfléchissant les profondeurs du ciel dans la limpidité de ta belle âme ; et quand, fatigués par la houle et gorgés des produits de l'Orient, ils rentrent au port natal, ce sont encore mes pensées enrichies qui reviennent de l'infini vers toi.

Baudelaire, *Petits poèmes en prose*, « L'Invitation au voyage ». 1869.

Activités

1. **Dégagez les différents mouvements du texte.**
2. **Étudiez le jeu des pronoms. Qu'en concluez-vous ?**
3. **Quels éléments (rythmiques, sonores, syntaxiques, etc.) font de ce texte un poème ?**

2. *La Tulipe Noire* est un roman D'alexandre Dumas dont le sujet est la quête de cette fleur mythique.
3. On ne sait pas à quoi Baudelaire fait ici allusion.

VERLAINE

Bachelier, Paul Verlaine (1844-1896) est un employé qui se consacre à la poésie. Il fraye avec le Parnasse et publie en 1866 les *Poèmes saturniens*. Son alcoolisme, et surtout sa liaison avec Rimbaud le conduisent en prison où il se convertit avant de retomber dans sa vie dissolue. Il meurt, miséreux, en1896.

Mon rêve familier

LA FEMME AIMÉE

Les symbolistes reconnaissent Verlaine comme chef de file de leur mouvement. Coupes ambiguës, enjambements multipliés, scansion et syntaxe originales, jeu sur les sonorités : tout rompt avec la poésie classique. Ce premier recueil de Verlaine est placé sous le signe du temps et de la mélancolie.*

Je fais souvent ce rêve étrange et pénétrant
D'une femme inconnue, et que j'aime, et qui m'aime,
Et qui n'est, chaque fois, ni tout à fait la même
Ni tout à fait une autre, et m'aime et me comprend.

Car elle me comprend, et mon cœur transparent
Pour elle seule, hélas ! cesse d'être un problème
Pour elle seule, et les moiteurs de mon front blême,
Elle seule les sait rafraîchir, en pleurant.

Est-elle brune, blonde ou rousse ? – Je l'ignore.
Son nom ? Je me souviens qu'il est doux et sonore
Comme ceux des aimés que la Vie exila.

Son regard est pareil au regard des statues,
Et, pour sa voix, lointaine, et calme, et grave, elle a
L'inflexion des voix chères qui se sont tues.

Paul Verlaine, « Mon rêve familier » in *Poèmes saturniens*, 1866.

Activités

1. **Observez les rimes, les rythmes, les coupes, la ponctuation, les sonorités. Dites quels effets le poète cherche à obtenir et en quoi il rompt avec le sonnet traditionnel.**
2. **Verlaine trace-t-il le portrait de la femme aimée dans les tercets ?**
3. **Lire « Correspondances » de Baudelaire** **[voir p. 404]** **et « Voyelles » de Rimbaud** **[voir p. 472]****. Quel est le point commun du poème de Verlaine avec ces deux poèmes ? En quoi une nouvelle forme poétique est-elle en train de naître ?** **[voir p. 464]**

MALLARMÉ

Professeur d'anglais, traducteur de Poe, Stéphane Mallarmé (1842-1898) entreprend une œuvre poétique exigeante et destinée à un public restreint (*L'Après-midi d'un faune*, 1876 ; *Un coup de dés jamais n'abolira le hasard*, 1897). À partir de 1877, ses mardis réunissent jeunes poètes et futurs maîtres du XXe siècle.

Brise marine

VOYAGE

Dans la continuité de Baudelaire, ce poème traduit l'aspiration du poète à s'élever vers un au-delà poétique.

La chair est triste, hélas ! et j'ai lu tous les livres.
Fuir ! Là-bas fuir ! Je sens que des oiseaux sont ivres
D'être parmi l'écume inconnue et les cieux !
Rien, ni les vieux jardins reflétés par les yeux
Ne retiendra ce cœur qui dans la mer se trempe,
Ô nuits ! ni la clarté déserte de ma lampe
Sur le vide papier que la blancheur défend
Et ni la jeune femme allaitant son enfant.
Je partirai ! Steamer[1] balançant ta mâture,
Lève l'ancre pour une exotique nature !
Un Ennui, désolé par les cruels espoirs,
Croit encore à l'adieu suprême des mouchoirs !
Et, peut-être, les mâts, invitant les orages,
Sont-ils de ceux qu'un vent penche sur les naufrages
Perdus, sans mâts, sans mâts, ni fertiles îlots.
Mais, ô mon cœur, entends le chant des matelots.

Mallarmé, « Brise marine » in *Poésies*, 1887.

1. Mot anglais fréquemment employé au XIXe siècle pour désigner un bateau à vapeur.

Activités

1. **Observez le mouvement du poème. Repérez quelques traits remarquables de la versification (enjambements, rejet, rythme), de la syntaxe et de la ponctuation. Quels sont les effets produits ? Dans quel but ?**
2. **Analysez le thème du voyage sous tous ses aspects : motivations, appel de la liberté, de l'exotisme, métaphore de l'inspiration, etc. Mettez en rapport ce thème avec la création même du poème. Qu'en concluez-vous ?**
3. **Comparez ce poème avec « L'Invitation au voyage » de Baudelaire** **[voir p. 444]****.**

BÉCQUER

Marqué par ses lectures des romantiques français, Gustavo Adolfo Bécquer (1836-1870), journaliste et poète, s'imposa en Espagne par sa profonde originalité, la fluidité de ses vers et la liberté de son langage. Il aura une grande influence sur les poètes espagnols de la fin du siècle.

Je vais contre mon intérêt…

CYNISME

Bécquer est à Madrid entre 1854 et 1860, époque à laquelle il écrit la plupart des poèmes qui forment ce recueil. Cette « rima » est la vingt-sixième du recueil et fut jugée dangereuse à cause de son cynisme anti-bourgeois.

Je vais contre mon intérêt en faisant cet aveu ;
Pourtant, comme toi, mon aimée,
Je pense qu'une ode n'est bonne
Qu'écrite au dos d'un billet de banque.
Il ne manquera pas quelque niais pour se signer
Et dire en m'entendant :
« Femme bien du dix-neuvième siècle,
Matérielle et prosaïque… » Sottises !
Propos que font courir quatre poètes
Qui, l'hiver, s'enveloppent dans leur lyre !
Aboiements des chiens à la lune !
Tu sais et je sais qu'en cette vie
Très rares sont les poètes qui *écrivent* avec génie
Alors qu'avec de l'or n'importe qui *fait* de la poésie.

Bécquer, « Je vais contre mon intérêt… » in *Rimas*, 1871.
Trad. R. Pageard, Anthologie bilingue de la poésie espagnole, Éd. Gallimard, 1995.

Activités

1. **À qui s'adresse le poème ? Qui est « l'aimée » ?**
2. **Relevez les marques du cynisme et de l'ironie.**
3. **Quel jugement le poète porte-t-il ici sur ses « frères » ? Qu'apprend-on sur les conditions de vie du poète au XIXe siècle ?**
4.  **Que pensez-vous des affirmations du poète ? La poésie est-elle, selon vous, affaire de génie ?**

Révolutions poétiques

«Forme optique de la pensée», selon Hugo, le vers n'échappe pas aux bouleversements du siècle. L'alchimie poétique marie classicisme et audaces formelles, héritage et novations, harmonies et dissonances.

LAMARTINE

Alphonse de Lamartine (1790-1869) tire principalement son inspiration poétique de sa vie privée. Les thèmes du temps et de la nature, associés à ses sentiments personnels, parcourent son œuvre. Poète adulé, il a mené parallèlement une carrière politique et diplomatique.

Le Lac

LYRISME

Premier grand recueil de la poésie romantique, les Méditations poétiques *(1820) développent les thèmes privilégiés de la mélancolie et de la solitude. « Le Lac » célèbre le souvenir de l'amour du poète pour Julie Charles.*

Ainsi, toujours poussés vers de nouveaux rivages,
Dans la nuit éternelle emportés sans retour,
Ne pourrons-nous jamais sur l'océan des âges
Jeter l'ancre un seul jour ?

Ô lac ! l'année à peine a fini sa carrière,
Et près des flots chéris qu'elle devait revoir,
Regarde ! Je viens seul m'asseoir sur cette pierre
Où tu la vis s'asseoir !

Tu mugissais ainsi sous ces roches profondes ;
Ainsi tu te brisais sur leurs flancs déchirés ;
Ainsi le vent jetait l'écume de tes ondes
Sur ses pieds adorés.

Un soir, t'en souvient-il ? nous voguions en silence ;
On n'entendait au loin, sur l'onde et sous les cieux,
Que le bruit des rameurs qui frappaient en cadence
Tes flots harmonieux.

Tout à coup des accents inconnus à la terre
Du rivage charmé[1] frappèrent les échos,
Le flot fut attentif, et la voix qui m'est chère
Laissa tomber ces mots :

1. Envoûté par un philtre magique.

« Ô temps, suspends ton vol ! et vous, heures propices,
Suspendez votre cours !
Laissez-nous savourer les rapides délices
Des plus beaux de nos jours !

« Assez de malheureux ici-bas vous implorent :
Coulez, coulez pour eux ;
Prenez avec leurs jours les soins[2] qui les dévorent ;
Oubliez les heureux.

« Mais je demande en vain quelques moments encore,
Le temps m'échappe et fuit ;
Je dis à cette nuit : « Sois plus lente » ; et l'aurore
Va dissiper la nuit.

« Aimons donc, aimons donc ! de l'heure fugitive,
Hâtons-nous, jouissons !
L'homme n'a point de port, le temps n'a point de rive ;
Il coule, et nous passons ! »

Temps jaloux, se peut-il que ces moments d'ivresse,
Où l'amour à longs flots nous verse le bonheur,
S'envolent loin de nous de la même vitesse
Que les jours de malheur ?

Hé quoi ! n'en pourrons-nous fixer au moins la trace ?
Quoi ! passés pour jamais ? quoi ! tout entiers perdus ?
Ce temps qui les donna, ce temps qui les efface,
Ne nous les rendra plus ?

Éternité, néant, passé, sombres abîmes,
Que faites-vous des jours que vous engloutissez ?
Parlez : nous rendrez-vous ces extases sublimes
Que vous nous ravissez ?

Ô lac ! rochers muets ! grottes ! forêt obscure !
Vous que le temps épargne ou qu'il peut rajeunir,
Gardez de cette nuit, gardez, belle nature,
Au moins le souvenir ! [...]

Lamartine, « Le Lac » in *Méditations poétiques*, 1820.

2. Soucis.

Activités

1. **Dégagez et commentez les différents mouvements du poème.**
2. **Quel est son thème ? À qui s'adresse le poète ?**
2. **Relevez la composition, les différentes tonalités et les divers registres de langue de chaque strophe. Montrez qu'ils concourent à suivre les sentiments successifs du poète.**

FRIEDRICH

Peintre et graveur allemand, Caspar David Friedrich (1774-1840) est l'un des meilleurs représentants de la peinture romantique européenne. *Croix sur la Baltique* (*Das Kreuz and der Ostsee*) date de 1815.

Croix sur la Baltique

ROMANTISME

Friedrich donne à ses représentations de la nature une force mélancolique liée aux angoisses existentielles de l'homme face à la nature. Ses paysages sont particulièrement représentatifs de l'art romantique allemand.

Activités

1. **Documentez-vous sur le style et les motifs propres à la peinture romantique ainsi que sur ses artistes les plus représentatifs.**
2. **En quoi ce paysage vous paraît-il romantique ? Justifiez votre réponse en analysant les tons dominants, la composition du tableau, l'éclairage, etc. Vous pourrez vous aider de la [p. 442] sur le romantisme.**

BYRON

George Gordon Noël, 6e baron dit lord Byron (1788-1824) est peut-être le plus représentatif des romantiques anglais. Il exerca une influence considérable sur les écrivains et les artistes français.

La communion avec la nature

LYRISME

Accusé d'inceste, provoquant l'indignation par des écrits jugés scandaleux, Byron est mis au ban de l'aristocratie anglaise et s'exile en Suisse en 1816. Il y compose notamment Le Captif de Chillon.

Claire et placide Léman ! Ton lac, en contraste
avec le monde turbulent que j'habitai, est un objet
qui m'avertit, par sa tranquilité, d'abandonner
les eaux inquiètes de la terre pour une source plus pure.
Cette voile immobile est comme une aile silencieuse
dont le battement m'arrache au tumulte ; jadis j'aimais
le rugissement de l'océan déchaîné, mais ton doux murmure
fait un bruit suave, comme si la voix d'une sœur me reprochait
d'avoir par de sombres plaisirs jamais été transporté de la sorte.

C'est le silence de la nuit, et toute chose, depuis
ta rive jusqu'aux montagnes, est obscure mais nette,
adoucie et mêlée, distinctement vue cependant
sauf le Jura assombri, dont les cimes coiffées semblent
dressées à pic ; et, arrivant tout près,
s'exhale du rivage un vivant parfum
de fleurs encore fraîches de jeunesse ; pour l'oreille
s'égoutte la goutte légère de la rame suspendue,
ou fait retentir le grillon un dernier chant de bonsoir.

Byron, « La communion avec la nature »
in *Le Captif de Chillon*, 1817.

Activités

1. **En quoi ce poème vous paraît-il proche ou non du « Lac » de Lamartine ?**
2. **Chercher dans cette anthologie d'autres poèmes des siècles précédents traitant du thème de la fuite du temps. La tonalité vous paraît-elle la même ?**
3. **Dans un développement argumenté, dites si le thème de la fuite du temps vous paraît encore actuel.**

VIGNY

Aristocrate, Alfred de Vigny (1797-1863) éprouve le malaise de la société moderne. Après une carrière militaire, il se tourne vers la littérature. Poète, romancier, dramaturge, il s'impose comme l'un des principaux écrivains romantiques. Devenu proche des idées républicaines, il se réfugie dans la solitude après 1848.

Le Mont des Oliviers

RELIGION

Entrepris dès 1838, Les Destinées *rassemblent la pensée du poète. «Le Mont des Oliviers» évoque le célèbre épisode des* Évangiles *où le Christ médite dans le jardin de Gethsémani la veille de sa crucifixion.*

Alors il était nuit et Jésus marchait seul,
Vêtu de blanc ainsi qu'un mort de son linceul;
Les disciples dormaient au pied de la colline.
Parmi les oliviers, qu'un vent sinistre incline,
Jésus marche à grands pas en frissonnant comme eux,
Triste jusqu'à la mort, l'œil sombre et ténébreux,
Le front baissé, croisant les deux bras sur sa robe
Comme un voleur de nuit cachant ce qu'il dérobe;
Connaissant les rochers mieux qu'un sentier uni,
Il s'arrête en un lieu nommé Gethsémani.
Il se courbe, à genoux, le front contre la terre,
Puis regarde le ciel en appelant: «Mon Père!»
– Mais le ciel reste noir, et Dieu ne répond pas.
Il se lève étonné, marche encore à grands pas,
Froissant les oliviers qui tremblent. Froide et lente,
Découle de sa tête une sueur sanglante.
Il recule, il descend, il crie avec effroi:
«Ne pouviez-vous prier et veiller avec moi?»
Mais un sommeil de mort accable les apôtres,
Pierre à la voix du maître est sourd comme les autres.
Le Fils de l'Homme alors remonte lentement.
Comme un pasteur d'Égypte il cherche au firmament
Si l'Ange ne luit pas au fond de quelque étoile.
Mais un nuage en deuil s'étend comme le voile
D'une veuve, et ses plis entourent le désert.
Jésus, se rappelant ce qu'il avait souffert
Depuis trente-trois ans, devint homme, et la crainte
Serra son cœur mortel d'une invincible étreinte.

Il eut froid. Vainement il appela trois fois :
« Mon Père ! » – Le vent seul répondit à sa voix.
Il tomba sur le sable assis, et, dans sa peine,
Eut sur le monde et l'homme une pensée humaine.
– Et la Terre trembla, sentant la pesanteur
Du Sauveur qui tombait aux pieds du Créateur.[…]

III

Ainsi le divin Fils parlait au divin Père.
Il se prosterne encore, il attend, il espère,
Mais il renonce et dit : « Que votre volonté
Soit faite et non la mienne et pour l'éternité ! »
Une terreur profonde, une angoisse infinie
Redoublent sa torture et sa lente agonie.
Il regarde longtemps, longtemps cherche sans voir.
Comme un marbre de deuil tout le ciel était noir ;
La Terre sans clartés, sans astre et sans aurore,
Et sans clartés de l'âme ainsi qu'elle est encore,
Frémissait. – Dans le bois il entendit des pas,
Et puis il vit rôder la torche de Judas.

LE SILENCE

S'il est vrai[1] qu'au Jardin sacré des Écritures,
Le Fils de l'Homme ait dit ce qu'on voit rapporté ;
Muet, aveugle et sourd au cri des créatures,
Si le Ciel nous laissa comme un monde avorté,
Le juste opposera le dédain à l'absence,
Et ne répondra plus que par un froid silence
Au silence éternel de la Divinité.

Alfred de Vigny, « Le Mont des Oliviers »
in *Les Destinées*, Éd. posthume, 1862.

1. Cette strophe fut rédigée dès 1851 mais ne fut ajoutée qu'en 1862.

Activités

1. **Étudiez la composition et les thèmes dominants de chaque partie de ce long poème.**
2. **Quelle attitude Vigny suggère-t-il à l'homme de prendre vis-à-vis de Dieu dans « le silence » ?**
3. **Comparez ce poème à celui de Nerval à la page suivante. Quel est leur principal point commun ? Dans quelle mesure le personnage du Christ est-il une figure du poète ?**

NERVAL

Élevé dans le Valois, traducteur du *Faust* de Goethe, membre de la Bohème littéraire, Gérard Labrunie dit « de Nerval » (1808-1855) participe à l'aventure romantique. Liaison et rupture avec l'actrice Jenny Colon, voyages, activité littéraire, crises mentales rythment sa vie. Il se suicide en 1855.

Le Christ aux Oliviers

RELIGION

Dans son recueil Les Chimères, *Nerval, comme Alfred de Vigny, reprend le thème de l'ultime méditation du Christ. Mais Nerval, lui, se situe dans la perspective de la mort de Dieu.*

Dieu est mort le ciel est vide...
Pleurez enfants vous n'avez plus de père !

I

Quand le Seigneur, levant au ciel ses maigres bras
Sous les arbres sacrés, comme font les poètes,
Se fut longtemps perdu dans ses douleurs muettes,
Et se jugea trahi par des amis ingrats ;

Il se tourna vers ceux qui l'attendaient en bas
Rêvant d'être des rois, des sages, des prophètes...
Mais engourdis, perdus dans le sommeil des bêtes,
Et se prit à crier : « Non, Dieu n'existe pas ! »

Ils dormaient. « Mes amis, savez-vous *la nouvelle ?*
J'ai touché de mon front à la voûte éternelle ;
Je suis sanglant, brisé, souffrant pour bien des jours !

Frères je vous trompais : Abîme ! abîme ! abîme !
Le dieu manque à l'autel où je suis la victime
Dieu n'est pas ! Dieu n'est plus ! » Mais ils dormaient toujours !...

II

Il reprit : « Tout est mort ! J'ai parcouru les mondes ;
Et j'ai perdu mon vol dans leurs chemins lactés,
Aussi loin que la vie, en ses veines fécondes,
Répand des sables d'or et des flots argentés :

« Partout le sol désert côtoyé par des ondes,
Des tourbillons confus d'océans agités…
Un souffle vague émeut les sphères vagabondes,
Mais nul esprit n'existe en ces immensités.

« En cherchant l'œil de Dieu, je n'ai vu qu'un orbite
Vaste, noir et sans fond, d'où la nuit qui l'habite
Rayonne sur le monde et s'épaissit toujours ;

« Un arc-en-ciel étrange entoure ce puits sombre,
Seuil de l'ancien chaos dont le néant est l'ombre,
Spirale engloutissant les Mondes et les Jours !

III

« Immobile Destin, muette sentinelle,
Froide Nécessité !… Hasard qui t'avançant
Parmi les mondes morts sous la neige éternelle,
Refroidis, par degrés l'univers pâlissant,

« Sais-tu ce que tu fais, puissance originelle,
De tes soleils éteints, l'un l'autre se froissant…
Es-tu sûr de transmettre une haleine immortelle,
Entre un monde qui meurt et l'autre renaissant ?…

« Ô mon père ! est-ce toi que je sens en moi-même ?
As-tu pouvoir de vivre et de vaincre la mort ?
Aurais-tu succombé sous un dernier effort

« De cet ange des nuits que frappa l'anathème[1] ?…
Car je me sens tout seul à pleurer et souffrir,
Hélas ! et, si je meurs, c'est que tout va mourir ! »

IV

Nul n'entendait gémir l'éternelle victime,
Livrant au monde en vain tout son cœur épanché ;
Mais prêt à défaillir et sans force penché,
Il appela le seul - éveillé dans Solyme[2] :

– Judas[3] ! lui cria-t-il, tu sais ce qu'on m'estime,
Hâte-toi de me vendre, et finis ce marché :
Je suis souffrant, ami ! sur la terre couché…
Viens ! ô toi qui, du moins, as la force du crime ! » […]

Nerval, « Le Christ aux Oliviers » in *Poésies*, 1854.

Activités

1. **À qui s'adresse le Seigneur dans le premier sonnet ? Sur quel ton ? En quoi ses propos sont-ils surprenants ?**
2. **Dans quel but et par quels moyens (vocabulaire, rythme, sonorités, etc.) Nerval évoque-t-il l'immensité de l'univers parcouru par le Christ dans le second sonnet ?**
3. **Observez les champs lexicaux, le rythme, la ponctuation, du troisième sonnet. Montrez que Nerval s'attache à mettre en lumière la solitude du Christ et rend pathétique son discours.**

1. Malédiction.
2. Un des noms de Jérusalem.
3. Disciple de Jésus qui le trahit et le livra.

La poésie au XIXe siècle

Allégorie de la poésie *par W. Von Schadow (1788-1862).*

Baudelaire et la modernité

Au Parnasse, Baudelaire emprunte le culte de la rigueur formelle ; au romantisme, l'importance de l'émotion. La modernité naît de cette double paternité : c'est l'aspiration vers l'infini exprimée par l'imagination, les correspondances et tous les pouvoirs de l'art.

Symbolisme et décadence

Pour les symbolistes tels Mallarmé ou Verlaine, le mystère des choses s'atteint en passant « à travers une forêt de symboles ». D'où la volonté de créer un langage approprié, l'intérêt pour l'ésotérisme, la fascination pour Wagner. Les décadentistes, marginaux originaux mélancoliquement fantaisistes, chantent avec Laforgue le mal de vivre.

Le renouveau romantique

La plupart des poètes jusqu'en 1848 adhérent au romantisme [voir p. 442] à l'Arsenal autour de Nodier d'abord, puis avec Hugo et son Cénacle. Le Moi, la subjectivité, l'intime, deviennent le sujet et l'enjeu du poème, le « Je », une spécificité littéraire. Le poète prône une totale liberté, affranchie des limites du langage imposées par le classicisme : une émotion vraie, une conviction authentique autorisent à tout dire, à déployer l'imaginaire fantastique, fantasmatique, onirique, même au détriment de la religion et de la morale. Le Verbe prime désormais sur la pensée et le rêve, et la poésie ouvre sur l'infini.

Le Parnasse

Après 1848, contre le romantisme, Gautier, Leconte de Lisle, Banville, Hérédia, chefs de file du Parnasse, exaltent l'Art pour l'Art, affirmant la prévalence de la forme, expression de la quête mystique du Beau absolu. Impersonnalité, amour du travail poétique rigoureux, virtuosité rythmique et sonore dans le respect des règles, refus de l'Histoire caractérisent le Parnasse.

« Je dis qu'il faut être *voyant*, se faire *voyant*.
Le Poète se fait *voyant* par un long, immense et raisonné *dérèglement de tous les sens*. Toutes les formes d'amour, de souffrance, de folie ; il cherche lui-même, il épuise en lui tous les poisons, pour n'en garder que les quintessences.[...]
Donc le poète est vraiment voleur de feu.
Il est chargé de l'humanité, des animaux même ; il devra faire sentir, palper, écouter ses inventions ; si ce qu'il rapporte de *là-bas* a forme ; si c'est informe, il donne de l'informe. Trouver une langue [...] ; [qui] sera de l'âme pour l'âme, résumant tout, parfums, sons, couleurs, de la pensée accrochant la pensée et tirant. Le poète définirait la quantité d'inconnu s'éveillant en son temps dans l'âme universelle. »

Rimbaud, *Lettre dite « du voyant »* à Paul Demeny, 15 mai 1871.

Activité

Choisissez dans cette anthologie un poème de votre choix pour chacun des grands mouvements poétiques de la littérature française : baroque, poème de la Pléiade, romantique, symboliste, surréaliste, etc. Comparez leurs formes, leurs originalités et essayez de dégager les signes caractéristiques du mouvement dans lequel ils s'inscrivent.

NERVAL

Adrienne

PORTRAIT

Sur le point de s'endormir, le narrateur songe à certaine fête pastorale de son enfance, à sa rencontre avec Adrienne.

À mesure qu'elle chantait, l'ombre descendait des grands arbres, et le clair de lune naissant tombait sur elle seule, isolée de notre cercle attentif. – Elle se tut, et personne n'osa rompre le silence. La pelouse était couverte de faibles vapeurs condensées, qui déroulaient leurs blancs flocons sur les pointes des herbes. Nous pensions être en paradis. – Je me levai enfin courant au parterre du château, où se trouvaient des lauriers, plantés dans de grands vases de faïence peints en camaïeu[1]. Je rapportai deux branches, qui furent tressées en couronne et nouées d'un ruban. Je posai sur la tête d'Adrienne cet ornement, dont les feuilles lustrées éclataient sur ses cheveux blonds aux rayons pâles de la lune. Elle ressemblait à la Béatrice de Dante[2] qui sourit au poète errant sur la lisière des saintes demeures.

Adrienne se leva. Développant sa taille élancée, elle nous fit un salut gracieux, et rentra en courant dans le château. C'était, nous dit-on, la petite-fille de l'un des descendants d'une famille alliée aux anciens rois de France ; le sang des Valois[3] coulait dans ses veines. Pour ce jour de fête, on lui avait permis de se mêler à nos jeux ; nous ne devions plus la revoir, car le lendemain elle repartit pour un couvent où elle était pensionnaire.

Quand je revins près de Sylvie[4], je m'aperçus qu'elle pleurait. La couronne donnée par mes mains à la belle chanteuse était le sujet de ses larmes. Je lui offris d'en aller cueillir une autre, mais elle dit qu'elle n'y tenait nullement, ne la méritant pas. Je voulus en vain me défendre, elle ne me dit plus un seul mot pendant que je la reconduisais chez ses parents.

Rappelé moi-même à Paris pour y reprendre mes études, j'emportai cette double image d'une amitié tendre tristement rompue, puis d'un amour impossible et vague, source de pensées douloureuses que la philosophie de collège était impuissante à calmer.

La figure d'Adrienne resta seule triomphante, – mirage de la gloire et de la beauté, adoucissant ou partageant les heures des sévères études. Aux vacances de l'année suivante, j'appris que cette belle à peine entrevue était consacrée par sa famille à la vie religieuse.

Nerval, « Adrienne » in *Les Filles du feu*, 1854.

Activités

1. **Montrez le rôle joué par la danse dans la progression de la narration.**
2. **Relevez tous les indices textuels qui montrent l'idéalisation d'Adrienne par le narrateur.**
3. **Dégagez tous les éléments qui donnent à ce texte une tonalité poétique.**

1. Procédé utilisé en peinture qui n'emploie que les tons (du clair au foncé) d'une seule couleur.
2. Héroïne de *La Divine Comédie* de Dante **[voir p. 30]** qui conduit le poète au Paradis.
3. Les Valois sont une branche des Capétiens, qui régna sur la France de 1328 à 1589.
4. La jeune compagne du narrateur.

Les formes poétiques

L'ancien remodelé

Les romantiques ne créent pas véritablement de formes nouvelles. Ils en dépoussièrent de vieilles et assouplissent le classicisme [voir p. 154]. Sonnets, épîtres, satires, poèmes à forme fixe traditionnelle fleurissent. Mais on rudoie les mètres consacrés : jeu sur les articulations, césures et accents déplacés, coupes, enjambements, rejets audacieux multipliés, syntaxe soumise aux caprices du rythme. Parce qu'il permet d'exprimer ses émotions, le genre lyrique domine, concurrencé par l'épopée qui comble l'exigence romantique de poésie totale et permet d'exhiber les contradictions du sujet et du monde. Hugo y excelle. Une nouveauté, empruntée à la poésie malaise : le *pantoum**, composé de quatrains à rimes croisées. Mais la principale conquête formelle réside dans la nouvelle signification des mots et images : de signes, ils deviennent source originelle de toute réalité.

Éclosion du poème en prose

Aloysius Bertrand, avec son *Gaspard de la nuit* (1836), ouvre les portes d'un nouvel espace poétique, le poème en prose, dans lequel Nerval déroulera les plis de sa mémoire et de son imaginaire onirique.

Le Parnasse

Banville prône dans le *Petit Traité de poésie française* (1872) le retour aux vieilles formes du XVIe siècle [voir p. 92].

Rimbaud, symbolisme et décadence

Rimbaud reproche à Baudelaire son classicisme formel : quatrains à rimes plates, alexandrins, sonnets, même si un seul est régulier. Lui, emploie une métrique sage mais cherche à créer une « alchimie du verbe » consubstantielle aux délires de son imaginaire. Mallarmé, Laforgue, mettent à la mode le vers libre. Verlaine, lui, « préfère l'impair, plus vague et plus soluble dans l'air ».

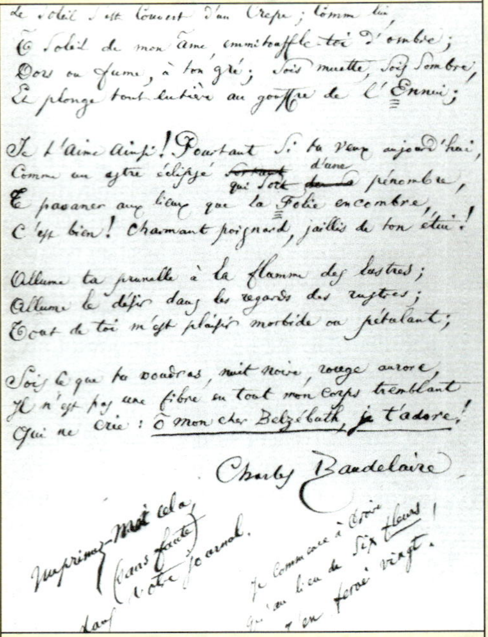
Le soleil s'est couvert d'un crêpe ; comme lui,
Ô Soleil de mon âme, emmitouffle-toi d'ombre ;
Dors ou fume, à ton gré ; sois muette, sois sombre,
Et plonge tout entière au gouffre de l'Ennui ;

Je t'aime ainsi ! Pourtant si tu veux aujourd'hui,
Comme un astre éclipsé qui sort d'une pénombre,
Te pavaner aux lieux que la Folie encombre,
C'est bien ! Charmant poignard, jaillis de ton étui !

Allume ta prunelle à la flamme des lustres ;
Allume le désir dans les regards des rustres ;
Tout de toi m'est plaisir, morbide ou pétulant ;

Sois ce que tu voudras, nuit noire, rouge aurore ;
Il n'est pas une fibre en tout mon corps tremblant
Qui ne crie : Ô mon cher Belzébuth, je t'adore !

Charles Baudelaire

Imprimez-moi cela (sans faute) à votre journal.

Je commence à croire qu'au lieu de six fleurs j'en ferai vingt !

Sonnet « Le Possédé », *manuscrit de Charles Baudelaire.*

> **L'ode française, généralement accusée de froideur et de monotonie, paraissait peu propre à retracer ce que les trente dernières années de notre histoire présentent de touchant et de terrible, de sombre et d'éclatant, de monstrueux et de merveilleux. Il (Hugo) lui a semblé que la cause de cette monotonie était dans l'abus des apostrophes, des exclamations, des prosopopées et autres figures véhémentes que l'on prodiguait dans l'ode ; moyens de chaleur qui glacent lorsqu'ils sont multipliés, et étourdissent au lieu d'émouvoir. Il a donc pensé que si l'on plaçait le mouvement de l'ode dans les idées plutôt que dans les mots, [...] on pourrait jeter dans l'ode quelque chose de l'intérêt du drame.**

Hugo, Préface de 1823 aux *Odes et Ballades*.

Activité

Sur le thème des réformes poétiques, lire les textes de Ronsard p. 93, Du Bellay p. 90, Rimbaud p. 449, Guillevic p. 655, et documentez-vous sur les théories de Mallarmé, Laforgue, Verlaine, etc.

HUGO

Victor Hugo (1802-1885), écrivain et homme politique fut le plus grand poète du XIXe siècle. Convaincu que le poète a pour mission de guider les hommes sur le chemin de la vérité, il affirme que « le génie est un sacerdoce». Les œuvres poétiques d'Hugo sont les plus représentatives de son génie.

Elle était déchaussée…

POÉSIE AMOUREUSE

Les Contemplations *comporte deux parties, scindées symboliquement par la mort accidentelle de la fille de Hugo, Léopoldine, en 1843. Le recueil se caractérise par la variété des thèmes et des tons. La pièce « Elle était déchaussée… » appartient à la veine des poèmes du bonheur.*

Elle était déchaussée, elle était décoiffée,
Assise, les pieds nus, parmi les joncs penchants ;
Moi qui passais par là, je crus voir une fée,
Et je lui dis : Veux-tu t'en venir dans les champs ?

Elle me regarda de ce regard suprême
Qui reste à la beauté quand nous en triomphons,
Et je lui dis : Veux-tu, c'est le mois où l'on aime,
Veux-tu nous en aller sous les arbres profonds ?

Elle essuya ses pieds à l'herbe de la rive ;
Elle me regarda pour la seconde fois,
Et la belle folâtre alors devint pensive.
Oh ! comme les oiseaux chantaient au fond des bois !

Comme l'eau caressait doucement le rivage !
Je vis venir à moi, dans les grands roseaux verts,
La belle fille heureuse, effarée et sauvage,
Ses cheveux dans ses yeux, et riant au travers.

Mont l'Am.[1], juin 183…

Hugo, « Elle était déchaussée… » in *Les Contemplations*, 1856.

Activités

1. **Quels éléments (sonorité, rythme, image, lexique) soulignent l'harmonie entre la nature et les personnages, en particulier dans le deuxième quatrain ?**
2. **Comment l'image de la jeune fille se modifie-t-elle et se précise-t-elle tout au long du poème ? Mettez notamment en évidence sa progressive incarnation.**

1. Abréviation de Montfort-l'Amaury où Hugo aurait composé ce poème.

BAUDELAIRE

Charles Baudelaire (1821-1867) se révolta très jeune contre sa famille bourgeoise qu'il scandalisait par sa vie de bohème. Son dégoût profond du monde contemporain le pousse à chercher l'évasion sous toutes ses formes, notamment poétiques. Après une vie solitaire et dissolue, il meurt à 46 ans pauvre et découragé.

Correspondances

POÉTIQUE

Condamné dès sa parution pour « atteinte aux bonnes mœurs », le recueil des Fleurs du mal *présente une structure très élaborée. Dans la section* Spleen et Idéal, *à laquelle appartiennent « Correspondances », le poète évoque la déchirure de l'homme écartelé entre l'aspiration à l'élévation et l'attirance pour la chute.*

La Nature est un temple où de vivants piliers
Laissent parfois sortir de confuses paroles ;
L'homme y passe à travers des forêts de symboles
Qui l'observent avec des regards familiers.

Comme de longs échos qui de loin se confondent
Dans une ténébreuse et profonde unité,
Vaste comme la nuit et comme la clarté,
Les parfums, les couleurs et les sons se répondent.

Il est des parfums frais comme des chairs d'enfants,
Doux comme les hautbois, verts comme les prairies,
– Et d'autres, corrompus, riches et triomphants,

Ayant l'expansion des choses infinies,
Comme l'ambre, le musc, le benjoin[1] et l'encens,
Qui chantent les transports de l'esprit et des sens.

Charles Baudelaire, « Correspondances »
in *Les Fleurs du Mal,* 1857.

Activités

1. **Ce sonnet est-il de forme classique ?**
2. **Quelles sont, d'après les deux quatrains, les « correspondances » ?**
3. **Quelle figure de style organise principalement le poème ?**
4. **Observez le vocabulaire, le rythme, les sonorités des tercets. Montrez qu'ils illustrent la théorie des « correspondances » énoncée dans les quatrains.**

1. Résine aromatique aux senteurs fortes.

Les Sept vieillards

RÉÉCRITURE

Version définitive

Dans la section « Tableaux parisiens » des Fleurs du Mal, *se déploient, au sein de la ville, diverses figures de la misérable condition humaine. Voici le début de l'un de ces « tableaux ».*

Fourmillante cité, cité pleine de rêves,
Où le spectre en plein jour raccroche le passant !
Les mystères partout coulent comme des sèves
Dans les canaux étroits du colosse puissant.

Un matin, cependant que dans la triste rue
Les maisons, dont la brume allongeait la hauteur,
Simulaient les deux quais d'une rivière accrue,
Et que, décor semblable à l'âme de l'acteur,

Un brouillard sale et jaune inondait tout l'espace,
Je suivais, roidissant mes nerfs comme un héros
Et discutant avec mon âme déjà lasse,
Le faubourg secoué par les lourds tombereaux.

Tout à coup, un vieillard dont les prunelles jaunes
Imitaient la couleur de ce ciel pluvieux,
Et dont l'aspect aurait fait pleuvoir les aumônes,
Sans la méchanceté qui luisait dans ses yeux,

M'apparut. On eût dit sa prunelle trempée
Dans le fiel ; son regard aiguisait les frimas,
Et sa barbe à longs poils, roide comme une épée,
Se projetait, pareille à celle de Judas.

Il n'était pas voûté, mais cassé, son échine
Faisant avec sa jambe un parfait angle droit,
Si bien que son bâton, parachevant sa mine,
Lui donnait la tournure et le pas maladroit

D'un quadrupède infirme ou d'un juif à trois pattes.
Dans la neige et la boue il allait s'empêtrant,
Comme s'il écrasait des morts sous ses savates,
Hostile à l'univers plutôt qu'indifférent.

BAUDELAIRE

Son pareil le suivait : barbe, œil, dos, bâton, loques,
Nul trait ne distinguait, du même enfer venu,
Ce jumeau centenaire, et ces spectres baroques
Marchaient du même pas vers un but inconnu.

À quel complot infâme étais-je donc en butte,
Ou quel méchant hasard ainsi m'humiliait ?
Car je comptai sept fois, de minute en minute,
Ce sinistre vieillard qui se multipliait ! […]

Baudelaire, « Les sept vieillards » in *Les Fleurs du Mal*, 1857.

Fantômes parisiens

Version primitive

Avant la version définitive du poème, Baudelaire écrivit sept versions des « Septs vieillards ». Voici la toute première d'entre elles.

Fourmillante cité ! cité pleine de rêves !
Les fantômes le jour raccrochent le passant ;
Les [mystères] mystères partout coulent comme des sèves
Dans les canaux étroits du colosse puissant.

(quelle aurore !
Un matin [quel matin] ! et quelle triste rue !
Les maisons dont la brume augmentait la hauteur
Simulaient les deux quais d'une rivière accrue ;
Sombre décor semblable à l'âme de l'acteur,

Le brouillard sale et jaune inondait tout l'espace),
Je suivais, raidissant mes nerfs comme un héros
Et discutant avec mon âme déjà lasse,
Le faubourg secoué par les lourds tombereaux.

Tout à coup un vieillard dont les guenilles jaunes
Imitaient la couleur de ce ciel pluvieux,
Et dont l'habit aurait fait pleuvoir les aumônes
Sans la méchanceté qui luisait dans ses yeux,

M'apparut. On eût dit sa prunelle trempée
Dans du fiel; son regard redoublait les frimas,
Et sa barbe à longs poils, raide comme une épée,
Se projetait, pareille à celle de Judas. [...]

Il n'était pas voûté, mais cassé, son échine
Faisant avec sa jambe un parfait angle droit,
Si bien que son bâton, parachevant sa mine,
Lui donnait la tournure et le pas maladroit

D'un quadrupède infirme ou d'un juif à trois pattes.
Dans la neige et la boue il allait s'empêtrant,
Comme s'il écrasait des morts sous ses savates,
Hostile à l'univers plutôt qu'indifférent.

Son pareil le suivait: barbe, œil, dos, bâton, loques,
Nul trait ne distinguait, du même enfer venu,
Ce jumeau centenaire, et ces spectres baroques
Marchaient du même pas vers un but inconnu.

Aux complots des Démons étais-je donc en butte?
Ou quel méchant hazard ainsi m'humiliait?
Car je comptai sept fois, de minute en minute,
Ce vieillard monstrueux qui se multipliait! [...]

F. W. Leakey et C. Pichois,
« Les sept versions des *Sept Vieillards* »,
in *Études Baudelairiennes III*, Éd. La Baconnière, 1973.

Activités

1. **Comparez le poème définitif et la première de ses sept versions connues. Relevez toutes les différences (lexique, image, versification, ponctuation...).**
2. **Étudiez les différents effets de chaque version.**

BAUDELAIRE

Lettre à Hugo

ÉPISTOLAIRE

En septembre 1859, Baudelaire sollicite l'aide et le soutien de Victor Hugo. Voici le début de la lettre.

À Victor Hugo
(Paris,) Vendredi, (23 ?) septembre 1859.

Monsieur, j'ai le plus grand besoin de vous, et j'invoque votre bonté. Il y a quelques mois, j'ai fait sur mon ami Théophile Gautier un assez long article qui a soulevé un tel éclat de rire parmi les imbéciles, que j'ai jugé bon d'en faire une petite brochure, ne fût-ce que pour prouver que je ne me repens jamais. […]

Relativement à l'écrivain qui fait le sujet de cet article, et dont le nom a servi de prétexte à mes considérations critiques, je puis vous avouer *confidentiellement* que je connais les lacunes de son étonnant esprit. Bien des fois, pensant à lui, j'ai été affligé de voir que Dieu ne voulait pas être absolument généreux. Je n'ai pas menti, j'ai esquivé, j'ai dissimulé. Si j'étais appelé à témoigner en justice, et si mon témoignage, absolument véridique, pouvait nuire à un être favorisé par la Nature et aimé par mon Cœur, je vous jure que je mentirais avec fierté ; – parce que les lois sont au-dessous du sentiment, parce que l'amitié est, de sa nature, infaillible et ingouvernable. Mais vis-à-vis de vous, il me semble absolument inutile de mentir.

J'ai besoin de vous. J'ai besoin d'une voix plus haute que la mienne et que celle de Théophile Gautier[1], – de votre voix dictatoriale. Je veux être protégé. J'imprimerai humblement ce que vous daignerez m'écrire. Ne vous gênez pas, je vous en supplie. Si vous trouvez, dans ces épreuves, quelque chose à blâmer, sachez que je montrerai votre blâme docilement, mais sans trop de honte. Une critique de vous, n'est-ce pas encore une caresse, puisque c'est un honneur ?

Baudelaire, *Lettre à Victor Hugo*, 1859.

Activités

1. **Relevez les indices textuels spécifiques de la correspondance privée.**
2. **Étudiez la composition de cette lettre. En quoi vous paraît-elle conforme ou non à celle d'un texte argumentatif ?**
3. **Relevez toutes les marques textuelles de l'admiration que Baudelaire voue à Hugo.**

1. Théophile Gautier : **[voir p. 384]**

Réponse de Hugo à Baudelaire

En exil à Guernesey, Victor Hugo répond à Baudelaire le 6 octobre 1859. Il semble qu'une première lettre ait été perdue.

Hauteville House[1], 6 octobre 1859

Votre article sur Théophile Gautier, Monsieur, est une de ces pages qui provoquent puissamment la pensée. Rare mérite, faire penser ; don des seuls élus.

Vous ne vous trompez pas en prévoyant quelque dissidence entre vous et moi. Je comprends toute votre philosophie (car, comme tout poète, vous contenez un philosophe) ; je fais plus que la comprendre, je l'admets ; mais je garde la mienne. Je n'ai jamais dit : l'art pour l'art ; j'ai toujours dit : l'art pour le progrès.

Au fond, c'est la même chose, et votre esprit est trop pénétrant pour ne pas le sentir. En avant ! C'est le mot du progrès ; c'est aussi le cri de l'Art... Tout le verbe de la poésie est là. *Ite*[2] *!*

Que faites-vous donc quand vous écrivez ces vers saisissants : *les sept vieillards et les petites vieilles* que vous me dédiez et dont je vous remercie ? Que faites-vous ? Vous marchez. Vous allez en avant. Vous dotez le ciel de l'art d'on ne sait quel rayon macabre. Vous créez un frisson nouveau.

L'art n'est pas perfectible, je l'ai dit, je crois, un des premiers, donc je le sais ; personne ne dépassera Eschyle[3], personne ne dépassera Phidias[4] ; mais on peut les égaler, et pour les égaler il faut déplacer l'horizon de l'art, monter plus haut, aller plus loin, marcher. Le poète ne peut aller seul, il faut que l'homme aussi se déplace. Les pas de l'humanité sont donc les pas même de l'art. Donc gloire au progrès.

C'est pour le progrès que je souffre en ce moment et que je suis prêt à mourir.

Théophile Gautier est un grand poète, et vous le louez comme un jeune frère, et vous l'êtes. Vous êtes, Monsieur, un noble esprit et un généreux cœur. Vous écrivez des choses profondes et souvent sereines. Vous aimez le beau. Donnez-moi la main.

Hugo, *Lettre à Baudelaire*, 1859.

Activités

1. **Comparez le ton et le contenu de la lettre de Baudelaire à ceux de Hugo.**
2. **Imaginez un débat entre Baudelaire et Hugo portant sur leur conception de l'art.**

1. Demeure de Victor Hugo à Guernesey.
2. « Allez » en latin.
3. Poète tragique grec du ve siècle avant J.-C.
4. Sculpteur grec du ve siècle avant J.-C.

VERLAINE

Les symbolistes reconnaissent Paul Verlaine (1844-1896) comme chef de file de leur mouvement. Coupes ambiguës, enjambements multipliés, scansion et syntaxe originales, jeu sur les sonorités : tout rompt avec la poésie classique. Il publie en 1866 les *Poèmes saturniens*. Il mène une vie dissolue et meurt, miséreux, en 1896.

RÉÉCRITURE

Nevermore

Première version

Ce premier recueil est placé sous le signe du temps, de la mélancolie et de l'« influence maligne » de la « fauve planète[1] ».

Allons, mon pauvre cœur, allons, *mon vieux complice*,
Redresse et peins à neuf tous tes arcs triomphaux ;
Brûle un encens ranci sur tes autels d'or faux ;
Sème de fleurs les bords béants du précipice ;
Allons, mon pauvre cœur, allons, *mon vieux complice !*

Pousse à Dieu ton cantique, ô chantre rajeuni ;
Entonne, orgue enroué, des *Te Deum*[2] splendides ;
Vieillard prématuré, mets du fard sur tes rides ;
Couvre-toi de tapis mordorés, mur jauni ;
Pousse à Dieu ton cantique, ô chantre rajeuni.

Sonnez, grelots ; sonnez, clochettes ; sonnez, cloches !
Car mon rêve impossible a pris corps et je l'ai
Entre mes bras pressé : le Bonheur, cet ailé
Voyageur qui de l'Homme évite les approches,
– Sonnez, grelots ; sonnez, clochettes ; sonnez, cloches !

Le Bonheur a marché côte à côte avec moi ;
Mais la FATALITÉ ne connaît point de trêve
Le ver est dans le fruit, le réveil dans le rêve,
Et le remords est dans l'amour : telle est la loi.
– Le Bonheur a marché côte à côte avec moi.

1. La lune
2. Hymne de la liturgie catholique, chanté pour remercier Dieu d'une victoire.

Nevermore

Deuxième version

Souvenir, souvenir, que me veux-tu ? L'automne
Faisait voler la grive à travers l'air atone,
Et le soleil dardait un rayon monotone
Sur le bois jaunissant où la bise détone.

Nous étions seul à seule et marchions en rêvant,
Elle et moi, les cheveux et la pensée au vent.
Soudain, tournant vers moi son regard émouvant :
« Quel fut ton plus beau jour ? » fit sa voix d'or vivant,

Sa voix douce et sonore, au frais timbre angélique.
Un sourire discret lui donna la réplique,
Et je baisai sa main blanche, dévotement.

– Ah ! les premières fleurs, qu'elles sont parfumées !
Et qu'il bruit avec un murmure charmant
Le premier oui qui sort des lèvres bien-aimées !

Verlaine, « Nevermore[3] I et II » in *Poèmes Saturniens*, 1866.

3. Terme anglais signifiant « plus jamais ». Il s'agit aussi d'une référence au poème d'Edgar Poe, « Le Corbeau », où ce terme joue le rôle de refrain.

Activités

1. **Étudiez la forme et la métrique des deux poèmes. À quelle forme appartient le second ? Comment pourriez-vous expliquer ce choix ?**
2. **Comparez les deux poèmes et essayez de justifier l'utilisation du même titre, malgré les profondes disparités des deux textes.**

RIMBAUD

Né à Charleville, Arthur Rimbaud (1854-1891) reçoit une éducation rigoriste. Brillant élève, il multiplie les fugues, rencontre Verlaine avec qui il a une orageuse liaison. À 19 ans, il renonce à la littérature et mène une vie d'aventurier. Il meurt à Marseille, à 37 ans, des suites d'une amputation de la jambe.

Voyelles

POÉTIQUE DU VERS

La Lettre du Voyant *affirme que la poésie doit « changer la vie » par la création d'un univers hallucinatoire. Ainsi, à l'image de Baudelaire, Rimbaud établit dans ses* Poésies *des correspondances entre les parfums, les couleurs et les sons* **[voir p. 460]***. Dans « Voyelles », les correspondances sont probablement dues à l'abécédaire* coloré de l'enfance du poète.*

A noir, E blanc, I rouge, U vert, O bleu : voyelles,
Je dirai quelque jour vos naissances latentes :
A, noir corset velu des mouches éclatantes
Qui bombinent[1] autour des puanteurs cruelles,

Golfes d'ombre ; E, candeurs des vapeurs et des tentes,
Lances des glaciers fiers, rois blancs, frissons d'ombelles[2] ;
I, pourpres, sang craché, rire des lèvres belles
Dans la colère ou les ivresses pénitentes ;

U, cycles, vibrements divins des mers virides[3],
Paix des pâtis[4] semés d'animaux, paix des rides
Que l'alchimie imprime aux grands fronts studieux ;

O, suprême Clairon plein des strideurs[5] étranges,
Silences traversés des Mondes et des Anges :
– Ô l'Oméga, rayon violet de Ses Yeux !

Rimbaud, « Voyelles » in *Poésies*, 1870-1871.

Activités

1. **« Voyelles » est-il un sonnet régulier ? Justifiez votre réponse.**
2. **Relevez toutes les « correspondances » utilisées par Rimbaud.**
3. **Exercez-vous à réciter des poésies de Rimbaud en choisissant un poème dans son œuvre.**

1. Néologisme de Rimbaud construit d'après le verbe latin « bombilare », bourdonner.
2. Groupe de petites fleurs sur une seule tige.
3. Néologisme du latin « viridis », vert.
4. Pâturages.
5. Qualité d'un bruit perçant, vibrant (Littré).

RIMBAUD

Alchimie du verbe

POÉTIQUE DU VERS

Rimbaud, comme le montre ce « programme » poétique va jusqu'au bout du projet baudelairien consistant à « Plonger [...] au fond de l'Inconnu pour trouver du nouveau » (Les Fleurs du mal, *« Le voyage »).*

À moi. L'histoire d'une de mes folies.

Depuis longtemps je me vantais de posséder tous les paysages possibles, et trouvais dérisoires les célébrités de la peinture et de la poésie moderne.

J'aimais les peintures idiotes, dessus de portes, décors, toiles de saltimbanques, enseignes, enluminures[1] populaires; la littérature démodée, latin d'église, livres érotiques sans orthographe, romans de nos aïeules, contes de fées, petits livres de l'enfance, opéras vieux, refrains niais, rythmes naïfs.

Je rêvais croisades, voyages de découvertes dont on n'a pas de relations, républiques sans histoires, guerres de religion étouffées, révolutions de mœurs, déplacements de races et de continents: je croyais à tous les enchantements.

J'inventai la couleur des voyelles ! – *A* noir, *E* blanc, *I* rouge *O* bleu, *U* vert. – Je réglai la forme et le mouvement de chaque consonne, et, avec des rythmes instinctifs, je me flattai d'inventer un verbe poétique accessible, un jour ou l'autre, à tous les sens. Je réservais la traduction.

Ce fut d'abord une étude. J'écrivais des silences, des nuits, je notais l'inexprimable. Je fixais des vertiges.

Rimbaud, « Alchimie du Verbe » in *Une Saison en Enfer*, 1873.

1. Coloration au pinceau d'une estampe qui donne de la lumière au trait noir. C'est aussi une des significations du titre *Illuminations*.

Activités

1. **En quoi ce texte est-il un poème en prose ?**
2. **Énumérez les raisons pour lesquelles le poète entreprend une révolution poétique et les moyens qu'il utilise.**
3. **Le titre du poème vous paraît-il justifié ? En quoi ?**

Le XXe siècle

LE SIÈCLE DES « ISMES »

En un siècle, la France perd son empire, cesse d'être une nation paysanne, connaît trois républiques différentes et entre complètement dans le monde de la science et des techniques. Elle cesse aussi d'être une puissance de premier rang pour devenir une puissance moyenne. Pendant les deux premiers tiers du siècle, sa littérature et ses penseurs exercent encore une influence mondiale [Une belle époque ? p. 478], puis cette influence diminue.

Laïcisation

En dehors du progrès technique et des guerres mondiales [La marque des guerres mondiales, p. 499], un autre grand phénomène socio-culturel du XXe siècle européen est la laïcisation. Balzac, Hugo, Dickens, Tolstoï étaient encore des croyants au sens traditionnel de ce terme dans le monde chrétien. Au contraire, Proust, Gide, Mann, Joyce, Kafka, Yourcenar ou Sartre ne sont plus de tels croyants. Et il suffit à Soljenitsyne de proclamer sa foi chrétienne pour apparaître aujourd'hui comme un cas particulier. Ce changement s'observe jusque dans les techniques du récit : là où il suffisait à Hugo de monter s'asseoir à la droite de Dieu pour observer et décrire la bataille de Waterloo, l'écrivain du XXe, s'il veut être pris au sérieux, se devra de garder sa caméra au niveau de ses personnages, comme le font André Malraux ou Claude Simon.

Portrait de Dora Maar, *1937. de Pablo Picasso (1881-1973). Paris, Musée Picasso.*

Éclatements et engagements

Une conséquence de cette laïcisation est l'éclatement de la notion de sujet. N'appuyant plus son unité sur celle d'un dieu, l'être humain tend à devenir un mélange de flux, de sensations, de déterminations dans un monde lui-même en dérive [Formes du lyrisme, p. 521]. Devant cet éclatement, la littérature semble alors être une tentative pour rassembler des fragments et donner l'intuition d'un sens, à défaut de pouvoir en construire un. La fin de *Germinal* de Zola donnait les signes d'un renouveau général qui s'appuyait sur le renouvellement de la terre par la germination. Les grandes œuvres du XXe auraient plus tendance à se terminer sur un « peut-être » *(La Montagne magique)*, une lucidité stoïque *(Les Mémoires d'Hadrien)* ou une amertume *(La Condition humaine)* [Les grands univers, p. 580]. Et quand la note est plus optimiste, elle reste à hauteur d'homme, comme à la fin des *Somnambules* de Broch : « Ne te fais pas de mal, car nous sommes tous encore ici ».

Si la croyance religieuse proprement dite est en recul, cela n'exclut pas des adhésions fortes à des systèmes de pensée et d'ac-

Page précédente : Détail des Constructeurs *de Fernand Léger (1881-1955).*

tion. Ce siècle a aussi été celui des « ismes », communisme, fascisme, nazisme, socialisme, internationalisme, nationalisme, colonialisme et celui de leurs « antis », anticolonialisme, antinazisme etc. Rares sont les écrivains qui ne sont pas passés par un « isme ».

Grandes ruptures et vraies tendances

Siècle des « ismes », le XXe est aussi celui des avant-gardes qui affirmaient innover radicalement et mettre hors-jeu la littérature antérieure. [De l'intime à la polémique, p. 600]. Dadaïsme, surréalisme, lettrisme, constructivisme, oulipisme, nouveau roman, minimalisme, abstractionnisme, théâtre de l'absurde [La scène, p. 617], structuralisme, etc. : grâce à chacune de ces écoles, la littérature est censée sortir d'une paralysie à laquelle la condamneraient l'habitude, l'ordre, la bourgeoisie, le pouvoir, l'argent ou la télévision [Esthétique et manifestes, p. 642]. Mais le temps ne tarde guère à rétablir les perspectives. Là où la presse a besoin de mots nouveaux, d'avant-gardes et d'effets de mode, l'Histoire passe par des rythmes plus larges, des ruptures moins évidentes. En poésie par exemple, la grande affaire est celle de l'abandon de la métrique traditionnelle [La poésie au XXe siècle, p. 540]. Le reste sera l'affaire d'une attention plus ou moins grande portée à l'image, au hasard d'écriture ou au travail du rythme. Et la différence passe en réalité plus par l'expérience personnelle des auteurs que par le respect de règles radicalement différentes. La littérature est une activité à transformations plus lentes qu'on ne pense.

Culture de masse et mondialisation

La fête de la musique à Paris

Le XXe siècle aura aussi été celui de l'unification du monde. Parallèlement à un mouvement de l'économie mondiale qui tend à la fusion planétaire des marchés, la culture tend à multiplier les œuvres à circulation internationale. La traduction joue dans ce domaine un rôle considérable. Ce siècle est aussi celui de la culture de masse : d'une part le public ayant accès à la culture augmente considérablement grâce à l'alphabétisation, la scolarité obligatoire, la baisse des prix du livre, du journal, à l'apparition de nouvelles formes de spectacle et de diffusion (cinéma, télévision, disque) ; d'autre part les produits destinés à ce public tendent à se modeler sur des contraintes commerciales [Le récit et ses codes, p. 560]. Ayant la chance de pouvoir se démocratiser, la culture est en même temps exposée à la concurrence qui fait rage et contraint Mozart et Camus à céder la place sur les rayons à la « *dance music* » et au dernier « *best-seller* », tandis que les « décideurs » proclament que c'est du pareil au même. La fin du XXe siècle est sans doute le premier moment de l'histoire où la littérature se demande si elle a encore un avenir.

Une Belle Époque ?

La petite quinzaine d'années qui ouvre le siècle est marquée par un sentiment de relative assurance. Certes les affrontements sociaux y sont très vifs, les crises économiques souvent dévastatrices, la raison moins sûre de ses travaux que cinquante ans plus tôt, mais le sentiment général en Europe (et la littérature en porte la marque) est celui d'une ouverture et d'une respiration. Ce n'est cependant qu'après la Première Guerre mondiale qu'on prendra l'habitude de surnommer « Belle Époque » ces années-là.

A. de NOAILLES

Romancière et surtout poète, Anna de Noailles (1876-1933) est l'une des rares femmes de la première moitié du XXe siècle dont les œuvres ont été reconnues par le grand public.

Je m'appuierai si bien…

POÉSIE AMOUREUSE

Écrit dans une forme traditionnelle mais avec une grande variété de thèmes, le recueil d'où est extrait ce poème, Le Cœur innombrable, *comporte une soixantaine de titres. On y trouve un mélange d'orgueil, de nature, de parfums et de désir qui fait l'originalité de cette voix.*

Je m'appuierai si bien et si fort à la vie ;
D'une si rude étreinte et d'un tel serrement
Qu'avant que la douceur du jour me soit ravie
Elle s'échauffera de mon enlacement.

La mer, abondamment sur le monde étalée,
Gardera dans la route errante de son eau
Le goût de ma douleur qui est âcre et salée
Et sur les jours mouvants roule comme un bateau.

Je laisserai de moi dans le pli des collines
La chaleur de mes yeux qui les ont vu fleurir
Et la cigale assise aux branches de l'épine
Fera crier le cri strident de mon désir.

Dans les champs printaniers la verdure nouvelle
Et le gazon touffu sur les bords des fossés
Sentiront palpiter et fuir comme des ailes
Les ombres de mes mains qui les ont tant pressés.

La nature qui fut ma joie et mon domaine
Respirera dans l'air ma persistante odeur
Et sur l'abattement de la tristesse humaine
Je laisserai la forme unique de mon cœur.

A. de Noailles, *Le Cœur innombrable*, Éd. Grasset, 1901.

Activités

1. Étudiez la métrique et les rimes du poème. Quels effets produisent-ils, dans quel but ?

2. Relevez les différents champs lexicaux qui s'entrecroisent. Quel effet produit leur union ?

3. Comparez ce poème à « La communion avec la nature » de Byron [voir p. 455]. Quel est le sentiment commun des deux poètes face à la Nature ? Est-il motivé par les mêmes raisons ? Justifiez vos réponses.

STRINDBERG

August Strindberg (1848-1912) est l'un des plus grands écrivains suédois. Son œuvre a eu beaucoup d'influence sur l'écriture du drame moderne en Europe.

Père

AFFRONTEMENT

Cette pièce a été créée en 1887 à Copenhague et sa version française fut représentée pour la première fois à Paris en 1894. Un mari et sa femme se déchirent à propos de l'éducation de leur fille.

Le capitaine. – Je sens que dans cette guerre l'un de nous doit succomber.

Laura. – Qui ?

Le capitaine. – Le plus faible, naturellement.

Laura. – Et le plus fort a raison ?

Le capitaine. – Toujours, puisqu'il a le pouvoir.

Laura. – Alors j'ai raison.

Le capitaine. – Alors, tu as déjà le pouvoir ?

Laura. – Et même un pouvoir légal, quand demain je te ferai mettre sous tutelle.

Le capitaine. – Sous tutelle ?

Laura. – Oui. Et j'élèverai mon enfant sans écouter tes divagations.

Le capitaine. – Et qui paiera son éducation quand je ne serai plus là ?

Laura. – Ta pension.

Le capitaine *(s'approchant d'elle, menaçant)*. – Et comment me feras-tu mettre sous tutelle ?

Laura *(sortant une lettre)*. – Par cette lettre, dont une copie certifiée conforme se trouve au tribunal de tutelle.

Le capitaine. – Quelle lettre ?

Laura *(se dirigeant à reculons vers la porte de gauche)*. – Ta lettre. Où tu déclares au médecin que tu es fou.

Le capitaine la regarde, stupéfait.

Laura. – À présent, tu as rempli ton office, hélas indispensable, de père et de nourricier. Tu ne sers plus à rien, et tu

La pièce de Strindberg dans une mise en scène de P. Kerbrat en 1991.

dois partir. Tu dois partir parce que, tu l'as constaté, mon intelligence est aussi forte que mon vouloir, et que tu as refusé de rester et de l'admettre.

Le capitaine se dirige vers la table, se saisit de la lampe allumée et la jette en direction de Laura, qui s'esquive à reculons par la porte.

Strindberg, *Père*, Acte II, scène V, 1887.
Trad. R. Lepoutre et T. Sinding, Imprimerie nationale, 1991.

Activités

1. **Qu'est-ce que la « guerre » dont parle le capitaine ? Relevez les mots et les expressions qui tendent à préciser le rapport de force. Qui l'emporte ? Pourquoi ? Analysez la progression du texte.**
2. **Quelle est la fonction de la stichomythie * ? En quoi contribue-t- elle à créer la sensation d'une joute verbale ?**
3. **Écrivez un monologue à l'issue duquel Laura décide de faire interner son mari.**

FÉNÉON

Écrivain et journaliste, Félix Fénéon (1861-1944) fut l'un des grands critiques d'art de sa génération. Il a notamment beaucoup soutenu les poètes symbolistes et les peintres néo-impressionnistes.

Nouvelles en trois lignes

IRONIE

Publiées en 1906 dans le journal Le Matin, *ces nouvelles sont un petit monument de froideur ironique.*

Activités

1. **Analysez la structure des phrases qui composent ces nouvelles et relevez les procédés de l'ironie.**
2. **Commentez l'impact de ces « brèves » sur le lecteur. Pourquoi, d'après-vous, est-il si fort ?**
3. **Comparez ces formes brèves à celles de Cioran [voir p. 605] et Pérec [voir p. 614]. Commentez leurs différences.**
4. **Recueillez des faits divers dans la presse et faites-les tenir en trois lignes, à la manière de Fénéon.**

Rattrapé par un tramway qui venait de le lancer à dix mètres, l'herboriste Jean Désille, de Vanves, a été coupé en deux.

– Les terrassiers français de Florac protestent, même à coups de couteau, contre l'abondance de l'Espagnol sur les chantiers. (*Havas.*)

– Le Dunkerquois Scheid a tiré trois fois sur sa femme. Comme il la manquait toujours, il visa sa belle-mère : le coup porta. (*Havas.*)

– Le cadavre du sexagénaire Dorlay se balançait à un arbre, à Arcueil, avec cette pancarte : « Trop vieux pour travailler ».

– M. Colombe, de Rouen, s'est tué d'une balle hier. Sa femme lui en avait tiré trois en mars, et leur divorce était proche. *(Par tél).*

– Un négociant de Courbevoie, M. Alexis Jasmin, qui en avait assez de sa maladie d'estomac, s'est fait sauter la cervelle.

– L'abbé Andrieux, de Roannes, près d'Aurillac, qu'un mari impitoyable perçait mercredi de deux coups de fusil, est mort hier soir. (*Havas.*)

– M. Abel Bonnard, de Villeneuve-Saint-Georges, qui jouait au billard, s'est crevé l'œil gauche en tombant sur sa queue.

– Dormir en wagon fut mortel à M. Émille Moutin, de Marseille. Il était appuyé contre la portière ; elle s'ouvrit, il tomba. (*Dép. part.*)

Fénéon, « Nouvelles en trois lignes » in *Le Matin*, 1906.

FRANCE

Anatole France (1844-1924), écrivain français, critique de la religion et de l'ordre social fut, avec Zola, l'un des grands soutiens d'Alfred Dreyfus. Il prêta son appui au socialisme puis au communisme sans pourtant adhérer à aucun parti.

L'Île des pingouins

ANTICIPATION

Débarqué dans une île, un saint a baptisé des pingouins par erreur. Dieu se trouve alors contraint d'en faire des hommes. Le livre retrace l'histoire de cette société qui ressemble étrangement à celle de la France, jusqu'à l'anticipation du désastre final.

L'État reposait fermement sur deux grandes vertus publiques : le respect pour le riche et le mépris du pauvre. […] Les riches ne formaient qu'une petite minorité, mais leurs collaborateurs, qui se composaient de tout le peuple, leur étaient entièrement acquis ou soumis entièrement. Ils formaient deux classes, celle des employés de commerce et de banque et celle des ouvriers des usines. Les premiers fournissaient un travail énorme et recevaient de gros appointements. Certains d'entre eux parvenaient à fonder des établissements ; l'augmentation constante de la richesse publique et la mobilité des fortunes privées autorisaient toutes les espérances chez les plus intelligents ou les plus audacieux. Sans doute on aurait pu découvrir dans la foule immense des employés, ingénieurs ou comptables, un certain nombre de mécontents et d'irrités ; mais cette société si puissante avait imprimé jusque dans les esprits de ses adversaires sa forte discipline. Les anarchistes eux-mêmes s'y montraient laborieux et réguliers.

Quant aux ouvriers, […] à peine parvenaient-ils par des grèves à maintenir le taux de leurs salaires. Encore ce moyen commençait-il à leur échapper. L'intermittence de la production, inhérente au régime capitaliste, causait de tels chômages que, dans plusieurs branches d'industrie, sitôt la grève déclarée, les chômeurs prenaient la place des grévistes.

En résumé, cet état social semblait le mieux assis qu'on eût encore vu, du moins dans l'humanité, car celui des abeilles et des fourmis est incomparable pour la stabilité ; rien ne pouvait faire prévoir la ruine d'un régime fondé sur ce qu'il y a de plus fort dans la nature humaine, l'orgueil et la cupidité.

France, *L'Île des pingouins*, Livre VIII, chap. I, 1908.

Activités

1. **Quelle est la caractéristique principale de cette société ?**
2. **Documentez-vous sur la situation politique et sociale de la France à cette époque et montrez en quoi cette société utopique en fait la critique.**
3. **Comparez ce texte à l'extrait d'*Utopia* de Thomas More [voir p. 65]. En quoi procèdent-ils d'une même démarche critique ?**
4. **Dites en quoi l'utopie vous semble un moyen efficace ou non de critiquer l'ordre établi [voir p. 222].**

COLETTE

De son vrai nom Sidonie Gabrielle, Colette (1873-1954) fut une romancière capable de décrire à la fois la vie mondaine, l'émoi des sens, les émotions de la nature, la cruauté de la jalousie et le plaisir des transgressions.

Les Vrilles de la vigne

AUTOBIOGRAPHIE

Les vingt textes qui composent ce recueil se présentent tantôt comme des contes, tantôt comme des fables, tantôt comme des croquis pris sur le vif. Sensuelle et lucide, la narratrice est en permanence à la recherche de son identité de femme.

Tant que la vigne pousse, pousse, pousse…
Je ne dormirai plus !
Tant que la vigne pousse, pousse, pousse…

Il varia son thème, l'enguirlanda de vocalises, s'éprit de sa voix, devint ce chanteur éperdu, enivré et haletant, qu'on écoute avec le désir insupportable de le voir chanter.

J'ai vu chanter un rossignol sous la lune, un rossignol libre et qui ne se savait pas épié. Il s'interrompt parfois, le col penché, comme pour écouter en lui le prolongement d'une note éteinte… Puis il reprend de toute sa force, gonflé, la gorge renversée, avec un air d'amoureux désespoir. Il chante pour chanter, il chante de si belles choses qu'il ne sait plus ce qu'elles veulent dire. Mais moi, j'entends encore à travers les notes d'or, les sons de flûte grave, les trilles[1] tremblés et cristallins, les cris purs et vigoureux, j'entends encore le premier chant naïf et effrayé du rossignol pris aux vrilles[2] de la vigne :

Tant que la vigne pousse, pousse, pousse…

Cassantes, tenaces, les vrilles d'une vigne amère m'avaient liée, tandis que dans mon printemps je dormais d'un somme heureux et sans défiance. Mais j'ai rompu, d'un sursaut effrayé, tous ces fils tors qui déjà tenaient à ma chair, et j'ai fui… Quand la torpeur d'une nouvelle nuit de miel a pesé sur mes paupières, j'ai craint les vrilles de la vigne et j'ai jeté tout haut une plainte qui m'a révélé ma voix.

1. Battements rapides et ininterrompus sur deux notes voisines.
2. Organes de fixation des plantes grimpantes, qui s'enroulent en hélice.

Un pied de vigne avec ses vrilles : ces petits liens enroulées autour du tronc qui fixent la plante.

Toute seule, éveillée dans la nuit, je regarde à présent monter devant moi l'astre voluptueux et morose… Pour me défendre de retomber dans l'heureux sommeil, dans le printemps menteur où fleurit la vigne crochue, j'écoute le son de ma voix. Parfois, je crie fiévreusement ce qu'on a coutume de taire, ce qui se chuchote très bas – puis ma voix languit jusqu'au murmure parce que je n'ose poursuivre…

Je voudrais dire, dire, dire tout ce que je sais, tout ce que je pense, tout ce que je devine, tout ce qui m'enchante et me blesse et m'étonne ; mais il y a toujours, vers l'aube de cette nuit sonore, une sage main fraîche qui se pose sur ma bouche, et mon cri, qui s'exaltait, redescend au verbiage modéré, à la volubilité de l'enfant qui parle haut pour se rassurer et s'étourdir…

Je ne connais plus le somme heureux, mais je ne crains plus les vrilles de la vigne.

Colette, *Les Vrilles de la vigne*, Éd. Flammarion, 1908.

Activités

1. **Expliquez « j'ai rompu, d'un sursaut effrayé, tous ces fils tors qui déjà tenaient à ma chair ». Que peut être un « printemps menteur » ?**
2. **Expliquez brièvement ce que désignent les « vrilles de la vigne ».**
3. **Quel est le procédé stylistique dominant dans ce texte ? Justifiez votre réponse par des exemples.**

PÉGUY

Venu d'un milieu pauvre, Charles Péguy (1873-1914) fit ses études grâce à une bourse et entra à l'École Normale Supérieure. Il lutta en faveur de Dreyfus. Catholique fervent mais hostile au conservatisme de l'Église, il s'opposa aussi au modernisme de son époque. Partisan de la guerre, il fut tué au combat dès 1914.

L'Argent

ÉDUCATION

Dans ce texte, Péguy décrit ce que fut la découverte par les milieux populaires de la nouvelle école républicaine, laïque, gratuite et obligatoire fondée par la IIIe République à la fin du XIXe siècle.

Nos jeunes maîtres étaient beaux comme des hussards[1] noirs. Sveltes ; sévères ; sanglés. Sérieux, et un peu tremblants de leur précoce, de leur soudaine omnipotence. Un long pantalon noir, mais, je pense, avec un liséré violet. Le violet n'est pas seulement la couleur des évêques, il est aussi la couleur de l'enseignement primaire. Un gilet noir. Une longue redingote noire, bien droite, bien tombante, mais deux croisements de palmes violettes aux revers. Une casquette plate, noire, mais un croisement de palmes violettes au-dessus du front. Cet uniforme civil était une sorte d'uniforme militaire encore plus sévère, encore plus militaire, étant un uniforme civique. Quelque chose, je pense, comme le fameux *cadre noir* de Saumur[2]. Rien n'est beau comme un bel uniforme noir parmi les uniformes militaires. C'est la ligne elle-même. Et la sévérité. Porté par ces gamins qui étaient vraiment les enfants de la République. Par ces jeunes hussards de la République. Par ces nourrissons de la République. Par ces hussards noirs de la sévérité. Je crois avoir dit qu'ils étaient très vieux. Ils avaient au moins quinze ans. Toutes les semaines il en remontait un de l'École Normale vers l'École Annexe ; et c'était toujours un nouveau ; et ainsi cette École Normale semblait un régiment inépuisable. Elle était comme un immense dépôt, gouvernemental, de jeunesse et de civisme. Le gouvernement de la République était chargé de nous fournir tant de jeunesse et tant d'enseignement. L'État était chargé de nous fournir tant de sérieux. Cette École Normale faisait un réservoir inépuisable. C'était une grande question, parmi les bonnes femmes du faubourg, de savoir si c'était bon pour les enfants, de changer comme ça de maître tous les lundis matins. Mais les

1. Militaires d'un corps de cavalerie légère. Leur uniforme venait à l'origine de la cavalerie hongroise.
2. Les instructeurs de l'école de la cavalerie militaire.

Photo de classe à l'école primaire de Buigny-les-Gamaches vers 1909.

partisans répondaient qu'on avait toujours le même maître, qui était le directeur de l'École Annexe, qui lui ne changeait pas, et que cette maison-là, puisque c'était l'École Normale, était certainement ce qu'il y avait de plus savant dans le département du Loiret et par suite, sans doute, en France. Et dans tous les autres départements.

Péguy, *L'Argent*, 1913.

Activités

1. **Étudiez les répétitions dans le texte.**
2. **Faites le portrait de vos jeunes maîtres d'aujourd'hui, d'abord en imitant la manière de Péguy, puis (dans un autre texte) en utilisant l'argot.**
3. **Quel est le ton de cet extrait ? Relevez les indices qui vous permettent de déduire la position du narrateur.**

ALAIN-FOURNIER

Fils d'instituteurs, Henri Alban Fournier dit Alain-Fournier (1886-1914) passe son enfance à la campagne puis « monte » à Paris poursuivre ses études et devenir écrivain. Il est l'homme d'une rencontre, celle d'une jeune femme qu'il croise à peine en 1905 et dont il fait son unique roman, *Le Grand Meaulnes*. Il meurt à la guerre en 1914.

Le Grand Meaulnes

PREMIÈRE RENCONTRE

En Sologne, trois jeunes gens, Meaulnes, Franz et François sont trop plongés dans le rêve du bonheur pour parvenir à le réaliser. C'est François qui raconte leur histoire pour essayer de fixer dans un livre ce qui leur échappa dans la vie. Ce texte décrit la première apparition d'Yvonne de Galais, l'héroïne du roman, aux yeux du narrateur.

Quelques secondes après, devant la porte vitrée, s'arrêtait l'étrange équipage. Une vieille voiture de ferme, aux panneaux arrondis, avec de petites galeries moulées, comme nous n'en avions jamais vu dans cette contrée ; un vieux cheval blanc qui semblait toujours vouloir brouter quelque herbe sur la route, tant il baissait la tête pour marcher ; et sur le siège – je le dis dans la simplicité de mon cœur, mais sachant bien ce que je dis – la jeune fille la plus belle qu'il y ait peut-être jamais eu au monde.

Jamais je ne vis tant de grâce s'unir à tant de gravité. Son costume lui faisait la taille si mince qu'elle semblait fragile. Un grand manteau marron, qu'elle enleva en entrant, était jeté sur ses épaules. C'était la plus grave des jeunes filles, la plus frêle des femmes. Une lourde chevelure blonde pesait sur son front et sur son visage, délicatement dessiné, finement modelé. Sur son teint très pur, l'été avait posé deux taches de rousseur… Je ne remarquai qu'un défaut à tant de beauté ; aux moments de tristesse, de découragement ou seulement de réflexion profonde, ce visage si pur se marbrait légèrement de rouge, comme il arrive chez certains malades gravement atteints sans qu'on le sache. Alors toute l'admiration de celui qui la regardait faisait place à une sorte de pitié d'autant plus déchirante qu'elle surprenait davantage.

Voilà du moins ce que je découvrais, tandis qu'elle descendait lentement de voiture et qu'enfin Marie-Louise, me présentant avec aisance à la jeune fille, m'engageait à lui parler.

Alain-Fournier, *Le Grand Meaulnes*, 1913.

Activités

1. **Étudiez la variation des regards portés sur la scène.**
2. **De quel type de beauté Yvonne de Galais est-elle représentative ? Est-il encore dominant de nos jours ? En connaissez-vous d'autres ?**
3. **Comparez ce texte à d'autres premières rencontres que vous trouverez dans l'anthologie. Quelles sont les constantes stylistiques et informatives ?**

PROUST

Marcel Proust (1871-1922) est l'auteur de l'une des plus importantes sommes romanesques de son siècle : *À la recherche du temps perdu*. Cette œuvre influença de nombreux écrivains dans le monde.

Du Côté de chez Swann

DESCRIPTION

C'est le premier volume de La Recherche. *Ici, le narrateur évoque le souvenir des massifs d'aubépines rencontrés dans les promenades de sa jeunesse.*

Une fois dans les champs, on ne les quittait plus pendant tout le reste de la promenade qu'on faisait du côté de Méséglise. Ils étaient perpétuellement parcourus, comme par un chemineau invisible, par le vent qui était pour moi le génie particulier de Combray. Chaque année, le jour de notre arrivée, pour sentir que j'étais bien à Combray, je montais le retrouver qui courait dans les sayons et me faisait courir à sa suite. On avait toujours le vent à côté de soi du côté de Méséglise, sur cette plaine bombée où pendant des lieues il ne rencontre aucun accident de terrain. Je savais que Mlle Swann allait souvent à Laon passer quelques jours et, bien que ce fût à plusieurs lieues, la distance se trouvant compensée par l'absence de tout obstacle, quand, par les chauds après-midi, je voyais un même souffle, venu de l'extrême horizon, abaisser les blés les plus éloignés, se propager comme un flot sur toute l'immense étendue et venir se coucher, murmurant et tiède, parmi les sainfoins[1] et les trèfles, à mes pieds, cette plaine qui nous était commune à tous deux semblait nous rapprocher, nous unir, je pensais que ce souffle avait passé auprès d'elle, que c'était quelque message d'elle qu'il me chuchotait sans que je pusse le comprendre, et je l'embrassais au passage. À gauche était un village qui s'appelait Champieu (*Campus Pagani*, selon le curé). Sur la droite, on apercevait par-delà les blés les deux clochers ciselés et rustiques de Saint-André-des-champs, eux-mêmes effilés, écailleux, imbriqués d'alvéoles, guillochés[2], jaunissants et grumeleux, comme deux épis.

Proust, *Du Côté de chez Swann*, 1913.

Activités

1. **Relevez les éléments qui montrent qu'il ne s'agit pas d'une description objective mais déformée par le point de vue subjectif du narrateur.**
2. **Étudiez la phrase qui va de « Je savais que Mlle Swann » à « au passage ». Faites-en l'analyse grammaticale. Quel effet provoque-t-elle ?**

1. Plante vivace que l'on rencontre dans les prairies.
2. Ornés de « guillochis », c'est-à-dire de traits gravés ou sculptés entrecroisés avec régularité.

APOLLINAIRE

De son vrai nom Wilhelm Apollinaris de Kostrowitzky, Guillaume Apollinaire (1880-1918) est né de père inconnu. Son enfance est instable, au gré des déplacements de sa mère. Il échoue au baccalauréat en 1897 et vit de petits métiers à Paris tout en persévérant dans sa vocation de poète et d'écrivain.

1909

PORTRAIT

Alcools est un recueil poétique où se mêlent des poèmes élégiaques, des strophes ironiques, des appels à la modernité, des vers réguliers, des audaces de versification, des moments de transparence et des pièces hermétiques. Apollinaire en a supprimé la ponctuation. Le poème « 1909 » est très représentatif de cette « Belle Époque » où la vision du monde, des êtres et des choses fut marquée par la fragmentation et l'éclat.*

La dame avait une robe
En ottoman[1] violine
Et sa tunique brodée d'or
Était composée de deux panneaux[2]
S'attachant sur l'épaule

Les yeux dansants comme des anges
Elle riait elle riait
Elle avait un visage aux couleurs de France
Les yeux bleus les dents blanches et les lèvres très rouges
Elle avait un visage aux couleurs de France

Elle était décolletée en rond
Et coiffée à la Récamier[3]
Avec de beaux bras nus

N'entendra-t-on jamais sonner minuit

La dame en robe d'ottoman violine
Et en tunique brodée d'or
Décolletée en rond
Promenait ses boucles
Son bandeau d'or
Et traînait ses petits souliers à boucles

1. Étoffe de soie à grosses côtes dont la trame est en coton.
2. Pièces de tissu cousues sur un vêtement pour lui donner de l'ampleur.
3. Amie de Mme de Staël et de Chateaubriand, elle tenait un salon sous la Restauration.

Salomé
de Gustave Klimt
(1862-1918).
Galerie d'Art
Moderne de Venise.

Elle était si belle
Que tu n'aurais pas osé l'aimer

J'aimais les femmes atroces dans les quartiers énormes
Où naissaient chaque jour quelques êtres nouveaux
Le fer était leur sang la flamme leur cerveau
J'aimais j'aimais le peuple habile des machines
Le luxe et la beauté ne sont que son écume
Cette femme était si belle
Qu'elle me faisait peur

Apollinaire, « 1909 » in *Alcools*, 1913.

Activités

1. **Étudiez la composition du poème (type de strophes, de vers, champs lexicaux…), et commentez sa progression, en insistant notamment sur la chute.**
2. **Commentez l'intrusion des commentaires du poète dans la description. Quel est l'effet produit sur le lecteur ? Pourquoi ?**
3. **Prolongez ce texte en changeant de point de vue, c'est-à-dire en imaginant le monologue intérieur de cette femme alors qu'elle vient de s'apercevoir que le poète l'observe.**

CENDRARS

Blaise Cendrars (1887-1961) fut l'un des écrivains du voyage et de l'aventure au xxe siècle. Dans ses poèmes comme dans ses récits le propos est le même : s'emparer de la totalité du monde et rendre compte de sa diversité.

Prose du Transsibérien

VOYAGE

Écrit en collaboration avec le peintre Sonia Delaunay, ce poème en vers libres avait la forme d'une grande affiche verticale, en voici un extrait.

Le monde s'étire s'allonge et se retire comme un
accordéon qu'une main sadique tourmente
Dans les déchirures du ciel, les locomotives en furie
S'enfuient
Et dans les trous,
Les roues vertigineuses les bouches les voix
Et les chiens du malheur qui aboient à nos trousses
Les démons sont déchaînés
Ferrailles
Tout est un faux accord
Le *broun-roun-roun* des roues
Chocs
Rebondissements
Nous sommes un orage sous le crâne d'un sourd…

« Dis, Blaise, sommes-nous bien loin de Montmartre ? »

Mais oui, tu m'énerves, tu le sais bien, nous sommes bien loin
La folie surchauffée beugle dans la locomotive
La peste le choléra se lèvent comme des braises ardentes
sur notre route
Nous disparaissons dans la guerre en plein dans un tunnel
La faim, la putain, se cramponne aux nuages en débandade
Et fiente des batailles en tas puants de morts
Fais comme elle, fais ton métier…

« Dis, Blaise, sommes-nous bien loin de Montmartre ? »

Oui, nous le sommes, nous le sommes
Tous les boucs émissaires ont crevé dans ce désert
Entends les sonnailles de ce troupeau galeux
Tomsk
Tchéliabinsk Kainsk Obi Taïchet Verkné Oudinsk Kourgane
Samara Pensa Touloune
La mort en Mandchourie
Est notre débarcadère est notre dernier repaire

Cendrars, *Prose du Transsibérien et de la petite Jehanne de France*, Éd. Denoël, 1947, 1957.

L'affiche originale du poème illustrée par Sonia Delaunay.

Activités

1. **Étudiez les différents registres de langue mis en œuvre dans le poème. Quel est l'effet produit par leur union ?**
2. **Faites une recherche sur l'origine de « bouc émissaire ».**
3. **À quelle registre littéraire ce poème appartient-il et en quoi sa forme poétique lui donne-t-elle une force supplémentaire ?**

TSVÉTAÏÉVA

Marina Tsvétaïéva (1892-1941) quitta la Russie révolutionnaire en 1922, mais y revint en 1939. Elle se suicida deux ans plus tard. Elle fut très tôt reconnue comme l'une des voix les plus originales de son temps.

L'Amie

POÉSIE AMOUREUSE

Écrit en octobre 1914, ce poème est adressé à Sophia Parnok, jeune femme avec laquelle Marina Tsvétaïéva entretenait une liaison passionnée.

Sous la caresse du plaid, de ses peluches,
Je fais revivre le rêve d'hier. C'était
Quoi ? – Qui fut vainqueur ? –
– Qui fut vaincu ?

Je repense à tout, de nouveau,
Et, à nouveau, je souffre de tout.
Car, dans cette chose, dont j'ignore
Le nom, y avait-il de l'amour ?

Qui était le chasseur ? – Qui, la proie ?
Tout, diaboliquement, devient son contraire.
Et le chat de Sibérie ronronnait – lui –,
Oui, mais qu'est-ce qu'il comprenait ?

Dans ce duel de caractère, qui,
Quelle main avait toujours –
La balle ? Quel cœur – le Vôtre, ou
Le mien, prenait son galop ?

Et, malgré tout, c'était quoi ?
Ce que je désire tant, et repousse ?
Je ne sais : moi, vainqueur ? –
Moi, vaincue ?

Tsvétaïéva, *L'Amie*, 23 octobre 1914.
Trad. H. Deluy, Éd. Fourbis, 1994.

Activités

1. **Étudiez la structure du poème. De quelle manière nous parvient l'information qu'il contient dans ce poème ?**
2. **Analysez les types de phrases utilisées. Quelle est la modalité dominante ? Quel effet produit-elle et en quoi nous permet-elle de saisir l'état d'esprit de celle qui parle ?**

JOHN SINGER

John Singer (1856-1925), a été l'un des peintres les plus représentatifs de l'école anglaise du portrait à la Belle époque et dans l'après-guerre.

Mme Wilton Philipps

PORTRAIT

Activités

1. Cette reproduction est un « détail », c'est-à-dire que le tableau original a été coupé. Quel effet ce « recadrage » provoque-t-il ?
2. Relevez l'ensemble des « ornements » que comporte ce tableau. Y en a-t-il qui ont aujourd'hui disparu ? Lesquels ?

CLAUDEL

Paul Claudel (1868-1955) était diplomate, poète et auteur dramatique. Il fut marqué à la fois par la lecture de Rimbaud par la religion catholique (à laquelle il se convertit en 1886).

L'Échange

POÉTIQUE DU THÉATRE

La pièce fut créée en 1914 par Jacques Copeau au Théâtre du Vieux-Colombier. Au départ, il y a deux couples : Louis et Marthe, Thomas et Lechy. La tentative d'échange entre les deux couples tourne au drame, à la mort et à la séparation. Lechy est une actrice de théâtre qui parle ici de son métier.

Moi je connais le monde. J'ai été partout. Je suis actrice, vous savez. Je joue sur le théâtre.
Le théâtre. Vous ne savez pas ce que c'est ?
MARTHE. – Non.
LECHY ELBERNON. – Il y a la scène et la salle.
Tout étant clos, les gens viennent là le soir, et ils sont assis par rangées les uns derrière les autres, regardant.
MARTHE. – Quoi ? Qu'est-ce qu'ils regardent, puisque tout est fermé ?
LECHY ELBERNON. – Ils regardent le rideau de la scène.
Et ce qu'il y a derrière quand il est levé.
Et il arrive quelque chose sur la scène comme si c'était vrai.
MARTHE. – Mais puisque ce n'est pas vrai ! C'est comme les rêves que l'on fait quand on dort.
LECHY ELBERNON. – C'est ainsi qu'ils viennent au théâtre la nuit.
THOMAS POLLOCK NAGEOIRE. – Elle a raison. Et quand ce serait vrai encore, qu'est-ce que cela me fait ?
LECHY ELBERNON. – Je les regarde, et la salle n'est rien que de la chair vivante et habillée.
Et ils garnissent les murs comme des mouches, jusqu'au plafond.
Et je vois ces centaines de visages blancs.
L'homme s'ennuie, et l'ignorance lui est attachée depuis sa naissance.

L'Échange *mis en scène à la Comédie Française en 1995.*

Et ne sachant de rien comment cela commence ou finit, c'est pour cela qu'il va au théâtre.
Et il se regarde lui-même, les mains posées sur les genoux.
Et il pleure et il rit, et il n'a point envie de s'en aller.

Claudel, *L'Échange*, 1re version, 1914, Éd. Mercure de France, 1964.

Activités

1. De quel type de théâtre Lechy parle-t-elle ?
2. Expliquez « comme si c'était vrai » (ligne 12).
3. Quelle est la particularité de ce dialogue ? Comparez cet extrait à celui de Calderón de la Barca [voir p. 135] et commentez ce qu'ils ont en commun.

JAURÈS

Jean Jaurès (1859-1914), ancien élève de l'École Normale Supérieure, journaliste, philosophe et historien, fut l'un des grands dirigeants du socialisme français. Fondateur de *l'Humanité* et militant pacifiste, il s'attira la haine des milieux nationalistes.

ÉLOQUENCE

Sang-froid nécessaire

Paru dans le journal l'Humanité *le jour même où il fut assassiné, cet article de Jaurès est une ultime invocation à la paix. La Première Guerre mondiale commença le lendemain.*

Activités

1. **Analysez le trajet de l'argumentation en relevant les éléments qui incitent le lecteur à adhérer à l'évolution du raisonnement.**
2. **En quoi ce texte est-il une adresse ? À qui ? Dans quel but ?**
3. **« Intelligence du peuple » (l. 22-23) : définissez, analysez, et discutez cette notion.**

Le plus grand danger à l'heure actuelle n'est pas, si je puis dire, dans les événements eux-mêmes. Il n'est même pas dans les dispositions réelles des chancelleries[1] si coupables qu'elles puissent être, il n'est pas dans la volonté *réelle* des peuples, il est dans l'énervement qui gagne, dans l'inquiétude qui se propage, dans les impulsions subites qui naissent de la peur, de l'incertitude aiguë, de l'anxiété prolongée. À ces paniques folles les foules peuvent céder et il n'est pas sûr que les gouvernements n'y cèdent pas. Ils passent leur temps (délicieux emploi) à s'effrayer les uns les autres et à se rassurer les uns les autres. Et cela, qu'on ne s'y trompe pas, peut durer des semaines. Ceux qui s'imaginent que la crise diplomatique peut être et doit être résolue en quelques jours se trompent. De même que les batailles de la guerre moderne, se développant sur un front immense, durent sept ou huit jours, de même les batailles diplomatiques, mettant maintenant en jeu toute une Europe et un appareil formidable et multiple de nations puissantes, s'étendent nécessairement sur plusieurs semaines. Pour résister à l'épreuve, il faut aux hommes des nerfs d'acier ou plutôt il leur faut une raison ferme, claire et calme. C'est à l'intelligence du peuple, c'est à sa pensée que nous devons aujourd'hui faire appel si nous voulons qu'il puisse rester maître de soi, refouler les paniques, dominer les énervements et surveiller la marche des hommes et des choses, pour écarter de la race humaine l'horreur de la guerre.

1. Nom donné au ministère des affaires étrangères d'un pays.

Jaurès, « Sang-froid nécessaire » in *L'Humanité*, 31 juillet 1914.

La marque des guerres mondiales

Ce siècle est celui des guerres mondiales, des génocides et de la bombe atomique. Pour certains historiens même, il est celui d'une seule guerre qui éclate en 1914 et ne prend fin qu'en 1945 après diverses accalmies. La littérature européenne en porte profondément la marque : confrontée au caractère innommable des massacres, elle fut même amenée à s'interroger sur sa propre validité.

TAUPIAC

Né en 1887, Michel Taupiac, fils d'ouvriers agricoles, formé à l'école laïque, a 29 ans au moment de la mobilisation en 1914. Il est ce qu'on appelle « un poilu », un combattant de la « grande guerre ». Il eut la chance de survivre et de devenir pêcheur sur la Garonne.

Lettre de poilu

TÉMOIGNAGE

Cette lettre, précieux témoignage de la 1re guerre, fait partie d'un ensemble publié en 1998.

Dimanche 14 février 1915

Cher ami

Quand nous sommes arrivés par ici au mois de novembre, cette plaine était alors magnifique avec ses champs à perte de vue, pleins de betteraves, parsemés de riches fermes et jalonnés de meules de blé. Maintenant c'est le pays de la mort, tous ces champs sont bouleversés, piétinés, les fermes sont brûlées ou en ruine et une autre végétation est née : ce sont les petits monticules surmontés d'une croix ou simplement d'une bouteille renversée dans laquelle on a placé les papiers de celui qui dort là. Que de fois la mort me frôle de son aile quand je galope le long des fossés ou des chemins creux pour éviter leurs « shrapnels[1] » ou le tac-tac de leurs mitrailleuses. La nuit, j'ai couché longtemps dans un tombeau neuf, puis on a changé de cantonnement et je suis maintenant dans un trou que j'ai creusé après un talus. J'emporte ma couverture pendue à ma selle, ma marmite de l'autre côté et en route. J'étais l'autre jour dans les tranchées (des Joyeux[2]). Je n'ai jamais rien vu de si horrible. Ils avaient étayé leurs tranchées avec des morts recouverts de terre, mais, avec la pluie, la terre s'éboule et tu vois sortir une main ou un pied, noirs et gonflés. Il y avait même deux grandes bottes qui sortaient dans la tranchée, la pointe en l'air, juste à hauteur, comme des porte-manteaux. Et les « joyeux » y suspendaient leurs musettes, et on rigole de se servir d'un cadavre boche comme porte-manteau. (Authentique.) Je ne te raconte que des choses que je vois, autrement je ne le croirais pas moi-même. […]

Je compte que tu m'enverras des nouvelles de là-bas et je te quitte en t'envoyant une formidable poignée de main.

Brigadier 58e régiment 48e batterie 68e secteur.

Taupiac, *Paroles de Poilus*, Éd. Librio, 1998.

Activités

1. **En quoi cette lettre est-elle un témoignage ?**
2. **Relevez les mots, les expressions et les tournures qui marquent le niveau de style. Est-il soutenu ? Pourquoi ? Quelle force cela donne-t-il à ce texte ?**
3. **Comparez ce texte à celui de D. Defoe [voir p. 213]. Comment faites-vous la différence entre le témoignage authentique de Taupiac et le témoignage fictif de Defoe ?**

1. Obus allemands chargés de balles.
2. Argot militaire. Désigne les soldats des bataillons d'infanterie d'Afrique.

Littératures et guerres

Siècle des guerres, le XXe siècle aura marqué la planète par sa violence, au point que certains se poseront même la question de savoir s'il est encore possible de représenter dans des œuvres les horreurs de ces guerres.

Un siècle de guerres

En naissant, le siècle vit la fin de la guerre des Boers en Afrique du Sud. La Première Guerre mondiale fit près de 20 millions de morts, à quoi il faut ajouter le million et demi de victimes du génocide arménien. Puis il y eut la guerre civile en Russie et en Chine, la guerre sino-japonaise, la guerre d'Éthiopie, la guerre d'Espagne. La Seconde Guerre mondiale fit 50 millions de morts. Elle accentua l'horreur avec le génocide des juifs (la Shoah) et des tziganes. Elle prit fin avec les champignons atomiques d'Hiroshima et Nagasaki. La paix de 1945 fut suivie de la guerre froide, des guerres d'Indochine, de Corée, d'Algérie, du Vietnam, du Cambodge, d'Afghanistan, à quoi il faut ajouter les génocides biafrais et rwandais…

La guerre : un thème littéraire

De 1900 à 2000, la littérature est dominée par ce thème. *Le Feu* de Barbusse paraît dès 1916. *La Condition humaine* de Malraux raconte en 1933 la révolution à Shanghaï six ans après qu'elle a eu lieu. L'écriture de Bernanos est bouleversée par la guerre d'Espagne, *La Route des Flandres* de Claude Simon est largement tributaire de la débâcle des armées françaises en 1940. Quand une génération d'écrivains se montre réservée dans l'examen de son présent, la suivante se met à la tâche : dans *Le Bourreau et son double*, Daeninckx, né en 1949, exhibe ce que fut la réalité de la guerre d'Algérie.

Comment dire l'innommable ?

Ce sont les expériences les plus dures qui semblent avoir le plus résisté à l'écriture. « Est-il encore possible d'écrire de la poésie après Auschwitz ? » se demandait un philosophe issu d'une famille juive, Theodor Wiesengrund Adorno. Les Japonais d'Hiroshima se posèrent également ce genre de question, et elle peut se répéter en tous endroits où les massacres prennent l'allure de génocides et de crimes contre l'humanité. La poésie et la littérature se voient ainsi parfois traiter de tâches vaines devant l'ampleur du mal, de bavardages devant l'innommable.

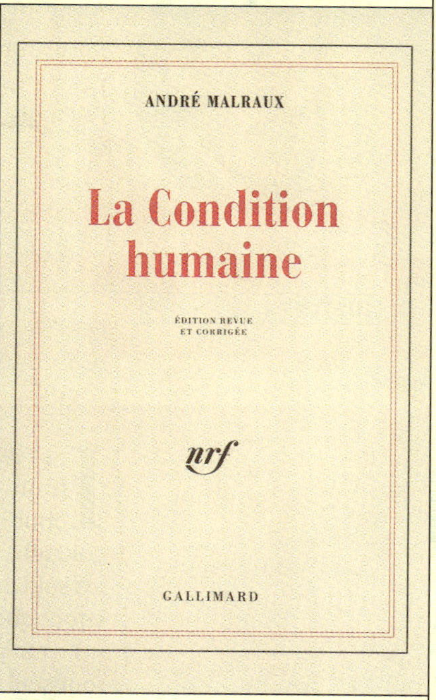

Adorno avait pourtant répondu à la question qu'il avait posée : c'est en se refusant à l'emphase, au pathétique et au cliché que la littérature peut échapper au bavardage. Ce que les massacres lui ont légué, c'est le devoir encore plus fort qu'auparavant de ne jamais céder sur ses valeurs et la qualité de son travail. Pour des auteurs comme Proust, Gide, Malraux, Simon, Antelme, Gracq ou Le Clézio, ce n'est qu'en se refusant aux facilités du cliché que la littérature pourra survivre.

Activités

1. Faites une fiche de lecture sur le roman de Primo Levi intitulé *Si c'est un homme*.
2. Sur le thème des guerres dans la littérature lire *La Chanson de Roland* p. 37, la p. 83 sur *les guerres de religion, Les Châtiments* p. 429, *Les Misérables* p. 312, *Guerre et paix* p. 406, etc.

DORGELÈS

Roland Dorgelès (1885-1973) a fait la Première Guerre mondiale comme engagé volontaire. Il fut l'un des grands voyageurs de l'entre-deux guerres puis présida l'Académie Goncourt à partir de 1955.

Les Croix de bois

HISTOIRE

Prix Femina en 1919, ce récit sans complaisance se situe aux antipodes de la mythologie héroïque qui fut celle de Barrès.

Il s'est jeté par terre, pour mourir moins vite, et on l'a traîné au poteau par les bras, inerte, hurlant. Jusqu'au bout il a crié. On entendait : « Mes petits enfants… Mon colonel… ». Son sanglot déchirait ce silence d'épouvante et les soldats tremblants n'avaient plus qu'une idée : « Oh ! vite… vite… que ça finisse. Qu'on tire, qu'on ne l'entende plus !… »

Le craquement tragique d'une salve. Un autre coup de feu, tout seul : le coup de grâce. C'était fini…

Il a fallu défiler devant son cadavre, après. La musique s'était mise à jouer *Mourir pour la Patrie*, et les compagnies déboîtaient l'une après l'autre, le pas mou. Berthier serrait les dents, pour qu'on ne voie pas sa mâchoire trembler. Quand il a commandé : « En avant ! » Vieublé, qui pleurait, à grands coups de poitrine, comme un gosse, a quitté les rangs en jetant son fusil, puis il est tombé, pris d'une crise de nerfs.

En passant devant le poteau, on détournait la tête. Nous n'osions pas même nous regarder l'un l'autre, blafards, les yeux creux, comme si nous venions de faire un mauvais coup.

Voilà la porcherie où il a passé sa dernière nuit, si basse qu'il ne pouvait s'y tenir qu'à genoux. Il a dû entendre, sur la route, le pas cadencé des compagnies descendant à la prise d'armes. Aura-t-il compris ?

C'est dans la salle de bal du *Café de la Poste* qu'on l'a jugé hier soir. Il y avait encore les branches de sapin de notre dernier concert, les guirlandes tricolores en papier, et, sur l'estrade, la grande pancarte peinte par les musicos : « Ne pas s'en faire et laisser dire ».

Un petit caporal, nommé d'office, l'a défendu, gêné, piteux. Tout seul sur cette scène, les bras ballants, on aurait

L'exécution de mutins pendant la Guerre. Extrait du film Les Sentiers de la Gloire *de Stanley Kubrick.*

dit qu'il allait « en chanter une », et le commissaire du gouvernement a ri, derrière sa main gantée.

– Tu sais ce qu'il avait fait ?

– L'autre nuit, après l'attaque, on l'a désigné de patrouille. Comme il avait déjà marché la veille, il a refusé. Voilà…

– Tu le connaissais ?

– Oui, c'était un gars de Cotteville. Il avait deux gosses. Deux gosses ; grands comme son poteau…

Dorgelès, *Les Croix de bois*, Éd. Albin Michel, 1919.

Activités

1. **Étudiez l'emploi du pronom « on ». Qui désigne-t-il ? Quels sont les effets produits et l'impact sur le lecteur ?**
2. **Faites un relevé des moyens par lesquels ce récit se fait pathétique.**
3. **Quel est le crime commis par l'homme qui a été fusillé ? Quelle réaction l'auteur cherche-t-il à provoquer chez son lecteur ?**

BARRÈS

Écrivain nationaliste, Maurice Barrès (1862-1923) affirma la culpabilité de Dreyfus. Rêvant d'une revanche sur l'Allemagne, il fut l'un des grands partisans de la guerre de 14-18. Il est l'auteur de romans (dont deux trilogies, *Le Culte du moi* et *Le Roman de l'énergie nationale*), et d'une œuvre intime, *Mes cahiers*.

Debout les morts

PROPAGANDE

Dans les quatorze tomes de Chronique de la grande guerre, *Barrès a regroupé les chroniques journalistiques qu'il écrivit dans* L'Écho de Paris *pendant la Première Guerre mondiale. Trop vieux pour faire la guerre, il tentait à sa façon de soutenir le moral des troupes, ce qui lui valait les moqueries du* Canard enchaîné.

Je me retourne vers les cadavres étendus. Je pense : « Alors, leur sacrifice va être inutile ? Ce sera en vain qu'ils seront tombés ? Et les Boches vont revenir ? Et ils nous voleront nos morts ?… » La colère me saisit. De mes gestes, de mes paroles exactes, je n'ai plus souvenance. Je sais seulement que j'ai crié à peu près ceci : « Holà ! Qu'est-ce que vous foutez par terre ? Levez-vous, debout ! et allons foutre ces cochons-là dehors ! »

Debout les morts !… Coup de folie ? Non. *Car les morts me répondirent.* Ils me dirent : « Nous te suivons. » Et se levant à mon appel, leurs âmes se mêlèrent à mon âme et en firent une masse de feu, un large fleuve de métal en fusion. Rien ne pouvait plus m'étonner, m'arrêter. J'avais la foi qui soulève les montagnes. Ma voix, éraillée et usée à crier des ordres pendant ces deux jours et cette nuit, m'était revenue, claire et forte.

Ce qui s'est passé alors ? Comme je ne veux vous raconter que ce dont je me souviens, en laissant à l'écart ce que l'on m'a rapporté par la suite, je dois sincèrement avouer que je ne le sais pas, il y a un trou dans mes souvenirs, l'action a mangé la mémoire. J'ai simplement l'idée vague d'une offensive désordonnée. Nous sommes deux, trois, quatre ou plus contre une multitude, mais cela nous est orgueil et réconfort. Un des hommes de ma section, blessé au bras, continuait de lancer sur l'ennemi des grenades tachées de son sang. Pour moi, j'ai l'impression d'avoir eu un corps grandi et grossi démesurément, un corps de géant, avec une vigueur surabondante, illimitée, une aisance extraordinaire de pensée qui me permettait d'avoir l'œil de dix côtés à la fois, de crier un ordre à l'un tout en donnant à un autre un ordre par geste, de tirer un coup de fusil et de me garer en même temps d'une grenade menaçante. Prodigieuse intensité de vie, avec des circonstances extraordinaires. Par deux fois les grenades nous manquent, et par deux fois nous en découvrons à nos pieds des sacs pleins, mêlés aux sacs à terre. Toute la journée, nous étions passés dessus sans les voir. Mais c'étaient bien les morts qui les avaient mis là ?…

Barrès, « Debout les morts »
in *Chroniques de la grande guerre*,
17 novembre 1915,
Éd. Plon, 1920-1924.

Affiche d'Abel Faivre pour le 2e emprunt de la Défense Nationale pendant la guerre de 14-18.

Activités

1. Qui parle ? Qu'en concluez-vous sur le genre auquel appartient ce texte ?
2. Comment le phénomène extraordinaire est-il mis en place ?
3. Journaliste dans un hebdomadaire satirique, vous rédigez un court billet de dix lignes dans lequel vous ironisez sur le récit de Maurice Barrès.

PROUST

Marcel Proust (1871-1922) est l'auteur de l'une des plus importantes sommes romanesques de son siècle : *À la recherche du temps perdu*. Son œuvre est à l'origine du profond renouvellement esthétique de la littérature au xxe siècle, en particulier en prose.

DÉSENCHANTEMENT

Le Temps retrouvé

Ce texte, qui souligne les changements que la guerre a provoqué dans le monde, est une lettre adressée par Gilberte, une des héroïnes du roman, à Marcel, le narrateur-personnage.

La fin de sa lettre était entièrement exacte. *Vous n'avez pas idée de ce que c'est que cette guerre, mon cher ami, et de l'importance qu'y prend une route, un pont, une hauteur. Que de fois j'ai pensé à vous, aux promenades, grâce à vous rendues délicieuses, que nous faisions ensemble dans tout ce pays aujourd'hui ravagé, alors que d'immenses combats se livraient pour la possession de tel chemin, de tel coteau que vous aimiez, où nous sommes allés si souvent ensemble ! Probablement, vous comme moi, vous ne vous imaginiez pas que l'obscur Roussainville et l'assommant Méséglise*[1] *d'où on nous portait nos lettres, et où on était allé chercher le docteur quand vous avez été souffrant, seraient jamais des endroits célèbres. Eh bien, mon cher ami, ils sont à jamais entrés dans la gloire au même titre qu'Austerlitz*[2] *ou Valmy*[3]*. La bataille de Méséglise a duré plus de huit mois, les Allemands y ont perdu plus de six cent mille hommes, ils ont détruit Méséglise mais ils ne l'ont pas pris. Le petit chemin que vous aimiez tant, que nous appelions le raidillon aux aubépines et où vous prétendez que vous êtes tombé dans votre enfance amoureux de moi, alors que je vous assure en toute vérité que c'était moi qui étais amoureuse de vous, je ne peux pas vous dire l'importance qu'il a prise. L'immense champ de blé auquel il aboutit, c'est la fameuse cote 307*[4] *dont vous avez dû voir le nom revenir si souvent dans les communiqués. Les Français ont fait sauter le petit pont sur la Vivonne qui, disiez-vous, ne vous rappelait pas votre enfance autant que vous l'auriez voulu, les Allemands en ont jeté d'autres, pendant un an et demi ils ont eu une moitié de Combray et les Français l'autre moitié.*

Proust, *Le Temps retrouvé*, Éd. Gallimard, 1927.

Activités

1. **Repérez les marques du style épistolaire.**
2. **Quel est, à votre avis, l'effet sur le présent de l'évocation du passé ?**
3. **Quel est ici le point de vue de la narratrice ? Quelle force donne-t-il au récit des événements historiques ?**

1. Voir page 489.
2. 2 décembre 1805, victoire de Napoléon sur les empereurs d'Autriche et de Russie.
3. 20 septembre 1792, victoire de Dumouriez et de Kellermann qui stoppa l'invasion des Prussiens.
4. Coordonnées d'un lieu sur les cartes d'état-Major.

CÉLINE

Louis-Ferdinand Céline (1894-1961), de son vrai nom Louis-Ferdinand Destouches, est l'origine d'une véritable rupture dans le roman français. Il se spécialise à partir de 1937 dans un antisémitisme pamphlétaire qui se fait discours pro-allemand sous l'Occupation. Condamné à la Libération, il ne pourra rentrer en France qu'en 1951.

Voyage au bout de la nuit

ANARCHISME

Dans ce premier roman, Céline invente un style non-conformiste, haletant, argotique, à la fois très écrit et très proche de l'oral et qui détruit toutes les illusions. Ici, Bardamu, le héros-narrateur s'adresse à son ami Arthur Ganate.

« C'est vrai, t'as raison en somme, que j'ai convenu, conciliant, mais enfin on est tous assis sur une grande galère, on rame tous à tour de bras, tu peux pas venir me dire le contraire !… Assis sur des clous même à tirer tout nous autres ! Et qu'est-ce qu'on en a ? Rien ! Des coups de trique seulement, des misères, des bobards et puis des vacheries encore. On travaille ! qu'ils disent. C'est ça encore qu'est plus infect que tout le reste, leur travail. On est en bas dans les cales à souffler de la gueule, puants, suintants des rouspignolles, et puis voilà ! En haut sur le pont, au frais, il y a les maîtres et qui s'en font pas, avec des belles femmes roses et gonflées de parfums sur les genoux. On nous fait monter sur le pont. Alors, ils mettent leurs chapeaux haut-de-forme et puis ils nous en mettent un bon coup de la gueule comme ça : « Bandes de charognes, c'est la guerre ! qu'ils font. On va les aborder, les saligauds qui sont sur la patrie n° 2 et on va leur faire sauter la caisse ! Allez ! Allez ! Y a de tout ce qu'il faut à bord ! Tous en chœur ! Gueulez voir d'abord un bon coup et que ça tremble : *Vive la Patrie n° 1 !* Qu'on vous entende de loin ! Celui qui gueulera le plus fort, il aura la médaille et la dragée du bon Jésus ! Nom de Dieu ! Et puis ceux qui ne voudront pas crever sur mer, ils pourront toujours aller crever sur terre où c'est fait bien plus vite encore qu'ici ! »

Céline, *Voyage au bout de la nuit*, Éd. Gallimard, 1932.

Activités

1. **Relevez les marques de style oral et populaire : vocabulaire, construction et types de phrases, ponctuation…**
2. **À quoi sont comparées la condition humaine et la guerre ?**
3. **Réécrivez cette scène dans un style soutenu.**

ARAGON

Poète, romancier, essayiste, Louis Aragon (1897-1982) passa par le surréalisme et adhéra au Parti communiste qu'il ne quitta jamais. Il fut l'une des grandes voix de la Résistance et l'un des écrivains majeurs de sa génération.

La rose et le réséda

ENGAGEMENT

La Diane française *est un recueil de poèmes rimés écrits pendant la Résistance et diffusés clandestinement.* « La rose et le réséda » *parut sous forme de tract.*

À Gabriel Péri et d'Estienne d'Orves comme à Guy Moquet et Gilbert Dru.

Celui qui croyait au ciel
Celui qui n'y croyait pas
Tous deux adoraient la belle
Prisonnière des soldats
Lequel montait à l'échelle
Et lequel guettait en bas
Celui qui croyait au ciel
Celui qui n'y croyait pas
Qu'importe comment s'appelle
Cette clarté sur leur pas
Que l'un fût de la chapelle
Et l'autre s'y dérobât
Celui qui croyait au ciel
Celui qui n'y croyait pas
Tous les deux étaient fidèles
Des lèvres du cœur des bras
Et tous les deux disaient qu'elle
Vive et qui vivra verra
Celui qui croyait au ciel
Celui qui n'y croyait pas
Quand les blés sont sous la grêle
Fou qui fait le délicat
Fou qui songe à ses querelles
Au cœur du commun combat
Celui qui croyait au ciel

Celui qui n'y croyait pas
Du haut de la citadelle
La sentinelle tira
Par deux fois et l'un chancelle
L'autre tombe qui mourra
Celui qui croyait au ciel
Celui qui n'y croyait pas
Ils sont en prison Lequel
A le plus triste grabat
Lequel plus que l'autre gèle
Lequel préfère les rats
Celui qui croyait au ciel
Celui qui n'y croyait pas
Un rebelle est un rebelle
Nos sanglots font un seul glas
Et quand vient l'aube cruelle
Passent de vie à trépas
Celui qui croyait au ciel
Celui qui n'y croyait pas
Répétant le nom de celle
Qu'aucun des deux ne trompa
Et leur sang rouge ruisselle
Même couleur même éclat
Celui qui croyait au ciel
Celui qui n'y croyait pas
Il coule il coule et se mêle
À la terre qu'il aima
Pour qu'à la saison nouvelle
Mûrisse un raisin muscat
Celui qui croyait au ciel
Celui qui n'y croyait pas
L'un court et l'autre a des ailes
De Bretagne ou du Jura
Et framboise ou mirabelle
Le grillon rechantera
Dites flûte ou violoncelle
Le double amour qui brûla
L'alouette et l'hirondelle
La rose et le réséda

Aragon, « La rose et le réséda »
in *La Diane française*, Éd. Seghers, 1945.

Activités

1. Recherchez qui étaient Gabriel Péri, d'Estienne d'Orves, Guy Moquet et Gilbert Dru.
2. Quel choix de ponctuation Aragon a-t-il fait ? Quelle en est la conséquence ?
3. Quel est le type de vers utilisé ? Quel effet cela produit-il ?
4. Étudiez les différentes formes d'images dans le texte. Quelle force donnent-elles à cette évocation parallèle des deux combattants ? Quel est l'effet que l'auteur cherche ainsi à produire sur le lecteur ?

ANTELME

Robert Antelme (1917-1990), déporté à Buchenwald en 1944, sera rapatrié avec l'aide de François Mitterrand lors de la libération du camp par les alliés. Membre du Parti Communiste en 1946, il en est exclu en 1950. Il est l'homme d'un seul livre, où il raconte ce que fut son passage par le camp de concentration.

L'Espèce humaine

HISTOIRE

Écrire de la façon la plus nue possible, pour dire ce que fut l'innommable, tel est le projet de ce livre qui ne se raconte pas. Pour Antelme, il ne faut ni grandes phrases ni points d'exclamation : il faut au contraire laisser parler le réel lui-même, sans dolorisme et sans emphase. L'écriture sèche devient la seule façon pour l'espèce humaine de revendiquer son existence face au projet nazi d'extermination.

L'évangéliste allemand s'est arrêté sur la route ; il a deux rides très creuses le long des joues. Il m'a fait un signe. Il se tient un peu à l'écart de la colonne, les bras pendants. Il ne bouge pas, il regarde simplement autour de lui la montagne et la vallée. C'est un vieil homme ; il a l'air absent et en même temps décidé, définitivement arrêté. Personne ne lui parle. Si on allait lui dire quelques mots, ses yeux brilleraient, il répondrait de sa voix lente quelque chose comme : *Got ist über alles*. J'ai revu ses yeux au passage et son triangle violet d'« objecteur de conscience » ; Fritz était près de lui. L'évangéliste avait été désigné comme objecteur de conscience. L'objecteur était sur la route, seul, à l'écart. Nous avions ralenti, je ne sais pourquoi. Nous sommes repartis ; je me suis retourné, j'ai vu sa figure dans la colonne. J'aurais cru qu'il avait décidé de ne plus bouger. *Das ist ein schöne Wintertag*. Objecteur de conscience. Les quatre cents objecteurs marchent, ils veulent tenir le coup. L'objecteur, personnage privé ; les sept millions de juifs, objecteurs ; les 250 000 politiques français, objecteurs ; l'objecteur L., cinquante ans, qui marche devant moi, pâle, qui a des hémorroïdes et que deux copains soutiennent.

On marche depuis un moment. Deux coups de feu derrière. Il ne reste plus que le bruit de nos pieds. Tout le monde a entendu, les dos restent courbés, la marche se précipite. Je me suis retourné, je n'ai vu que le tournant, le précipice sur le bord de la route, et des sapins. Qui est-ce ? On va un peu plus vite. Quelqu'un est tombé. La colonne continue. Qui est-ce ? Devant, les SS n'ont pas bronché, personne ne se retourne plus, déjà on est arrivé à l'autre tournant. Il y a déjà cinq minutes, dix minutes qu'on a tiré. On ne sent plus les deux coups de feu dans le dos, c'est passé. Un autre tournant. Et à deux tournants plus bas, un type qui tout à l'heure était au départ, est maintenant aplati sous un arbre.

– Je crois que c'est le vieil Allemand, dit quelqu'un derrière.

Antelme, *L'Espèce humaine*, Éd. Gallimard, 1947.

Activités

1. **Étudiez le nombre et la valeur des adjectifs du texte. Quelle conclusion peut-on en tirer ?**
2. **Pouvez-vous relever des marques du pathétique dans le récit de cette mort ? À votre avis, pourquoi ?**
3. **Ce texte supporterait-il une réécriture ? Justifiez votre réponse.**

CELAN

Poète de nationalité française et de langue allemande, Paul Celan (1920-1970) est issu d'une famille juive de Roumanie qui fut victime du génocide nazi. Il fut également un grand traducteur de la poésie européenne. Si son œuvre semble souvent hermétique, c'est en raison de la gravité des sujets traités et également parce que le parler trop évident lui paraissait relever de la propagande plus que de la littérature.

SHOAH

Fugue de mort

Ce poème est extrait de Pavot et mémoire, *premier vrai recueil de Celan, paru en 1952 à Stuttgart.*

Lait noir de l'aube nous le buvons le soir
le buvons à midi et le matin nous le buvons la nuit
nous buvons et buvons
nous creusons dans le ciel une tombe où l'on n'est pas serré
Un homme habite la maison il joue avec les serpents il écrit
il écrit quand il va faire noir en Allemagne Margarete tes cheveux d'or
écrit ces mots s'avance sur le seuil et les étoiles tressaillent il siffle ses grands chiens
il siffle il fait sortir ses juifs et creuser dans la terre une tombe
il nous commande allons jouez pour qu'on danse

Lait noir de l'aube nous te buvons la nuit
te buvons le matin puis à midi nous te buvons le soir
nous buvons et buvons
Un homme habite la maison il joue avec les serpents il écrit
il écrit quand il va faire noir en Allemagne Margarete tes cheveux d'or
Tes cheveux cendre Sulamith[1] nous creusons dans le ciel une tombe où l'on n'est pas serré

Il crie enfoncez plus vos bêches dans la terre vous autres et vous chantez jouez
il attrape le fer à sa ceinture il le brandit ses yeux sont

1. Qualificatif de la bien-aimée du *Cantique des Cantiques* dans la Bible.

bleus
enfoncez plus les bêches vous autres et vous jouez encore
pour qu'on danse

Lait noir de l'aube nous te buvons la nuit
te buvons à midi et le matin nous te buvons le soir
nous buvons et buvons
un homme habite la maison Margarete tes cheveux d'or
tes cheveux cendre Sulamith il joue avec les serpents

Il crie jouez plus douce la mort la mort est un maître
d'Allemagne
il crie plus sombres les archets et votre fumée montera
vers le ciel
vous aurez une tombe alors dans les nuages où l'on n'est
pas serré

Lait noir de l'aube nous te buvons la nuit
te buvons à midi la mort est un maître d'Allemagne
nous te buvons le soir et le matin nous buvons et buvons
la mort est un maître d'Allemagne son œil est bleu
il t'atteint d'une balle de plomb il ne te manque pas
un homme habite la maison Margarete tes cheveux
d'or
il lance ses grands chiens sur nous il nous offre une
tombe dans le ciel
il joue avec les serpents et rêve la mort est un maître
d'Allemagne

tes cheveux d'or Margarete
tes cheveux cendre Sulamith.

Celan, « Fugue de mort » in *Pavot et mémoire*
recueilli dans *Choix de poèmes,* 1952. Trad. de J.-P. Lefebvre,
Deutsche Verlags, Anstalt GmH, Éd. Gallimard, 1998.

Activités

1. **Étudiez la composition et la construction de ce poème • (vocabulaire, temps des verbes, construction des phrases, strophes, sonorités, ponctuation, etc.).**
2. **Étudiez la fonction de la répétition dans le texte.**
3. **Ce texte est-il en permanence explicite ? Pourquoi ?**

HIROSHIMA

Les 6 et 9 août 1945, les États-Unis larguent la bombe atomique sur les villes d'Hiroshima et Nagasaki, villes moyennes, sans réel intérêt stratégique et justement choisies pour cela. Plus que le nombre immédiat de morts civils (70 000 à Hiroshima et 40 000 à Nagasaki), c'est le caractère inouï du moyen employé et ses conséquences ultérieures qui a frappé l'opinion (les radiations des deux bombes continueront à tuer des dizaines de milliers de personnes pendant des années). Le monde était entré dans l'ère dite de l'apocalypse nucléaire.

Après la bombe...

HISTOIRE

Activité

Quel est l'élément le plus frappant de ce document ? Étayez votre opinion dans un paragraphe d'une quinzaine de lignes.

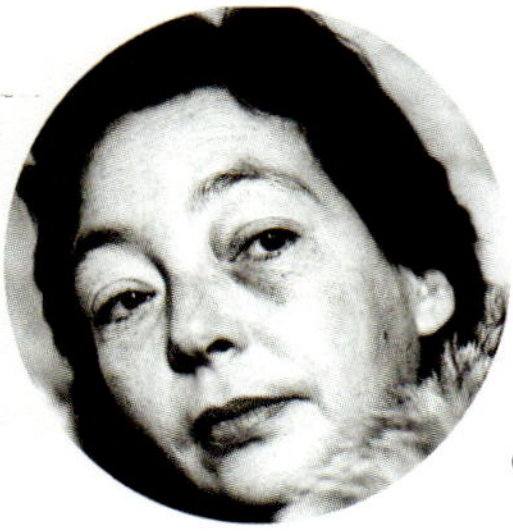

M. DURAS

Marguerite Duras (1914-1996) est l'une des figures marquantes de l'écriture féminine dans la France de l'après-guerre. Elle se caractérise par son goût de l'ellipse et parfois de l'énigme. L'un des thèmes les plus importants de ses œuvres est celui de la difficulté à communiquer.

Hiroshima mon amour

TRAGIQUE

Ce texte constitue le « scénario et dialogues » du film réalisé par Alain Resnais. Entre une Française et un Japonais, un amour naît là où avait eu lieu l'horreur du bombardement atomique de 1945.

Hiroshima se recouvrit de fleurs. Ce n'étaient partout que bleuets et glaïeuls, et volubilis et belles-d'un-jour qui renaissaient des cendres avec une extraordinaire vigueur, inconnue jusque-là chez les fleurs*.

ELLE. – Je n'ai *rien* inventé.

LUI. – Tu as *tout* inventé.

ELLE. – *Rien.*

De même que dans l'amour cette illusion existe, cette illusion de pouvoir ne jamais oublier, de même j'ai eu l'illusion devant Hiroshima que jamais je n'oublierai.

De même que dans l'amour.

Des pinces chirurgicales s'approchent d'un œil pour l'extraire.

Les actualités continuent.

ELLE. – J'ai vu aussi les rescapés et ceux qui étaient dans les ventres des femmes de Hiroshima.

Un bel enfant se tourne vers nous. Alors nous voyons qu'il est borgne.

Une jeune fille brûlée se regarde dans un miroir.

Une autre jeune fille aveugle aux mains tordues joue de la cithare.

Une femme prie auprès de ses enfants qui meurent.

Un homme se meurt de ne plus dormir depuis des années. (Une fois par semaine, on lui amène ses enfants.)

ELLE. – J'ai vu la patience, l'innocence, la douceur apparente avec lesquelles les survivants provisoires de Hiroshima s'accommodaient d'un sort tellement injuste que l'imagination d'habitude pourtant si féconde, devant eux, se ferme.

Toujours on revient à l'étreinte si parfaite des corps.
ELLE, *bas.* – Écoute…
Je sais…
Je sais *tout.*
Ça a continué.
LUI. – *Rien.* Tu ne sais *rien.*
Nuage atomique.
Atomium qui tourne.
Des gens dans des rues marchent sous la pluie.
Pêcheurs atteints par la radio-activité.
Un poisson non comestible.
Des milliers de poissons non comestibles enterrés.
ELLE. – Les femmes risquent d'accoucher d'enfants mal venus, de monstres, mais ça continue.
Les hommes risquent d'être frappés de stérilité, mais ça continue.
La pluie fait peur.
Des pluies de cendres sur les eaux du Pacifique.
Les eaux du Pacifique tuent.
Des pêcheurs du Pacifique sont morts.
La nourriture fait peur.

*Cette phrase est presque textuellement une phrase de Hershey dans son admirable reportage sur Hiroshima. Je n'ai fait que la reporter sur les enfants martyrs[1].

Duras, *Hiroshima mon amour,* Éd. Gallimard, 1960.

Activités

1. **Identifiez ce qui appartient au dialogue et ce qui appartient au scénario.**
2. **Comment peut-on « savoir » sur Hiroshima ?**

1. Note de l'auteur.

Extrait du film Hiroshima mon Amour, *réalisé en 1959 d'après l'œuvre de Marguerite Duras.*

MALRAUX

Intellectuel anticolonialiste dans les années vingt et antifasciste dans les années trente, André Malraux (1901-1976) est devenu gaulliste pendant la Résistance, puis sous la ve République. Il fut Ministre de la culture du général de Gaulle.

Transfert des cendres de Jean Moulin

ÉLOGE FUNÈBRE

Ces paroles sont extraites du discours prononcé par Malraux lors du transfert au Panthéon des cendres de Jean Moulin, un des grands chefs de la Résistance.

Regarde glisser sous les chênes nains du Quercy, avec un drapeau fait de mousselines nouées, les maquis que la Gestapo ne trouvera jamais parce qu'elle ne croit qu'aux grands arbres. Regarde le prisonnier qui entre dans une villa luxueuse et se demande pourquoi on lui donne une salle de bains – il n'a pas encore entendu parler de la baignoire. Pauvre roi supplicié des ombres, regarde ton peuple d'ombres se lever dans la nuit de juin constellée de tortures. […]

Comme Leclerc[1] entra aux Invalides, avec son cortège d'exaltation dans le soleil d'Afrique et les combats d'Alsace, entre ici, Jean Moulin, avec ton terrible cortège. Avec ceux qui sont morts dans les caves sans avoir parlé, comme toi ; et même, ce qui est peut-être plus atroce, en ayant parlé ; avec tous les rayés et tous les tondus des camps de concentration, avec le dernier corps trébuchant des affreuses files de *Nuit et Brouillard*[2], enfin tombé sous les crosses ; avec les huit mille Françaises qui ne sont pas revenues des bagnes, avec la dernière femme morte à Ravensbrück pour avoir donné asile à l'un des nôtres. Entre, avec le peuple né de l'ombre et disparu avec elle – nos frères dans l'ordre de la Nuit[3]…

Malraux, *Transfert des cendres de Jean Moulin au Panthéon*, in *Oraisons funèbres*, 19 décembre 1964, Éd. Gallimard, 1971.

Activités

1. **Malraux s'adresse directement à un défunt. Quel effet cela provoque-t-il ?**
2. **En quoi ce texte est-il un éloge ? Justifiez votre réponse.**
3. **À quel genre appartient ce texte ? En connaissez-vous d'autres exemples ? Cherchez-en dans vos lectures et dans cette anthologie.**

1. Commandant de la 2e division blindée des Forces Françaises Libres.
2. Procédure qui consistait à faire disparaître toute trace des victimes de l'extermination.
3. Malraux compare la Résistance à un ordre de chevalerie du Moyen Âge.

BRASSENS

Compositeur-interprète de chansons, Georges Brassens (1921-1981), fut un authentique poète, anarchiste et anticonformiste. Au début des années soixante, certaines de ses chansons étaient encore interdites de diffusion sur les ondes de la radio d'État.

Les deux oncles

ANARCHISME

Hostile à toutes les guerres, Brassens tire une leçon grinçante : les anciens adversaires sont morts à la guerre, leurs enfants vont la main dans la main, leur mort au combat fut une absurdité.

C'était l'oncle Martin c'était l'oncle Gaston
L'un aimait les Tommies[1] l'autre aimait les Teutons[2]
Chacun pour ses amis tous les deux ils sont morts
Moi qui n'aimais personne eh bien je vis encor

Maintenant chers tontons que les temps ont coulé
Que vos veuves de guerre ont enfin convolé
Que l'on a requinqué dans le ciel de Verdun
Les étoiles ternies du maréchal Pétain

Maintenant que vos controverses se sont tues
Qu'on s'est bien partagé les cordes des pendus
Maintenant que John Bull[3] nous boude
Maintenant que c'en est fini des querelles d'Allemand

Que vos filles et vos fils vont la main dans la main
Faire l'amour ensemble et l'Europ' de demain
Qu'ils se soucient de vos batailles presque autant
Que l'on se souciait des guerres de Cent ans

On peut vous l'avouer maintenant chers tontons
Vous l'ami des Tommies vous l'ami des Teutons
Que de vos vérités vos contrevérités
Tout le monde s'en fiche à l'unanimité

De vos épurations vos collaborations
Vos abominations et vos désolations
De vos plats de choucroute et vos tasses de thé
Tout le monde s'en fiche à l'unanimité

1. Soldats britanniques de la guerre de 14.
2. Mot péjoratif pour « Allemands ».
3. Allégorie de l'Angleterre comme « Oncle Sam » pour les Américains.

En dépit de ces souvenirs qu'on commémore
Des flammes qu'on ranime aux monuments aux Morts
Des vainqueurs des vaincus des autres et de vous
Révérence parler tout le monde s'en fout

La vie comme dit l'autre a repris tous ses droits
Elles ne font plus beaucoup d'ombre vos deux croix
Et petit à petit vous voilà devenus
L'Arc de Triomphe en moins des soldats inconnus

Maintenant j'en suis sûr chers malheureux tontons
Vous l'ami des Tommies vous l'amis des Teutons
Si vous aviez vécu si vous étiez ici
C'est vous qui chanteriez la chanson que voici

Chanteriez en trinquant ensemble à vos santés
Qu'il est fou de perdre la vie pour des idées
Des idées comme ça qui viennent et qui font
Trois petits tours trois petits morts et puis s'en vont

Qu'aucune idée sur terre est digne d'un trépas
Qu'il faut laisser ce rôle à ceux qui n'en ont pas
Que prendre sur le champ l'ennemi comme il vient
C'est de la bouillie pour les chats et pour les chiens

Qu'au lieu de mettre en joue quelque vague ennemi
Mieux vaut attendre un peu qu'on le change en ami
Mieux vaut tourner sept fois sa crosse dans la main
Mieux vaut toujours remettre une salve à demain

Que les seuls généraux qu'on doit suivre aux talons
Ce sont les généraux des p'tits soldats de plomb
Ainsi chanteriez vous tous les deux en suivant
Malbrough[4] qui va t'en guerre au pays des enfants

Ô vous qui prenez aujourd'hui la clé des cieux
Vous les heureux coquins qui ce soir verrez Dieu
Quand vous rencontrerez mes deux oncles là-bas
Offrez-leur de ma part ces « Ne m'oubliez pas »

Ces deux myosotis fleuris dans mon jardin
Un p'tit forget me not pour mon oncle Martin
Un p'tit vergiss mein nicht pour mon oncle Gaston
Pauvre ami des Tommies pauvre ami des Teutons.

Brassens, *Les deux oncles*, Éd. Musicales 57, 1965.
Avec l'aimable autorisation d'Universal Music Publishing.

Activités

1. **Quel est l'intérêt de présenter les destinataires de la chanson comme deux oncles ? À qui s'adresse-t-elle en réalité ? À quoi le voyez-vous ?**
2. **Faites un résumé de l'argument de ce texte en mettant l'accent sur les éléments violemment critiques.**

4. Chanson célèbre qui rendit célèbre le nom du général anglais Marlborough.

G. de GAULLE-ANTHONIOZ

Geneviève de Gaulle-Anthonioz, nièce du général de Gaulle, née en 1920, est présidente de l'association caritative ATD-Quart-monde. Elle fut déportée à Ravensbrück pour son activité dans la Résistance.

La Traversée de la nuit

IRONIE

Écrit plus de 50 ans après sa captivité dans un camp de la mort, ce livre en est l'un des récits les plus justes et les plus émouvants.

L'examen médical est interrompu par une alerte aérienne et je suis reconduite aussitôt dans ma cellule; tout cela me semble parfaitement irréel. Non moins irréelle mon entrevue avec un responsable de la Gestapo. Ses bureaux sont hors de l'enceinte principale, j'y suis reçue par un homme courtois qui me parle aussitôt de Paris où il a séjourné plusieurs mois et dont il a gardé un très bon souvenir! Il comprend vite que mon souvenir à moi de la Gestapo n'est pas aussi enthousiaste… et passe rapidement à mes activités dans la Résistance. Je les minimise le plus que je peux, sans donner aucun nom de camarade. On ne sait jamais! Un dossier peut n'être pas définitivement classé. Une secrétaire pomponnée et souriante dactylographie cet étrange interrogatoire dont je comprends vite qu'il ressemble à une formalité. Tandis que le policier me donne à relire ma déposition et s'éclipse quelques minutes, je reste seule avec la secrétaire. Elle aussi me parle en français pour me dire qu'elle adore Paris. «Donnez-moi, ajoute-t-elle, comme souvenir de notre rencontre, quelques lignes sur mon album.» Comme ma perplexité augmente, la jeune femme suggère: «Par exemple, le début d'une chanson de Lucienne Boyer que j'admire tant.» Et j'écris, dans une sorte d'état second: «Parlez-moi d'amour, dites-moi des choses tendres» – Lucienne Boyer. Et je signe Geneviève de Gaulle… Lorsque son patron revient, la secrétaire est de nouveau silencieuse devant sa machine à écrire et me tend le procès-verbal de mes «aveux» pour une autre signature. Le soir tombe quand je retrouve mon habituelle demeure.

Je ne rêve plus, d'ailleurs je dors à peine. Le crématoire fume toujours, les bruits rituels du camp me parviennent assourdis.

G. de Gaulle-Anthonioz, *La Traversée de la nuit*, Éd. du Seuil, 1998.

Activités

1. **Ce texte est-il grandiloquent*ou emphatique*? Justifiez votre réponse.**
2. **Comparez ce témoignage à celui de Taupiac [voir p. 500]. Quelles différences pouvez-vous relever, notamment dans le ton?**

Formes du lyrisme

Le lyrisme, c'est-à-dire l'expression du moi, de ses états, de ses élans et de ses passions, devient au XXe siècle la forme par excellence de la poésie. En s'affirmant comme « anti-lyriques » c'est encore par rapport à lui que continuent à se définir les poètes d'aujourd'hui. L'amour reste le motif central de cette poésie, mais les interrogations qu'il suscite créent souvent chez le poète une inquiétude plus profonde qui met en cause son être même.

VALÉRY

Paul Valéry (1871-1945), poète et essayiste, a été l'un des grands intellectuels français de la première moitié du xxe siècle.

La Dormeuse

SONNET

Intelligence, sensibilité, virtuosité, lyrisme et réflexion : dans ce recueil de poèmes écrits entre 1912 et 1922, Paul Valéry semble vouloir tout tenir à la fois. Ce qui fait l'unité de ce recueil, c'est la sensation que l'on a derrière chaque poème de la présence d'une voix toujours personnelle.

à Lucien Fabre.

Quels secrets dans son cœur brûle ma jeune amie,
Âme par le doux masque aspirant une fleur ?
De quels vains aliments sa naïve chaleur
Fait ce rayonnement d'une femme endormie ?

Souffle, songes, silence, invincible accalmie,
Tu triomphes, ô paix plus puissante qu'un pleur,
Quand de ce plein sommeil l'onde grave et l'ampleur
Conspirent sur le sein d'une telle ennemie.

Dormeuse, amas doré d'ombres et d'abandons,
Ton repos redoutable est chargé de tels dons,
Ô biche avec langueur longue auprès d'une grappe,

Que malgré l'âme absente, occupée aux enfers,
Ta forme au ventre pur qu'un bras fluide drape,
Veille ; ta forme veille, et mes yeux sont ouverts.

Valéry, « La Dormeuse » in *Charme* recueilli dans *Poésies*, Éd. Gallimard, 1922.

Activités

1. **Ce poème est-il un sonnet classique ? Étudiez sa forme, ses rimes, son rythme et sa métrique.**
2. **Étudiez les allitérations dans le texte. Quel effet produisent-elles ?**
3. **Comparez ce poème avec le poème *Lulu I* de Jouve [voir p. 535]. Que remarquez-vous ?**

JACOB

Juif converti au catholicisme, Max Jacob (1876-1944) fut dénoncé aux Allemands en 1944 et enfermé au camp de Drancy où il mourut. Fantaisiste et mystique, parodique et tourmenté, il écrit souvent à la lisière de la chanson.

La Saltimbanque

FANTAISIE

Comme le titre le marque, ce poème se présente comme une parodie et un jeu, ce qui ne l'empêche pas de contenir de véritables moments de tendresse.

La saltimbanque ! la saltimbanque
a pris l'express à neuf heures trente
a pris l'express de Paris-Nantes
Prends garde garde ô saltimbanque
que le train partant ne te manque
Et voici son cœur qui chante :
oh ! sentir dans la nuit clémente
qu'on suit la direction d'un grand fleuve
dans la nuit de l'ouest dans la nuit veuve !
Mais on ne me laissera donc pas seule
sous mon rêve avec mon saule
gens de Saumur ! gens de Saumur !
Oh ! Laissez-moi dans ma saumure.
Abstenez-vous, gens de Saumur, de monter dans cette voiture.

Elle rêve à son maillot jaune
qui doit si bien aller à sa chevelure
quand elle la rejette loin de sa figure
Elle rêve à son mari qui est jeune
plus jeune qu'elle et à son enfant
qui est visiblement un génie.
La saltimbanque est tcherkesse[1]
elle sait jouer de la grosse caisse
Elle est belle et ne fait pas d'épates
elle a des lèvres comme la tomate.

M. Jacob, « La Saltimbanque en wagon de troisième classe » in *Les Pénitents en maillots roses*, recueilli dans *Ballades*, Éd. Gallimard, 1925

Activités

1. **Étudiez les rimes, la métrique et le rythme de ce poème.**
2. **Relevez les signes du jeu ? De quoi et avec qui l'auteur joue-t-il ?**
3.  **Écrivez une critique de quinze lignes dénonçant ce texte comme une négation de la poésie.**
4.  **Vous débattrez ensuite en confrontant vos critiques à celles de vos camarades.**

1. Peuple du Caucase du Nord.

GARCIA LORCA

Poète et auteur de théâtre espagnol, Federico Garcia Lorca (1899-1936) fut assassiné par les franquistes pendant la guerre civile espagnole. Il mêle dans son œuvre aussi bien des éléments venus du folklore national que des recherches de type surréaliste.

La Femme adultère

MORALE

Ce poème est extrait du Romancero Gitano *qui regroupe des textes écrits entre 1924 et 1927. C'est un livre exubérant, tantôt rude, tantôt précieux, aux strophes luxuriantes et à l'art toujours très maîtrisé. C'est en Espagne, le livre de la poésie par excellence.*

Je la pris près de la rivière,
Car je la croyais sans mari
Tandis qu'elle était adultère.
Ce fut la Saint-Jacques, la nuit,
Par rendez-vous et compromis,
Quand s'éteignirent les lumières
Et s'allumèrent les cris-cris[1].
Au coin des dernières enceintes,
Je touchai ses seins endormis;
Sa poitrine pour moi s'ouvrit
Comme des branches de jacinthes.
Et dans mes oreilles l'empois
De ses jupes amidonnées
Crissait comme soie arrachée
Par douze couteaux à la fois.
Les cimes d'arbres sans lumière
Grandissaient au bord des chemins
Et tout un horizon de chiens
Aboyait loin de la rivière.
Quand nous avons franchi les ronces
Les épines et les ajoncs,
Sous elle son chignon s'enfonce
Et fait un trou dans le limon.
Quand ma cravate fut ôtée,
Elle retira ses jupons,
Puis (quand j'ôtai mon ceinturon)
Quatre corsages d'affilée.

1. Cris du grillon ou de la cigale.

Ni le nard[2], ni les escargots
N'eussent jamais la peau si fine,
Ni, sous la lune, les cristaux
N'ont de lueurs si cristallines.
Ses cuisses s'enfuyaient sous moi
Comme des truites effrayées
Une moitié tout embrasée,
L'autre moitié pleine de froid.
Cette nuit me vit galoper
De ma plus belle chevauchée,
Sur une pouliche nacrée,
Sans brides et sans étriers.
Je suis homme, et ne peux redire
Les choses qu'elle me disait :
Le clair entendement m'inspire
De me montrer fort circonspect.
Sale de baisers et de sable,
Du bord de l'eau je la sortis ;
Les iris balançaient leurs sabres
Contre les brises de la nuit.

2. Plante graminée que l'on trouve dans les prés.

Garcia Lorca, « La Femme adultère » in *Romancero Gitano*, 1928.
Trad. J. Prévost, Éd. Seghers, 1961.

Activités

1. **Étudiez la composition du poème et dégagez les principaux moments de la narration.**
2. **Étudiez les comparaisons dans ce texte. Quelle est leur fonction ? Quel effet produisent-elles sur le lecteur ?**
3. **En quoi ce poème est-il choquant pour l'ordre moral de l'Espagne de 1928 ? Documentez-vous sur la situation politique et morale en Espagne à cette époque.**

RILKE

Écrivain autrichien, né à Prague, Rainer Maria Rilke (1875-1926) vécut longtemps à Paris. Il est l'auteur des *Lettres à un jeune poète* (1903) et des *Cahiers de Malte Laurids Brigge* (1910).

POÉSIE AMOUREUSE

Élégies de Duino

Lutte contre la mort, la poésie de Rilke entend marquer la possibilité d'une existence humaine. L'amour apparaît, malgré sa précarité et ses contradictions, comme l'un des signes majeurs de cette possibilité.

Amants, vous qui, l'un dans l'autre, vous suffisez,
à vous je demande le secret de nous-mêmes.
Vous vous saisissez. Avez-vous des preuves ?
Voyez, il m'arrive que mes mains l'une de l'autre
prennent conscience, ou que mon visage usé
en elles se ménage. Cela me donne un peu
conscience de moi-même. Qui cependant, pour cela seul, oserait être ?
Mais vous, qui dans l'extase de l'autre
vous accroissez jusqu'à ce que, dominé,
il vous implore : *assez* ; vous, qui sous vos mains
devenez abondants comme des années de raisins ;
vous, qui parfois cessez d'être, uniquement parce que l'autre
entièrement sur vous l'emporte ; à vous je demande
le secret de nous-mêmes. Je le sais,
il y a dans votre contact une telle félicité, parce que la caresse retient,
parce que la place ne disparaît pas, que votre tendresse
recouvre ; parce que vous sentez au-dessous la pure
durée. Ainsi l'enlacement vous semble presque
une promesse d'éternité. Et pourtant, lorsque vous avez surmonté
l'effroi des premiers regards et l'attente nostalgique à la fenêtre
et la première promenade en commun, *une fois*, dans le jardin :
amoureux, l'êtes-vous donc encore ? Lorsque l'un l'autre
Vous vous portez aux lèvres et buvez – : breuvage contre breuvage :
ah ! comme le buveur alors de l'acte étrangement s'évade.

Rilke, *Élégies de Duino*, 1929.
Trad. J.-F. Angelloz, Éd. Aubier Montaigne, 1943.

Activités

1. **En quoi ce poème est-il une adresse ? Étudiez le ton, le temps des verbes, les apostrophes…**
2. **Comparez, dans un commentaire organisé, ce poème avec *L'Amie* de Tsvétaïéva [voir p. 494] et l'extrait d'*Amers* de Saint-John Perse [voir p. 532].**

PICASSO

À vingt ans, Pablo Picasso (1881-1973) a déjà copié tous les grands maîtres et refait toute l'histoire de la peinture. Il devient alors lui-même et enchaîne les « périodes » de création : période bleue, période rose, période du cubisme analytique, du cubisme synthétique, etc. Il sait tout faire, et surtout des chefs-d'œuvre.

Buste de faune

AUTOPORTRAIT

Huile sur toile de Vélin d'Arches, Buste de faune *daté du 6 septmebre 1946.*

Activités

1. **Dans quelle mesure ce tableau peut-il passer pour un autoportrait ?**
2. **Étudiez le système des couleurs dans le tableau. Quelles conclusions en tirez-vous ?**

SENGHOR

Léopold Sédar Senghor, né en 1906, est à la fois un homme politique et un écrivain. Il a été ministre de la République Française en 1955 et président de la République du Sénégal de 1960 à 1980. Poète, il a tenté de définir ce qu'est la négritude.

Femme noire

ALLÉGORIE

Comme tous ceux de Senghor, ce poème est écrit dans la tension entre une forte culture classique et l'appel permanent du pays d'origine, de ses chants et de son peuple.

Femme nue, femme noire
Vêtue de ta couleur qui est vie, de ta forme qui est beauté !
J'ai grandi à ton ombre, la douceur de tes mains bandait mes yeux.
Et voilà qu'au cœur de l'été et de midi, je te découvre terre promise du haut d'un haut col calciné
Et ta beauté me foudroie en plein cœur comme l'éclair d'un aigle.

Femme nue, femme obscure !
Fruit mûr à la chair ferme, sombres extases du vin noir, bouche qui fais lyrique ma bouche
Savane aux horizons purs, savane qui frémis aux caresses ferventes du Vent d'Est
Tam-tam sculpté, tam-tam tendu qui gronde sous les doigts du Vainqueur
Ta voix grave de contre-alto est le chant spirituel de l'Aimée.

Femme nue, femme obscure !
Huile que ne ride nul souffle, huile calme aux flancs de l'athlète, aux flancs des princes du Mali
Gazelle aux attaches célestes, les perles sont étoiles sur la nuit de ta peau
Délices des jeux de l'esprit, les reflets de l'or rouge sur ta peau qui se moire.
À l'ombre de ta chevelure, s'éclaire mon angoisse aux soleils prochains de tes yeux.

La cueillette du café.
Huile sur ivoire ;
Paris, musée des arts d'Afrique et d'Océanie.

Femme nue, femme noire !
Je chante ta beauté qui passe, forme que je fixe dans l'éternel
18 Avant que le destin jaloux ne te réduise en cendres pour nourrir les racines de la vie.

Senghor, « Femme noire », *Chants d'ombres in Œuvres poétiques*, Éd. du Seuil, 1945.

Activités

1. **En quoi ce texte est-il une allégorie ? Qui décrit-il et comment ? S'agit-il d'un personnage réel ? Que représente ce personnage féminin ?**
2. **Étudiez la répétition dans le texte. Quel effet produit-elle ?**
2. **Quel est le rythme de ce poème ? En quoi sa musicalité est-elle particulièrement sensible ?**

CHAR

Pendant l'Occupation allemande, René Char (1907-1988) choisit de ne pas se battre avec des poèmes mais avec de vraies armes et il fut chef de maquis. Ceci ne l'empêcha pas de continuer à écrire sans publier, en particulier les poèmes de *Fureur et Mystère*.

Congé au Vent

RENCONTRE

Le livre Fureur et Mystère *d'où est extrait ce texte, regroupe après la guerre les poèmes écrits entre 1938 et 1947. La violence du combat s'y transforme en rigueur d'expression, tandis que se poursuit un rêve de beauté.*

À flancs de coteau du village bivouaquent des champs fournis de mimosas. À l'époque de la cueillette, il arrive que, loin de leur endroit, on fasse la rencontre extrêmement odorante d'une fille dont les bras se sont occupés durant la journée aux fragiles branches. Pareille à une lampe dont l'auréole de clarté serait de parfum, elle s'en va, le dos tourné au soleil couchant.

Il serait sacrilège de lui adresser la parole.

L'espadrille foulant l'herbe, cédez-lui le pas du chemin. Peut-être aurez-vous la chance de distinguer sur ses lèvres la chimère de l'humidité de la Nuit ?

Char, « Congé au Vent »
in *Fureur et mystère*, Éd. Gallimard, 1948.

Activités

1. **Comment expliqueriez-vous l'emploi du verbe « bivouaquent » ?**
2. **Pourquoi serait-il sacrilège d'adresser la parole à cette fille ?**
3.  **Réécrivez ce texte sous la forme d'une courte nouvelle.**

Mécénat et subventions

Le mécénat d'État

Aujourd'hui, le mécénat d'État est en France la forme la plus répandue d'aide à la création. Le Centre National du Livre (CNL) se trouve au centre de tout un système complexe d'aide aux auteurs et à l'édition. Il dispose d'une cagnotte financée par une taxe prélevée sur chaque photocopieur vendu dans le pays. Des commissions spécialisées par genres (théâtre, poésie, roman, traduction etc.) examinent les demandes de subvention. Elles sont composées d'une douzaine d'auteurs et d'éditeurs qui siègent pour une durée de trois ans. Chaque commission distribue soit des aides à l'édition pour tel ou tel projet de livre, soit des bourses directement versées aux auteurs (entre 50 000 F pour une bourse d'encouragement et 160 000 F pour une année sabbatique). En province, les centres régionaux du livre s'organisent de façon identique pour aider l'édition locale. Le réseau fonctionne bien: en 2000, un jeune poète a beaucoup plus de chances de se faire publier qu'il y a une cinquantaine d'années.

1. Les résidences

Les écrivains et artistes peuvent également s'appuyer sur le système dit des résidences: les conseils régionaux ou départementaux, les municipalités mettent à la disposition des créateurs un appartement et une bourse, à charge pour les lauréats de produire une œuvre en relation avec le lieu qui les aura aidés à vivre et à produire.

2. Les autres institutions publiques

D'autres institutions favorisent les activités liées à la littérature. Le Conseil général du Val-de-Marne par exemple finance une «biennale» des poètes qui, chaque année, multiplie les lectures de poésie française et étrangère (en prenant en charge voyages et frais de séjour des écrivains). De même, le Ministère des Affaires Étrangères offre aux écrivains de nombreuses missions qui contribuent au rayonnement de l'activité littéraire française dans le monde.

Le mécénat privé

Face à ces efforts du secteur public, le mécénat privé ne joue qu'un rôle réduit (les gros bailleurs de fonds préfèrent aider la musique classique). Le mécénat consiste essentiellement dans le risque que certains éditeurs acceptent de courir en éditant une littérature de qualité, à l'écart des revenus de la littérature de gare. Certains, et c'est à leur honneur, prennent en charge une grosse partie des frais de fonctionnement d'une revue de création poétique. Gallimard, enfin, ne demande aucune subvention pour son secteur de littérature et de poésie: il a toujours été dans la tradition de la maison d'assumer les risques de la création. Au plan international, les séjours qu'offrent aux écrivains les universités américaines représentent également une source non négligeable de revenus.

Activités

1. Faites une enquête auprès de votre municipalité afin de déterminer les aides que celle-ci apporte à la culture, à la lecture et au livre.
2. Autour du thème des subventions publiques ou privées, lire p. 125 sur *La langue, le roi, l'écrivain*; *Écrire et lire au XIXe siècle* p. 433; *Édition, prix et critiques* p. 584.

SAINT-JOHN PERSE

Saint-John Perse (1887-1975), de son vrai nom Alexis Léger, fut un diplomate important de la IIIe République. Commencée dès 1911 avec *Éloges*, son œuvre poétique se poursuivit jusqu'au début des années 1970. Il reçut le prix Nobel de littérature en 1960.

Amers

ÉPIQUE

Ce livre se fonde sur une parenté entre le souffle poétique et le rythme de l'océan. Il constitue l'un des monuments de la poésie épique au XXe siècle, tout en étant également l'un des grands textes du lyrisme amoureux.

« ...Mes dents sont pures sous ta langue. Tu pèses sur mon cœur et gouvernes mes membres. Maître du lit, ô mon amour, comme le Maître du navire. Douce la barre à la pression du Maître, douce la vague en sa puissance. Et c'est une autre en moi qui geint avec le gréement… Une même vague par le monde, une même vague jusqu'à nous, au très lointain du monde et de son âge… Et tant de houle, et de partout, qui monte et fraye jusqu'en nous. […]

Tu es là, mon amour, et je n'ai lieu qu'en toi. J'élèverai vers toi la source de mon être, et t'ouvrirai ma nuit de femme, plus claire que ta nuit d'homme ; et la grandeur en moi d'aimer t'enseignera peut-être la grâce d'être aimé. Licence alors aux jeux du corps ! Offrande, offrande, et faveur d'être ! La nuit t'ouvre une femme : son corps, ses havres, son rivage ; et sa nuit antérieure où gît toute mémoire. L'amour en fasse son repaire !

… Étroite ma tête entre tes mains, étroit mon front cerclé de fer. Et mon visage à consommer comme fruit d'outremer : la mangue ovale et jaune, rose feu, que les coureurs d'Asie sur les dalles d'empire déposent un soir, avant minuit, au pied du Trône taciturne… Ta langue est dans ma bouche comme sauvagerie de mer, le goût de cuivre est dans ma bouche. Et notre nourriture dans la nuit n'est point nourriture de ténèbres, ni notre breuvage, dans la nuit, n'est boisson de citerne.

Le Baiser (1908), de Constantin Brancusi (1876-1957)

Tu resserreras l'étreinte de tes mains à mes poignets d'amante, et mes poignets seront, entre tes mains, comme poignets d'athlète sous leur bande de cuir. Tu porteras mes bras noués au-delà de mon front; et nous joindrons aussi nos fronts, comme pour l'accomplissement ensemble de grandes choses sur l'arène, de grandes choses en vue de mer, et je serai moi-même ta foule sur l'arène, parmi la faune de tes dieux. »

Saint-John Perse, extrait de « Mes dents sont pures... » in *Amers*, Éd. Gallimard, 1957.

Activités

1. Étudiez et commentez l'emploi des comparaisons dans le texte.
2. En quoi le style de ce poème est-il épique ? Quelle particularité cela confère-t-il au thème de ce poème.
3. Comparez ce texte à celui de Rilke [voir p. 526]. En quoi s'opposent-ils ?

BONNEFOY

Né en 1923, Yves Bonnefoy, professeur, traducteur et poète, écrit une poésie qui tente de recréer une présence de l'homme au monde, tout en sachant que le « vrai lieu » est sans doute inatteignable.

À la voix de Kathleen Ferrier

HOMMAGE

Comment s'inscrire dans le temps ? Le recueil de Bonnefoy, Hier régnant désert, *tente de le faire en assumant une certaine forme d'imperfection et de finitude. Le poème qui suit est dédié à la cantatrice Kathleen Ferrier, morte d'un cancer en 1953.*

Activités

1. **Faites une recherche sur Kathleen Ferrier.**
2. **Pourquoi le poète peut-il parler ainsi ?**
3. **En quoi ce texte est-il un éloge ? Étudiez les rimes, la métrique et le rythme du poème. En quoi la poésie est-elle particulièrement propice à ce type d'hommage ?**

Toute douceur toute ironie se rassemblaient
Pour un adieu de cristal et de brume,
Les coups profonds du fer faisaient presque silence,
La lumière du glaive s'était voilée.

Je célèbre la voix mêlée de couleur grise
Qui hésite aux lointains du chant qui s'est perdu
Comme si au-delà de toute forme pure
Tremblât un autre chant et le seul absolu.

Ô lumière et néant de la lumière, ô larmes
Souriantes plus haut que l'angoisse ou l'espoir,
Ô cygne, lieu réel dans l'irréelle eau sombre,
Ô source, quand ce fut profondément le soir !

Il semble que tu connaisses les deux rives,
L'extrême joie et l'extrême douleur.
Là-bas, parmi ces roseaux gris dans la lumière,
Il semble que tu puises de l'éternel.

Bonnefoy, « À la voix de Kathleen Ferrier »
in *Hier régnant désert*, Éd. Mercure de France, 1958.

JOUVE

Poète et romancier, Pierre-Jean Jouve (1887-1976) est un écrivain du tourment, marqué par le tragique de la condition humaine. Cela ne se développe pas pour autant chez lui en bavardage pseudo-métaphysique : la poésie est avant tout rigueur d'expression.

Lulu I

PORTRAIT

Moires, le dernier livre de Jouve est sans doute le plus violent. Il est dominé par la figure de Lulu, femme fatale, prostituée, vrai mythe d'une dévoratrice de mâles. C'est aussi le livre d'une très grande harmonie poétique.

Une cuisse plus qu'élégante de dentelles
Porte l'enseigne du trésor :
Et qu'un homme un autre homme
et puis un troisième homme
Ou meure ou soit tué ou se donne la mort

Pour elle ! et qu'un prodige de musique en elle
D'orchestre sur un sein dont la pointe est de pleurs
S'émerveille des yeux à l'or des jarretelles
Des souliers, un orage aux funèbres splendeurs ;

La mort elle la sait ayant pitié de tout :
Lulu pousse du pied la dépouille mortelle,
Pourvu que tout le son la creuse du dessous
Elle change de robe et sort. Toujours plus belle.

Jouve, « Lulu I », in *Moires*, Éd. Mercure de France, 1967.

Activités

1. En quoi ce poème est-il un portrait ? Quelle image de Lulu nous est donnée ici ?
2. Documentez-vous sur « Lulu », personnage de *La Boîte de Pandore* (pièce de Franz Wedekind), héroïne du film de Pabst qui porte son nom (1929) et héroïne de l'opéra inachevé de Berg créé en 1937.

SAYYAB

Poète d'origine irakienne, Badr Châker Sayyab (1927-1964) fut également un militant politique, communiste de 1945 à 1953 puis nationaliste. Il est mort en exil. Idéaliste et insatisfait, il a écrit une œuvre brève qui, en poésie, a marqué par sa liberté d'allure toutes les générations suivantes.

Approche !...

DÉSENCHANTEMENT

Ce poème porte aussi bien la marque du lyrisme amoureux que celle d'une lucidité humaine acquise au prix de combats jamais achevés.

Approche ! L'astre du soir
ne cesse de fondre dans le jour qui s'abîme,
posant sur le silence du chemin
ses deux couleurs d'un monde qui scintille et s'éteint,
et le lourd murmure de l'air,
en parfums tièdes et coucher triste
me rappelle au départ :
à travers les saluts une voile s'efface,
une main s'agite… ô tourment !

Approche ! Le nuage a toujours
la couleur triste… il me rappelle au départ.
Ah ! partir !
Approche ! Approche, et nous ferons fondre le temps
et ses heures, en une longue étreinte,
nous teindrons de pourpre une voile,
loin au-delà de l'infini,
nous oublierons les lendemains
sur ton cœur tiède et embaumé,
comme un poète qui somnole.
Approche ! Car l'espace est plein
d'un écho qui murmure la rencontre,
d'un écho qui chuchote à jamais.

Sur tes prunelles une attente lointaine,

quelque chose comme un vouloir,
des ombres
dont les replis cachent, balbutiante, une question,
un désir triste
qui veut essorer le mirage,
des premiers temps déchirer la légende,
ô tourment !
deux ailes voilées,
une voile,
et, balbutié, l'adieu !

Sayyab, « Approche !... » in *Le Golfe et le fleuve*.
Trad. A. Miquel, Éd. Unesco/Actes-Sud-Sindbad, 1977.

Activités

1. **Étudiez et commentez les images utilisées.**
2. **Discutez de la façon dont sont traités les thèmes contradictoires du rapprochement et du départ.**
3. **Comparez ce texte à *Brise marine* de Mallarmé [voir p. 449]. Qu'ont-ils en commun ? La contradiction exprimée entre rapprochement et départ exprime-t-elle le même malaise ?**

RÉDA

Jacques Réda est né en 1929. Poète de la méfiance et de l'angoisse, il exprime un véritable sentiment du vide que vient parfois contre-balancer un peu de fantaisie. Passionné de jazz, il est l'un des rares poètes de ce temps à vraiment se préoccuper du rythme de ses vers et de ses strophes.

Hôtel continental

LYRISME

Avec Amen *(1968) et* La Tourne *(1975),* Récitatif *constitue le grand discours inaugural de Jacques Réda en poésie. Derrière une écriture de la banalité apparente, se déploie une interrogation lyrique sur ce que peut être un destin débarrassé de ses illusions.*

La solitude a justement ce nom doux et froid qu'on prononce
Et qui ramasse un peu l'âme dans la clarté rompue.
Alors de l'abandon et du retranchement surgit une figure
Qui fait signe à son tour sous les feuilles du papier peint,
Dans le grincement de l'armoire et les marges du livre
Illisible pour le regard qui de loin nous traverse.
Mais sans nom prononçable est cette fosse qui sépare
En deux l'être et, de chaque battement du cœur,
Fait un choc de porte marquée après l'expulsion.
Me voici maintenant au bord de la dernière marche,
Là où le réconfort naît de la présence d'une chaise
Et de la cavité murmurante du lavabo;
Où la main de la solitude elle-même s'est dessaisie
Et me laisse comme le jour où sous la pluie, après votre départ,
J'ai vu dans un cercle du temps qui n'est pas mesurable
Battre, fer contre fer, la petite porte du square.

J. Réda, « Hôtel continental » in *Récitatif*, Éd. Gallimard, 1970.

Activités

1. **Relevez les éléments de prosaïsme dans le texte. Quelle est leur fonction ?**
2. **Relevez les éléments (champs lexicaux, adjectifs, figures de style…) qui vous permettent de déduire l'état d'esprit dans lequel se trouve le poète.**
3. **À qui s'adresse le poème ? À quoi le voyez-vous ?**

DEGUY

La réussite de Michel Deguy, né en 1930, est de savoir faire dialoguer dans un même texte philosophie et poésie. Il cherche à enlacer dans le poème d'amour les lignes de la pensée. Ses livres sont marqués par des clartés de conversations que nous impose le monde.

EXPÉRIENCE

La Promenade

Au grand jardin du Luxembourg[1] il ya un mendiant qui va quêtant les arbres, aux choses laissant la parole. De grâce un mot de grâce ; arbres, n'avez vous pas quelque chose à dire. Les pigeons s'écartent sous pas. Les reines de ciment grimacent ; le vent demande au jet une aurore boréale ; le vent charme les serpents d'eau. Les pigeons mangent dans les robes des reines ; le jet accorde au vent une aurore boréale ; mais le quêteur parmi les femmes de pierre n'obtient rien ; il s'en va parmi les vieilles femmes, et le grand-jardinier du Luxembourg le reconduit aux douanes du royaume.

Gisants

Je ne cesse de te perdre depuis cette chambre d'hôtel
Où nue et détournée tu m'as crié va-t'en
Je ne me rappelle plus notre querelle, ma faute
Mais le papier, ton dos courbe,
La nature morte du jour et de l'armoire,
Et ma croyance indolore debout que j'allais te revoir.

Deguy, « La Promenade » in *Fragments du cadastre, 1960*
et « Gisants » in *Gisants*, 1985.
Éd. Gallimard.

Activités

1. **Dans le premier poème, étudiez la ponctuation. Est-elle tout-à- fait normale ? Quel effet produit-elle ?**
2. **Étudiez la figure du mendiant. Quelle aumône demande-t-il ? Qui ce mendiant peut-il également figurer ?**
3. **Écrivez 2 ou 3 pièces brèves commençant par « Je ne cesse de te perdre… ».**

1. Au jardin du Luxembourg à Paris, les reines de France sont représentées par des statues. On y trouve également un grand bassin, avec en son centre un jet d'eau.

La poésie au XXe siècle

Avec l'amour (« Voir formes du lyrisme », p. 521), le rapport au monde reste la grande affaire de la poésie du XXe siècle. ce rapport du poète à la société de son temps et à la nature est marqué par des conflits, des transformations, des terreurs et des espoirs. La poésie poursuit ici la tradition du romantisme, en y ajoutant un trait qui est propre à notre temps : une conscience plus aiguë de ses limites.

SABA

Umberto Saba (1883-1957), poète italien, juif de Trieste victime de l'antisémitisme, est resté sensible aux mouvements de l'Histoire. Attentif au quotidien il a su l'élever au rang de l'art. Promenade, passage à l'épicerie, match de football sont pour lui autant d'occasions d'exhiber les figures secrètes du monde.

L'Équipe locale

PROSAÏSME

Paroles *est un livre de poèmes fragiles, qui tentent de saisir ce que la vie quotidienne peut avoir de plus précieux. Ils le font en essayant en permanence d'échapper aux tentations d'une trop « noble » littérature.*

Moi aussi je vous salue dans la foule
maillots à la hallebarde[1] rouge.

Vous êtes ceux d'ici,
tout le monde vous aime.

Moi aussi, tout vibrant, je suis votre jeu.
Sans le savoir, sur la pelouse,
à l'air, aux soleils blancs d'hiver,
vous dites des choses antiques,
des choses merveilleuses.

Les angoisses,
qui font les cheveux blancs d'un seul coup,
comme c'est loin de vous ! La gloire
vous accorde un sourire
fugitif : ce qu'elle a de mieux. Entre vous
ce sont des embrassades, des gestes joyeux.

Vous êtes jeunes.
Une mère vous suit des yeux bien vivants.
Vous avez le vent pour vous. Le poète
vous aime pour tout cela,
autrement que les autres,
mais avec autant d'émotion.

Saba, « L'Équipe locale » in *Paroles*, 1934.
Trad. G. Mounin, Éd. Seghers, 1989.

1. Emblème de la ville de Trieste.

Activités

1. **En quoi peut-on dire que le poète aime « autrement que les autres » ?**
2. **Étudiez les figures de style (métaphores, métonymies, ...). En quoi le rythme et la construction de cette traduction ont-ils un caractère « poétique » ?**

WILLIAMS

Médecin américain, William Carlos Williams (1883-1963) écrivait ses brouillons dans sa voiture, entre deux consultations. Malgré sa bonne connaissance de l'Europe, il n'en était pas un admirateur et chercha toujours à se libérer de sa tradition.

Le Grand chiffre

PROSAÏSME

Peu sensible aux manifestations d'une quelconque vie intérieure, cette poésie est tout entière tendue vers le monde objectif, sans en être l'esclave. Williams aimait à dire : « Le mot juste, c'est très bien, mais d'abord le mot doit être libre. »

À travers la pluie
et les lumières
j'ai vu le chiffre
se détacher, en or,
sur un camion de pompiers
rouge
qui roulait
massif
indifférent
au fracas des gongs
au hurlement des sirènes
au heurt des roues
dans la ville assombrie.

Williams, « Le Grand chiffre » in *Collected poems*, 1934.
Trad. Y. di Mano, Éd. In'hui, 1981.

Activités

1. Étudiez la composition du poème. De combien de phrases est-il formé ? Faites son analyse grammaticale et étudiez sa ponctuation.

2.  **Essayez de varier les dictions de ce poème en établissant, éventuellement, une nouvelle ponctuation.**

MICHAUX

Chez le poète Henri Michaux (1899-1984), la violence de la mise en scène et la torsion du langage n'empêchent pas un grand savoir-faire dans la construction du poème.

Mes occupations

VOYAGE INTÉRIEUR

Ce poème est extrait d'un livre, Mes Propriétés, *qui fonctionne comme le journal d'un voyage à l'intérieur de soi, de ses pulsions, de ses désirs, de son théâtre. L'imagination y devient la maîtresse du logis.*

Je peux rarement voir quelqu'un sans le battre. D'autres préfèrent le monologue intérieur. Moi, non. J'aime mieux battre.
Il y a des gens qui s'assoient en face de moi au restaurant et ne disent rien, ils restent un certain temps, car ils ont décidé de manger.
En voici un.
Je te l'agrippe, toc.
Je te le ragrippe, toc.
Je le pends au porte-manteau.
Je le décroche.
Je le repends.
Je le redécroche.
Je le mets sur la table, je le tasse et l'étouffe.
Je le salis, je l'inonde.
Il revit.
Je le rince, je l'étire (je commence à m'énerver, il faut en finir), je le masse, je le serre, je le résume et l'introduis dans mon verre, et jette ostensiblement le contenu par terre, et dis au garçon : « Mettez-moi donc un verre plus propre. »
Mais je me sens mal, je règle promptement l'addition et je m'en vais.

Michaux, « Mes occupations »
in *Mes propriétés* recueilli dans *La Nuit remue*, Éd. Gallimard, 1935.

Activités

1. Expliquez « te » dans « Je te l'agrippe ».
2. Quels éléments permettent de dire de ce texte qu'il s'agit d'un poème ?
3. Relevez les indices de l'état d'esprit du poète ? Quels sont les signes du « décalage » avec la réalité ?
4. Étudiez la ponctuation. Quel rôle joue-t-elle dans la diction du poème ? Quel est l'effet produit ?

BALTHUS

Balthasar Klossowski de Rola, dit Balthus, peintre français, né à Paris en 1908, est toujours resté dans le cadre de la peinture figurative. Avec une rigueur obstinée, il a traversé le siècle, sans succomber à aucune mode.

La Rue

PAYSAGE URBAIN

La Rue, *1933. The Museum of Modern Art, New York.*

Activités

1. **Étudiez la façon dont les personnages sont placés dans l'espace, la direction de leurs mouvements, l'âge que chacun paraît avoir.**
2. **Cette « rue » vous paraît-elle réaliste ? Abstraite ? Comment la définiriez-vous ?**

DAMAS

Léon-Gontran Damas (1912-1978) est né en Guyane, c'est un mulâtre auquel un séjour à Paris révèle sa négritude. Il mettra en scène dans son œuvre à la fois un certain refus de l'assimilation à la France et à l'Europe, et une grande nostalgie de l'Afrique.

Nuit blanche

IRONIE

Dans son recueil Pigments, *Damas se fait volontiers sarcastique devant le tableau que lui offre l'Europe de l'immédiate avant-guerre.*

Mes amis j'ai valsé
valsé comme jamais mes ancêtres
les Gaulois
au point que j'ai le sang
qui tourne encore
à la viennoise

Mes amis j'ai valsé
valsé toute mon enfance vagabondant
sur quelques Danube bleu
Danube blanc
Danube rouge
Danube vert
Danube rose
Danube bleu blanc rouge vert rose
au choix.

Mes amis j'ai valsé
valsé follement au point que souvent
souvent
j'ai cru tenir la taille
de tonton Gobineau[1]
ou de cousin Hitler
ou du bon aryen
qui mâchonne sa vieillesse sur quelque banc de square.

Damas, « Nuit blanche » in *Pigments*, Éd. GLM, 1937.

Activités

1. **Quels peuvent être les « amis » auxquels s'adresse le poète ?**
2. **À quoi font allusion les références aux « ancêtres gaulois » et au « Danube bleu ».**
3. **Étudiez le rythme du poème. Mettez en évidence le décalage entre la légèreté poétique du rythme et l'ironie grinçante du propos.**

1. Le comte Gobineau (1816-1882) : diplomate et écrivain français dont les écrits furent exploités par le national-socialisme.

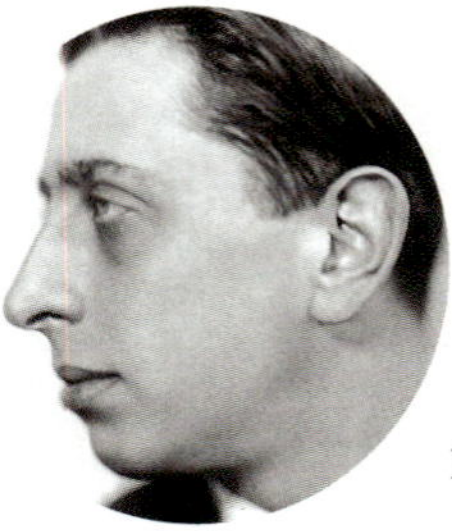

DESNOS

Robert Desnos (1900-1945) fut l'un des poètes les plus en vue du groupe surréaliste dans les années 1920 mais en fut exclu par André Breton en 1930. Il évolua vers une poésie où la liberté prenait de plus en plus de place. Engagé dans la Résistance, il fut fait prisonnier et mourut en camp de concentration.

TRAGIQUE

Le premier poème este extrait de Fortunes, recueil de ton très libre. Le second est le dernier texte écrit par Desnos avant sa mort.

Au bout du monde

Ça gueule dans la rue noire au bout de laquelle l'eau du
fleuve frémit contre les berges.
Ce mégot jeté d'une fenêtre fait une étoile.
Ça gueule encore dans la rue noire.
Ah! vos gueules!
Nuit pesante, nuit irrespirable.
Un cri s'approche de nous, presque à nous toucher,
Mais il expire juste au moment de nous atteindre.

Quelque part, dans le monde, au pied d'un talus,
Un déserteur parlemente avec des sentinelles qui ne
comprennent pas son langage.

Desnos, « Au bout du monde »
in *Fortunes*, Éd. Gallimard, 1942.

Activités

1. **Dans « Au bout du monde », est-ce seulement la nuit qui est « irrespirable » ?**
2. **Étudiez les enjambements. Quels effets produisent-ils ?**
3. **Relevez les termes appartenant au champ lexical de la parole. Quelle idée illustre-t-il ?**
4. **Étudiez le mot « ombre » dans le dernier poème.**

Dernier poème

J'ai rêvé tellement fort de toi,
J'ai tellement marché, tellement parlé,
Tellement aimé ton ombre,
Qu'il ne me reste plus rien de toi.
Il me reste d'être l'ombre parmi les ombres
D'être cent fois plus ombre que l'ombre
D'être l'ombre qui viendra et reviendra
dans ta vie ensoleillée.

Desnos, *Œuvres*, Éd. Gallimard.

La poésie, du surréalisme à la fin des écoles

Au début du XXe siècle, la poésie est tiraillée entre deux tendances. D'une part la forme classique se perpétue avec ses rimes et ses mètres (voir par exemple le poème d'Anna de Noailles **p. 479]**). D'autre part une forme nouvelle se développe, forme éclatée, d'où disparaissent la rime et le compte rigoureux des syllabes, pour mieux exprimer les rythmes et les images d'un monde en bouleversement **[voir** *1909* **p. 490]** et *La Prose du Transsibérien* **[p. 492]**.

Une vague de contestation

En 1918, certains auteurs mettent en cause la conscience, le langage, et la raison, qu'ils accusent d'avoir permis ou commis l'irréparable catastrophe. Ce mouvement de contestation radicale commence en 1916, avec Tristan Tzara qui lui forge un nom à partir de deux syllabes insignifiantes: *Dada*. Il s'agit pour les tenants du dadaïsme de ridiculiser les illusions de l'humanisme en organisant des scandales publics. Au début des années vingt, une bonne partie des futurs grands auteurs et artistes du siècle se retrouvent dans ce mouvement: Tzara, Breton, Éluard, Aragon, Desnos…

De Dada au surréalisme

Une scission intervient et un nouveau groupe se sépare du dadaïsme qu'il trouve trop gratuit. Il s'organise, autour du *Manifeste du surréalisme* d'André Breton en 1924 **[voir p. 645]**. Pour le surréalisme, qui déborde les simples frontières de la poésie, il s'agit désormais de libérer l'homme des contraintes de la civilisation et d'accéder par un jeu désintéressé de la pensée à une sphère supérieure, faites d'un mélange du rêve et de la réalité: une surréalité. Ainsi se trouveraient dépassées les oppositions entre la vie et la mort, le réel et l'imaginaire, le présent et le futur. Le surréalisme cherche par l'écriture automatique à permettre à l'inconscient de s'exprimer. Soucieux d'agir sur le monde, Breton et ses amis entrèrent en 1927 au Parti communiste. Breton en sortit en 1933, tandis qu'Aragon allait y rester jusqu'à sa mort. Après la guerre, le surréalisme ne retrouva jamais le rayonnement qu'il avait eu.

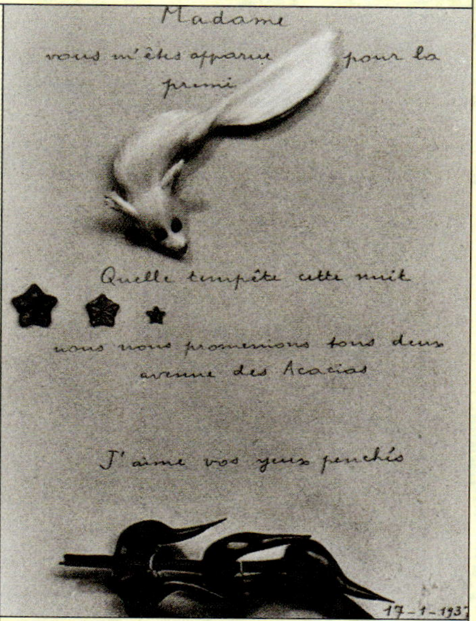

« Poème-objet » d'André Breton.

Le lettrisme

Une autre école tenta de reprendre l'héritage du scandale de la contestation, celle du lettrisme, fondée par Isidore Isou en 1945. Refusant les mots du langage et les notes de musique comme moyen d'expression, Isou entendait faire une poésie fondée sur des lettres et des bruits. Il en vint dans les années cinquante à supprimer les sons…

Au XXe siècle, la poésie est plus une série d'aventures individuelles qu'une affaire d'écoles. Mouvement célèbre à son époque, le surréalisme aura surtout permis un peu plus d'audace dans les images et les rythmes: l'œuvre des grands poètes, Aragon, Michaux, Saint-John Perse, Char, Bonnefoy en porte parfois la trace, elle ne lui appartient pas.

Activité

Rédigez en deux pages une biographie-bibliographie de Louis Aragon.

PONGE

Le poète Francis Ponge (1889-1988) écrit une poésie matérialiste et souvent ironique. Considéré par Sartre comme le poète de l'existentialisme, certains critiques l'ont aussi considéré comme un précurseur du nouveau roman.

Le Parti pris des choses

MATÉRIALISME

Dans ce recueil, Ponge tente de rendre la parole au monde, à ses objets, à certains de ses acteurs, à tout ce qui d'ordinaire n'a pas droit à la parole.

Le gymnaste

Comme son Gymnaste l'indique le gymnaste porte le bouc et la moustache que rejoint presque une grosse mèche en accroche-cœur sur un front bas.

Moulé dans un maillot qui fait deux plis sur l'aine il porte aussi, comme son Y, la queue à gauche.

Tous les cœurs il dévaste mais se doit d'être chaste et son juron est BASTE !

Plus rose que nature et moins adroit qu'un singe il bondit aux agrès saisi d'un zèle pur. Puis du chef de son corps pris dans la corde à nœuds il interroge l'air comme un ver de sa motte.

Pour finir il choit parfois des cintres comme une chenille, mais rebondit sur pieds, et c'est alors le parangon adulé de la bêtise humaine qui vous salue.

Le cageot

À mi-chemin de la cage au cachot la langue française a cageot, simple caissette à claire-voie vouée au transport de ces fruits qui de la moindre suffocation font à coup sûr une maladie.

Agencé de façon qu'au terme de son usage il puisse être brisé sans effort, il ne sert pas deux fois. Ainsi dure-t-il moins encore que les denrées fondantes ou nuageuses qu'il enferme.

À tous les coins de rues qui aboutissent aux halles, il luit alors de l'éclat sans vanité du bois blanc. Tout neuf encore, et légèrement ahuri d'être dans une pose maladroite à la voirie jeté sans retour, cet objet est en somme des plus sympathiques, – sur le sort duquel il convient toutefois de ne s'appesantir longuement.

Ponge, « Le gymnaste » et « Le cageot »
in *Le Parti pris des choses*, Éd. Gallimard, 1942.

Activités

1. En quoi peut-on dire de cette poésie qu'elle est « antiromantique » ?
2. Étudiez les allitérations et les assonances dans ces deux textes. Quel rythme confèrent-elles aux textes ? En quoi sont-ils autre chose que de simples descriptions prosaïques ?
3. Écrivez, à la manière de Ponge, un paragraphe sur un objet ou un personnage qui le définisse et le décrive ainsi dans ses grandes lignes.

SUPERVIELLE

Le poète Jules Supervielle (1884-1960), issu d'une famille d'horlogers, se définit lui-même comme un artisan. Derrière cette modestie apparente se dissimule cependant un véritable art poétique, attentif à ne rompre ni avec la tradition ni avec l'actualité.

Mais avec tant d'oubli…

SONNET

Dans Oublieuse Mémoire, *Supervielle tente de maintenir le lien entre un nécessaire oubli (il faut oublier le passé pour ne pas avoir à le répéter) et l'obligation de maintenir une mémoire vive (pour ne pas sombrer dans une amnésie qui asservirait au seul instant présent).*

Mais avec tant d'oubli comment faire une rose,
Avec tant de départs comment faire un retour,
Mille oiseaux qui s'enfuient n'en font un qui se pose
Et tant d'obscurité simule mal le jour.

Écoutez, rapprochez-moi cette pauvre joue,
Sans crainte libérez l'aile de votre cœur
Et que dans l'ombre enfin notre mémoire joue,
Nous redonnant le monde aux actives couleurs.

Le chêne redevient arbre et les ombres, plaine,
Et voici donc ce lac sous nos yeux agrandis ?
Que jusqu'à l'horizon la terre se souvienne
Et renaisse pour ceux qui s'en croyaient bannis !

Mémoire, sœur obscure et que je vois de face
Autant que le permet une image qui passe…

Supervielle, « Mais avec tant d'oubli… », in *Oublieuse Mémoire*, Éd. Gallimard, 1949.

Activités

1. **Commentez les emplois du verbe « faire ».**
2. **Étudiez la métrique et le rythme du poème : de quel type de vers s'agit-il ? Comment les strophes s'organisent-elles ? Quel est le système de rimes ? Que permet-il ?**

ÉLUARD

De son vrai nom Eugène Grindel, Paul Éluard (1895-1952) est devenu l'incarnation même du lyrisme moderne. Il a chanté la femme et l'amour en réussissant presque toujours à éviter les clichés de la rengaine ou du sentimentalisme. Il fut aussi l'un des grands poètes de la Résistance.

Comprenne qui voudra

HISTOIRE

Au rendez-vous allemand *est un recueil des poèmes écrits par Éluard pendant la Résistance. C'est une poésie de combat, qui se refuse aux délicatesses d'une recherche plus élaborée des capacités du langage. Cette parole armée n'a pas empêché Éluard d'être sensible à certains aspects insupportables de la répression au moment de la victoire.*

En ce temps-là, pour ne pas châtier
les coupables, on maltraitait des filles.
On allait même jusqu'à les tondre.

Comprenne qui voudra
Moi mon remords ce fut
La malheureuse qui resta
Sur le pavé
La victime raisonnable
À la robe déchirée
Au regard d'enfant perdue
Découronnée défigurée
Celle qui ressemble aux morts
Qui sont morts pour être aimés

Une fille faite pour un bouquet
Et couverte
Du noir crachat des ténèbres

Une fille galante
Comme une aurore de premier mai
La plus aimable bête

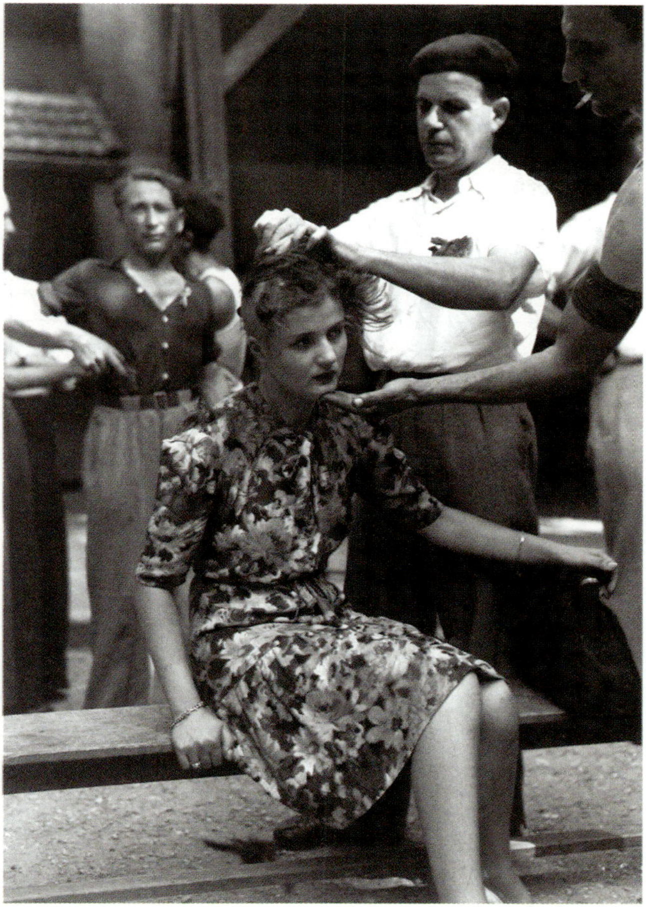

Après le débarquement allié en Normandie, nombre de femmes qui avaient fraternisé avec les Allemands pendant la guerre furent rasées à la libération par les résistants ou plus simplement par leurs voisins.

Souillée et qui n'a pas compris
Qu'elle est souillée
Une bête prise au piège
Des amateurs de beauté

Et ma mère la femme
Voudrait bien dorloter
Cette image idéale
De son malheur sur terre.

Éluard, « Comprenne qui voudra » in *Au rendez-vous allemand*, Éd. Gallimard, 1945.

Activités

1. De qui est-il question dans ce poème ? S'agit-il d'un personnage unique ? Par le biais d'une figure de style, la dernière strophe tend à en faire un symbole. De quoi ? Quelle est cette figure ?
2. Commentez les répétitions dans le texte : leur place, leur fonction, le rythme qu'elles confèrent au poème.
3. Expliquez « perdue », « découronnée », « défigurée ».

FOLLAIN

L'écrivain Jean Follain (1903-1971) écrit des poèmes qui n'ont l'air de rien. Quelques lignes à peine, dans une simplicité qui fait penser à une confidence ou à une conversation. Cela suffit pourtant à évoquer tout un monde.

Promeneur

RÉÉCRITURE

Petites masses compactes, les poèmes de Follain ont l'air d'être repliés sur eux-mêmes. Ils sont pourtant comme autant de fenêtres ouvertes sur l'espace et le temps. La forme brève en exclut toute dramatisation.

Activité

Ces quatre textes, trois variantes et la version définitive, correspondent à quatre états différents d'un même poème. Dans un commentaire rédigé, vous vous attacherez à décrire l'évolution de ce texte, (l'effet produit par chacune des versions jusqu'à la version définitive, le choix des variations rythmiques, syntaxiques, lexicales, etc.).

Suicide

Le manteau au collet de velours
l'avant de la manche
portant des boutons d'os
et le chapeau rigide et sombre
avec le corps et le visage
se portent au devant de l'eau noire.
C'était l'heure où tu dévêtais
les peaux les plus fines
dans les campagnes les plus belles
toi qui t'en vas vers ton suicide.

Suicide

Le manteau à collet de velours
l'avant de la manche fermé
de boutons d'os
le chapeau rigide et sombre
et le corps et le visage
se portent au devant de l'eau bleue.
Mais l'heure où tu dévêtais
les peaux les plus fines
dans les campagnes les plus vertes
sonne dans le beau passé
pour toi marchant à ton suicide
la main frôlant les baies acides.

Promeneur

Qui porte un manteau à col de velours
et ce chapeau rigide et sombre
alors que vient l'heure
où se dévêtent les peaux les plus douces
fatiguées
de toute gloriole[1]
recherchant la paix de leurs ombres
Ils peuvent bien dormir
l'âne et le bœuf et le tapir
lui veille dans le chemin creux
avec la fleur du souci[2]
et dans sa main nue une feuille.

Promeneur

Qui donc porte manteau à col de velours
et ce chapeau rigide et sombre
alors qu'est venu le moment
que les peaux les plus douces
se lassent de caresses
et vont chercher la paix des ombres ?
Ils peuvent bien tous dormir
l'âne le bœuf et le vieux lièvre
lui veille dans le chemin qui mène
à la maison jaune à solives
et fait tourner entre ses doigts
une feuille mince cueillie à la haie.

1. Vaine gloire, vanité que l'on tire de petites choses.
2. Plante commune dans les champs.

Follain, « Le Promeneur » in *Territoires*, Éd. Gallimard, 1953.
Variantes, P. U. L., 1994.

Réécritures

La littérature est une oublieuse mémoire. Elle se doit d'oublier les textes qui l'ont précédée pour tailler son propre chemin, mais elle doit aussi s'en souvenir, ne pas les jeter, sous peine de devenir elle-même un produit jetable.

Les Mouches *de Sartre au Vieux Colombier en 1950.*

L'hérédité affichée

Même les avant-gardes les plus véhémentes n'oublient pas de se trouver des ancêtres : ainsi le surréalisme mit en évidence ce qui le rapprochait de Rimbaud ou Lautréamont. Cette activité peut être avouée, et même joueuse, comme dans l'*Amphitryon 38* de Giraudoux qui se donne pour la trente-huitième version de la comédie grecque. Elle peut être plus sérieuse, plus dramatique : quand Sartre décide d'écrire *Les Mouches* (1943), il le fait avec la volonté d'adapter l'antique *Orestie* d'Eschyle au tragique du XXe siècle.

Les influences discrètes

D'autres écrivains sont plus discrets, sans pourtant chercher à dissimuler la relation qu'ils nouent avec les textes de leur passé. Claude Simon, avec *La Route des Flandres*, écrit un roman qui retraverse deux grands récits qui l'ont précédé, *À la recherche du temps perdu* (pour le tableau proustien des mondanités, le travail de la mémoire, l'amplitude des phrases, le portrait d'une mondaine et d'une passion) et *Voyage au bout de la nuit* (pour certains effets d'oralité célinienne, pour la volonté de dire le grotesque et la dérision de la guerre, pour une écriture de la débâcle). Sa réussite est de créer à partir de cette traversée et grâce à elle une œuvre d'une originalité supérieure.

L'intertextualité* diffuse

De même, Céline avait auparavant repris pour la partie africaine de son *Voyage au bout de la nuit* (1932) aussi bien des éléments du Goncourt de 1921, *Batouala* (de René Maran), que des reportages d'Albert Londres dans *Terre d'ébène* (1929), et surtout le scénario d'une nouvelle de Joseph Conrad, *Le Cœur des ténèbres*. Dans *La Condition humaine* (1933), André Malraux utilisa pour décrire des scènes de l'insurrection de Shanghaï en 1927 (il n'y avait pas participé) des reportages d'Andrée Viollis et d'Albert Londres parus dans la presse parisienne.

S'il est passé maître dans l'art de réécrire certains textes des autres, Malraux excelle aussi dans celui qui consiste à se réécrire soi-même. Ainsi, toujours dans *La Condition humaine*, il avait commencé à décrire sur son manuscrit « *un cri terrible, semblable à celui d'un chien qui hurle à la mort, coupé net : un homme égorgé* ». Dans une première correction, il supprime l'adjectif « *terrible* » (qui a la réputation d'être une facilité du langage feuilletonnesque). Puis dans une seconde rature, il supprime « *semblable à* » et évoque désormais : « *un cri de chien qui hurle à la mort, coupé net : un homme égorgé* ».

Activités

Il existe plusieurs formes de réécritures : celle d'un texte préexistant réécrit par un auteur différent, ou celle d'un texte par son auteur lui-même. Sur ce thème, lire les textes de Anouilh p. 22, Marguerite de Navarre p. 94, J.-P. Camus p. 119, T. Corneille p. 147, Biancollelli p. 257, Lauzanne p. 288, Collomb p. 331, Baudelaire p. 446 et 465, Verlaine p. 470, Queneau p. 566, etc.

GROSJEAN

La poésie de Jean Grosjean né en 1912 ne fait de concession à personne, ni à aucune école. Elle est le plus souvent d'inspiration religieuse et ne cherche pas à le dissimuler. C'est sa franchise de ton et d'objet qui rend accessible à tous cette parole tendue vers l'absolu.

Le soir est entré...

MÉTAPHORE

Écrits dans une langue marquée par le classicisme et une certaine noblesse, les poèmes du recueil Hiver *n'en disent pas moins la simplicité d'une existence attentive aux moindres manifestations du merveilleux.*

Le soir est entré dans le monde à notre insu.
Chaque arbre a déjà moins de feuilles et plus grande ombre.
C'est maintenant la dernière heure. Entends se taire
la batteuse au hameau et la pie dans la haie.

Le pays n'a plus de guerriers que ses vieux arbres
courbés déjà sur les ornières du soleil.
Les jours nous ont désertés mais tu vas les suivre
à travers les filandres d'or. Rien que l'éteule[1]
et le chemin puis une autre éteule et les arbres.

Ta pâleur se retire au fond de ses terriers
à travers les vergers cueillis. Rien que le soir
avec ton ombre et puis la tristesse et la nuit.

Seul un instant brille encor la plus haute feuille
mais les mares se sont déjà voilées de brume
de peur qu'on ne voie dans leurs yeux mourir le ciel.

Grosjean, « Le soir est entré... » in *Hiver*, Éd. Gallimard, 1964.

Activités

1. **À qui est adressé le poème ?**
2. **À quelle forme traditionnelle pourrait-il faire penser ? Pourquoi ne fait-il que s'en rapprocher ?**
3. **Rédigez un paragraphe de commentaire sur le dernier tercet.**

1. Chaume qui reste sur place après la moisson.

HOLAN

Vladimir Holan (1905-1980) est l'un des poètes majeurs de la Tchécoslovaquie au XXe siècle. Il combattit le nazisme puis fut victime du stalinisme qui l'interdit de publication pour « formalisme » et « pessimisme ».

La Neige

PROSAÏSME

Les poèmes de Douleur *se caractérisent par une amertume que contrebalance un grand sens du comique et de l'absurde, dans des images souvent porteuses de violence et d'angoisse.*

La neige s'est mise à tomber à minuit. Et c'est vraiment la vérité,
c'est assis dans la cuisine qu'on est le mieux,
même si c'est là celle de l'insomnie.
Il y fait bon, tu te fais chauffer quelque chose, tu bois du vin
et tu regardes par la fenêtre l'éternité familière.
Pourquoi te tracasser de savoir si la naissance et la mort ne sont que des points,
alors que tu sais que la vie n'est pas une droite ?
Pourquoi te tourmenter à la vue du calendrier
et t'inquiéter de la valeur qui se trouve en jeu ?
Pourquoi admettrais-tu l'idée que tu n'as pas
de quoi offrir des souliers à Saskia ?
Et pourquoi donc te flatterais-tu
que tu souffres plus que les autres ?

S'il n'y avait pas eu le silence sur terre,
cette neige l'aurait inventé dans son rêve.
Tu es seul. Pas un geste. Rien qui doive être vu.

Holan, « *La Neige* » in *Douleur*,
Trad. D. Grandmont, P.-J. Oswald, Éd. L'Harmattan, 1967.

Activités

1. Que représente le pronom « tu » dans le poème, qui désigne-t-il ? Dans quel but employer ce pronom-là plutôt qu'un autre ?

2. Expliquez « l'éternité familière ».

3. Analysez les types de phrases et les temps des verbes. Quelle est la modalité dominante ? Quel effet produit-elle sur le lecteur ?

du BOUCHET

André du Bouchet, né en 1924, est l'un des poètes les plus rigoureux de la seconde moitié du XXᵉ siècle. Cette œuvre sans complaisance se dénude en permanence pour obtenir le contact le plus élémentaire qui soit avec le monde, l'espace et le temps.

L'avril

SPATIALISATION

Dans les poèmes de du Bouchet, on ne trouve aucune place pour les rôles habituels du « moi » lyrique : la parole est en permanence étirée, cassée, déviée, elle sait qu'elle ne peut rien saisir avec assurance. Elle se contente d'aller vers le monde, à tous risques.

toutes les choses ont un air
d'attente, aussitôt qu'on les voit. est-ce à la
ressemblance avérée
que nous devons de les savoir, en même temps que nous,
ici.

Elle-même, c'est
la réalité — autre, et qui ne ressemble à rien, que nous
désirons. déjà, dans l'embrasure, elle fleurit. dans
le halo d'une floraison au ras, qui perce à travers toute
apparence. presque sans émoi.

le carreau. les pampres
de la façade. dans
les branchages, le bris du ciel. ainsi se fêle, et
fleurit, la fatigue, la fraîcheur du monde reçu.

il arrive
que, parvenus à cette chose même que nous avons désirée,
elle se perde dans une différence infinie. nulle
illusion si la croisée renvoyant la couleur de sa lumière au
bleu qu'on ne voit pas, est pour jamais confondue avec
lui. qui, alors, dira le nom des choses reconnues ?
déjà, dans cette attente, elles ont fleuri.

du Bouchet, « L'avril » in *Poèmes et Prose*,
Éd. Mercure de France, 1995.

Activités

1. **Commentez l'absence de majuscules, le rôle des tirets, la ponctuation générale.**
2. **Quel vous paraît être le rôle des « blancs » dans le texte ?**
3.  **Comment peut-on réciter ce texte ?**

JACCOTTET

Poète de la précision et de la transparence, Philippe Jaccottet, né en 1925, écrit une œuvre qui est aussi une réflexion sur la condition humaine. Porté par tempérament vers la forme brève, il sait trouver l'amplitude que le sujet réclame parfois.

Dis encore cela…

ENGAGEMENT

*Les poèmes d'*À la lumière d'hiver *sont le récit d'une expérience douloureuse, un face-à-face avec la mort et l'agonie de l'autre.*

Dis encore cela patiemment, plus patiemment
ou avec fureur, mais dis encore,
en défi aux bourreaux, dis cela, essaie,
sous l'étrivière[1] du temps.
Espère encore que le dernier cri
du fuyard avant de s'abattre soit tel,
n'étant pas entendu, étant faible, inutile,
qu'il échappe, au moins lui sinon sa nuque,
à l'espace où la balle de la mort ne dévie jamais,
et par une autre oreille que la terre grande ouverte
soit recueilli, plus haut, non pas plus haut,
ailleurs, pas même ailleurs : soit recueilli
peut-être plus bas, comme une eau
qui s'enfonce dans la poussière du jardin,
comme le sang qui se disperse, fourvoyé,
dans l'inconnu.

Dernière chance pour toute victime sans nom :
qu'il y ait, non pas au-delà des collines
ou des nuages, non pas au-dessus du ciel
ni derrière les beaux yeux clairs, ni caché
dans les seins nus, mais on ne sait comment
mêlé au monde que nous traversons,
qu'il y ait, imprégnant ses moindres parcelles,
de cela que la voix ne peut nommer, de cela
que rien ne mesure, afin qu'encore

1. Courroie par laquelle l'étrier est suspendu à la selle mais aussi lanière de cuir qui servait à fouetter.

il soit possible d'aimer la lumière
ou seulement de la comprendre,
ou simplement, encore, de la voir
elle, comme la terre la recueille,
et non pas rien que sa trace de cendre.

Jaccottet, « Dis encore cela »
in *À la lumière d'hiver*, Éd. Gallimard, 1977.

Activités

1. **Expliquez « fourvoyé ».**
2. **Étudiez les répétitions dans le texte. Quelle est leur fonction ? Quel ascendant ont-elles sur le rythme du texte ?**
3. **De quelle façon les autres éléments (ponctuation, longueur des vers, enjambement...) créent-ils aussi ce rythme ?**
4. **Étudiez les verbes d'énonciation et le champ lexical de la parole. À quoi renvoie l'expression « de cela » ?**

Le récit et ses codes

Que l'on respecte ou que l'on nie la tradition littéraire, tous les moyens sont bons pour trouver des lecteurs, pourvu que le genre utilisé soit adapté au public visé. Qu'il s'agisse du grand public ou d'un groupe de passionnés, c'est en fonction de lui que l'on écrira un « roman bourgeois », un « roman d'avant-garde » ou un « roman policier ». Dans cette section cohabitent ainsi des auteurs très différents, mais dont les œuvres ont toutes en commun de relever à chaque fois d'une esthétique codée.

MAURIAC

Auteur catholique très attentif aux désirs du corps, François Mauriac (1885-1970) a décrit dans ses romans les tensions et les conflits de l'âme et de la chair. Qualifié de bourgeois, il fut en réalité un écrivain très libre, et un polémiste politique redoutable, qui n'hésita pas à condamner la torture pendant la guerre d'Algérie.

La Fin de la nuit

PORTRAIT

Ce roman, dit Mauriac, est « le portrait d'une femme à son déclin ».

Aucun secours ne lui était jamais venu du cinéma : l'ennui, dans cette demi-ténèbre, l'assaillait sans qu'elle se pût défendre. La moindre créature vivante dont, au café, elle suivait le manège, l'intéressait plus que ces images sur un écran. Mais elle n'osait plus se livrer au divertissement d'épier les autres, car elle ne passait nulle part inaperçue. En vain s'habillait-elle de couleurs neutres, cherchait-elle une place dissimulée : dans son aspect, elle ne savait quoi attirait l'attention. Ou bien l'imaginait-elle peut-être ? Était-ce sa figure anxieuse, cette bouche serrée ?

Dans sa mise, qu'elle croyait être correcte et même sobre, régnait ce vague désordre, ce rien d'extravagance où se trahissent les femmes vieillissantes qui n'ont plus personne pour leur donner des conseils. Thérèse enfant avait ri souvent de sa tante Clara, parce que la vieille fille ne pouvait se défendre de détruire les chapeaux qu'on lui achetait et de les refaire à son idée. Mais aujourd'hui, Thérèse cédait à la même manie et tout prenait sur elle, à son insu, un caractère bizarre. Peut-être deviendrait-elle plus tard une de ces étranges vieilles coiffées de chapeaux à plumes, qui parlent toutes seules sur les bancs des squares, en rattachant des paquets de vieux chiffons.

Elle n'avait pas conscience de cette étrangeté ; mais elle s'apercevait bien qu'elle avait perdu ce pouvoir dont les solitaires ne peuvent se passer, – le pouvoir des insectes qui prennent la couleur de la feuille et de l'écorce. De sa table, au café ou au restaurant, Thérèse, pendant des années, avait épié des êtres qui ne la voyaient pas. Qu'avait-elle fait de l'anneau qui rend invisible ? Voici maintenant qu'elle attire tous les regards comme la bête inconnue du troupeau.

Mauriac, *La Fin de la nuit*, Éd. Grasset, 1935.

Activités

1. **En quoi ce texte est-il un portrait ? Relevez les éléments qui nous renseignent sur les traits physiques et psychologiques du personnage.**

2. **Précisez le statut de la voix narrative par rapport au personnage. En sait-elle plus, moins, autant, que le personnage ? Quelle conclusion en tirez-vous ?**

3. **Mettez ce texte en relation avec le texte que Sartre a consacré au roman de Mauriac [voir p. 649]. Que pensez-vous de la critique de Sartre ?**

SIMENON

Georges Simenon (1903-1989), écrivain belge d'expression française, est surtout connu pour ses romans policiers consacrés aux enquêtes de son héros, le commissaire Maigret.

L'inspecteur Malgracieux

ENQUÊTE

La nuit, la pluie, un mort et une enquête : nous sommes dans l'univers par excellence du « polar » classique, prêts à « tuer » deux heures de notre temps dans le train ou allongé.

La petite auto traversait Paris, atteignait le boulevard Rochechouart, aux cinémas et dancings brillamment éclairés. Puis, dès le coin de la rue Caulaincourt, à la pente assez raide, c'était le calme, presque le désert, un autobus, par-ci par-là, qui dévalait la rue, de rares passants pressés sur les trottoirs noyés de pluie.

Un petit groupe de silhouettes sombres, au coin de la rue Lamarck. Le car de la police était arrêté à quelques mètres dans cette rue. On voyait des gens aux fenêtres, des concierges sur les seuils, mais la pluie battante raréfiait les curieux.

– Bonjour, Dambois…

– Bonjour, monsieur le commissaire…

Et Dambois désignait une forme étendue sur le trottoir, à moins d'un mètre de l'appareil d'appel au secours. Un homme était agenouillé près du corps, un médecin du voisinage qu'on avait eu le temps d'alerter. Et pourtant moins de douze minutes s'étaient écoulées depuis le coup de feu.

Le docteur se redressait, reconnaissait la silhouette populaire de Maigret :

– La mort a été instantanée, dit-il en essuyant ses genoux détrempés, puis ses lunettes couvertes de gouttes de pluie. Le coup a été tiré à bout portant, dans l'oreille droite.

Maigret, machinalement, esquissait le geste de se tirer une balle dans l'oreille.

– Suicide ?

Jean Richard dans le personnage de Maigret.

– Cela ressemble…

Et le brigadier Dambois désigna au commissaire un revolver que personne n'avait encore touché et qui se trouvait à cinquante centimètres de la main du mort.

– Vous le connaissez, Dambois ?

– Non, monsieur le commissaire… Et, pourtant, je ne sais pas pourquoi, cela m'a l'air de quelqu'un du quartier.

– Voulez-vous vous assurer délicatement s'il a un portefeuille ?

L'eau dégoulinait déjà sur le chapeau de Maigret.

Simenon, *Maigret et l'inspecteur Malgracieux*, 1931, Éd. Presses de la Cité, 1991.

Activités

1. **Relevez tous les éléments de cet extrait (vocabulaire, structure de phrases, types de personnages, ambiance) qui relèvent du genre du roman policier. [voir p. 571].**
2. **Par quels moyens la curiosité des lecteurs est-elle mise en éveil ?**
3. **Comparez ce texte à ceux de Daeninckx [voir p. 565] Ellroy [voir p. 576] San Antonio [voir p. 569] et relevez leurs points communs.**

MONTHERLANT

Henri de Montherlant (1895-1972), écrivain de la virilité, souvent accusé de misogynie, a exalté dans son œuvre les valeurs traditionnelles d'une société dominée par les hommes qu'il ne haïssait point.

SÉDUCTION

Les Jeunes filles

Ce roman est le premier d'un cycle de quatre volumes qui porte son nom. Au centre de ce cycle, un séducteur un peu mûr essaye d'écrire une œuvre littéraire. Voici l'une de ses tentatives de séduction.

Costals passa donc son bras derrière le fauteuil de Solange, et posa sa main sur le dossier de l'autre fauteuil, de façon que, l'épaule de l'inconnue s'y appuyât. Mais les pressions légères qu'il imprima à sa main ne provoquèrent aucune réaction de la jeune femme, perdue tout entière dans les demi-croches. Il abandonna l'affaire. Et d'ailleurs, cette gymnastique lui donnant une crampe au bras, le jeu n'en valait pas la chandelle. Supposé qu'il existe une personne assez sotte pour croire qu'il s'était agi là d'un resquillage, d'une manœuvre de sacristain, sournoise et honteuse, on la confondra en lui répliquant : 1° que Costals voulait amorcer réellement une aventure sérieuse, une rencontre avec l'inconnue ; 2° que le fait d'amorcer cela sans éveiller l'attention de Solange (par exemple, en passant à l'inconnue un billet derrière le dos de Solange) était du beau sport, une de ces performances pendant lesquelles l'orchestre s'arrête, au cirque, et qu'ainsi ce n'était pas là travail de sacristain, mais plutôt travail d'archange.

Montherlant, *Les Jeunes filles*, Éd. Gallimard, 1936.

Activités

1. Analysez les différents points de vue portés sur la scène. Quelle est la position du narrateur ?

2. Analysez la structure de la dernière phrase en dégageant les connecteurs argumentatifs. Quel est le but de cette brève « défense argumentée » ? Vis-à-vis de qui le personnage se justifie-t-il ?

3. Solange s'est rendu compte du manège de Costals avec la jeune fille : écrivez quinze lignes du monologue intérieur de Solange.

DAENINCKX

Didier Daeninckx, né en 1949, ouvrier d'imprimerie puis journaliste, devient auteur de romans policiers à partir de 1977. Il a renouvelé le genre en accordant à la critique radicale de la société une place qui ne lui était auparavant que parcimonieusement accordée.

Le Bourreau et son double

ENGAGEMENT

À l'occasion d'une enquête policière, le roman fait revivre toute l'expérience d'une génération : celle qui dut, à travers le service militaire, faire la « sale guerre » d'Algérie à partir de 1954.

Il se souviendrait toujours de son premier prisonnier, un paysan d'une cinquantaine d'années qui ne cessait de gesticuler en insultant les soldats. Ils avaient commencé à le frapper à coups de poing, de chaussures, sans autre résultat que le forcer à se taire pour protéger ses dents.

Sa vie avait basculé quand le chef de poste l'avait toisé.

– Hé ben, qu'est-ce que tu fous à nous regarder ! File-nous un coup de main, va remplir la baignoire.

Il était passé dans l'autre pièce, une remise encombrée de matériel militaire, lits de camp, gamelles, couvertures, treillis. La baignoire avait été calée sur des briques grises, contre le mur, sous un robinet maintenu à son piton par un morceau de fil de fer. Le caporal s'était penché, une main appuyée sur l'émail crasseux, l'autre posée sur la clef du robinet. Il était demeuré immobile, quelques secondes et, les yeux fermés, sa main s'était crispée avant de pivoter. Une fraction de seconde l'eau avait coulé rouge, comme un présage.

Daeninckx, *Le Bourreau et son double*, Éd. Gallimard, 1986.

Activités

1. À quel usage croyez-vous que soit destiné « la baignoire » ?

2. Analysez l'attitude du caporal. Quel est, selon vous, son état d'esprit ?

3. Relevez les éléments qui montrent qu'il s'agit d'un récit *a posteriori*. En quoi s'agit-il d'un récit engagé ?

4.  **Faites une étude sur la place de la guerre d'Algérie dans la littérature et le cinéma contemporains.**

QUENEAU

Homme d'un immense savoir, Raymond Queneau (1903-1976) fut aussi romancier, poète et grand saltimbanque du langage. Il créa, avec François Le Lionnais, en 1960, l'« ouvroir de littérature potentielle » (Oulipo), un atelier de littérature expérimentale qui influença toute une génération d'écrivains.

Exercices de style

RÉÉCRITURE

Dans ce livre, Queneau propose quatre-vingt dix-neuf réécritures possibles d'un même récit, en variant à chaque fois l'angle et le ton.

Simple

Le narrateur rencontre, dans un autobus, un jeune homme au long cou, coiffé d'un chapeau orné d'une tresse au lieu de ruban. Le jeune homme échange quelques mots assez vifs avec un autre voyageur, puis va s'asseoir à une place devenue libre. Un peu plus tard, le narrateur rencontre le même jeune homme en grande conversation avec un ami qui lui conseille de faire remonter le bouton supérieur de son pardessus.

Présent

À midi, la chaleur s'étale autour des pieds des voyageurs d'autobus. Que, placée sur un long cou, une tête stupide, ornée d'un chapeau grotesque vienne à s'enflammer, aussitôt pète la querelle. Pour foirer bien vite d'ailleurs, en une atmosphère lourde pour porter encore trop vivantes de bouche à oreille, des injures définitives. Alors, on va s'asseoir à l'intérieur, au frais.

Plus tard peuvent se poser, devant des gares aux cours doubles, des questions vestimentaires, à propos de quelque bouton que des doigts gras de sueur tripotent avec assurance.

Télégraphique

BUS BONDÉ STOP JNHOMME LONG COU CHAPEAU CERCLE TRESSÉ APOSTROPHE VOYAGEUR INCONNU SANS PRÉTEXTE VALABLE STOP QUESTION DOIGTS PIEDS FROISSÉS CONTACT TALON PRÉTENDU VOLONTAIRE STOP JNHOMME ABANDONNE DISCUSSION POUR PLACE LIBRE STOP QUATORZE HEURES PLACE ROME JNHOMME ÉCOUTE CONSEILS VESTIMENTAIRES CAMARADE STOP DÉPLACER BOUTON SIGNÉ ARCTURUS.

Alors

Alors l'autobus est arrivé. Alors j'ai monté dedans. Alors j'ai vu un citoyen qui m'a saisi l'œil. Alors j'ai vu son long cou et j'ai vu la tresse qu'il y avait autour de son chapeau. Alors, il s'est mis à pester contre son voisin qui lui marchait alors sur le pied. Alors, il est allé s'asseoir.

Alors, plus tard, je l'ai revu Cour de Rome. Alors il était avec un copain. Alors, il lui disait, le copain : tu devrais faire mettre un autre bouton à ton pardessus. Alors.

Métaphoriquement

Au centre du jour, jeté dans le tas des sardines voyageuses d'un coléoptère à l'abdomen blanchâtre, un poulet au grand cou déplumé harangua soudain l'une, paisible, d'entre elles et son langage se déploya dans les airs, humide d'une protestation. Puis, attiré par un vide, l'oisillon s'y précipita.

Dans un morne désert urbain, je le revis le jour même se faisant moucher l'arrogance pour un quelconque bouton.

Queneau, *Exercices de style*, Éd. Gallimard, 1947.

Activités

1. **Observez les variantes d'une version à l'autre et analysez les divers éléments qui définissent chaque type d'expression choisi.**
2. **Réfléchissez à l'effet produit sur votre lecture par le choix du style.**
3. **Écrivez une nouvelle version de cette histoire dans le style de votre choix en ayant soin de le définir préalablement.**

F. SAGAN

Françoise Sagan, de son vrai nom Françoise Quoirez, est née en 1935. Elle fait une entrée remarquée en littérature à 18 ans avec *Bonjour tristesse.* Dans ses romans et ses pièces de théâtre passe la même vie mondaine, filtrée par une petite phrase qui sonne parfois très juste.

Bonjour tristesse

EXPLICIT

Une jeune adolescente, Cécile raconte son été, sa jalousie à l'égard de la nouvelle compagne de son père, Anne, le suicide de celle-ci qu'elle a causé indirectement…

Nous pûmes bientôt parler d'Anne sur un ton normal, comme d'un être cher avec qui nous aurions été heureux, mais que Dieu avait rappelé à Lui. J'écris Dieu au lieu de hasard; mais nous ne croyions pas en Dieu. Déjà bienheureux en cette circonstance de croire au hasard.

Puis un jour, chez une amie, je rencontrai un de ses cousins qui me plut et auquel je plus. Je sortis beaucoup avec lui durant une semaine avec la fréquence et l'imprudence des commencements de l'amour et mon père, peu fait pour la solitude, en fit autant avec une jeune femme assez ambitieuse. La vie recommença comme avant, comme il était prévu qu'elle recommencerait. Quand nous nous retrouvons, mon père et moi, nous rions ensemble, nous parlons de nos conquêtes. Il doit bien se douter que mes relations avec Philippe ne sont pas platoniques et je sais bien que sa nouvelle amie lui coûte fort cher. Mais nous sommes heureux. L'hiver touche à sa fin, nous ne relouerons pas la même villa, mais une autre, près de Juan-les-Pins.

Seulement quand je suis dans mon lit, à l'aube, avec le seul bruit des voitures dans Paris, ma mémoire parfois me trahit : l'été revient et tous ses souvenirs. Anne, Anne ! Je répète ce nom très bas et très longtemps dans le noir. Quelque chose monte alors en moi que j'accueille par son nom, les yeux fermés : Bonjour Tristesse.

F. Sagan, *Bonjour tristesse*, Éd. Julliard, 1954.

Activités

1. **Quels éléments montrent le passage progressif de la jeune narratrice à la maturité ?**
2. **En quoi le retour des souvenirs de l'été constituent-ils une « trahison » ?**
3. **Quel est ici le sens de l'expression « Bonjour Tristesse » ?**

SAN ANTONIO

Frédéric Dard, né en 1921, est surtout connu pour les romans qu'il écrit sous le pseudonyme de San Antonio, racontant les aventures du personnage du même nom : le commissaire San Antonio.

Mange et tais-toi

COMIQUE

Verdeur du style, parodie de la littérature, comique farcesque et respect de valeurs fondamentales (le commissaire, gros consommateur de femmes, est aussi un fils modèle qui aime beaucoup sa maman) : tels sont les ingrédients de ce roman à succès.

Lorsque je rejoins ma base, à savoir ce local pestilentiel que l'administration a qualifié de bureau et que je partage avec Béru et Pinuche, je suis sidéré en y découvrant une ravissante jeune femme, blonde comme l'été, belle comme le jour, excitante comme la nuit, roulée comme une Gitane, parfumée comme un jardin de curé, vêtue comme une déesse et triste comme une mélodie de Chopin. Captivé par le récit du Vieux, j'avais oublié la visiteuse annoncée.

Celle-ci est étrangère, anglo-saxonne je suppose. Elle a des yeux bleu foncé et une bouche large et charnue (comme je les aime). Elle tient une verre de vin rouge d'une main, un morceau d'andouille de Vire de l'autre et écoute digresser Béru. Mon compère fait à la jeune femme un cours sur la parfaite entente qui règne entre le beaujolais-villages et l'andouille. Il souligne la beauté de cette harmonie réalisée par deux produits nés dans des régions pourtant éloignées l'une de l'autre. Selon lui, l'unité française, c'est ça ! Les invasions, non plus que les guerres de religion, n'ont pu morceler une terre unifiée par ses ressources gastronomiques. Il dit que si, en 42, l'Allemagne a investi la zone dite libre, c'est uniquement pour faire main basse sur les vignobles des côtes du Rhône, sur le saucisson de Lyon, sur les foies gras du Périgord, sur le jambon d'Auvergne et la bouillabaisse de Provence. La dame écoute en buvant le gros rouquin et en mordillant son morceau d'andouille. C'est pas une bêcheuse.

– Tiens, le v'là ! s'interrompt le Mastar en me désignant d'un index peu protocolaire.

La jeune femme me regarde. Il y a quelque chose d'ardent et de pathétique dans ses grands yeux. Un calme et beau sourire entrouvre ses lèvres sans pour autant égayer son visage.

– Alors, c'est le commissaire San Antonio ?

San Antonio, *Mange et tais-toi*, Éd. Fleuve noir, 1966.

Activités

1. **En quoi le style de ce texte est-il populaire ?**
2. **Relevez tous les clichés présents dans cet extrait puis repérez les marques de la distanciation ironique du narrateur.**
3. **Réécrivez ce texte en situant la scène dans un grand restaurant.**

Exemple de couverture en livre de poche d'un des pouvrages de San Antonio.

Littérature populaire

On appelle aussi cette littérature « littérature de gare », parce que c'est dans les kiosques des gares qu'on la trouve le plus commodément. Elle y est rangée par rayons facilement repérables.

Le roman policier

Il y a d'abord l'indispensable compagnon du voyageur : le roman policier. Il a commencé par être feuilleton, au début du siècle, avec *Fantômas* et *Arsène Lupin*. Dans les années 1930 à 1950, il a conquis un public qui se voulait plus distingué grâce à une dame anglaise, Agatha Christie, auteur des aventures d'Hercule Poirot. Il s'est diversifié après 1945 en roman d'espionnage (les *James Bond* de Ian Fleming entre autres) ou en roman de critique sociale (Didier Daeninckx). Il tend à présent à occuper tous les niveaux de la littérature, depuis le policier « littéraire » jusqu'aux limites du roman sadique et pornographique (comme certains des *SAS* de Gérard de Villiers). Il peut même aujourd'hui constituer une manière d'avant-garde de l'écriture, comme les romans américains de James Ellroy [voir p. 576]. À ses côtés prospère également la littérature de science-fiction [voir p. 575].

Le roman à l'eau de rose

À destination des jeunes filles et des dames, (et des messieurs même s'ils sont plus discrets dans leurs achats), il y a ce qu'on appelle le roman à l'eau de rose : récits de Delly, de Magali, de Maurice Dekobra dans l'entre-deux-guerres, collection Harlequin et livres de Barbara Cartland pour notre époque. Les mœurs y sont assez strictes, on y embrasse généralement du bout des lèvres, mais certains éditeurs publient des collections « pourpre », aux passions et aux gestes plus fébriles.

Les « best-sellers »

Au-delà du polar et du roman sentimental s'étend la vaste contrée du roman à succès et à gros tirages. Tous les auteurs en rêvent, tout en craignant de passer pour flatter le mauvais goût. Certains s'en tirent honorablement : Barjavel, Merle, Chandernagor. D'autres gagnent un peu d'argent mais y perdent l'estime de leurs confrères. Ces romans à succès sont souvent portés, comme des lessives, par de grosses campagnes publicitaires, mais qui ne suffisent pas toujours à assurer de vraies ventes. Ainsi, Irène Frain ne réussit jamais à retrouver les ventes de son premier roman : *Le Nabab* (1982).

Couverture de roman policier.

Gros sentiments, gestes simples, intrigues ficelées, le roman populaire se défend assez bien contre le cinéma et la télévision auxquels il fournit parfois des scénarios. En retour, il lui arrive de transformer en récit les scénarios de certains films à succès…

Activité

Faites, pour le journal de votre établissement, un compte-rendu critique (deux pages maximum) d'une œuvre appartenant à la littérature de gare.

Roman et nouveau roman

Les écrivains du nouveau roman aux Éditions de Minuit. On reconnaît entre autres A. Robbe-Grillet, C. Simon, S. Beckett et Nathalie Sarraute.

Au début du siècle, le genre romanesque semble en crise et se voit même reprocher son impureté par les partisans de l'art pur. Dans la continuité des grands ensembles romanesques du XIXe, la production de sagas, comme le *Jean-Christophe* de Romain Rolland (1904-1912), se poursuit néanmoins (elle continuera dans l'entre-deux guerres avec *Les Hommes de bonne volonté* de Jules Romains et *Les Thibault* de Roger Martin du Gard) ; mais dès avant 1914, Proust inaugure avec *Du côté de chez Swann*, premier volume de *À la Recherche du temps perdu*, une forme nouvelle de récit, à la fois épopée d'une conscience et fresque d'une époque, roman de la plus fine intériorité et laboratoire de l'œuvre en train de se faire.

La crise du roman

La Première Guerre mondiale va faire entrer ce genre dans l'ère du soupçon. La crise des valeurs qui se développe dans l'entre-deux-guerres amène d'abord le roman à instruire un véritable procès de l'homme et de la société. Des œuvres comme *Ulysse*, *La Montagne magique* et *Les Faux-Monnayeurs* sont des critiques aussi bien du monde que de la technique romanesque traditionnelle. Dans *Voyage au bout de la nuit*, Céline semble engloutir toute perspective dans un pessimisme sans retour. Des récits dits « engagés », comme ceux d'Aragon ou de Malraux maintiennent cependant un espoir qui semble nécessaire au moment où s'annonce la Seconde Guerre mondiale.

La naissance du nouveau roman

Au sortir de cette guerre, la crise va s'accentuer avec l'apparition de toute une génération d'écrivains hébergée par un même éditeur (les Éditions de Minuit). Cette nouvelle école se donnera le nom de « Nouveau Roman ». À partir des années cinquante, ce type de roman évacue le personnage, bouleverse la chronologie, fait éclater la psychologie et finit même par se mettre en cause radicalement en tant que récit. Tension trop forte imposée au genre, le nouveau roman s'épuisera encore plus vite que les traditions auxquelles il voulait mettre un terme. Certaines œuvres lui survivront, comme par exemple *La Route des Flandres* de Claude Simon, entre autres raisons parce que cette œuvre est très ancrée dans l'histoire littéraire et dans l'histoire de son temps.

À partir des années soixante le roman retrouvera son personnage, sa voix narrative, ses analyses, ses dialogues. Il aura simplement profité du nouveau roman pour acquérir une certaine souplesse, et un peu moins de scrupule dans le serrage de son intrigue.

Activités

1. Sur la question de la naissance et de l'évolution du genre romanesque lire entre autres les pp. 113 à 121 sur *Le genre narratif* au XVIIe siècle, les pp. 225 à 243 *sur travail et trouvailles du roman* au XVIIIe siècle, la p. 350 sur *le roman* au XIXe siècle, et enfin tous les exemples de textes présents dans cette anthologie qui relèvent d'un genre particulier du roman.
2. Prenez la première page des romans qui ont cette année obtenu les prix Goncourt, Médicis, Fémina, Renaudot, Interallié et France-inter. Ont-ils dans leur style des différences remarquables ? Si oui, lesquelles ?

BUTOR

Michel Butor, né en 1926, est l'un des fondateurs du nouveau roman en France. Il a également écrit des poèmes et des essais sur la littérature.

La Modification

NOUVEAU ROMAN

Un homme voyage en train, de Paris (ville où habite sa femme) à Rome (ville où habite sa maîtresse). Il part avec l'idée de faire venir sa maîtresse à Paris mais durant le voyage, il réfléchit…

Vous avez mis le pied gauche sur la rainure de cuivre, et de votre épaule droite vous essayez en vain de pousser un peu plus le panneau coulissant.

Vous vous introduisez par l'étroite ouverture en vous frottant contre ses bords, puis, votre valise couverte de granuleux cuir sombre couleur d'épaisse bouteille, votre valise assez petite d'homme habitué aux longs voyages, vous l'arrachez par sa poignée collante, avec vos doigts qui se sont échauffés, si peu lourde qu'elle soit, de l'avoir portée jusqu'ici, vous la soulevez et vous sentez vos muscles et vos tendons se dessiner non seulement dans vos phalanges, dans votre paume, votre poignet et votre bras, mais dans votre épaule aussi, dans toute la moitié du dos et dans vos vertèbres depuis votre cou jusqu'aux reins.

Non, ce n'est pas seulement l'heure, à peine matinale, qui est responsable de cette faiblesse inhabituelle, c'est déjà l'âge qui cherche à vous convaincre de sa domination sur votre corps, et pourtant, vous venez seulement d'atteindre les quarante-cinq ans.

Vos yeux sont mal ouverts, comme voilés de fumée légère, vos paupières sensibles et mal lubrifiées, vos tempes crispées, à la peau tendue et comme raidie en plis minces, vos cheveux, qui se clairsèment et grisonnent, insensiblement pour autrui mais non pour vous, pour Henriette et pour Cécile, ni même pour les enfants désormais, sont un peu hérissés et tout votre corps à l'intérieur de vos habits qui le gênent, le serrent et lui pèsent, est comme baigné, dans son réveil imparfait, d'une eau agitée et gazeuse pleine d'animalcules en suspension.

Butor, *La Modification*, Éd. de Minuit, 1957.

Activités

1. **Étudiez l'emploi du pronom « vous ». Qui désigne-t-il ? Quel pronom s'attendrait-on à voir employé à sa place ?**
2. **Quelle sensation la lecture de ce texte peut-elle provoquer ? Pourquoi ?**

Science-fiction et anticipation

La science-fiction se déploie à partir d'une extrapolation des données de la science. Elle peut se dérouler à une époque contemporaine de son écriture. Le roman d'ancipation utilise lui aussi des extrapolations de la science, mais pour se projeter dans un futur que l'évolution des techniques aura bouleversé de fond en comble.

La naissance de la science-fiction

– La première génération : même si les historiens remontent au XVIIe siècle (avec *Le Berger extravagant* de Charles Sorel en 1627), on peut symboliquement placer la naissance du récit de science-fiction (la « S.-F. ») au XIXe siècle. Certains choisissent la date de publication du roman anglais de Marie Shelley *Frankenstein* (1818), d'autres se réfèrent à l'œuvre prophétique de Jules Verne qu'un auteur français (Gérard Klein) appelle « le Moïse de la science-fiction ». C'est avec les grands romans de Verne (*De la terre à la lune*, 1865 ; *Vingt mille lieues sous les mers*, 1869 ; *Robur le conquérant*, 1886) que s'établit en France ce genre nouveau.

Jules Verne est marqué par l'optimisme scientiste de son temps, mais à la même époque, des auteurs comme le britannique Robert Louis Stevenson (*L'étrange cas du docteur Jekyll et de M. Hyde*, 1885) et le français Villiers de l'Isle-Adam (*L'Ève future*, 1886) mettent en relief les dangers que fait courir la création « scientifique » de nouveaux êtres.

– La seconde grande génération de la science-fiction française produira son œuvre entre le début du XXe siècle et les années vingt. Joseph-Henri Rosny conquiert sa place dans le genre avec *La Mort de la terre* (1910) et *Les Navigateurs de l'infini* (1925). Le second grand nom de cette génération est Maurice Renard (*Le Péril bleu*, 1910).

Le modèle anglo-saxon

Parallèlement à ces textes français, le monde anglo-saxon a lui aussi développé une très importante littérature de science-fiction. L'anglais Herbert Georges Wells a laissé quelques-uns des titres les plus célèbres du genre : *La Machine à explorer le temps* (1895), *L'Île du docteur Moreau* (1896), *L'Homme invisible* (1896), *La Guerre des mondes* (1898). Puis vient la grande époque, avec Azimov (dont l'œuvre essentielle est la trilogie *Fondation*), van Vogt (auteur d'un *Cycle des Ã* publié entre 1953 et 1984) et Bradbury (auteur des *Chroniques martiennes* achevées en 1949, et de *Fahrenheit 451* dont François Truffaut fit un film).

Aujourd'hui, la science-fiction continue de fleurir, hésitant entre la littérature populaire et une vocation plus expérimentale avec des auteurs comme Jacques Sternberg (*Futur sans avenir*) et Serge Brussolo (*Carnaval de fer*).

Activités

1. Étudiez les rapports étroits que la science-fiction entretient avec le cinéma. En quoi ce type de littérature se prête-t-il particulièrement facilement à l'adapation cinématographique ?

2. Lisez le roman *Fahrenheit 451* et comparez-le au film qu'en a tiré François Truffaut.

AZIMOV

Isaac Azimov (1920-1992), écrivain américain d'origine russe, fut d'abord un scientifique, avec de fortes connaissances en biologie et chimie. Professeur d'université, il se fit surtout connaître par ses récits de science-fiction.

Dangereuse Callisto

SCIENCE-FICTION

Ce livre regroupe les nouvelles que l'auteur écrivit au moment où son œuvre commençait à monter en puissance. Elles contiennent en germe toute la saga qui s'intitulera Fondation.

Dans les circonstances normales, nous étions tous des gars courageux. Les huit hommes qui composaient l'équipage du Cérès avaient affronté les pourpres Lestroniques, les Disintos, ces dangereux pirates et rebelles, et une demi-douzaine de mondes nouveaux. Mais il faut plus que de la simple bravoure pour affronter l'inconnu, pour se mesurer avec Callisto, cette « mystérieuse planète » du système solaire.

Un seul fait connu sur Callisto, et un fait sinistre et terrifiant. Dans une période de vingt-cinq années, sept vaisseaux spatiaux, à chaque fois mieux équipés, s'y étaient posés… et on n'en avait plus jamais entendu parler. Les journaux du dimanche, dans leurs suppléments, peuplaient ce satellite de tout ce qui existait au monde, depuis les super-dinosaures jusqu'aux invisibles fantômes de la quatrième dimension, mais le mystère restait entier.

Oui, nous étions huit. Et notre vaisseau était plus perfectionné encore que tous ceux qui l'avaient précédé. Nous étions les premiers à disposer d'un navire à la coque de beryl-tungstène, ce métal tout récemment découvert, deux fois plus résistante que les anciennes coques d'acier. Nous disposions également d'un super-armement lourd et nous étions propulsés par les moteurs atomiques les plus modernes.

Mais nous n'étions rien d'autre que la huitième expédition et cette pensée hantait chacun de nous.

Azimov, *Dangereuse Callisto*, 1972,
Trad. J. Fillion, Éd. Denoël, 1974.

Activités

1. **Relevez et expliquez tous les termes qui font de ce passage un texte de science-fiction.**
2. **Comment l'auteur met-il en place le « suspense » ?**
3. **Imaginez la suite de ce texte et rédigez-la en une trentaine de lignes.**

ELLROY

James Ellroy, né en 1948, est l'un des maîtres du roman policier contemporain aux États-Unis. Avec lui le « polar » se fait roman noir, violent, excessif et tragique.

L.-A. Confidential

VIOLENCE

Ce roman fait partie d'un ensemble appelé « Quatuor de Los Angeles ». C'est un modèle d'écriture-action qui sera d'ailleurs adapté au cinéma.

Fini. Plus de coups de feu.

Meeks glissa ses armes sous sa poitrine et s'étala en croix, modèle cadavre. Les secondes s'étirèrent ; quatre hommes firent leur entrée, le fusil à la main. Murmures : « D'la viande froide » « faut êt' super prudent » « Connard de cinglé de bouseux »... Dans l'embrasure de la porte, pas de Mal Lunceford avec eux, des bruits de pas.

Coups de pied dans les côtes, souffles rauques, ricanements. Un pied qui se glisse sous lui.

– Connard de gros lard, dit une voix.

Une secousse. Meeks qui tire sur la jambe. L'homme au pied qui bascule en arrière. Meeks roula sur le dos : feu roulant – faible distance – mouche sur toutes les cibles.

Quatre hommes tombèrent au sol ; Meeks eut une vision à l'envers : la cour du motel, Mal Lunceford qui tournait casaque. Puis, derrière lui :

– Salut, mon gars.

Dudley Smith franchit les flammes, revêtu d'un grand manteau de pompier. Meeks vit sa valise – quatre-vingt-quatorze bâtons, la came – à côté du matelas.

– Dud, t'es venu fin prêt.

– Comme les boy-scouts, mon gars. As-tu quelque mot d'adieu à adresser ?

Suicide : braquer un marché avec Dudley S. comme chien de garde. Meeks releva ses armes ; Smith tira le premier. Meeks mourut – en pensant que le motel El Serrano ressemblait bien à l'Alamo[1] comme deux gouttes d'eau.

Ellroy, *L.-A. Confidential*, Trad. F. Michalski, Éd. Rivages, 1990.

Activités

1. **Relevez toutes les formes d'ellipse que comporte ce texte.**
2. **Étudiez les différentes formes de violences contenus dans ce texte (physique, mais aussi narratrice).**

1. Monastère situé au Texas, site d'une bataille au cours de laquelle les Mexicains vainquirent les Texans.

Bande Dessinée

Née au siècle précédent avec *Le sapeur Camember* de Christophe [voir p. 314], la bande dessinée s'épanouit dès les années 1900 avec la *Bécassine* de Pinchon et Caumery et *Les Pieds Nickelés* de Louis Forton. Elle fait dès ces années-là partie du loisir et même de l'éducation des jeunes. Certains n'ont pas de honte à s'en souvenir plus tard, quand ils sont devenus des auteurs reconnus, comme André Malraux qui y fait allusion dans *La Condition humaine.*

L'un des épisode de la célèbre Bande Dessinée d'Hugo Pratt qui a pour héros Corto Maltese.

Les premiers pas au XXe siècle

C'est avec les *Zig et Puce* d'Alain Saint-Ogan que se généralise le trait distinctif de la *BD* moderne : le phylactère ou « bulle » qui permet d'intégrer le texte au dessin. Dès avant la Seconde Guerre mondiale, Hergé, avec ses *Aventures de Tintin* met au premier plan ce qu'on appelle désormais « l'école belge », mélange de grands espaces, de bons sentiments et de dessin soigné et précis, d'où l'humour n'est jamais absent. Parallèlement se développent aux États-Unis les aventures de *Mickey* (de Walt Disney) qui déferlent sur l'Europe à partir de 1945, à la Libération.

Les hebdomadaires de la BD

Jusqu'aux années soixante, la lecture des jeunes tourne autour de trois hebdomadaires : *Tintin*, *Spirou* et *Le journal de Mickey*. Le slogan de *Tintin*, « le journal des jeunes de 7 à 77 ans » pourrait s'appliquer à tout ce domaine. Avec le journal *Pilote*, fondé en 1959, un ton nouveau apparaît dans la *BD* de langue française. De nouveaux personnages, tantôt plus ludiques (*Astérix* de Goscinny et Uderzo, *Achille Talon* de Greg) tantôt plus aventureux (le *Blueberry* de Charlier et Giraud, le *Valérian* de Jean-Claude Mézières) prennent le devant de la scène. D'autres auteurs de *Pilote*, comme Cabu (avec son *Grand Duduche*), et Gotlib (avec sa *Rubrique à brac*) déploient une ironie encore plus contestataire vis-à-vis d'institutions que la *BD* avait jusque-là respectées, comme l'École, l'Église ou l'Armée. Ce phénomène de dérision va s'accentuer avec *Hara-Kiri Hebdo* qui sera interdit en 1969 pour avoir titré à la mort du général de Gaulle « Bal tragique à Colombey, un mort ». Quelques semaines auparavant, après l'incendie d'un dancing, toute la presse avait titré : « Bal tragique au *cinq/sept* ».

La BD contemporaine

Aujourd'hui, la bande dessinée semble avoir vieilli avec son lectorat. Dans les grandes librairies spécialisées, on ne rencontre plus qu'exceptionnellement de jeunes enfants. La moyenne est fournie par une classe d'âge qui va de seize à trente ans, grosse consommatrice des aventures de *XIII* (de William Vance) ou des albums de Hugo Pratt (*Corto Maltese*), et de Tardi et Bilal (dont le statut est désormais celui de véritables artistes), auxquels s'ajoutent les inaltérables *Blake et Mortimer*. Dernier signe de dignité : la *BD* a désormais son festival, chaque année, à Angoulême.

Activité

À partir d'une visite en librairie, faites un état des meilleures ventes en ce moment sur le marché de la BD. Analysez ces résultats.

PALOMITO… UNE PETITE VILLE FRONTIÈRE BALAYÉE PAR LE VENT BRÛLANT DU DÉSERT COMME IL EN EXISTAIT TANT À L'OUEST. VERS LES ANNÉES 1868… UNE RUDE ET TURBULANTE POPULATION DE PROSPECTEURS, DE MINEURS, DE COUREURS DE PISTE, DE DESPERADOS… ET POUR METTRE AU PAS CE PETIT MONDE, OÙ LES POINGS ET LES COLTS PARTENT TOUT SEULS, UN OFFICIER DE CAVALERIE, DÉTACHÉ DE SON UNITÉ POUR ASSURER LE REMPLACEMENT PROVISOIRE DU MARSHALL, ENLEVÉ PEU AUPARAVANT D'UNE VOLÉE DE PLOMB DANS LE DOS, LE LIEUTENANT MIKE S. BLUEBERRY.
CANTINA
SALOON
HARWARD MERCHANDISES
BRELAN DE ROIS!
NON FISTON! QUATRE VALETS! HI! HI! HI!
VOYONS UN PEU LES COMPTES, GARÇON!… UN… DEUX… ET… TROIS!… TU ME DOIS MAINTENANT TROIS MOIS DE SOLDE!… HI! HI! HI! T'ES SÛR DE PAS VOULOIR ARRÊTER LES FRAIS!?
HMM… PAS AVANT DE SAVOIR COMMENT TU T'Y PRENDS POUR TRICHER COMME ÇA SOUS MON NEZ!… JE CROYAIS POURTANT CONNAÎTRE TOUS TES TRUCS, SAC-À-GNÔLE!
LA PESTE ÉTOUFFE CETTE CRAPULE DE "TÊTE JA…
IL A LA HAINE TENACE ET LE BRAS LONG! C'EST À LUI QUE JE DOIS DE MOISIR DANS CE TROU… RATS, AVEC TOUT JUSTE UN VIEUX COYOTE MALODORANT EN GUISE DE PARTENAIRE!
TSS, TSS… TU ME FA… DE LA PE… SHÉRIFF DE MON CŒUR
(1) VOIR "LE GÉNÉRAL TÊTE-JAUNE"
BAH! ÇA TE FOURNIRA L'OCCASION DE NOYER TON CHAGRIN… MAIS TU AS TORT DE FORCER SUR LE PÉTROLE!… ÇA REND LA MAIN MOINS SÛRE…
GLUB… T'EN FAIS PAS POUR MA MAIN. FISTON ET GLUB. DONNE LES CART…
??
PAW
PAW
CRAAACH
HEY! ON NOUS CANARDE!

BLUEBERRY

Jean-Michel Charlier (1924-1989), a été l'un des grands scénaristes de la bande dessinée d'après-guerre. Il a notamment créé les aventures de Buck Danny (un pilote militaire) et celles de Barbe-Rouge le pirate. Sa plus grande réussite est sans conteste Blueberry, un héros du Far-West.

Jean Giraud, dit Gir, né en 1938, est l'un des illustrateurs marquants de l'époque contemporaine. Il signe aussi, sous le nom de Mœbius, des bandes dessinées de science-fiction.

La Mine de l'Allemand perdu

BANDE DESSINÉE

Dargaud, 1970. Cette histoire de trésor perdu en plein paysage désertique est considérée par les amateurs comme le sommet de la saga de Blueberry.

Activités

1. À partir d'un dictionnaire des termes du cinéma, donnez pour chaque vignette le type de plan de prise de vue auquel elle appartient.

2. Quelle remarque pouvez-vous faire sur le rythme de ce début de récit ?

3. Comparez cet incipit de bande dessinée à des débuts de roman que vous trouverez dans cette anthologie. Les informations apportées sont-elles du même ordre ? De quelle façon le décor est-il mis en place et quelles sont les pistes données sur la suite de l'intrigue ?

Les grands univers

De nombreux textes doivent leur forme à l'application de règles ou de codes littéraires précis, d'autres, comme c'est le cas de ceux qui sont regroupés ici, naissent d'une perception originale du monde ou du langage. Ils ne sauraient constituer une école, et offrent tous un mode d'expression original etou une nouvelle vision du monde.

MANN

Prix Nobel en 1929, l'écrivain allemand Thomas Mann (1875-1955), célèbre avant la Première Guerre mondiale, fut contraint à l'exil par le régime nazi. Il fut à l'origine d'un profond renouvellement de l'art du roman au XXe siècle.

La Montagne magique

COMIQUE

Un jeune homme, Hans Castorp, monte dans un sanatorium des Alpes suisses pour y rendre visite à son cousin Joachim. Atteint par la maladie, il est contraint d'y séjourner longuement et y fait son éducation sentimentale et intellectuelle. Il sera guéri en 1914, juste le temps pour lui de partir à la guerre.

« Notre sanatorium est situé plus haut encore que le village, vois-tu, poursuivit Joachim. Cinquante mètres. Le prospectus dit « cent », mais ce n'est que cinquante. Le sanatorium le plus élevé est le sanatorium Schatzalp, de l'autre côté ; on ne peut pas le voir d'ici. Ceux-là, en hiver, doivent transporter leurs cadavres en bobsleigh, parce que les chemins ne sont plus viables.

– Leurs cadavres ? Tiens, tiens ! Mais allons donc ! s'écria Hans Castorp.

Et tout à coup il fut pris d'un rire, d'un rire violent et insurmontable qui ébranlait sa poitrine et tordait sa figure séchée par le vent frais d'une grimace légèrement douloureuse.

– En bobsleigh ! Et tu me racontes cela avec le plus grand calme ? Mais tu es devenu cynique, mon ami, en ces cinq mois !

– Pas du tout cynique, répliqua Joachim en haussant les épaules. Comment donc ? Les cadavres s'en moquent bien… Et puis, tu sais, c'est bien possible que l'on devienne cynique, ici, chez nous. Behrens[1] lui-même est un vieux cynique, un type fameux, soit dit en passant, ancien étudiant et membre d'une corporation, chirurgien remarquable, à ce qu'il paraît. Il te plaira sans doute. Et puis, il y a encore Krokovski, l'assistant, un monsieur très calé. Dans le prospectus, il est particulièrement question de son activité. Il fait de la dissection psychique avec les malades.

1. Behrens est le médecin-chef du sanatorium.

– Quoi ? que fait-il ? de la dissection psychique ? Mais c'est répugnant, dis donc, s'écria Hans Castorp.

Et la gaieté à présent prenait décidément le dessus. Il n'en était plus du tout le maître. Après tout le reste, la dissection psychique avait eu raison de lui, et il riait si fort que les larmes coulaient sous la main dont, penché en avant, il abritait ses yeux.

Mann, *La Montagne magique*, 1924,
Trad., Éd. Fayard, 1961.

Activités

1. En quoi ce texte est-il cynique malgré le démenti de Joachim ?

2. Quel serait aujourd'hui le nom de la « dissection psychique » ?

3. De quoi Hans Castorp rit-il ? Ce rire est-il celui de la gaieté ? Pourquoi ?

4.  **Toujours en proie au fou-rire, Hans est reçu par le médecin-chef. Imaginez la scène en une vingtaine de lignes.**

PRIX NOBEL À MANN

Le Prix Nobel : ce prix porte le nom d'Alfred Nobel (1833-1896), chercheur suédois qui fit fortune en inventant et en commercialisant un explosif, la dynamite. Par testament, il dota d'une importante somme d'argent cinq prix annuels internationaux en physique, chimie, médecine, littérature ainsi qu'un prix Nobel de la Paix. Ces prix sont considérés comme les plus hautes distinctions mondiales dans leur spécialité. Les mathématiques ne figurent pas au palmarès, et les mathématiciens prétendent que c'est en raison d'une liaison amoureuse entre un des leurs et madame Nobel...

PRIX LITTÉRAIRE

Remise du Nobel à Thomas Mann. *1929. La cérémonie de remise a toujours lieu à Stockholm, et les prix sont remis par le roi de Suède.*

Activités

1. **Qu'évoque pour vous la date de 1929 ? Faites une recherche dans vos livres d'histoire.**
2. **Quelles seront les conséquences des événements qui se déroulèrent cette année-là ?**

Édition, critique et prix littéraires

Un livre n'est pas seulement le produit d'une conscience, d'une plume et d'une feuille blanche. Il est lié à un système de production dans lequel l'éditeur, la critique, et les jurys de prix littéraires peuvent jouer un rôle considérable.

Les membres du Jury du prix Goncourt en 1999.

Le développement de l'édition

L'édition française se renouvelle au XXe, avec la fondation en 1909 de la *Nouvelle Revue française*, puis en 1911 des Éditions de la *Nouvelle Revue Française* (devenues Gallimard en 1919). Autour de la revue se groupera toute une série d'auteurs (de Gide à Claudel et Valéry, de Proust à Saint-John Perse, d'Aragon à Camus, de Supervielle à Sartre) qui représenteront une grande partie des réussites de la littérature française. Bien d'autres maisons se créent avant ou après la Grande Guerre : Grasset (avec Mauriac et Montherlant), Denoël (avec Céline et Artaud), Julliard, José Corti, Les Éditions de Minuit (avec le nouveau roman), Le Seuil. Au cours des années 70 et 80, un fort mouvement de concentration s'est dessiné puis renforcé autour de deux grand pôles : le groupe Hachette, filiale de Lagardère ; et le groupe Havas, filiale de Vivendi. Les deux entreprises regroupent chacune plus d'une trentaine de maisons d'édition aux noms souvent prestigieux. À côté d'eux subsistent cependant quatre maisons littéraires indépendantes : Albin Michel, Flammarion, Le Seuil et Gallimard, et de très nombreuses maisons de taille plus restreinte mais qui réussissent à conserver leur indépendance financière.

Les prix littéraires

Un des grands moments de la vie de l'édition est la saison des prix littéraires. Depuis la fondation du Goncourt en 1903 ils se sont multipliés. Le plus prestigieux est le prix Nobel (décerné entre autres à Gide, Martin du Gard, Camus, Saint-John Perse, Beckett et Claude Simon). En France on compte surtout le Femina (fondé en 1904), le Renaudot (1925), l'Interallié (1930), et le Médicis (1958). Ils provoquent parfois un scandale (*Voyage au bout de la nuit* fut écarté en 1932), ils sont parfois refusés (le Goncourt par Julien Gracq, le Nobel par Sartre).

Les critiques

Derniers acteurs du système : les critiques. Pour la plupart, les auteurs les ménagent (le temps est loin où Balzac pouvait écrire avec audace « il devint critique comme tous les impuissants »). Fonction journalistique, la critique est souvent sujette aux effets de modes, mais elle a parfois plus de recul et repère des lignes de force dans l'Histoire. Elle a aussi le courage de soutenir l'innovation. Certains universitaires ont tenté dans les années 70 d'en faire une théorie scientifique.

Activité

Relevez les critiques de romans parues cette semaine dans *L'Express*, *Le Point*, *Le Nouvel Observateur*, *L'Événement du jeudi*, *Le Figaro magazine* et *Télérama*. Faites une étude de leurs ressemblances et de leurs différences.

JOYCE

Écrivain irlandais, James Joyce (1882-1941) goûtait peu le conservatisme nationaliste et catholique de son pays et adorait la littérature : il vécut surtout sur le continent, en France et en Suisse particulièrement.

Ulysse

ÉCRITURE AMOUREUSE

Ce chef-d'œuvre de la littérature de langue anglaise dut d'abord être édité à Paris à cause de la censure britannique qui le trouvait « obscène ». Joyce y transpose L'Odyssée *d'Homère dans le Dublin des années 1920.*

Oui c'est pour ça qu'il m'a plu parce que je voyais qu'il comprenait ou qu'il sentait ce que c'est qu'une femme et je savais que je pourrais toujours en faire ce que je voudrais et je lui ai donné tout le plaisir que j'ai pu pour l'amener à me demander de dire oui et d'abord je ne voulais pas répondre je ne faisais que regarder la mer et le ciel je pensais à tant de choses qu'il ne savait pas à Mulvey et M. Stanhope et Hester et à père et au vieux capitaine Groves et aux marins qui jouaient à pigeon-vole et à saute-mouton [...] et la nuit que nous avons manqué le bateau à Algésiras le veilleur qui faisait sa ronde serein avec sa lanterne et Ô cet effrayant torrent tout au fond Ô et la mer la mer écarlate quelquefois comme du feu et les glorieux couchers de soleil et les figuiers dans les jardins de l'Alameda et toutes les ruelles bizarres et les maisons roses et bleues et jaunes et les roseraies et les jasmins et les géraniums et les cactus de Gibraltar quand j'étais jeune fille et une Fleur de la montagne oui quand j'ai mis la rose dans mes cheveux comme les filles andalouses ou en mettrai-je une rouge oui et comme il m'a embrassée sous le mur mauresque je me suis dit après tout aussi bien lui qu'un autre et alors je lui ai demandé avec les yeux de demander encore oui et alors il m'a demandé si je voulais oui dire oui ma fleur de la montagne et d'abord je lui ai mis mes bras autour de lui oui et je l'ai attiré sur moi pour qu'il sente mes seins tout parfumés oui et son cœur battait comme fou et oui j'ai dit oui je veux bien Oui.

Joyce, *Ulysse*, 1914-1921, Trad. A. Morel révisée par V. Larbaud, S. Gilbert et l'auteur, Éd. Gallimard, 1929.

Activités

1. **Étudiez le rythme de cet extrait. Quel est l'effet produit par l'absence de ponctuation ?**
2. **Quel peut être le but recherché par l'auteur lorsqu'il adopte ce type d'écriture ?**
3. **Comparez ce texte à celui de J.-L. Ménétra** **[voir p. 216].** **Le flux continu de paroles, sans ponctuation, est-il dû à une même recherche esthétique ?**

GIDE

Romancier, essayiste, André Gide (1869-1951), est passé par l'écriture symboliste, puis le non-conformisme, puis l'engagement, sans jamais cesser de vouloir être un classique. Co-fondateur de la *Nouvelle Revue Française*, il reçut le Prix Nobel de littérature en 1947.

Les Faux-Monnayeurs

INCIPIT

Ce roman passe pour être une simple expérience de récit d'avant-garde qui annoncerait le nouveau roman. Derrière sa complexité un peu virtuose, c'est en réalité un véritable miroir du monde de son temps, une des vues les plus fortes qui soient sur la société de l'avant et de l'après-guerre.

C'est le moment de croire que j'entends des pas dans le corridor, se dit Bernard. Il releva la tête et prêta l'oreille. Mais non : son père et son frère aîné étaient retenus au Palais[1] ; sa mère en visite ; sa sœur à un concert ; et quant au puîné[2], le petit Caloub, une pension le bouclait au sortir du lycée chaque jour. Bernard Profitendieu était resté à la maison pour potasser son bachot ; il n'avait plus devant lui que trois semaines. La famille respectait sa solitude ; le démon pas. Bien que Bernard eût mis bas sa veste, il étouffait. Par la fenêtre ouverte sur la rue n'entrait rien que de la chaleur. Son front ruisselait. Une goutte de sueur coula le long de son nez, et s'en alla tomber sur une lettre qu'il tenait en main :

« Ça joue la larme, pensa-t-il. Mais mieux vaut suer que de pleurer. »

Oui, la date était péremptoire. Pas moyen de douter : c'est bien de lui, Bernard qu'il s'agissait. La lettre était adressée à sa mère ; une lettre d'amour vieille de dix-sept ans ; non signée.

« Que signifie cette initiale ? Un V, qui peut aussi bien être un N… Sied-il d'interroger ma mère ?... Faisons crédit à son bon goût. Libre à moi d'imaginer que c'est un prince. La belle avance si j'apprends que je suis le fils d'un croquant[3] ! Ne pas savoir qui est son père, c'est ça qui guérit de la peur de lui ressembler. Toute recherche oblige. Ne retenons de ceci que la délivrance. N'approfondissons pas. Aussi bien j'en ai mon suffisant pour aujourd'hui. »

1. Palais de justice.
2. Le garçon né après le narrateur.
3. Mot péjoratif pour désigner un rustre.

Bernard replia la lettre. Elle était de même format que les douze autres du paquet. Une faveur rose les attachait, qu'il n'avait pas eu à dénouer; qu'il refit glisser pour ceinturer comme auparavant la liasse. Il remit la liasse dans le coffret et le coffret dans le tiroir de la console. Le tiroir n'était pas ouvert; il avait livré son secret par en haut. Bernard rassujettit les lames disjointes du plafond de bois, que devait recouvrir une lourde plaque d'onyx[4]. Il fit doucement, précautionneusement, retomber celle-ci, replaça par-dessus deux candélabres de cristal et l'encombrante pendule qu'il venait de s'amuser à réparer.

La pendule sonna quatre coups. Il l'avait remise à l'heure.

4. Variété de la pierre d'agate.

Gide, *Les Faux-Monnayeurs*, chap. I, Éd. Gallimard, 1925.

Activités

1. **Expliquez la phrase: « C'est le moment de croire que j'entends des pas dans le corridor. »**
2. **Étudiez la composition du texte. Dégagez-en les différents mouvements et les articulations narratives.**
3. **À quoi voit-on qu'il s'agit d'un début de roman? En quoi le récit est-il mené de manière à renseigner le lecteur sur un certain nombre de points tout en éveillant sa curiosité?**

MALRAUX

Romancier, André Malraux (1901-1976) obtint le prix Goncourt en 1933 pour *La Condition humaine*. Sympathisant des mouvements d'extrême-gauche, il dénonça les totalitarismes nazi et fasciste et s'engagea aux côtés des Républicains pendant la guerre civile espagnole. Après la Seconde Guerre mondiale, il s'orienta davantage vers la critique d'art et fut ministre de la culture de de Gaulle.

La Condition humaine

AVENTURES

Cette histoire très romancée de l'insurrection de Shanghai en 1927 passe pour un chef-d'œuvre d'action lyrique. L'art de Malraux va cependant bien au-delà, et il sait mettre dans sa voix des accents plus sarcastiques et grotesques, pour dire la totalité de la condition des hommes.

Non, les hommes n'existaient pas, puisqu'il suffit d'un costume pour échapper à soi-même, pour trouver une autre vie dans les yeux des autres. C'était, en profondeur, le même dépaysement, le même bonheur qui l'avaient saisi la première fois qu'il[1] était entré dans la foule chinoise. « Dire que faire une histoire, en français, ça veut dire l'écrire, et non la vivre ! » Ses balais portés comme des fusils, il gravit la passerelle, passa, les jambes molles, devant l'homme de coupée, et se trouva sur la coursive. Il fila vers l'avant parmi les passagers de pont, posa ses balais sur un rouleau de cordages. Il ne risquait plus rien avant la première escale. Il était pourtant loin de la tranquillité. Un passager de pont, Russe à la tête en fève, s'approcha de lui :

– Vous êtes du bord ?

Et sans attendre la réponse :

– La vie est agréable, à bord ?

– Ça, mon gars, tu peux pas t'en faire une idée. Le Français aime voyager, c'est un fait : pas un mot. Les officiers sont emmerdants, mais pas plus que les patrons, et on dort mal (j'aime pas les hamacs : question de goût) mais on mange bien. Et on voit des choses. Quand j'étais en Amérique du Sud, les missionnaires avaient fait apprendre par cœur aux sauvages, pendant des jours et des jours, des p'petits cantiques en latin. L'évêque arrive, le missionnaire bat la mesure : silence, les sauvages sont paralysés de respect. Mais

1. Le personnage central de la scène est ici un Français, le baron de Clappique, qui réussit à fuir la guerre civile à Shanghai en se déguisant en matelot pour monter à bord d'un navire en partance.

Les troupes japonaises à Shanghai pendant la guerre sino-japonaise en 1932.

pas un mot ! le cantique s'amène tout seul, les perroquets de la forêt, mon b'bon, qui n'ont entendu que lui, le chantent avec recueillement… Et pense que j'ai rencontré au large des Célèbes, il y a dix ans, des caravelles arabes à la dérive, sculptées comme des noix de coco et pleines de pestiférés morts avec leurs bras qui pendaient comme ça le long du bastingage sous une trombe de mouettes… Parfaitement…

– C'est de la chance. Je voyage depuis sept ans, et je n'ai rien vu comme ça.

– Il faut introduire les moyens de l'art dans la vie, mon b'bon, non pour en faire de l'art, ah ! bon Dieu non ! mais pour en faire davantage de la vie. Pas un mot !

Malraux, *La Condition humaine*, Éd. Gallimard, 1933.

Activités

1. **À quoi peut faire penser le procédé trouvé par le baron de Clappique pour fuir Shanghai ?**
2. **Sur quoi porte, à votre avis, la critique contenue par l'histoire des perroquets et du cantique ?**
3. **Discutez la maxime de Clappique « Il faut introduire les moyens de l'art dans la vie ».**

GUILLOUX

Louis Guilloux (1899-1980) est l'un des écrivains méconnus de l'Entre-deux guerres. Ses romans disent la vie quotidienne du peuple sans aucune complaisance, dans un mélange de sarcasme et de dignité qui font l'originalité de cet auteur.

Le Sang noir

IRONIE

Situé dans une petite ville de province, ce roman conte les faits et gestes d'une génération de jeunes gens envoyés au combat en 1917. Un personnage sert de pivot à l'ensemble des épisodes : Cripure, un homme plus âgé, professeur grotesque et sublime à la fois.

Encore un an avant la retraite.

Combien de semaines avant les vacances ? Avant que d'aller se rouler dans le sable et chasser le courlis[1], il faudrait en faire des pas et des pas et en débiter des mensonges ! Et pour couronner l'ouvrage, s'envoyer la corvée du bachot, faire passer leur examen à ces petits messieurs, pauvres gosses volés, dupés scandaleusement. Il se prêterait à la comédie, toujours complice. Et même il tirerait son profit de la circonstance. Il ne pensait pas seulement en effet au dérisoire bénéfice des quelques francs alloués par copie corrigée – ce qui ne faisait jamais une grosse somme, mais enfin, c'était toujours bon à prendre – mais à un profit plus réel : il irait comme d'habitude prendre pension à l'Alcazar. Tous les ans dans la saison du bachot, quand il lui fallait aller à Sernen faire passer l'oral, session qui durait plusieurs jours, c'est à l'Alcazar qu'il prenait pension, c'est-à-dire au bordel. Il écrivait à l'avance à la patronne pour qu'on lui retînt une chambre et passait là trois ou quatre jours dans la compagnie des filles qui elles au moins avaient, n'est-ce pas, sur les autres femmes et en général sur l'humanité soi-disant civilisée un avantage primordial : celui d'être absolument vraies. Il couchait peu avec elles. Ce qu'il aimait, c'était l'atmosphère, l'odeur du bordel, le rapport *fraternel* avec des femmes qui savaient ne pas se moquer de lui, ne pas avoir pitié non plus. Nulle part comme à l'Alcazar il ne trouvait le repos. C'était pour lui comme une sorte de Java à portée de la main. Une rupture avec *leur* ordre. Cripure s'y faisait conduire ouvertement, en voiture, après les séances d'interrogations, par-

1. Oiseau migrateur.

Des « filles » dans le film de Max Ophuls, Le Plaisir *en 1952.*

fois accompagné par un de ses collègues, un autre professeur de philosophie qui lui aussi, dans son trou lointain, cloportait à sa façon d'un bout de l'année à l'autre et concevait la saison du bachot d'une manière à peu près semblable à celle de Cripure.

Est-ce qu'elle serait encore là cette grande brune de l'année dernière qui aurait tant voulu savoir ce que c'était que la « vraie philosophie » et à qui il avait offert une bombe[2] au champagne ?

Guilloux, *Le Sang noir*, Éd. Gallimard, 1935.

Activités

1. **Que signifie, selon vous, le verbe « cloporter » ?**
2. **Analysez et expliquez le rôle des italiques dans le texte. Qui désigne « leur » dans la phrase « une rupture avec leur ordre » ?**
3. **En quoi ce récit est-il choquant pour l'ordre établi ? Dites pourquoi et par qui ce texte aurait pu être censuré.**

2. Repas, fête où l'on boit beaucoup.

M. YOURCENAR

Marguerite Yourcenar (1903-1983), traductrice de poésie grecque et de littérature américaine, est surtout l'auteur d'une importante œuvre romanesque. Deux de ses œuvres ont perpétué le genre du roman historique : les *Mémoires d'Hadrien* et *L'Œuvre au noir*. Elle fut la première femme élue à l'Académie Française (1980).

Mémoires d'Hadrien

ROMAN HISTORIQUE

L'empereur Hadrien[1] écrit à son petit-fils adoptif une lettre dans laquelle il retrace les étapes de son existence. Il tente de tirer de cette autobiographie une leçon d'humanisme païen.

Ils m'ont emmené à Baïes[2] ; par ces chaleurs de juillet, le trajet a été pénible, mais je respire mieux au bord de la mer. La vague fait sur le rivage son murmure de soie froissée et de caresse ; je jouis encore des longs soirs roses. Mais je ne tiens plus ces tablettes que pour occuper mes mains, qui s'agitent malgré moi. J'ai envoyé chercher Antonin ; un courrier lancé à fond de train est parti pour Rome. Bruit des sabots de Borysthènes, galop du Cavalier thrace… Le petit groupe des intimes se presse à mon chevet. Chabrias[3] me fait pitié : les larmes conviennent mal aux rides des vieillards. Le beau visage de Céler[4] est comme toujours étrangement calme ; il s'applique à me soigner sans rien laisser voir de ce qui pourrait ajouter à l'inquiétude ou à la fatigue d'un malade. Mais Diotime[5] sanglote, la tête enfouie dans les coussins. J'ai assuré son avenir ; il n'aime pas l'Italie ; il pourra réaliser son rêve, qui est de retourner à Gadara et d'y ouvrir avec un ami une école d'éloquence ; il n'a rien à perdre à ma mort. Et pourtant, la mince épaule s'agite convulsivement sous les plis de la tunique ; je sens sous mes doigts des pleurs délicieux. Hadrien jusqu'au bout aura été humainement aimé.

Petite âme, âme tendre et flottante, compagne de mon corps, qui fut ton hôte, tu vas descendre dans ces lieux pâles, durs et nus, où tu devras renoncer aux jeux d'autrefois. Un instant encore, regardons ensemble les rives familières, les objets que sans doute nous ne reverrons plus… Tâchons d'entrer dans la mort les yeux ouverts…

M. Yourcenar, *Mémoires d'Hadrien*, Éd Gallimard, 1951.

Activités

1. **À quoi voit-on qu'il s'agit d'une autobiographie fictive et non d'une véritable autobiographie rédigée par le « je » narrateur ?**
2. **Que désigne l'expression « petite âme » ?**
3. **Faites un commentaire de quarante lignes sur la dernière phrase.**

1. Empereur romain, 117-138 ap. J.-C.
2. Villégiature près de Naples, très apprécié des romains.
3, 4, 5 : personnages du récit.

GIONO

Écrivain du grand air, du midi, de la route, de la nature, Jean Giono (1885-1970) est beaucoup plus que l'auteur régional qu'on en fait parfois. Il a su créer dans ses amples romans tout un univers qui en fait l'un des écrivains français les plus importants du XXe siècle.

Le Hussard sur le toit

ÉPISTOLAIRE

Ce roman d'aventure dont l'action se situe au XIXe siècle est centré sur les aventures du jeune héros, Angelo. Voici une lettre de la mère du héros à son fils.

« Et maintenant, parlons de choses sérieuses. J'ai peur que tu ne fasses pas de folies. Cela n'empêche ni la gravité, ni la mélancolie, ni la solitude : ces trois gourmandises de ton caractère. Tu peux être grave et fou, qui empêche ? Tu peux être tout ce que tu veux et fou en surplus, mais il faut être fou, mon enfant. Regarde autour de toi le nombre sans cesse grandissant de gens qui se prennent au sérieux. Outre qu'ils se donnent un ridicule irrémédiable devant les esprits semblables au mien, ils se font une vie dangereusement constipée. Ils sont exactement comme si, à la fois, ils se bourraient de tripes qui *relâchent* et de nèfles du Japon qui *resserrent*. Ils gonflent, gonflent, puis ils éclatent et ça sens mauvais pour tout le monde. Je n'ai pas trouvé d'image meilleure que celle-là. D'ailleurs, elle me plaît beaucoup. Il faudrait même y employer trois ou quatre mots de dialecte de façon à la rendre plus ordurière que ce qu'elle est en piémontais. Toi qui connais mon éloignement naturel pour tout ce qui est grossier, cette recherche te montre bien tout le danger que courent les gens qui se prennent au sérieux devant le jugement des esprits originaux. Ne sois jamais une mauvaise odeur pour tout un royaume, mon enfant. Promène-toi comme un jasmin au milieu de tous.

Et, à ce sujet, Dieu est-il ton ami ? Fais-tu l'amour ? Je le demande chaque soir dans mes prières. »

Giono, *Le Hussard sur le toit*, Éd. Gallimard, 1951.

Activités

1. **Précisez le sens du mot « gourmandise » dans le contexte.**
2. **En quoi cette lettre est-elle surprenante ? Pour quelles raisons le discours et les conseils de cette mère à son fils sont-ils atypiques ?**
3. **Imaginez, en une trentaine de lignes une réponse du destinataire à sa mère.**

Cinéma et littérature

Un philosophe grand amateur de littérature, Theodor Adorno écrivait en 1934 : « Chaque fois que je vais au cinéma, j'en ressors encore plus bête que je n'y étais entré ». Communément admise à cette époque-là dans l'élite intellectuelle, cette opinion ne fait guère plus recette aujourd'hui, tant les destins de la littérature et du cinéma sont désormais mêlés.

Les Enfants du Paradis *de Marcel Carné.*

Les écrivains et le septième art

Au début du siècle, Guillaume Apollinaire, les futuristes, puis les surréalistes avaient entrevu les possibilités que cette nouvelle forme offrait à la littérature : ils étaient sensibles à ses rythmes nouveaux ou à la puissance de ses images. Mais d'une façon générale, les auteurs littéraires ne verront pendant longtemps dans le cinéma qu'une ressource « alimentaire », payant mieux que l'édition. Quelques exceptions en France : celle de Sacha Guitry, auteur de théâtre qui pratiquera le cinéma pour tenter de lui donner une certaine qualité (pari réussi en particulier avec *Le Roman d'un tricheur* en 1936), celle de Jean Cocteau (*Le Sang d'un poète*, 1930), et surtout celle du couple formé par le réalisateur Marcel Carné et le poète Jacques Prévert : nous leur devons, entre autres chefs-d'œuvre, *Drôle de drame* (1937), *Les Visiteurs du soir* (1942) et *Les Enfants du Paradis* (1945).

L'adaptation cinématographique

C'est par l'adaptation que passe l'essentiel des relations entre cinéma et littérature. Le grand roman réaliste du XIXe siècle est une mine à scénarios. Balzac fournit régulièrement ses sources, du *Père Goriot* de Robert Vernay et Charles Spaak (1944) au *Colonel Chabert* d'Yves Angelo (1994), avec Fanny Ardant, Gérard Depardieu, Fabrice Luchini, André Dussolier et Claude Rich (la première version cinématographique remonte à 1911, film muet d'André Calmettes). *Le Rouge et le Noir* de Stendhal fut adapté par Claude Autan-Lara en 1954 (avec Danielle Darieux et Gérard Philippe). *Madame Bovary* (de Flaubert) attira successivement Jean Renoir (en 1933) et Vicente Minelli (aux États-Unis, en 1949). *Les Misérables* de Hugo permirent à Raymond Bernard de produire son meilleur film en 1933. Émile Zola tentera lui aussi Jean Renoir qui réalise *La Bête humaine* en 1934.

La nouvelle vague

Ce cinéma d'adaptation fut très vivement critiqué par les cinéastes de la « nouvelle vague » à partir des années soixante. Ce qui n'empêchera pas ces cinéastes (François Truffaut par exemple) de vouloir faire jeu égal avec la littérature de leur temps. Parallèlement, des auteurs du nouveau roman comme Marguerite Duras (*Hiroshima mon amour*, [voir p. 515]) ou Alain Robbe-Grillet (*Glissements progressifs du plaisir*) tentent de transposer à l'écran les rythmes et points de vue du nouveau roman.

Activité

Faites une étude comparée des trois épisodes du film de Max Ophuls *Le Plaisir*, et des trois nouvelles de Maupassant dont il s'inspire : *Le masque, La maison Tellier* et *Le modèle*.

SIMON

Claude Simon, né en 1913, considéré comme l'un des maîtres du nouveau roman, échappe pourtant à cette classification simplificatrice par l'ampleur de son œuvre. Il reçoit le Prix Nobel de littérature en 1985.

La Route des Flandres

NOUVEAU ROMAN

Ce roman décrit la débâcle française de 1940. Tout un monde ressurgit, dans sa fragmentation, à l'occasion d'une interrogation sur les causes de la mort d'un officier. Dans cet extrait, le personnage principal, Georges, et ses camarades sont à la halte, chez des paysans.

Georges essayait de laver un peu de linge les doigts glacés gourds frottant le savon sur le rebord piqueté de la margelle[1] où l'étoffe mouillée se collait du même gris que le ciel avec des poches d'air emprisonnées au-dessous dessinant des cloques des lignes des reliefs d'un gris plus clair, en passant le savon il les écrasait et ils s'accumulaient en plissements parallèles et sinueux un nuage bleuâtre se répandant dans l'eau quand il les rinça, des bulles bleuâtres se pressaient s'agglutinaient dérivaient lentement se frayant un chemin méandreux, se glissant à travers la boue noire piétinée par les bêtes où l'eau s'écoulait d'une empreinte de sabot à l'autre mais à la fin le linge était à peu près aussi gris qu'avant, et Blum dit : « Pourquoi ne lui as-tu pas demandé de te le laver ? Tu as eu peur que son mari te flanque un coup de fusil ? C'est point son mari », dit Wack, puis il se tut comme s'il regrettait d'avoir parlé, baissant de nouveau son visage de paysan alsacien taciturne, hostile, vers le seau au-dessus duquel il frottait son mors et ses étriers avec du sable humide, et Georges : « Comment le sais-tu ? », et Wack continuant à astiquer ses aciers sans répondre, Georges répétant : « Comment le sais-tu ? Qu'est-ce que tu en sais ? », Wack ne relevant toujours pas la tête, le visage penché dissimulé – au-dessus du seau, disant à la fin de mauvaise grâce, furieux : « Je l'sais ! », et Martin rigolant, disant : « Il les a aidés tout à l'heure à rentrer leurs patates. C'est le valet qui le lui a dit : ce n'est que le frère », et Blum : « Et où est le mari ? En balade à la ville ? », et Wack se retournant d'une pièce, disant : « En balade comme toi, spèce de con : 'vec un casque sur la tête ! ».

Simon, *La Route des Flandres*, Éd. Minuit, 1960.

Activités

1. **Étudiez la ponctuation du texte et la construction des phrases. Quel est l'effet produit sur le lecteur ?**
2. **De quoi le lavage du linge, avec ses lignes et ses bulles, peut-il être l'image ?**
3. **Comparez ce texte à celui de James Joyce** **[voir p. 585]** **En quoi le mode de construction des phrases et du récit relève-t-il dans les deux textes d'une même démarche narrative ?**

1. Assise de pierre circulaire qui forme le rebord d'un puits, d'un bassin ou d'une fontaine.

SOLJENITSYNE

Alexandre Soljenitsyne (1918), officier de l'armée rouge, décoré pour faits de guerre, fut condamné au bagne en 1945 pour avoir critiqué Staline. À partir des années 1960, il va écrire l'une des œuvres majeures de la littérature russe contemporaine, en la fondant sur la critique du totalitarisme.

Le Premier cercle

IRONIE

« Le premier cercle », par allusion aux cercles de L'Enfer *de Dante* **[voir p. 56]***, ce sont les prisons où le régime stalinien enfermait les prisonniers politiques. Le texte qui suit est la conclusion du roman : les prisonniers quittent Moscou pour le bagne.*

Oui, ce qui les attendait, c'étaient la taïga et la toundra, les records de froid d'Oimyakon, les mines de cuivre du Djezkazgan. Ce qui les attendait, c'étaient le pic et la brouette, les rations de famine de pain spongieux, l'hôpital, la mort. Rien que le pire.

Mais la paix régnait dans leur cœur.

Ils étaient habités par l'intrépidité de ceux qui ont tout perdu, une intrépidité qu'on n'acquiert pas facilement, mais qui dure.

Trimballant sa cargaison de corps entassés, le camion gaiement peint d'orange et de bleu traversa les rues de la ville, passa devant une gare et s'arrêta à un carrefour. Une voiture marron aux chromes étincelants attendait elle aussi que le feu passât au vert. À l'intérieur se trouvait le correspondant du quotidien progressiste français *Libération*, qui se rendait au stade Dynamo pour assister à un match de hockey. Le correspondant lut sur le camion :

Myaso

Viande

Fleisch

Meat

Il se souvint avoir déjà vu ce jour-là plus d'un camion semblable à celui-ci dans divers quartiers de Moscou. Il prit son carnet et nota avec un stylo marron comme sa voiture :

« Dans les rues de Moscou, on voit souvent des camions bien astiqués et répondant à toutes les exigences de l'hygiène, qui vont livrer des produits alimentaires. Il faut bien reconnaître que l'approvisionnement de la capitale est excellent. »

Soljenitsyne, *Le Premier cercle*, 1955-1964.
Trad. H.-G. Kybarthi, Éd. Robert Laffont, 1968.

Activités

1. Cherchez dans un atlas Oimyakon et le Djezkazgan.
2. Quel est l'effet produit par la répétition du mot « viande » traduit en quatre langues sur le camion ?
3. En quoi la note finale est-elle cruellement ironique et révélatrice d'une réalité historique et politique de l'époque ?

LE CLÉZIO

Jean-Marie Gustave Le Clézio, né en 1940, exprime dans ses romans sa forte hantise du progrès technique et de la mort. Son style montre qu'il n'a pas totalement cessé de croire à une possible harmonie entre l'homme et le monde.

Le Désert

EXPLICIT

Le roman est bâti sur deux aventures : celle des hommes bleus du Sahara qui vont périr lors de la conquête coloniale par la France, et celle de Lalla, une jeune maghrébine des années 1970.

Quand tout fut fini, les derniers hommes bleus ont recommencé à marcher, sur la piste du sud, celle qui est si longue qu'elle semble n'avoir pas de fin. Nour[1] marchait avec eux, pieds nus, sans rien d'autre que son manteau de laine, et un peu de pain serré dans un linge humide. Ils étaient les derniers Imazighen, les derniers hommes libres, les Taubalt, les Tekna, les Tidrarin, les Aroussiyine, les Sebaa, les Reguibat Sahel, les derniers survivants des Berik Allah, les Bénis de Dieu. Ils n'avaient rien d'autre que ce que voyaient leurs yeux, que ce que touchaient leurs pieds nus. Devant eux, la terre très plate s'étendait comme la mer, scintillante de sel. Elle ondoyait, elle créait ses cités blanches aux murs magnifiques, aux coupoles qui éclataient comme des bulles. Le soleil brûlait leurs visages et leurs mains, la lumière creusait son vertige, quand les ombres des hommes sont pareilles à des puits sans fond.

Chaque soir, leurs lèvres saignantes cherchaient la fraîcheur des puits, la boue saumâtre des rivières alcalines. Puis, la nuit froide les enserrait, brisait leurs membres et leur souffle, mettait un poids sur leur nuque. Il n'y avait pas de fin à la liberté, elle était vaste comme l'étendue de la terre, belle et cruelle comme la lumière, douce comme les yeux de l'eau. Chaque jour, à la première aube, les hommes libres retournaient vers leur demeure, vers le sud, là où personne d'autre ne savait vivre. Chaque jour, avec les mêmes gestes, ils effaçaient les traces de leurs feux, ils enterraient leurs excréments. Tournés vers le désert, ils faisaient leur prière sans paroles. Ils s'en allaient, comme dans un rêve, ils disparaissaient.

Le Clézio, *Le Désert*, Éd. Gallimard, 1980.

Activités

1. **Étudiez l'effet produit par l'accumulation des noms propres.**
2. **À quel procédé cinématographique s'apparente la fin de ce texte ?**
3. **En quoi peut-on dire du style de ce passage qu'il est poétique ? Justifiez vos réponses en vous appuyant sur des exemples précis du texte.**

1. Personnage du roman.

D. SALLENAVE

Danièle Sallenave, née en 1940, est enseignante et traductrice. Son roman, *Les Portes de Gubbio,* a obtenu le prix Renaudot en 1980.

Les Portes de Gubbio

NARRATION

Il y a deux portes aux maisons de Gubbio[1] : l'une sert au passage des vivants, l'autre au passage des morts. « Ma mémoire, dit Danièle Sallenave, est semblable aux maisons de Gubbio. Parfois cependant elle confond les deux portes. »

Activités

1. **À quelle époque font référence « les soldats armés de piques » ?**
2. **Relevez les indices temporels (adverbes, noms communs, temps des verbes) qui participent du brouillage de la chronologie et des repères narratifs.**
3. **Commentez « je savais bien que je n'étais pas innocent ».**

Cette nuit, j'ai fait ce rêve. On m'amène dans une charrette sur les lieux du supplice auquel j'ai été condamné. La guillotine est dressée sur les berges d'un fleuve ; je vois de loin les bois de justice, et le métal luisant du couperet. Quelques badauds, des femmes, des soldats armés de piques et coiffés de bonnets contemplent le spectacle en silence. Lorsqu'on abaisse les ridelles pour me faire descendre, je m'aperçois que sur un côté je ne suis pas gardé, et que mes mains sont libres. J'ai le temps de me glisser sur la berge, et de là sous un pont, tandis qu'on me cherche en vain là-haut. À ce moment, l'époque change : j'entre dans un café de mariniers où sans me poser de questions on me donne un annuaire pour que j'appelle un taxi. Je saute dans la voiture en donnant au chauffeur le nom d'une ville située à une centaine de kilomètres de là. Il ne dit rien, mais me jette des regards prolongés dans le rétroviseur. Non loin de là les gendarmes m'attendent, derrière un barrage fait de branches d'arbres hâtivement coupées. Le taxi s'arrête de lui-même : le chauffeur était de la police. Et tandis qu'on me ramène sur les lieux de l'exécution, je me dis : « Je savais bien que je n'étais pas innocent. »

Tard dans la nuit. La lune apparaît dans le ciel dégagé. Toute la soirée les nuages ont couru, masquant et démasquant sa lumière, comme on fait devant une lanterne pour envoyer des signaux.

Pas de nouvelles d'Anne.

D. Sallenave, *Les Portes de Gubbio*, Éd. Hachette, 1980.

1. Ville d'Italie, en Ombrie. Ancienne ville étrusque et romaine.

ANTUNES

Né en 1942, Antonio Lobo Antunes, médecin portugais, a fait la guerre coloniale en Angola et dirigé un service psychiatrique en hôpital. Son œuvre très énergique se caractérise à la fois par son ironie et sa poésie.

Explication des oiseaux

SOUVENIR

Hanté par l'idée du suicide, un homme se penche sur son passé et ne retrouve de bonheur que dans le souvenir d'un rêve d'enfance, un rêve d'oiseaux.

« Je veux être enterrée dans le piano à queue, cria tout à coup sa grand-mère, un chiffon noué autour de la tête, allongée sur son lit d'invalide, dans un torrent d'obscénités véhémentes. J'étais petit et je la regardais de la porte de la chambre, effrayé : c'est donc comme ça qu'on finit ? Les ballons de sérum, les visites circonspectes du médecin, sa grand-mère muette, immobile, dormant, et soudain, inopinément, sans préavis, la bouche édentée s'ouvrait sur une immense caverne, trois ou quatre dents spongieuses surgissaient sur les gencives sombres, et de nouveau c'était les criailleries habituelles, inévitables, alarmantes, terribles :

– Je veux être enterrée dans le piano à queue, espèces de putes.

– Une porcherie, répéta sa sœur en suçant une pastille pour la gorge qui parfumait ses phrases d'un souffle végétal, une porcherie incroyable.

– Ça n'a peut-être pas été un enterrement grandiose, mais ça a été un enterrement convenable, dit son père qui portait la barbe postiche du dernier numéro et qui comptait l'argent de la recette derrière le guichet, d'un doigt rapide humecté de salive. (Les vagues avançaient et reculaient sur la plage invisible dans les ténèbres avec une rumeur lente, lourde, insistante. Des rangées de lampes oscillaient.) Quant au piano à queue, il est évident qu'il n'y en avait pas chez elle, elle avait donné son piano droit aux pauvres quand elle s'était mise à tout vendre.

Antunes, *Explication des oiseaux*,
Trad. G. Leibrich, Éd. Christian Bourgois, 1991.

Activités

1. **Étudiez l'alternance du récit et du discours dans ce passage.**
2. **En quoi le point de vue du narrateur et la nature de ses interventions sont-ils propres à l'écriture du souvenir ?**
3. **Racontez un événement marquant de votre passé en essayant d'utiliser un regard d'enfant.**

De l'intime à la polémique

À côté des trois « grands » genres (poésie, théâtre, roman) se déploie tout un domaine qui, au XXe siècle, prend des proportions très importantes. Qu'il s'agisse d'essais, de maximes, de vraies lettres, de journaux littéraires, de mémoires, et même de récits à la première personne, un trait commun se retrouve : l'engagement d'une conscience qui prend toutes les responsabilités de son écriture, de ses attaques, de ses amours, de ses haines et de ses goûts. Plus libre que dans les genres reconnus, la plume n'en est que plus vive.

KAFKA

Né à Prague, dans une famille juive, Franz Kafka (1883-1924) est un écrivain de langue allemande. Il a cherché a se libérer de toutes les institutions, mais cette lutte le rendait de plus en plus solitaire. L'angoisse règne dans cette œuvre qui comporte parfois des moments de grande ironie.

Journal

LECTURE

Portant sur les années 1910-1922, ce journal est ainsi défini par Kafka : « Observe-toi, cela signifie : transforme-toi en maître de tes actes. Or, tu l'es déjà, maître de tes actes. Le mot signifie donc : Méconnais-toi ! Détruis-toi ! »

L'amertume que j'ai ressentie hier, chez Baum, quand Max a lu mon histoire d'automobile. J'étais séparé de tout le monde et, en face de mon histoire, j'avais le menton littéralement enfoncé dans la poitrine. Les phrases désordonnées de ce récit, où il y a des trous dans lesquels on pourrait mettre les deux poings ; telle phrase ronfle, telle autre sonne le creux, comme cela se trouve ; une phrase se frotte contre l'autre comme la langue sur une dent creuse ou fausse ; une autre ouvre la marche si brutalement que l'histoire tout entière donne dans une stupéfaction boudeuse ; une imitation somnolente de Max (reproches étouffés-attisés) se balance là-dedans, le spectacle évoque parfois celui d'un cours de danse à son premier quart d'heure. Je m'explique cela par le fait que j'ai trop peu de temps et trop peu de calme pour tirer de moi toutes les ressources de mon talent. En conséquence, je ne produis jamais que des éléments décousus, et mon histoire d'automobile, par exemple, n'est faite d'un bout à l'autre que d'éléments décousus. Si je parvenais à écrire un ensemble plus long et bien constitué du début à la fin, mon histoire ne pourrait jamais se détacher de moi définitivement et, en ma qualité de proche parent d'une histoire saine, j'aurais le droit d'en écouter la lecture avec calme et les yeux grand ouverts, mais ce n'est pas le cas, chaque petit bout de l'histoire vagabonde de tous côtés comme un sans-patrie et me jette dans une direction opposée à la sienne. – Ceci dit, je pourrai encore m'estimer heureux si mon explication est juste.

Kafka, *Journal*, 1911.
Trad. M. Robert, Éd. Grasset, 1954.

Activités

1. **Analysez et commentez les différents mouvements du texte (description, analyse, hypothèse) ?**
2. **Comment expliquez-vous la dernière phrase de ce passage ?**
3. **Quels sont les reproches que Kafka se fait à lui-même ? Pensez-vous qu'un écrivain puisse juger objectivement de ses propres œuvres ? Pourquoi ?**

BERNANOS

Romancier et essayiste catholique, Georges Bernanos (1888-1948) a lutté toute sa vie contre le péché d'indifférence. Son œuvre entière peut se placer sous le signe de l'une de ses phrases : « L'enfer, c'est de ne plus aimer ».

Les Grands Cimetières sous la lune

ENGAGEMENT

Le centre de ce livre est la dénonciation par un chrétien des crimes perpétrés par les troupes franquistes au nom de l'Église catholique lors de la guerre civile espagnole (1936-1939).

On s'habitue très bien aux morts, à la vue, à l'odeur des morts, mais les charniers sont les charniers. Une brute y devient lâche, un lâche y pourrit sur place, se liquéfie. Aussi longtemps qu'il y aura des soldats dans le monde, vous ne les empêcherez pas d'honorer leur risque, et qui honore son risque, honore l'ennemi. Telle est la loi du sport et de la guerre. – Mais qui vous empêche d'honorer ? – J'illustrerai donc ce propos d'un exemple. J'ignore ce que firent ou ne firent pas les Croisés de la Péninsule. Je sais seulement que les Croisés de Majorque[1] exécutèrent en une nuit tous les prisonniers ramassés dans les tranchées catalanes. On conduisit le bétail jusqu'à la plage où on le fusilla sans se presser, bête par bête. Mais non, Excellences[2], je ne mets nullement en cause votre vénéré Frère, l'évêque-archevêque de Palma ! Il se fit représenter comme d'habitude, à la cérémonie, par un certain nombre de prêtres qui, sous la surveillance des militaires, offrirent leurs services à ces malheureux. On peut se représenter la scène : « Allons, Padre, celui-là est-il prêt ? – Une minute, monsieur le capitaine, je vais vous le donner tout de suite. » Leurs Excellences affirment avoir obtenu dans de pareilles conjonctures, des résultats satisfaisants, que m'importe ? Avec un peu plus de temps devant eux, et par exemple en prenant la peine d'asseoir les patients sur une marmite d'eau bouillante, ces ecclésiastiques auraient sans doute mieux réussi encore. Ils leur auraient même fait chanter les vêpres, pourquoi pas ? Moi, je m'en fiche. Le travail achevé, les Croisés mirent les bes-

1. Soldats franquistes dans l'île de Majorque, territoire espagnol où réside Bernanos.
2. Titre donné aux grands personnages de l'Église catholique.

Guernica de Pablo Picasso, symbole par excellence de l'horreurs de la Guerre Civile espagnole.

tiaux par tas – bétail absous et non absous – puis les arrosèrent d'essence, que l'on appelle là-bas gazoline. Il est bien possible que cette purification par le feu ait revêtu alors, en raison de la présence des prêtres de service, une signification liturgique. Malheureusement je n'ai vu que le surlendemain ces hommes noirs et luisants, tordus par la flamme, et dont quelques-uns affectaient dans la mort des poses obscènes, capables d'attrister les dames palmesanes[3], et leurs distingués confesseurs. Un goudron puant sortait d'eux par rigoles, et fumait sous le soleil d'août.

Bernanos, *Les Grands Cimetières sous la lune*, Éd. Plon, 1938

Activités

1. **Pourquoi Bernanos parle-t-il de « bétail » ?**
2. **Relevez les marques de l'ironie. Quelle effet produit-elle sur le lecteur ? En quoi contribue-t-elle à rendre ce spectacle d'horreur encore plus insoutenable ?**
3. **Étudiez le point de vue du narrateur ? En quoi ce texte est-il une dénonciation ? Est-elle efficace ? Pourquoi ?**

3. Femmes des milieux aisés de Palma de Marjoque.

NIZAN

Paul Nizan (1905-1940), compagnon de Sartre à l'École Normale Supérieure dans les années 1920, fut d'abord un jeune homme en révolte contre la bourgeoisie et l'université. Inscrit au Parti Communiste, il le quitta après le pacte germano-soviétique de 1938. Il fut tué au front en 1940.

Aden Arabie

RÉVOLTE

Ce livre est le récit d'un voyage au Moyen-Orient, pamphlet contre l'Europe et le colonialisme. Au bout du voyage, il ne règne plus qu'une humeur très sombre « Quand vous marchez sur un trottoir, cherchez des pièges, cherchez des pièges. Les décors où vous passez sont dressés contre vous. Vous devez les détruire ».

J'avais vingt ans. Je ne laisserai personne dire que c'est le plus bel âge de la vie.

Tout menace de ruine un jeune homme : l'amour, les idées, la perte de sa famille, l'entrée parmi les grandes personnes. Il est dur à apprendre sa partie dans le monde.

À quoi ressemblait notre monde ? Il avait l'air du chaos que les Grecs mettaient à l'origine de l'univers dans les nuées de la fabrication. Seulement on croyait y voir le commencement de la fin, de la vraie fin, et non de celle qui est le commencement d'un commencement. Devant des transformations épuisantes dont un nombre infime de témoins s'efforçait de découvrir la clef, on pouvait simplement apercevoir que la confusion conduisait à la belle mort de ce qui existait. Tout ressemblait au désordre qui conclut les maladies : avant la mort qui se charge de rendre tous les corps invisibles, l'unité de la chair se dissipe, chaque partie dans cette multiplication tire dans son sens. Cela finit par la pourriture qui ne comporte pas de résurrection.

Très peu d'hommes se sentaient alors assez clairvoyants pour débrouiller les forces déjà à l'œuvre derrière les grands débris pourrissants.

Nizan, *Aden Arabie*, Éd. Maspero, 1960.

Activités

1. **Étudiez et commentez la composition de ce texte. Quel est le point de vue du narrateur ? De quelle manière les deux premières phrases orientent-elles les lectures de la suite du texte ?**
2. **Quel est le ton dominant ? Quel effet cela produit-il sur le lecteur ?**
3. **Réécrivez ce texte en commençant par : J'ai vingt ans, c'est le plus bel âge de la vie.**

CIORAN

Émile Michel Cioran (1911-1995), d'origine roumaine, est devenu l'un des maîtres de la forme brève en langue française. Moraliste, il excelle dans la maxime et l'aphorisme. Son œuvre se caractérise par un pessimisme marqué.

Syllogismes de l'amertume

APHORISME

Chaque réflexion de l'auteur est une fenêtre qui se refermerait brutalement sur la perspective qu'elle a semblé ouvrir. Le pessimisme n'y a qu'un seul contrepoids : l'assurance que les mots quand ils sont bien mis en place peuvent dire une forme de vérité.

Méfiez-vous de ceux qui tournent le dos à l'amour, à l'ambition, à la société. Ils se vengeront d'y avoir *renoncé*.

Ne cultivent l'aphorisme que ceux qui ont connu la peur *au milieu* des mots, cette peur de crouler avec *tous les mots*.

Un livre qui, après avoir tout démoli, ne se démolit pas lui-même, nous aura exaspérés en vain.

– « Il avait du talent ; pourtant plus personne ne s'en occupe. Il est oublié. » – « Ce n'est que justice : il n'a pas su prendre toutes ses précautions pour être *mal* compris. »

Grâce à la mélancolie – cet alpinisme des paresseux – nous escaladons de *notre lit* tous les sommets et rêvons au-dessus de tous les précipices.

Comme tout iconoclaste[1], j'ai brisé mes idoles pour sacrifier à leurs débris.

Depuis deux mille ans, Jésus se venge sur nous de n'être pas mort sur un canapé.

Un moine et un boucher se bagarrent à l'intérieur de chaque désir.

ÉVOLUTION : Prométhée, de nos jours, serait un député de l'opposition.

Cioran, *Syllogismes de l'amertume*, Éd. Gallimard, 1952.

Activités

1. **Recherchez la définition d'un syllogisme.**
2. **Analysez chacune des phrases de cette page en mettant en évidence leur mode de fonctionnement, leurs articulations, etc. Correspondent-elles toutes à la définition du syllogisme ? Justifiez vos réponses.**
3. **Un aphorisme est une formule concise résumant une théorie. En quoi bon nombre de ces phrases sont-elles plutôt des aphorismes que des syllogismes ?**

1. Partisans des empereurs byzantins qui s'opposèrent à l'adoration et au culte des images saintes.

CHRAÏBI

Driss Chraïbi, né en 1926 est un écrivain marocain d'expression française. Son premier livre *Le Passé simple* fut un événement violent dans la culture nord-africaine. Depuis, son œuvre n'a cessé de s'approfondir pour dire au plus près les contradictions du Maghreb contemporain.

Le Passé simple

RÉVOLTE

Dans ce roman, Driss Ferdi, le jeune narrateur-personnage s'en prend aux hypocrisies du régime colonial aussi bien qu'à celles de la société marocaine traditionnelle. Le texte cité est extrait de la dernière page du roman.

Pas un gramme de mon passé ne m'échappe, il défile, il est simple : j'ai joué, j'ai gagné.

Je m'étais révolté, pauvre, révolte de pauvre, et l'on *ne se révolte pas, pauvre*. Pauvre, mesquin, fétu qu'un taleb[1] eût écrasé, face aux féodaux que la Résidence[2] elle-même n'a pu ébranler – et face aux indifférents. Ou finir par rejoindre les Jules-César-fantoches-les-révoltés-du-gosier-aux-lèvres, ça ne va pas plus loin ; ou les vagabondants ? Ou encore faire tomber le rideau, une petite vie tranquille à l'étranger, l'indifférence à mon tour ? Je ne crois pas. Je suis marocain et en quelque sorte le Maroc m'appartient.

Il faut savoir être patient, logique. Je me révolterai demain, voilà tout. Mon père ? Je lui ai donné le change, voilà tout. Je pouvais le tuer, je lui ai remis le Luger[3], il en a déduit tout autre chose qu'une monnaie de singe. Eh ! oui, sacrifier ma reine, le faire échec et mat.

Il dit qu'il donne leur pain à mes frères, leur verse leur thé. Moi, j'ai obtenu, docile, repentant, qu'il m'envoie en France, d'abord, compte sur tes doigts. Ensuite il me fournit les subsides[4], me conduira à un diplôme, à une situation, je reviendrai, accepterai avec reconnaissance, tends la main, bien ouverte, la fortune qu'il me destine. Alors, mais seulement alors, je me révolterai. Proprement, à coup sûr.

Et colons, féodaux, petits Français qui chantaient à mon adresse sur l'air des lampions : l'Arabe, c'est une mouche ; et les Roche[5] qui prennent le Maroc pour une vaste Gomorrhe[6] et les Kessel[5] pour une terre de feu, il ne m'a pas saqué, le

1. Personnage de lettré traditionnel.
2. Demeure du Résident général. Le Résident général est au Maroc le représentant de la France. Il exerce tous les pouvoirs que lui donne le protectorat.
3. Marque de pistolet.
4. Somme versée à titre d'aide, de subvention.
5. Roche et Kessel sont deux personnages français du roman.
6. Ville de la Bible célèbre pour le vice qui y régnait.

Tumultes au Maroc en septembre 1955.

Seigneur[7] lui a payé un couscous nature, précisément je me dirige vers Paris. Et Bon Dieu là-bas il doit bien y avoir des individus à qui j'en dirais deux mots – et ils m'écouteront.

Larguer les amarres, et pourquoi pas ? Virtuellement, Seigneur, marque un point. En France, tu as raison, je m'aguerrirai. Puiserai dans les stocks des idées de réformes sociales, de syndicats, d'allocations familiales, de grèves, de terrorisme, n'importe quoi que de digérer la bonne vieille résignation que l'on me sert à qui mieux mieux.

Chraïbi, *Le Passé simple*, Éd. Denoël, 1954.

Activités

1. **Comment comprenez-vous « Jules-César-fantoches-les-révoltés-du-gosier-aux-lèvres » et « vagabondants » ?**
2. **Quelle stratégie adopte le jeune homme pour pouvoir se révolter ? Contre quoi et dans quel but prépare-t-il cette révolte ?**
3. **Relevez tous les signes stylistiques (répétitions, vocabulaire, usage des pronoms…) qui marquent la détermination du personnage.**

7. Surnom du père du narrateur.

CAMUS

Né en Algérie, Albert Camus (1913-1960) est issu d'un milieu très modeste et gardera toujours une grande fierté de ses origines. Adversaire du régime colonial en Algérie dès les années trente, il fut résistant pendant la Seconde Guerre mondiale. Il reçut le prix Nobel de littérature en 1957.

La Chute

MONOLOGUE

Dans un bar d'Amsterdam un homme offre d'aider un client inconnu et en profite pour lui raconter sa vie. Il avoue ses fautes et se sert de ses aveux pour se donner le droit de critiquer ses semblables.

Quand je vivais en France, je ne pouvais rencontrer un homme d'esprit sans qu'aussitôt j'en fisse ma société. Ah ! Je vois que vous bronchez sur cet imparfait du subjonctif. J'avoue ma faiblesse pour ce mode, et pour le beau langage, en général. Faiblesse que je me reproche, croyez-le. Je sais bien que le goût du linge fin ne suppose pas forcément qu'on ait les pieds sales. N'empêche. Le style, comme souvent la popeline, dissimule trop souvent de l'eczéma[1]. Je m'en console en me disant qu'après tout, ceux qui bafouillent, non plus, ne sont pas purs. Mais oui, reprenons du genièvre[2].

Ferez-vous un long séjour à Amsterdam ? Belle ville, n'est-ce pas ? Fascinante ? Voilà un adjectif que je n'ai pas entendu depuis longtemps. Depuis que j'ai quitté Paris, justement, il y a des années de cela. Mais le cœur a sa mémoire et je n'ai rien oublié de notre belle capitale, ni de ses quais. Paris est un vrai trompe-l'œil, un superbe décor habité par quatre millions de silhouettes. Près de cinq millions, au dernier recensement ? Allons, ils auront fait des petits. Je ne m'en étonnerai pas. Il m'a toujours semblé que nos concitoyens avaient deux fureurs : les idées et la fornication. À tort et à travers, pour ainsi dire. Gardons-nous, d'ailleurs, de les condamner ; ils ne sont pas les seuls, toute l'Europe en est là. Je rêve parfois de ce que diront de nous les historiens futurs. Une phrase leur suffira pour l'homme moderne : il forniquait et il lisait les journaux. Après cette forte définition, le sujet sera, si j'ose dire, épuisé.

Camus, *La Chute*, Éd. Gallimard, 1956.

Activités

1. **Quelle est la particularité de ce monologue ? Relevez les éléments qui marquent la présence d'un interlocuteur. Quelle est sa fonction ?**
2. **Pourquoi l'interlocuteur bronche-t-il sur l'imparfait du subjonctif ? Pour quelles raisons pensez-vous que le narrateur l'emploie ?**
3. **Après le premier paragraphe, peut-on encore croire les propos qui vont être tenus par le narrateur ? Pourquoi ?**

1. Maladie de peau due à un virus proche de celui de la varicelle.
2. Eau-de-vie distillée sur des baies de genièvre (fruit aromatique du genévrier).

Presse et journalisme

Photo prise pa Gilles Caron en mai 1968 et parue dans Le Paris-Match de la même année.

Titres et tirages de la presse au XXe siècle

– La grande presse poursuit au début du XXe la révolution commencée au siècle précédent. Les grands titres (*Le Matin*, *Le Journal*, *L'Intransigeant*, *Le Petit Journal*, *Le Petit Parisien*) dépassent souvent le million d'exemplaires quotidiens. Journaux à sensation, spécialistes du fait-divers spectaculaire (avec des titres comme « Ils égorgent le mari et emportent la femme »), ils peuvent parfois mentir pour vendre. Le *Petit Parisien* titre en 1927 : « Nungesser et Coli ont traversé l'Atlantique » alors que les deux aviateurs ont péri en mer…

– Face à eux, *Le Temps* soigne au contraire son austérité. Il est dirigé par Abel Hermant qui donne à ses journalistes cette consigne : « Faites emmerdant ». Journal de la bourgeoisie, il ne tire qu'à moins de cent mille exemplaires mais passe pour refléter l'opinion des gouvernements successifs. L'un de ses meilleurs journalistes, Hubert Beuve-Méry (qui a fait partie de la Résistance), deviendra après 1945 le patron du journal *Le Monde*.

Le grand reporter

La presse invente l'un des personnages-rois du siècle : le grand reporter. L'un d'entre eux, Gaston Leroux deviendra romancier et publiera les célèbres aventures de *Rouletabille*, grand reporter… Malraux fut d'abord journaliste avant d'être romancier, comme Joseph Kessel. Et Saint-Exupéry, devenu écrivain après avoir été aviateur, se fera correspondant de guerre pour raconter les combats de Madrid pendant la guerre civile d'Espagne. Une femme, Andrée Viollis, s'illustre par la qualité de ses reportages sur la Chine des années vingt et le Maghreb des années trente. Le maître du genre est sans conteste Albert Londres, dont les « papiers » sur le bagne de Cayenne ou la traite des noirs alerteront l'opinion publique et contribueront à certaines réformes. Avant la Seconde Guerre mondiale, un titre domine : le *Paris-soir* de Pierre Lazareff, qui sera également le patron du *France-soir* de l'après-guerre. La devise de Lazareff était : « Pas de phrases, coco, des faits précis. » (variante de la consigne de Clémenceau à ses journalistes au siècle précédent : « Un sujet, un verbe, un complément, et pour les adjectifs vous viendrez me voir ! »)

Les journalistes d'aujourd'hui

À l'époque contemporaine, le reporter-rédacteur a dû céder la vedette au photographe ou au cameraman. Mais une grande école du journalisme français demeure, et dans la presse quotidienne certains journalistes ont aujourd'hui une qualité d'écriture que peuvent leur envier bien des « auteurs » : ils se nomment Philippe Broussard, Florence Aubenas, Annick Cojean, Michel Braudeau (lui-même écrivain) ou encore Sorj Chalandon.

Activités

1. Faites un dossier sur la presse aujourd'hui (documentez-vous sur les grands quotidiens, leur tirage, leurs tendances politiques ; sur les grandes écoles de journalisme et les divers types de journalistes existants).
2. Relevez dans *Le Monde, Libération, Le Figaro, L'Humanité,* et *Le Parisien* des reportages qui vous paraissent particulièrement réussis et intéressants. Dites pourquoi.

BARTHES

Roland Barthes (1915-1980), essayiste, tenta de recentrer la critique littéraire sur une meilleure attention au texte en tant que tel. Esprit curieux, il s'appuie dans ses ouvrages critiques sur les travaux de la linguistique, de l'anthropologie et de la psychanalyse moderne.

L'abbé Pierre

MYTHE

Dans son livre Mythologies *qui regroupe ses articles pour la presse magazine des années cinquante, l'auteur a su trouver un ton nouveau pour l'analyse critique des phénomènes de société.*

Le mythe de l'abbé Pierre dispose d'un atout précieux : la tête de l'abbé. C'est une belle tête, qui présente clairement tous les signes de l'apostolat[1] : le regard bon, la coupe franciscaine, la barbe missionnaire, tout cela complété par la canadienne du prêtre-ouvrier et la canne du pèlerin. Ainsi sont réunis les chiffres de la légende et ceux de la modernité.

La coupe de cheveux, par exemple, à moitié rase, sans apprêt[2] et surtout sans forme, prétend certainement accomplir une coiffure entièrement abstraite de l'art et même de la technique, une sorte d'état zéro de la coupe ; il faut bien se faire couper les cheveux, mais que cette opération nécessaire n'implique au moins aucun mode particulier d'existence : qu'elle soit, sans pourtant être quelque chose. La coupe de l'abbé Pierre, conçue visiblement pour atteindre un équilibre neutre entre le cheveu court (convention indispensable pour ne pas se faire remarquer) et le cheveu négligé (état propre à manifester le mépris des autres conventions) rejoint ainsi l'archétype[3] capillaire de la sainteté : le saint est avant tout un être sans contexte formel ; l'idée de mode est antipathique à l'idée de sainteté. [...]

Évidemment, le problème n'est pas de savoir comment cette forêt de *signes* a pu couvrir l'abbé Pierre (encore qu'il soit à vrai dire assez surprenant que les attributs de la bonté soient des sortes de pièces transportables, objets d'un échange facile entre la réalité, l'abbé Pierre de *Match*, et la fiction, l'abbé Pierre du film, et qu'en un mot l'apostolat se présente dès le première minute tout prêt, tout équipé pour le grand voyage des reconstitutions et des légendes). Je

1. Action de propagation de la foi chrétienne.
2. Affectation, recherche excessive.
3. Modèle, forme primitive d'un objet ou d'une idée.

m'interroge seulement sur l'énorme consommation que le public fait de ces signes. Je le vois rassuré par l'identité spectaculaire d'une morphologie et d'une vocation ; ne doutant pas de l'une parce qu'il connaît l'autre ; n'ayant plus accès à l'expérience même de l'apostolat que par son bric-à-brac et s'habituant à prendre bonne conscience devant le seul magasin de la sainteté ; et je m'inquiète d'une société qui consomme si avidement l'affiche de la charité, qu'elle en oublie de s'interroger sur ses conséquences, ses emplois et ses limites. J'en viens alors à me demander si la belle et touchante iconographie de l'abbé Pierre n'est pas l'alibi dont une bonne partie de la nation s'autorise, une fois de plus, pour substituer impunément les signes de la charité à la réalité de la justice.

Barthes, « Iconographie de l'abbé Pierre »
in *Mythologies*, Éd. du Seuil, 1957.

Activités

1. Étudiez la composition de ce texte et dégagez-en les principaux mouvements.
2. Étudiez le ton de ce texte et son évolution. Relevez les indices de l'ironie. À votre avis, pourquoi la dernière phrase en est-elle dépourvue ?
3. Contre qui ce texte est-il dirigé en réalité ? Dans quel but ?

S. de BEAUVOIR

Simone de Beauvoir (1908-1986), compagne de Jean-Paul Sartre, a su échapper par la force de ses œuvres au statut de simple « accompagnatrice de grand homme ». Elle est devenue l'un des symboles de l'affirmation de la femme au XXe siècle.

Mémoires d'une jeune fille rangée

AUTOBIOGRAPHIE

Dans cette autobiographie intellectuelle, l'auteur mêle la réflexion philosophique au récit de vie. Elle met en évidence sa lutte contre le conservatisme de son milieu social d'origine.

Nous séjournions chez des amis dans la moiteur étouffante de la mi-juillet quand je m'éveillai un matin, atterrée : ma chemise était souillée. Je la lavai ; je m'habillai : de nouveau mon linge se salit. J'avais oublié les imprécises prophéties de Madeleine et je me demandais de quelle ignominieuse maladie j'étais atteinte. Inquiète, me sentant vaguement fautive, je dus recourir à ma mère ; elle m'expliqua que j'étais devenue « une grande fille », et m'empaqueta de manière incommode. J'éprouvai un vif soulagement en apprenant que je n'étais coupable de rien ; et même, comme chaque fois qu'il m'arrivait quelque chose d'important, il me vint au cœur une espèce de fierté. Je supportai sans trop de gêne que ma mère chuchotât avec ses amies. En revanche, quand le soir nous eûmes retrouvé mon père rue de Rennes, il fit en plaisantant une allusion à mon état : je me consumai de honte. J'avais imaginé que la confrérie féminine dissimulait soigneusement aux hommes sa tare secrète. En face de mon père je me croyais un pur esprit : j'eus horreur qu'il me considérât soudain comme un organisme. Je me sentis à jamais déchue.

J'enlaidis, mon nez rougeoya ; il me poussa sur le visage et sur la nuque des boutons que je taquinais avec nervosité. Ma mère, excédée de travail, m'habillait avec négligence ; mes robes informes accentuaient ma gaucherie. Gênée par mon corps, je développais des phobies : je ne supportais pas, par

Simone de Beauvoir en classe de Philosophie (Terminale) au Lycée Molière en 1938.

Activités

1. **Relevez les termes appartenant au champ lexical de la maladie.**
2. **Quelle est cette tare dont parle la narratrice ?**
3. **Évaluez la distance que la narratrice met entre elle-même et la jeune fille qu'elle était. Qu'en concluez-vous ?**

exemple, de boire dans un verre où j'avais déjà bu. J'eus des tics : je n'arrêtais pas de hausser les épaules, de faire tourner mon nez. « Ne gratte pas tes boutons, ne tourne pas ton nez », me répétait mon père. Sans méchanceté, mais sans ménagement, il faisait sur mon teint, mon acné, ma balourdise, des remarques qui exaspéraient mon malaise et mes manies.

S. de Beauvoir, *Mémoires d'une jeune fille rangée*, Éd. Gallimard, 1958.

PEREC

Georges Perec (1936-1982) accède à la notoriété avec son roman *Les Choses* en 1965. Il rejoint « l'Ouvroir de littérature potentielle » (voir Raymond Queneau **p. 566**) et se fait une spécialité de la littérature sous contrainte, comme dans *La Disparition*, où il s'interdit d'utiliser la lettre « e ».

SOUVENIR

Je me souviens

Mémoire individuelle et mémoire collective se rejoignent dans ces 480 petits souvenirs. Ces « morceaux de quotidien » se succèdent comme au jour le jour, non sans mélancolie. À la fin, l'auteur a laissé quelques pages blanches pour que le lecteur puisse continuer le livre à sa manière.

Je me souviens que mon oncle avait une 11 CV immatriculée 7070 RL2.

Je me souviens des 121[1].

Je me souviens de la barbe à papa dans les fêtes foraines.

Je me souviens que j'étais abonné à un Club du Livre et que le premier livre que j'ai acheté chez eux était *Bourlinguer* de Cendrars.

Je me souviens de : j'en ai marre, marre à bout, bout de ficelle, selle de cheval, cheval de course, course à pied, pied à terre, terre de feu, feu follet, lait de vache, vache de ferme, ferme ta gueule, etc.

Je me souviens quand j'allais chercher du lait dans un bidon en fer blanc tout cabossé.

Je me souviens des trois manières dont les skis s'attachaient, dans le creux du talon, avec un câble tendu très en avant du pied, et avec des lanières.

Je me souviens des petits pétards enveloppés dans du papier que l'on appelait des bombes algériennes.

Je me souviens des libraires d'occasion qu'il y avait sous les arcades de l'Odéon.

Perec, *Je me souviens*, Éd. Hachette, 1978.

Activités

1. **Analysez chacune des phrases citées ici et essayez de rétablir l'ordre chronologique des événements qui y sont évoqués.**
2. **En quoi cette écriture décousue rend-elle particulièrement bien compte du mode de fonctionnement de la mémoire ?**
3. **Composez à votre tour une quinzaine de « je me souviens » à partir de votre propre expérience.**

1. Les 121 [voir p. 651] intellectuels et artistes français signataires d'un manifeste appelant en septembre 1960 à faire cesser la guerre d'Algérie.

Journaux et correspondances

Le « journal » au sens du recueil par une personne des faits, gestes et réflexions de sa vie quotidienne est un genre qui s'est véritablement développé au XIXe siècle avec le *Journal* des Goncourt [voir p. 418] et celui de Jules Renard [voir p. 327]. Au XXe siècle, il connaît un bel essor. Celui de Gide, par exemple commence à la date de 1887 pour ne s'achever qu'à la mort de son auteur en 1951. On y trouve toute la vie d'un homme et d'un écrivain, de ses jalousies amoureuses jusqu'aux difficultés stylistiques qu'il rencontre en écrivant une phrase, de ses réflexions sur l'Histoire jusqu'à la façon de tailler un rosier, de ses notes anticolonialistes lors d'un voyage au Congo jusqu'à ses réflexions sur Racine ou Balzac.

Formes et contenus du journal

Plus souple que les autres genres reconnus, le journal est un texte « attrape-tout ». Il note l'essentiel en une image ou une phrase brève (« Raabe est sur son lit de mort. Sa femme lui caresse le front. Il dit: "Cela est bien" ». *Journal* de Franz Kafka). Il peut aussi se déployer sur plusieurs pages pour donner la place à un portrait, à une véritable petite nouvelle ou à un article de critique littéraire. Il peut être d'une grande minutie sur la vie intime de son rédacteur (ainsi le *Journal intime* de Paul Léautaud) ou au contraire ne se préoccuper que de littérature ou d'idées (les *Lettrines* de Julien Gracq). Il cultive souvent la maxime et l'aphorisme: « *Les Européens sont saturés d'une culture qu'ils n'ont pas* » (Georges Perros, *Papiers collés*). Il peut être publié tel quel, ou bien avec des coupures: en donnant à éditer le journal de son mari en 1925, la veuve de Jules Renard affirma qu'elle en avait détruit le tiers le plus méchant…

Le journal peut, sans le savoir, être doublé par un autre journal: à Gide mourant, une amie avoua qu'elle tenait un journal sur lui depuis plus de trente ans et qu'elle allait le publier… (*Les Cahiers de la petite dame*, par Maria van Rysselberghe).

Les correspondances publiées

L'échange de lettres entre écrivains tend désormais à se lire avec le même intérêt que leurs œuvres. Comme le journal, la correspondance est souvent l'atelier de l'œuvre: l'écrivain s'y essaie, se soumet à la critique d'un pair, proteste ou réoriente son travail. La correspondance Gide/Martin du Gard des années vingt éclaire sur l'écriture des *Faux-Monnayeurs* et des *Thibault*. Gide y proposa même un jour à Martin du Gard que leurs héros respectifs, Bernard et Jacques, se rencontrent au jardin du Luxembourg. Effrayé, Martin du Gard n'en voulut rien savoir.

La correspondance de Jean Paulhan, qui fut l'un des piliers de la maison Gallimard, est une mine de renseignements sur la vie littéraire de la France au XXe siècle.

Activités

1. Les correspondances nous informent souvent autant sur leurs auteurs que sur l'histoire événementielle, littéraire ou culturelle d'une époque. À ce sujet, lire les textes de Pétrarque p. 54, Mme de Sévigné p. 178, Voltaire p. 245, 249, Diderot p. 252, Baudelaire/Hugo p. 468, Paulhan p. 616, etc.
2. Faites une fiche de lecture sur un journal d'écrivain que vous aurez librement choisi.

PAULHAN

Jean Paulhan (1884-1968), fit la guerre de 14-18, puis devint à partir de 1920 la cheville ouvrière de la *Nouvelle Revue Française*. Parallèlement, son travail de « lecteur » aux éditions Gallimard (il recevait et corrigeait les manuscrits de beaucoup d'auteurs) a fait de lui l'un des principaux « orienteurs » de la littérature française au xxe siècle.

Lettres

POÉTIQUE DE LA PROSE

Ces extraits font partie de la correspondance de Paulhan avec Joë Bousquet, poète et écrivain, l'un de ses amis proches. Le livre dont il est question, Le Médisant par bonté, *fut publié en 1945. Les phrases citées par Paulhan ne figurent plus dans le livre imprimé.*

Lundi [*23 août 1943*]

Cher Joë,

J'ai enfin depuis avant-hier le *Médisant* ; et je me trouve accablé par ce que j'ai à te dire. Voudras-tu me pardonner ? Je le trouve complètement manqué. Il t'y fallait, de façon ou d'autre, sortir de toi et tu t'y enfonces d'autant plus gauchement qu'on te voit bien ici et là quelque velléité de libération. Ce qui n'était dans *Traduit* qu'une subtilité commandée par la difficulté de ton sujet même, devient ici une vague et vaine préciosité. Tu abuses diablement des :

> La nouveauté de ce qu'il regarde est l'éveil d'un autre homme qui se tient debout sur les heures dont son être de chair est le revenant.

Mais qu'est-ce que ce revenant des heures, et d'heures sur quoi l'on se tient debout ? Prends garde qu'une attention trop grande exigée (dans un livre qui traite d'une ville et de ses habitants) pour de telles nuances personnelles, risque assez vite de tourner à l'apparente niaiserie. Oui, tu abuses des :

> Je me sentais capable de vous donner tant d'amour que tout votre corps, pour me le rendre, aurait dû s'enrichir dans votre cœur.

Non, ne te mets pas tant en avant. On ne voit plus que toi.

Paulhan, « À Joë Bousquet » in *Choix de Lettres, tome II*
Éd. Gallimard, 1986-1996.

Activités

1. **Énumérez les critiques formulées par Paulhan.**
2. **À quel type de travail littéraire Jean Paulhan se livre-t-il sur le texte de son ami ?**
3. **Analysez le ton de cette lettre. Quel est l'effet produit par la citation de phrases issues du livre qui est critiqué ?**

La scène

Entre 1900 et 2000, le théâtre a largement continué à exploiter les « filons » reconnus aux époques antérieures : le boulevard a continué à distraire et le théâtre classique à instruire. Entre les deux cependant des expériences fortes ont eu lieu, celles d'Artaud en particulier, et de Brecht, théoriciens de la mise en scène et auteurs. Une grande partie des efforts des écrivains de théâtre aura consisté à essayer d'écrire le drame du XXe, sur tous les tons possibles, de la gravité de Claudel à la farce de Ionesco, de la métaphysique de Camus à la politique de Vinaver.

GIRAUDOUX

Jean Giraudoux (1882-1944) est l'un des grands écrivains français de l'Entre-deux-guerres : d'une grande culture, ayant le goût des jeux d'esprit et une petite dose de sensualité, il avait surtout un certain sens de la mission humaniste de la littérature.

Amphitryon 38

HUMANITÉ

Pour la trente-huitième fois dans l'histoire de la littérature, une pièce traite des amours de Jupiter et d'Alcmène, femme d'Amphitryon. Pour pouvoir posséder Alcmène à coup sûr, le dieu a pris les traits du mari. Alcmène ne se doute de rien. Jupiter-Amphitryon vient de prédire une vie éternelle à la jeune femme.

ALCMÈNE. – Je ne crains pas la mort. C'est l'enjeu de la vie. Puisque ton Jupiter, à tort ou à raison, a créé la mort sur la terre, je me solidarise avec mon astre. Je sens trop mes fibres continuer celles des autres hommes, des animaux, même des plantes, pour ne pas suivre leur sort. Ne me parle pas de ne pas mourir tant qu'il n'y aura pas un légume immortel. Devenir immortel, c'est trahir, pour un humain. D'ailleurs, si je pense au grand repos que donnera la mort à toutes nos petites fatigues, à nos ennuis de second ordre, je lui suis reconnaissante de sa plénitude, de son abondance même… S'être impatienté soixante ans pour des vêtements mal teints, des repas mal réussis, et avoir enfin la mort, la constante, l'égale mort, c'est une récompense hors de toute proportion… Pourquoi me regardes-tu soudain de cet air respectueux ?

JUPITER. – C'est que tu es le premier être vraiment humain que je rencontre…

ALCMÈNE. – C'est ma spécialité, parmi les hommes ; tu ne crois pas si bien dire. De tous ceux que je connais, je suis en effet celle qui approuve et aime le mieux son destin. Il n'est pas une péripétie de la vie humaine que je n'admette, de la naissance à la mort, j'y comprends même les repas de famille. J'ai des sens mesurés, et qui ne s'égarent pas. Je suis sûre que je suis la seule humaine qui voie à leur vraie taille les fruits, les araignées, et goûte les joies à leur vrai goût. Et il en est de même de mon intelligence. Je ne sens pas en elle cette part de jeu ou d'erreur, qui provoque, sous l'effet du vin, de l'amour, ou d'un beau voyage, le désir de l'éternité.

JUPITER. – Mais tu n'aimerais pas avoir un fils moins humain que toi, un fils immortel ?

ALCMÈNE. – Il est humain de désirer un fils immortel.

JUPITER. – Un fils qui deviendrait le plus grand héros, qui, dès sa petite enfance, s'attaquerait à des lions, à des monstres ?

ALCMÈNE. – Dès sa petite enfance ! Il aura dans sa petite enfance une tortue et un barbet[1].

JUPITER. – Qui tuerait des serpents énormes, venus pour l'étrangler dans son berceau ?

ALCMÈNE. – Il ne serait jamais seul. Ces aventures n'arrivent qu'aux fils des femmes de ménage… Non, je le veux faible, gémissant doucement, et qui ait peur des mouches… Qu'as-tu, à t'agiter ainsi ?

JUPITER. – Parlons sérieusement, Alcmène. Est-il vrai que tu préférerais te tuer, plutôt que d'être infidèle à ton mari ?

ALCMÈNE. – Tu n'est pas gentil d'en douter !

JUPITER. – C'est très dangereux de se tuer !

ALCMÈNE. – Pas pour moi, et je t'assure, mari chéri, qu'il n'y aura rien de tragique dans ma mort. Qui sait ? Elle aura peut-être lieu ce soir, en ce lieu même, si tout à l'heure le dieu de la guerre t'atteint, ou pour toute autre raison ; mais je veillerai à ce que le spectateur emporte de son spectacle, au lieu d'un cauchemar, une sérénité. Il y a sûrement une façon, pour les cadavres, de sourire ou de croiser les mains qui arrange tout.

Giraudoux, *Amphitryon 38,* Éd. Grasset, 1929.

Activités

1. **Pourquoi Jupiter s'étonne-t-il du discours d'Alcmène ? Justifiez votre réponse.**
2. **Commentez et discutez la phrase : « Il est humain de désirer un fils immortel ».**
3. **Relevez les sous-entendus contenus dans le discours de Jupiter accessibles au public mais incompréhensibles pour Alcmène. Quel effet produisent-ils, que laissent-ils pressentir pour la suite de l'intrigue ?**

1. Espèce d'épagneul à poil long et frisé.

Théâtre et mise en scène

Le théâtre du XXe continue d'abord sur sa lancée naturaliste et réaliste (avec des auteurs comme Mirbeau, Bernstein, Renard, Porto-Riche). Mais il va se trouver dans ce domaine concurrencé par le cinéma. L'avant-guerre compte encore deux très grands hommes de théâtre, un héritier du romantisme (Edmond Rostand) et un maître de la comédie endiablée, Georges Feydeau. L'art de la mise en scène se développe sous l'influence d'André Antoine (qui fonde un *Théâtre libre* à vocation réaliste) et de Lugné-Poe (plus axé sur le rêve et la stylisation). Un auteur domine cette période : Paul Claudel, avec *Le Partage de midi* et *L'Otage*.

Rampes d'éclairage à la comédie française.

Le théâtre de l'Entre-deux-guerres

Après 1918, le théâtre de boulevard se perpétue en mettant toujours en scène l'inévitable triangle (le mari, la femme et l'amant) et en travaillant un peu la qualité de ses phrases (Sacha Guitry, Édouard Bourdet). Avec des auteurs comme Cocteau, Giraudoux et Anouilh les pièces finissent même par acquérir une certaine force, teintée de rêve chez Cocteau et Giraudoux, fortement marquée d'ironie chez Anouilh. Cette époque est aussi celle d'une grande génération de metteurs en scène : Copeau, Dullin, Pitoëff, Baty, Jouvet. Face à ce monde de pièces bien faites et de mises en scène soignées, un homme seul, Antonin Artaud tentera d'inventer un « théâtre de la cruauté » qui serait d'abord un théâtre du cri, de la transe et du corps. Ses théories auront un certain succès, ses œuvres moins.

Le théâtre après 1945

Les années 50 seront marquées par l'aventure du Théâtre National Populaire, sous la direction de Jean Vilar : il tentera de faire revenir le peuple vers les salles, en lui proposant un théâtre civique, empruntant son répertoire aux plus grands auteurs, de Sophocle à Musset. Chez les auteurs, le théâtre existentialiste de Sartre et Camus s'opposera au théâtre aristocratique de Montherlant. Différentes par leurs orientations idéologiques, ces œuvres se ressemblent par la gravité de leur phraséologie. À partir des années 50 se développe en réaction un « nouveau théâtre », celui de Beckett, Artaud et Adamov, théâtre de farces provocatrices, théâtre d'un comique grinçant, où « rien n'est plus drôle que le malheur » (Beckett). En même temps que ce théâtre de l'absurde, la France découvre le théâtre engagé et didactique de Brecht qui aura une profonde influence sur les années soixante et soixante-dix.

Les vingt dernières années du siècle sont surtout marquées par le travail de metteurs en scène comme Antoine Vitez, Peter Brook, Ariane Mnouchkine, Giorgio Strehler ou Jacques Lassalle : ils ont tous en commun de vouloir faire sortir de leur salle un spectateur devenu plus lucide, sinon meilleur qu'il n'était en entrant.

Activité

Organisez une sortie au théâtre. Faites ensuite chacun un compte-rendu critique du spectacle (deux pages maximum). Comparez vos travaux.

GÉRARD PHILIPPE

Gérard Philippe (1922-1959), fut l'un des grands acteurs français. Au théâtre, il fut, à partir de 1945, Caligula (dans le *Caligula* de Camus), Rodrigue dans *Le Cid*, Lorenzo dans *Lorenzaccio*, le Prince dans *Le Prince de Hombourg*. Au cinéma, il fut entre autres le héros de *Fanfan la Tulipe* en 1951, puis l'officier séducteur des *Grandes manœuvres* (de René Clair) en 1955. À ses succès de son vivant s'est ajoutée la gloire d'une mort à 37 ans, quand rien n'est encore terni.

L'ACTEUR

Activité

1. **Regroupez un certain nombre de photos de Gérard Philippe dans ses rôles de théâtre et de cinéma. Quelle impression ce style de document fait-il aujourd'hui ?**
2. **Développez votre point de vue en une quinzaine de lignes.**

CAMUS

Né en Algérie, Albert Camus (1913-1960) est issu d'un milieu très modeste et gardera toujours une grande fierté de ses origines. Le théâtre a été l'un de ses grands plaisirs. Il aimait les acteurs, le travail de répétition et les salles pleines. Il tenta de renouveler le genre du drame au XXe siècle et reçut le prix Nobel de littérature en 1957.

Caligula

TYRANNIE

La scène est à Rome, sous l'Empire. L'empereur Caligula veut faire régner l'absolu. Devant l'impossibilité de réaliser ce projet, même sous la forme de la terreur, il n'éprouve plus qu'un seul plaisir face aux hommes : le mépris.

CALIGULA, L'INTENDANT, CAESONIA.

CALIGULA. – Tu m'es fidèle, n'est-ce pas ?

L'INTENDANT, *(d'un ton de reproche)*. – César !

CALIGULA. – Eh bien, j'ai un plan à te soumettre. Nous allons bouleverser l'économie politique en deux temps. Je te l'expliquerai, intendant… quand les patriciens seront sortis.

Les patriciens[1] *sortent.*

Scène VIII

Caligula s'assied près de Caesonia[2].

CALIGULA. – Écoute bien. Premier temps : tous les patriciens, toutes les personnes de l'Empire qui disposent de quelque fortune – petite ou grande, c'est exactement la même chose – doivent obligatoirement déshériter leurs enfants et tester[3] sur l'heure en faveur de l'État.

L'INTENDANT. – Mais, César…

CALIGULA. – Je ne t'ai pas encore donné la parole. À raison de nos besoins, nous ferons mourir ces personnages dans l'ordre d'une liste établie arbitrairement. À l'occasion, nous pourrons modifier cet ordre, toujours arbitrairement. Et nous hériterons.

CAESONIA, *(se dégageant)*. – Qu'est-ce qui te prend ?

CALIGULA, *(imperturbable)*. – L'ordre des exécutions n'a, en effet, aucune importance. Ou plutôt ces exécutions ont une importance égale, ce qui entraîne qu'elles n'en ont point.

1. Membres des grandes familles de la noblesse romaine.
2. Compagne de l'empereur.
3. Faire leur testament.

D'ailleurs, ils sont aussi coupables les uns que les autres. Notez d'ailleurs qu'il n'est pas plus immoral de voler directement les citoyens que de glisser des taxes indirectes dans le prix de denrées dont ils ne peuvent se passer. Gouverner, c'est voler, tout le monde sait ça. Mais il y a la manière. Pour moi, je volerai franchement. Ça vous changera des gagne-petit. (*Rudement, à l'intendant.*) Tu exécuteras ces ordres sans délai. Les testaments seront signés dans la soirée par tous les habitants de Rome, dans un mois au plus tard pour tous les provinciaux. Envoie des courriers.

L'INTENDANT. – César, tu ne te rends pas compte…

CALIGULA. – Écoute-moi bien, imbécile. Si le Trésor a de l'importance, alors la vie humaine n'en a pas. Cela est clair. Tous ceux qui pensent comme toi doivent admettre ce raisonnement et compter leur vie pour rien puisqu'ils tiennent l'argent pour tout. Au demeurant, moi, j'ai décidé d'être logique et puisaue j'ai le pouvoir, vous allez voir ce que la logique va vous coûter. J'exterminerai les contradicteurs et les contradictions. S'il le faut, je commencerai par toi.

Camus, *Caligula*, Éd. Gallimard, 1944.

Activités

1. **En quoi le déroulement du dialogue est-il déjà un signe de la tyrannie de l'empereur ?**
2. **Relevez tous les signes de cette tyrannie. En quoi peut-on lire sous le discours totalitaire de Caligula une critique par l'auteur de ce même pouvoir totalitaire et arbitraire ?**
3. **Documentez-vous sur l'empereur Caligula en tant que personnage historique.**

GENET

Né de père inconnu, Jean Genet (1910-1986), voleur, déserteur, a été de toutes les révoltes. Contrairement à beaucoup d'écrivains jusque dans les années soixante, il n'a jamais dans son œuvre cherché à cacher son homosexualité.

Les Bonnes

JEU

Madame est sortie. Pendant ce temps, les bonnes, Claire et sa sœur Solange jouent à être Madame et sa domestique. Dans la séquence qui suit, Claire joue le rôle de Madame et Solange doit jouer celui de Claire.

SOLANGE. – Je vous hais! Je vous méprise. Vous ne m'intimidez plus. Réveillez le souvenir de votre amant, qu'il vous protège. Je vous hais! Je hais votre poitrine pleine de souffles embaumés. Votre poitrine… d'ivoire! Vos cuisses… d'or! Vos pieds… d'ambre! *(Elle crache sur la robe rouge.)* Je vous hais!

CLAIRE, *(suffoquée)*. – Oh! oh! mais…

SOLANGE, *(marchant sur elle)*. – Oui Madame, ma belle Madame. Vous croyez que tout vous sera permis jusqu'au bout? Vous croyez pouvoir dérober la beauté du ciel et m'en priver? Choisir vos parfums, vos poudres, vos rouges à ongles, la soie, le velours, la dentelle, et m'en priver? Et me prendre le laitier? Avouez! Avouez le laitier! Sa jeunesse, sa fraîcheur vous troublent, n'est-pas? Avouez le laitier. Car Solange vous emmerde!

CLAIRE, *(affolée)*. – Claire! Claire!

SOLANGE. – Hein?

CLAIRE, *(dans un murmure)*. – Claire, Solange, Claire.

SOLANGE. – Ah! oui, Claire. Claire vous emmerde! Claire est là, plus claire que jamais. Lumineuse! *(Elle gifle Claire.)*

CLAIRE. – Oh! oh! Claire… vous… oh!

SOLANGE. – Madame se croyait protégée par ses barricades de fleurs, sauvée par un exceptionnel destin, par le sacrifice. C'était compter sans la révolte des bonnes. La voici qui monte, Madame. Elle va crever et dégonfler votre aventure. Ce Monsieur n'était qu'un triste voleur et vous une…

CLAIRE. – Je t'interdis!

Les Bonnes *dans une mise en scène de Marcel Delval au centre Beaubourg en 1989.*

SOLANGE. – M'interdire ! Plaisanterie ! Madame est interdite. Son visage se décompose. Vous désirez un miroir ? *(Elle tend à Claire un miroir à main.)*

CLAIRE, *(se mirant avec complaisance)*. – J'y suis plus belle ! Le danger m'auréole, Claire, et toi tu n'es que ténèbres…

SOLANGE. – … infernales ! Je sais. Je connais la tirade. Je lis sur votre visage ce qu'il faut vous répondre et j'irai jusqu'au bout. Les deux bonnes sont là – les dévouées servantes ! Devenez plus belle pour les mépriser. Nous ne vous craignons plus. Nous sommes enveloppées, confondues dans nos exhalaisons, dans nos fastes, dans notre haine pour vous. Nous prenons forme, Madame. Ne riez pas. Ah ! surtout ne riez pas de ma grandiloquence…

CLAIRE. – Allez-vous en.

SOLANGE. – Pour vous servir, encore, Madame ! Je retourne à ma cuisine. J'y retrouve mes gants et l'odeur de mes dents. Le rot silencieux de l'évier. Vous avez vos fleurs, j'ai mon évier. Je suis la bonne. Vous au moins vous ne pouvez pas me souiller.

Genet, *Les Bonnes*, Éd. L'Arbalète, 1947.

Activités

1. **Quels sont dans cette scène les éléments issus de la tradition comique ? De quelle façon sont-ils subvertis ?**
2. **Avez-vous la sensation que Solange joue réellement la comédie ?**
3.  **Imaginez que Madame rentre à la fin de cet extrait et écrivez les quinze répliques suivantes.**
4.  **Jouez la scène.**

IONESCO

Eugène Ionesco (1912-1994) fut avec Samuel Beckett une des figures du théâtre de l'absurde. Ses trois premières pièces, *La Cantatrice chauve, La Leçon* et *Les Chaises* installèrent sur la scène française le goût très salutaire d'une universelle dérision. Puis Ionesco s'en écarta, écrivit un théâtre plus grave et entra à l'Académie française.

La Cantatrice chauve

ABSURDE

Dans le salon des Martin, « la pendule anglaise frappe dix-sept coups anglais ». Madame Martin remarque aussitôt : « Tiens, il est cinq heures ». Son mari se contente de claquer la langue en lisant son journal : la catastrophe ne va pas tarder.

MONSIEUR SMITH, *toujours dans son journal.* – Tiens, c'est écrit que Bobby Watson est mort.

MADAME SMITH. – Mon Dieu, le pauvre, quand est-ce qu'il est mort ?

MONSIEUR SMITH. – Pourquoi prends-tu cet air étonné ? Tu le savais bien. Il est mort il y a deux ans. Tu te rappelles, on a été à son enterrement, il y a un an et demi.

MADAME SMITH. – Bien sûr que je me rappelle. Je me suis rappelé tout de suite, mais je ne comprends pas pourquoi toi-même tu as été si étonné de voir ça sur le journal.

MONSIEUR SMITH. – Ça n'y était pas sur le journal. Il y a déjà trois ans qu'on a parlé de son décès. Je m'en suis souvenu par association d'idées !

MADAME SMITH. – Dommage ! Il était si bien conservé.

MONSIEUR SMITH. – C'était le plus joli cadavre de Grande-Bretagne ! Il ne paraissait pas son âge. Pauvre Bobby, il y avait quatre ans qu'il était mort et il était encore chaud. Un véritable cadavre vivant. Et comme il était gai !

MADAME SMITH. – La pauvre Bobby.

MONSIEUR SMITH. – Tu veux dire « le » pauvre Bobby.

MADAME SMITH. – Non, c'est à sa femme que je pense. Elle s'appelait comme lui, Bobby, Bobby Watson. Comme ils avaient le même nom, on ne pouvait pas les distinguer l'un de l'autre quand on les voyait ensemble. Ce n'est qu'après sa mort à lui qu'on a pu vraiment savoir qui était l'un et qui était l'autre. Pourtant, aujourd'hui encore, il y a des gens qui la confondent avec le mort et lui présentent des condoléances.

Tu la connais ?

MONSIEUR SMITH. – Je ne l'ai vue qu'une fois, par hasard, à l'enterrement de Bobby.

MADAME SMITH. – Je ne l'ai jamais vue. Est-ce qu'elle est belle ?

MONSIEUR SMITH. – Elle a des trait réguliers et pourtant on ne peut pas dire qu'elle est belle. Elle est trop grande et trop forte. Ses traits ne sont pas réguliers et pourtant on peut dire qu'elle est très belle. Elle est un peu trop petite et trop maigre. Elle est professeur de chant.

La pendule sonne cinq fois. Un long temps.

MADAME SMITH. – Et quand pensent-ils se marier, tous les deux ?

MONSIEUR SMITH. – Le printemps prochain, au plus tard.

MADAME SMITH. – Il faudra sans doute aller à leur mariage.

MONSIEUR SMITH. – Il faudra leur faire un cadeau de noces. Je me demande lequel ?

MADAME SMITH. – Pourquoi ne leur offririons-nous pas un des sept plateaux d'argent dont on nous a fait cadeau à notre mariage à nous et qui ne nous ont jamais servi à rien ?

Court silence. La pendule sonne deux fois.

MADAME SMITH. – C'est triste pour elle d'être demeurée veuve si jeune.

MONSIEUR SMITH. – Heureusement qu'ils n'ont pas eu d'enfants.

MADAME SMITH. – Il ne leur manquait plus que cela ! Des enfants ! Pauvre femme, qu'est-ce qu'elle en aurait fait !

MONSIEUR SMITH. – Elle est encore jeune. Elle peut très bien se remarier. Le deuil lui va si bien !

MADAME SMITH. – Mais qui prendra soin des enfants ? Tu sais bien qu'ils ont un garçon et une fille. Comment s'appellent-ils ?

MONSIEUR SMITH. – Bobby et Bobby comme leurs parents. L'oncle de Bobby Watson, le vieux Bobby Watson, est riche et il aime le garçon. Il pourrait très bien se charger de l'éducation de Bobby.

MADAME SMITH. – Ce serait naturel. Et la tante de Bobby Watson, la vieille Bobby Watson, pourrait très bien, à son tour, se charger de l'éducation de Bobby Watson, la fille de Bobby Watson. Comme ça, la maman de Bobby Watson, Bobby, pourrait se remarier. Elle a quelqu'un en vue ?

MONSIEUR SMITH. – Oui, un cousin de Bobby Watson.

MADAME SMITH. – Qui ? Bobby Watson.

MONSIEUR SMITH. – De quel Bobby Watson parles-tu ?

Ionesco, *La Cantatrice chauve*, Éd. Gallimard, 1950.

Activités

1. Étudiez les éléments du comique traditionnel présents dans cette scène (comique de répétition, de mots, de situations…).

2. Montrez de quelle manière chaque réplique vient déconstruire le sens formulé par la réplique précédente.

3. À la suite de cet échange, quelqu'un entre et se présente. Un homme ou une femme. Il (ou elle) s'appelle Bobby Watson. Écrivez le dialogue suivant en une quinzaine de répliques.

PIRANDELLO

Luigi Pirandello (1867-1936) a écrit une œuvre abondante, riche en récits, poèmes et surtout pièces de théâtre. Il est surtout connu dans le monde pour avoir donné avec *Six personnages en quête d'auteur* et *Ce soir on improvise* des modèles de « théâtre dans le théâtre ».

Six personnages en quête d'auteur

POÉTIQUE DE LA SCÈNE

La pièce met en scène le désespoir d'un metteur en scène aux prises avec des personnages de théâtre qui veulent lui imposer leurs volontés.

LE DIRECTEUR. – Je ne dis pas le contraire, et je comprends, je comprends tout votre dégoût, mademoiselle, mais vous, comprenez à votre tour que l'on ne peut pas porter tout cela à la scène.

LA BELLE-FILLE. – On ne peut pas… Alors, merci bien, je ne joue pas.

LE DIRECTEUR. – Voyons…

LA BELLE-FILLE. – Je ne joue pas, je ne joue pas. Ce qu'on peut porter à la scène, vous l'avez combiné tous les deux ensemble, merci bien… Oh ! je comprends, allez… Il veut en venir tout de suite à son drame « cérébral » compliqué, à la représentation de ses remords et de ses tourments, mais moi, je veux aussi représenter mon drame, mon drame !

LE DIRECTEUR, *ennuyé, haussant les épaules.* – Votre drame ! Mais à la fin du compte, il n'y a pas que votre drame. Il y a celui des autres. (*Montrant le père*) Le sien. Celui de votre mère ! Il est inadmissible qu'un personnage se mette ainsi en vedette et envahisse la scène au détriment des autres. Il faut assembler les personnages en un tableau harmonieux et jouer ce qui est jouable. Je sais aussi bien que vous que chacun a toute une vie secrète qu'il voudrait étaler. Le difficile, c'est précisément de n'en représenter que ce qui est nécessaire, par rapport aux autres, et faire deviner, par le peu qu'on montre, tout le reste. Ce serait trop commode si chaque personnage pouvait, dans un beau monologue ou – pourquoi pas ? – dans une conférence, venir épancher devant

Six Personnages en quête d'auteur *dans une mise en scène de J. Lavelli en 1998.*

les spectateurs tout ce qu'il contient en lui ! *(Débonnaire, conciliant)* Il faut vous modérer, mademoiselle. Croyez-moi, c'est dans votre propre intérêt. Je dois vous avouer que cette fureur destructrice, ce dégoût exaspéré que vous avez avoué vous-même en disant que vous aviez déjà été avec d'autres hommes, à plusieurs reprises, chez madame Pace, pourraient faire mauvaise impression sur le public…

Pirandello, *Six personnages en quête d'auteur,*
Trad. B. Crémieux, Éd. Gallimard, 1950.

Activités

1. **En quoi peut-on parler ici de théâtre dans le théâtre ?**
2. **En quoi ce dialogue permet-il à l'auteur d'énoncer ses idées sur le théâtre ?**
3. **Commenter « il faut assembler les personnages en un tableau harmonieux ». Au nom de qui le directeur parle-t-il ?**

BECKETT

Classé avec Ionesco dans la catégorie des auteurs du théâtre dit « de l'absurde », Samuel Beckett (1906-1989) est évidemment beaucoup plus que cela. Farcesque et grave, comique et tragique, laconique et riche de sens, son théâtre est l'un des témoins majeurs de notre temps.

En attendant Godot

COMIQUE

Deux marginaux, Estragon et Vladimir, guettent sur une route l'arrivée d'un certain Godot qui ne viendra jamais. Dans l'intervalle, c'est toute notre condition humaine qui se réfléchit dans le dialogue des personnages.

ESTRAGON (*froidement*). – Il y a des moments où je me demande si on ne ferait pas mieux de se quitter.

VLADIMIR. – Tu n'irais pas loin.

ESTRAGON. – Ce serait là, en effet, un grave inconvénient. (*Un temps*) N'est-ce pas, Didi, que ce serait là un grave inconvénient ? (*Un temps*) Étant donné la beauté du chemin. (*Un temps*) Et la bonté des voyageurs. (*Un temps. Câlin*) N'est-ce pas, Didi ?

VLADIMIR. – Du calme.

ESTRAGON (*avec volupté*). – Calme… Calme… *(Rêveusement)*. Les Anglais disent câââm. Ce sont des gens câââms. (*Un temps*) Tu connais l'histoire de l'Anglais au bordel ?

VLADIMIR. – Oui.

ESTRAGON. – Raconte-la-moi.

VLADIMIR. – Assez.

ESTRAGON. – Un Anglais s'étant enivré se rend au bordel. La sous-maîtresse lui demande s'il désire une blonde, une brune ou une rousse. Continue.

VLADIMIR. – ASSEZ ! [1]

Vladimir sort. Estragon se lève et le suit jusqu'à la limite de la scène. Mimique d'Estragon, analogue à celle qu'arrachent au spectateur les efforts du pugiliste[2]*. Vladimir revient, passe devant Estragon, traverse la scène, les yeux baissés. Estragon fait quelques pas vers lui, s'arrête.*

ESTRAGON, *avec douceur*. – Tu voulais me parler ? (*Vladimir ne répond pas. Estragon fait un pas en avant*) Tu avais quelque chose à me dire ? (*Silence. Autre pas en avant*) Dis, Didi…

1. Vladimir souffre d'une maladie urinaire qui l'oblige à souvent se retirer.
2. Boxeurs.

En attendant Godot *dans une mise en scène de P. Kerbrat en 1996.*

VLADIMIR (*sans se retourner*). – Je n'ai rien à te dire.

ESTRAGON (*pas en avant*). – Tu es fâché ? *(Silence. Pas en avant)*. Pardon ! (*Silence. Pas en avant. Il lui touche l'épaule*) Voyons, Didi. (*Silence*) Donne ta main ! (*Vladimir se retourne*) Embrasse-moi ! (*Vladimir se raidit*) Laisse-toi faire ! (*Vladimir s'amollit. Ils s'embrassent. Estragon recule*) Tu pues l'ail !

VLADIMIR. – C'est pour les reins. (*Silence. Estragon regarde l'arbre avec attention*) Qu'est-ce qu'on fait maintenant ?

ESTRAGON. – On attend.

VLADIMIR. – Oui, mais en attendant ?

ESTRAGON – Si on se pendait ?

VLADIMIR. – Ce serait un moyen de bander.

ESTRAGON *(aguiché)*. – On bande ?

VLADIMIR. – Avec tout ce qui s'ensuit. Là où ça tombe il pousse des mandragores[3]. C'est pour ça qu'elles crient quand on les arrache. Tu ne savais pas ça ?

ESTRAGON. – Pendons-nous tout de suite.

VLADIMIR. – À une branche ? (*Ils s'approchent de l'arbre et le regardent.*) Je n'aurais pas confiance.

ESTRAGON. – On peut toujours essayer.

VLADIMIR. – Essaie.

Beckett, *En attendant Godot*, Éd. de Minuit, 1953.

Activités

1. Nommez tous les « types » de comique utilisés que vous pourrez reconnaître (comique de farce, de cirque, jeux de mots, sous-entendus...).

2. Quel est le rôle des didascalies dans cette séquence ?

3. Jouez cette scène en vous efforçant de prendre en compte scrupuleusement toutes les didascalies.

4. Dans un court article de cent mots, un critique de théâtre se dit choqué par cette séquence. Écrivez cet article.

3. Plante dont la racine fourchue comparée à une forme humaine, passait pour avoir des vertus magiques.

VINAVER

De son vrai nom Michel Grinberg, Michel Vinaver, né en 1927, a écrit une œuvre théâtrale importante. Ses pièces parlent de l'histoire de France après la Seconde Guerre mondiale avec un très grand souci d'exactitude et une forte ironie.

Les Huissiers

POLITIQUE

Sous la IVe République, dans les années 1950, le premier ministre, Niepce, et le chef de la majorité, Paidoux, sont confrontés à deux crises : la crise algérienne et une crise des salons de coiffure : la mode féminine des cheveux courts menace de ruiner toute une profession.

PAIDOUX. – Tu partirais en guerre contre les coiffeurs ?

NIEPCE. – Non, je les pacifierai. Je leur retire les cheveux courts, mais je leur donne en échange un beaucoup plus gros morceau : les cheveux d'hommes.

PAIDOUX. – Ils les ont déjà.

NIEPCE. – Mais qu'en font-ils ?

PAIDOUX. – Ils les coupent.

NIEPCE. – Et c'est tout. Un shampooing avec de la chance, une friction si le client se laisse embobiner…

PAIDOUX (*il le dévisage*). – Tes cheveux…

NIEPCE. – Oui.

PAIDOUX. – Tiens…

NIEPCE. – J'ai fait quelques essais. Sur moi-même, et sur quelques amis, de toutes les couches sociales, jusqu'au mari de ma cuisinière, qui travaille chez Renault. Il y a, naturellement, au départ, une certaine réticence. On suppose que ce n'est pas viril. Mais il ne s'agit pas de frisettes. Une légère vague, qui donne un relief, un aspect sculptural. Tout le travail est sur le plan psychologique. Il faut associer dans l'esprit du public l'idée de virilité à l'idée d'ondulation. Et combattre le ridicule qui traditionnellement s'attache à l'image du bigoudi. Les méthodes publicitaires modernes en ont fait d'autres. Du côté de la profession, il y aura quelques remous. Les salons pour dames devront s'équiper pour recevoir aussi les messieurs. Les salons pour messieurs devront investir dans un équipement nouveau : séchoirs, permanenteuses. Mais c'est tant mieux ! Toute l'économie va dans le sens de

La pièce de Vinaver mise en scène par Alain Françon au théâtre de la Colline en 1999.

nouveaux investissements, toutes les professions se réadaptent au rythme du progrès de la technique. Les blanchisseries sont devenues des lavopoids[1], les restaurants se transforment en self-services, les théâtres sont devenus des cinémas. Et le cinéma s'accommode de la télévision. Les coiffeurs ? Ce qu'il perdent d'un côté, ils le regagneront de l'autre.

Vinaver, *Les Huissiers*, Éd. Actes Sud Babel, 1998.

Activités

1. Relevez les marques de l'ironie dans ce texte.

2. En quoi ce dialogue est-il fondamentalement ridicule ?

3. Que dénonce-t-il, et dans quel but ?

1. Premier nom donné à ce que l'on appelle aujourd'hui les « laveries automatiques ».

SARTRE

À son œuvre de romancier, de philosophe et d'essayiste, Jean-Paul Sartre (1905-1980) ajouta très tôt des pièces de théâtre, dont les principales sont : *Les Mouches, Huis clos, La Putain respectueuse* et *Le Diable et le Bon Dieu*. Avec *Les Séquestrés d'Altona*, il signa sa dernière grande pièce.

Les Séquestrés d'Altona

DRAME

Après être resté claustré dans sa chambre, un ancien officier allemand reprend contact avec le présent. Le sentiment de sa culpabilité l'amènera au suicide.

VOIX DE FRANTZ, *au magnétophone*. – Siècles, voici mon siècle, solitaire et difforme, l'accusé. Mon client s'éventre de ses propres mains ; ce que vous prenez pour une lymphe blanche, c'est du sang : pas de globules rouges, l'accusé meurt de faim. Mais je vous dirai le secret de cette perforation multiple : le siècle eût été bon si l'homme n'eût été guetté par son ennemi cruel, immémorial, par l'espèce carnassière qui avait juré sa perte, par la bête sans poil et maligne, par l'homme. Un et un font un, voilà notre mystère. La bête se cachait, nous surprenions son regard, tout à coup, dans les yeux intimes de nos prochains ; alors nous frappions : légitime défense préventive. J'ai surpris la bête, j'ai frappé, un homme est tombé, dans ses yeux mourants j'ai vu la bête, toujours vivante, moi. Un et un font un : quel malentendu ! De qui, de quoi, ce goût rance et fade dans ma gorge ? De l'homme ? De la bête ? De moi-même ? C'est ce goût du siècle. Siècles heureux, vous ignorez nos haines, comment comprendriez-vous l'atroce pouvoir de nos mortelles amours. L'amour, la haine, un et un… Acquittez-nous ! Mon client fut le premier à connaître la honte : il sait qu'il est nu. Beaux enfants, vous sortez de nous, nos douleurs vous auront faits. Ce siècle est une femme, il accouche, condamnerez-vous votre mère ? Hé ? Répondez donc ! (*Un temps.*) Le trentième ne répond plus. Peut-être n'y aura-t-il plus de siècles après le nôtre. Peut-être qu'une bombe aura soufflé les lumières. Tout sera mort : les yeux, les juges, le temps. Nuit. Ô tribunal de la nuit, toi qui fus, qui seras, qui es, j'ai été ! J'ai été ! Moi, Frantz, von Gerlach, ici, dans cette chambre, j'ai pris le siècle sur mes épaules et j'ai dit : j'en répondrai. En ce jour et pour toujours. Hein quoi ?

Leni est entrée dans la chambre de Frantz. Werner paraît à la porte du pavillon. Johanna le voit et se dirige vers lui. Visages inexpressifs. Ils sortent sans se parler. À partir de « Répondez donc », *la scène est vide.*

Rideau

Sartre, *Les Séquestrés d'Altona*, Gallimard, 1960.

Activités

1. Qui est l'accusé ? Quel rôle Franz se donne-t-il dans cette tirade ?

2. Quel sens peut-on donner à « la bête » ?

3. Inventez un autre personnage et transformez ce monologue en dialogue. Puis jouez-le.

ALBEE

Né en 1928 à Washington, Edward Albee a jeté sur la société américaine des regards sans indulgence. Ironique jusqu'à l'absurde, volontiers violent et provocateur, Albee sait tenir un public en haleine.

Qui a peur de Virginia Woolf ?

AFFRONTEMENT

Un couple américain, Georges et Martha, se fait une superbe scène de ménage devant leurs invités, Nick et Honey. C'est un combat où tout est remis en question, dans un mélange de panique et d'allégresse destructrice.

GEORGE. – Martha a des goûts simples, question boissons… avec les années, ils se sont simplifiés… codifiés. Quand je lui faisais la cour – est-ce bien le mot juste – donc quand je lui faisais la cour…

MARTHA, *(gaiement)*. – Quand tu commençais à me *baiser*, chéri !

GEORGE. – Enfin, bref, à l'époque où je lui faisais la cour, Martha commandait des trucs incroyables ! Vous ne le croirez jamais ! On entrait dans un bar… dans un *bar* ordinaire… Elle fronçait les sourcils, réfléchissait intensément, et l'inspiration lui venait… elle commandait ce qu'elle pouvait inventer de plus exotique, genre… cognac, crème de cacao frappée, gin vodka jus de citron, punch flambé… des cocktails à sept doses.

MARTHA. – C'était bon… J'aimais ça.

GEORGE. – De vraies petites liqueurs pour dames.

MARTHA. – Hey, mon alcool à brûler ? Il arrive ?

GEORGE, (*revenant au bar roulant*). – Mais avec les années, Martha a appris à ne pas mélanger n'importe quoi… elle sait maintenant qu'on met le lait dans le café, le jus de citron sur le poisson… et qu'on sert l'alcool (*Tout en apportant son verre à Martha*) pur et sans mélange… tiens, mon ange… de l'alcool pur pour l'être le plus pur. (*Il lève son verre*) À l'éblouissement des yeux, au ravissement du cœur et à la cirrhose du foie. À la vôtre !

La pièce d'Albee dans une mise en scène de John Berry au Théâtre de la Gaîté en 1996.

MARTHA, (*à tous*). – À votre santé, mes très chers. (*On boit.*) George est un poète… il a un talent à la Dylan Thomas[1] qui me met le feu là où je pense.

GEORGE. – Fille vulgaire ! Devant des invités !

MARTHA. – Ha, ha, ha, Ha ! (*À Honey et Nick.*) Hé, hé ! (*Elle chante, battant la mesure verre à la main. Honey chantonnera avec elle vers la fin.*)

Qui a peur de Virginia Woolf[2],
Virginia Woolf,
Virginia Woolf,
Qui a peur de Virginia Woolf…

Martha et Honey éclatent de rire ; Nick sourit.

HONEY. – C'était drôle ! C'était vraiment drôle…

NICK, (*sèchement*). – Oui… très drôle.

MARTHA. – Ça m'a fait crever de rire ; vraiment, j'ai cru que j'allais crever de rire. George n'a pas aimé. George a estimé que ce n'était pas drôle du tout.

GEORGE. – Par Dieu, Martha, tu tiens à reparler de ça ?

MARTHA. – J'essaie de te faire honte pour ton manque d'humour, mon ange, c'est tout.

GEORGE, (*dangereusement calme, à Honey et Nick*). – Selon Martha, je n'ai pas ri assez fort. Martha estime que si l'on ne rit pas à en crever… comme elle le dit si élégamment… si l'on ne rit pas à en crever c'est qu'on ne s'amuse pas.

Albee, *Qui a peur de Virginia Woolf ?*, Trad. P. Laville, Éd. Actes Sud-Papiers, 1996.

Activités

1. **Quel est le personnage qui semble maîtriser la situation ?**
2. **Quel effet cette scène peut-elle avoir sur le public ? De qui se compose en général un public de théâtre aujourd'hui ?**
3. **Imaginez la suite de cette scène en une quinzaine de répliques.**

1. Poète irlandais du XXe siècle.
2. Auteur anglais du XXe siècle, célèbre pour le calme de son écriture. La chanson de Martha est un jeu de mots entre « Virginia Woolf » et la célèbre chanson des trois petits cochons dans le dessin animé de Walt Disney « Who's afraid of the great big woolf » (qui craint le grand méchant loup).

N. SARRAUTE

Après avoir été l'une des fondatrices du nouveau roman, Nathalie Sarraute (1900-1999) s'est fait une spécialité de « drames microscopiques » dans lesquels elle cherche le crime et l'agression sous les mots les plus anodins.

Pour un oui ou pour un non

CONVERSATION

Dans cette pièce, les personnages ne portent pas de nom et sont réduits à l'identité élémentaire d'une initiale et d'un chiffre : H1, H2 etc. La pièce commence lorsque H1 vient demander à H2 s'il a quelque chose contre lui.

H. 2. – Eh bien… tu m'as dit il y a quelque temps… tu m'as dit… quand je me suis vanté de je ne sais plus quoi… de je ne sais plus quel succès… oui… dérisoire… quand je t'en ai parlé… tu m'as dit : « C'est bien… ça… »

H. 1. – Répète-le, je t'en prie… j'ai dû mal entendre.

H. 2, *prenant courage* – Tu m'as dit : « C'est bien… ça » Juste avec ce suspens… cet accent…

H. 1. – Ce n'est pas vrai. Ça ne peut pas être ça… ce n'est pas possible…

H. 2. – Tu vois, je te l'avais bien dit… à quoi bon ?…

H. 1. – Non mais vraiment, ce n'est pas une plaisanterie ? Tu parles sérieusement ?

H. 2. – Oui. Très. Très sérieusement.

H. 1. – Écoute, dis-moi si je rêve… si je me trompe… Tu m'aurais fait part d'une réussite… quelle réussite d'ailleurs…

H. 2. – Oh peu importe… une réussite quelconque…

H. 1. – Et alors je t'aurais dit : « C'est bien, ça ? »

H. 2. – *soupire* : Pas tout à fait ainsi… il y avait entre « C'est bien » et « ça » un intervalle plus grand : « C'est biiien… ça… » Un accent mis sur « bien » un étirement : « biiien… » et un suspens avant que « ça » arrive… ce n'est pas sans importance.

H. 1. – Et ça… oui, c'est le cas de le dire… ce « ça » précédé d'un suspens t'a poussé à rompre…

H. 2. – Oh… à rompre… non, je n'ai pas rompu… enfin pas pour de bon… juste un peu d'éloignement.

N. Sarraute, *Pour un oui ou pour un non*, Éd. Gallimard, 1982.

Activités

1. **Quelle différence y a-t-il entre « ça » et « cela ». Pourquoi H. 2. insiste-t-il tellement sur ce mot et sur la façon dont il a été dit ?**
2. **Étudiez la fonction des points de suspension dans le texte.**
3. **Étudiez et commentez l'évolution du dialogue et la disproportion entre l'origine de la dispute et ses conséquences.**

DESPROGES

Avec Coluche, Pierre Desproges (1939-1988) a été l'un des principaux rénovateurs du comique à partir des années soixante-dix. Humour sombre, humeur gaillarde, don de la provocation, refus d'une quelconque limite à l'ironie : une des œuvres les plus corrosives qui soient.

À mort le foot

PAMPHLET

Ce livre regroupe des chroniques prononcées à la radio sur France-Inter par Pierre Desproges en 1986. C'est un ensemble d'échos, de rumeurs, de portraits, de réactions et de petits pamphlets.

Voici bientôt quatre longues semaines que les gens normaux, j'entends les gens issus de la norme, avec deux bras et deux jambes pour signifier qu'ils existent, subissent à longueur d'antenne les dégradantes contorsions manchotes des hordes encaleçonnées sudoripares[1] qui se disputent sur gazon l'honneur minuscule d'être champions de la balle au pied.

Voilà bien la différence entre le singe et le footballeur. Le premier a trop de mains ou pas assez de pieds pour s'abaisser à jouer au football.

Le football. Quel sport est plus laid, plus balourd et moins gracieux que le football ? Quelle harmonie, quelle élégance l'esthète[2] de base pourrait-il bien découvrir dans les trottinements pataudsde vingt-deux handicapés velus qui poussent des balles comme on pousse un étron en ahanant[3] des râles vulgaires de bœufs éteints.

Quel bâtard en rut de quel corniaud branlé oserait manifester publiquement sa libido[4] en s'enlaçant frénétiquement comme ils le font par paquets de huit, à grands coups de pattes grasses et mouillées, en ululant des gutturalités simiesques[5] à choquer un rocker d'usine ? Quelle brute glacée, quel monstre décérébré de quel ordre noir[6] oserait rire sur des cadavres comme nous le vîmes en vérité, certain soir du Heysel[7] où vos idoles, calamiteux goalistes extatiques, ont exulté de joie folle au milieu de quarante morts piétinés, tout ça parce que la baballe était dans les bois ?

Je vous hais, footballeurs. Vous ne m'avez fait vibrer qu'une fois : le jour où j'ai appris que vous aviez attrapé la chiasse mexicaine en suçant des frites aztèques.

Desproges, « À mort le foot »
in *Chroniques de la haine ordinaire*, Éd. du Seuil, 1987.

Activités

1. En quoi ce texte est-il un pamphlet ?

2.  **Rédigez une chronique hostile à un sport de votre choix.**

1. Qui sécrète ou donne passage à la sueur.
2. Personne qui affecte le culte exclusif et raffiné de la beauté formelle.
3. Respirant bruyamment.
4. Recherche instinctive du plaisir, et surtout du plaisir sexuel.
5. Bruits émis par le gosier qui évoquent le singe.
6 Organisation politique de type fasciste.
7. Stade de football en Belgique. Une bousculade entre spectateurs y fit des dizaines de morts. Interrompue pendant quelques instants, la partie reprit, ainsi que son reportage télévisé.

KOLTÈS

Bernard Marie Koltès (1948-1989) est l'une des rares voix originales du théâtre des vingt dernières années. La violence de Koltès ne trompe jamais : elle va toujours au plus vif, au plus aigu, mais sans jamais se faire bavardage.

Sallinger

RÉVOLTE

Un cimetière, un mausolée, un grand salon, un pont sur une route, un champ de bataille en Corée, une chambre avec un téléphone, un rouquin, son père, sa mère, son frère, sa sœur et deux confidents : avec ce matériau, Koltès écrit une pièce où viennent défiler toutes les formes possibles de l'affrontement.

HENRY. – [...] Tu ne t'es jamais fait vider d'une boîte, Leslie.

LESLIE. – Je ne vais jamais dans les boîtes.

HENRY. – Moi, toujours, tous les soirs, je ne peux pas m'en empêcher.

LESLIE. – Pauvre vieil Henry, avec ta tête rasée.

HENRY. – C'est que, dès que le soir tombe, j'entends la musique dans ma tête, je sens l'odeur du whisky, je vois les colonnes de filles qui vont dans tous les sens, qui se croisent, qui se font des sourires, qui ont leur odeur de fille et la peau qu'on a dans les boîtes, où la lumière est rouge, orange ou bleue. Tu as déjà vu la peau des filles dans la lumière orange ? Cela peut être n'importe quelle idiote, que, dans la rue, on ne regarderait même pas, le genre de fille qui fume, qui se ronge les ongles, qui a les cheveux sales, et plein de défauts partout ; mais, là, il n'y a plus de défaut ; si elle se ronge les ongles, c'est joli à voir, et on voudrait qu'elle le fasse toujours, et qu'elle fume encore, on ne voit plus que sa peau orange et son sourire ; et, avec la musique par-dessus, tu te dis : c'est comme on pourrait le rêver, je voudrais bien terminer ma vie dans une boîte où sont les filles, et qu'il ne se passe rien du tout ; il me suffit de les voir passer en colonnes, avec leurs sourires et la lumière orange, leur odeur avec mon verre de whisky, et la musique par-dessus tout qui fait qu'on ne veut plus bouger. Mais quand on t'a vidé parce que tu ne veux pas payer – tu sais le prix qu'on paierait, dans les boîtes ? Si encore c'était aux filles qu'on le payait, c'est elles qui font tout ; mais c'est à ceux qui ne font rien qu'il faut payer, et moi, je ne paie pas – quand on me vide à la fin, je me dis : plus jamais je n'y retourne, quelle connerie, demander ce prix-là pour des conneries pareilles, il ne se passe rien sauf les filles ; et je me dis qu'on ne m'y reprendra plus, rien à foutre de leur musique et de l'odeur du whisky ; demain, le soir, je rentre direct chez moi, et c'est bien terminé, je n'aurais qu'à me souvenir qu'on m'a vidé. Mais, dès que le soir tombe, tout revient petit à petit ; je me dis encore : rien à foutre de leur musique et des colonnes de filles qui, sans lumière rouge, orange ou bleue, sont sans doute des idiotes ; mais, quand il fait de nouveau nuit, je n'y ai rien pu, me voilà dans les parages, je tourne autour des boîtes, je regarde les portes qui s'ouvrent, je respire l'odeur qui en sort. Quel con, je me dis, qu'est-ce que tu en as à foutre ? Mais je tourne toujours autour des boîtes, je regarde les videurs à la porte, je cherche celui qui ne me connaît pas ou ne me reconnaîtra pas ; je mets un chapeau pour le crâne, et m'y voilà de nouveau, je n'ai jamais pu rentrer direct chez moi.

LESLIE. – Pauvre vieille tête rasée.

Koltès, *Sallinger*, Éd. de Minuit, 1995.

Activités

1. **Étudiez et commentez l'emploi des temps dans le texte.**
2. **Quel sentiment Henry inspire-t-il à Leslie ? Quelle est la position du public ?**

Esthétiques et manifestes

Le conflit, la bataille d'idées, est une forme affectionnée des auteurs au XXe. À cela s'ajoute la fonction sociale des écoles et des groupes d'intellectuels : s'ils défendent des opinions et proposent de nouvelles formes, ils assurent aussi la promotion de leurs membres. On peut à l'époque moderne être une école révolutionnaire et aussi un groupe de pression très efficace, attentif aux profits matériels et symboliques que l'on peut retirer de la lutte.

MARINETTI

Philippo Tommaso Marinetti (1876-1944), écrivain italien passionné par la nouveauté, l'action, la vitesse et les foules, décida d'exalter les valeurs techniques et collectives du monde moderne à une époque où la littérature semblait reculer devant. Il exalta aussi le fascisme et Mussolini le récompensa en faisant de ce révolutionnaire un académicien.

Manifeste du Futurisme

ANARCHISME

Ce texte déploie une violente volonté de rupture avec toutes les formes reçues de la poésie et de l'éthique en vigueur à son époque.

Il n'y a plus de beauté que dans la lutte. Pas de chef-d'œuvre sans un caractère agressif. La poésie doit être un assaut violent contre les forces inconnues, pour les sommer de se coucher devant l'homme.

Nous sommes sur le promontoire extrême des siècles!... À quoi bon regarder derrière nous, du moment qu'il nous faut défoncer les vantaux[1] mystérieux de l'Impossible? Le Temps et l'Espace sont morts hier. Nous vivons déjà dans l'absolu, puisque nous avons déjà créé l'éternelle vitesse omniprésente.

Nous voulons glorifier la guerre – seule hygiène du monde – le militarisme, le patriotisme, le geste destructeur des anarchistes, les belles Idées qui tuent, et le mépris de la femme.

Nous voulons démolir les musées, les bibliothèques, combattre le moralisme, et toutes les lâchetés opportunistes et utilitaires.

Nous chanterons les grandes foules agitées par le travail, le plaisir ou la révolte; les ressacs multicolores et polyphoniques des révolutions dans les capitales modernes; la vibration nocturne des arsenaux et des chantiers sous leurs violentes lunes électriques; les gares gloutonnes avaleuses de serpents qui fument; les usines suspendues aux nuages par les ficelles de leurs fumées; les ponts aux bonds de gymnastes lancés sur la coutellerie[2] diabolique des fleuves ensoleillés; les paquebots aventureux flairant l'horizon; les locomotives au grand poitrail, qui piaffent sur les rails, tels d'énormes chevaux d'acier bridés de longs tuyaux, et le vol glissant des aéroplanes, dont l'hélice a des claquements de drapeau et des applaudissements de foule enthousiaste.

Marinetti, « Manifeste du Futurisme », Le Figaro, 20 février 1909.

Activités

1. En quoi la première phrase de ce texte est-elle programmatique de l'ensemble des paragraphes suivants ?

2. Quelle devrait être, selon Marinetti, la fonction de la poésie ?

3.  **Pensez-vous que les descriptions proposées par Marinetti aillent réellement dans le sens d'une libération ?**

1. Battants de porte.
2. Ici, au sens figuré, les rayons de lumière qui se reflètent dans l'eau comme des couteaux.

TZARA

Tristan Tzara, écrivain français d'origine roumaine, fut fondateur du groupe « Dada » auquel se joignirent André Breton, Philippe Soupault, Paul Éluard et Benjamin Péret. Pour lui la révolution littéraire est inséparable de la révolution sociale.

Manifeste Dada

ANARCHISME

Tzara regroupe dans cette publication les différentes interventions et provocations qu'il fit pendant la guerre et au début des années vingt. Dans ces textes les valeurs traditionnelles de l'humanisme constituent la cible principale de l'auteur : elles ont servi de paravent aux horreurs de la guerre.

Que chaque homme crie : il y a un grand travail destructif, négatif à accomplir. Balayer, nettoyer. La propreté de l'individu s'affirme après l'état de folie, de folie agressive, complète d'un monde laissé entre les mains des bandits qui se déchirent et détruisent les siècles. Sans but ni dessein, sans organisation : la folie indomptable, la décomposition…

Liberté : DADA, DADA, DADA, hurlement de couleurs crispées, entrelacement des contraires et de toutes les contradictions, des grotesques, des inconséquences : LA VIE…

POUR FAIRE UN POÈME DADAISTE

Prenez un journal
Prenez des ciseaux
Choisissez dans ce journal un article ayant la longueur que vous comptez donner à votre poème.
Découpez l'article
Découpez ensuite avec soin chacun des mots qui forment cet article et mettez-le dans un sac.
Agitez doucement
Sortez ensuite chaque coupure l'une après l'autre dans l'ordre où elles ont quitté le sac.
Copiez consciencieusement.
Le poème vous ressemblera.
Et vous voilà « un écrivain infiniment original et d'une sensibilité charmante, encore qu'incomprise du vulgaire ».

Tzara, *Sept Manifestes Dada*, Éd. Gallimard, 1924.

Activités

1. **Comparez ce texte à celui de Marinetti [voir p. 643]. Pensez-vous que les deux auteurs, dans leur démarche révolutionnaire, soient animés des mêmes motivations ?**
2. **Écrivez un poème dadaïste.**

BRETON

Chef de file des surréalistes, André Breton (1896-1966) eut une immense influence dans l'Entre-deux-guerres. À cette époque, la littérature s'est largement définie en fonction des « pour » et des « contre » que déchaînaient les textes de Breton. Il s'agissait de réconcilier rêve et réalité dans une « surréalité » et de libérer totalement l'être humain. Puis le mouvement s'épuisa.

Manifeste du Surréalisme

POÉTIQUE DE LA PROSE

Breton définit l'activité surréaliste comme « automatisme psychique pur », seul moyen de donner libre cours « au fonctionnement réel de la pensée ».

Faites-vous apporter de quoi écrire, après vous être établi en un lieu aussi favorable que possible à la concentration de votre esprit sur lui-même. Placez-vous dans l'état le plus passif, ou réceptif, que vous pourrez. Faites abstraction de votre génie, de vos talents et de ceux de tous les autres. Dites-vous bien que la littérature est un des plus tristes chemins qui mènent à tout. Écrivez vite sans sujet préconçu, assez vite pour ne pas retenir et ne pas être tenté de vous relire. La première phrase viendra toute seule, tant il est vrai qu'à chaque seconde il est une phrase étrangère à notre pensée consciente qui ne demande qu'à s'extérioriser. Il est assez difficile de se prononcer sur le cas de la phrase suivante ; elle participe sans doute à la fois de notre activité consciente et de l'autre, si l'on admet que le fait d'avoir écrit la première entraîne un minimum de perception. Peu doit vous importer, d'ailleurs ; c'est en cela que réside, pour la plus grande part, l'intérêt du jeu surréaliste. Toujours est-il que la ponctuation s'oppose sans doute à la continuité absolue de la coulée qui nous occupe, bien qu'elle paraisse aussi nécessaire que la distribution des nœuds sur une corde vibrante. Continuez autant qu'il vous plaira. Fiez-vous au caractère inépuisable du murmure.

Breton, *Premier Manifeste du Surréalisme*, Éd. Gallimard, 1924.

Activités

1. **Rapprochez ce texte de ceux de Tzara [voir p. 644] et Marinetti [voir p. 643] et montrez en quoi la révolution poétique promue par Breton est, elle aussi, une forme d'anarchie en littérature.**
2. **Montrez en quoi Breton va au-delà du désordre gratuit en introduisant l'idée d'une « libre expression du subconscient » par l'écriture.**

ARTAUD

Atteint très tôt de troubles psychiques, Antonin Artaud (1896-1948) a poursuivi jusqu'à la folie son aventure intérieure. Il nous reste aujourd'hui de ce parcours une des théories les plus radicales du théâtre moderne.

Le Théâtre et son double

POÉTIQUE DU THÉÂTRE

Dans ce livre, Artaud tente de définir un théâtre qui retrouverait sa force en réunifiant le corps et l'esprit, l'abstrait et le concret, l'homme et le monde.

Notre idée pétrifiée du théâtre rejoint notre idée pétrifiée d'une culture sans ombres, où de quelque côté qu'il se retourne notre esprit ne rencontre plus que le vide, alors que l'espace est plein.

Mais le vrai théâtre parce qu'il bouge et parce qu'il se sert d'instruments vivants, continue à agiter des ombres où n'a cessé de trébucher la vie. L'acteur qui ne refait pas deux fois le même geste, mais qui fait des gestes, bouge, et certes il brutalise des formes, mais derrière ces formes, et par leur destruction, il rejoint ce qui survit aux formes et produit leur continuation.

Le théâtre qui n'est dans rien mais se sert de tous les langages : gestes, sons, paroles, feu, cris, se retrouve exactement au point où l'esprit a besoin d'un langage pour produire ses manifestations.

Et la fixation du théâtre dans un langage : paroles écrites, musique, lumières, bruits, indique à bref délai sa perte, le choix d'un langage prouvant le goût que l'on a pour les facilités de ce langage ; et le dessèchement du langage accompagne sa limitation.

Pour le théâtre comme pour la culture, la question reste de nommer et de diriger des ombres : et le théâtre, qui ne se fixe pas dans le langage et dans les formes, détruit par le fait les fausses ombres, mais prépare la voie à une autre naissance d'ombres autour desquelles s'agrège le vrai spectacle de la vie.

Briser le langage pour toucher la vie, c'est faire ou refaire le théâtre ; et l'important est de ne pas croire que cet acte doive demeurer sacré, c'est-à-dire réservé. Mais l'important est de croire que n'importe qui ne peut pas le faire, et qu'il y faut une préparation.

Artaud, « le théâtre et la culture »
in *Le Théâtre et son double*, Éd. Gallimard, 1938.

Activités

1. **De quelle manière et par quels moyens le théâtre peut-il, selon Artaud, renouveler le sens de la vie ?**
2. **Discutez de l'affirmation selon laquelle le théâtre est une porte ouverte sur « le vrai spectacle de la vie ».**

MAN RAY

Man Ray (1890-1978) photographe américain, fit également de la peinture. Il participa au mouvement surréaliste. Un grand sens de l'humour domine son œuvre.

Le Violon d'Ingres

MONTAGE

Photo de 1924.

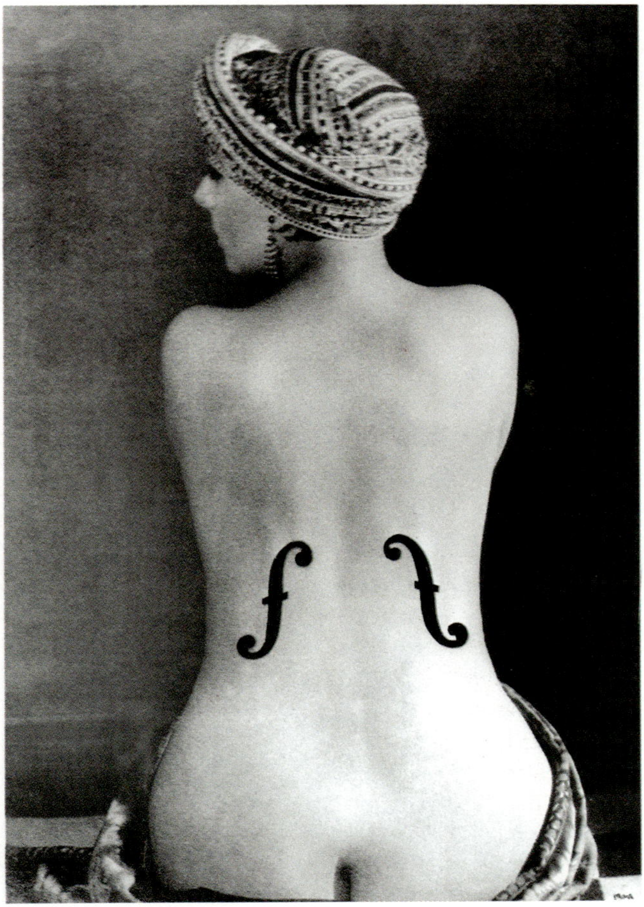

Activité

Cherchez dans un dictionnaire le sens de l'expression « violon d'Ingres ». Quel est l'effet de cette allusion ?

BACON

Peintre britannique, Francis Bacon (1909-1992) a l'art de créer un espace qui rappelle la piste de cirque ou la scène de théâtre. Dans cet espace les êtres sont distendus, tordus, découpés selon des plans différents, comme dans une pâte à modeler qui échapperait au contrôle. L'univers de Bacon est sans doute l'un des plus inquiets du siècle.

PORTRAIT

Portrait de John Dyer dans un miroir. *1968. Coll. Thyssen-Bornemisza, Lugano.*

Activité

Imaginez en une trentaine de lignes le monologue intérieur de ce personnage.

SARTRE

Philosophe, essayiste, journaliste, directeur de revue, militant, romancier, auteur de théâtre, autobiographe, Jean-Paul Sartre (1905-1980) a presque tout été en littérature, sauf poète. C'est un homme qui a marqué le siècle, l'un des derniers écrivains français universellement connus. Il a refusé le Prix Nobel en 1964.

Situations

POLÉMIQUE

Bien plus tard, Mauriac avoua que cet article l'avait longtemps plongé dans le doute quant à ses capacités de romancier.

La Fin de la nuit n'est pas un roman. Appellerez-vous « roman » cet ouvrage anguleux et glacé, avec des parties de théâtre, des morceaux d'analyse, des méditations poétiques ? Ces démarrages heurtés, ces coups de frein violents, ces reprises pénibles, ces pannes, pouvez-vous les confondre avec le cours majestueux de la durée romanesque ? Vous laisserez-vous prendre à ce récit immobile, qui livre au premier coup d'œil son armature intellectuelle, où les figures muettes des héros sont inscrites comme des angles dans un cercle ? S'il est vrai qu'un roman est une *chose*, comme un tableau, comme un édifice d'architecture, s'il est vrai qu'on fait un roman avec des consciences libres et de la durée, comme on peint un tableau avec des couleurs et de l'huile, *la Fin de la Nuit* n'est pas un roman – tout au plus une somme de signes et d'intentions. M. Mauriac n'est pas un romancier.

Pourquoi ? Pourquoi cet auteur sérieux et appliqué n'a-t-il pas atteint son but ? C'est péché d'orgueil, je crois. Il a voulu ignorer, comme font du reste la plupart de nos auteurs, que la théorie de la relativité s'applique intégralement à l'univers romanesque que, dans un vrai roman, pas plus que dans le monde d'Einstein, il n'y a de place pour un observateur privilégié, et que dans un système romanesque, pas plus que dans un système physique, il n'existe d'expérience permettant de déceler si ce système est en mouvement ou en repos. M. Mauriac s'est préféré. Il a choisi la toute-connaissance et la toute-puissance divines. Mais un roman est écrit par un homme pour des hommes. Au regard de Dieu, qui perce les apparences sans s'y arrêter, il n'est point de roman, il n'est point d'art, puisque l'art vit d'apparences. Dieu n'est pas un artiste ; M. Mauriac non plus.

Sartre, « François Mauriac et la liberté », fév. 1939, in *Situations*, tome I, Éd. Gallimard, 1947.

Activités

1. **Quelles sont selon Sartre, les qualités d'un bon romancier ?**
2.  **Reportez-vous à l'extrait de *La Fin de la nuit* cité** **[voir p. 561]** **: les critiques de Sartre vous paraissent-elles s'appliquer à cet extrait ? Pourquoi ?**
3.  **Écrivez une critique virulente mais argumentée à propos d'une œuvre de votre choix.**

PÉRET

Benjamin Péret (1899-1959) commença à faire parler de lui au cours d'une manifestation dadaïste des années vingt : revêtu d'un uniforme militaire français, il polémiquait en allemand au nom du soldat inconnu contre la propagande guerrière de Maurice Barrès. Il fera l'expérience du surréalisme puis du trotskisme.

Le Déshonneur des poètes

PAMPHLET

Dans ce pamphlet, Benjamin Péret condamne les facilités d'écriture dans lesquelles selon lui est tombée la poésie de la Résistance, celle – entre autres – d'Aragon, Éluard et Pierre Emmanuel. Ces trois auteurs avaient été publiés dans une revue intitulée L'Honneur des poètes.

Pas un de ces « poèmes » ne dépasse le niveau lyrique de la publicité pharmaceutique et ce n'est pas un hasard si leurs auteurs ont cru devoir, en leur immense majorité, revenir à la rime et à l'alexandrin classiques. La forme et le contenu gardent nécessairement entre eux un rapport des plus étroits et, dans ces « vers », réagissent l'un sur l'autre dans une course éperdue à la pire réaction. Il est en effet significatif que la plupart de ces textes associent étroitement le christianisme et le nationalisme comme s'ils voulaient démontrer que dogme religieux et dogme nationaliste ont une commune origine et une fonction sociale identique. Le titre même de la brochure, *l'Honneur des poètes*, considéré en regard de son contenu, prend un sens étranger à toute poésie. En définitive, l'honneur de ces « poètes » consiste à cesser d'être des poètes pour devenir des agents de publicité […]

En réalité tous les auteurs de cette brochure partent sans l'avouer ni se l'avouer d'une erreur de Guillaume Apollinaire et l'aggravent encore. Apollinaire avait voulu considérer la guerre comme un sujet poétique. Mais si la guerre, en tant que combat et dégagée de tout esprit nationaliste, peut à la rigueur demeurer un sujet poétique, il n'en est pas de même d'un mot d'ordre nationaliste, la nation en question fût-elle, comme la France, sauvagement opprimée par les nazis. L'expulsion de l'oppresseur et la propagande en ce sens sont du ressort de l'action politique, sociale ou militaire, selon qu'on envisage cette expulsion d'une manière ou d'une autre. En tout cas, la poésie n'a pas à intervenir dans le débat autrement que par son action propre, par sa signification culturelle même, quitte aux poètes à participer en tant que révolutionnaires, à la déroute de l'adversaire nazi par des méthodes révolutionnaires, sans jamais oublier que cette oppression correspondait au vœu, avoué ou non, de tous les ennemis – nationaux d'abord, étrangers ensuite – de la poésie comprise comme libération totale de l'esprit humain car, pour paraphraser Marx, la poésie n'a pas de patrie puisqu'elle est de tous les temps et de tous les lieux.

Péret, *Le Déshonneur des poètes*, Librairie José Corti, 1986.

Activités

1. **En quoi ce texte est-il un pamphlet ? Que dénonce Benjamin Péret et à qui s'attaque-t-il ?**
2. **Quelle est, selon lui, la fonction de la poésie ?**
3. **En vous appuyant sur les poèmes d'Aragon et d'Éluard qui figurent dans ce livre, vous rédigerez une réponse à ces affirmations de Benjamin Péret.**

MANIFESTE DES 121

ENGAGEMENT

Déclaration sur le droit à l'insoumission dans la guerre d'Algérie. Plus connue sous le nom de « Manifeste des 121 », cette déclaration commença à circuler en octobre 1960. Elle porte, entre autres, les signatures d'écrivains comme Jean-Paul Sartre, André Breton, Simone de Beauvoir, Alain Robbe-Grillet, Claude Simon ; de cinéastes ou acteurs comme Alain Resnais, Alain Cuny ou Simone Signoret ; de journalistes comme Jean-François Revel ou Jean-Louis Bory (ce dernier était aussi professeur de lycée et il fut suspendu de son emploi pour avoir signé). En réponse, des intellectuels de droite rédigèrent un contre-manifeste dans lequel ils traitaient les 121 d'agents de l'étranger, et qui fut signé par Roger Nimier, Antoine Blondin et par le maréchal Juin. Á la suggestion de faire poursuivre les 121 devant les tribunaux pour trahison, le général de Gaulle répliqua : « En France, on ne met pas Sartre en prison ».

Un mouvement très important se développe en France, et il est nécessaire que l'opinion française et internationale en soit informée, au moment où le nouveau tournant de la guerre d'Algérie doit nous conduire à voir, non à oublier, la profondeur de la crise qui s'est ouverte il y a six ans.

De plus en plus nombreux, des Français sont poursuivis, emprisonnés, condamnés, pour s'être refusés à participer à cette guerre, ou pour être venus en aide aux combattants algériens. Dénaturées par leurs adversaires, mais aussi édulcorées par ceux-là mêmes qui auraient le devoir de les défendre, leurs raisons restent généralement incomprises. Il est pourtant insuffisant de dire que cette résistance aux pouvoirs publics est respectable. Protestation d'hommes atteints dans leur honneur et dans la juste idée qu'ils se font de la vérité, elle a une signification qui dépasse les circonstances dans lesquelles elles s'est affirmée et qu'il importe de ressaisir, quelle que soit l'issue des événements.

Pour les Algériens, la lutte poursuivie, soit par des moyens militaires, soit par des moyens diplomatiques, ne comporte aucune équivoque. C'est une guerre d'indépendance nationale. Mais pour les Français, quelle en est la nature ? Ce n'est pas une guerre étrangère. Jamais le territoire de la France n'a été menacé. Il y a plus : elle est menée contre des hommes que l'État affecte de considérer comme Français, mais qui, eux, luttent précisément pour cesser de l'être. Il ne suffirait même plus de dire qu'il s'agit d'une guerre de conquête, guerre impérialiste, accompagnée de surcroît de racisme. Il y a de cela dans toute guerre, et l'équivoque persiste. [...]

C'est, aujourd'hui, principalement la volonté de l'armée qui entretient ce combat criminel et absurde, et cette armée, par le rôle politique que plusieurs de ses hauts représentants lui font jouer, agissant parfois ouvertement et violemment en dehors de toute légalité, trahissant les fins que l'ensemble du pays lui confie, compromet et risque de pervertir la nation même, en forçant les citoyens sous ses ordres à se faire les complices d'une action factieuse et avilissante. Faut-il rappeler que, quinze ans après la destruction de l'ordre hitlérien, le militarisme français, par suite des exigences d'une telle guerre, est parvenu à restaurer la torture et à en faire à nouveau comme une institution en Europe ? [...]

C'est dans ces conditions que beaucoup de Français en sont venus à remettre en cause le sens des valeurs et d'obligations traditionnelles. Qu'est-ce que le civisme, lorsque, dans certaines circonstances, il devient soumission honteuse ? N'y a-t-il pas de cas où le refus est un devoir sacré, où la « trahison » signifie le respect courageux du vrai ? Et lorsque, par la volonté de ceux qui l'utilisent comme instrument de domination raciste ou idéologique, l'armée s'affirme en état de révolte ou latence contre les institutions démocratiques, la révolte contre l'armée ne prend-elle pas un sens nouveau ?

Les soussignés considérant qu'eux-mêmes ont le devoir d'intervenir, déclarent :

– Nous respectons et jugeons justifié le refus de prendre les armes contre le peuple algérien.

– Nous respectons et jugeons justifié la conduite des Français qui estiment de leur devoir d'apporter aide et protection aux Algériens opprimés au nom du peuple français.

– La cause du peuple algérien, qui contribue de façon décisive à ruiner le système colonial, est la cause de tous les hommes libres.

Activités

1. Documentez-vous sur la façon dont était perçue la guerre d'Algérie par les Français en 1960.
2. Rédigez, en groupe, un manifeste pour ou contre un évènement politique de votre choix.

Engagements, intellectuels et publicistes

C'est dans la dernière partie du XIXe siècle que s'est constitué, autour de l'affaire Dreyfus, le groupe socioculturel dit des « intellectuels ». Il était composé de savants, d'auteurs et d'artistes qui décidèrent de peser du poids de leur réputation en faveur du capitaine injustement condamné [voir p. 434]. Ces intellectuels n'eurent cependant pas en 1914 un rôle différent de celui de l'ensemble de la population et ils furent, comme tout le monde, emportés par la vague nationaliste. Beaucoup payèrent très vite leur engagement par la mort, comme par exemple Charles Péguy et Alain-Fournier, dès 1914.

Congrès International des Écrivains en 1935. On reconnaît entre autres Nizan, Malraux, Gide...

Une littérature politique

Après la Première Guerre mondiale, le groupe des intellectuels ne se reconstitue pas immédiatement en tant que tel. Il est atomisé entre ceux qui se défient de tout engagement ou au contraire ceux qui décident de s'engager complètement dans un parti politique. Ce n'est qu'avec la montée du danger fasciste et nazi que le groupe des intellectuels se structure à nouveau, sous l'influence – entre autres – de Gide et de Malraux. On entend alors par « groupe des intellectuels » des savants, des créateurs, des artistes qui ne s'engagent pas dans un parti mais veulent quand même intervenir à gauche, sur la scène de l'Histoire.

En face, à droite, les intellectuels aussi se rassemblent au nom de l'anticommunisme. Sous l'occupation, certains intellectuels entreront dans la Résistance, et y laisseront parfois la vie, comme le critique Jean Prévôt ou le logicien Jean Cavaillès. D'autres, comme Céline, Brasillach ou Drieu La Rochelle basculeront dans une collaboration plus ou moins affirmée avec les Allemands. D'autres, sans doute les plus nombreux, attendront la fin de la guerre avec discrétion.

La dernière grande occasion pour les intellectuels de se manifester en tant que tels sera la guerre d'Algérie, lorsqu'ils s'opposeront massivement à la torture et à la guerre elle-même (voir le *Manifeste des 121* p. 652).

Intellectuels ou publicistes ?

À la fin du XXe siècle, les intellectuels ont changé de nature. Jusque dans les années soixante, c'étaient des personnages qui avaient fait leurs preuves, chacun dans son domaine, puis acceptaient de mettre le renom et le respect dont ils jouissaient au service d'une cause. Aujourd'hui, on est d'abord un intellectuel, on signe des manifestes et des pétitions, on se fait connaître par la voie de cette publicité, puis on essaie d'écrire des livres qui profitent de cette renommée médiatique. On est un publiciste avant d'être un intellectuel, et on dure sans doute moins longtemps que les vrais.

Activité

Relevez les manifestes signés et publiés dans la presse au cours des six derniers mois. Quelle conclusion pouvez-vous en tirer ?

GUILLEVIC

Eugène Guillevic (1907-1997) est un poète à la fois soucieux de la matérialité du monde et de l'histoire des hommes. Pour en parler, il s'est créé une langue simple et dense où le silence joue le même rôle de mise en relief que dans la musique.

Terre à bonheur

POÉTIQUE DU VERS

Comme dans tous les recueils de Guillevic, le langage se caractérise par sa forme lapidaire. Les objets les plus simples et les formes pures de notre perception, l'espace, le temps, n'en apparaissent que mieux.

J'ai vu le menuisier
Tirer parti du bois.

J'ai vu le menuisier
Comparer plusieurs planches.

J'ai vu le menuisier
Caresser la plus belle.

J'ai vu le menuisier
Approcher le rabot.

J'ai vu le menuisier
Donner la juste forme.

Tu chantais, menuisier
En assemblant l'armoire.

Je garde ton image
Avec l'odeur du bois.

Moi j'assemble des mots
Et c'est un peu pareil.

Guillevic, *Terre à bonheur,* Éd. Seghers, 1952.

Activités

1. À quelle conception de la poésie cet artisanat de l'écriture s'oppose-t-il ?

2. Étudiez le rôle et l'effet des répétitions dans ce poème.

3. Réécrivez ce poème en choisissant un autre métier manuel.

GRACQ

Julien Gracq, né en 1910, refusant de jouer un quelconque rôle médiatique, a su édifier une des œuvres les plus personnelles et les plus incisives de son temps. Il refusa le prix Goncourt en 1951 pour protester contre les grandes manœuvres qui président en France à l'attribution des prix littéraires.

Préférences

ARGUMENTATION

Julien Gracq passe en revue ce qu'il estime être les impasses dans lesquelles la littérature s'est enfermée au vingtième siècle, entre autres, le nouveau roman.

J'en viens au nouveau roman, et à celui qui peut en passer pour le théoricien et le réalisateur le plus intransigeant, Robbe-Grillet. Ici la sécession change de sens. Par rapport au roman de Sartre, Robbe-Grillet est un transfuge qui abandonne l'homme, coupé d'un monde écœurant et insignifiant, et tente de passer dans l'autre camp, du côté du monde lui-même, sans plus lui présenter nos éternelles exigences de correspondance et de signification. Un monde désensibilisé, justiciable seulement (c'est d'ailleurs encore trop) de la règle à calcul, du compas et de l'équerre, – un monde où d'ailleurs des morceaux d'homme apparaissent parfois pincés dans l'enchevêtrement de ses volumes, mais exclusivement à la manière d'une nature morte ou d'un fragment anatomique. Voici une de ces natures mortes humaines de Robbe-Grillet, où le meuble humain s'encastre dans son décor géométrique à la manière d'une délicate menuiserie :

« Huit doigts gras et courts passent et repassent délicatement les uns contre les autres, le dos des quatre doigts de droite contre l'intérieur des quatre de gauche. Le pouce gauche caresse l'ongle de droite, doucement d'abord, puis en appuyant de plus en plus – les autres doigts échangent leur position. »

Ce qu'écrit et récrit Robbe-Grillet, à travers des sujets qui ont tous en commun l'excessive transparence de leur trame humaine, c'est au fond un autre *Étranger*, un Étranger différent de celui de Camus, en ce que le monde extérieur s'y substitue au héros comme opacité indérangeable, impénétrable. Et plus il est opaque, dépaysant, plus Robbe-Grillet s'y intéresse.

Gracq, « Pourquoi la littérature respire mal »
in *Préférences*, Éd. Corti, 1961.

Activités

1. **Faites une enquête sur le nouveau roman pour vérifier l'affirmation de Gracq selon laquelle l'homme y est traité à la manière d'une nature-morte.**
2. **À votre avis, en quoi cette littérature désincarnée a-t-elle constitué une réponse au traumatisme de la Seconde Guerre mondiale ?**
3. **Lisez *L'Étranger* d'Albert Camus. Pour quelle raison Julien Gracq se sert-il du héros comme d'un contre-exemple ?**

ROBBE-GRILLET

Né en 1922, Alain Robbe-Grillet est considéré comme le « pape » du nouveau roman. Il a très tôt lutté contre la tradition psychologique et subjective de la littérature française. Son esthétique se fonde sur une mise en scène répétitive de l'objet, dans laquelle se dissout le personnage traditionnel.

Pour un nouveau roman

IRONIE

Ce livre est un recueil d'articles qui examinent la littérature et la critique traditionnelles de façon polémique. Pour l'auteur, le monde « n'est ni signifiant ni absurde, il est, tout simplement ».

Nous en a-t-on assez parlé, du « personnage » ! Et ça ne semble, hélas, pas près de finir. Cinquante années de maladie, le constat de son décès enregistré à maintes reprises par les plus sérieux essayistes, rien n'a encore réussi à le faire tomber du piédestal où l'avait placé le XIXe siècle. (...)

Un personnage, tout le monde sait ce que le mot signifie. Ce n'est pas un *il* quelconque, anonyme et translucide, simple sujet de l'action exprimée par le verbe. Un personnage doit avoir un nom propre, double si possible : nom de famille et prénom. Il doit avoir des parents, une hérédité. Il doit avoir une profession. S'il a des biens, cela n'en vaudra que mieux. Enfin il doit posséder un « caractère », un visage qui le reflète, un passé qui a modelé celui-ci et celui-là. Son caractère dicte ses actions, le fait réagir de façon déterminée à chaque événement. Son caractère permet au lecteur de le juger, de l'aimer, de le haïr. C'est grâce à ce caractère qu'il léguera un jour son nom à un type humain, qui attendait, dirait-on, la consécration de ce baptême.

Car il faut à la fois que le personnage soit unique et qu'il se hausse à la hauteur d'une catégorie. Il lui faut assez de particularité pour demeurer irremplaçable, et assez de généralité pour devenir universel. On pourra, pour varier un peu, pour se donner quelque impression de liberté, choisir un héros qui paraisse transgresser l'une de ces règles : un enfant trouvé, un oisif, un fou, un homme dont le caractère incertain ménage çà et là une petite surprise On n'exagérera pas, cependant, dans cette voie : c'est celle de la perdition, celle qui conduit tout droit au roman moderne.

Robbe-Grillet, *Pour un nouveau roman*,
Éd. de Minuit, 1963.

Activités

1. Relevez les marques de l'ironie dans ce texte. Contre qui est-elle tournée ? Contre quel type de littérature Robbe-Grillet prend-il position ?
2. Confrontez ce texte à celui de J. Gracq à la page précédente et discutez de la validité des arguments de Robbe-Grillet.

BRECHT

Écrivain antinazi, Bertolt Brecht (1898-1956) est contraint à l'exil par l'arrivée d'Hitler au pouvoir. À partir de 1949, il prend en Allemagne de l'Est la direction du *Berliner Ensemble*, l'une des plus grandes troupes de la deuxième moitié du xxe siècle. Son œuvre est faite de pièces et de réflexions sur le théâtre.

Écrits sur le théâtre

POÉTIQUE DU THÉÂTRE

Dans ses textes théoriques, Brecht a insisté sur la nécessité de créer entre la scène et le spectateur un effet de « distanciation » pour éviter à ce dernier de succomber à une quelconque fascination par le spectacle. Cela s'est appelé le théâtre « épique », par opposition au théâtre traditionnel, dit « dramatique ».

Quelques petits schémas montrent en quoi la fonction du théâtre épique diffère de celle du théâtre dramatique[1].

La forme dramatique du théâtre	*La forme épique du théâtre*
est action	est narration
implique le spectateur dans une action scénique,	fait du spectateur un observateur mais
épuise son activité intellectuelle	éveille son activité intellectuelle
lui est occasion de sentiments.	l'oblige à des décisions.
Expérience affective.	Vision du monde.
Le spectateur est plongé dans quelque chose.	Le spectateur est placé devant quelque chose.
Suggestion.	Argumentation.
Les sentiments sont conservés tels quels.	Les sentiments sont poussés jusqu'à devenir des connaissances.
Le spectateur est à l'intérieur, il participe.	Le spectateur est placé devant, il étudie.
L'homme est supposé connu.	L'homme est l'objet de l'enquête.
L'homme immuable.	L'homme qui se transforme et transforme.

1. Ce tableau ne souligne pas des oppositions absolues, mais simplement des déplacements d'accent. C'est ainsi qu'à l'intérieur d'une représentation destinée à informer le public, on peut faire appel soit à la suggestion affective, soit à la persuasion purement rationnelle.

Intérêt passionné pour le dénouement.	Intérêt passionné pour le déroulement.
Une scène pour la suivante.	Chaque scène pour soi.
Croissance organique.	Montage.
Déroulement linéaire.	Déroulement sinueux.
Évolution continue.	Bonds.
L'homme comme donnée fixe.	L'homme comme procès.
La pensée détermine l'être.	L'être social détermine la pensée.
Sentiment.	Raison.

Le spectateur du théâtre dramatique dit: Oui, cela, je l'ai éprouvé, moi aussi. – C'est ainsi que je suis. – C'est chose bien naturelle. – Il en sera toujours ainsi. – La douleur de cet être me bouleverse parce qu'il n'y a pas d'issue pour lui. – C'est là du grand art: tout se comprend tout seul. – Je pleure avec celui qui pleure, je ris avec celui qui rit.

Le spectateur du théâtre épique dit: Je n'aurais jamais imaginé une chose pareille. – On n'a pas le droit d'agir ainsi. – Voilà qui est insolite, c'est à n'en pas croire ses yeux. – Il faut que cela cesse. – La douleur de cet être me bouleverse parce qu'il y aurait tout de même une issue pour lui. – C'est là du grand art: rien ne se comprend tout seul. – Je ris de celui qui pleure, je pleure sur celui qui rit.

Brecht, *Écrits sur le théâtre,*
Trad. J. Tailleur et G. Delfel, tome I, Éd. de l'Arche, 1972.

Activités

1. **Confrontez cette analyse de Brecht à des extraits de pièces que vous trouverez dans l'anthologie et cherchez à définir le genre théâtral auquel ils appartiennent selon Brecht: épique ou dramatique.**
2. **Débat: Qu'attendez-vous d'une représenation théâtrale?**

Sommaire des index

Proposition de séquences

Séquence : Un genre narratif : La nouvelle

Séance	Support	Objectifs et activités
Séance 1	La nouvelle réaliste, *Le Décaméron* de Boccace	Étude : Narrateur, indices spatio-temporelles, présence du corps, objets, fonction référentielle.
Séance 2	La nouvelle fantastique, *Inès de La Sierras* de Charles Nodier.	– Activité : distinction entre réalisme et fantastique. – Étude d'image : *l'Apparition* de Gustave Moreau.
Séance 3	*Candide* de Voltaire	– Étude de la question du genre : conte/nouvelle. – Recherche sur l'histoire des mots « contes » et « nouvelles » et sur celle des deux genres. – Étude du rapport entre le conte et le genre de l'utopie et le registre de l'ironie.
Séance 4	*L'Heptaméron* de Marie de France	– Intertextualité : faire un exposé sur la filiation entre l'*Heptaméron* et le *Décaméron*. – Étude de la structure d'un recueil de nouvelles. – Exposé : Les liens entre l'*Heptaméron* et le mythe d'Œdipe.
Séance 5	Film *: Le Décaméron* de Pasolini	Étude de la transposition entre écriture narrative et écriture cinématographique.
Séance 6	*Les Spectacles d'horreur* de Jean Pierre Camus	– Étude : les temps du récit. – Étude d'un registre : le tragique. – Activité écrite : réécrire la nouvelle de façon humoristique.
Séance 7	*Les Illustres françaises* de Robert Challe	– Travail de l'argumentation. – Étude des figures de style : la comparaison et la contextualisation. – Activité orale : débat argumenté autour de la question religieuse.
Séance 8	*Brèves en trois lignes* de Felix Fénéon	– Étude de la nouvelle non littéraire. – Bilan : travail d'écriture : à partir de l'une de ces brèves nouvelles, rédiger une nouvelle d'environ deux pages.

Séquence : Poésie et romantisme

Séance	Support	Objectifs et activités
Séance 1	« Le Lac » de Lamartine « La Communion avec la nature » de Byron	– Étude du contexte littéraire : • L'année 1820 • La réception de Byron en France. – Faire un exposé sur : • les *Méditations* : 1er grand recueil romantique. • les grands thèmes du Romantisme.
Séance 2	« Le Lac » de Lamartine « La Communion avec la nature » de Byron	– Étude d'un registre : Le lyrisme. – Travail de l'intertextualité : faire une recherche sur l'influence de Lamartine. Cf. *Madame Bovary* (promenade en barque 3e partie) ; Tintin, *Le trésor de Rackam le Rouge.*
Séance 3	« Le Mont des Oliviers » d'Alfred de Vigny « Le Christ aux Oliviers » de Gérard de Nerval	– Comparaison thématique : étude de la différence de traitement d'un même texte. – Étude des rapports entre romantisme et christianisme.
Séance 4	*Croix sur la Baltique* de Caspar Friedrich	Recherche Internet sur la peinture romantique : Étude de la poétique romantique picturale.
Séance 5	« Elle était déchaussée… » de Victor Hugo	– Étude de la poésie romantique amoureuse. – Étude des *topoï* et des figures de style. – Étude de la présence du « Je ».
Séance 6	« Correspondances » de Baudelaire	– Écrire et publier dans le passé : faire un exposé sur le scandale de la réception des *Fleurs du Mal.* – Montrer en quoi « Correspondances » constitue un manifeste poétique et l'aboutissement d'une notion romantique. – Étude d'un genre : la forme fixe : le sonnet.
Séance 7	Bilan	– Concours de diction poétique : les élèves ont cherché et appris par cœur un poème romantique et lyrique de leur choix. – Travail d'écriture : lire la fiche sur le romantisme. Comme un journaliste critique littéraire, rédiger un article (favorable ou défavorable) sur le poème de Lamartine (« Le Lac ») qui vient de paraître.

Index des mots clefs

Index des fiches par catégories

Argumentation et rhétorique

Genres et registres

Histoire littéraire et culturelle

Production, diffusion, réception,

Index des auteurs

Glossaire

Abécédaire: Livre dans lequel on apprend l'alphabet.

Adoubement: Au Moyen Âge, cérémonie officielle au cours de laquelle un homme était fait chevalier. On lui remettait solennellement ses armes et son armure, en lui donnant l'accolade.

Allégorie: C'est une figure de style qui personnifie une abstraction. Ex: La Justice, la Vertu, etc. Une image concrète peut aussi servir d'allégorie. Ex: la faucheuse, pour désigner la mort.

Allitération: Du latin « ad » près de, et « littéra », lettre. Répétition à des fins expressives d'une même consonne dans des mots voisins.

Anaphore: Du grec « ana » à nouveau, et « phorein », porter. Primitivement, le mot désignait la répétition en début de vers, à des fins expressives, d'un même mot ou groupe de mots. Par extension, le terme désigne toute répétition d'un mot ou groupe de mots en début de phrases ou de membres de phrases.

Anthropologiste ou anthropologue: Savant qui s'occupe d'anthropologie, science dont le sens étymologique est « science ou description de l'homme ». Il s'agit à la fois d'une branche de l'ethnologie qui étudie les caractères biologiques de l'homme considéré comme un animal et de l'ensemble des sciences qui étudient l'homme.

Antiphrase: Du grec « anti » contre, et de « phrasis », phrase. Figure principale de l'ironie (Voir ce mot), qui consiste à laisser entendre le contraire de ce que l'on dit (ou écrit). Ex: quel beau temps! (alors qu'il pleut énormément).

Antithèse: Du grec « anti », contre, et « thèsis » thèse. Figure de rhétorique qui, dans un même énoncé, rapproche deux termes désignant des réalités éloignées. Dans le discours argumentatif, l'antithèse est l'idée centrale développée par les adversaires du locuteur.

Assonancés: Vers qui se font écho, non par la rime, mais par l'assonance, c'est à dire la répétition d'un même son vocalique.

Bateleur: Mot créé semble-t-il au XIIIe siècle, pour désigner tous les gens qui montaient sur des tréteaux pour amuser la foule de leurs bouffonneries. Ils connurent beaucoup de succès, surtout avant la création du théâtre.

Burlesque: De l'italien *burlesco*, issu de *burla*, plaisanterie, raillerie, farce. Il désigne d'abord jusqu'en 1653 une mode littéraire visant à « parler bassement des choses les plus relevées. » Il s'agit de parodier les grandes œuvres ou les grands mythes de l'Antiquité, par exemple le *Virgile travesti* de Scarron (1648-1652). On y utilise notamment l'octosyllabe, alors appelé vers burlesque par opposition à l'alexandrin, vers héroïque. Au sens large, le burlesque désigne un style bas et plaisant, un ton railleur et satirique, recourant au mélange des tons, à l'outrance, à la discordance entre l'élévation du sujet et la familiarité de l'expression. On ne doit pas confondre burlesque et grotesque (Voir ce mot).

Chiasme: Du grec « khiasein », disposer en forme de croix. Disposition symétrique (ABBA) de quatre éléments du discours qui se répondent deux à deux. Ex: « Tel qui rit vendredi, dimanche pleurera. » (Racine).

Décasyllabe: Du grec « déca » dix; et « sullabè », ensemble des lettres tenues ensemble. Un décasyllabe est un vers de dix syllabes. La césure se place généralement après la quatrième syllabe, ce qui lui donne toute son énergie. Le décasyllabe a surtout été très employé dans les chansons de geste. Délaissé progressivement au XVIe, il a été remis à l'honneur par Verlaine.

Destinataire: Dans une situation de communication, le destinataire est celui à qui est adressé un message écrit ou oral.

Destinateur: Dans une situation de communication, le destinateur est celui qui adresse un message écrit ou oral à un destinataire.

Diariste: Personne qui écrit son journal au quotidien.

Didactique: Au sens classique, qui vise à instruire, qui a rapport à l'enseignement. Dans le genre didactique, l'auteur s'efforce d'instruire sous une forme agréable et poétique, par exemple *L'Art poétique* de Boileau. Au sens moderne, le substantif désigne une théorie et méthode de l'enseignement d'une discipline, par exemple la didactique de la géographie.

Diphtongue: Voyelle qui comporte dans sa prononciation une variation de timbre sentie comme formant deux sons distincts et successifs. Par exemple: *ail*.

Ellipse: Au sens grammatical, omission d'un terme ou d'un ensemble syntaxique sans incidence pour le sens, par exemple: « Je fais mon travail et lui le sien. » Au sens rhétorique et stylistique, figure de style permettant un raccourci, par exemple. « M'aimerais-tu si j'étais injuste… M'aimerais-tu légère et inconstante? » Au sens narratologique, absence d'une séquence ou d'un élément structural, par exemple une ellipse temporelle.

Emphatique: D'un point de vue stylistique, l'emphase est une manière d'exprimer très marquée, un ton déclamatoire, un emploi déplacé du style élevé, une inflexion hyperbolique. Dans la langue classique, le terme peut avoir une valeur positive, renvoyant à l'énergie, à la force expressive. Aujourd'hui, il est souvent péjoratif et l'adjectif emphatique l'est toujours. (Voir Grandiloquence).

Ésotérisme : Doctrine selon laquelle des connaissances, des savoirs ne doivent pas être vulgarisés, mais réservés à un nombre limité de disciples. Le terme peut aussi désigner le caractère énigmatique d'une œuvre.

Évolutionnisme (théorie de l') : Théorie qui applique l'idée d'évolution à la nature entière. Elle s'applique notamment à la biologie, à la transformation progressive des espèces animales. Elle a été développée au XIXe siècle par Charles Darwin (1809-1882) dans son livre *De l'origine des espèces au moyen de la sélection naturelle* (1859).

Grandiloquence : Éloquence ou style affecté, abusant des grands mots et des effets faciles. Le sens du mot est proche de celui d'emphase. (Voir ce terme).

Grotesque : De l'italien *grottesco*, de *grotta*, grotte, souterrain. Au XVIe siècle on appelle grotesques des stucs et peintures d'ornement découverts dans des ruines romaines enfouies, et les ornementations qui s'en inspirent. Il s'agit principalement de motifs végétaux et animaux de fantaisie. Sur le plan esthétique, le sens glisse d'une part vers celui de monstrueux, de difforme, et d'autre part vers celui de chimérique, d'illusoire. La catégorie esthétique est installée au XVIIe siècle et contient selon les cas les notions de bouffon, bizarre, pittoresque, comique, fantasque. Au XIXe siècle, le romantisme en fait une catégorie antithétique du sublime mais nécessairement liée à lui. On ne doit pas confondre le grotesque avec le burlesque (Voir ce mot).

Hérédité (theorie de l') : L'hérédité est la transmission des caractères d'un être vivant à ses descendants. Au XIXe siècle, sa théorisation, fondée notamment sur les lois formulées par Mendel puis sur les travaux du docteur Lucas, entend expliquer le comportement, les maladies, les prédispositions d'un individu par son patrimoine héréditaire.

Hydropathes : Groupe littéraire créé au Quartier latin le 11 octobre 1878 par Émile Goudeau, réunissant ivrognes, étudiants, artiste et poètes (« Hydropathes, chantons en chœur/La noble chanson des liqueurs », Charles Cros). Il pratique la provocation joyeuse. Un bihebdomadaire paraît de janvier 1879 à 1880. Parmi ses membres, on compte Jules Laforgue.

Hyperbole : Du grec « huperbolê », amplification, exagération. Figure de style qui amplifie un énoncé pour produire une vive impression. Figure caractéristique de l'épopée, elle constitua le « fin du fin » (Molière) de la préciosité, mais est aussi très utilisée dans l'ironie et le lyrisme.

Illuminisme : À la fin du XVIIIe siècle et au début du XIXe siècle, en réaction contre le matérialisme des philosophes, se développe une doctrine mystique : l'homme, séparé de Dieu depuis la chute, doit se régénérer pour retrouver l'unité perdue ; il existe une correspondance entre l'univers spirituel et le monde matériel. Les illuministes doivent décrypter ces correspondances et, pour ce faire, être particulièrement attentifs aux signes du langage et à la divination. Parmi les illuministes les plus célèbres on peut citer le Suédois Swedenborg, qui influencera Balzac, et Baudelaire.

Interrogation rhétorique : C'est une question qui n'attend aucune réponse. Elle équivaut souvent à une exclamation et est destinée à emporter l'adhésion de l'auditoire à la thèse émise par l'orateur.

Intertextualité : Ensemble des relations qui existent entre un texte et un ou plusieurs autres textes ; présence d'un ou plusieurs textes dans un texte littéraire selon des procédures diverses, allant de la citation à l'allusion, de l'écho à la reprise plus ou moins apparente.

Ironie : En rhétorique antique, l'ironie consiste à dire le contraire de ce que l'on pense. Elle a souvent recours au procédé stylistique de l'antiphrase. Ex : « Oh le joli travail ! ». Mais il existe également une ironie non verbale : ironie de situation, du rapport entre tel et tel chapitre, etc.

Laisse : Suite de vers qui constitue une section d'un poème médiéval ou d'une chanson de geste.

Litote : Expression atténuée qui consiste à en dire moins pour faire entendre le plus. Ex : « Il nous a quitté » au lieu de « Il est mort ».

Ménestrel : Au Moyen Âge, musicien poète qui s'accompagne surtout d'un instrument et va de château en château.

Métaphore : Comparaison qui ne comprend aucun mot de comparaison. La métaphore établit une relation d'identité entre le comparant et le comparé ; Ex : « le lac, divin miroir ! » (Hugo, « Tristesse d'Olympio »).

Métonymie : Figure de style consistant à remplacer un mot par un autre mot entretenant avec le premier une relation logique. C'est une figure de transfert et de symbolisation. Exemples : « L'Élysée reste muet », métonymie du lieu du pouvoir, puisque le président de la République réside au palais de l'Élysée. Un cas particulier est la synecdoque, figure de style qui joue sur les rapports genre/espèce, singulier/pluriel, partie/tout, objet/matière. Ex : « cent voiles » = « cent bateaux ».

Monodique : La monodie est une composition musicale à une seule voix ou un seul instrument. Elle s'oppose à la polyphonie (Voir ce mot). Monodique désigne tout ce qui se rapporte à la monodie.

Mythomane : Quelqu'un qui est atteint de mythomanie, forme de déséquilibre psychique, tendance à l'affabulation, au mensonge, à la simulation.

Pantoum : Poème à forme fixe originaire de Malaisie remis à la mode par Hugo. Il est constitué de quatrains. Le deuxième vers d'un quatrain devient le premier vers du quatrain suivant et le dernier vers du quatrain devient le troisième vers du quatrain suivant. Il développe ordinairement deux thèmes. Ex: «Harmonie du soir», *Les Fleurs du mal*, Baudelaire.

Pastiche: Pratique d'écriture consistant à imiter un texte tiré de l'œuvre d'un écrivain connu. Cette imitation doit être perçue et elle porte sur le style. Elle est à la fois un hommage et un jeu comportant une distance ironique. Il ne faut pas confondre pastiche et parodie, pratique d'écriture consistant à imiter de façon décalée une œuvre, un genre, un style et qui utilise l'hyperbole, le burlesque, le grotesque, l'ironie, le mélange des tons et des registres, etc. Exemple: Rabelais parodie l'épopée dans *Gargantua*.

Phénomène paranormal: Phénomène qui se produit dans le monde matériel et pour lesquels on ne trouve pas d'explication rationnelle. Phénomène qui semble appartenir au domaine du surnaturel. Ex: des objets qui se déplacent seuls dans une maison, qui volent.

Polyphonie : Composition musicale à plusieurs lignes vocales ou instrumentales superposées. Par extension, combinaison de diverses voix dans un texte littéraire.

Prétérition: Du latin «praeteritio», omission. Paradoxe rhétorique dans lequel l'orateur évoque ce dont il affirme ne pas vouloir parler. Ex: «je ne parlerai pas de vos résultats catastrophiques» et en réalité je ne parle que de cela pendant quelques minutes!

Proleptique: Le terme de prolepse appartient à la narratologie. Il désigne l'annonce d'un événement ultérieur ou d'une situation future.

Reconquête (espagnole) : Les historiens espagnols appellent *Reconquista* le reconquête menée au Moyen Âge par les chrétiens contre les musulmans (les Maures) qui occupaient la plus grande partie du pays. Elle s'acheva par la prise de Grenade en 1492.

Rythme ternaire: Dans la versification française, le rythme du vers est fonction des accents toniques. Ainsi, le rythme ternaire est un rythme à trois temps: 4/4/4 pour l'alexandrin par exemplaire. En prose, le rythme dépend de la longueur de segments. On parle d'un ternaire oratoire quand un segment de la phrase comporte trois voire quatre mots de même nature grammaticale. Normalement, un ternaire parfait doit comprendre des mots aux syllabes de plus en plus nombreuses. Ex: «Il allait, seul, triste, malheureux». Le ternaire oratoire provoque une effet d'amplification.

Scansion: Action de scander un vers, autrement dit de l'analyser en ses éléments prosodiques et métriques: numération syllabique, observation des découpages rythmiques, des accents.

Scolastique : Le substantif désigne d'abord la philosophie et la théologie enseignées par l'Université au Moyen Âge et l'enseignement qui s'y rapporte. Puis il désigne une philosophie présentant des caractères scolastiques, abstraits, formalistes. Un scolastique est un philosophe du Moyen Âge ou, au sens péjoratif, un homme à l'esprit scolastique, intolérant.

Spiritisme: Science occulte qui vise à déterminer les conditions d'existence de l'esprit avant, pendant et après son incarnation terrestre. Le spiritisme détermine aussi les règles de manifestations de l'esprit des morts aux vivants.

Stichomythie: Du grec «stikhos», vers, et «muthos», parole, récit. Dans un dialogue théâtral, réponse de vers à vers ou de phrase à phrase entre deux interlocuteurs.

Structuralistes: Théoriciens et praticiens du structuralisme, méthode d'analyse privilégiant l'étude des structures qui organisent l'objet à étudier, par exemple la langue dans la linguistique structuraliste. Cette méthode repose sur l'idée qu'un élément n'a de sens que par ses relations avec les autres, et que toute modification d'un élément entraîne la modification de l'ensemble.

Thébaïde: Lieu isolé et sauvage, endroit retiré et paisible où l'on mène une vie austère, calme, solitaire. C'était à l'origine la Thébais, contrée voisine de Thèbes, où vécurent beaucoup de pieux solitaires. C'est aussi le nom que l'on donna à la famille d'Œdipe.

Topique: Au sens premier, un topique est un lieu commun. L'adjectif désigne ce qui est relatif aux lieux communs. Le sens moderne désigne ce qui se rapporte exactement au sujet dont on parle, et le substantif désigne la matière, le sujet, le thème dont on peut repérer les occurrences et analyser le traitement dans un texte.

Vernaculaire : Adjectif qui signifie « du pays, propre au pays». En parlant d'une langue, il s'agit de la langue parlée à l'intérieur du pays ou d'une communauté. Au Moyen Âge, la langue vernaculaire désigne la langue populaire, qui n'est pas le latin.

Versification: Technique du vers, par exemple les règles de la versification. On utilise également ce terme pour désigner une technique propre à un poète. Ex: la versification d'Apollinaire.

Vaudeville: Mot créé, au XVe siècle, pour désigner une «chanson de circonstance», une chanson populaire à thème satirique qui vient probablement de «vauder» «tourner» et virer... À la fin du XVIIIe siècle, il désigne une pièce de théâtre mélée de chansons et de ballets. Il est aussi utilisé au XIXe siècle pour parler d'une comédie légère, divertissante, fertile en intrigues et rebondissements.

Crédits

Couverture

J.-L. Charmet, © ADAGP Paris, 2000

Antiquité

p. 12 - 13: RMN - Hervé Lewandowski – p. 14.: AKG, Paris – p. 15: (h) AKG, Paris – p. 15: (b) The Bridgeman Art Library (Ashmolean Museum Oxford UK) – p. 16: AKG, Paris – p. 18: RMN (RG Ojeda) – p. 20: Artephot (Nimatallah) – p. 22: Bernand – p. 24: AKG, Paris – p. 26: The Bridgeman Art Library Ashmolean Museum Oxford UK – p. 28: AKG, Paris (J-L Nou) – p. 31: The Bridgeman Art Library - Collection privée (p. Willi) © ADAGP, Paris 2000

Moyen-Âge

p. 32 - 33: The Bridgeman Art Library - Museo di San Marco Dell'Angelico, Florence, Italie – p. 34: British Library – p. 35: Archives Nationales – p. 36: The Bridgeman Art Library Museo di San Marco Dell'Angelico, Florence – p. 38: BNF – p. 39: BNF – p. 41: Bibliothèque de l'Arsenal – p. 42: AKG, Paris (Visioars) – p. 43: Scala – p. 45: BNF – p. 46: BNF – p. 49: AKG, Paris – p. 51: Josse – p. 52: BNF – p. 54: Scala – p. 55: Scala – p. 56: Scala – p. 57: The Bridgeman Art Library (Duomo, Florence, Italie)

XVIe siècle

p. 58 - 59: Scala – p. 60: Giraudon – p. 61: Josse – p. 62: Scala – p. 63: Roger-Viollet – p. 64: The Bridgeman Art Library, (Vatican Museum and Galleries) – p. 65: Roger-Viollet – p. 66: Roger-Viollet – P 67: Kharbine-Tapabor – p. 68: Roger-Viollet – p. 69: Kharbine-Tapabor – p. 73: J.-L. Charmet – p. 74: Scala – p. 75: Scala – p. 76: Roger-Viollet – p. 77: Roger-Viollet – p. 78: AKG Paris – p. 79: Roger-Viollet – p. 80: Giraudon – p. 81: Coll. part. – p. 82: Roger-Viollet – p. 83: Edimédia – p. 84: Roger-Viollet – p. 85: Scala – p. 86: Roger-Viollet – p. 87: Institut Amatller d'Art Hispánic – p. 88: Selva – p. 90: BNF – p. 92: Roger-Viollet – p. 93: Roger-Viollet – p. 94: Giraudon – p. 95: AKG Paris – p. 96: Giraudon – p. 97: The Bridgeman Art Library, (Coll. part.) – p. 98: Roger-Viollet – p. 99: J.-L. Charmet – p. 100: (h) The Bridgeman Art Library, Galleria Nazionale delle Marche, Urbino, Italie – p. 100: (b) Artephot, (J. Martin) – p. 101: (g) The Bridgeman Art Library, Pinacoteca di Brera, Milan, Italie – p. 101: (d) The Bridgeman Art Library, Galleria Dell'Accademia, Florence, Italie

XVIIe siècle

p. 102 - 103: RMN (p. Bernard) – p. 104: J.-L. Charmet – p. 105: The Bridgeman Art Library (Lauros-Giraudon) – p. 106: RMN (p. Bernard) – p. 107: RMN – p. 108: Musée des Beaux-Arts de Lyon – p. 109: The Bridgeman Art Library, (Christie's Images, Londres, UK) – p. 110: (g) The Bridgeman Art Library, Santa Maria del Popolo, Rome – p. 110: (d) The Bridgeman Art Library, (National Gallery of Art, Washington) – p. 111: (h) The Bridgeman Art Library, (Onze Lieve Vrouwkerk), Cathedrale d'Antwerp, Belgique – p. 111: (b) RMN – p. 112: Institut Amatller d'Art Hispánic – p. 113: RMN (p. Bernard) – p. 114: Roger-Viollet – p. 115: Bibliothèque Centrale MNHN, Paris – p. 116: The Bridgeman Art Library (Index) – p. 117: AKG Paris – p. 118: Selva – p. 119: Roger-Viollet – p. 120: BNF – p. 121: The Bridgeman Art Library, (Coll. part.), Agnews, Londres. – p. 122: RMN (p. Bernard) – p. 123: The Bridgeman Art Library, Louvre, Paris/Peter Willi. – p. 125: The Bridgeman Art Library, National Gallery, Londres – p. 126: J.-L. Charmet – p. 127: AKG Paris – p. 128: J. L Charmet – p. 130: RMN (p. Bernard) – p. 131: Selva – p. 133: Sipa (De Keerle) – p. 134: Roger-Viollet – p. 135: J.-L. Charmet – p. 137: Institut Amatller d'Art Hispánic – p. 138: Roger-Viollet – p. 140: Giraudon – p. 142: Giraudon – p. 143: J.-L. Charmet – p. 144: Giraudon – p. 146: Specto (Ph. Coqueux) – p. 147: J.-L. Charmet – p. 148: J.-L. Charmet – p. 149: Bernand – p. 150: Giraudon – p. 151: J.-L. Charmet – p. 152: (h) Enguerrand – p. 152: (b) Bernand – p. 153: (h) Bernand – p. 153: (m) Enguerrand (A. Pacciani) – p. 153: (b) Bernand – p. 154: Arch. Phot. Paris (CNMHS) – p. 155: Giraudon – p. 156: Giraudon – p. 157: Specto (Ph. Coqueux) – p. 158: RMN (Arnaudet) – p. 159: RMN (p. Bernard) – p. 160: Kharbine-Tapabor – p. 161: Giraudon – p. 162: J.-L. Charmet – p. 163: Roger-Viollet – p. 164: Giraudon – p. 165: Sipa-icono (Namur-Lalance) – p. 166: Roger-Viollet – p. 170: Giraudon – p. 171: The Bridgeman Art Library/Bulloz (Musée Fabre, Montpellier) – p. 172: RMN (p. Bernard) – p. 173: Edimédia – p. 174: BNF – p. 175: BNF – p. 176: The Bridgeman Art Library, (Haags Gemeentemuseum, Pays-Bas) – p. 177: Giraudon – p. 178: Giraudon – p. 179: RMN (p. Bernard) – p. 181: Giraudon – p. 183: Roger-Viollet – p. 184: Roger-Viollet – p. 185: Giraudon – p. 186: Giraudon – p. 187: Giraudon

XVIIIe siècle

p. 188 - 189: RMN (Jean) – p. 190: BNF – p. 191: Roger-Viollet – p. 192: RMN (Jean) – p. 194: Giraudon – p. 195: Dagli Orti – p. 196: Josse – p. 197: Giraudon – p. 199: Roger-Viollet – p. 200: Giraudon – p. 202: Josse – p. 205: Josse – p. 206: Giraudon – p. 207: Giraudon – p. 208: Explorer (Coll. E. S) – p. 209: Josse – p. 210: Giraudon – p. 211: Roger-Viollet – p. 212: RMN (Jean) – p. 213: Giraudon-Bridgeman – p. 214: Giraudon – p. 215: Giraudon – p. 217: J. L Charmet – p. 218: J.-L. Charmet – p. 219: RMN (Jean) – p. 220: The Bridgeman Art Library (Philip Mould), Historical Portraits Ltd, Londres, UK – p. 221: BNF – p. 222: Edimédia – p. 223: Giraudon – p. 225: RMN (Jean) – p. 227: (h) Josse – p. 227: (b) Giraudon – p. 229: J.-L. Charmet – p. 230: J.-L. Charmet – p. 231: AKG Paris – p. 232: Giraudon – p. 233: Giraudon – p. 234: Dagli Orti – p. 235: Giraudon – p. 236: Giraudon – p. 237: Giraudon – p. 238: Josse – p. 240: BNF – p. 241: The Bridgeman Art Library (Coll. Part.) – p. 242: RMN (H. Lewandowski) – p. 243: RMN (G. Blot/C. Jean) – p. 244: RMN (Jean) – p. 245: Dagli Orti – p. 248: Musée de la Publicité, Paris – p. 251: Giraudon (Musée Condé, Chantilly) – p. 252: Giraudon – p. 253: RMN (Jean) – p. 254: J.-L. Charmet – p. 256: Dagli Orti – p. 258: J.-L. Charmet – p. 261: Bernand – p. 262: J.-L. Charmet – p. 265: Bernand – p. 266: Scala – p. 268: AKG, Paris – p. 270: Josse – p. 272: Bernand – p. 273: Giraudon – p. 274: Bernand – p. 275: Walker Art Library, Liverpool – p. 276: AKG Paris

XIXe siècle

p. 278-279: RMN (H. Lewandowski) – p. 280: AKG Paris – p. 281: Selva/© ADAGP, Paris 2000 – p. 282: RMN (H. Lewandowski) – p. 283: Sipa Icono/YLI – p. 285: Specto (Ph. Coqueux) – p. 286: The Bridgeman Art Library, Maison de Victor Hugo, Paris – p. 287: Bernand – p. 289: AKG, Paris – p. 290: RMN (G. Blot) – p. 293: Specto (Ph. Coqueux) – p. 294: AKG, Paris – p. 296: Roger-Viollet

p. 297: Bernand – p. 298: J.-L. Charmet – p. 299: Bernand – p. 300: Roger-Viollet – p. 302: RMN (p. Bernard) – p. 304: RMN (Lewandowski) – p. 305: J.-L. Charmet – p. 306: J.-L. Charmet – p. 307: Kharbine-Tapabor – p. 308: J.-L. Charmet – p. 310: Roger-Viollet – p. 312: The Bridgeman Art Library, Maison de Victor Hugo, Paris – p. 314: A. Colin éditeur, 1896 – p. 316: J.-L. Charmet – p. 318: RMN (Lewandowski) – p. 319: RMN (G. Blot) – p. 320: RMN (R.G. Ojeda)

p. 321: J.-L. Charmet – p. 323: RMN (G. Blot) – p. 324: Roger-Viollet – p. 325: RMN (Lewandowski) – p. 326: AKG Paris – p. 327: Sygma (Keystone/l'Illustration) – p. 328: Roger-Viollet – p. 330: Roger-Viollet – p. 332: RMN (G. Blot) – p. 333: RMN (Lewandowski) – p. 334: The Bridgeman Art Library/Bulloz, Château de Versailles, France – p. 336: (h) Roger-Viollet – p. 336: (b) Dagli Orti – p. 337: Roger-Viollet – p. 339: Josse – p. 340: Roger-Viollet – p. 341: Roger-Viollet – p. 342: ERL/Sipa-Icono – p. 347: Sipa-Icono (Namur-Lalance) – p. 348: Roger-Viollet – p. 350: Belin – p. 351: The Bridgeman Art Library, Victoria & Albert Museum, Londres – p. 352: Sipa-Icono (Goldner) – p. 355: BNF – p. 356: J.-L. Charmet – p. 358: RMN (Lewandowski) – p. 359: J.-L. Charmet – p. 361: Giraudon – p. 362: J.-L. Charmet – p. 363: J.-L. Charmet – p. 364: Selva – p. 365: (g) Roger-Viollet, (d) Kharbine-Tapabor – p. 366: Roger-Viollet – p. 367: RMN (J.G. Berizzi) – p. 368: Sipa-Icono/Abecassis – p. 369: Dagli Orti/© ADAGP, Paris 2000 – p. 371: AKG, Paris – p. 372: The Bridgeman Art Library, Philadelphia Museum of Art, Pennsylvania; PA, USA – p. 374: Coll. Christophe L. – P 376: Roger-Viollet – p. 378 : Selva/Farabola – p. 379: RMN (Lewandowski) – p. 380: J.-L. Charmet – p. 382 : Kharbine-Tapabor –

p. 383: The Bridgeman Art Library/Bulloz, Château de Versailles, France – p. 384: Roger-Viollet – p. 386: Sipa-Icono – p. 388: The Bridgeman Art Library, (Coll. Ken Welsh) – p. 389: Coll. Alfred Potocki – p. 390: The Bridgeman Art Library, (Coll. part.) – p. 392: The Bridgeman Art Library, (Coll. part.) – p. 394: RMN (Lewandowski) – p. 395: Sipa-Icono (Bildarchiv) – p. 396: Saint-Denis Musée d'Art et d'Histoire, (I. Andréani) – p. 397: Kharbine-Tapabor – p. 399: RMN (Lewandowski) – p. 401: Sipa-Icono (Goldner) – p. 403: RMN (Lewandowski) – p. 404: The Bridgeman Art Library – p. 405: The Bridgeman Art Library, Maison de Victor Hugo, Paris – p. 406: The Bridgeman Art Library, Galerie Tretyakov Moscou – p. 407: Musée de l'armée, Ingolstadt, Allemagne – p. 408: The Bridgeman Art Library, (Coll. part.) – p. 409: Selva – p. 410: RMN (Lewandowski) – p. 411: Roger-Viollet – p. 412: Josse – p. 413: Giraudon – p. 414: The Bridgeman Art Library, (Coll. part.) – p. 417: AKG, Paris – p. 418: J.-L. Charmet – p. 420: RMN (Lewandowski) – p. 421: Roger-Viollet – p. 423: J.-L. Charmet – p. 424: Kharbine-Tapabor – p. 425: Editions Belin – p. 426: The Bridgeman Art Library (Coll. priv.) – p. 427: Kharbine-Tapabor – p. 428: L.L.Roger-Viollet – p. 429: The Bridgeman Art Library, Maison de Victor Hugo, Paris – p. 431: Edimédia – p. 433: Giraudon – p. 434: Sipa-Icono/Abecassis – p. 435: Kharbine-Tapabor – p. 437: RMN (Lewandowski) – p. 438: Roger-Viollet – p. 439: J.-L. Charmet – p. 440: RMN (G. Blot) – p. 442: AKG Paris – p. 443: J.-L. Charmet – p. 445: Josse – p. 448: AKG, Paris – p. 449: Roger-Viollet – p. 450: Institut Amatller d'Art Hispánic – p. 451: RMN (H. Lewandowski) – p. 452: Roger-Viollet – p. 454: AKG, Paris – p. 455: The Bridgeman Art Library (Coll. Part.) – p. 456: Sipa-Icono (Goldner) – p. 458: J.-L. Charmet – p. 460: AKG, Paris – p. 462: J.-L. Charmet – p. 463: The Bridgeman Art Library – p. 464: J. L. Charmet – p. 470: AKG, Paris – p. 472: Sipa-Icono (B. Leroy)

XXe siècle

p. 474 - 475: RMN (G. Blot) © ADAGP, Paris 2000 – p. 476: Josse © Succession Picasso, Paris 2000 – p. 477: Sygma (M. Lacombe) – p. 478: RMN (G. Blot) © ADAGP, Paris 2000 – p. 479: Giraudon – p. 480: Giraudon – p. 481: Specto (Ph. Coqueux) – p. 482: Giraudon – p. 483: Opale (Coll Basile) – p. 484: Gamma (Gaillarde) – p. 485: Selva – p. 486: Rue des Archives/TAL – p. 487: J.-L. Charmet – p. 488: Giraudon – p. 489: Giraudon – p. 490: J.-L. Charmet – p. 491: Scala – p. 492: J.-L. Charmet – p. 493: Centre National d'Art et de Culture Georges Pompidou, Paris MNAM (Ph. Migeat) © L & M Services B.V. Amsterdam 200 403 – p. 494: Roger-Viollet – p. 495: (h) The Bridgeman Art Library, Galery des Offices, Florence – p. 495: (b) The Bridgeman Art Library, Coll. Part. – P 496: J. E. Blanche, portrait de Paul Claudel, Rouen, Musée des Beaux Arts/Roger-Viollet © ADAGP, Paris 2000 – p. 497: Specto (Ph. Coqueux) – p. 498: Rue des Archives/TAL – p. 499: RMN (G. Blot) © ADAGP, Paris 2000 – p. 501: Gallimard – p. 502: Corbis-Sygma – p. 503: Coll. Christophe L. – p. 504: Rue des Archives/TAL – p. 505: J.-L. Charmet/© ADAGP, Paris 2000 – p. 506: Giraudon/p.E. Blanche, portrait de Marcel Proust, Musée d'Orsay/© ADAGP, Paris – p. 507: Gallimard (Cillie Pam/coll. C.W. Nettelbeck) – p. 508: Keystone – p. 510: Gallimard (M. Foucault) – p. 512: Gisèle Celan-Lestrange – p. 514: Roger-Viollet – p. 515: Sipa-Icono (Ozkok) – p. 516: Coll. Christophe L. – P 517: AKG Paris – p. 518: Sygma/Ph. Ledru – p. 520: Sygma/J. Bembaron – p. 521: RMN (G. Blot) © ADAGP, Paris 2000 – p. 522: Roger-Viollet – p. 523: © Man Ray Trust/Coll. R. Delle Donne/©ADAGP, Paris 2000 – p. 524: Institut Amatller d'Art Hispánic – p. 526: Opale/Coll. Petit – p. 527: (h) Sipa Press/Dalmas – p. 527: (b) Musée Picasso d'Antibes, © Succession Picasso, Paris 2000 – p. 528: Gamma/C. Francolon – p. 529: RMN (Arnaudet) – p. 530: Gamma (S. Assier) – p. 531: Belin – p. 532: Keystone – p. 533: The Bridgeman Art Library, Coll. Part. © ADAGP, Paris 2000 – p. 534: Opale (J. Bower) – p. 535: Gallimard (R. Parry) – p. 536: D. R – p. 538: Gamma (L. Monier) – p. 539: Coll. Part – p. 540: RMN (G. Blot) © ADAGP, Paris 2000 – p. 541: Selva/Farabola – p. 542: Opale/J. Bauer – p. 543: Rue des Archives/TAL – p. 544: (h) Sipa-Press/Lido – p. 544: (b) Edimédia/CDA/© ADAGP, Paris 2000 – p. 546: Roger-Viollet – p. 547: Kharbine-Tapabor – p. 548: Roger-Viollet – p. 549: J.-L. Charmet – p. 550: J.-L. Charmet – p. 551: AKG Paris – p. 552: Rue des Archives – p. 554: Bernand – p. 555: Sygma/Corbis (S. Bassouls) – p. 556: in «Dictionnaire des écrivains Tchèques contemporains» 1918-1945 par J. Kunc - éd. Orbis © 1945 – p. 557: Mercure de France – p. 558: Gallimard (J. Sassier) – p. 560: RMN (G. Blot) © ADAGP, Paris 2000 – p. 561 Opale/J. Bauer – p. 562: Gamma – p. 563: Christophe L. – p. 564: Giraudon/p.E. Blanche, portrait de Montherlant, musée des Beaux Arts, Rouen/© ADAGP, Paris – p. 565: Gamma (F. Reglain) – p. 566: Gallimard (R. Parry) – p. 568: Lipnitzki/Viollet – p. 569: Gamma (F. Reglain) – p. 570: Kharbine-Tapabor – p. 571: Selva – p. 572: Editions de Minuit (M. Dondezo) – p. 573: Rapho (Doisneau) – p. 574: Kharbine-Tapabor – p. 575: Gamma - Liaison (C. Edinger) – p. 576: Marion Ettlinger – p. 577: Couverture de l'ouvrage «Corto Maltese en Sibérie» de Hugo Pratt © Casterman/S.A. Cong 1979 – p. 578: Dargaud éditeur par Charlier et Giraud – p. 579: Dargaud – p. 580: RMN (G. Blot) © ADAGP, Paris 2000 – p. 581: Harlingue-Viollet – p. 583: AKG Paris – p. 584: Corbis-Sygma (M. Pelletier) – p. 585: Rue des Archives – p. 586: Photo Coll. Danièle Rosch/Archives Marc Allégret – p. 588: Rapho (Le Cuziat) – p. 589: Sygma/Keystone – p. 590: Keystone – p. 591: Coll. Christophe L. – p. 592: Sipa-Icono (Ozkok) – p. 593: Martinie-Viollet – p. 594: Coll. Christophe L. – p. 595: Gamma (L. Monnier) – p. 596: Gamma (A. Ribeiro) – p. 597: Gamma (L. Monnier) – p. 598: Opale (Hannah) – p. 599: Opale (A. Sagalyn) – p. 600: RMN (G. Blot) © ADAGP, Paris 2000 – p. 601: Giraudon – p. 602: Harlingue-Viollet – p. 603: Giraudon/© Succession Picasso, Paris 2000 – p. 604: Harlingue-Viollet – p. 605: Keystone – p. 606: Opale/J. Foley – p. 607: Keystone – p. 608: AKG, Paris – p. 609: Contact Press Images/G. Caron – p. 610: (h) Opale/J. Bauer – p. 610: (b) Kharbine-Tapabor (Coll. Grob) – p. 611: (h) Roger-Viollet – p. 611: (b) Coll. Christophe L. – p. 612: Opale/J. Bauer – p. 613: J.-L. Charmet – p. 614: Gamma (L. Monnier) – p. 616: Lipnitzki-Viollet – p. 617: RMN (G. Blot) © ADAGP, Paris 2000 – p. 618: AKG (Henri Manuel) – p. 620: Specto/Ph. Coqueux – p. 621: AFP – p. 622: AKG, Paris – p. 624: Rue des Archives – p. 625: Bernand – p. 626: Gamma (M. Pelletier) – p. 628: Giraudon – p. 629: Specto/Ph. Coqueux – p. 630: Opale/J. Bauer – p. 631: Specto/Ph. Coqueux – p. 632: Bernand – p. 633: Bernand – p. 634: Martinie-Viollet – p. 636: Gamma-Liaison (Magnani) – p. 637: Bernand – p. 638: Sygma/Corbis (S. Bassouls) – p. 639: Gamma (M. Martin) – p. 640: Gamma (U. Andersen) – p. 642: RMN (G. Blot) © ADAGP, Paris 2000 – p. 643: Harlingue-Viollet – p. 644: Martinie-Viollet – p. 645: J. L. Charmet – p. 646: Rue des Archives – p. 647: (h) Edimédia © Man Ray Trust ADAGP, Paris 2000 – p. 647: (b) Giraudon © Man Ray Trust ADAGP, Paris 2000 – p. 648: (h) Sipa Press (Anderson) – p. 648: (b) Dagli Orti © ADAGP, Paris 2000 – p. 649: Sartre Martinie-Viollet – p. 650: Opale p. Faccheti – p. 654: Harlingue-Viollet – p. 655: Gamma (L. Monnier) – p. 656: Gamma (L. Monnier) – p. 657: Keystone – p. 658: Lipnitzki-Viollet

Imprimé en France par Maulde et Renou à Saint-Quentin
N° d'imprimeur : AB/00040123 • N° d'édition : 2667-01
Dépôt légal : Avril 2000